School Psychology
Past, Present, and Future

학교심리학

Thomas K. Fagan | Paula Sachs Wise 공저

이명숙 | 이기학 | 이동형 | 김정섭 | 이영주 공역

아카데미프레스

School Psychology
Past, Present, and Future, 3/E

by Thomas K. Fagan, Paula Sachs Wise
© 2007 by National Association of School Psychologists

KOREAN language edition published by ACADEMY PRESS PUBLISHING CO.,
Copyright © 2012

KOREAN translation rights arranged with NATIONAL ASSOCIATION OF
SCHOOL PSYCHOLOGISTS through AGENCY ONE, SEOUL KOREA

역자 서문

　학교심리학은 학교에서 이루어지는 다양한 형태의 인간관계와 교육에서 발생하는 문제를 해결하기 위한 심리학적 지원을 제공하는 주요 전문 영역 가운데 하나이다. 학교심리학의 역할과 기능은 다른 전문 심리학의 것과 구분이 되고 학교 현장에서 공헌하는 서비스도 서로 다른 측면이 있다.

　우리나라에서는 2002년에 한국심리학회 산하 학교심리학회가 정식으로 발족하였고 학술지로 한국심리학회지: 학교가 발행되고 있으며, 또한 한국교육심리학회는 2010년 이래로 학교심리 및 학습컨설팅 학술지를 발행하고 있다. 일부 대학에서 학교심리학 전공 대학원과정이 운영되며 전문가를 위한 교육을 하고 있는 실정이다. 우리나라에서의 학교심리학의 역사가 그리 오래되지 않은 관계로 학교심리학 전공 학생들이 접할 수 있는 교재는 한정되어 있다. 이 책의 저자들이 입문서의 필요성을 인식했듯이 우리 역자들도 학교심리학의 이해를 위한 교재가 필요하다는 인식을 같이 했다.

　한편 실제 학교 환경에서 학생들을 위한 심리학적 서비스 제공에 대한 필요성은 해가 갈수록 절실하다. 우리나라 학교 환경에서 나타나는 학교와 학부모 관련 문제, 학생 학습 문제, 정서문제, 행동문제, 기타 적응상의 문제 등을 해결하기 위한 전문 심리학적 서비스의 제공이 요구되며, 이런 서비스를 제공할 전문 학교심리학자를 양성하는 것이 절실하다. 학교심리학 전문가들은 학교 환경에서 일어나는 제반 교육 현상에 대한 자문과 중재 활동을 통해 건강한 학교사회를 이끌어가는 매개체 역할을 하게 될 것이다. 이상과 같은 맥락에서 볼 때 학생들의 정신건강과 정서 및 행동 발달을 위한 심리학적 지원을 주제로 하는 학교심리학 전문 서적이 앞으로 많이 출판되어야 할 것으로 본다.

　이 책은 멤피스 대학 교수인 Thomas Fagan과 웨스턴 일리노이 대학 교수인 Paula Sachs Wise의 SCHOOL PSYCHOLOGY: Past, Present, and Future(2007, 3rd ed)를 번역한 것이다. 저자들은 학교심리학을 전공하려는 학생들이 읽을 만한 교재가 필요하다는 생각에서 이 책을 출판하게 되었고, 1판과 2판의 내용을 보강하고 2개의 장을 추가하여 3판을 출간하였다. 이 책은 학교심리학의 역사, 현재 실태 및 미래에 관련되는 가장 중요한 주제와 이슈를 강조하였다. 학교심리학과 관련된 주요 물음을 시작으로 학교심리학의 정의, 학교심리학자의 역할과 기능, 자격 기준, 고용환경, 국제학교심리학 및 윤리강령에 대한 폭 넓은 주제를 다루고 있다.

역자들은 원서에 충실하게 번역하는 것을 원칙으로 작업을 하였다. 1장, 2장, 3장은 이명숙 교수, 4장, 5장은 이기학 교수, 6장, 7장은 이동형 교수, 8장, 9장은 김정섭 교수, 10장, 11장, 부록은 이영주 교수가 맡아 번역하였다. 함께 활발한 모임도 갖고 교신을 하면서 전체적인 일관성을 지키려 노력하였다. 이 책을 통해 이 분야에 관심있는 사람은 다양한 정보를 접하게 되고 미래의 직업 창출에 대한 견해도 얻을 것으로 기대된다.

끝으로 이 책의 번역 출간을 위해 많은 지원을 아끼지 않으신 아카데미프레스의 홍진기 사장님과 교정 및 편집 업무로 많은 노고를 해 주신 직원 여러분께 진심으로 감사를 드린다.

2012년 1월
역자 일동

저자 서문

　이 책의 1판이 출판되기 전 여러 해 동안 우리 저자들은 이제 막 학교심리학을 전공하려는 대학원 학생들에게 적당한 교재를 찾기 위해 노력했다. 얼마 전에 나온 책은 일반적인 개론서라기보다는 고급 혹은 세미나 과정에 더 적절할 것 같은 심도 있는 장들로 이루어져 있어 입문서로 적절치 않아 학생들과 함께 실망했었다. 또 다른 입문서들은 학교심리학 전문성의 과거, 현재, 미래에 대한 실제적 개관을 제공하기보다 저자의 특정한 이론적 관점을 전달하는 것 같았다. 그래서 이 책의 1판에서는 학교심리학 개론 수업에서 사용할 수 있는 책을 만들려고 노력했다.

　시중에 나와 있는 책 대신에 우리가 원하는 방식의 책의 필요성을 공감하고 함께 집필하기로 뜻을 모았다. 그러한 책은 학교심리학의 다면적 측면에 대한 일반적인 정보를 제공한다. 좀 더 높은 수준의 학생들에게 필수적인 세부 사항과 참고문헌은 입문 수준에서는 덜 중요하고 또 혼란을 줄 수 있으므로 가급적 배제했다. 이 책은 또한 현재 학교에서 일하고 있는 심리학자가 직면하는 가장 중요한 이슈와 도전에 대한 개관을 제공할 것이다. 이러한 책은 읽을 만하고 사고를 유발하며, 솔직하고 현실적인 방식으로 학교심리학 공부를 지속하게 하는 도전의식을 불러일으킨다. 우리는 "학교심리학의 최고 강의"라는 철학을 나타내는 책을 원했다. 1판인 「학교심리학: 과거, 현재, 그리고 미래」는 우리가 원했던 책으로 그런대로 만족했으며, 서평가가 보내온 반응과 프로그램 채택 기관, 우리 대학, 더 중요한 우리 학생들의 반응으로 봤을 때 1판은 성공적이었다.

　2판에서 우리는 출판사를 바꾸었고 두 개의 장을 추가했으며 기존의 장들도 수정했다. 또한 추가적인 설명을 요하는 부분을 보강했으며 1판 이후에 출판된 새로운 정보를 소개했다. 우리가 미국 밖의 학교심리학 문제를 책에서 다루고 싶어 추가한 두 개의 장은 캐나다와 국제 학교심리학에 대한 것이다.

　이제 우리는 3판을 출간하게 되었고, 3판에서는 학교심리학 전공의 역사, 현재 실태 및 미래와 관련된 가장 중요한 주제와 이슈를 계속해서 강조했다. 우리는 NASP가 우리의 이러한 노력에 동의해 준 것을 기쁘게 생각한다.

　　그동안을 돌이켜보면 이 책은 몇 가지 가정에서 개발되었다. 첫째, 이 책은 주로 학교심리학 전공 공부에 대한 첫 번째 코스의 교재로 사용될 것으로 가정한다. 둘째, 독자는 학부에서 심리학 강좌를 들었을 것으로 가정한다. 셋째, 다양한 배경을 가진 독자가 학교심리학을 공부하러 올 것이다. 일부 학생들은 12년간의 학창시절 이외에 초등학교와 고등학교 교사의 경험에 한정되거나 학부모일 수도 있다. 또 일부는 학교 체제 내에서 다양한 역량 경험을 가지고 있을 것이다. 넷째, 이 책은 각 학생의 전체 직업 준비과정의 일부분일 뿐이라는 가정이다. 이 책에서 얻게 되는 정보는 다른 수업과 현장 경험을 통해 설명되고 논의되고 확장될 것이다. 마지막으로 우리가 가정하는 것은 이 책을 읽는 사람은 학교심리학 교과에 관심을 가진 똑똑하며 유능한 학생일 것이라는 것이다.

　　일부 독자는 학교심리학이 최선의 전공인지 궁금할 것이다. 학교심리학 교육자이자 학부의 심리학 전공 지도교수로서의 경험에 의하면, 일부 학생들은 확실히 학교심리학자가 되기를 원하며, 가끔 1학년 때부터 시작하기도 한다. 그들은 시작에서부터 학교심리학이 최고의 직업 선택이라고 확신하는 것 같았다. 그들은 아이들을 좋아하고 심리학에 관심이 많고 성취도 좋으며, 학교심리학은 이들 두 가지 관심을 결합하는 논리적인 방식이라고 생각하고 있었다. 반면 어떤 학생들은 대학원 혹은 그 이상의 과정에서도 회의적인 입장을 보이기도 했다. 이들은 임상심리학 대 학교심리학 혹은 학교상담 대 학교심리학의 장단점에 대해 토론을 했다. 많은 학생들은 아동을 상담하는 데 보내는 시간과 검사하는 데 소비하는 시간에 관심을 보였다. 또 다른 학생들은 아동이나 청소년과 직접적으로 일하는 것보다 성인을 대상으로 자문하는 시간을 염려하기도 했다.

　　비록 우리 저자는 학교심리학을 지지하는 사람이지만 모든 사람을 위한 이상적인 직업이 아님을 인식했다. 개개 학생은 최종 결정을 내리기 전에 직업의 장단점을 주의 깊게 따져서 개인적 결정을 내려야 한다. 직업 선택은 되돌릴 수 없는 것이므로 사용하지도 않을 지식과 기술을 배우는 데 3년 이상 소비한다는 것은 효율적이지도 않고 권장할 만한 것도 아니다. 우리가 바라는 것은 이 책이 학교심리학이 자신의 적절한 전문적 정체성이 될지를 결정하는 데 있어 고민하는 학생들의 의사결정 과정에 도움이 되길 바란다. 우리의 의도는 학교심리학의 과거와 현재에 대한 솔직한 관점을 제시하고 미래에 학교심리학이 어떨 것이라는 경험에서 우러나는 예측을 제공하려는 것이다. 우리는 이 책에서 학교심리학의 역사를 현재의 발달과 미래의 전문직의 방향에 연결 지으려는 시도를 했다.

　　학교심리학의 전문직이 진공상태에서 만들어지는 것은 아니다. 학교가 공격을 받고, 법이 바뀌고, 새로운 입법이 채택되고, 사건이 사회적 변화를 몰고올 때 그 영향은 일반적으로 학교체제 안에서 느껴지고 특히 학교심리학 전공 안에서 감지된다. 학교심리학 분야 내에서 오는 변화는 교사와 장학관에게도 영향을 미친다. 학교심리학자가 전문적 역할과 기능의 변화를 지지해 나갈 때, 새로운 중재 기술이 문헌에 제시될 때, 새로운 검사와 수정된 검사가 출판될 때, 학교심리학의 실제는 변화될 것이다. 우리는 교육에서 학생들에게 필요한 형식적인 정보와 학생들이 원하는 비형식적인 정보의 균형을 맞추려 했다. 또한 학교심리학을 배우는 사람으로서 적극적인 관여를 하도록 하는 토론 활동에 독자들의 관심을 끌려고 했다. 우리는 이 책을 읽는 많은 사람이 미래에 우리 동료가 될 것임을 알고 있다. 이런 생각을 하면서 학생에서 전문가에 이르는 신속한 길을 위한 암시 혹은 지침을 제시했다.

이 책에서 우리는 공립학교에서의 심리학적 서비스의 성격과 제공에 관한 근본적인 질문과 차원을 검토했다. 이런 방식으로 제1장은 학교심리학 지망자들이 자주 묻는 14가지 기본 질문을 중심으로 조직되며, 전문적 책무성과 평가를 강조한다.

제2장은 학교심리학의 역사의 개요를 제시한다. 이 장은 미국의 심리학과 교육의 발달 및 변화하는 아동에 대한 대우와 지위라는 맥락에서 학교의 심리학적 서비스의 발전을 요약한다. 이 장에서의 주요 전제는 학교심리학의 역사는 논리적으로 두 시기, 즉 혼합기(1890~1969)와 독립기(1970~현재)로 나눌 수 있다는 것이다.

제3장은 교육 환경 내에서 심리학 실무를 선택하려는 사람이 이용할 수 있는 유일한 기회와 도전을 검토한다. 교육의 목표와 목적에 대한 논의, 일반교육의 구조, 특수교육, 행정, 특별 업무, 심리학적 서비스 제공 준비, 체제에서의 권한과 권위의 중요성 등을 포함한다. 이 장은 또한 의뢰인 지위에 대한 이슈를 강조한다. 학교심리학자의 의뢰인은 누구인가? 아동? 부모? 교사 혹은 행정가? 학교위원회? "교육의 집에 온 손님"으로 학교심리학자를 간주하는 입장을 3장에서 처음으로 제시한다. 학교심리학자들이 일하는 전통적인 학교상황 이외에 임상센터와 병원 같은 대안적 고용 환경을 탐색한다.

제4장은 학교심리학자의 다양한 역할과 기능을 검토하고 어떤 역할이 가장 흔한 것이고 가장 적절한 역할은 어떤 것인지를 논의한다. 학교심리학자의 역할과 기능은 아동을 돕는다는 학교심리학의 궁극적인 목표 안에서 제시된다. 개인 심리학자의 역할과 기능에 영향을 미치는 요인에 대해 논의한다. 이 책에서 독자는 전통적인 평가 기술에 많이 의존하는 전통적 역할과 교육과정 중심 측정 및 반응 중재 운동에 많이 의존하는 최근에 생겨난 역할 간의 차이를 보게 될 것이다. 참고문헌으로 4장에 간략히 제시된 많은 주제들을 더 깊이 있게 공부할 수 있을 것이다.

제5장은 전문적 평가와 책무성이라는 주제에 초점을 둔다. 이 장은 학교심리학적 서비스가 어떻게 계획되고 평가되는지를 검토하고 학교심리학의 효율성 증대 방법뿐만 아니라 학교심리학과 학교심리학자를 평가하는 방법도 제시한다. 효과적인 방법의 사용과

결과의 정확성을 보여줄 수 있는 전문적 책무성의 중요성을 강조했다.

제6장은 학교심리학자를 위한 교육, 전문성 기준, 인증제도 문제와 같은 주제를 조사한다. 이 장에서 다양한 교육 모델을 제시하며, 독자에게 공존하는 학교심리학 교육 유형과 수준을 소개한다. 지속적인 전문성 개발을 위한 기회 또한 논의했다.

제7장은 세 가지 영향 영역, 즉 인증, 자격증, 실무에 대한 학교심리학의 전문적 통제와 규제에 초점을 둔다. 실무 규제 부분에서는 소송, 입법, 자격증 발급, 전문적 역할과 기능에 관한 윤리를 논의한다.

제8장은 실습 배정과 인턴십 환경을 포함하는 학교심리학의 현장 경험에 대한 정보를 제시하며 또한 일반적 및 비일반적 환경에서의 인턴십 후기 고용에 대한 정보도 제시한다. 그리고 인턴십과 더 나아가 평생직을 선정하고 구하는 데 관여되는 요인들을 강조한다. 인턴십 지침과 기준 제시에 대한 논의는 앞선 자격부여와 교육 지침에 대한 논의를 확장시킨다. 독자는 직업 스트레스와 만성피로를 예방하거나 다루는 방법을 알 수 있다.

제9장은 캐나다 학교심리학의 과거, 현재, 미래에 대해 논의하며, 역할과 기능, 교육 및 규정을 알아본다. 독자는 미국 실무 시스템과 비교해 볼 수 있다. 이러한 정보는 단지 캐나다에서 실무를 하려는 사람뿐만 아니라 다른 독자에게도 특별한 관심거리가 될 것이다.

제10장은 책의 범위를 세계의 학교심리학 실제로 넓혀본다. 국제적 입장은 미국, 캐나다 및 그 밖의 나라의 모든 독자에게 흥미로운 관점을 제공한다. 캐나다의 학교심리학에서 논의한 것처럼 이 장에서 다룬 주제도 과거, 현재, 미래의 역할과 기능, 교육과 규정을 포함하고 있다. 또한 국제학교심리학회(ISPA)의 발전을 기술하고 있다.

제11장은 미래 학교심리학의 모습에 대한 몇 가지 생각을 제시한다. 과거로 돌아가서 이 분야에 공헌한 사람들이 미래 직업을 어떻게 보았는지, 그러한 예측이 어떻게 이루어졌는지를 본다. 또한 이전의 출판본에서 본 예측이 이루어졌는지를 조사한다. 우리가 바라는 것은 이 장에서의 교훈이 학교심리학의 긍정적인 미래를 어떻게 가져오느냐에 대한 생각과 논의를 고무하는 것이다.

이 책의 한 가지 독특한 점은 학생들이 알고 싶어하는 정보를 제시하는 데 주의를 집중한 것이다. 제1장에서 제시한 14가지 질문에서 섹션 5에 포함된 연습문제, 부록의 연습지, 학교심리학 실무에 적용되는 규칙과 규정에 이르기까지 우리는 이 책의 독자가 누구이고, 무엇을 원하며, 성공적인 전문가가 되기 위해 알아야 할 것에 대해 알려는 노력을 했다.

우리는 이 책을 고안할 때 전체 학교심리학 교육과정이나 프로그램의 맥락 안에서 읽히도록 의도했다. 비록 특정 영역, 즉 역사, 배경변인, 역할과 기능을 강조했지만, 또 다른 중요한 생각도 포함시키려고 했다. 독자들은 자문, 중재, 사정과 같은 연구 영역의 참고문헌을 자주 보게 될 것이다. 개론서를 쓸 때 많은 중요한 문제점을 아주 간략히 논의할 필요가 있을 것이다. 우리는 독자들이 공부를 하면서 이들 개념과 문제점에 대해 많이 배울 것이라고 확신한다.

차 례

제1장

학교심리학에 대한 소개

학교심리학은 이 분야를 막 공부하고자 하는 사람이나 학부모 및 다른 전문가들에게 쉽게 설명될 수 없는 복잡한 전문 심리학 영역 가운데 하나이다. 학교심리학에 대한 소개는 예비학생과 신입생 또는 이 영역에 대한 정보를 찾는 다른 전문가들이 자주 물어오는 질문에 대한 답변에서 출발하고자 한다. 이 정보의 상당한 부분은 이 책의 여러 장에서 더 상세하게 다루고 있다. 다음의 물음과 대답은 전문 학교심리학의 주요한 측면에 대한 개괄을 제공한다.

1. 학교심리학자란 누구인가?
2. 학교심리학자의 가장 주된 역할은 무엇인가?
3. 학교심리학자는 어떤 곳에서 일하는가?
4. 학교심리학자는 어떤 수준의 교육을 받는가?
5. 학교심리학자는 다른 심리학자들과 어떻게 다른가?
6. 학교심리 실무자의 자격요건은 어떠한가?
7. 학교심리학자는 몇 명이나 되는가?
8. 학교심리학자는 지리적으로 어떻게 분산되어 있는가?
9. 학령기 아동에 대한 학교심리학자의 비율은 어떠한가?
10. 학교심리학자는 어떤 전문 학회에 소속되어 있는가?
11. 학교심리학 분야의 주요 학회지와 출판물에는 어떤 것이 있는가?
12. 학교심리학자의 전문적 실무를 위한 기준은 어떠한가?
13. 일반적 계약조건과 보수는 어떠한가?
14. 고용시장은 어떠한가?

학교심리학자에 대한 누가, 무엇을, 언제, 어디서, 왜라는 질문 이외에 이 책에서는 학교심리학자의 일차적인 역할과 기능에 대한 논쟁점을 다루고 있다. 저자가 생각하기로 학교심리학자에 관한 일차적인 역할은 교육 상황에서 이루어지는 평가 전문가로서의 역할이다. 크게 나누어 그 역할은 검사에만 한정하지 않고 학생, 시스템, 프로그램, 가족에 대한 사정(평가)으로 구성된다.

학교심리학에 관한 일반적인 질문과 대답

여기에 나온 질문은 학교심리학의 방법의 문제가 아니라 미국학교심리학자협회(National Association of School Psychologists: NASP)의 *Best Practices in School Psychology* 시리즈 책에서 다루고 있는 주제들이다. 많은 경우, 조사 자료는 가장 대표성 있고 신뢰할 만한 통계치이며, NASP 회원 조사 및 NSPCS(National School Psychology Certification System) 자격제도 자료를 포함한 유용한 실무정보를 제시하고 있다.

1. 학교심리학자란 누구인가?

대부분의 전문가들은 세밀한 정의를 피하려 한다. 왜냐하면 그러한 정의는 일치점을 찾고 도달하는 데 어려움이 있기 때문에, 전문성(예: 누구이고 무엇을 하는지)을 규명함으로써 다른 실무분야의 사람들에게 그들의 영역을 탐낸다는 인상을 주는 것을 꺼리기 때문이다. 소위 말해서 미국심리학회(American Psychological Association: APA) 분과의 영역 문제로서 일반적으로 훈련과 자격 문제를 다루기 때문이다. 심지어 APA의 "Specialty Guidelines for the Delivery of Services by School Psychologists"(학교심리학자가 제공하는 전문성 지침서)도 양성훈련과 자격 명칭, 광범위한 역할에 대해 복잡한 방침을 표현하고 있다(APA, 1981). 비록 일반적인 이슈는 많이 다루지 않지만 NASP는 정책과 기준이라는 측면에서 학교심리학자를 정의하고 있다(NASP, 2000b).

정의

NASP는 웹사이트(*www.nasponline.org*)에서 "학교심리학자는 누가인가?"라는 질문에 다음과 같이 말하고 있다.

학교심리학자는 아동과 청소년의 학업적, 사회적 및 정서적 성공을 돕는다. 그들은 모든 학생을 위한 안전하고 건강하며, 지지적인 학습 환경을 창출하기 위해 교육자, 부모, 다른 전문가들과 협력해 가정과 학교 사이의 유대를 강화한다. 학교심리학자들은 심리학과 교육학 둘 다를 잘 훈련받는다. 그들은 최소한 석사후기(post-master) 과정을 반드시 마쳐야 하는데, 이는 1년 동안의 인턴십과 정신건강, 아동발달, 학교조직, 학습양식, 과정, 행동, 동기 및 효과적인 교수방법을 포함해야 한다. 학교심리학자들은 반드시 그들이 일하는 주에서 자격을 부여받거나 자격증을 획득해야 한다. 그들은 또한 미국학교심리학 자격위원회(National School Psychology Certification Board: NSPCB)에서 주는 자격증을 취득할 수 있다.

NASP의 서술은 구체적인 일을 규명하고 있지는 않으며 학교심리학자의 교육과 자격기준에 준하는 자격과정에 초점을 두고 있다.

1998년, APA의 전문심리학의 전문성과 역량에 대한 인정위원회가 *학교심리학의 전문성에 대한 재승인 청원서*를 승인했다. 그 긴 문서는 이 영역에 대한 충분한 관점을 제공했다. 그 청원서는 2005년에 재승인되었다(2005년의 *재승인 청원서*). 간략한 문서에서는 학교심리학을 다음과 같이 정의 내린다.

학교심리학은 전문심리학의 일반적 실무와 건강서비스의 제공을 목적으로 아동, 청소년, 가족, 모든 연령의 학습자를 위한 심리학 이론과 실제에 관여하고 학교교육의 과정에 관심을 갖는다. 학교심리학자를 위한 기본 교육과 훈련은 학교, 가정, 기타 시스템의 맥락 안에서 아동과 청소년의 발달과정에 특히 초점을 두면서 이들이 심리진단, 사정(평가), 중재, 예방, 건강증진, 프로그램 개발과 평가 서비스를 제공할 수 있도록 준비시킨다. 학교심리학자들은 개인과 시스템의 수준에서 중재를 하며, 예방 프로그램의 개발, 실시 및 평가를 한다. 이러한 노력을 통해, 건강한 발달을 증진시키는 효과적인 교육적 및 심리적 서비스에 다양한 배경을 가진 아동과 청소년이 평등하게 접근할 수 있는 긍정적인 학습환경을 증대시키기 위해 환경적으로 타당한 평가와 중재를 수행한다. (전문성에 대한 문서, 2006, p. 1)

이 청원서는 학교심리학의 전문성을 거의 가장 완벽하게 기술한 것으로, 박사과정 수준의 전문심리학자에 대한 APA의 연계를 반영하고 있다.

또 다른 종합적인 기술은 '*학교심리학: 훈련과 실제를 위한 청사진III*(Ysseldyke et al., 2006)' (이하 청사진)에서 찾아볼 수 있다. 이 문서가 학교심리학의 정의를 잘 나타내는 만큼 학교심리학자들의 기능을 8가지 영역으로 분류해 잘 묘사하고 있다.

1. 대인관계 기술과 협력 기술
2. 다양성 인식과 세심한 서비스 제공
3. 기술적인 적용

4. 전문적, 법적, 윤리적, 사회적 측면의 책임
5. 자료-중심의 의사결정과 책무성
6. 시스템-중심 서비스 제공
7. 인지 및 학업 기술의 발달 증진
8. 안녕, 사회적 기술, 정신건강, 생활 역량의 발달 증진

*청사진*은 현대의 학교심리학자에 대해서 기술한다기보다 학교심리학자들이 미래에 그렇게 되기 위해 어떤 노력을 해야 하는지에 대해서 기술한 것이다. *청사진*의 저자는 학교심리학의 분야(영역)에 대해서 세밀한 정의를 내리지 않는다. 청사진에서 제시된 8가지 영역들은 NASP 훈련과 프로그램 인증 내용 기준의 기초가 되는 역할을 한다.

이외의 다른 정의들은 간략하고 일반적인 경향이 있다. 예를 들어 Walter(1925)가 초기에 내린 정의를 보면, 학교심리학자의 목적을 그저 "심리학에 의해 개발된 지식과 기술을 교육 문제에 가져오는 것"(p. 167)으로 단순하게 나타내고 있다. Bardon과 bennett(1974) 또한 이와 비슷한 관점에서 "학교심리학은 심리학적인 지식, 기술, 기법을 사람들이 생활하고 공부하는 특유의 장소인 학교에 그리고 학교에서 생활하는 사람들의 문제에 적용한다는 점에서 다른 심리학의 전문성과 구별된다"(p. 8)고 했다. Magary(1966)는 1960년대 초반에 출판된 책에서 학교심리학자를 정의하는 열 개 이상의 짧은 진술문들을 규명했다. 이들 가운데 적어도 일부는 오늘날에도 사실일 수 있다. 국제학교심리학회(International School Psychology Association: ISPA)는 학교심리학을 정의하는 데에 도움을 줄 수 있는 일련의 지침서를 출판했다(Oakland & Cunningham, 1997). 이 지침서들은 10장에서 기술하고 있다.

이 정의는 기존의 관점에 근거해, 전문가 훈련은 물론 교육학과 심리학의 기초 교육을 연계하며, 종합적인 서비스 제공의 중요성을 강조한다. 전문성에 대한 주요 정체성은 실무가 행해지는 맥락을 반영한다는 데 있다. 그리고 이 정의는 APA와 NASP가 규명하는 자격인증과 훈련 수준과 특히 연관된 것도 아니고, 학교 상황에 국한된 전문성도 아니다. 이 정의는 종합적인 직간접적 서비스 조항을 포함하고 있는데, 광범위한 역할과 기능을 포함하고 있으며 제한적으로 한정된 서비스를 제시하는 것은 아니다. 학교심리학자에 대한 또 다른 정의와 기술은 주 수

> 이 책에서 '학교심리학자'라는 용어의 정의는 다음과 같다. 학교심리학자는 교육자와 의뢰인 교육자의 문제에 심리학적 이론을 접목하는 전문 심리학 실무자이다. 이 입장은 직간접적인 성격의 종합적인 심리학적 서비스 조항에 따른 전문성 준비는 물론 교육학과 심리학적 기반에 대한 광범위한 훈련에 근거한다.

준의 자격제도와 실무 규정, 훈련 프로그램 간행물에도 나온다.

인구통계적 기술

학교심리학은 성, 인종, 학력, 경험 수준 및 기타 특성을 포함하는 전문분야의 인구통계적 기술로도 정의될 수 있다(표 1.1 참조). 다음의 수치는 1999년 11월에 실시된 NASP 회원 갱신 조사와 2004년부터 2005년까지 실시된 NASP의 인구통계 조사로부터 나온 것이다(Curtis, Lopez, Batsche, & Smith, 2006).

이 책의 초판 이래로 여성 학교심리학자들이 적어도 7% 이상 증가했다(Fagan & Wise, 1994, p. 3). 두 자료의 비교 가능성은 NASP의 표본추출 방법을 지지하는데, 소수집단의 수치가 지속적인 쟁점이라는 것을 뒷받침한다. Reschly와 Wilson(1992)은 실무자의 62%가 기혼, 24%가 이혼, 14%가 미혼이라고 보고했다. 68%가 자녀를 가지고 있다고 보고되었고 그 중 20%는 미취학 아동, 40%는 취학 아동으로 조사되었다. 이 연구는 미국의 학교심리학자들에 관한 상당히 일관된 양상을 보여주고 있다. 여성 학교심리학자와 백인이 다수를 차지한다는 점, 실무자들은 10년 이상의 경력을 가지고 있고 대부분이 기혼이며 자녀를 가지고 있다는 점이다. 이 분야에서는 전체 학교 학생 수에 비해 여전히

〈표 1.1〉 학교심리학 전문가 인구통계

성별(%)	1999(N=14,949)	2004~2005(N=1,750)
여성	72.3	74
남성	27.7	26
경력	**11-15(중앙값)**	**14.76(평균)**

인종(%)	1999(N=14,489)	2004~2005(N=1,750)
백인	92.04	92.6
아프리카계 미국인	2.14	1.9
라틴 아메리카계	1.46	3.0
그 외(명시되지 않음)	1.36	0.8
동양계 미국인/태평양 제도민	0.93	0.9
북미 원주민/알래스카 원주민	0.40	0.8
멕시코계 미국인	0.91	N/A
푸에르토리코인	0.76	N/A

출처: NASP 회원 조사 (1999); Curtis et al, 2006.

소수집단의 학교심리학자들이 적다(Loe & Miranda, 2005).

　　Reschly와 Wilson(1992)에 의해 보고된 실무자 나이의 중앙값과 평균은 각각 40.3세와 41.4세였다. Curtis, Hunley, Walker, Baker(1999)에 의해 보고된 나이의 중앙값은 41~45세였다. Curtis 등(2006) 자료는 2004~2005년 평균 나이는 46.2세, 1999년에는 45.2세, 1980년에는 38.8세라고 밝히고 있다. 이것은 지난 25년 동안 평균 나이가 상승했다는 것을 보여준다. 국제적으로 최근 학교심리학의 발전을 반영하면, 54개국으로부터 수집된 초기의 자료에 의하면 "학교심리학자들은 전형적으로 31~39세 사이이며, 여성이 62%, 10년 이상의 경력을 가진 것"으로 나타났다(Oakland & Cunningham, 1992, p. 109).

2. 학교심리학자들이 제공하는 일반적인 서비스는 무엇인가?

이 책의 초판에 학교심리학자들의 기능과 역할에 대한 몇몇 조사가 보고되었다(예: D. K. Smith, 1984; D. K. Smith & Mealy, 1988; Reschly & Wilson, 1992). 전반적으로, 조사에서 학교심리학 실무자들은 다음과 같은 방식으로 시간을 보낸다고 보고했다. 심리교육적 사정 52~53%, 중재 21~26%(예: 상담과 치료), 자문 19~22%, 연구와 평가 1~2%로 나타났다. Reschly와 Wilson(1995)은 1986부터 1991, 1992년까지 역할 변화를 연구했다. 그들의 관찰은 일주일에 40시간을 일하는 것에 근거를 둔 것으로, "심리교육적 사정에 절반이 넘는 시간을 투자하며, 직접적인 중재에는 약 20%, 문제해결을 위한 상담에 16%, 그 이하의 시간을 시스템 조직을 위한 자문과 연구 및 평가에 사용했다"(p. 69). 1992년과 1997년의 데이터를 비교하는 Reschly(1998)의 그 다음 분석연구에서도 시간할애 비율이 거의 같았다. 즉, 실무자는 50%를 약간 넘는 시간을 심리교육적 평가를 하는 데 사용하였고, 20%는 지속적으로 직접적인 중재에 관여하였으며, 17%는 문제해결 상담에, 7%는 시스템/조직 자문에, 2%는 연구/평가에 사용했다. 그러나 1986~1997년의 기간에는 특수교육 서비스를 하는 데에 사용하는 시간이 8% 감소한 것으로 나타났고, 1997년에는 59.9%였다.

　　1994~1995학년도 자료를 기반으로 발표된 Curtis 등(1999)의 결과는 백분율 할애를 보고하지 않았다. 그러나 학교심리학자들은 특수교육 평가에 상당한 시간을 할애했다고 보고했는데, 반응자의 59.1%가 그러한 평가에 70% 이상의 많은 시간을 할애하였고, 단지 2.7%만이 평가를 전혀 하지 않았다고 보고했다. 응답자의 4분에 3 이상이 또한 특수교육 외에 다른 목적으로 평가를 한다고 보고했다. 이 연구는 "학교심리학자들은 지속적으로 대부분의 시간을 특수교육과 관련된 심리교육적 평가 수행에 할애하며", "특수교육 이외에 다른 목적의 심리교육적 평가를 위한 시간은 비교적 적었다"고 결론 내렸다(p. 113). 비록 그러한 활동에 할애한 시간을 발표하지는 않았지만, 대부분의 응답자들이 자

문(97.4%), 개인상담(86.4%), 연수교육 프로그램(77.8%), 학생 집단상담 또는 다른 집단 활동(53.5%)에 관여하고 있다고 보고했다. 이들 연구들은 또한 Bontrager와 Wilczenski(1997)의 1992년과 1993년 연구와 샌디에이고 실무자 시간연구(McDaid & Reifman, 1996)와도 일치한다.

Bramlett, Murphy, Jonson, Wallingsford, Hall(2002, p. 329)의 연구는 몇 가지 영역의 실무자 서비스에 할당한 시간 백분율을 조사했다.

사정(46%)	장학(3%)	자문(16%)	연수(2%)
중재(13%)	연구(1%)	상담(8%)	부모교육(1%)
회의(7%)	기타(3%)		

2004~2005년 자료와 이전 연구(Curtis et al. 2006)의 자료를 비교한 가장 최근의 조사 결과가 있다. 예를 들어, 2004~2005년에 학교심리학자들은 1989~1990년에 비해 더 많은 시간을 특수교육 활동에 할애했다(80.1% vs. 52.3%). 1999~2000년과 비교해 볼 때, 초기 특수교육 평가를 더 적게 하였으며(34.5 평가 vs 39.9평가), 재평가(34 vs 37), 적은 504계획(5.9 vs 9.3), 적은 연수프로그램(3.4 vs 2.6), 적은 학생집단(3.2 vs.1.7) 활동을 했다. 2004~2005년에 학교심리학자들은 1년에 평균 1~10명의 학생들을 상담했고, 42개의 자문 사례가 있었다. 그들은 더 적은 사례에 더 많은 시간을 썼다. 이 비교는 아마도 인력 부족, 비전통적인 대안적 평가(예: 교육과정-기반 측정) 수행에 필요한 시간, 특수교육 지도와 관련된 행정업무를 반영한다.

총괄해서, 연구결과들은 지난 20년 동안 학교심리학자들의 일관된 활동 양태를 보여주고 있는데, 학교심리학자들은 다양한 서비스를 제공하고 있고 그 중 대다수는 학교구의 특수교육 부문과 연관되고 있다. 학교심리학자들이 가장 많은 시간을 평가와 관련된 임무에 할애했고 직접적인 중재와 자문에 관련된 시간이 적다는 것은 명백하다. 따라서 비록 학교심리학자들이 학회지와 학회를 통한 연구와 평가를 적극 활용하지만 그들의 적극적인 개입은 많지 않다. 이런 역할과 기능의 양상들은 또한 비교적 최근에 나타난 차터스쿨에 대한 서비스 조사에서도 나타났다(Nelson, Peterson, & Strader, 1997). 평가 이외에 다른 서비스, 특히 Jimerson 등(2004)의 국제연구에 의하면 실무자들이 평가보다는 다른 일에 시간

> 연구결과들은 지난 20년 동안 학교심리학자들의 일관된 활동 양태를 보여주고 있는데, 학교심리학자들은 다양한 서비스를 제공하고 있고 그 중 대다수는 학교구의 특수교육 부문과 연관되고 있다. 학교심리학자들이 가장 많은 시간을 평가와 관련된 임무에 할애했고 직접적인 중재와 자문과 관련된 시간이 적다는 것은 명백하다.

을 더 많이 소요했고, 그 중 특히 상담에 더 많은 시간을 할애한 것으로 나타났다.

3. 학교심리학자는 보통 어디서 일을 하는가?

1999년 NASP 회원 갱신조사와 2004~2005 인구통계조사는 표 1.2에서 보여주는 것과 같이 고용 환경의 안정된 분배를 보고했다.

　　모든 유형의 학교 환경(단과대학과 4년제 대학 제외)이 고용 환경 자료의 약 80~90%를 차지한다. Reschly(1998)는 표 1.3에 3년간의 자료를 보고했다.

　　Curtis 등(1997)은 학교심리학자의 11.9%가 몇몇 개인 실무에 관여하고, 단지 2.8%만이 상근제로 개인 실무를 담당한다(일주일에 40시간 또는 더 많은 시간)고 밝혔다. 국가 자격증을 받은 학교심리학자에 대한 이전의 연구(NASP, 1989)에서, 대부분 학교심리학

〈표 1.2〉 학교심리학자 고용 환경의 분포

환경	1999	2004~2005*
공립 학교	76.58	83.1
사립 학교- 종파	1.11	2.1
사립 학교- 비종파	1.27	5.2
거주지 시설	1.15	N/A
개인 실무	4.54	4.1
주 교육부	0.45	0.8
정신건강기관	1.41	N/A
유치원	1.18	N/A
단과대/대학교	6.92	6.5
기타	5.40	2.8
병원/의료 환경	N/A	1.3

출처: NASP 회원 조사 (1997); Curtis et al. 2006.
*중복 선택이 가능하기 때문에 전체 100% 넘는다.

〈표 1.3〉 학교심리학자의 분배 백분율

연도	공립학교	단과대/대학교	개인 실무	거주지 시설	병원/기타
1997	89.0	2.9	3.6	0.5	3.9
1992	86.0	1.3	4.2	1.0	7.5
1986	88.0	0.0	2.8	2.0	7.1

출처: Reschly (1998).

자들이 초·중등학교의 일반 및 특수교육 프로그램에서 일하는 것으로 나타났다. 학교냐 학교가 아니냐에 대한 구분에서는 단지 응답자(N=647)의 10%가 학교가 아닌 상황으로 나타났다. 따라서 25년 넘게 학교 상황(80~90%응답)이 가장 우세한 고용 환경이었으며, 사적 개인 실무자도 꾸준히 3~5%범위를 차지하였으며, 나머지는 다른 상황으로 나타났다. Curtis 등(2006)은 응답자의 22.5%가 부수직에 종사하고 있으며, 가장 보편적인 장소는 개인 실무, 단과대 또는 대학교, 공립학교에 종사한다고 나타냈다.

학교 상황

학교심리학자들의 가장 보편적인 직장 상황은 단위 학교구(school district)이다. 단위 학교구는 우리나라의 교육청 단위에 해당된다. 여기에 있는 학교심리학자들은 일반 및 특수교육 프로그램을 포함하는 모든 초등학교, 중등학교 시스템에서 근무한다. 그 다음 가장 보편적인 상황은 지역 협력처인데, 가끔 특수교육 협력처라고 불린다. 협력처는 각 지역이 개별적으로 수행하는 것보다 전체적인 비용이 적게 들면서 서비스 옵션은 최대화하기 위해 몇몇 지역의 서비스와 인력을 결합하는 장점이 있다. 그러한 옵션은 특히 작은 시골과 교외지역에서 유용하다. 또 다른 서비스 옵션은 한 명의 학교심리학자가 한 개 이상의 계약을 해 여러 학교구에 서비스를 제공하는 것이다. 이런 세 가지 서비스 옵션은 지금까지 학교심리학자를 위한 전통적인 환경이었다. Bramlett 등(2002)의 조사에서 응답자들은 모든 연령의 학생(47%), 초등학생 연령(20%), 중학생 연령(15%), 미취학 아동(6%), 기타(12%)와 일을 한다고 응답했다.

학교가 아닌 상황

조사 결과를 보면 학교심리학자들은 또한 지역 정신건강센터, 발달장애 센터, 또는 재활센터, 독립적인 교구 학교를 포함한 공립 및 사립 지역단체, 주 기관과 같은 비전통적인 환경에서도 일을 한다. 비록 전통적인 학교 환경이 이 영역에서는 우세를 점하고 있으나 종전과는 다른 환경에서 일하는 학교심리학자들의 수(반드시 백분율이 아니고)는 계속 증가하고 있다(D' Amato & Dean, 1989). 실무 환경에 대해서는 3, 4, 8장에서 논의된다.

4. 학교심리학자의 학위 수준은 어떠한가?

학교심리학 교육 프로그램은 몇 개 주를 제외하고 모든 주에서 찾아볼 수 있다(예: 알래스카, 뉴햄프셔, 버몬트, 와이오밍은 프로그램이 없다). 수년간의 역사적인 발전을 통해 교육 프로그램이 많은 주에 설치되었다. 1996~1997학년도 NASP *대학원 교육 프로그램 안내책자* 최신 판에는 46개의 주에서 218개의 교육기관이 간략히 설명되어 있다. 교육기관의 47%가 8개의 주에 있다(캘리포니아, 일리노이, 뉴저지, 뉴욕, 오하이오, 펜실베이니아, 텍사스, 위스콘신). 뉴욕에는 20개의 기관이 있고, 캘리포니아에는 21개의 기관이 있다. 신문이나 온라인 광고는 모든 주의 교육 프로그램 이용에 도움이 될 것이다. 218개 기관들이 제공하는 294개 프로그램에 8,587명의 학생들이 등록되어 있고, 그 중 1,897명의 학생들이 졸업을 했거나 자격증을 취득했다. 거의 모든 프로그램은 실습과 인턴십을 포함한 현장경험을 요구하고 있다. 2005년에 NASP는 온라인에 교육 프로그램에 대한 자료를 구축했다. 비록 교육 프로그램의 참여가 충분하진 않지만, 기관의 전체 수는 210~220개로 유지되고 있다. 박사과정에만 있긴 하지만, 많은 대학에서 다양한 영역의 부전공(예: 신경심리학, 유아교육, 직업교육)을 선택할 수 있다.

교육 프로그램의 이수시간은 학기당 석사과정 30시간, 전문가과정 60시간, 박사과정 90시간이다. 그러나 한 학기당 실제 평균시간은 석사과정 40시간, 전문가과정 68시간, 박사과정 106시간이다(Thomas, 1998). 비록 많은 최근 자료들이 나오진 않았지만, 이러한 학위 프로그램들의 이수시간에 많은 변화가 있진 않다. 석사과정과 박사과정과 비교하면, 전문가과정은 상대적으로 최근에 대학에 만들어진 과정이지만 전문가과정은 학교심리학 프로그램들 사이에서 인기가 많다. 교육학박사 학위는 교육대학에서 받을 수 있지만, 몇몇 인문과학 대학의 심리학과에서도 교육전문가 학위를 받을 수 있다. 전문가 학위 과정에 필요한 이수시간은 실습과 인턴십 학점을 포함해 석사과정과 박사과정의 중간쯤에 있다. 학위를 취득하기 위해선 학위논문이나 연구보고서, 혹은 엄청나게 많은 실습 경험을 요구하지만, 종종 인턴십으로 대신할 수도 있다(Fagan, 1997, 2005c). 전문가 학위는 석사과정에 30시간 정도를 더 이수해야 하고, 이는 지역 교육청에서 주는 봉급 근거(MA +30학점)에 맞아떨어진다. 박사 학위는 철학박사(Ph.D), 교육학박사(Ed.D), 심리학박사(PsyD)를 포함한다. 심리학박사 과정은 최근 인기가 있으며, 독립적인 심리학 전문학교(예: 일리노이 심리학 전문학교)에서 학위 취득이 가능하다.

2004~2005학년도 NASP 회원 조사자료를 보면, 32.6%가 석사 학위를 취득했고, 34.9%가 전문가 학위를, 32.4%가 박사 학위를 취득했다. 그리고 80.5%가 전문가 수준 혹은 그 이상의 수준이다.

1999년 NASP 회원 갱신조사에서(N=14,650) 54%가 전문가 학위 혹은 그와 동등한 교육과정을 받았고 26%가 박사 학위를 받았다고 나타났다. Curtis 등(1999)은 학교심리학자들의 79%가 전문가 수준 혹은 그 이상의 수준에 있다고 말했다. 초기 연구(D. K. Smith, 1984)에서는 17% 정도가 석사 학위, 45% 정도가 석사+ 30시간, 22%가 전문가 학위, 16%가 박사학위를 취득했다고 한다. Reschly와 Wilson(1992)의 자료에 의하면 23%가 석사, 56%가 전문가, 21%가 박사를 취득했다. Graden과 Curtis(1991)는 박사 학위 연구대상자 중 28%가 대학 교수이거나 실무자였다고 했다. 2004~2005년 NASP 조사에서(Curtus et al, 2006), 32.6%가 석사 학위를 취득했고, 34.9%가 전문가 학위, 32.4%가 박사 학위를 취득했다. 그리고 80.5%가 전문가 수준 혹은 그 이상의 수준이었다.

NASP의 방침으로 교육전문가 학위는 전문직으로 들어가는 적합한 수준이라 여긴다. APA 방침은 전문 심리학자가 되기 위해선 박사 학위를 취득해야 한다고 말하지만, APA 는 전문가 수준에서 교육받은 학교심리학자들도 인정을 하고 있다. 대부분 주의 교육기 관은 석사 학위 혹은 전문가 학위를 취득한 사람들을 인정하고 있지만, 학교가 아닌 기 관이나 독립적인 사립기관에서는 대부분 박사 학위를 취득한 전문가들만을 고용한다. 이 러한 방침들은 자격승인이나 주의 인가 조건에 영향을 미친다. 이는 7장에서 논의된다. 프로그램의 내용은 6장에서 논의될 것이다.

5. 학교심리학자는 다른 심리학자와 어떻게 다른가?

심리학자의 여러 유형은 연구와 응용의 기준에 따라 구분된다. 가장 명백한 유형의 심리 학자는 전문 심리학자이며 학교심리학자, 임상심리학자, 상담심리학자도 포함된다. 산업 심리학자 혹은 조직심리학자는 응용심리학자로 간주하지만, 전문 심리학과 연관된 건강- 서비스 제공자라는 역할을 하는 것은 아니다. 산업 혹은 조직 심리학자는 심리학을 조직 개발, 시스템 분석, 인사 채용, 프로그램 평가, 인적 요인들을 포함한 비즈니스와 산업의 문제에 응용한다.

임상심리학과 상담심리학

학교심리학자, 임상심리학자, 상담심리학자를 분명하게 분리하는 선은 없고, 교육이나 실무도 겹치는 부분이 많다. Bardon과 Bennett(1974)는 학교심리학의 독특한 특성은 학 교 상황에 초점을 두고 학교에서 생활하는 사람의 문제를 다루는 점이라고 했다. 반면, *임상심리학자(clinical psychologist)*는 "정신, 정서, 행동 장애를 평가하며 …… 청소년기 반항으로 나타나는 어려움과 같은 단기적인 위기에서부터 정신분열증과 같은 더 심각하 고 만성적인 질환을 다룬다"(APA, 2003, p. 2). 임상심리학자는 보통 의료 기관, 진료소, 개인 실무 사무실에서 일한다. *상담심리학자(counseling psychologist)*는 "사람들이 자신 의 강점과 재주를 인식하도록 해 자신의 문제에 대처할 수 있도록 도와준다." 이들은 개 인, 가족, 집단을 대상으로 상담과 심리치료, 교수, 과학적 연구를 수행한다. 상담심리학 자는 "사람들이 이해하도록 도와주고, 직업과 일 문제를 해결하도록 도와준다. 그들은 인생의 단계에 걸쳐 사람과 여러 문제들이 어떻게 달라지는지에 대해 관심을 갖는다."

(APA, 2003, p. 2). 상담심리학자들은 종종 임상심리학자들과 비슷한 상황에서 일한다.

   학교심리학자는 이들의 배경, 교육적 기초와 응용 분야에 대한 훈련, 개별학습과 학생들의 행동문제에 관한 관심, 학생 고객, 그들이 가장 많이 고용되는 교육 환경이라는 점에서 다른 전문 심리학자들과 구별된다. 그러나 임상심리학자와 상담심리학자도 때때로 학교에서 일을 하고, 학교심리학자도 때때로 임상심리학자와 상담심리학자들이 주로 일하는 곳에서 일을 하기도 한다. 물론 많은 임상, 상담, 학교심리학자들이 고등교육 기관에서 교수와 연구에 종사한다.

교육심리학

많은 학교심리학자들이 교육심리학과에서 교육받기 때문에 때때로 교육심리학자와 혼동된다. 그 혼동은 이해할 만하고, 어떤 지역에서는 *교육심리학자(educational psychologist)*와 *학교심리학자(school psychologist)*는 동의어로 취급된다. 그러나 일반적으로 교육심리학자는 연구 중심 심리학자이고 *전문 직업 심리학자*는 아니다. 이들은 일반적으로 개별 및 집단 아동이 학습과정에 어떻게 적응하는가 보다는 학습과정에 대한 연구를 한다. 교육심리학자들은 동기, 학습과 인지, 인간발달에 대한 연구와 이것들이 어떻게 교육의 개선에 적용될 수 있는가를 연구하고 이를 다른 심리학자들과 공유한다. 이러한 문제에 관심이 많은 학교심리학자들도 학습과 정신건강 측면을 포함한 교육의 과정에 어려움을 겪는 아동과 청소년 개인 및 집단(때때로 어른도)의 연구에 집중한다. 교육심리학자들은 종종 *학교 교육과정* 문제에 대한 연구와 평가를 수행하고, 직접적으로 대학에서 교사양성 프로그램에 관여한다. 역사적으로, 학교심리학자는 교육심리학자 및 임상심리학자와 연대감을 가진다. APA의 *심리학: 21세기를 위한 직업(Psychology: Careers for the Twenty-First Century)*(2003)과 APA 웹사이트를 보면 다양한 유형의 심리학자, 직업 자원, 심리학에 관련된 직업들에 대한 많은 정보를 찾아볼 수 있다. 이러한 전문가들에 대한 역사적 대우와 차이점은 Benjamin과 Baker(2004)에 잘 나타나 있다.

생활지도와 상담

비록 학교심리학자와 생활지도 상담가(guidance counselor)들 간의 경계선이 모호하지만, 교육과 실무에 있어 중요한 차이점들이 있다. 학교 상담가들은 역사적으로 학업과 직업지도를 위해 주로 중등학교 학생들을 대상으로 일해 왔다. 최근 추세를 보면 상담가들은 모든 학년을 대상으로 종합적인 발달지도 프로그램을 시행하고 있다. 이러한 역할에서, 상담가는 개인상담, 집단상담, 위기상담, 발달적으로 적합한 교실 실제, 교사와 부모 상담을 포함한 전반적인 프로그램을 제공한다. 비록 추세가 줄어들긴 하지만, 학교 상담가들은 보통 학교-기반 실무를 위한 자격인증을 위해 교사 자격증을 지녀야 하고, 종종 교수 경험도 요구한다. 이들은 대개 한 학교 혹은 두 학교에 서비스를 제공한다. 이들의 교육 프로그램은 대개 교육대학이나 교육학과에서 이루어진다. 그리고 이들은 심리학과 수업을 거의 듣지 않고, 장애아에 대한 지도도 덜 강조한다.

그러나 일부 생활지도 상담가들의 역할은 집단검사, 학생 성취검사, 개인 및 집단 상담, 교사와 부모 상담을 포함한다는 점에서 학교심리학자의 역할과 상당부분 겹친다. 일부 학교구의 중등학교에서는 학교별로 학교심리학자와 생활지도 상담가가 함께 일하며, 이들의 역할도 중복될 수 있다. 현재 많은 주 정부들이 학교구에 초등 상담교사를 학교마다 고용할 것을 요구한다. 일반적으로, 학교심리학자들은 학교구 전체를 담당하거나 몇 학교를 함께 담당하지, 한 학교 소속으로 일하지는 않는다. 일부 학교 시스템들은 다양한 학생지도 방법을 채택하며, 생활지도 상담과 학교심리학을 공부한 직원을 고용하고 있다(예: North Carolina의 Charlotte-Mecklenburg 학교).

학교사회복지

학교심리학자의 서비스는 학교사회복지사의 일과 중복된다. 학교사회복지사들은 아동과 학부모들에게 서비스를 직접 제공한다. 학교사회복지사들은 또한 교사에게 컨설테이션을 하고, 개별 및 집단으로 학생과 학부모에게 중재 서비스를 제공한다. 학교사회복지사들과 학교심리학자들은 종종 상담, 인터뷰, 심리치료에서 유사한 훈련을 받으며, 몇몇 학교나 교육청 단위로 배치되고, 학교사회복지 자격을 얻는 데 있어서 교사자격증은 필요하지 않다(Constable, McDonald, & Flynn, 1999).

6. 실무를 위한 실무자 자격요건은 무엇인가?

학교심리 실무는 다양한 기관에 의해 학교상황과 학교가 아닌 상황에 따라 통제되는데, 일반적으로 학교상황은 주 교육부(State Department of Education: SDE)에서, 학교 밖 상황은 주 심리학 조사위원회(State Board of Examiners in Psychology: SBEP)에서 담당한다. SDE에서는 자격증(면허증이라고 부르는 것이 추세)을 발급하고, SBEP에서는 면허증(때로 자격증이라고 부름)을 발급한다. 자격증의 유형은 학위 수준에 따르는 경향이 있다. 거의 모든 기본적인 SDE 자격증은 석사학위 혹은 전문가 수준의 교육을 받은 실무자들이 딸 수 있고, 학교가 아닌 환경의 면허증은 단지 박사학위 소지자에게만 부여된다. 일반적으

> 2004~2005 학년도 실무자 조사에 의하면 93.3%가 SDE 자격증이고 36.7%는 학교 이외의 면허증을 소지하였다.

로 이들 기관으로부터 취득하는 실무 자격의 기준에는 큰 차이점이 있다.

　7장에서 논의하듯이, 자격인증은 복잡하지만 전문 심리학에서는 매우 중요한 측면이다. 자격인증의 명칭과 자격요건은 주 정부마다 다르다. 지원자들은 실습과 인턴십과 같은 현장경험을 포함해서, 교육을 수료한 이후에 적절한 자격증을 신청한다. NASP의 학교심리학자 자격요건 *Credentialing Requirements for School Psychologists*(NASP, 2000d)는 자격증과 면허에 관한 중요한 정보원이 되며, 최근 정보는 NASP 웹사이트 링크를 통해 확인할 수 있다. 어떤 주에서는 학교심리학자들이 정신건강 상담가 자격증이나 전문상담가 자격증 등을 신청할 수 있다. 뉴햄프셔는 인지기능 평가의 전문가 자격증을 부여하고, 또 일부 주들은 교육진단가 자격증을 수여한다. 비실무 자격인 학교심리학자국가자격(Nationally Certified School Psychologist: NCSP)은 NASP의 미국 학교심리학자격제도(NSPCS)에 의해 발급되고 실무 자격증을 취득하는 데 도움이 될 수 있다. 미국 학교심리학 이사회(American Board of School Psychology: ABSP)는 비실무 자격을 제공하지만, 단지 박사 수준의 실무자를 위한 것이다.

　Curtis 등(1999)은 학교심리 실무자들 중에서 94.1%가 주 교육기관으로부터 수여되는 학교심리학자 자격증을 소지하고, 11.3%는 심리학자 또는 학교심리학자와 같이 독립된 박사 수준의 자격증을 소지하며, 17.4%는 비박사 면허(예: 학교심리학자, 계량심리학자, 심리학 관련)를 소지한다고 했다. Curtis 등(2006)은 91.3%가 SDE 자격증을 소지하며, 36.7%는 학교가 아닌 면허증을 소지한다고 했다. 62%만이 NCSP를 소지하고 있었고, 이것은 Reschly와 Wilson(1992)이 보고한 76%보다 상당히 낮은 수치이다. 박사학위를 소지한 실무자들 중 적은 비율의 사람들만이 ABSP의 학위를 소지하고 있었다.

7. 학교 심리학자들의 수는 얼마나 되는가?

아주 정확한 학교심리학 실무자에 대한 전국 추정치는 아직 없으며, 주의 추정치도 거의 없다. 그러나 몇몇 주에서 실시한 조사나 NASP와 APA 조사에 의한 믿을 만한 통계치가 있으며, 국제학교심리학회의 연구도 추정치를 제시했다. 전 세계적으로 40,000~45,000명의 학교심리학자들이 있다고 오랫동안 알려졌다(Catterall,1979b). 미국을 포함한 54개국이 보고한 것을 근거로 한 다른 연구에서는 세계에 87,000명의 학교심리학자가 있다고 추정했다(Oakland & Cunningham, 1992). 미국의 경우, 조사에 의하면 최근에 35,000명의 학교심리학자가 있다고 한다. 표 1.4는 2006년 6월 NASP에 등록된 회원에 근거해 각 주별 및 지역별 추정치를 보여준다. 10개 주를 대상으로 한 최근의 NASP의 연구에서는 전국적으로 37,893명의 공인된 학교심리학자들이 있으며, 29,367명은 공립학교에서 일한다는 통계치를 보였다(Charvat, 2005). 이 추정치와 표에 있는 NASP 회원 정보(약 6,200명

〈표 1.4〉 주와 지역별 NASP 회원 자료

지역	회원(지역별 전체 비율)	주(회원)
Northeast	7,848 (32.89%)	CT(709), DC(48), DE(95), MD(617), ME(172), MA(800), NH(148), NJ(1,028), NY(2,503), PA(1,450), PR(63), RI(158), VT(57)
Southeast	5,184(21.72%)	AL(119), AR(129), FL(1,070), GA(542), KY(268), LA(198), MS(101), NC(516), SC(323), TN(389), TX(888), VA(567), WV(74)
Central	5,200(21.79%)	IL(1,203), IN(409), IA(207), KS(207), MI(553), MO(153), MN(366), ND(48), NE(285), OH(987), OK(155), Sd(91), WI(536)
West	5,271(22.09%)	AK(79), AZ(600), CA(2,488), CO(547), HI(53), ID(109), MT(102), NV(189), NM(126), OR(253), UT(175), WA(500), WY(50)

출처: NASP membership database, June 2006.

의 학생 회원이 누락)는 자격증을 가진 모든 학교심리학자들 중 거의 절반이 NASP 회원임을 나타낸다.

8. 학교 심리학자들은 지리적으로 어떻게 분산되어 있는가?

학교심리학자들이 어떻게 산재되었는가에 대한 좋은 추정치는 NASP 회원 정보에서 찾아볼 수 있다. 표 1.4는 2006년 6월 30일자의 정보로 잘못됨을 보여준다(6월 자료는 그 해에서 회원수가 가장 높은 것으로 되어 있다).

1970년대 초에 설립된 NASP의 지역적 구조는 1990년대 후반에 수정되어 지역 간 균형을 취하고 있다. 그 연구는 이들 주의 학생 수를 반영하고, 미국 전역에 걸친 실무자에 한해 나타내고 있다. 적어도 1,000명이 있는 여섯 개의 주(뉴욕, 캘리포니아, 펜실베이니아, 일리노이, 플로리다, 뉴저지)는 전체 회원수의 41.45%를 차지한다. APA 학교심리학 분과 회원(Hyman, Bilker, Freidman, Marino & Rosessner, 1973)이 수행한 이전의 연구는 지난 몇 십 년간 이들 주의 상당한 전문성이 학교심리학 발전에 영향을 미쳤다고 제안했다. LA, 뉴욕시, 시카고와 같은 대도시 지역에 있는 수백 명의 학교심리학자들을 포함해 일부 대도시 지역은 이런 집중을 나타내게 한다.

결과는 2004~2005 학년도 NASP 조사와 일치하는데 응답자의 28.6%가 도시, 49.9%가 교외, 28.8%가 시골지역으로 나타났다.

Reschly와 Wilson(1992), Reschly(1998)는 또 다른 분포 연구를 하였는데, 이 조사의 응답자들은 다음과 같은 환경에서 선발되었다. 대부분 도시지역(27~28%), 대부분 교외 (33~38%), 대부분 시골지역(21%), 혼합 환경(14~17%)이다. 다른 조사는 30.3%가 도시지 역, 44.8%가 교외지역, 24.9%가 시골 지역이라고 했다(Curtis et al., 1999). Bramlett 등 (2002)이 시행한 조사에서, 응답자들은 교외환경(43%), 도시(30%), 시골(27%)에서 일하고 있다고 응답했다. 이 결과는 2004~2005학년도의 NASP 조사와 일치하는데, 여기에서 응답자들은 도시(28.6%), 교외(49.9%), 시골(28.8%)에서 일한다고 대답했다(Curtis et al., 2006). 통계 결과가 일치하긴 하지만 그렇다고 해서 이 데이터가 반드시 특정 주의 상황을 나타낸다고 볼 수는 없다. 예를 들어 오하이오 주는 비교적 도시이고 인구가 많은 주라고 인식되지만 학교심리학자들의 29%가 도시지역, 39%가 교외, 32%가 시골지역에 분포하는 것으로 나타났다(Mcloughlin, Leless, & Thomas, 1998). 학교심리학자들의 지리적 분포 정도는 그들의 실무와 조직(특히 주 수준에서)에 영향을 미칠 수 있다.

캐나다에서는, 모든 지방과 지역에서 학교심리학자들이 근무하고 있지만, 그들의 분포는 지방의 남부와 인구가 많은 중심부에 집중되어 있는 경향이 있다. 국제적인 입장에서 볼 때 학교심리학자들은 북아메리카, 유럽, 지중해지역과 아프리카와 극동의 옛 영국 식민지에 특히 분포해있다. 학교심리학 서비스에 대한 접근성은 교육적 및 특수교육 서비스의 이용가능성에 달려 있으며(Catterall, 1979b) 그 나라의 경제적 발달 수준에 달려 있다(Oakland & Cunningham, 1992). 9장과 10장에서 캐나다와 국제적 분포에 대해 자세히 다룬다.

9. 학령기 아동에 대한 학교심리학자의 비율은 어떠한가?

아동에 대한 실무자의 비율은 서비스의 용인성에 대한 양적인 판단 기준으로 작용했다. 비록 서비스 공급의 질에 대한 대략적인 지표만을 나타내지만, 이 비율은 수십 년 동안 서비스의 중요한 지표였다(예: Charvat, 2005; Feinberg, Nujiens, & Canter, 2005).

보고된 서비스 비율

비록 주 안에서 혹은 주 간에도 큰 편차가 있으나, 학령기 아동에 대한 학교심리학자의 비율은 20세기 동안 내내 증가해왔다. 범위는 높게는 1:535 낮게는 1:7,946이다(Charvat, 2005). NASP(1999) 회원 갱신 조사는 13,441명의 응답자 중 56%가 1:1,000이거나 그보다 낮은 비율이었고, 단지 15%가 1:3,000보다 더 높은 비율이었다고 밝혔다. 1994~1995학년도(Curtis et al., 1999) 조사에서는 1,430명의 응답자 중 약 49%가 1:1500 혹은 더 낮은 비율로 그리고 약 12%의 응답자들이 1:3000보다 더 높은 비율에서 일한다고 나타냈다.

이 추정치들은 일찍이 조사를 통해 밝혀진 1:1,875의 비율과 일치하는데, 이 비율은 1989년과 1993년 사이의 비율이 계속 동일하다는 것을 말하고 있다 (Lund et al., 1998). Curtis 등은 또한 지역별 추정치를 보고했으며, 주별 개인 학생당 비용과 같은 비율에 영향을 미치는 요인들을 논의했다. Brameltt 등 (2002)은 1:1,500의 비율 중앙값을 보고했으며, 26%

전국적으로 주 내에서나 주 간에서도 큰 편차가 있기는 하나 한 사람의 학교심리학자 대 약 1500명 학생 비율은 합당한 것으로 본다.

는 1:1,000 혹은 더 좋은 상황이고, 49%는 1:2,000 혹은 더 나쁜 상황이라 보고했다. 요약하면, 전국적으로 한 명의 학교심리학자당 1,500명의 학생 비율은 주 내에서나 주 간에서도 큰 편차가 있기는 하나 합당한 것으로 보인다.

전문적 지침

*전문 협회*에서는 이상적인 비율을 권장하고 있다. 예를 들어, NASP(2000b)는 1:1,000의 비율을, APA(1981)는 1:2,000의 비율을 권장했다. 그러나 일부 주 교육기관은 어떤 형태의 비율이든 간에 승인하고 있다. NASP는 1984년(NASP, 1984b) 이래 1:1,000의 비율을 권장해왔으나, 한 명의 학교심리학자가 최대한 4개 학교를 담당하라고 권함으로써 더 이상 비율은 적절하지 않았다. 기존의 공립학교 수(예: 약 94,000)에서, 비율은 이미 약 한 명의 학교심리학자당 4개 학교가 되지만, 이는 단지 전국적인 기초에서 그렇다. 지역 교육청 수준에서는 많은 학교심리학자들이 4개 이상의 학교를 담당하며 일부는 단지 하나의 학교만 담당한다. 그에 비해 권장하는 학교상담가의 비율은 1:250이고 학교사회복지사 권장 비율은 1:800이다(Allensworth, Lawson, Nicholson, & Wyche, 1977). 그러나 상담가의 전국 평균은 1:477로서(Feller, 2004) 권장 비율의 약 2배라고 보고되었다.

지역별 비율

시골과 도시지역의 비율 비교는 Reschily와 Connolly(1990)에 의해 시행되었고, 도시지역 비율에 대한 시대적 비교는 Fagan과 Schicke(1994)에 의해 연구되었다. 이 연구들은 가장 좋은 비율은 교외지역이었고, 시골과 도시의 비율은 전국 비율과 별반 차이가 없다고 제시했다. 국제적으로는 비율의 중앙값이 1:11,000(Oakland & Cunninham, 1992; 10장에서 자세히 다룸)으로 보고되며, 큰 폭의 차이가 있다(Jimerson et al., 2004)고 보고되었다.

NASP와 APA의 학교심리학 분과(분과 16)는 미국의 주된 국가 조직이다.

10. 학교심리학자는 어떤 전문 협회에 소속되어 있는가?

학교심리학자들은 국제적, 국가, 주, 지역 수준의 협회에 소속된다. 국제학교심리 학회(ISPA)는 다른 나라의 학교심리학에 대한 정보의 원천이다. NASP와 APA의 학교심리학 분과(분과 16)는 제각기 대략 24,000명과 2,500명의 회원을 보유한 미국의 주된 국가적 조직이다. 학교심리학 분과는 APA의 56개 분과(2006년에 회원은 15만 명이 넘음) 중 하나이다. 비록 많은 사람들이 캐나다심리학회(Canadian Psychological Association: CPA)에 소속되어 있긴 하지만 캐나다 학교심리학자협회(CASP)는 캐나다의 주된 학교심리학회이다. 학교심리학자들은 미국상담학회, 장애인 특수교육 협의회와 같은 많은 부차적 학회에 소속되어 있다. 그들의 임무와는 관계없이 APA와 NASP가 관여하는 문제의 범위는 상당하고 간결한 정의 범위를 넘어선다.

APA 학교심리학 분과

분과 16은 1945년에 설립되었고, 학교심리학자를 위한 가장 오래된 국가적 조직체이다. 이것의 모체인 APA는 1892년에 설립되었으며, 미국에서 가장 오래된 국가적 심리학 조직체이다. 학교심리학 분과는 학회에서 일을 할 임원들, APA 이사회 대표를 선출해왔으며, 전문적 업무, 회원관리 업무, 교육과 훈련 및 과학적 업무, 출판과 통신 및 학회 행사 업무, 사회적, 윤리적 및 인종적 업무를 담당하는 부회장을 선출해왔다.

총괄적으로 그들은 분과의 집행부 위원을 구성하며, 임명된 임원(예: 편집자와 학생 대표)과 함께 모학회가 하는 일을 제외한 분과의 모든 측면을 관리한다. 비록 자체의 중앙 오피스가 있지는 않지만, 분과는 APA에 의해 제공되는 업무 서비스를 하며, Washington, DC에 있는 큰 빌딩에 사무실이 있다.

미국학교심리학자협회(NASP)

NASP는 1969년에 설립되었으며 오직 학교심리학자를 위해서만 일하는 전 세계에서 가장 큰 조직이다. 이 조직은 NASP의 주요 입법부인 NASP Delegates Assembly에서 전국적으로 선출된 임원들과 주에서 선출된 대의원들에 의해 운영된다. 네 지역에서 각기 2명의 대표자(선출된 임원과 프로그램 관리자)가 나와 집행부를 구성한다. 전체 조직 구조는 프로그램의 관리자 영역 안에서 위원회 구성원, 편집자 등으로 구성되며 200명의 인원을 초과한다. NASP의 정책과 업무는 베데스다, 메릴랜드에 있는 임대 시설의 본사 사무직원에 의해 시행된다. NASP와 APA 분과 16은 모두 각기의 운영회 대의원이 있다.

주와 지역 단체

각 주들은 또한 학교심리학자 단체를 보유하고 있는데, 보통 NASP 회원이다. 비록 몇몇 주의 학교심리학자들은 그 주의 심리학 단체의 한 분야로 조직되나, 대부분의 경우 학교 심리학자들을 위한 주 단체들은 주 심리학회와는 독립적이다. 주 APA와 주 NASP의 회원 네트워크는 학교심리학의 역사에 스며있는 두 분야 즉 교육학과 심리학에 관여하고 기여 하는 사람으로 이루어진다. 다른 장에서 논의되지만, 이 두 가지 독립된 회원 네트워크는 많은 주와 국가의 훈련 정책, 인가, 자격인증, 실무 정책에 영향을 미친다. Curtis 등(2006) 은 NASP 회원 중에 72%가 주 학교심리학회에 소속되며, 18%는 APA에 소속되어 있고, 11%는 APA 학교심리학 분과에 소속되어 있다고 했다. 학교심리학자는 좀처럼 지역적으 로 조직되지 않지만, 주 안에서는 주 학회에 가입하고 있는 회원이 지역과 지방단체와 연 계하는 것이 일반적이다. 일부 주 학회는 서술적이고 역사적인 간행물을 가지고 있다.

학회 회원

학회 회원의 회비는 상당히 다르다. 비록 전국 학회의 연간 회비는 보통 100달러를 초과 하지만, 주 학회 회비의 범위는 최소 15달러에서 최대 100달러 사이이다(F. Smith, 1997). 대부분의 학회는 학생회원 회비가 있다. 회원 등급으로는 준회원, 은퇴회원, 명예회원이 있다. 학교심리학 양성프로그램의 교수진은 일반적으로 TPS(Trainers of School Psychol-ogists)나 CDSPP(Council of Directors of School Psychology Programs)의 회원이다. 전문 학회와 그 발전에 대한 자세한 내용은 Commings(2005), Fagan(1993, 1996a, 2005d), Fagan, Gorin, Tharinger(2000), Fagan, Hensley, Delugach(1986), Oakland(1993, 2005), Phelps(2005), Phillips(1993)에서 볼 수 있다.

11. 학교심리학 분야의 주요 학술지와 뉴스레터에는 어떤 것이 있는가?

학교심리학자들이 이용할 수 있는 많은 학술지는 전문 학회나 또는 관련된 발행물이다.

주요 학술지

학교심리학 학술지는 학회 회원들 또는 정기 구독을 통해 이용할 수 있다. NASP 회원 자 격으로 받을 수 있는 학회지는 NASP의 *School Psychology Review*와 *School Psychology Forum: Research in Practice*(전자출판)가 있다. APA 회원은 분과 16의 *School Psycholo-gy Quarterly*(2007년의 공식 APA 학회지)와 *American Psychologist*를 받는다. CASP 회원

은 *Canadian Journal of School Psychology*를 받는다. ISPA는 그들의 공식 학회지인 *School Psychology International*이 있는데, 구독료를 낮추어 회원에게 제공한다. 독립적인 학교심리학 학회지에는 *Journal of School Psychology, Psychology in the Schools, Journal of Applied School Psychology, Journal of Educational and Psychological Consultation*이 있으며, 정기 구독을 통해 이용할 수 있다. 학교심리학 학술지들의 내용은 유사하나 편집상의 방침은 다양하다(Wilczenski, Phelps, & Lawler, 1992).

부차적인 학회지

많은 다양한 학회지 또한 학교심리학자들의 관심을 받는다. 전문 심리학 안에서 어떤 것은 방대한 주제와 실무를 다루고(예: *Journal of Consulting and Clinical Psychology, Professional Psychology: Research and Practice*), 몇몇은 기초적인 조사를 다루며(예: *Developmental Psychology, Journal of Educational Research*), 또 어떤 것은 구체적인 방향이나 실무를 다룬다(예: *Behavior Therapy, Exceptional Children, Journal of Learning Diasabilities, Journal of Psychoeducational Assessment, Mental Retardation*). 주 학회는 보편적으로 뉴스레터를 출판한다. 그러나 드물게 학회지도 출판하는데, 그 중 하나가 *California Journal of School Psychology*(Fagan, 1986a)이다.

뉴스레터

해마다 전국 및 국제 학회들은 몇 차례의 뉴스레터를 출판한다. 이들로는 APA의 *Monitor on Psychology*와 학교심리학 분과의 *The School Psychologist*, NASP의 *Communiqué*, TSP의 *Trainers' Forum*이 있다. CDSPP 잡지는 2002년부터 출판되지 않고 있다. 독립적인 신문인 *The National Psychologist*는 특히 개인 실무를 보는 심리학자들에게 유용한 정보의 원천이다. NASP는 많은 다른 회보 유형의 소식지를 출판하는데, *NASP Announce*와 학회 내에서의 특수한 이익 집단을 위한 몇몇 회보가 있다. 학교심리학 회보들이 보통 전문 학회에 의해 출판되나 *Today's School Psychologist*는 1997년 이래로 개인 사업체인 LRP 출판사에서 다달이 출판되고 있다.

온라인상에서의 학회지들과 회보들은 더욱 흔해지고 있는 추세이다. 학교심리학의 문헌에 관한 더 많은 정보는 Fagan, Delugach, Mellon, Schlitt(1985), Fagan과 Warden(1996), French(1986), Whelan과 Carlson(1986)에서 찾을 수 있다.

12. 전문적 실무를 위한 학교심리학자의 기준은 어떠한가?

미국의 학교심리학자들은 두 가지 윤리 강령을 준수해야 한다. 하나는 APA의 *Ethical*

Principles of Psychologists and Code of Conduct(APA, 2002)이고 또 다른 하나는 NASP 의 전문적인 행동 매뉴얼인 *The Principles for Professional Ethics: Guidelines for the Provision of School Psychological Services*(NASP, 2000a; 부록 C와 D 참조)이다. 몇 가지 경우 학교심리학자 주 학회는 이상의 것 가운데 하나 혹은 두 개 모두의 규약을 채택하거나 또는 아마도 그들 자신의 규약을 준비할 수 있다. 윤리 규약은 또한 CASP(9장 참조)와 ISPA(20장 참조)에 의해 개발되거나 채택되어 왔다. 덧붙여 학교심리학적 서비스 조항에 관한 기준은 수용할 만한 수준에서 제공될 서비스를 명시하고 있다. 이런 기준들은 서비스 비율, 고용 조건, 서비스의 폭, 기관과의 관계 등의 측면에서 표현된다. 윤리와 기준은 7장에서 논의된다.

13. 일반적 계약조건과 보수는 어떠한가?

계약, 봉급, 혜택은 상황과 지위에 따라 다양하다. 다음 부분은 그에 관한 범위와 다른 고려사항에 대해서 기술하고 있다.

임명 기간

적어도 한 주에 40시간을 일하는 상근직은 고용 약정에서 가장 보편적으로 나타나는 형태이다. Curtis 등(2006)은 실무자의 50.4%가 180~190일을 계약했으며, 33.6%는 200일 혹은 그 이상으로 계약했다. Reschly와 Wilson(1992)은 학교심리학자들의 평균적인 계약 기간은 202일이며, 중앙값은 192일이라는 사실을 발표했다. Curtis 등(1999)은 1994~1995년 학기에 바탕을 둔 유사한 자료를 발표했다. 1999년 NASP 회원 갱신 조사에서는 55%의 회원이 180~199일을 계약했으며, 20%는 200~219일을 계약했다고 밝혔다. 학기는 일반적으로 180~185일이므로, 조사 자료는 학기에 2~4주를 더한 것으로 이해할 수 있다. 이 자료들은 앞선 자료(Graden & Curtis, 1991)들과 일치하며, 9달을 계약하는 것이 계속해서 더 인기가 많음에도 불구하고 추세는 10달을 계약하는 방향으로 증가해왔다는 것을 나타냈다.

봉급

NASP의 2006년 연례회의에서 발표된 보고서는 교수, 실무자, 2004~2005년 NASP 회원조사에서 나타난 사람들의 평균 봉급이 60,581달러라고 보고했다(Curtis et al., 2006).

　2001년에 이루어진 상근제 학교-기반 심리학 피

> NASP의 2006년 연례회의에서 발표된 보고서는 평균 봉급이 60,581달러라고 보고했다.

고용자들에 대한 APA 봉급 연구는 박사학위 미취득자의 봉급의 중앙값은 61,000달러이고 박사학위 취득자의 봉급의 중앙값은 77,000달러이며 박사학위 취득자 중 70%는 대학 진학 준비 학교 환경에 있다고 밝혔다(Singleton, Tate & Randall, 2003). 2003~2004년에 고용된 2003년 박사학위 취득자에 대한 APA의 연구는 학교 상황에서의 학교심리학자들의 봉급 중앙값과 평균 봉급은 각각 47,000달러와 48,129달러임을 밝혔다(Wicherski & Kohout, 2005).

노동통계청에 따르면 학교심리학자 봉급의 중앙값은 2002년에 54,480달러를 기록했다. 이에 반해 그 해의 교사봉급의 중앙값은 44,499달러였다. Thomas(1999a)는 1999년 NASP 회원 갱신 조사의 자료를 바탕으로 학교심리학 실무자 봉급의 중앙값과 평균이 각각 48,000달러와 49,089달러임을 보고했다. 1994년 평균 봉급은 43,000달러라고 보고되었다(Dawson, Mendez, & Hyman, 1994). 그 이전에 보고된 Reschily와 Wilson(1992)의 조사는 실무자 봉급의 중앙값은 35,800달러이고 평균 봉급은 37,587달러라고 했다. 이것은 1992~2002년 기간 중 봉급이 약 50%나 증가했다는 것을 나타낸다. Chamberlin(2006)은 2003년 학교심리학자의 평균 봉급이 78,000달러이며 심리학 하위 분야 중 가장 높다고 보고한 APA의 조사를 포함한 다양한 정보원으로부터 매우 긍정적인 봉급 자료를 발표했다. 이런 연구의 다양한 결과는 대부분의 실무자들의 9달 혹은 10달의 봉급을 반영한다기보다는 적은 수의 응답자와 11달 혹은 12달의 봉급을 반영하는 것으로 보인다.

봉급에 영향을 미치는 요인

Thomas(1999b)는 경력과 교육 연수를 조합해 만든 봉급 자료를 발표했는데, 이것은 봉급이 이 두 가지 변수에 따라 상승한다는 것을 나타낸다. Dawson, Mendez, Hyman(1994)은 연령, 성별, 학위, NCSP의 지위 등에 따른 상근제 실무자의 봉급 자료를 제공했으며 여기서 각 요소는 조합되지 않았다(이는 여전히 유용한 초기 자료원이다). Thomas와 Witee(1996)는 10개 주의 표본을 통해 유사한 비교를 했다. 봉급에 영향을 미치는 요인은 NASP Listserv(리스트서브)에서 빈번하게 나타나는 주제이다. 봉급은 학력, 계약기간, 경력, 교사 대 비교사의 급여명세서, NCSP의 지위, 크게 부족한 급여, 2개 국어 능력과 같은 요인에 따라 아주 다르다. 비록 NCSP의 지위에 따른 부수적 급여는 실무자들의 관심거리이고, 몇몇 주에서는 부수적 급여가 몇 천이라 하지만 대부분은 추가적인 보상을 제공하지 않으며, 이는 리스트서브 응답자 전체에서 논란이 많은 화젯거리이다. 성별에 따른 봉급의 차이가 만약 조금이라도 있다면 남자와 여자 간의 경력과 학위의 분포에서의 오는 차이이다(Thomas & Witte, 1996). 전문가(EDS) 수준과 박사 수준 간의 봉급 차이는 별로 크지 않다. 물론, 어떤 지역에서는 실무자의 부족 때문에 상당히 높은 봉급을 주지만 수요와 공급의 원리가 여전히 작동한다. 충분히 훈련받고 자격증을 부여받은 초임 학교심리학자들은 학교 상황에서 35,000~65,000달러 범위에서 초봉을 받는다. 대부분의 경우 관리직은 12달을 계약하기 때문에 상당히 많은 봉급을 받는다.

단체 교섭

일부 학교심리학자들은 조합 혹은 단체 교섭 단체에 속해 있는데, 이 또한 봉급에 영향을 끼칠 수 있다. 단체 교섭은 학교심리학자들이 더 자주 교사 협회 및 교섭단위에 속하거나 혹은 그들 자신만의 교섭단위를 가질 수 있는 곳인 도시 지역에서 더 흔하다. Curtis 등(1999)은 38.4%의 응답자가 조합에 속해있다고 보고했다. Curtis 등(2006)의 연구 결과에 의하면 그런 회원 가입에 대한 상대적인 안정성 수치는 34.4%(National Education Association), 9.7%(American Federation of Teachers), 29.5%(local unit)로 나타났다.

학교 외 실무

비록 학교 외 실무의 봉급이 더 높을지라도, 봉급과 상황의 관계는 명확하지 않다. 그러나 추가봉급은 보험비용, 장비, 여행, 계약의 기간에 의해 감소될 수 있다. 특히 개인 실무 상황에 관해서는 더욱 그러하다. 일부 학교심리학자들은 단시간 근무제를 선택하는데, 이는 많은 수의 실무자들이 은퇴하고 계속해서 취업함에 따라 나타나는 일반적 모습이 되어갈 것이다. Reschly와 Wilson(1992)은 단시간 근무제 고용을 필요가 아닌 개인적 선호에 의한 것이라고 보고했다. 그들은 또한 학교심리학자의 35%는 평균 6,800달러의 부수적인 수입을 가져다주는 외부의 부차적인 직업을 가진다고 보고했다. 그러나 앞에서 이미 언급했다시피(고용환경 참조), 단지 적은 비율의 학교심리학자들이 개인 실무에 관여하고 있으며, 개인 실무를 상근제로 시행하고 있는 사람은 정말 몇 되지 않는다. 학교 외 실무와 관련된 최근의 봉급 자료는 얻을 수 없다.

14. 고용 시장은 어떠한가?

가끔 경기가 하향됨에도, 학교심리학자들의 고용 기회는 학교심리학의 역사를 통해 볼 때 줄곧 긍정적이었다(Fagan, 2004b). 1987~1988학년도에는 상당한 일자리가 있었고, Cannolly와 Reschly(1990)에 의한 1989~1990년 보고서에는 당해에 500개 이상의 일자리를 확인했다. 1990년대 초의 불황이 교육청의 예산을 압박했지만, 인력시장은 지속적으로 수요가 공급을 훨씬 능가하는 특징을 보였고, 인력 부족은 해소되었을 것이다(Lund et al., 1998). Reschly와 Wilson(1992)은 그 중 23%가 학교심리학자로 인증받은 후 1년 이상 일하지 않았으며, 그 사람들 중 15%만이 "일자리 없음"을 이유로 들었음을 알아냈다. 그 외에 일반적인 세 가지 이유는 다른 전문직(32%), 가족부양 책임(20%), 대학원 진학(16%)이었다. *Psychology in the Schools*의 2004년 특별호는 2002년 School Psychology Futures Conference를 실었고, 실무자와 학문 인력 부족에 대한 관심을 논의했다(Vol. 41, No. 4). 2004년 APA-인증 프로그램들의 목록 가운데 24%가 새로운 교수들을 뽑는다고 하였고, 2006년 가을에는 63개 대학에서 72명의 학교심리학 교수 공고가 있었는데 절반 정도가 조교수와 교수 수준이었다(Tingstrom, 2006). 잡지 *Money*에서 심리학 교수 직위는 50위 중 상위 10위 사이를 차지했고, 학교심리학 교수 직위는 '정신건강과 학습의 간의 관계에 대한 대중적 이해 증가로 인해 특히 빠르게 성장할 것으로'(Chamberline, 2006, p. 7) 기대되었다.

학교심리학은 GradSchool.com에서 상위 분야 가운데 하나로 열거되었고, 온라인 APA 잡지 *GradPsych*에서도 대학원생 증가 영역으로 나왔다(Greer, 2005). 잡지에 따르면, "노동 통계청은 학교심리학이 2012년까지 가장 빠르게 성장하는 5가지 박사학위 직업 중 하나가 될 것이라고 발표했다"(p. 32). 이직과 퇴직이 지속적인 일자리 기회의 요인들이다. 가장 유망한 기회는 시골 지역과 지리적으로 고립된 지역, 심리학적 서비스 증대의 요구 아래 있는 학교, 많은 도시 지역에 있을 것이다. 실무자도 부족하고 학교환경도 부족하며, 고용 시장은 박사학위 소유자와 비소유자 모두에게 지속적으로 순조로워 보인다. 자유시장 방식이 개인 실무 영업을 더 힘들게 하지만, 지속적인 기회는 더 나은 것으로 전망된다.

학교심리학자들의 고용 기회는 학교심리학의 역사를 통해 볼 때 줄곧 순조로웠다.

학교심리학자의 주요 역할

지난 80년 동안 학교심리학 실무자들과 그들의 교육 담당자들은 학교심리학자들이 교육 환경에서 수행하는 역할과 그 역할의 확장 방안을 숙고해왔다. 어떤 사람들은 학교심리학자들이 그저 교육적 관료주의에 따라 아동을 교육적 주류에서 특별한 교육 프로그램으로 배치할 목적으로 심리교육적 검사를 수행하고 채점하는 것 이상을 해야 한다고 생각한다. 이 부류의 사람들은 학교심리학자는 물론 학교가 개인 및 집단치료, 자문, 연구와 평가, 연수와 같은 검사 이외의 역할을 해주는 것이 낫다고 주장한다. 대학에 있는 교육담당자들은 종종 전통적이지 않은 모형을 지지한다. 실습생들과 1년차 실무자들은 자신이 해야 하는 심리교육적 검사와 재평가와 같은 오래 준비해온 역할들이 부수적

인 것으로 여겨진다는 것을 알고는 놀라는 경향이
있다. 학교심리학자들이 우선적으로 하는 평가 역할
은 21세기에도 지속되지만 거기에 다른 두 가지 중
요한 역할, 즉 개입과 자문이 포함되어 확장되었다.
이 세 역할들로 학교심리학자는 대부분의 시간을
보낸다. 그러나 학교심리학자의 모든 역할들은 평가

> 광범위한 맥락에서 볼 때
> 학교심리학자의 평가 전문성은
> 학교심리학의 성장과 성공의 기반이
> 되어 왔다.

(사정)에 근거해 이루어진다. 교육적 정치(place-
ment)에 대한 자문가(consultant)의 결정은 평가 자료를 필요로 하지만, 맥락과 관련자
의 적절한 특성을 평가하는 효과적인 사례 자문(상담)도 필요하다. 효과적인 가족치료
를 위해서는 가족 구성원 개개인에 대한 평가와 가족집단으로서의 평가가 필요하다. 효
과적인 직원이나 조직 개발을 위해 조직 내 개개인의 강점과 약점에 대한 평가가 필요
하다. 따라서, 모든 역할들은 근본적으로 평가 기능을 수반한다.

학교심리학자의 평가 전문성과 확장된 역할인 중재와 자문이 학교심리학의 성장과
성공의 기반이 되어 왔다. 평가나 아동연구의 역할이 비판을 받는 것은 검사 자체나 다
른 평가관련 일 때문이 아니라 검사 결과가 나오면 평가가 끝나 버리고, 자료들은 그다
음 국면인 개인, 집단, 가족 및 조직 수준에서의 개입을 위해 사용되지 않는다는 것이다.

캘리포니아 학교심리학자협회(California Association of School Psychologists, 1991)
는 사정(assessment)에 대한 공식적 입장을 다음과 같이 승인했다.

사정(평가)은 교육적 및 심리적 서비스 제공을 위한 초석이다. 사정을 위해 학생들의 요
구를 규명하고, 아동의 교육을 안내하고, 교육적 결과의 평가에 사용될 자료를 제공하는
것이 필요하다. 교육연구에 의하면 사정(평가)이 필요한 이유는 현재의 평가 없이 수행되
는 개별화 중재와 교육 프로그램이 아동들에게 이롭지 않기 때문이다. 이유는 다음과 같
다. (a) 경험적 자료에 기초하지 않은 프로그램은 문제의 성격과 원인에 대해 잘못된 가정
에 근거를 두기 때문이다. (b) 프로그램은 종종 미래의 중재 노력을 저해하는 비현실적인
기대를 불러일으킨다. (c) 자료가 없는 프로그램은 설명할 수 없고, 적절한 자원 확보에
대한 타당한 평가를 할 수 없기 때문이다. (p. 4)

캘리포니아 협회의 입장은 심리교육적 검사를 포함하는 전통적인 학교심리학자의 역
할을 포용할 뿐만 아니라 모든 수준(개인, 프로그램, 조직)에서 이루어지는 평가의 중요
성을 또한 강조했다.

더 최근에는 전통적인 규준평가 기능을 줄이고, 준거지향모형, 교육과정중심모형, 기
능행동평가모형(소위 문제해결 평가모형: Grimes, Kurns, & Tilley, 2006)과 같은 중재에

더 직접적으로 관련하는 비전통적인 모형의 사용을 늘리면서 학교심리학자들이 광범위한 정신건강과 예방 역할에 관여하게 하는 조직적인 노력들이 있었다. 이러한 역할과 적용은 학교심리학자들 사이에 전해지는 심리교육적 평가 유산인 것이다.

요약해서, 이 책은 다음의 여러 학교심리학자들에게서 나타나는 견해에 동의하는 상보적인 평가와 중재 역할을 결합하는 학교심리학 실무 모형을 지지한다. 이들로는 *학교심리학: 훈련과 실제를 위한 청사진Ⅲ*(Ysseldyke et al., 2006), Maier가 제안한 *조력 과정*(*helping process*, 1969), 학교심리학자를 '자료중심 문제해결자'와 '교육프로그래머'로 보는 Susan Gray(1963b)와 Roger Reger(1965)의 입장, 대안적 제공시스템의 입장(예: Ysseldyke & Christenson, 1988)과 폭넓은 생태학적 서비스 모형(Sheridan & Gutkin, 2000)이 있다. 전문성에 대한 미래는 이제껏 그래왔고 앞으로도 지속되어야 할 것으로 학교심리학자들은 대부분의 교육 환경에서 이루어지는 평가에 대해 최고로 훈련되므로 중재를 위해서도 최고의 역량을 갖춘 전문인이라는 사실을 간과해서는 안 된다는 점이다.

제2장

학교심리학의 역사적 발전

심리학의 발전과 역사에 대한 연구는 현대 학교심리학이 미국 사회와 교육의 전반적인 개혁에 있어 어디에 부합되는지를 조명한다. 공영방송 시스템의 텔레비전 시리즈 Cosmos의 시작 부분에서 Carl Sagan은 우주의 진화를 기술했는데, 1년의 우주달력에서 매 달은 12억 5천 년, 매 분은 3만 년, 매 초는 500년(Sagan, 1977)으로 추산되었다. 세이건은 우주달력의 마지막 날의 10시 30분에 이르러서야 첫 번째 인간이 등장했고, 도시의 출현은 11시 59분 35초에 이르러서야 나타났다고 했다. 세이건의 유추에 따르면, 학교심리 서비스의 역사와 미국 학교교육 구조에서 중요한 모든 것이 우주달력의 가장 마지막 초의 1/4시점에서 일어났다. 전문실무가, 훈련 프로그램, 자격증명서 등을 포함한 현대 학교심리학의 어떤 중요한 측면도 1890년대 이전에는 존재하지 않았다. 따라서 비록 학교심리학과 교육의 역사는 몇 가지 측면에서 보면 꽤 길지만, 사회의 폭넓은 발전이라는 측면에선 아주 짧다. 이러한 관점은 학교교육과 심리적 서비스가 비교적 최근의 일이며, 종종 검증되지 않고, 개선되어야 한다는 것을 상기시킨다.

1992년 미국심리학회(American Psychological Association; APA)의 100주년 기념은 심리학의 역사 연구를 위한 자극이 되었다. 일부 연구들은 학교심리학 발달의 기원, 경향, 사건, 주요인물을 규명했다. 비록 많은 연구들이 수행되었지만 여전히 다양한 영역의 연구가 지속되어야 할 가치가 있다(Fagan, 1990c). 이 장에서는 미국에서 진행되는 연구들과 학교심리학의 발달과 성장에 대한 개관을 제시하며 사회, 경제, 정치적 역사 및 관련 전문 분야의 역사적 발전에 대해 논의한다. 학교심리학의 연대기는 수십 년의 역사를 혼합기(hybrid years)와 독립기(thoroughbred years)란 두 주기로 나누어본다. 미국의 전문 심리학의 역사에 대한 일반적인 분석을 위해 Benjamin과 Baker(2004)를 참고하기 바란다.

혼합기와 독립기

학교심리학의 역사적 발전에 대한 시기는 혼합기(hybrid years)(1890~1969)와 독립기 (thoroughbred years)(1970~현재)로 나누어진다. 이 임의적 시기는 중복되기도 하지만 서로 다른 역사적인 시기이기도 하다. 첫 번째 시기는 "학교"심리학이 주로 특수교육 학급 배정을 위해 심리-교육적 평가의 역할을 담당하는 교육자와 심리학 실무자가 구분 없이 동원되었던 시기이다. 혼합기의 후기 10년 동안도 학교심리학은 교사 혹은 생활지도와 상담 같은 다양한 분야에서 인증된 실무자와 기존의 교직 자격에 학교심리를 "추가" 시킨 전문가들의 혼합기였다. 독립기는 초기의 주제들이 완전히 사라진 것은 아니지만, 혼합기와는 다르다. 왜냐하면 교육 프로그램의 증가, 전문실무가, 주와 국가 수준의 협회, 문헌과 법적 규제가 확장되어서, 이 모든 것들이 학교심리학이라 불리는 안정된 전문성에 기여해왔기 때문이다.

> 학교심리학의 역사적 발전은
> 혼합기(1890~1969)와
> 독립기(1970~현재)로 나누어진다.

비록 몇몇 주는 학교심리학의 전문성을 확보했지만, 혼합기 동안에는 그 독자성이 미국 전역에서 일관된 것은 아니었다. 캘리포니아, 코네티컷, 일리노이, 오하이오, 뉴저지, 뉴욕, 펜실베이니아와 같이 더 많이 발달된 주들은 독립기 동안 다른 주들이 배울 수 있는 리더십과 방향을 제공했다. 그러나 발달된 주들조차도 전문적 독자성과 발달이라는 측면에서 도심과 변두리 지역 간의 차이가 두드러졌다(Mullen, 1967). 비록 일부 시골에서도 서비스는 있었지만, 심리학적 및 특수교육 서비스의 성장은 주로 도시 학교에서 확립되었다. Van Sickle, Witmer, Ayres(1911)와 Wallin(1914)은 특수교육과 심리적 서비스가 대개 동북 및 5대호 지역, 큰 도시와 시내 학교 지역에 널리 퍼져 있다고 밝혔다. 많은 학생들이 있는 도심은 그 지역과 학생의 요구 충족에 대한 많은 압박을 받았다. 많은 시골 지역은 서비스 공급이 수십 년 정도 뒤떨어져 있다. 혼합기의 후기 10년과 1975년에 제정된 장애 학생교육법(Education for All Handicapped Children Act; 지금은 IDEA)의 시행 시기에 학교심리학 서비스가 지방에 확산되었다. 독립기에 각 주는 공인된 학교심리학 교육 프로그램을 이수한 전문가들에게 학교심리학 자격증을 제공하기 시작했다.

그림 2.1은 학교심리학의 역사적인 사건 연대와 시기를 제시한다. 각 연대기는 가장 핵심적인 특징에 따라 분류되었고 반드시 그 10년 안에 이루어진 성취는 아니다. 이러한 형태에서 특정 10년의 활동은 후기 10년의 성취로 연결될 수 있다. 예를 들어, 비록 1970

그림 2.1 학교심리학의 역사에서 주요 사건과 시기의 연대기

Ⅰ. 혼합기(1890~1969)

1890~1909 실무의 기원

1890   Cattell은 지능검사 논문 간행

1892   최초의 미국 심리학자 조직인 미국심리학회(APA) 설립

1896   펜실베니아 대학교의 Lightmer Witmer가 최초 심리클리닉 개설

1898   영어 문헌에 학교심리학자란 용어가 처음으로 나타남

1899   시카고 공립학교에 최초 학교-중심 심리클리닉 개설

1905   Binet-Simon 검사 초판이 발행

1907   최초 전문실무자 학술지 *The Psychological Clinic*의 창설과 발간

1908   뉴저지의 Vineland 직업학교에서 첫 번째 임상심리학 인턴제 실시

1909   뉴욕 주 로체스터의 공립학교들이 Binet 검사원 임용

1910~1929 확장과 수용

1910   신시내티 공립학교 구역에 직업사무소 개소

1910   독일 문헌에서 학교심리학자란 용어 등장

1911   독일어 번역에 뒤이어 영어 문헌에 학교심리학자란 용어가 재출현

1912   피츠버그 대학에서 최초의 심리교육 클리닉 출현

1913   Wallin이 전문실무가와 조사자에 대한 최초 조사

1915   Gesell이 최초의 학교심리학자가 임명되었고 1919년까지 코네티컷 주에서 일함

1916   Terman은 Binet-Simson Scales의 Stanford 개정판 출판

1917   최초 임상심리학자 조직인 미국임상심리학자협회(AACP) 설립

1919   APA 분과 임상심리학 설립

1923   최초 *School Psychologist* 학술지에 논문 발표(Hutt, 1923)

1925   뉴욕 시 학군에서 최초 심리학자 자격취득 시험 실시

1928   뉴욕대학교에서 최초로 학교심리학 교육 프로그램 제공

1930~1939 규정의 출현

1930   최초 학교심리학 저서 발간(Hildreth, 1930)

1932   상담심리학자 협회 설립

1935   뉴욕 주의 주교육부가 최초로 자격기준 설정

1937   펜실베이니아 주에서 주교육부가 자격기준 설정

1937   하위 분과를 둔 최초 미국응용심리학회 설립(AAAP)

1938   펜실베니아 주립대학교에서 학교심리학 박사학위 창립

(계속)

1940~1949 조직의 독자성

1942   학교심리학 분야의 *Journal of Consulting Psychology* 특별호 발간

1943   최초의 주 학회 설립(오하이오 학교심리학자협회)

1945   APA 분과구조 개편과 최초 학교심리학의 독자성 제공(APA 분과 16)

1945   코네티컷 주에서 최초로 심리학자 자격제도 법제화

1947   APA가 최초로 임상심리학 프로그램 승인

1947   분과 16이 최초로 전국학교심리학 소식지 간행

1948   콜로라도 주 볼더(Boulder)에서 임상심리학회 개최

1950~1959 전문적 정체성

1951   상담심리학 북서부 학회가 일리노이에서 개최

1952   APA 승인이 상담심리학에 적용

1953   일리노이 대학교에서 최초 학교심리학 박사학위 프로그램 조성

1953   APA가 최초의 윤리강령 공표

1954   전국교사교육자격위원회 설립

1954   오하이오 주교육부가 최초의 주 승인된 인턴제 설립

1954   뉴욕 주 웨스트 포인트에서 최초 전국학교심리학회인 Thayer 학회 개최

1960~1969 교육과 전문실무가의 성장

1962   오히아오 주에서 최초의 학교심리학 저널 간행(*Journal of School Psychology*)

1962   전국교사교육자격위원회(NCATE)가 학교심리학 프로그램 최초 자격증

1963   두 번째 학교심리학 학술지 간행(*Psychology in the Schools*)

1963   학교심리학 인턴제에 관한 Peabody 학회가 테네시에서 개최

1968   오하이오가 학교심리학 초청 학회 주체

1969   전국적 집단형태의 조직 모임이 세인트 루이스에서 개최

1969   최초로 학교심리학자들의 전국적 조직 결성(National Association of School Psychologists: NASP)

II. 독립기(1970~현재)

1970~1979 교육자와 전문실무가 규정, 협회의 정체성과 성장, 전문 분과

1971   APA가 텍사스-오스틴 대학교에 학교심리학 프로그램을 최초로 승인

1972   NASP가 *School Psychology Digest*(지금은 *School Psychology Review*)를 만들고, NASP 소식지 이름을 *Communiqué*로 개칭

1973   미국 재활법 504조항 제정

1974   NASP가 최초의 *전문 직업윤리의 원리*(*Principles for Professional Ethics*) 책 출간

1975   1975년의 모든 장애아를 위한 교육법, 공법 94-142 제정

(계속)

1976	NASP가 NCATE와 연계
1977	NASP가 최초로 교육과 자격 안내책자 출간
1978	APA/NASP 대책위원회 설립
1978	NASP가 교육, 현장실습, 자격증 그리고 서비스 제공에 대한 기준 출판
1979	국제학교심리학회지(*School Psychology International*) 출판

1980~1989 전문적 개편

1980	미네소타의 Wayzata에서 스프링 힐 학술토론회 개최
1981	올림피아 학회가 위스콘신의 Oconomowoc에서 개최
1981	APA가 학교심리학을 포함한 전문성 지침서 발간
1983	신시내티 대학교에 학교심리학 프로그램을 최초로 APA/NCATE 공동 인증
1985	캐나다 학교심리학자협회(CASP) 설립
1985	*Canadian Journal of School Psychology* 발간
1985	APA 분과 16이 *Professional School Psychology*(지금은 *School Psychology Quarterly*) 발간
1988	NASP가 교육 프로그램 승인을 위한 이중 심의제도를 시작했고, NCATE를 통해 첫 번째 프로그램을 승인
1988	미국심리학협회(American Psychological Society)가 설립(2005년에는 심리과학회(The Association for Psychological Science)가 됨)
1988	NASP가 국가자격증제도 창설
1988	최초 학교심리학 국가시험 시행
1989	최초 학교심리학 국가자격증 발급

1990~1999 안정된 성장, 개혁, 정체성 재고

1991	인력 부족에 관한 관심 증대
1991	최초의 APA 승인 학교 구역 인턴제가 텍사스 주 달라스의 공립학교에 실시
1992	미국전문심리학 위원회(ABPS)가 미국학교심리학 위원회(ABSP)를 포함한 전문위원회 창설
1993	미국 학교심리학교 설립
1994	학교심리학 연구회 창설
1996	APA 분과 16이 학교심리학의 이름과 정의를 재고
1997	APA에 의한 공식적인 전문성 인정이 CRSPPP(전문심리학의 전문성과 능숙도 인정위원회)를 통해 승인
1998	NASP의 관리시행 변화

2000~현재 번영, 독자성과 실무의 확장

| 2001 | 인력 부족에 대한 관심 지속 |
| 2001 | 낙오학생방지법(No Child Left Behind: NCLB)의 통과로 정규 학교에 실무 증대 |

(계속)

2002	미래(Futures) 학회가 인디애나 대학교에서 개최
2002	APA/NASP 연합 위원회(예전의 프로젝트 팀)가 해체됨
2002	*Journal of Applied School Psychology* 출간
2004	IDEA 재승인이 학습장애 진단, 증거-중심의 중재, 반응-중재와 같은 실제에 미치는 잠정적 효과 예측
2005	CRSPPP가 학교심리학 전문성 인정 재승인
2006	NASP가 *School Psychology Forum: Research in Practice*란 온라인 저널 창설

년대까지 미국 전역에 걸쳐 전문성에 대한 정체성이 일반적으로 정립되지 않았다 할지라도, 1950년대의 10년 동안 전문적인 독자성을 위한 많은 노력이 있었고 그것은 후대에 영향을 미쳤다.

혼합기(1890~1969년)

이러한 임의적인 연대기는 학교심리학의 첫 출현을 잘 보여주고 있다. 비록 진정한 전문가는 아니더라도, 학교에서 아이들을 도와준다는 공동의 목표를 위해 교육학과 심리학 실무자들이 별 구분 없이 함께 동원된 시기이다.

실무의 기원과 확산(1890~1920년)

학교심리학 서비스의 기원은 19세기 후반과 20세기 초반의 사회개혁의 시대까지 거슬러 올라가야 한다. 일부 개혁운동은 학교심리학 서비스의 출현과 관련된다. 이 움직임들 가운데는 의무교육, 소년원, 아동 노동법, 정신건강, 직업 안내, 아동 양육기관의 증대, 기타 아동-보호 노력과 같은 것들이 있었다(Cohen, 1985; Cravens, 1985; Siege & White, 1982).

아동을 적절히 교육한다면 사회는 사회문제에 초연할 수 있을 거라는 생각은 미국 교육계에 만연해왔다.

아동과 청소년의 지위 변화

아버지를 아동(구제할 수 있는 존재로서의 아동)의 구세주라고 보았던 이전의 세대들과는 달리, 20세기 초기에는 아동은 사회의 구원이라는 전제에 아주 민감하였다(구제자로서의 아동; Wishy, 1968). 따라서 특히 체계적인 교육을 통해서 아동의 삶의 조건을 개선함으로써, 사회는 미국 도시지역의 많은 문제들을 극복하고, 이민과 도시발달, 산업화의 출현으로 인한 미국의 엄청난 도덕적, 경제적 가치들의 붕괴를 막기를 원했다(Cohen, 1985; Cravens, 1985; Cremin, 1988, Cubberley, 1909).

"아동-구제자"의 개념은 "아동은 공공 정책을 통해 보호되어야 하는 특별하고 취약한 집단"이라는 전제에서 고려된다(Cravens, 1987, p. 159). Hoag와 Terman에 따르면(Cubberley, 1920에서 인용), "오늘날의 아동들은 새로운 국가의 원석으로 보아야 하고, 학교는 국가의 보육원과도 같다. 이런 원석을 보호하는 것은 국가가 석탄이나 철 그리고 수력 같은 자원을 보호하는 것과 같은 지극히 논리적인 기능이다"(p. 683). 아동에 대한 이러한 관점은 학교교육에 대한 생각과 실제가 집에서 집 밖의 지역사회의 기능으로, 가족의 유형이 원시적인 족장체제에서 아버지와 어머니 중심으로 나누어진 범위로 옮겨가는 동안의 긴 시간에 걸쳐 이루어져 왔다. 아동과 아동기의 의미는 경제적 노동력에서부터 심리학적으로 사랑과 애정의 원천으로 변화했다(Zelizer, 1985). 아동은 잠재적인 노동 자산으로서뿐만 아니라 미국의 다음 세대의 주역들이라는 심리학적 의미를 갖는다는 측면에서 역시 중요하다.

아동을 적절히 교육한다면 사회는 사회문제에 초연할 수 있을 거라는 생각은 미국 교육계에 만연해왔다. 그 문제들이 아동들만의 것이 아니라고 할지라도, 적어도 이론적으로는, 교육은 사회의 문제(예: 청소년 비행, 실업문제, 가난)들을 완화시킬 수 있는 아동에 대한 적절한 지침이 될 것이다. 왜냐하면 아이들은 미래에 대한 열쇠를 쥐고 있고, 학교는 수년간 아이들이 모여 있는 장소이기 때문에, 학교 교육과정은 사회적 활동의 개입을 위한 주요 기회를 의미하게 되었다.

의무교육

학교심리학 서비스의 필요성 이면에 나타나는 현저한 세력은 바로 학생의 학업과 임상심리학에 상호적으로 영향을 주는 의무교육이다. Field(1976)는 의무교육의 발전을 위하여 두 가지 상보적인 설명을 제시했다. "인적자원" 설명은 점차적인 산업화에 맞추어 더 많이 교육받은 노동력을 필요로 하기 때문에 의무교육이 강조되고, 반면 "구조적 강화" 설명은 사회질서 문제와 사회의 특성 및 구조 유지의 필요성이 의무교육의 성장을 가져왔다고 본다. 인적자원 설명은 작업장에서의 아동 고용에 대한 저항의 방편으로 노동조합이 의무교육을 장려한다는 가능성과 관련된다. 또한 구조적 강화와 인적자원에 대한 설명과 함께 인본주의적인 동기 역시 고려되어야 한다(Cohen, 1985). Tyack(1976)은 의무교육 운동을 "상징기"(symbolic stage, 1850~1890)와 "관료기"(bureaucratic stage, 1890 이후)로 구분했다. 관료기에는 "학교 체제의 규모가 증대되고 복잡해지며, 관료적 교육 조건은 미미하지만 성장하고 있는 치료 및 특수교육의 제공과 겸해서 일할 수 있는 학교 서비스 전문가의 필요성을 창출했다.

인 통제를 위한 새로운 기술이 나타났으며, 의무교육에 대한 이념적 갈등이 줄어들었고, 강력한 법안들이 통과되었으며, 학교 관리자들은 무단결석하는 학생들을 학교로 데려오기 위한 정교한 기술들을 발달시켰다"(p. 359). 점차적으로 학교 체제가 나뉘어져 일하는 전문가와 행정가들이 증가한 과학적이고 관료주의적인 전문가들의 시대였다. 학교 체제는 "초등, 중등, 고등학교, 여러 종류의 직업학교, 특수학급, 상담 서비스, 연구와 검사 부서"(p. 374)들로 이루어졌다 매사추세츠 주가 1852년에 가장 처음으로 의무교육법을 제정했고, 미시시피 주는 1918년에 가장 마지막으로 제정했다.

1870년에서 1930년 사이에 늘어나는 의무교육 법안의 제정과 시행은 공교육을 극적으로 변화시켰다. 표 2.1은 이 기간 동안 국가가 만든 공교육의 예산과 입학자들의 유례없는 성장률을 보여준다. 엄청난 이민, 의무교육, 아동노동법과 같은 시대의 미국의 교육 조건은 미미하지만 성장하고 있는 치료 및 특수교육의 제공과 겸해서 일할 수 있는 학교 서비스 전문가의 필요성을 창출했다. 학교 입학률은 극적으로 증가했고, 이전에 학교에 다닌 적이 없거나 이전 학교에서 학업에 실패한 학생들, 아직 입학이 필요하지 않은 아이들도 포함되었다.

학교심리학의 기원과 관련하여, 학교교육의 범위에 관한 변화는 그것의 양적인 크기의 변화보다 훨씬 더 중요하다. 의무교육, 많은 수의 이민 자녀, 아이들의 열악한 건강과 위생과 같은 여건은 가끔씩 학교에 오는 아이들을 위해 다양한 부류의 학교를 만들게 했다. 단지 다양한 배경을 가진 아이들이 오랫동안 학교를 다니기 때문만이 아니라 많은 아이들이 이전 학교 기록이 전혀 없거나 조금 다녔으며, 아이들의 나이가 적절한 학년 배치를 위한 근거가 못되기 때문이었다(Thorndike, 1912). 한 교실에 6살 차이가 나는 학

〈표 2.1〉 1890년과 1930년의 출석과 입학 자료 비교

	1890	1930
한 해에 학교에 가야 하는 평균 일수	135	173
학생 한 명당 평균 출석 일수	86	143
공립학교 입학자	12,723,000	25,678,000
공립 중등학교 입학자	203,000	4,399,000
총비용	$140,507,000	$ 2,316,790,000

출처: Snyder, Hoffman, Geddes (1997).

생들이 있기도 했다.

신체 및 정신적 결함의 만연

의무교육은 이내 교육체제의 수정을 필요로 했다. 그 가운데는 의무적 의료검진 또는 "검역"이 있었다. Wallin(1914)의 조사는 일반적으로 학생들의 건강이 열악함을 생생히 보여주고 있다. Wallin은 "아이들의 신체적 결함은 출신지역, 인종, 환경 또는 사회적 조건에 제한되지 않았다"(pp. 5-6)고 말했다. 그는 전국적인 조사에 대해 다음과 같이 요약했다.

> 다양한 결함을 가진 학생들의 비율은 다음과 같다: 치아 손상(하나 이상의 충치, 심각한 부정교합)이 50~95%, 시각, 인두, 편도, 코에 지장이 있는 학생은 5~20%, 편도선이 심각하게 비대하거나 질환을 겪은 학생이 5~15%, 척추측만증이 2~7%, 영양실조가 1~6%, 몸이 허약하거나 폐결핵, 난청이 있는 경우가 1~2%이다. 이것은 미국 공립학교 학생 1,200만 명을 토대로 산정한 것이며 이들은 한 가지 이상의 신체적 결함으로 어느 정도의 장애를 가진다.

현재보다 훨씬 의학적 지식이 부족했던 시대에 신체적 결함에 관심을 가진 것은 이해할 만하다. 신체적 건강의 결함이 바로 능력, 학업성취, 행동상의 결함 증상이라는 관점이 널리 퍼져 있었다. 이런 신체적 결함에 대한 관심이 늘어갈 때, Wallin은 정신적 결함과 관련된 교육적 문제를 위해 심리검사가 필요하다고 주장했다. 신체적 건강은 정신건강과 교육적 목표의 달성을 위해 꼭 필요한 것으로 여겨졌고, 건강 및 심리 검사 역시 중요하게 여겨졌기 때문이다. 따라서 건강 및 심리 검사는 의무교육에서 일찍이 조정되어야 했던 것 중의 하나이다. Wallin에 의하면 낙오 학생들은 다음의 것을 알아보기 위해 반드시 신체검사를 받아야만 했다.

> 눈, 귀, 코, 기관지, 치아, 선상계, 폐, 심장, 영양, 신경 장애 등의 결함을 알아내고; 그리고 심리 검사는 …… 정신 지체와 감각 장애, 행동, 기억, 상상력, 연상, 주의, 모방, 색상 지각, 말하기, 수 감각, 피로의 감지를 발견하고, 그리고 신장, 몸무게, 활력 징후, 동력 등과 같은 지표들을 결정하기 위해서이다.(p. 17)

또한 Wallin의 자료들은 의무교육에서 별도로 특수아를 위한 교육 서비스를 확장해야 한다는 주장의 근거를 제공했다. 만약 아동이 학교에 강제로 출석한다면, "형평성에서 볼 때 의무 출석법에 의해 그가 순응해야 할 환경 조건에 배정되는 것은 그의 권리가 아니지 않은가?"(Wallin, 1914, pp. 17-18). 여기에 왜 신체적 및 정신적 결함을 가진 아건강 및 심리 검사는 의무교육에서 일찍이 조정되어야 했던 것 중의 하나이다.

이들이 특수한 처우를 받아야만 하는지에 대한 생각이 나타나있었다. 따라서 의무교육은 이러한 다양한 정신적 및 신체적 조건을 가진 학생들의 관리를 필요로 하고, 또한 전형적으로 7~14세의 아동이 긴 기간 동안 그런 환경에 대처할 수 있는 방법들이 필요했다. 이 기간 동안의 모든 아이들의 건강에 대한 관심은 소아과의 증가로 이어졌다(King, 1993).

특수교육의 출현

의무교육법의 시행을 위한 필요성과 함께 무단결석학생 담당자(truancy officer)들을 훈련시키고 고용하게 되었다. 중퇴자와 이들의 미래에 대한 우려가 빠르게 확산되었다. 무단결석의 문제는 의무출석 법안의 제정 이후 교육계에 만연해왔고, 일반교육과 특수교육 학생들 모두에게 줄곧 걱정거리가 되고 있다(Christie, 2005). 의무 출석은 점진적으로 시행되었고 단지 "일반" 학교의 학생들에게만 적용되었다. 왜냐하면 세계 제2차 대전 후기의 법안 통과가 이루어진 후에야 장애아동을 위한 종합적인 서비스를 제공하게 되었고 이들이 학교에 출석하게 되었기 때문이다. 그럼에도 학교들은 기대하지 않은 장애아동들로 넘쳐났고, 검증되지 않은 개입을 사용할 수밖에 없었다. 그 당시에 특수아의 분류로 주로 사용한 세 가지 "정신적, 신체적, 도덕적" 장애를 가진 학생들이 대거 등록했는데, 이러한 상황은 주요 도시의 학교 체제에서 특히 극심했다.

이 시기에 특수교육 프로그램이 등장했고, 지금과 비교하면 수적으로 적지만, 1910년까지 많은 도시와 일부 시골지역의 학교에서 특수교육 프로그램을 이용할 수 있었다(Van Sickle, Witmer, & Ayers, 1911; Wallin, 1914). 이러한 자료들로 특수교육을 수혜한 전체 아동의 수를 알 수는 없지만, Van Sickle 등(1911)은 상위, 하위 4%의 학생들이 각기 영재와 특수아였고, 많은 수의 학생들이 정상적인 지능을 가지고 있지만 "학교 교육과정과 제도가 맞지 않았다"(p. 18)고 결론 내렸다. 이들은 대부분 학교에서 느린 진전을 보인 남학생들이었고, 보통 도시 학생 인구의 1/3을 차지했다. Dunn(1973)의 연구는 대개 정신지체아를 포함시킨 1922년 수치를 보고했는데, 서비스를 필요로 하는 아동 수와 등록한 아동 수의 차이가 아주 컸으며 이는 서비스를 제공받은 아동 수에 기초했기 때문에 실제보다 수치를 적게 잡은 것으로 보았다. 연구에 의하면 20세기에는 대략 같은 비율(10~12%)의 학생들이 특수교육을 받았다. 그러나 특수아 인구와 이들의 관련

20세기에는 대략 같은 비율(10~12%)의 학생들이 특수교육을 받았다.

문제는 상당히 변화될 것이다. 의학과 공공 의료 기술이 발전할수록, 신체적 장애를 갖는 아동의 수가 적어질 것이다. 이러한 변화의 예로 호흡기 질환을 가진 아동을 위한 야외 수업의 빈도 감소나, 학교 보건의사들이 실제적으로 없어진 것을 보면 알 수 있다.

특수교육의 초기 범주와 그 분류명은 최근과는 상당히 달랐다. 특수교육 학급은 무단 결석, 비행, 퇴행, 성인교육을 제공했으며, 오늘날 법적으로 규정된 범위 밖에 있는 다른 범주들도 포함되었고, 의무교육의 "인적 자원"과 "구조적 강화"의 설명적 측면을 잘 반영했다. 즉, 학교가 학생과 어른에게 고용능력(인적 자원)과 미국 사회에 대한 적응(구조적 강화)을 증진하기 위해 특수교육 프로그램은 제공했다.

이 시기에는 분리주의 이념에 상응하여, 극히 이례적인 아이들은 일반학교 밖의 시설에서 "교육"을 받았으며, 대부분의 학교심리학자들은 특수학급에 배치되는 학생 사례가 너무 많아 정작 일반교육 프로그램에는 기여하지 못했다. Hall(1911)은 분리주의자들의 입장에 대해 직설적으로 말했는데, "우둔함과 어리석은 습관은 종종 가장 훌륭한 일을 하는 사람들의 사례보다 더욱 전염성이 있다. 이것이 바로 우둔함의 제거가 시급한 이유이고, 다양한 방식으로 그들을 분리한 것이 현재에 영향을 미친 이유이다"(p. 607). Wallin(1914)은 심리치료소는 정신이 나가고 퇴행한 학생을 보통 및 똑똑한 학생과 분리하는 교육정보센터의 역할을 해야 한다고 했다. 이들 중 일부는 일시적으로, 또 일부는 영구적으로 기관에 분리된다. 이러한 분리(차별) 실제는 20세기에 존재했으며, 이후 장애아를 주류교육에 옮기자는 교육이념으로 인해 분리는 점차 없어지고 이들에 대한 정치는 1975년의 모든 장애아동을 위한 교육법(Education for All the Handicapped children Act, 공법 94-142)과 이의 재제정 법(IDEA)에 의해 소위 최소제한 환경에서 이루어지고 있다. 그리고 정신건강, 교육, 공공 건강, 의료 및 교정과 같은 분야에서도 이러한 경향성이 점차적으로 나타났다(Pfeiffer & Reddy, 1999).

학교심리 서비스의 등장

의무교육은 특수교육 서비스의 출현에 가장 영향을 미친 강력한 힘 중 하나이다. 학생 선발과 교육적인 분리를 도울 전문가가 필요했고, 공립학교에서는 점차적으로 관료적으로 분리하게 되었다. 학교 등록률의 증가와 전문 프로그램에 대한 요구는 무단 결석자 또는 출석 관리자, 생활지도 상담자, 학교 간호사와 보건의, 학교심리학자, 학교 사회복지사, 언어치료사, 직업 상담자들을 포함한 학생 개인 서비스(Pupil Personnel Services: PPS)의 출현을 위한 토대가 되었다. 의무 출석 때문에 등장한 출석 관리자는 초기 PPS 직원들 중 하나이다. 또한 중퇴에 대한 걱정은 직업 상담자와 생활지도 상담자를 출현시켰고, 특수교육 프로그램과 적격성의 판단에 대한 요구는 학교심리 직원을 출현시켰다.

PPS의 개념이 일반학교와 특수학교에 퍼지면서, 또 다른 PPS 직원이 이 특수아를 다루기 위해 등장했다.

학교심리학자(school psychologist)라는 용어는 Munsterberg(1898)의 *Educational Review*에서의 논의와 독일어로 번역된 Stern(1911)의 논문에서 최초로 사용된 것으로 추측된다(Fagan, 2005a). 그리고 Binet와 Henri(1894) 역시 학교 환경에서의 실험심리 연구의 맥락에서 이 용어를 사용한 증거가 있다(J. Cunningham, personal communication, 2005). 그럼에도, 이 용어는 수년간 널리 쓰이지는 않았다. 임상심리학자(clinical psychologist)라는 용어를 더 많이 사용했는데, 임상심리학이란 독립된 전문 분야 자체에 반하는 것으로서 다양한 내담자를 여러 상황에서 돌보는 심리학자들이 사용한 방법이라는 Witmer의 개념을 반영한다(Witmer, 1907). 뚜렷이 구분되는 전문 분야의 발달은 1920년대 이후에 이루어졌다(Fagan, 1993).

학교심리 서비스는 제한된 정도에서 제공되었고, 학교 안팎의 기관에 의해 학생들에게 직·간접적으로 제공되었다. 학교심리 서비스는 아동연구와 임상심리학의 방법론에 기반을 두었고, 이 새로운 분야의 개척자들에 의해 제공되었다. 그래서 학교심리학자를 확보하고 고용하는 주요 이유는 그들이 교사를 도와서 신뢰롭게 학생들을 분리교육 환경에 분류할 수 있고, 분리함으로써 개별적으로 더 잘 맞는 환경이 될 것이고 특수아들의 부재가 "보통" 아이들을 교육한다는 학교 기능에도 도움이 된다는 가정에서였다. 실재로 학교심리학자를 포함한 학생 개인 서비스(PPS)는 학교교육 체제의 중심은 아니지만, 오히려 서비스가 체제적인 목표가 나타내는 문제들을 다루면서 학생들을 위한 학교교육의 목표를 더 효과적으로 성공시키는 데 도움이 되었다(Kaplan & Kaplan, 1985 참고).

따라서 학교심리학자의 개념은 학교 체제의 보조적 구성원이자 특수교육의 "문지기" 로서 긴 역사적 전례를 가지고 있다. 학교심리학자의 이러한 이미지는 교육의 집에 온 "손님"(Elliott & Witt, 1986b)으로서의 유추를 반영하고 있으며 학교심리학자의 역할과 기능에 대한 그들 자신의 지각과 학교행정가의 지각 사이의 불일치에 대해 과거와 현재의 다양한 설명이 있다(예: Hughes, 1979; Moss & Wilson, 1998; symonds, 1933). 손님이라는 유추는 제3장에서 논의될 것이다. 국제적으로는 5세에서 8세 아동에 대한 의무출석법안이 통과된 터키에서 이와 비슷한 의무교육의 영향이 나타난다(Albayrak-Kaymak & Dolek, 1997).

> 학교심리학자의 개념은 학교 체제의 보조적 구성원이자 특수교육의 "문지기"로서 긴 역사적 전례를 가지고 있다.

미국에서의 심리서비스는 1896년에 펜실베니아 대학에 클리닉(미국에서 최초의 클리

닉)을 설립한 심리학자 Lightner Witmer의 활동에서 유래
한다. 많은 사람들이 임상심리학과 학교심리학의 아버지라
여기는 Witmer는 "학교 교실에서 일반적인 방법이 통하지
않는 다양하고 어려운 사례들을 다룰 수 있는 심리학 전문
가"의 양성을 지지했다(Witmer, 1897, p. 117). Witmer는
또한 임상심리학(clinical psychology)이라는 용어를 만들
었고, 임상 서비스와 장애 아동에 관한 초기 학술지인 The
Psychological Clinic(Brotemarkle, 1931)을 출판했다. 이 학
술지는 실제에 대한 Witmer의 생각, 최초 심리클리닉의 연
구, 그리고 기타 중요한 심리학자들의 연구를 보급하는 배
출구 역할을 했다. 이 학술지는 1935년 출간이 끝날 때까지
임상심리학자들을 위한 주요 출판물로 간주되었으며, 전문
실무가와 단과대학이나 종합대학의 도서관에서 널리 배포

**Lightner Witmer
(1867~1956)**
출처: Reprinted by permission
of the Archives of the History of
American Psycholoy, University
of Akron, Ohio.

되었다. Witmer(1907)는 아동들의 문제, 특히 학교교육과 관련된 문제를 해결하기 위해
심리학적 지식을 사용하는 개별화 접근을 강조했다. Witmer의 삶과 업적에 대한 종합적
인 설명은 McReynolds(1997)와 1996년에 출판된 American Psychologist의 백주년 기념판
(51권 3호)에 나타나있다.

초기의 또 다른 중요한 학자는 G. Stanley Hall인데, 그는 1892년에 American Psycho-
logical Association(APA)를 설립했고, American Journal of
Psychology와 Pedagogical Seminary(지금은 Journal of
Genetic Psychology)를 포함한 여러 학술지를 발행했다.
Hall은 아동연구 운동의 아버지이다. 비록 Hall이 직접적으
로 개입하지는 않았지만, 일리노이 주에서의 아동연구 운
동은 교육과학부의 설립과 역할에 영향을 미쳤고, 최초의
공립학교 소속 임상 시설이 설립된 1899년 시카고 공립학
교에서의 아동연구에 영향을 끼쳤다(Slater, 1980). Wallin
과 Ferguson(1967)은 이 시설에서 초기에 규준적(norma-
tive)인 연구와 임상적인 사례연구를 함께 수행했다. 연구
방침이 만들어지자 시카고 클리닉은 주요 학교서비스 기
관으로 빠르게 발전되었다. Witmer의 개인임상법(idio-
graphic clinical method)과는 달리, Hall은 보편적 법칙 정
립적 접근(nomothetic approach)을 지지했다. 이 방법은

**Granvills Stanley Hall
(1844~1924)**
출처: Reprinted by permission
of the Archives of the History of
American Psycholoy, University
of Akron, Ohio.

그가 일한 Clark 대학의 제자 Henry Goddard, Arnold Gesel, Lewis Terman과의 공동연구에서도 나타난다. English와 English(1958)는 과학적 혹은 법칙 정립적(*nomothetic*)이라는 것을 "일반적 법칙을 발견하기 위해 고안된 절차와 방법을 나타내는 것"으로 규명하고, *개인사례(idiographic)*를 "특정 사건이나 개인을 이해하려는 시도"(p. 347)라 규명했다. Slater(1980)는 당시에 심리학과 교육의 관계는 진보를 위해 서로의 도움이 필요한 공생관계라고 주장했다. 그는 Hall은 교육의 반응(response)을 위한 자극(stimulus)이었고 Witmer는 교육에 의해 제공된 자극에 대한 반응이었다고 생각했다. Hall과 Witmer 둘 모두 아동과 청소년에 대한 과학적 연구가 처음 등장했던 20세기를 확립하는 데 중요한 영향력을 끼친 사람들이다. 이들은 초기 학교심리학의 선도자였다(Fagan, 1992). Witmer와 Hall은 서로 다른 각자의 개념과 실제를 연결시킨 지적 후예였으며, 학교심리 서비스를 널리 수용하는 데 영향을 미쳤다. Hall의 생애와 업적에 대한 종합적인 설명은 Ross(1972)에 잘 나타난다.

따라서 학교심리 서비스의 초기 모델은 기본적으로 두 가지 학문적 방법, 개인사례적인 임상심리학(idiographic clinical psychology)과 법칙정립적인 교육심리학(nomothetic educational psychology)에서 발달했다. 이들 접근 방법은 미국에서 최근에 만들어지는 클리닉의 다양한 실제에서 찾아볼 수 있다. 이들 클리닉 중 일부는 사례연구를 중심으로 이루어진 개별화 서비스를 제공했고, 반면에 다른 클리닉들은 규준적인 특성의 측면에서 이루어지는 개인연구를 중심으로 이루어졌다. 적어도 실시 초기에, 개인사례 모델은 펜실베니아 대학에 있는 클리닉의 실제에서 그리고 법칙 정립적 모델은 시카고 공립학교의 교육과학부와 아동연구에서 찾아볼 수 있다.

이 두 가지 방법은 교육과 실무에서 각기 혹은 혼합해서 사용되어 오고 있다. 예를 들어, 학교심리학자들은 규준의 편차에 따라 특수교육을 위한 범주의 판단을 하여 개별화된 심리서비스를 지속적으로 제공해왔다. 따라서 개별사례와 규준 자료를 사용하는 개별 아동연구 모델은 학교심리학자들의 주된 실체였으며, 종종 관련된 분야와 구분 짓는 역할을 해왔다. 학교심리학의 지식 기반과 실제는 교육과 심리학의 발전 및 이들 분야의 연구의 영향을 크게 받을 것이다(Fry, 1986). 이 두 가지 영향력은 더 나아가 최근에 재승인된 학교심리학 전문성 문서(*Petition for reaffirmation of specialty of school psychology*, 2005)와 최신판 *School Psychology: A Blueprint for Training and Practice III*에 반영되고 있다(Ysseldyke et al., 2006).

클리닉과 심리교육 검사의 증가

Witmer, Hall 등 여러 사람들의 노력으로, 1900년에서 1930년 사이에 학교-중심 클리닉과 일반 클리닉(때로 연구센터 또는 아동연구센터라 함)이 흔히 말하는 *임상심리학(clini-cal psychology)*의 형태로 손쉽게 접근할 수 있는 대부분의 대도시 학교 체제에 빠르게 퍼져나갔다. 또한 청소년 범죄기관, 법정, 대학, 병원, 직업지도 센터 등에 위치한 클리닉에서도 아동연구 서비스를 제공했다. 이들 서비스는 교육심리학과 임상심리학의 혼합체였지만 현재의 교육심리학 또는 임상심리학보다는 현대 학교심리학과 더욱 유사했다. 19세기 말, 측정과 심리과학의 발달은 개인차와 검사 표준화 연구를 위한 기초를 마련했다. 심리 서비스의 확산은 심리 및 교육 검사의 발달과 지능에 따라 학생을 분류하는 학교의 관심에 의해 더욱 박차를 가했다.

Wallin(1914)의 조사연구에서는 클리닉의 이용정도, 검사자의 배경, 사용하고 있는 검사와 조사 방법, 초기 심리검사를 위한 재정 자원 등에 대해 기술했으며, 19개의 학교 기반 클리닉을 포함한 다양한 상황의 클리닉 및 1899년 시카고와 1914년 디트로이드에 설립된 클리닉의 설립 날짜도 기술하고 있다. 고등교육기관에 26개의 클리닉이 있고, 20개 이상의 클리닉이 교도소, 정신건강 기관, 직업센터 및 기타 기관과 연계되어 있으며, 도시에 있는 103개 학교 중 84개가 "심리검사가 학교위원회의 직원이나 외부 기관에 의해 수행된다"고 했다(Wallin, 1914, p. 393). 클리닉은 대개 하나의 작은 방에 한 명의 검사자만이 있었고, 심리 검사는 대개 비네-시몽 지능 검사만을 이용했는데 이것은 Goddard의 비네 검사와 Terman의 스탠포드-비네 검사에 앞선 것이다(Fagan, 1985). 그리고 학교기반 클리닉에서 일하는 115명 검사관의 배경 조사에서, 약 사분의 일이 자격을 갖추었고, 나머지는 단지 비네 검사(예: 특수학급 교사, 주임, 혹은 행정가, 장학사)를 하는 아마추어였다고 결론 내렸다. Wallin의 연구는 심리 서비스의 다양한 환경을 보여주었으며, 그는 다음과 같이 예측했다.

> 심리학은 단지 교육학뿐만 아니라 교육을 위한 임상적 가치를 갖는다. 결국 임상심리학이나 임상교육과 같은 독립적인 학문이 있게 되고, 모든 보통 학교와 교육대학에서 교육이 제공될 것이다. 그리고 큰 학교 체제 안에 심리 혹은 심리교육 클리닉을 둘 것이며, 심리 및 교육 전문가들은 교육 부적응자들을 가려낼 것이다(pp. 20-21).

1905년 비네 검사와 Goddard와 Terman의 수정판이 나오면서 심리 검사는 1920년대까지 널리 확산되었다. 이런 상황을 Hollingworth(1933)는 "과거 25년 동안 비네의 이름이 동사로 바뀌었다(거의 모든 교사는 학생에게 '비네' 한다는 것을 안다)"(p. 371)고 했다. 초기의 검사 운동은 특수아를 구분해주는 지능과 성취 검사의 유용성을 입증했다. 비록 학교 직원들은 19세기 골상학과 인체 측정학적 연구에 친숙해져 있었지만, Binet와 Simon의 연구와 이들에 대한 미국의 많은 번안연구에 의해 개인 검사 운동이라는 새로운 개념화가 진전되었다. 골상학은 두개골의 형상에서 사람의 성격을 비롯한 심적 특성 및 운명, 정신력 등을 연구하는 학문이다. 뇌의 특정한 부위가 다양한 성격을 통제-조절 한다고 여겼고, 돌출부들은 그 영역과 관련된 강점을 나타낸다고 여겼다. 골상학은 18세 기 후반과 대부분의 19세기에 유명했지만, 그 후 신뢰성을 잃었다. 인체 측정학은 인체 의 형태 및 기능을 계측하여 그 계측치에 의해 인체의 여러 가지 특성을 수량적으로 밝 히려고 하는 학문이다. 그것은 두개계수(두뇌의 길이와 너비의 비율), 폐용량, 악력, 상지 와 하지의 비율 등을 측정한다. 인체 측정학은 학교심리 평가가 이루어지던 초기에 매우 유명했고, 1920년 대의 현장에서도 여전히 관찰되었다.

> 초기의 검사 운동은 지능과 학업성취 검사가 특수아 교육 대상을 구분하는 데 유용함을 입증했다.

제1차 세계 대전은 표준화 검사의 개발과 대중적 수용에 중요한 영향을 끼쳤다. The Army Alpha 검사 와 Beta 검사는 짧은 기간에 아주 많은 신병 선별을 위한 집단 검사로서의 유용성을 입증했으며, 이러한 성공은 검사에 대한 대중의 관심과 수용을 가능케 했다. 1910년에서 1920년 사이에 다양한 버전의 비네-시몽 검사가 있었지 만, 수십 년 동안 교육자와 심리학자들의 관심을 받은 것은 Terman의 스탠포드 수정판 (Terman, 1916)이었다. 또한 학업성취도 검사와 적성 검사도 1910년 이후 교육심리학의 성장과 함께 빠르게 발달했다. 이들 검사도구의 신뢰도와 검사와 관련 능력과 성취 수준 은 범주화된 특수교육의 발달을 촉진했다. 1918년부터 1928년까지의 오하이오 주 클리 브랜드 공립학교에서 시행된 보고서는 검사 결과에 따라 아이들을 우수아, 평균 이상의 아동, 평균 아동, 느린 아동, 둔한 아동, 저능아, 바보천치, 백치로 범주화한 것을 보여준 다(Cleveland Public Schools, ca. 1928).

학교심리학자 역할과 기능

20세기 초반의 집단용 및 개인용 지능검사와 학업성취도 검사의 개발은 학생들을 구분 하려는 교육자들의 요구에 적합했고, 또한 검사는 교육적 환경을 돕는 심리학자들의 강 점이 되었다. 반대자들 역시 있었지만, 검사는 교육자와 심리학자들에 의해 널리 사용되 고 수용되었다. 그리하여, 심리 및 교육 검사는 심리학자들이 학교 장면에서 사용하는 주 요 도구가 되었고, 이들 검사의 실시와 해석은 초기 학교심리학자의 주요 기능과 역할이 되었다(예: Kehle, Clark, & Jenson, 1993).

제2차 세계대전 이전에는 일부 심리학자들이 중재나 상담활동에 관여했지만, 학교 안 팎에서 많은 심리학자가 하는 중재의 역할은 그다지 많지 않았다. 전반적으로 검사는 학 교심리학자를 포함한 응용심리학자들의 몫이었다. 왜냐하면 많은 검사들이 전문실무가와 학자들이 연계되는 실험적 과정 밖에서 만들어졌기 때문이다. 응용심리학이 발전함에 따라, 검사 절차 역시 실용적인 노선을 따라 발전했고, 응용심리학자와 내담자의 상호작용에 의해 영향을 받았다(van Strein, 1988). 즉, 학교심리학자의 도구가 그저 단순히 아동의 강점과 약점을 기술하는 보고서를 제공하는 것이 아니라 학군에서 요구하는 예언타당도에 관한 물음에 타당하게 대답하기 위해 개발되고 채택되었다. 이처럼 초기에는, 치료 활동은 과학적인 심리학계에서는 받아들여지지 않았고, 심리학자의 치료 기능은 정신과 의사 집단에 의해 좌절되었다. 실험심리학과 연관된 행동주의는 쉽게 수용되었고, 교육자들에게 아주 인기 있었다. 이 시기의 교육학 문헌은 현대 학교심리학자들이 익숙하게 응용하는 B. F. Skinner 이론 이전의 학습과 행동원리를 수용하고 있었다. 중재는 Edward L. Thondike의 학습원리와 교육심리학, John Dewey와 William James의 교육철학, Freud의 치료개념, John B. Watson의 행동주의를 포함한 다양한 아이디어의 영향을 받았다.

초기 문헌, 조직, 교육

1890년부터 1920년까지의 기간은 많은 후기의 발전을 위한 토대가 되었다. 서비스의 출현과 더불어 몇몇 학술지(예: *Journal of Educational Psychology*, Witmer의 *Psychological Clinic*, Hall의 *American Journal of Psychology, Pedagogical Seminary*)가 만들어졌다. 또한 이 시기에 응용심리학자와 임상심리학자를 위한 조직이 설립되었고, 개인용 및 집단용 검사가 개발되었으며, 특수교육 학급이 만들어졌다. 그리고 미국 문헌에 *학교심리학자(school psychologist)*라는 용어가 처음 나타났으며, 다수의 초기 논문과 서비스를 시행하는 주의 지침서는 문헌의 기준점이 된다(Fagan & Deligach, 1984). Wallin(1914)과 Van Sickle 등(1911)은 학교 조건, 특수학급의 이용가능성, 심리 서비스, 서비스 제공자의 특성에 관해 가장 종합적인 기술을 제공했다. Arnold Gesell은 코네티컷 주 교육부에서 일하는 동안 학교심리 서비스를 제공하는 자문가가 만든 자료의 원형이 되는 지침서를 다수 집필했다. 많은 검사 매뉴얼과 개요서는 전역에 걸쳐 인기 있었다(Stern, 1914; Whipple, 1914, 1915).

조직의 발전 역시 중요한 성과였다. 1892년 APA가 설립되고 난 후, 초기 몇 십 년 동안 조직의 정치적 구조와 정책은 전문실무가 혹은 응용 지향적이라기보다 과학적인 지향의 성격을 띠었다(Napoli, 1981). APA는 응용심리학자들의 관심에 응답하지 못했고, 1917년 *미국임상심리학자협회*(American Association of Clinical Psychologists: AACP) 설립을

현장경험과 같은 비공식적 훈련 노력이 이루어지는 기관은 조금 있었으나, 특히 학교심리학자를 위한 공식적인 프로그램은 아예 없었다.

이끄는 기준과 도움을 제공하지 못했다. 대신 APA의 제안을 받아들여, AACP는 해체되었고, 1919년 APA 임상심리학 분과가 만들어졌다. 다양한 이유에서, 대부분의 학교심리학자들은 APA뿐만 아니라 20세기 초반의 어떤 국가 단체의 회원이 되지 못했다. 나아가 전문적 협력을 하는 주 혹은 지역 학회는 거의 없었다. 이 시기의 조직의 발달은 APA 내에서 응용심리학자들의 문제점과 AACP와 같은 집단을 무너뜨리는 역할이 학교심리학을 비롯한 심리학의 역사에서 중요한 역할을 한다고 지적할 수 있다(Fagan, 1993).

1890~1920년 동안, 학교에서 일하는 비교적 적은 수의 심리학자들은 다양한 환경에서 준비를 했다. 현장경험과 같은 비공식적 훈련 노력이 이루어지는 기관은 조금 있었으나, 특히 학교심리학자를 위한 공식적인 프로그램은 아예 없었다(Fagan, 1999). 실무가는 검사에 대한 짧은 과정을 이수한 교사들이었고, 다른 전문가란 현장 실습을 포함하는 석박사과정에서 심리학을 교육받은 사람들이었다. Witmer는 자신의 클리닉과 연계하여 교육을 제공했고, Wallin과 Hall 또한 특수아동과 아동연구의 선상에서 수업을 제공했다. Goddard와 Gesell은 뉴욕 시에서 검사와 특수교육 교과 수업을 제공했으며 Goddard는 뉴저지의 바인랜드 직업학교(Vineland Training school)에서 가장 최초로 인턴십을 만든 공로가 있다(Morrow, 1946). Goddard의 조교인 Norma Cutts는 1913~1914년에 바인랜드 학교에 있었는데 그의 도움으로 Gesell과 함께 심리 검사자로 고용되었다. 그 직위로 인해 그녀는 코네티컷 주, 뉴 헤븐에서 학교심리학과 특수교육 분야에 탁월한 경력을 쌓게 되었다(Fagan, 1989a).

주요 공헌자

Leta Stetter Hollingworth (1886~1939)
출처: Reprinted by permission of the Archives of the History of American Psycholoy, University of Akron, Ohio.

잘 알려진 이 시기의 "학교" 심리학자는 Norma Cutts, Arnold Gesell, Henry Goddard, Gertrude Hildreth, Leta Stetter Hollingworth, Bertha Luckey, Clara Schmitt, Lewis Terman, John Edward Wallace Wallin, Margaret Washburn, Lightner Witmer, Helen Thompson Wooley이다. 학교심리 실무와 응용심리학에서 초기 여성 선구자들은 일반적으로 고등교육 환경에서 차별을 받을 수 있었고, 학교 이외의 여성 직업은 부족했다. 19세기 동안, 초중등학교 교사의 여성화가 널리 퍼져 이후에 생활지도와 심리학 직업을 찾게 되는 기반이 되었다. "제1차 세계대전 전, 남성이 지배적이던 미국에 직업 정신을 가진 여성"의 상황을 Schwarz(1986)는 이렇게 기술하고 있다.

지성과 능력을 가진 여자들은 그들의 야망을 잊도록 강요당했으며, 20세기까지 받아온 학교교육도 잊도록 강요당했다. 사회가 정상이라고 말하는 것과 미국 여성의 삶에서 수용될 수 있던 것은 남성과 결혼을 하고, 가족을 양육하며, 대학을 졸업하면 다른 사람의 삶의 부속물로 정착하여 주로 살아가는 것으로 좁혀졌다(p. 56).

물론 사회의 강요에 저항하여 다른 길을 선택한 교육받은 여성의 예도 수없이 많다 (Rosenberg, 1982). 이런 점에서, 심리학 직업을 가진 Leta Stetter Hollingworth는 상당한 주목을 받았다(Bengamen & Shields, 1990; Fagan, 1990b). 그리고 Norma Cutts(Fagan, 1989a), Gertrude Hildreth(Fagan, 1989a)와 같은 다른 주목할 만한 여성들도 있다. 사회의 억압에도 불구하고, 많은 여성들은 전통적인 자녀양육의 역할을 자연스레 확장하고 성취하기 위해 교사나 심리학 관련 직업을 고려했다. 여성은 종종 학교심리 클리닉에서 행정직을 맡았으며, 학교 서비스의 확산에도 크게 공헌했다(French, 1988). 다른 심리학 분야와 비교하면, 학교심리학 역사를 통틀어 대표직을 맡은 여성의 비율이 아주 높고, 당시 불과 30%도 되지 않았다 할지라도 현재는 70%를 웃돌고 있다. 학교심리학에서 여성의 공헌에 대한 논의는 Hagin(1993)에 잘 나타난다.

초기 학교심리학의 전문가들 중 가장 저명한 사람은 Arnold Lucius Gesell이다. Gesell은 1915~1919년 동안 코네티컷 주 교육위원이면서 '학교심리학자'라는 직함을 최초로 받았다. 그의 직무는 직간접적인 서비스의 혼합하여 다루었고, 옛 문서에 그의 고용과 실무 조건에 관한 기록이 생생히 남아있다. 그의 경력은 많은 방식에서 현재의 전문가들과 유사하다. 그의 사례 배당은 때로 너무 많았으며, 그의 행정 상관은 진단 서비스를 요구했고, 상당히 다양한 학교에 출장을 다녔으며, 그는 학교중심 실무와 학교 이외의 실무를 함께 보았다(Fagan, 1987a).

Arnold L. Gesell (1880~1961)
출처: Studio portrait by Crosby, New Haven, Connecticut. Reprinted by permission of the State Historical Society of Wisconsin.

전문직의 확립(1920~1940년)

1890~1920년에는 학교심리학이 만들어지는 시기였지만, 당시 학교심리학은 전문실무자의 자율성과 전문 교육 규정, 자격규정, 실무와 현장과 같은 전문직으로서의 주요 특성을 확립하지 못했다. 왜냐하면 심리 실무가 거의 규정되지 않았고, 임상 혹은 자문 심리학자, 심리치료사, 심리검사자와 같은 직함은 일반적으로 고용되었다. 다시 말해 이 당시

모든 전문 심리학은 전문적 지위나 상징이 없었다고 봐야 할 것이다. 학교 장면에 있는 심리학자들은 전문적 상징이라는 측면에서는 그렇다 하더라도 다른 상황에 비해 그다지 전문적 지위를 갖지 못했다. 이와 같이 낮은 신분은 박사가 아닌 실무자가 많았고, 학교심리학 역사의 전반에 걸친 현상인 학교실무자가 여성이라는 사실에 기인한다.

교육과 자격규정

1920~1940년 기간의 학교심리학 전문성의 상징인 자율성과 교육 규정, 자격규정, 실무가 현장과 같은 점들이 한계는 있지만 뚜렷해졌다. 반면 다른 일부 심리학자들은 대학 클리닉과 연계하여 교육받았고, 학교 학생들을 대상으로 일하는 심리학자들에게는 더욱 공식적인 준비과정이 필요하다고 인식되었다(Fagan, 1999). Witmer는 펜실베니아 대학교에 임상심리학 교육 프로그램을 개설했다. 졸업생 중 일부는 학교에서 일을 했지만, 그 프로그램은 학교심리학으로서 개설된 것은 아니었다. 최초의 학교심리학 교육 프로그램은 1920년대 중반 뉴욕대학(NYU)에서 개설되었다. 그 프로그램은 학사과정과 석사과정으로 이루어져 있었다. 1930년대 후반, 펜실베니아 주립대학에서 학교심리학 박사과정이 제공되었다. 오하이오 주립대학을 포함한 다른 기관에서는 학교현장에서 일하는 것을 준비하는 개인을 위한 특정 교육과정을 추천했다. 그러므로 이 기간 동안 일부 기관에서는 적절한 교육과정이 있었고 뉴욕대학과 펜실베니아 주립대학에는 공식적인 프로그램이 있었다(Fagan, 1986b).

> 뉴욕과 펜실베이니아는 교육과 자격규준 확립에 있어 선구자였다.

1920년대 중반 학교심리 검사자 채용 시험은 뉴욕시티 학교에서 있었다. 시험을 치를 수 있는 조건이 되려면 지원자들은 "뉴욕 주의 대학 평의원이 인증한 대학에서 심리학 석사학위를 마쳐야 하고 심의위원회로부터 1년의 지능검사 경험을 인증받아야 한다"(Examination for Liscense as Psychologist, 1925). 학교심리학 실무를 위한 주교육부 자격증은 1930년대 중반 뉴욕과 펜실베이니아에서 부여되었다. 뉴욕과 펜실베이니아가 교육과 자격규준 확립에 있어 선구자인 것은 우연이 아니다. NYU 프로그램은 그러한 채용가능성과 뉴욕시티의 시험에 대비해서 발달되었다고 할 수 있다. French(1984)는 펜실베이니아에서의 발전에 대하여 자세하게 묘사했는데, 당시 펜실베이니아는 시골지역이었음에도 불구하고 주 전체가 활발하게 학교심리 서비스를 발전시킨 몇 안 되는 주 가운데 하나이다.

1920년대 중반에, 학교가 아닌 곳이나 사적인 실무를 하는 심리학자에게 자격을 부여하는 주는 하나도 없었다. 전문적 규정에 대한 또 다른 측면은 1921년부터 1927년까지 APA 회원들에게 제공된 단기 국가자격 프로그램의 시도였다(Sokal, 1982). 그 프로그램은 성공적이지 못했지만, 초기에 국가 수준의 자격이 필요하다는 인식이 이루어졌던 예로 볼 수 있고, 이는 1940년대 후반 APA의 미국 전문심리학 심의위원회(American Board of Examiners in Professional Psychology)와 1980년대 후반 NASP의 학교심리학 국가자격증(National Certification in School Psychology)에서 재등장했다. 따라서 전문성 개발에 대한 두 가지 주요 상징인 교육과 자격규정은 1920~1940년대에 나타났다. 교육과 자격규정 면에서 더욱 빠르고 광범위한 성장은 그 후, 특히 제2차 세계대전 후에 일어났다.

Leta Stetter Hollingworth (1886-1939)
출처: Reprinted by permission of the Archives of the History of American Psycholoy, University of Akron, Ohio.

문헌

학교심리학자들이 이용할 수 있는 문헌은 다양한 출처에서 지속적으로 나타났다. 어떤 학술지든 특별히 학교심리학만 다루지는 않았고, 각 분야의 문헌은 심리학과 교육학 학술지와 관련된 것으로 *The Psychological Clinic, School and Society, Journal of Educational Psychology, Journal of Consulting Psychology*가 있었다. 이 문헌들은 전문성과 조직의 문제, 심리교육적 사정, 아동의 문제, 심리 서비스에 따른 요구 등을 다루었다. 또한 비슷한 주제에 관한 많은 책들도 있다. 이 시기에 주요 문헌적인 성취는 최초의 교과서인 *학교 문제를 위한 심리 서비스(Psychological Service for School Problems)*라는 책이다(Hildreth, 1930).

역할과 기능 및 고용 기회

1920년대 초반, Gertrude Hildreth는 콜롬비아 대학에서 박사학위를 받고 학회의 회원이 되었다. 그녀는 그 곳을 떠나기 전 오클라호마 주 오크멀기(Okmulgee)에서 학교심리학자로 잠깐 일했었다(Fagan, 1988a). 그녀가 출간한 최초의 책인 *Psychololgical Service for School Problems*는 서비스의 역사적인 발달과정과 학교심리학자의 역할과 기능에 대해서 생생하게 묘사하고 있다. 그림 2.2는 그 책의 일부분이고, 그 시기의 일반적인 현장(진보주의 학교)의 모습에 대해 설명한 것이다. 그것은 현재의 현장과 놀랄 만큼 유사하다. Hildreth의 책은 실제 모델보다 앞으로의 이상적인 모델을 말했으며, 그녀의 리스트는 자신이 오클라호마에서 겪었던 현장보다 더욱 다양한 활동을 포함하고 있다. 비록 협의의 지능 검사와 같은 평가(사정)가 지배적이었지만 이 책은 더 다양하고 폭넓은 서비스의 가능성을 잘 기술했다.

그림 2.2 학교심리학자의 하루에 대한 Hildreth의 설명

다음 개요는 진보주의 학교에 고용된 한 심리학자의 매일같이 바쁜 날의 일상 활동을 보여준다.

아침

입학지원 아동을 위한 비네 검사 실시하기

최근 검사 기간 동안 결석했던 소수의 아동들을 위한 집단 검사 실시하기

고등학교에서 문제를 가진 아동들을 위한 협의회

초등학교에서 문제를 가진 아동들을 위한 협의회

서신에 답하기와 다음 조사에 사용될 검사지 신청하기

오후

최근 시험에서 성적이 저조한 7학년 학생 집단에 대한 보고서를 교장에게 제출하기

1학년 읽기와 셈하기 준비도 검사 제작 작업 더하기

조교에게 읽기 진단을 위한 플래시 카드세트 만드는 것 조교에게 설명하기

초등 고학년 학생의 읽기 장애에 관해 부분적 진단하기

최근에 입학한 프랑스 아동의 읽기 진전 연구하기

고등학교 교사들과 협의회

오늘은 오전 8:30분에 시작하여 오후 5:45에 끝났고, 정오에 30분 동안의 휴식시간이 있었다. 한 해 동안 수행에 사용한 시간의 양에 따라 순서대로 배정한 것인데, 같은 심리학자가 관여한 활동 순번은 대개 다음과 같다.

1. 학교 직원, 부모, 방문자, 교육 중인 학교심리학자와 협의
2. 학생 개인용 검사
3. 집단 검사
4. 검사 채점
5. 결과 도표 작성과 그래프와 차트 작성
6. 개별적 학생에 대한 진단 작업
7. 검사 제작을 포함한 연구와 연구를 수행하는 직원들과 회의

출처: *Psychololgical Service for School Problems*, By G. H. Hildreth, 1930, Yonkers, NY:World Book Co., pp. 246-248.

　　심리 검사는 이 시기 내내 학교심리학자의 역할과 기능에서 현저한 특징이었다. 수많은 개인용 및 집단용 지능 검사, 적성 검사, 학업성취 검사는 현재에도 이용되고 있고, 검사도구의 기술적인 적절성과 다양한 검사가 증가했다. 가장 유명한 검사는 1916년에 소개된 비네-시몽 지능검사의 스탠포드 개정판(Stanford Revision of the Binet-Simon

Scales)인데, 이것은 1937년에 L 유형과 M 유형(이는 저자 Louis Terman과 Maude Merrill의 첫 자를 딴 것이다)을 개정한 것이다. 따라서 20세기의 절반 동안 대부분의 학교심리학자들은 의뢰-검사-결과 보고 모델에 얽매였고, 다른 역할에는 훨씬 적은 시간을 사용했다.

> 대부분의 학교심리학자들은 의뢰-검사-결과 보고 모델에 얽매였고, 다른 역할에는 훨씬 적은 시간을 사용했다.

초기 몇 십 년간은 학교심리학자들이 적절하게 고용되었지만, 1930년대 대공황은 심리학자의 고용 기회에 상당한 영향을 미쳤다. 시카고와 뉴욕 시와 같은 큰 도시 지역에서도 많은 사람들이 직업을 잃었고, 어려운 시기를 헤쳐나가기 위해 작업 진전 행정(Works Progress Administration: WPA) 심리학자의 고용을 포함한 직원 채용에 강요했다(City of New York, 1938; Mullen, 1981). 여러 상황에서 일자리가 소실되고 응용심리학자들의 고용 기회가 제한되었음에도 불구하고 학교심리학은 계속해서 성장해갔다(Napoli, 1981). 서비스는 도시지역에 집중해 이루어졌지만, 1940년대에 학교심리학은 전국적으로 수용되기 시작했으며, 실무전문가의 수가 수백 명에서 대략 500명 정도로 증가했다. 이들은 다양한 직함으로 학교에 고용되었다.

> 1920~1940년의 후반에, 클리닉 모델은 단일-지역 모델로 대치되고 있었으며, 서비스는 도시를 넘어 작은 도시나 시골지역까지 확장되어 갔다.

초기 클리닉 시스템 모델이 지금은 광범위하게 퍼져있으며, 일부 시골지역은 이동 클리닉을 통해 서비스를 제공받았다. 매사추세츠의 이동 클리닉은 심리학자, 사회 복지사, 지역 정신건강 기관과 팀으로 운영하는 정신과 의사를 포함했다(Martens, 1939). 오하이오에서는 오하이오 주립대학의 교육대학 부속 연구소가 서비스를 제공했다(Rosebrook, 1942). 희망적이긴 했지만, 이동 클리닉은 강도 높은 서비스를 제공해주진 못했고, 지역의 심리학자를 고용하지 않았기 때문에 일련의 서비스가 체계적으로 제공되지 못했다. 시골지역 클리닉의 문제는 광범위하게 퍼져있는 문제였다. 그 문제는 비록 큰 교육기관(예: 특수교육 협력체)에서 조직되었다 하더라도 간접적인 형태의 서비스가 제공되는 지역에서도 관찰될 수 있다. 학교지역-기반 특수교육의 성장으로 지역-기반 심리 검사자의 필요도 증대되었다. 학교심리학에 대한 호평은 그 지역 자체에 학교심리학자를 채용할 자원이 있는 지역 수의 증가에서도 알 수 있었다. 1920~1940년의 후반에, 클리닉 모델은 단일-지역 모델로 대치되어 갔고, 서비스는 도시를 넘어 작은 도시나 시골지역까지 확장되어 갔다. 1920년대와 1940년대 사이에 이루어진 서비스 제공 모델의 확장과 고용 기회의 증가에도 불구하고 서비스는 계속해서 다양한 교육을 받고 직함들을 가진 개인에 의해 제공되었고, 분명한 학교심리학의 전문적 정체성은 여전히 잘 구별되지 못했다.

조직의 발달

1920~1940년대에는 전문적인 조직들과 연계된 활동이 상당히 많았다. 1919년 APA 분과 임상심리학이 설립됨에 따라, 소집단들이 계속 생성되었다. 특히 뉴욕 주에서는 많은 자문심리학자들이 계속하여 분리된 집단을 유지하면서 1930년에 자문심리학회(Association of Consulting Psychologist: ACP)가 설립되었고, 이후 1937년에는 미국응용심리학자협회 (American Association of Applied Psychologist: AAAP)가 설립되었다. AAAP가 네 가지의 큰 전공 영역－임상심리학, 자문심리학, 교육심리학, 비지니스와 산업심리학－으로 나누어진 사실은 전문성에 대한 중요한 상징이 되었다(English, 1938). 학교심리 전문실무가들은 일반적으로 AAAP의 임상심리 혹은 교육심리 분과에 소속되었지만, 대부분의 학교실무자와 응용심리학자들은 APA나 AAAP 회원이 되지 않았다.

이들 조직은 일반적으로 박사학위를 가진 자에 한해서 완전한 회원 특권을 부여했고, 박사학위가 없는 실무가들은 더 낮은 지위를 부여받았다. 왜냐하면 비박사 학교실무자의 수와 면허증이 증가함에 따라, 일부 면허증은 AAAP 회원제를 강요했기 때문이다(Fagan, 1993). 이러한 조직들의 방침은 오래 지속되어 온 순수 심리학자와 응용심리학자 사이의 차이점을 반영한다. 그러나 양쪽 모두에 가입된 회원 수의 증가와 연차 학회로 인해 APA와 AAAP 사이의 관계는 좋다. 이 두 집단은 제2차 세계대전 전까지 분리된 채로 있다가 이후에는 하나의 심리학 조직으로 통합되었다. AAAP는 주 수준의 분회가 있었는데, 보통 비슷한 이름을 붙였다(예: 오하이오 응용심리학회). 이 시기에 독립된 학교심리학회는 나타나지는 않았다.

전문적성의 성장과 정체성(1940~1970년)

역할 혼동기라고 할 수 있는 혼합기(hybrid year)의 마지막 30년은 주목할 만한데, 조직 정체성을 구체화했고, 교육 프로그램과 전문실무가의 수의 증가했다. 제2차 세계대전 후 베이비붐의 결과로 교육은 거대하게 증가했는데, 학교의 규모는 더욱 커졌고, 그에 따른 부가적인 심리 서비스도 더욱 필요하게 되었다. 1968년의 특수교육 대상은 2백만 명 이상이었고, 1940년에는 310,000명이 더 증가했고, 1958년에는 837,000명이 더 증가했다(Dunn, 1973). 1940년에서 1970년 사이에 학교심리학자 수는 약 500명에서 5,000명으로 증가했으며, 정규 교육과정이 있는 기

> 1940년에서 1970년 사이에, 학교심리학자의 수는 약 500명에서 5,000명으로 증가했다.

관 수는 겨우 2개에서 100개로 증가했고 대략 3,000명의 학생들이 등록했다. 실무가 대학생의 비율은 1950년에 1:36,000에서 1966년 1:10,500으로 개선되었다(Fagna, 1988b). 학교 면허의 증가는 1946년 13개 주, 1960년 23개 주, 1970년 40개 주로 늘어났으며, 1945년에 심리학자 면허증이 교부되기 시작해 1977년에는 모든 주가 시행하게 되었다. 1940~1970년대 학교심리학에 대한 급격한 성장과 변화는 Cutts(1955), Farling과 Hoedt(1971), Symonds(1942)에서 잘 살펴볼 수 있다.

조직의 발달

1945년에 AAAP가 APA에 합병되면서 APA 분과 16 학교심리학으로 국가 조직적 정체성을 가지게 되었다. 독립된 분과로서, 학교심리학은 임상심리학(12분과) 및 교육심리학(15분과)과 뚜렷하게 구분되는 조직적 독자성을 가진다. APA 회원은 보통 분과 16의 회원인데 1948년 133명에서 1956년 601명, 1968년 1,229명으로 증가했다. 이 분과는 여러 해 동안 안정성을 얻기 위해 고군분투했다. 그러한 노력으로 교육생(trainer)과 전문실무가의 수가 증가하는 조직체가 되었고, 기존의 주 심리학회에서 학교심리학자들 사이에 느슨한 네트워크가 형성되었으며, 또한 교육과 자격부여를 위한 지침서도 정립했다(Magary, 1967a, pp. 722-726, 분과 16의 1962년 자격기준 참고). 이 분과는 또한 1963년 프로그램 인가를 위한 노력을 했고, 1968년에 APA의 미국전문심리학 심의위원회(American Board of Examiners in Professional Psychology)로부터 학교심리학 전문가 자격증을 승인받았다(Bent, Packard, &Goldberg, 1999). 1968년 Rutgers 대학교의 Virginia Bennett은 학교심리학 학위를 수여받은 최초의 사람이 되었다(Fagan, 2004a). 이 분과는 APA 학회 프로그램 안에서 연차대회를 개최했고, 널리 알려지게 되었다. 비록 분과는 전국에 분포되어 있는 대부분의 학교심리학자들을 회원으로 만드는 데 실패했지만, 이 기간을 통해 분과는 독자성의 신호등으로서 역할했으며, 더 넓은 정치적 영역인 미국의 심리학과 교육학에 이 분야를 주장했다. 혼합기의 후반부에, 분과 16은 학교심리학을 전국적으로 알리고, 자격인증제와 실무기준에 대한 개선의 필요성을 주 교육부에 알리는 데 중요한 역할을 했다.

> 오하이오는 최초로 독립된 주 수준의 학교심리학회를 설립했다.

주와 지역 심리학회는 1920년대로 거슬러 가지만 학교심리학회는 훨씬 최근의 것이다. 오하이오가 1943년에 최초로 독립적인 주 학교심리학회를 설립했다. 이 조직은 1940년대 단지 세 주에 존재했던 것 중 하나였다. 1950년대에 5개의 학회가 더 신설되었고, 1969년에는 17개의 주 학교심리학회가 있었다(Fagan, Hensley, & Delugach, 1986). 지속된 몇 차례의 초청 학교심리학회는 주와 지역 학회 구성원들 사이에 느슨(엉성)한 네트워크를 보급했는데, 오하이오 학교심리학자들은 경쟁적인 전국 조직을 설립하려고 1968년 초청 회의를 소집했다. 그 회의는 역사적인 세인트 루이스 학회를 이끌었고, 1969년 3월 그 회담에서 미국학교심리학자협회(NASP)가 공식적으로 조직되었다. 그 사건을 둘러싼 복잡한 상황은 *Journal of School Psychology*에 기술되어 있다(Fagan, 1993). 오하이오 주가 APA 학교심리학 분과와 NASP 모두의 기원이 된 것은 역사적 관심거리이다.

문헌

학교심리학 문헌은 여러 학술지에 흩어져 있지만, *Journal of Consulting Psychology*(지금은 *Journal of Consulting and Clinical Psychology*로 바뀜)와 새로 만들어진 APA의 *American Psychologist*는 집중적으로 다루고 있다. 1960년대 이전에는 분과 16 뉴스레터가 유일한 학교심리학 관련 출판물이었으나, 1960년대는 혼합기 중 가장 결실 있는 문헌이 출판된 시기로 *Journal of School Psychology, Psychology in the Schools, Professional Psychology*(지금은 *Professional Psychology: Research and Practice*), 그리고 학교심리학에 관한 14권의 책이 출간되었다(Fagan, 1986a). 비록 역할 혼동과 전문적 정체 문제를 많이 안고 있었지만, 학교심리학자들이 그들의 주제로 책을 쓰고, 그들의

> 이 기간은 학교심리학자들이 그들 자신만의 주제로 책을 쓰고, 그들만의 독자를 위해 학술지를 출간한 최초의 기간이다.

독자를 위해 학술지를 출간한 최초의 기간이기도 하다. 이 책들의 독특한 점은 학교심리학자의 교육과 실무에 관한 철학을 제시한 것이다. Gray(1963b)의 "자료-기반 문제해결"이나 Reger(1965)의 "교육 프로그래머"는 학교심리학에 대한 고조된 관심과 역할과 기능에 대한 정체성 정립을 위한 고민을 잘 보여준다. 이것은 학교심리학에 대한 늘어나는 관심과 학교심리학자의 역할과 기능의 정체성을 위한 투쟁을 잘 보여준다. Valett(1963)의 *The Practice of School Psychology: Professional Problems*는 단지 APA의 윤리강령만 있던 시대에 전문성과 윤리적 딜레마를 위한 길라잡이 역할을 했다. Gottsegen의 *Professional School Psychology*(부록 B 참고)라는 세 권의 책은 혼합기 후반의 학교심리학의 다양성을 반영한다.

학회

1940~1970년 기간의 업적들 중 가장 많이 인용되는 것은 1954년에 열린 Thayer 학회이다(Cutts, 1955). 이 학회는 교육 수준, 자격 부여 및 실무에 관한 아이디어에 몇 십 년 동

안 도움을 주었다. Thayer 학회 발표논문은 학교심리학의 초기 반 세기 동안 이루어진 학교심리 서비스에 관한 종합적인 연구로, 1950년대의 학교심리학 상황에 대하여 명쾌하고 가장 종합적인 그림을 제시했다. 1950년대와 1960년대에는 다른 전문적인 학교심리학회가 일부 주에서 행해졌다. 예를 들어, Peabody 학회(Gray, 1963a)는 남부교육위원회(Southern Regional Education Board) 주관으로 개최되었는데, 교육 프로그램과 인턴십에 대한 필요성에 관심을 띤 학회였다. 주와 지역의 학회는 주 조직기관의 발기인인 실무전문가들을 함께 데려왔다. 캘리포니아는 짧은 기간 안에 상당한 발전을 이룬 주 교육부와 대학 교수의 노력이 어떻게 조화를 이루었는지에 대한 완벽한 예이다. 이러한 쉽지 않은 회의가 Thayer 학회와 분과 16에 의해 자극된 것인지 알 수는 없지만, 어떤 연관성은 있는 것 같다.

> Thayer 학회의 권고는 학교심리학의 미래에 오랫동안 영향을 주었다.

이들 학회는 역할과 기능 및 교육에 대한 일치를 찾는 데 기여했지만, 이 시기 동안에 실제로 일치를 보진 못했다. Thayer 학회의 제안점은 미래 학교심리학에 미칠 장기적인 영향이었다. 이들 제안점은 두 수준의 교육과 서로 다른 직함을 가진 실무, 학교실무를 위한 주교육기관의 승인, APA를 통한 프로그램의 인가를 포함했다(Fagan, 2005b).

전문성의 발달

비록 학교심리학의 Thayer 학회가 중요한 영향을 끼쳤지만, 이는 임상심리학의 1949년 Boulder 학회의 영향보다는 약한 것 같다. 임상심리학은 1919년 APA 임상심리학 분과로서 성장하며 APA와 좋은 연대감을 공유하고 있었다. 또한 수많은 주 협력체, APA 인가를 받은 교육과 인턴십 제도 및 재향군인보훈국, 조직화된 의학과 정신의학의 갈등 투쟁, 급속한 주 면허위원과의 긴밀한 네트워크의 발전을 이루었다. 조직적 강화에도 불구하고 몇몇 주에서의 학교심리학은 Thayer 학회 때와 혼합기 시기에서 조직들과 국가적인 연대감을 공유하지 못했다. 그래서 APA가 재조직될 당시에, 학교심리학은 임상심리학과 상담심리학보다 상당히 더 느린 속도로 재조직되었다(Fagan, 1993).

APA가 재조직되면서, 성인을 대상으로 하는 임상심리학의 소용돌이치는 발전이 시작되었다. 이로 인해 당대의 면허, 인가, 상환 정책 및 기타 임상심리학의 측면이 모두 강한 영향을 받았다. Albee(1988)는 의학적 모델의 매진을 비판했다. 성인에 초점을 둔 임상심리학이 너무 강해서 십 년이 채 안 되어 아동임상 전공이 나타났다. 제1차 세계대전이 검사의 가치를 입증했다면, 제2차 세계대전은 심리학자들의 또 다른 서비스 영역인 치료적 중재를 착수케 했다. 이 시기 이전에는 아동과 성인은 자주 임상심리학 서비스를 제공받았다. 주의 병원시스템은 정신과 의사에 의해 통제되었으며, 성인에 대한 심리 서비스는 정신과 의사들에 의해 감독되고 제한되었다. 학교실무를 위한 주교육부 자격증은 개업인가 약 십 년 전에 먼저 있었고 의사들의 감독에서 학교심리학자들은 자유로워졌다(French, 1990). 다른 환경에서의 실무를 위한 법적인 승인을 얻는 데 심리학자들은 성공하지 못했다. 최초의 개인사무소 개업인가는 학교에서 심리학자의 실무를 위한 자격증이 이미 12개 주에서 있던 1945년에 코네티컷에서 있었다. 면허법은 직접적으로 박사학위가 있는 사람들이 합법적인 실무를 하는 데 맞추어졌고, 그 다음은 박사학위가 없는 심리학자들도 조금 고려되었다. 이러한 의도는 의학 전문가들의 고삐에서 심리학 전문가를 자유롭게 해주는 것이었으며, 주로 임상심리학자에 초점을 두었고 그 다음 상담 및 자문심리학자도 포함했다.

학교심리학자들은 *학교장면* 이외의 자격증에는 덜 관여했다. 왜냐하면 학교에서는 의학적 감독이 없었고 이미 일부의 주교육부로부터 자격을 받았기 때문이었다. 많은 학교심리학자들이 임상심리학 혹은 교육심리학 프로그램에서 교육받았기 때문에, 학교 이외의 실무자들은 이미 그와 관련된 분야에 대한 준비를 해야 했고, 쉽게 그 분야를 식별할 수 있었다(예: 임상심리학). Thayer 학회의 권고는 학교심리학 자격증명의 무대를 마련했는데, 이는 대개 주 면허위원회(state licensing board)의 범위 밖에 있었고 대신 주 교육기관들에게 책임이 있었다. 학교심리학은 아주 상황-특수적인 것으로 인식되었다. 모든 실무는 전적으로 학교 환경에서 수행되었으며, 보통 공립학교에서 수행되었다. 1960년대 후반이 되어서 APA 학교심리학 분과의 타이틀이 *학교심리학자(school psychologists)*에서 *학교심리학(school psychology)*으로 바뀌었다. 이러한 변화는 학교 장면에 한정된 실무보다 더 넓은 정체성에 대한 탐구를 반영하는 것이고 교육 및 임상심리학과 뚜렷이 구별되는 독자성을 위한 것이다.

학교심리학자들은 임상심리학 전후(postwar) 정부지원을 통해 간접적인 이익만을 받았다. 예를 들어, 임상심리학 배경을 가진 학교 실무가는 면허제도가 있는 주의 학교 이외의 실무로 옮길 수 있었다. 응용 및 전문 심리학 교육 프로그램은 학생들을 많이 늘어나는 임상 및 상담심리학 정부지원 인턴십에 배치했지만, 학교-기반 인턴십이 움직임의 일부분은 아니었다. 대조적으로 학교심리학의 전후 성장은 교육의 발전, 특히 입학률의 급속한 증대와 특수교육 프로그램에 관련되었다. 그럼에도, 혼합기의 전후(postwar) 시기는 학교심리학의 전문적 발전이 임상심리학보다 훨씬 뒤처지지만 학교심리학으로서는 중요했다. 이때 처음으로 서로 다른 부류의 직업심리학자들이 전문성을 가진 전문가로 인정되었다. 전문가에 대한 공식적인 인정은 1990년대 후반(APA의 직업심리학 전문성과 역량 인정위원회를 경유하여)에 시작되었지만, 그 구분은 이후 독립기(thoroughbred)에서 겪은 학교심리학의 투쟁 및 성장과 연관된다. 대개는 전문성에 대한 초기 구분은 임상심리학과 정신의학 전문가 사이의 갈등의 결과로써 만들어졌고, 이 구분은 임상심리학과 다른 심리학 전공 사이의 갈등을 일으키는 부수적 효과를 만들었다.

임상심리학의 역할에 치료를 포함시키려는 역할의 확장은 학교심리학에서는 별로 주목할 만하지 않았다. 심리 검사는 계속해서 학교심리학자의 역할과 기능이었고, 광범위한 확장은 학교 행정가의 규제, 생활지도와 특수교육 담당자에 의해 마련된 중재기능 주장의 중첩으로 인해 방해를 받았다(Napoli, 1981). 1960년대에 학교심리학자의 현실적 대 이상적 역할기능 연구를 포함한 수많은 많은 역할 인식 조사연구가 수행되었다. 이들 연구에서는 전통적인 검사에 대한 지배적인 역할 불만과 자문과 중재에 대한 더 큰 선호를 나타내었다(Roberts & Solomons, 1970). Farling과 Hoedt(1971)가 수행한 전국 조사에서는 지배적 활동으로 개별 심리교육 평가, 보고서 쓰기, 부모-교사와의 회의로 나타났고, 이상적으로 선호하는 것은 지배적이었던 검사 활동을 줄이고, 자문, 프로그램 평가, 행동 관리와 같은 다른 역할을 늘려야 하는 것으로 나타났다.

역할 불만과 선호는 다음 요인에서 진전했다.

1. 실무가들을 위한 전문 조직의 증대는 그러한 이슈를 논의하고, 대안적인 서비스 제공 시스템을 제시하는 기회를 제공했다.

2. 1960년대 이후 교육 프로그램의 급속한 성장은 학교심리 서비스를 위한 폭넓은 철학을 진두시켰으며, 비검사적(nontest) 기능을 강조하게 되었다. 그래서 새로운 흐름의 학교심리학자들로 대체되었다. 이 새로운 흐름은 서비스를 위해 더 크고 폭넓게 다가갔을 뿐만 아니라, 구성원들도 학교심리학 대학원 학위과정을 졸업했기 때문에 더 큰 전문적 정체성을 가지게 되었다.

3. 연방교육 기금이 혁신적인 교육 실제와 학교 서비스를 후원할 수 있었다.

4. 특수교육 영역은 1960년대 후반에 학습장애(LD)가 공식 분류기준으로 규명되었을 때를 기점으로 크게 확장되었다. 반면, 전통적인 검사모형은 이러한 인식으로 증대되었으며, 학습장애 치료를 위한 활동에는 이견이 많았고 일부 학교심리학자들은 이를 중재 역할을 위한 변화의 기회로 인식했다(예: Valett, 1967).

5. 교육문제에 대한 사회의 관심은 학교 체제와 조직의 관점에서 표시되었다. 이 혼합기의 말기와 향후 10년 동안, 이러한 선상에서 학교심리학자의 기능을 기술하려는 심도 있는 노력이 있었다(예: Schmuck & Miles, 1971).

6. 1960년대는 정신건강과 예방을 강조하는 시기였다. 지역 정신건강센터 법안과 기타 연방 법안으로 대중은 정신건강, 빈곤, 개입을 필요로 하는 사회 문제에 민

감해졌다. 정신건강센터의 급속한 설립, 지역 정신건강 협회, Head Start 프로그램은 초기의 클리닉과 아동 연구를 연상시켰다.

7. 혼합기 말기는 프로이드적이고 역동적인 개념에서 비지시적 로저스 상담과 간이 정신치료, 감수성 훈련, 행동 치료적 중재를 지향하는 것으로 특징지을 수 있다. 이와 같은 새로운 방법은 학교 장면에서의 실무에 좀 더 적합한 것으로 여겨졌다.

8. 1960년대는 표면적으로 학생들을 진단 범주에 맞추고, 학생들에게 꼬리표를 다는 것에 대한 윤리적 관심과 지능 검사 반대와 같은 현상으로 좌절의 시기였다.

1969년 NASP 설립은 전문성의 탐구를 확장시켰으며 독립기를 특징짓는 일련의 사건을 다루는 출발점이 되었다.

이때는 또한 인종, 민족성, 성, 성차와 연계한 시민권 투쟁을 하던 역사적으로 중요한 시기였다. 그리고 우주개발 경쟁, 학교차별, Head Start 프로그램을 포함한 지원 교육 프로그램에서 연방 정부의 전례 없는 개입이 있었다. 이는 과거와는 다른 중요한 출발이었다. 수십 년 동안 공교육은 사회구조의 주요 변화를 추구하는 범위 내에서 적절한 것으로 여겨졌다. 하지만, 지금은 주(州)와 지방 대신 연방 정부의 사안이 장려된다. 그들의 학교에 대한 연방법, 법규, 그리고 재정지원을 수용하면(일부는 침해로 봄), 이전에 주와 지방 당국이 이루지 못했거나 거절했던 성취목표를 연방 정부가 요구할 수 있다.

전후 시대의 이러한 추세와 성취는 학교심리학에 대한 정체성을 확립하고자 하는 분위기를 낳았다. 그러나 시기의 정체성은 교과서 저자들의 다양한 지향과 교육에 대한 혼돈, 자격인증, 실무자 직함 등에 있어 매우 혼란스러웠다. 이는 이들 상황과 더 안정적이고 강화된 정체성을 위해 전국의 실무자들이 모두 함께 할 필요성이 있다는 인식에 대한 반응이었다. 1969년 NASP의 설립은 순수심리학과 응용심리학의 전통적인 분쟁을 넘어서는 것뿐만 아니라, 심리학 조직, APA의 전통적인 한계를 넘어서는 전문성의 탐구를 확장시켰다. 혼합기 말기에 나타난 사건은 독립기의 특징이 되는 일련의 사건들에 대한 출발점 역할을 했다.

독립기(1970년~현재)

혼합기 말까지 학교심리학은 교육과 심리학에서 적어도 잠정적으로는 중요한 정치적 및 전문적 독립체였고, 여러 곳에서도 아주 강력한 독립체였다. 그리고 단체 조직, 고유한 지식 체계, 행동강령, 전문 교육, 규정과 자격인증 등과 같은 대부분 전문성의 상징은 이미 어떠한 형태로든 나타났다(7장 참조). 예를 들어, 1930년대에 주 교육국은 비공식적으로 학교심리학자를 위한 적절한 강좌를 제공하는 대학들을 확인했지만, 자격인증을 통한 공식적인 승인은 1960년대에 *전국교사교육자격위원회(NCATE)*와 1971년 APA에 의해서 이루어졌다. 특히 학교심리학에 대한 사용 기준은 1980년대에 와서 NCATE-NASP의 관계 속에서 이루어졌다(Fagan & Wells, 2000). 비록 훈련 프로그램의 승인이 혼합기에 등장했지만, 오늘날 보이는 인가 모형은 훨씬 더 형식적이다. 가장 오래된 모형은 현대의 주교육부(SDE) 교육 프로그램 승인의 원형이라고 할 수 있다. 오늘날 많은 주(州)에는 SDE의 인가 프로그램과 국가자격 모형 모두가 있다. 마찬가지로, 오늘날의 자격인증 절차는 학교심리학자들이 주교육부에 가서 비네 검사 실시 기술을 시연하여 자격을 부여받던 이전 시대보다 훨씬 복잡하다. 제2차 세계대전 이래로, 교육부는 점차 성적증명서 검토, 공식적인 프로그램 인가, 자격인증 실제의 상호성에 의존하기 시작했다. 그래서 인가, 학회의 성장, 자격인증, 교육 수준, 문헌, 실무 장소 혹은 혼합기 말에 인식된 전문적인 역할과 기능의 대부분을 이룩했다. 그러나 그 성취는 전국적으로 차이가 있었다. 많은 주(州)와 대부분의 시골지역의 학교에는 이용할 수 있는 *심리 서비스*가 여전히 부족했다. 특히 시골-도시의 선상에서 볼 때 서비스의 편차는 학교심리학의 역사 이래로 끊임없이 지속되고 있다.

일반교육 및 특수교육 제정법과 성장

표 2.1은 규정, 협회의 성장, 전문 분과와 재조직, 향상된 전문적 정체성, 확대된 실무영역에 의해 특징지어진 독립기를 잘 나타내고 있다. 1970년 이래로 수많은 요인들이 학교심리학의 정체성을 강화했고 좀 더 광범위한 서비스를 제공케 했다. 이러한 요인들 중 하나는 특수교육에 대한 일련의 법적 도전이었다. 아마 가장 잘 알려진 것은 Larry. P. v. Riles(1984)인데, 이는 소수인 평가(assessment)와 정치(placement)에 관한 이슈이다. 이러한 법적 도전과 연이은 법정 판결은 다문화에 대한 좀 더 세심한 평가, 평가에 대한 개선된 기술적 타당성, 평가에 대한 폭넓은 개념화, 더 책임 있는 사례건수(부담)에 날카로운 관심을 낳았다. 아마 가장 중요한 사건은 1975년에 제정된 아주 획기적인 시민권 제정법인 모든 장애아동을 위한 교육법(EAHCA)으로, 모든 학교구가 모든 장애아동을 위한 심리 서비스를 포함한

아마 가장 중요한 사건은 1975년에 제정된 모든 장애아동을 위한 교육법(EAHCA)으로, 모든 학교구가 모든 장애아동을 위한 심리 서비스와 특수교육 서비스에 민감하도록 만들었다.

특수교육 서비스에 민감하도록 만들었다.

그 당시 무상 및 공교육을 위한 법 제정은 아동의 장애 여부와 상관없이 미국 원주민, 라틴 아메리카인, 아프리카계 미국인을 포함한 소수집단과 여성들의 교육을 보장하기 위한 역사적인 투쟁에 뒤따른 것이었다. 이 제정법의 이행과 1986년의 재허가는 장애아동의 교육 권리로 확대되어 그 출발점이 되었다. 이 제정법은 1990년과 1997년에 잇따라 재허가되었고 장애인 교육법(Individuals with Disabilities Education Act: IDEA)으로 개칭되었고, 이 법안은 다시 2004년에 교육과 실무에 대한 조정으로 장애인 교육개선법(Individuals with Disabilities Education Improvement)으로 개정되었다. 기타 법령도 특수교육 및 일반교육의 이슈에 관심을 가졌는데, 1974년의 가족 교육권리와 사생활 법(Family Educational Rights and Privacy Act: FERPA)은 학교 기록의 수집, 관리, 보급과 관련된 것이다. 또한 1973년의 재활법 504 조항은 특수교육을 받지 못했을 아동들을 위한 기초작업이 되었다. 가장 최근 2001년에는 낙오학생방지법(No Child Left Behind Act: NCLB)이 통과되었다.

이 법안의 통과는 특수교육과 심리 서비스의 제공에 지대한 영향을 끼쳤다. 1970년대 이전에는 부모의 동의 없이 심리 검사를 실시하고 특수학급에 배치하는 것이 일반적이었다. 하지만 1973년 법령 504 조항과 FERPA, IDEA 및 관련 소송은 장애아의 권리를 확대시키게 되어 무상 공교육을 받을 수 있고 부모와 가족의 사생활권이 재주장되었다. 제정법과 관련 소송이 교육 전반에 영향을 끼쳤지만, 그런 법령은 심리 서비스에 관심을 갖게했고 이러한 관심은 지역, 주, 국가 차원에서 더 나은 실제를 위한 지침을 마련하는 촉매 역할을 했다. 혼합기에서처럼 대부분의 지침들은 주 교육국이나 다른 비(非)심리학 단체가 만들었다. 새로운 지침과 규정은 사정, 학회, 교육 계획, 정치, 재평가 그리고 적절한 공청회 절차와 관련된 폭넓은 사례 문서를 수집하고 보관해야 할 필요를 만들었다. 이러한 요구는 학교 행정가, 교사, 평가 직원에게는 매우 부담스러운 것이었다. NCLB의 장기적인 영향을 확실히 하기 위해 각 학군은 특수교육 대상을 포함한 모든 학생의 성취도 진척을 매년 보고해야 한다.

독립기의 또 다른 요인은 일반교육 입학자가 1970부터 1990년에 이르기까지 꾸준히 감소했고, 뒤이어 2001~2002년(전국교육통계청, 2003)에는 47만 7천 명으로 조금의 증가를 보였다. 같은 시기 특수교육 수혜자는 1980년대 말에 4만 5천 명으로 증가했고, 1990년대 후반에는 5만 5천 명, 2001~2002년에는 6만 5천 명까지 증가했는데, 이는 공교육 인구의 약 13%에 해당하는 수치이다. 장애 학생 인구가 이처럼 크게 도약한 것은 EAHCA의 시행과 재허가의 결과이다. 1975년에 EAHCA를 이행한 지 불과 몇 년 후, 특수교육 서비스는 이전에 받지 못했거나 받기에 충분하지 않았던 지역으로 확산되었는데,

많은 학군들이 이전에는 책임질 필요가 없다고 여긴 학생들을 위한 서비스를 강조했다. 이 법안이 시행되기 십 년 전에 학습장애 영역은 공적인 인정을 받았고, 1970년대의 가파른 증가는 EAHCA의 전반적인 영향에 기여했다. 훨씬 이전의 시기를 회상해보면, 교육은 또다시 특정 학생 집단의 요구를 충족시키는 문제를 경험하게 되었고, 학교심리학자의 도움이 필요했다. 그 영향은 학교심리학 실무자의 수적 증가에서 알 수 있다. 1970년대에 5,000명, 1980년대에 10,000명, 1988년에 20,000명, 1990년대 중반에 22,000명, 2005년에는 30,000명이 넘을 것이다. 실무자 대 학생의 비율은 약 1:2,000 혹은 좀 더 낫다(Curtis, Hunley & Grier, 2002; Fagan, 1998; Hosp & Reschly, 2002; Lund, Reschly & Connolly Martin, 1998). Smith(1984)와 Curtis, Hunley, Grier는 덜 만족스러운 비율과 더 많은 특수교육 평가활동 사이의 관계를 연구했다.

> 학교심리학자의 수는 1970년 5,000명에서 2005년에는 약 30,000명으로 증대되었다.

　　서비스 제공 시스템과 실무자의 자격증이 다양했음에도 서비스는 계속해서 전국적으로 제공되었다. 하지만, 특수교육의 부활과 성장은 특수교육과 일반교육 간의 격차를 더욱 심화시켰다. 1980년까지 모든 학군은 크게 일반교육과 특수교육으로 나뉜 시스템을 가지고 있었다. 오랫동안 일반교육의 일부였던 종합적인 치료 서비스는 특수교육에서 학습장애아를 위한 서비스가 거대해지는 바람에 모두 사라졌다. "일반교육법안"과 1980년대와 1990년대의 통합교육 운동(장애아를 일반교실에서 교육)은 1960년대 이래로 생겨난 학교교육의 이중 시스템에서 오는 문제에 대한 반응인 것이다. IDEA의 재승인과 조항 504에 따라 부모의 도전이 많아졌고, NCLB는 일반교육과 특수교육의 경계선을 모호하게 했으며 분류의 적절성이 아니라 학생의 요구에 근거한 서비스를 강조했다. 일부 주에서 학교심리 서비스는 대안적 서비스 제공 모델에 대한 광범위한 수용이라는 입장에서 이러한 변화를 따르거나 박차를 가했다. 성숙되고 잘 조직된 학교심리학회는 이러한 방향과 제정법에 긍정적인 영향을 끼칠 수 있었다.

조직의 발전과 협회

독립기가 막을 올리면서, 대부분의 주에는 학교심리학자들을 위한 주 협회를 조직할 실무자들이 충분했다. NASP의 급격한 성장과 함께, 주 협회는 실무 향상을 위한 지침서의 개발과 적용을 육성시켰다. 이 시기와 이전 시기의 본질적인 차이점은 협회의 리더십이 수동적 활동모형에서 주도하는 활동모형으로 바뀐 점이다. 학교심리학은 더 이상 주와 연방 정부와 같은 타 기관이 결정하는 것을 단순히 따라 하는 것이 아니라, 오히려 타 기관들이 내리는 결정 유형에 영향을 끼치려고 했다. 그래서 전문적인 규정은 외적인 영향에서 내적인 영향으로 옮겨갔고, 1970년대에 학회 활동에서 발생한 변화가 1980년 이후에 대개 나타났다. APA, APA 분과 16, NASP는 연방 법규에 영향을 주기 위해 함께 일했고, 종종 학생 서비스와 아동 정신건강 연합과 협력해 일했다. 이는 NASP가 워싱턴 D.C. 지역에 영구적인 사무실을 설립한 1990년 이후에 가장 활발했다.

APA 분과 16-학교심리학 분과

이 시기에 APA 또한 제정법에 대해 반응적 입장과 주도적 입장을 취했다. 학교심리학 분과는 모학회의 입김을 통해 이들 입장에 영향을 미쳤지만, 이 분야에 주요한 영향을 미칠 자원이 부족했다. 1969년 이전까지 분과 16은 단지 국가수준의 학교심리학 단체였는데, NASP의 성공적인 성장으로 세간의 이목을 끌었다. 분과 16의 회원 수는 2,000과 2,500명 사이에서 크게 변동이 없었고, 계속해서 APA와 분과 16이 커다란 기여를 했다. 분과 16이 무려 8년 동안 계획한 끝에, APA는 1971년에 처음으로 텍사스 오스틴 대학교에 학교심리학 박사 학위 프로그램을 인가했다. 학교심리학 프로그램 인가는 임상심리학과 상담심리학과 동등한 수준의 전문성의 상징이 되었다. 1981년에, APA는 학교심리학을 위한 독립된 지침서인 *Speciality Guidelines for the Delivery of Services*를 출판했다(APA, 1981). 1997년에는 APA의 CRSPPP가 분과 16과 NASP를 포함한 주요 학교심리학 단체의 조언을 얻어 학교심리학의 전문성에 대한 정의를 승인했다. 전문성 승인은 2005년에 재승인되었다. CRSPPP의 승인은 전문심리학의 중요한 전공영역으로서 학교심리학의 위치를 확고히 했다.

> 이 시기와 이전 시기의 본질적인 차이점은 협회의 리더십이 수동적 활동모형에서 주도하는 활동모형으로 바뀐 점이다.

APA-NASP 특별전문위원회

1970년대에는 주로 학교 환경에서 박사학위가 없는 직원이 학교심리학을 담당했다. 그러나 APA 위원회가 전문심리학자의 타이틀을 위해서는 박사학위를 가져야 한다고 공표한 1977년 결의안이 통과되면서, 초보자와 타이틀에 대해 NASP와 APA 간의 긴장을 고조시켰고, 1978년에는 APA-NASP 특별전문위원회(후에 Interorganizational Committee로 개칭)를 탄생시켰다. NASP와 APA 간의 긴장은 학교 이외의 장면의 실무에 대한 자격인증 문제를 가지고 주(州) 심리학회와 학교심리학회 사이의 의견 불일치를 가져왔다. 특별전문위원회는 일부 조직 간의 결정에 영향을 미쳤지만, APA와 NASP의 공동승인 과정은 단 한 번도 최종승인과 이행을 이루어내지 못했다. 특별전문위원회는 또한 1980년의 Spring Hill 심포지엄과 1981년의 Olympia 학회를 계획하기 위해 분과 16, NASP, 미네소타대학의 전국학교심리학 연수교육 네트워크와 함께 일했다. NASP와 분과 16은 공동으로 학술지 *School Psychology Review*(10권 2호화 11권 2호 참고)를 출판했다. 이들 학회는 학교심리학의 실무에 초점을 두었다. 조직 간 위원회는 APA와 NASP 간의 많은 활동을 촉진시켰지만, 1978년에 특별전문위원회의 설립에 박차를 가했던 초보자 교육의 이슈는 해결할 수 없었다. 특별전문위원회는 2002년에 APA에 의해서 해체되었다.

전문 분과: APA, APS 및 AAAPP

APA 역사 초기 50년과는 대조적으로, 후기 50년에는 점차 실무 지향적이 되었고 실무자 회원도 급격한 변화가 따랐다. 오래 지속된 순수심리학과 응용심리학 사이의 긴장이 다시 수면 위로 떠올랐다. 과학자-실무자 모델이 2차 세계대전 이후 수십 년 동안 APA의 이러한 긴장 중에서 수용될 수 있는 타협안이 되기는 했지만, 1980년대에 인식이 바뀌었다. 잣대는 실무자의 이해관계로 기울어졌다. 면허교부, 실무특권, 책임보험, 관리의료, 제3자 부담과 같은 전문적인 사안들이 APA의 에너지와 재정자원을 낭비한 것 같았다. 내부의 정치적인 쟁점은 APA를 과학적인 관심으로 회원을 받아들이려는 잘못된 시도를 만들었고, 1988년에 좀 더 학문적-과학적 심리학자를 위한 대안적 조직인 미국심리학단체(American Psychological Society: APS)를 설립했다(2005년에 Association for Psychological Science로 개칭됨) 반면에, 실무자들은 APA 내에 학문적-과학적 지배에 대한 대안으로서 협회를 설립했는데, 학문적-과학적 지지층이 이러한 전문적 우세를 인지하여 또한 단체를 설립했다.

1990년대까지 APS는 7,500여 명의 회원들을 자랑했고, 뿐만 아니라 *APA Observer*라는 소식지, *Psychological Science*라는 학술지, 전용 고용란, 독자적 학회도 가지고 있었다. 다른 단체들 역시 설립되었다. 1991년에 설립된 응용심리학과 예방심리학을 위한 미국 단체 그리고 AAAPP(American Association of Applied and Preventive Psychology)가 설립되어, 1991년에 자신들의 소식지(*The Scientist Practitioner*), 학술지(*Applied and Preventive Psychology: Current Scientific Perspectives*), APS 학회와 협력 학회, 책임보험 프로그램까지 갖추고 있었다. 2005년에 APS는 14,000명이 넘는 회원을 확보했고, AAAPP 역시 500명이 넘는 회원을 확보했다. APS는 세 개의 학술지를 더 만들었다.

APA-APS 간의 투쟁은 1930년대 말의 APA와 AAAP의 투쟁과 유사하다. 하지만 현재 투쟁은 심리학자들이 과학적 관심의 선상에 있는 심리학자에 대항하는 것이며, 응용심리학자들이 임상-중심 실제 대 과학-중심 실제의 선상에서 서로 대항하는 것이다. 이러한 최근의 조직적 방식의 수명과 이것이 학교심리학에 미치는 영향은 지켜봐야 한다. 현재 그 영향력은 무시할 정도이며 회원 수도 점점 줄고 있다. 그럼에도 전국 심리학 단체는 반세기 동안 더 분열되었다. 이러한 추세가 계속되고, APS와 AAAPP 혹은 프로그램인가 와 같은 독립된 주 협회의 창출을 포함해야 한다면 주 수준에서 전문심리학자의 정치적 인 관계가 붕괴될 수 있다. 다른 한편으로, 점차 전문적 특성을 채택하여 약해진 주 협회 의 회원제를 주 수준에서 갱신할 것이다. 신기하게도, APA 및 APS와 AAAPP 간의 투쟁은 NASP와 APA의 학교심리학 분과 간의 공식적인 논쟁 과정에서 거의 주의를 끌지 못했다.

미국학교심리학자협회(NASP)

학교심리학자 전국 대표라는 관점에서, 독립기는 NASP에 의해서 주도되어 왔다. NASP 의 회원은 1969년에 856명, 1979년에 5,000여 명, 1989년에 14,000여 명, 1999년에 21,500여 명, 2004년에는 22,000명까지 증가했다. 2005년에는 1998년의 회원수와 같은 20,400명으로 감소했다. 지난 몇 년간 회원수의 변화는 은퇴와 NASP 회원수가 지난 수 년간의 성장으로 안정기에 도달했음을 나타낸다. NASP는 1970년대 초에 주 협력체를 받 아들이기 시작했다. 이내 기존의 협회들은 NASP와 연계되었으며, 동시에 NASP는 후에 NASP와 연계할 수 있는 새로운 협회들의 설립을 차례차례 도왔다. 1980년에 43개의 주 협회 중 33개가 NASP와 연계했고, 1998년에는 50개 주, 콜럼비아 구역과 푸에르토리코 를 대표하는 52개의 협회와 연계하기에 이르렀다. 거의 모든 새로 생긴 주 학교심리학회 는 기존의 주 심리학 협회와는 별개로 설립되었다.

주 협회와 NASP의 제휴는 공생관계가 되었는데, NASP는 APA 분과 16을 통해 할 수 없었던 활동 네트워크를 제공했다. 이들 이점의 예로 1980년 Spring Hill 심포지움과 뒤 이은 1981년 Olympia 학회를 들 수 있다. 분과 16은 추후 활동을 위한 네트워크가 부족 했기 때문에 1981년 학회에서 그들의 목적을 달성해야만 했다. 반면, NASP와 그 협력체 는 이들 학회에서 설정한 틀을 가져와서 다시 주 협회의 학교심리학자들이 실행하도록 하였다. 이러한 네트워크는 주 전체에 NASP 정책의 전파, 시행, 증진을 가져왔다. 반면 에, 분과 16의 정책과 아이디어는 극히 소수의 학교심리학자를 대표하는 주 심리학회의 네트워크를 통해서만 발전이 가능했다. 따라서 NASP 연계 협회와 APA 연계 협회 사이 의 차이는 주 수준은 물론 국가 수준으로 확장되었다.

비록 학회 일정이 네 개의 학교심리학 학술지 특별호를 통해 전파되었지만, NASP 회 원은 또한 인디애나 대학에서 열린 '2003 미래 학교심리학회'를 더 따르는 것 같다. 게 다가 '2002 미래 학회' 결과물의 전파에 막대한 도움을 준 교육과 논의가 가능한 온라인 모듈이 만들어졌다. 2002 학회 정보와 모듈은 *www. Indiana. edu/futures/resources. html*을 통해 얻을 수 있다. NASP와 APA 분과 16의 역사에 관한 논쟁은 *School Psychology Digest*(Vol. 8, No. 2)와 *School Psychology Review*(Vol. 18, No. 2)에 나타나있다.

관련 조직

추후 전문적 성숙을 나타내는 또 다른 단체들이 부상했다. NASP와 분과 16에서 탄탄한 지도력을 쌓은 대학 교육자들은 이 시기의 두 개의 단체, *Trainers of School Psychology*(TSP)와 *Council of Directors of School Psychology Program*(CDSPP)을 설립했다. TSP와 CDSPP의 역사적 논의는 Phillips(1993)을 참고하라. 수년간 NASP와 느슨한 관계를 유지해온 캐나다 실무자들이 1985년에 *Canadian Association of School Psychologists: CASP*를 설립했다(9장 참고). 국제학교심리학회는 1982년 설립된 이래로 국제학교심리학 위원회를 성장시켰다(10장 참고). 1992년에 APA의 전문심리학 위원회가 American Board of School Psychology(ABSP)를 포함하여 몇 개의 전문 위원회를 만들었다. ABSP는 1993년에 설립된 미국 학교심리학교(American School of School Psychology)의 후원으로 운영되었다. 1994년에는 Society for the Study of School Psychology(SSSP)가 설립되었다. SSSP는 이 분야의 연구와 장학 사업에 재정적 지원을 했고, *Journal of School Psychology*의 모체라 할 수 있다.

전문 규정

학교 외의 실무자격

NASP와 APA의 의견 차이는 학교심리학의 실무 정책에서 극대화된 양상을 보인다. 주 수준에서는 그러한 의견 차이가 자격인증에 대한 갈등을 반영하는데, 비박사 학교심리학자가 자신들이 학교환경에서 일하는 것을 제한하는 자격인증 기관에 도전하고 있는 것과 같다. 반면, 실무 특권을 가지려는 임상심리학자들의 투쟁은 정신의학과 의료와의 투쟁을 포함시키며, 학교 이외의 실무를 위한 학교심리학자의 투쟁은 거의 학교와 임상심리학 집단 간의 갈등을 수반한다. NASP가 주 협회의 이러한 노력을 도왔지만, 이것은 전국적으로 협력된 것도 아니었으며, APA의 일반적인 반대도 아니었다. 이것들은 주로 국가 차원의 기술적 및 재정적인 지원에 의해 촉발되는 주 수준의 충돌인 것이다. 1980년대 중반에 크지는 않지만 학교심리학이 승리를 거두기도 했다(예: 캘리포니아, 코네티컷, 일리노이, 오하이오).

이러한 투쟁과 성공은 학교심리학자들의 정체성과 사기 충전의 기폭제 역할을 했다.

대부분의 주에서 이러한 투쟁은 독립기가 되어서 나타났으며, 이때는 주 심리학 단체와 학교심리학 단체가 모두 강성해지던 시점이었다. 1990년대 초기에 이러한 긴장은 거의 사라졌다. 몇 가지의 요인들이 상대적으로 평온한 상태를 만드는 데 일조했다. 그 중 하나는 정규직의 학교심리학자들이 일하는 APA 실무 부서가 NASP와 잘 소통할 수 있었던 점이다. 더 많은 학교심리학자들이 초기보다 박사학위를 취득했고(비율은 3%에서 적어도 20%까지 증가했다), 박사학위 없는 실무에 대한 이슈는 덜 중요했다. 박사학위를 소지하지 않은 많은 학교심리학자들에게는 학교 밖의 개인적인 실무가 그다지 선호대상이 아니었고, 또한 많은 사람들이 그런 일에 종사하지도 않았다. 비박사학위 교육 프로그램의 필수 학점은 증가했다. NASP의 국가자격 시스템은 많은 실무자들에게 새로운 지위를 부여했으며, 더 높은 승인에 대한 필요를 진정시켰을 것이다. 결국, 일부 주의 자격인증의 문제는 주 교육국으로 옮겨갔다. 학교심리학자들의 수의 부족은 자격인증 조건의 변화를 가져왔다.

> 임상심리학자들이 실무의 특권을 획득하기 위해 정신의학과 의료와의 전쟁을 했던 반면 학교심리학자들은 학교 이외의 실무를 위해 학교심리와 임상심리 간에 배타적으로 투쟁했다.

학교실무 자격인증

학교실무 자격인증 부분에서, 많은 활동이 주의 강요로 요구조건을 줄여 높은 기준을 유지하는 방향으로 그리고 장기적인 개편을 하는 주에서는 NASP의 기대에 맞게 주의 요구조건을 올리려는 방향으로 전개되었다. 후자의 경우, 프로그램 인가에 관해 주 교육기관과 협정을 맺은 NCATE도 더 높은 자격인증 기준을 만들었다. 자격인증 개선의 상당한 성공은 학교심리 서비스를 위한 미국주자문가위원회(National Association of State Consultant)의 회원들의 노력 덕분이었다. 주 컨설턴트의 지위는 Gesell의 실무의 시기로 거슬러 올라가는데, 오로지 전체 주의 반만이 주 컨설턴트가 있었다. 이들 주 정부 입장의 노력을 알 수 있는 글은 거의 없었으며, 더 이상 쓸모도 없을 것이다. 혼합기에 이들은 행정적 역할을 많이 수행한 반면, 최근에는 주 교육부, 지역 학교심리학자, 대학 교육 프로그램, 주 협회 등의 사이에서 연락망 역할을 했다. 이런 관계는 학교심리학자와 SDE의 관점에서 지각한 아동의 요구를 상호 전달하는 데 있어 중요했다. 혼합기와는 대조적으로, 거의 모든 주들은 학교심리학 인사를 위해 어떤 형태의 SDE 자격인증을 가지고 있으며, 현재 많은 주가 전문 면허를 취득해서 학교가 아닌 곳에서 일하는 실무 특권을 가지고 있다(Curtis, Hunley, & Prus, 1998). "높은 자격을 갖춘 인사"를 위한 NCLB 법령의 기대는 결국 주와 전국학교심리학 단체에 의해 만들어진 자격인증 요건을 지속적으로 얻게 하는 역할을 할 것이다.

프로그램 인가

1971년 첫 프로그램의 인가에 뒤이어, APA 자격인증은 1972년에 3개에서 1980년에 20개로 늘어났다. 박사과정과 학교 외의 자격인증에 대한 관심이 늘어나면서, 1990년에 42개, 1998년에는 59개, 2005~2006년에는 67개로 늘어났으며, 10개의 복수전공 프로그램도 포함되었다(Accredited Doctoral Programs in Professional Psychology, 2005; Fagan & Wells, 2000; Supplement to Listing of Accredited Programs, 2006). 거의 출발부터 NASP는 훈련 가이드라인과 자격인증에 대해서 NCATE에 문의를 했다. 이로부터 10년이 지나 NASP는 교육 기준, 현장배치, 자격인증, 실무, 윤리강령과 주요 문제에 대한 입장을 승인했다(Bastsche, Knoff, & Pterson, 1989; Curtis & Zins, 1989). 이 기준에 대한 문서는 1984, 1994, 1997, 2000년에 수정되었다. 교육에 관한 것들은 NASP와 공식적 관계인 NCATE를 통해 공포했으며, 1976년의 결연과 1978년의 구성회원도 포함시켰다. 수정된 NCATE 인증과정은 NASP가 자료집 검토를 통하여 프로그램 평가를 수행하도록 했고, 승인한 프로그램에 대해 공식적인 명단을 작성토록 했다. 이는 프로그램이 NASP의 인증에 의해 지정되었기 때문이고, 혹은 학회의 NCATE 자격과 독립된 것이기 때문이다. 이는 비록 NASP 자체가 자격인증을 할 수 있는 당국이 아님에도 불구하고, NASP가 학교심리학 프로그램을 인증하는 역할을 준 것이다. 혼합기에 비해 1997년에는 모든 학교심리학 프로그램은 SDE 승인을 받아야 했는데 294개 프로그램 중 57%는 국가 자격인증의 형식을 갖추었다(Thomas, 1998).

국가자격증

개정된 NASP 자격인정 기준은 ETS(교육평가원)가 개발한 학교심리학 국가시험을 포함해서 1988~1989년에 시작된 NSPCS(National School Psychology Certification System)에서 중요한 것이었다. 이 시험 출제에 있어 NASP의 관여는 1980년대의 반응적 대 주도적 관여에 대한 좋은 예가 된다. 전문성의 또 다른 상징인 NSPCS는 상당한 성공을 거두었는데, 1998년에 11,000명, 2005년에 9,300명으로 줄기 전 1991년에 15,000명 이상의 학교심리학자들이 등록한 적도 있다. 이는 국가자격단체에 앞서 이 분야의 정체성 확립을 향상시켰으며, 자격인증 요건의 부분으로 시험과 증명서를 채택했다. 많은 전문가 수준의 교육 프로그램들은 학위를 받기 위한 요건으로 국가시험을 사용하고 있었다(Fagan, 2005c).

분과 16이 1945년부터 1970년까지 학교심리학을 전국에 표방했고, 그 이후로는

분과 16이 1945년부터 1970년까지 학교심리학을 전국에 표방했고, 그 이후로는 NASP가 맡았다. 두 단체는 전문직 규정을 개선하고, 그 규정을 외적인 기제에서 내적인 기제로 변화시키는 데 도움을 주었다.

NASP가 맡았다. 두 단체는 전문직 규정을 개선하고, 그 규정을 외적인 기제에서 내적인 기제로 변화시키는 데 도움을 주었다. 미국의 두 가지 학교심리학 운영 시스템 중 하나는 교육에 의해 통제되고, 다른 하나는 심리학에 의해 통제되는데, 교육과 실무에 영향을 미쳐왔고 앞으로도 영향을 미칠 것이다(Fagan, 1986c). APA와 NASP 사이의 갈등은 지난 20년 동안 소멸되었지만, 정책과 방향에서 오랫동안 있었던 차이는 계속 존재했다. 분과 16은 실무자 구성원의 수를 증가시키는 노력을 했으며 학술지 양식의 수정, 폭넓은 교육적 쟁점의 강조, 실무자들의 문제에 대한 인터뷰 테이프 제작 등의 활동을 통해 실무자들을 지원하는 노력을 다시 시작했다. 비록 공식적인 단일화 노력은 없다 하더라도 아마 다가오는 10년은 학교심리학의 조직적 합병에 대한 노력의 장이 될 것이다. 적어도, APA와 NASP가 적극적인 협력을 지속한다면 교육과 심리학은 염원하던 전문성의 단일 관리시스템을 이룩할 수 있을 것이다.

훈련

1970년 이래로 훈련 프로그램을 제공하는 교육기관의 수는 100여 개에서 200여 개로 증가했다. 프로그램 등록자 수는 1977년 7,450명으로 증가했으며, 1987년 5,634명으로 감소했다. 그리고 1997년에는 8,587명으로 증가했다. 그러나 1987년 이래로 프로그램당 졸업자는 8.4명에서 8.9명으로 큰 변화가 없었다(Thomas, 1998). 지난 30년간, 프로그램과 등록자 수는 전문가 과정과 박사 과정에서 현저하게 증가했으며, 석사 프로그램에서는 급격히 감소했다(Thomas, 1998). NASP가 제공하는 온라인 경로 이외에 전국 프로그램 조사표와 안내책자는 더 이상 없다. 구축된 온라인 데이터베이스에 의하면 프로그램의 수는 230~250개 정도이다. 전문교육에서 더욱 중요한 변화로는 학교심리학 학위를 수여하는 사립 전문학교의 출현과 온라인 강좌의 도입 및 온라인 학교심리학 프로그램을 들 수 있다. 교육 모델의 확장은 교육과 실무 수준에서 오랜 인력부족 문제와 관계있으며 인력은 다양한 역할과 기능의 향상을 감소시킨다(Fagan, 2004b). 또한 기술의 진보, 인터넷 접근, 종전과는 다른 가족 환경과 직업 환경에 있는 실무자들이 요구하는 대안적인 교육 기회에 따른 변화가 있었다.

문헌

1970년에서 현재까지는 1960년대의 학문적 성취를 진전시켰다. NASP는 1969년에 소식지를 발간했고(현재 *Communiqué*), 1972년에는 *School Psychology Digest*(현재 *School Psychology Review*), 그리고 교육 프로그램과 자격요건에 대한 최초의 안내서를 출판했다. NASP 설립 후 10년에서 20년 사이에는 이익을 위해 책과 출판물을 출판하는 변화가 있었다. 성공적이었던 출판물로 *Best Practices in School Psychology, Children's Needs, Home-School Collaboration, Children at Risk, Interventions for Academic and Behavior Problems* 그리고 유인물 시리즈인 *Communiqué (Helping Children at Home and School)*과 같은 혁신적인 편찬물이 있다. 분과 16은 1973년에서 1980년 사이에 특정 주제의 논문을 펴내어, 1986년에는 *Professional School Psychology*(현재 *School Psychology Quarterly*)를 발간하기 시작했다. 분과 16의 뉴스레터인 *The School Psychologist*는 체제를 바꾸고 길이를 늘려 훨씬 더 실무자 중심으로 바뀌었다. 분과 16과 NASP가 이룬 학문적(저서) 성공과 더불어 이 시기에 *School Psychology International, Journal of Psychoeducational Assessment, Special Services in the Schools*(현재 *Journal of Applied School Psychology*)의 발간과 수많은 학교심리학 책들이 출판되었다. *Handbook of School Psychology*와 그 수정본(Gutkin & Reynolds, 1990; Reynolds & Gutkin, 1982, 1999)은 다양성과 특수성의 조합을 반영했고 종전의 Magary(1967b)의 편람과 함께 이 영역의 자원을 제공했다.

Gottsegens의 이전 출판물은 1980년대에 *Advances in School Psychology* 시리즈가 나올 때까지 경쟁자가 없었다. 저술 빈도, 입장 지향 교과서, 1960년대의 트레이드마크는 교육과 실무의 특정 모델의 채택과 함께 지속적으로 나타났다(예: Bardon & Bennett, 1974; Fagan & Wise, 1994; Merrell, Ervin, & Gimpel, 2006; Phillips, 1990a; Plas, 1986; Reynolds, Gutkin, Elliott, & Witt, 1984). 1970년 이후의 많은 편집본은 이 분야의 복잡성과 하위 심화영역의 출현을 반영했다. 전문 규정과 소송에 대한 현저한 변화는 법적 및 윤리적 사건에 대한 저작을 자극했다. 법적 및 윤리적 문제를 종합적으로 다루는 책의 필요성은 *Ethics and Law for School Psychologists*의 복권을 성공적으로 출판하게 했다(Jacob & Hartshorne, 2007). 2006년 11월에 NASP는 최초의 온라인 저널인 *School Psychology Forum: Research in Practice*를 출간했다.

이 시기의 문헌 내용에 대한 분석은 검사와 사정(Fagan, 1986a; Strein, Cramer, & Lawser, 2003), 그리고 법적 문제와 미래전망(Kraus & Mcloughlin, 1997)의 강조를 나타냈다. APA 인가 상위 10개 학교심리학 프로그램의 교수들의 출판 주제에 대한 연구는 다음 순서의 빈도로 나타났다고 했다. 즉 전문성 문제, 중재, 사정, 자문(Carper & Williams, 2004)이었다. 소아과의 주제가 늘어난 것은 "확장된 학교심리학자들의 역할에 대한 정의를 지지하기 위해서"라고 보인다(Wodrich & Schmitt, 2003, p. 131). Strein 등(2003)이 수행한 1990년대 중반의 문헌에 대해 비교분석은 "학교심리학에서 이루어져야할 연구에 대한 저자와 실무자들의 관점 사이에 상당한 일치"를 나타낸다고 했으나, 또한 "미국에서 보고된 우선요건 및 연구유형과 국제학교심리학 학술지 문헌 사이에 상당한 불일치가 있다"(p. 432)고 했다. 다양성에 대한 관심과 미국 학교심리학 문헌에서 강조되는 다양성 정도 사이에 비슷한 불일치가 있다고 Miranda와 Gutter(2002)가 기술했고, Greif와 Greif(2004)는 아버지를 포함시킨 논문이 실제보다 덜 나타났다고 했다. 때때로 특정 저널의 내용분석은 편집자들 자신의 말로 된 결론을 제공한다(예: Harrison, 2000; Oaklank, 1986; Shapiro, 1995). 이들은 특정 저널의 역사와 논문, 주제, 특징을 추적하는 데 유용하다.

위에 기술한 분석에서 알 수 있듯이, 학교심리학자들은 자신들을 위해서뿐만 아니라 다른 교육학 및 심리학 독자들을 위해 저술했다. 그 영향은 학교심리학 이외에 검사 제작, 아동 신경심리학, 특수교육, 미취학 아동의 사정 등의 영역에도 미치고 있다. 혼합기에서 학교심리학은 종국에는 그 자체의 문헌을 제작했으나, 독립기가 되어서 이 문헌은 다른 분야로 퍼져나갔다. 50년 기간 동안 학교심리학자들이 다른 분야로부터 자신의 분야를 배우는 것에서 학교심리학을 다른 분야에 가르치고 다른 분야의 문헌에 기여하는 것으로 변화했다. 이러한 움직임은 독립기의 순화과정으로 인한 이 분야의 성숙과 전문화를 더 강조하게 했다. 그러나 Frisby(1998)는 이 결론에 이의를 제기하면서, 학교심리학 저널이 다른 저널에 인용을 제공한 것보다 다른 저널(학교 외 심리학)로부터 훨씬 더 많이 인용한다고 했다. 마지막 10년은 특히 학교심리학 백과사전을 포함하여, 이미 출판된 백과사전에 학교심리학이 들어가는 포함의 시기였다(Fagan & Warden, 1996; Lee, 2005; Watson & Skinner, 2004). 주 협회, 학교심리학 교육자(Trainers of School Psychologists), 학교심리학과장위원회(Council of Directors of School Psychology Programs)를 포함하는 또 다른 학교심리학 단체는 일련의 뉴스레터와 출판물을 제공했다.

학교심리학자들은 자신뿐만 아니라 다른 교육 및 심리학 독자를 위해 글을 썼다.

마지막으로, Roberts, Gerrard-Morris, Zanger, Davis, Robinson(2006)은 1991~2004년의 주요 학교심리학 저널에 나오는 여성 저자와 편집자들의 증가를 검토했는데, 이 분야의 여성들이 늘어남에 따라 성취도 증대했다. 학교심리학 뉴스레터가 일반적으로 전문 협회에 의해 출판되지만, *Today's School Psycholo-*

*gist*는 1997년 이후 개인사업인 LRP 출판사에 의해 매달 출간되었다.

학교심리학자들의 역할과 기능

독립기는 사회적 영향과 변화의 요구에 따라 학교심리학자들의 역할과 기능에서도 변화를 가져왔다. 독립기의 역사에서 전문적 역할과 기능은 서비스의 요구에 따라 발달했다.

위험에 처한 아동들

1960년대 이후 미국 가족의 변화는 1980년대까지 널리 인식되었다. 아버지는 밖에서 일하고 어머니는 집에서 자녀양육과 가사를 돌보는 양부모 가족 모델은 점차 사라져갔다. 대신에, 20세기 후반의 가족은 이혼으로 인해 편부모가 가장이 되어 경제적 생존을 위해 어머니가 일터로 나가야 했다. 생활비의 상승도 결혼 부부와 재혼한 부부들을 힘들게 했고, 많은 경우에 안정된 가정과 생활수준을 유지하기 위해 배우자 모두가 집 밖에서 일해야 했다. 기혼 여성의 고용은 여성교육 및 고용기회 증가와 관계있다. 이런 변화의 결과, 아이들은 비교적 관리되지 않은 환경에서 길러지게 되었다. 이에 따르는 문제와 다른 사건들이 결국 학교에서 나타났고, 이런 것은 문화적 변화에 대한 연구를 촉구했고 아울러 학교심리학자들에게 시사하는 바가 크다(Fournier & Perry, 1998). 1980년대 후반에 특수교육에 대한 높은 관심이 다른 집단, 즉, '위험에 처한 아동'으로 옮아갔다. 이들은 새로운 용어로 불리는 일반적인 특수교육 아동이 아니다. 대신에, 위험에 처한 범주(Barona & Garcia, 1990)는 이혼 자녀, 빈곤한 아이들, "맞벌이"자녀, 약물 남용자와 그 자녀들, 자살-충동 아이들, 십대 임신모, 중퇴 가능자, 학업적 및 심리적 도움이 필요한 학생들이지만 일반적인 특수교육 대상은 아니다. 이는 지속적인 장애를 보이는 특성을 가진 아이들이라기보다는 잠시 상황에 문제가 있고 만성적 문제가 될 수 있는 위험에 처한 아이들이다. 그런 아동들은 일반교육과 특수교육 사이의 선상을 따라 계속적인 도움을 필요로 한다. 위험에 처한 아이들이 많은 도시, 교외, 시골지역에서 위험에 처한 범주가 1990년과 2000년 사이에 개선을 보였다. 주와 전국 수준에서 이루어진 위험에 처한 범주에 대한 분석 자료는 *Children at Risk: State Trends 1999-2000*(Annie E. Casey Foundation, 2002)에 나타나있다.

1990년대에 학교 폭력 또한 세간의 이목을 집중시켰다. 학교에서 총기로 인해 어린이가 살해된 몇몇 큰 사건들에서 학교심리학자들이 다른 사회적, 교육적 분야에 참여하게 했다. 미국 교육부 장관은 학군들을 위한 가이드북을 개발해 달라고 NASP에게 부탁했는데, 이것은 정부와 NASP의 전문적인 관계에서 중요한 성취였다(U.S. Department of Education, 1998). 주요 학교폭력 사건은 지난 5년간 다소 줄어든 것으로 나타나지만, 학교에서의 또래 괴롭힘과 체벌에 대한 대안 마련에 상당한 관심이 집중되었다.

특수교육의 변화 전망

규준지향 평가를 포함하는 전통적인 역할은 초기의 학교심리 서비스에서 대부분을 차지했으며, 독립기에서도 지속되었다(Reschly, 1998). 1970년대는 학교 컨설팅과 조직 혹은 시스템 개발에 관심이 급증했으나, 1975년의 장애아교육법에 의해 이전의 평가 모델로 돌아가는 듯했다. 대부분의 학교심리학자의 역할과 기능의 경향성에 대한 영향은 급격한 노동인구의 성장에도 불구하고 늘어난 활동보다 더 많이 계약하는 것 같았지만 1970년대는 특수교육 배치와 소송에 치중한 시기였다. EAHCA의 영향을 평가한 연구는 학교심리학자들의 역할이 변하지는 않았지만 "예방, 컨설팅, 혹은 중재보다는 평가를 너무 강조하는 것"으로 계속적으로 제한되었다고 했다. 또한 이 연구는 공문처리 업무와 장애로 간주되는 아이들에게 너무 많은 시간을 소비했다고 밝혔다(Goldwasser, Meyers, Christenson, & Graden, 1983, p. 163). 학교심리학자들은 70%는 평가, 20%는 컨설팅, 10%는 직접적인 학생 중재를 위해 시간을 소비했다고 보고 하였고, 자기 시간의 71%를 장애 학생과 보냈다고 했다. 이런 활동 비율은 Smith(1984)의 연구에서도 나타났는데, 학교심리학자들은 평가 업무에 소비되는 시간을 줄이고 중재, 컨설팅, 조사 연구에 더 많은 시간을 쓰고 싶어한다고 밝혔다. 실제 시간과 원하는 시간의 차이는 통계적으로 유의한 것으로 나타났으며, 1960년대의 역할 불만족이 1980년대까지 계속되었음을 뒷받침한다. 이러한 경향은 Reschly와 Wilson(1992)과 Reschly(1998)에서도 찾아볼 수 있다. Reschly(1998)의 데이터에서 밝힌 것은 여전히 평가 역할이 지배적이지만 그 역할 내의 특정 기능(예: 평가 기술)은 바뀌었으며, 비전통적인 평가 방법은 전통적인 기술과 비교했을 때 걸리는 시간이 크게 다르지 않다는 것이었다.

　　1980년대 후반에는 전문성을 위한 내, 외적 영향력이 특히 학습장애아의 수가 100% 이상 증가해서 특수교육의 확대에 관한 관심을 높이게 했다. 종전의 의뢰-평가-보고(그리고 정치) 제공 방식에 반대하여, 학교심리학자를 포함한 개혁론자들은 대안적 서비스의 사용, 일반교육법(Regular Education Initiative), 그리고 다양한 통합(초기의 용어 main-streaming을 확장시킨 현대적 표현)의 사용을 지지했다. 미국 교육부 특수교육과 재활 서비스과의 일반교육법안은 모든 학생들을 위한 하나의 교육시스템으로 특수교육과 일반교육의 통합을 지지하는 것이었다. 발의와 반대는 EAHCA의 최소-제한-환경의 실시 노력과 IDEA의 재승인으로 인해 전통적인 특수교육 서비스 모델에 대한 정치적 불안정성을 반영했다. 초기의 특수교육의 범주에 속하지 않은 서비스에 대한 논의는 특수교육 외의 서비스, 특수교육 등록 감소, 그리고 최종적으로 특수반에 보내기 전에 예방 목적의 예산 사용과 같은 것의 논의로 변화하고(적어도 약한 정도의 장애아와 아마 또 다른 유형) 있었다. 사전의뢰 사정과 중재 모델은 급격한 주의를 끌었으며, 의뢰과정을 위한 표준절차가 되었다. 학생 한 명당 특수교육 비용은 일반교육 비용의 두 배 이상이었기 때문에, 정부 지출이 감사를 받고 있던 시기에 교육비용의 증가가 특수교육 등록을 줄이기 위한 노력에 박차를 가한 것은 당연했다(Moore, Strang, Schwartz, & Braddock, 1988). 그럼에도, 특수교육 등록은 계속해서 증가했다.

특수교육과 재활 서비스부서에 근거한 학교심리학의 역할에 대한 진술은 긍정적인 변화를 위한 후속 자극이 되었다(Will, 1989). IDEA로 인해 증가된 평가 옵션과 합쳐진 NCLB(2001)와 경험적으로 지지된 혹은 증거-기반의 중재와 기능행동 분석(Functional-Behavioral Analysis: FBA)은 이러한 변화를 지지했다. 2004년 IDEA 재승인으로 인해, 학습장애아를 식별하는 반응-중재(response-to-intervention: RTI) 접근은 증거-기반 중재, 기능행동 분석, 사전의뢰 평가와 중재 팀, 그리고 준거참조 평가와 교육과정기반 평가를 함께 가져왔다(Fagan, 2008년 발간 중). 논쟁이 되기는 하지만, 그러한 실무들은 일부 환경에서 장기적인 성공을 거두었다(Grimes, Kurns, & Tilley, 2006을 참조). 이와 함께 초기 문식과 읽기 기능의 강조는 많은 학교심리학자들이 유치원과 초등학교 저학년 수준에서 프로그램들을 계획하고 수행하도록 했다. 특수교육과 다른 장애 분야의 확장에 대한 이들 접근의 안정성은 다음 10년에 걸쳐 밝혀질 것으로 보인다.

> 2004년 IDEA 재승인으로 인해, 학습장애아를 식별하는 반응-중재(response-to-intervention: RTI) 접근은 증거-기반 중재, 기능행동 분석, 사전의뢰 평가와 중재 팀, 그리고 준거참조 평가와 교육과정기반 평가를 함께 가져왔다

변화에 대한 장애요인

1975년에 EAHCA로 시작된 시기의 첫 10년은 평가-배치 중심이었고, 두 다음 10년은 수업과 관련된 서비스로 바뀌었고, 더 최근에는 교육과정 중재와 기능평가를 지향하게 되었다. 사전의뢰, 평가, 중재, 위험에 처한 학생을 위한 최소 2차 예방을 향한 움직임은 학교심리학자의 역할과 기능에 대한 장기적인 변화를 나타내주는 잠재적 지표이다. 홈스쿨 협력을 포함하는 컨설팅, 가족 평가 및 중재에 대한 관심과 활동은 많이 증가했다(Christenson & Conoley, 1992). 지난 15년간의 사건들은 정신건강 중재의 필요성에 대한 신호가 되었고, 학교심리학자들은 일반교육에 더 관여하게 되었고 폭력과 또래 괴롭힘, 학생의 사회적 적응, 위기 개입에 대한 문제를 해결해야 했다. 그러나 조직 컨설팅과 개발에는 관심이 적었다. 과연 이 분야가 1970년대의 대폭적인 삭감으로 인해 부상하며 처음으

로 역할과 기능의 지속적인 주요 변화를 만든 것인가? 혹은 1985~1996년 기간에 대한 Reschly(1998)의 자료와 Curtis, Lopez, Batsche, Smith(2006)의 자료는 지속적인 역할의 안정성을 예측하는가?

지속적인 역할에 대한 잠정적인 장애요소들 중 하나는 지난 15년간 많은 관심을 받아 왔던 실무자의 부족이다. 학교심리학 실무자들의 공급과 수요 간 차이는 교육과 서비스 문제에 있어 중요하다. 학생들은 더 높은 수준의 교육을 받도록 요구되고, 실무자들은 더 다양한 직업 환경에 입문하면서, 공급 문제는 지속될 것으로 예측되었다(예: Curtism Grier, & Hunley, 2004; *Psychology in the Schools* 특집호 41권 42호). 실무자의 대다수 가 계속해서 학교 환경에 고용되지만 다수는 다른 곳에서 일하기를 원할 것이다. 프로그 램 인가와 박사 및 박사가 아닌 수준의 실무 자격인증에 대한 높은 기대로 인해 교육요 건이 더 증대되었다. 인력부족은 교육 프로그램의 교수들에게도 문제가 되었다. 변화하 는 역할과 기능에 대한 다른 잠재적 장애요소들로는 과다한 사례수, 적은 봉급, 부적절한 학교예산, 학교 행정가들의 역할 인식, 학교에서 심리 서비스에 대해 갖는 편협한 개념화 등이 있다. 역할과 기능에 영향을 미치는 부가적 요인은 4장과 7장에서 논의되었다. 컴퓨 터, 이메일 게시판, 소프트웨어 등과 같은 기술공학의 진보가 미친 영향은 아직 연구된 바가 없다. 하지만 이런 기술이 전통적인 학교심리 학자의 역할에 추가되었다는 것은 놀랄 것이 아니 다. 컴퓨터를 이용한 채점과 보고서 작성 서비스의 출현은 엇갈리는 비평을 받는다. 하지만 정보의 이 용도를 높이고 인터넷 서비스의 도움을 받는 것은 변화를 가속화할 것이다.

> 지속적인 역할에 대한 잠정적인 장애요소들 중 하나는 지난 15년간 많은 관심을 받아왔던 실무자의 부족이다.

주요 공헌자

독립기에서 일어난 사건들은 학교심리학 전공이 교육과 심리학 내에서 중요한 실체로서 그 잠재력을 깨닫게 해주었다. 독립기의 첫 10년은 협회의 성장과 분리, 전문적 정체성 의 확립, 교육과 실무에 대한 규정의 증가로 특징지어진다. 학교심리학 리더십은 그러한 규정을 효과적으로 이행하고 학교심리학의 힘을 강화하기 위한 수단을 향후 20년, 30년, 40년에도 지속적으로 추구해야 한다. 반 이상의 교육 프로그램, 인가받은 프로그램, 실무 자, 이용가능한 자격증, 주 협회, 전문 문헌이 독립기에 발전된 것들이다. 학교심리학은 이제 성숙했고, 미국 심리학의 전문 분야로 공식적인 인정을 받고 있다.

혼합기 후반과 독립기 초기에 학교심리학 분야에 주요 업적을 세웠던 일부 개인들은 더 이상 생존하지 않는다. 이 사람들은 수십 년 전에 불확실했던 학교심리학의 지위를 오늘날 전문 분야로 만든 초석이었다. 그들의 특정 기여 분야는 괄호 안과 같다.

Jack I. Bardon (교육, 리더십, 전공 정체성)

Virginia D. C. Bennett (미국 전문 심리학회, 자격인증, 리더십)

Calvin Catterall (국제학교심리학)

Michael Chrin (리더십, 오하이오 학교심리학 발달)

Norma E. Cutts (코네티컷 실무와 자격인증 발달)

Muriel Forrest (전문적 기준 지지)

Susan Gray (교육, 헤드스타트 리더십)

Liam Grimley (국제학교심리학)

Irwin Hyman (아동지원)

Elizabeth Koppitz (심리교육 평가)

Nadine Lambert (교육, 리더십, 평가)

Frances Mullen (리더십, 국제학교심리학)

T. Ernest Newland (교육, 펜실베이니아, 테네시, 일리노이 실무개발)

Rutherford Porter (교육, 펜실베이니아, 인디애나 실무개발)

Marcia Shaffer (NASP 리더십과 APA 분과 16)

Marie Skodak Crissey (실무, 리더십)

Mary Alice White (ABPP 승인, 자격인증)

Joseph Zins (교육, 사회-정서적 발달과 정신건강)

역사 요약 —

학교심리학의 역사는 19세기 후반부터의 교육과 심리학의 발전과 관련되어 있다. 현대 교육학, 심리학, 학교심리학의 구조적 특성은 1920년에 관찰될 수 있었다. 그러나 20세기는 공식적인 학교교육이 널리 수용되고 요구된 시기의 처음으로 교육학과 심리과학, 학교심리학이 동시에 공존했다.

학교심리학의 역사 연구는 학교에서 서비스가 필요했던 시작기, 서비스의 출현, 교육 프로그램과 실무 자격제도의 출현, 자격인증과 내·외적 규정의 연대순으로 나타난다(표 2.2 참고). 이 연대기는 초기 모델을 확장하지 않고 새로운 교육 모델, 자격 기준, 실무를 제시하고 있다. 예를 들어, 실무 영역에서 많은 학교심리학자들은 1920년대의 실무자와

〈표 2.2〉 학교심리학 전문가의 성장*

영역	1890	1920	1940	1970	1990	2000	2005
전문실무가	0	200	500	5000	22000	25000	30000+
교육기관	0	0	2	100	230	218	220
SDE 자격 인증	0	0	3	40	50	50	50
주 협회	0	0	3	17	52	52	52
주요 학술지	0	0	0	2	7	7	8

*표의 수치는 현재의 분류에 가까운 정보에 기반을 둔 근사치다. 저널의 수치는 *Canadian Journal of School Psychology*와 *School Psychology*를 포함한다.

비슷한 기능을 하지만 오늘날 지배적인 것은 고용자 기대, 이용 가능한 기술, 의뢰, 실무 선호도의 측면에서 아주 다르다. 그리하여 비록 검사가 지배적인 모델로서 지속되었지만 그 개념화는 바뀌었다. 19세기에 골상학은 많은 지지를 받았지만 그 방법 학교심리학 출현 이전이었다. 1800년대 후반에 Cattell은 지능 검사 도구를 제안해(Cattell, 1890) 인체 측정학과 다른 아이디어를 반영했지만, 외적 타당도와 다른 경쟁적인 검사 방법의 발달로 널리 수용되지 못했다. 이는 1900년도 초반 Binet의 연구를 적용한 것이었고, 고등 정신과정을 연구하기 위한 지능 검사로서 폭넓게 수용되었다. 이러한 초기의 실무형태는 현재의 실무에 지속적으로 영향을 미치고 있다. 그러나 20세기 초반의 지배적인 생각은 한정된 지능 검사, 예방, 책무성의 기능이 없이 직접적인 서비스 제공을 지향했다. 중재와 자문, 치료, 예방, 책무성의 방향으로 옮겨가는 현재의 주장은 초기에는 제한되어 나타났으며, 검사에 대한 생각은 고용자와 학교심리학자의 선호에 따라 다르게 나타났다. 전통적인 사정의 역할은 부가적인 개인적 및 환경적 요인에 따라 확장되었으며, 학생의 문제와 학교교육에 기여하는 바가 컸다(Fagan, 2008, 출판 중). 그래서, 심리 교육적 사정의 초점은 의뢰된 학생에게만 한정된 것은 아니다.

학교심리학의 역사를 통해서 몇 가지 서비스 제공 시스템이 나타났다. 각 모델은 학교 기반과 학교 관련 서비스를 제공하며 학교심리학의 정체성을 보여준다. 일부 모델이 제시되는데, 이들 서비스 모델은 아래의 순서로 나타나는 경향이 있다.

1. 고등교육기관(대학, 단과대학, 의과대학, 사범대학)의 심리 클리닉 혹은 기관시설
2. 학교기반 클리닉, 연구센터
3. 지역기반 클리닉, 생활지도 센터
4. 주 교육부 직원이 주 전체나 지역을 담당
5. 지역/지역구 직원에 대한 주 교육부 장학

6. 학교구와 주변 도시 심리학자의 계약

7. 대학기반 종합 클리닉이 지역에 있는 일부 구역을 담당

8. 기관시설이 지역 서비스와 이동 클리닉 제공

9. 학교 서비스 제공에 대한 개인 실무 심리학자와 검사자의 계약

10. 지역의 구역을 담당하는 지역 정신건강센터가 심리학자과 검사자 채용

11. 학교 서비스 제공을 위해 개인 실무 학교심리학자의 계약

12. 지역의 학교구를 담당하는 지역 정신건강센터가 학교심리학자 채용

13. 몇몇 학교구가 함께 학교심리학자 채용(공식적인 지역 간 계약에 무관)

14. 특수교육 동의구역이 학교심리학자 채용(예: 협력체, 협력교육서비스센터
    (BOCES), 지역 교육구(AEA))

15. 단일 학교구가 학교심리학자 채용

학교심리학의 역사연구는 다음의 세 가지를 나타낸다. 첫째는 서비스의 기원, 혁신, 보편적인 동의에 의한 개혁이다. 둘째는 개선을 위한 좋은 의도적 노력으로 변화를 이해하는 것이다. 셋째는 그런 변화가 여러 상황에 똑같이 나타나지 않았다는 점이다. 관념과 실무 또한 항상 동시에 존재하는 것은 아니다. 예를 들어 현재 전문 기준은 널리 알려진 것과 거리가 먼 교육 이념, 자격인증, 실무를 고수하고 있다. 개념적 이행이 교육상황에서의 치료와 예방을 지향하는 오늘날에도 일부 교육자와 실무자들은 전통적인 검사를 주장하고 있다.

학교심리학이 수년간 추구해온 것은 학교심리학의 관념(이념)과 고용주의 관념에 대한 합의인데, 이는 예방, 자문, 연구와 평가에 대한 책무성, 필요한 평가와 중재 기능으로 이루어지는 실무를 이끌게 된다. 독립기 동안의 진보는 처음으로 합의에 도달케 했다. 100년 이상 사회는 학교와 아동의 문제를 장기적인 해결가능성으로 생각했다. 그런 과정에서 사회는 이들 장기적 목표를 달성하기 위해 점차적으로 다양한 전문가들에게 전적으로 의지하게 되었다. 학교심리학의 역사적 모델은 제한된 영역인 특수교육 배치를 잘 수행했다. 학교심리학의 미래는 대개 과거의 관념과 모델에서 배울 수 있고 그리고 그것을 개선시킬 수 있는 전문성에 달려 있다.

많은 사건들은 학교심리학의 현재 상태를 조성하는 데 도움이 되었다. 비록 간단한 것 같지만 오래전에 일부 심리실무자들이 교육위원회에 외부 서비스 제공자를 선택하는 대신에 교육위원회의 피고용인으로서 서비스 제공하기를 선택했다는 것은 20세기

전문성의 역사는 다양한 관념과 실무모델을 통해 진화기와 이행기로 나타나는데, 이는 서로 다른 시기에 지배적이었던 관념과 모델을 대표한다.

학교심리학의 가장 중요한 경향성이다. 이런 단일 요인은 공교육과 피고용인들을 형성하는 힘에 의해 영향을 받고 조절되는 실무 분야의 활동을 마련하게 했다. 그리하여 학교심리학자들은 교육과 심리학의 두 가지 영역에서 생존을 위한 투쟁을 하고 번창해왔다. 이 책의 뒤에 나오는 장들은 최근의 이슈에 대한 논의, 연대기에 근거한 실무 및 이 장에서 논의한 기원을 다룬다. 지금 일어나고 있는 이 분야의 변화는 언젠가는 역사의 한 부분이 될 것이다.

제3장

학교심리학자의 고용 환경

법규와 관리, 보호, 오락, 건강, 교육에 대한 사회적 요구는 연방 정부, 주(州), 지역 차원의 공공기관과 사설기관 간의 복잡한 상호작용에 의해 충족된다. 학교심리학자 중 일부는 연방 정부나 주의 기관에서 일하고 있지만, 대다수가 지역 수준의 건강 및 교육기관에서 일한다. 이들은 대부분 상호 교육 협정하에서 지방이나 도시를 포함하는 공교육기관에 채용되기도 하고, 발달장애 프로그램, 교정 센터, 대학과 같은 교육 프로그램이 있는 관련 공공기관에도 채용된다. 학교심리학자들은 드물게는 사설 교육기관, 정신건강시설, 의료 시설에 고용되거나 개인 실무센터에서 일하기도 한다. 그들의 고용 환경에 상관없이, 학교심리학자들은 교육 관련 문제가 있는 학생들을 도와주고 학교 맥락을 이해할 필요가 있다.

이 장은 미국 공교육과 학교심리학과의 관계에 초점을 두고, 또 공립학교 및 기타 고용 장면에 적절한 학교심리학자의 실무와 관련된 조직문제에 초점을 둔다. 학교 외의 환경에 대한 문제는 복잡한 논의로 다른 장에서 다룬다. 이 장에서 교육행정, 정책 및 재정에 대해 간략하게 다루는데 이는 단지 학교심리학자의 양성과 실무에 관련된 선별적인 주제를 학생들에게 간략히 소개하려는 의도인 것이다.

교육의 목적

20세기가 되어서야 의무교육이 널리 시작되었지만, 미국인들은 초기 정착 이후 지속적으로 진지하게 교육을 받아 왔다. 교육과 학교의 개념은 북아메리카 식민지 초기부터 그 이후로 계속해서 있었다. 400여 년에 걸친 미국 사회의 진화로 인해 의무교육은 학교교육의 지배적인 모델이 되었다.(최초의 의무교육법 이행은 1852년 매사추세츠에서 있었다.)

> 학교는 지식의 전수와 시민정신을 위한
> 적절한 도덕성 함양을 강조하였다.

의무교육에 따른 문제점들이 심리학의 발달과 전 문가들의 등장과 함께 다른 것들의 발달로 인해 제 기되었다. 학교교육이 종교적 및 사회적 영향, 혹은 "3Rs"에 영향을 받았든지 간에, 미국 학교는 개인의 경제적 생존에 필요한 기본 교과내용과 국가의 생존 에 필요한 문화적 가치의 전수라는 두 가지 목적을 위해 힘썼다. Goslin(1965)은 학교교 육의 주요 기능을 문화의 유지와 전수, 변화와 새로운 지식의 발견에 대한 장려와 실시, 사회의 위치에 개인을 배치하는 것으로 설명하였다. Spring(1989)은 이와 유사하게 교육 의 정치적, 사회적, 경제적 목적을 설명하였다. 학교가 봉사하는 또 다른 목적으로 아동 보호, 청소년 비행예방, 이성교제와 배우자 선택, 문화 및 하위문화 집단 정체성과 안정 성, 사회 개혁을 포함시키고 있다(Goslin, 1965; Spring, 1989). 인적 자본과 구조적 강화 (2장)와 같은 의무교육의 초기목표를 성취하기 위해 미국의 학교는 지식의 전수와 시민 정신을 위한 적절한 도덕성 함양을 강조하였다. 전국 표준화검사 점수의 하락(교과)과 약물남용, 범죄, 10대 임신 및 기타 위험 상황과 관련된 최근의 위기는 국민의 인성(가 치)의 악화를 제시하고 있다.

학교교육의 넓은 목적은 일반적으로 공립학교이든 사립학교이든, 그리고 특수아동의 유무와 관계없이 일관적이다. 그러나 특정 교육과정 목표와 활동에서 이러한 목적들에 대한 해석은 학교 환경에 따라 상당히 달라질 수 있다. 인성과 시민의식의 발달을 위한 교육과정은 공립학교와 교구학교 사이에 상당한 차이가 있다. 공립학교는 가치 명료화를 위해 초등학교 생활지도 활동을 제공하는 반면, 교구학교는 부모의 권위에 대한 복종을 강조하는 종교교육을 선호한다. 상담이 아이들로 하여금 부모가 원하는 것에 대항해서 행동하도록 격려하는 경우처럼 아주 드문 경우에 심리 서비스가 역효과적인 것으로 인 식된다. 일반적으로 심리 서비스는 공립, 사립 및 교구학교에서 잘 제공되고 있다.

이들 목표에 대한 다양한 해석 또한 학교 조직 내에서 일어날 수 있다. 예를 들어 학 교의 모든 구조적 요소는 일반적으로 훌륭한 시민의식을 발달시키려는 학교의 목표와 일치한다. 그러나 학교교육에서 성교육을 포함시키려는 학교위원회의 입장에 대해, 부모 와 그 외 사람들은 종종 반대의 표시를 하기도 한다. 한편, 기본적 교육기능의 제공이라 는 목표가 일반교실에서 학생 집단을 이루는 것 대신에, 분리된 치료교육 프로그램이 필 요하다는 주장으로 해석될 수 있다. 각 학군이 이들 목표에 대해 강한 동의가 있지만 이 를 성취하려는 수단과 결과의 다양성 때문에 논쟁이 일어나기도 한다.

학교심리학자의 역할과 훈련을 위한 시사점

이것이 학교심리학자에게 의미하는 바는 무엇인가? 학교심리학자들은 학교가 그 목표를 개발하고 성취하는 데 도움을 주기 위해 고용된다. 그들은 교과 학습과 건강한 정신건강 간의 중요한 관계를 알고 있다. 학교심리학자는 학생의 교과 학습은 물론 성격 및 사회적 학습 또한 학교의 중요한 목표임을 생각해야 한다. 따라서 다양한 서비스를 통해, 학교심리학자들은 학교에서 학업 환경 및 정신건강 환경을 개선하도록 해야 한다.

　학교심리학자들이 자주 겪는 한 가지 갈등은 일부 학교 행정가와 교사들이 내리는 학교심리 서비스에 대한 편협한 해석이다. 예를 들어, 자문과 중재기술에서 강조될 수 있는 학생 인성발달의 목표가 그저 단순하게 학교심리학자가 검사를 실시하여 학생들을 분류하고, 인성 발달이 부족한 학생들을 특수반에 배정하는 일을 함으로써 교육청을 돕는 것으로 볼 수 있다. 학교심리학자에 대한 조사연구에서 평가 역할이 지배적인 것으로 나타났고, 이는 행정가들로 하여금 심리 서비스와 교육목표 간의 조화에 대한 심각한 문제를 제기하게 하였다. 불행히도 일부 교육청은 연방 정부와 주 법규가 평가를 수행할 심리학자를 요구하지 않으면 학교심리학자를 고용하지 않는다는 것이다. 다행히도 이와 같은 한정된 역할은 줄어들었다. 따라서 학교심리학자들은 교육체제의 구조와 목적에서 어디에 적합성을 둘지, 그리고 학교심리학자들의 양성과 잠재적 기여를 인식하는 교육체제를 어떻게 도울 수 있을지를 고려할 때 그들의 분야에서 도움이 될 수 있다.

　교육의 목표와 학교심리학자의 현실적 및 잠재적 역할 사이의 갈등은 이들의 훈련에 시사점을 던진다. 대부분 학교가 평가 역할과 기능을 위해 학교심리학자를 고용한다는 이유로 학교심리학자는 주로 그러한 기능과 역할을 훈련받아야 하는가? 훈련의 쟁점이 논의되면서, 기대되는 고용 역할뿐만 아니라 잠재적인 역할도 이행할 수 있는 학교심리학자를 양성해야 한다는 철학이 지지되었다. 인가된 프로그램은 사정, 중재, 자문, 연구와 평가 및 기타 기능에 대한 종합적인 훈련을 제공한다. 훈련은 학교심리학자들이 지금의 상태를 넘어 더 다양한 역할과 미래를 위한 리더십을 제공하도록 가르쳐야 한다.

> 학교심리학 분야의 전문가들은 이 교육체제가 현재의 형식으로 영원히 존재할 것이라고 당연시해서는 안 된다. 또한 현 교육체제의 목표 성취를 돕기 위해 학교심리학자를 고용하지도 않을 것이다.

교육체제에 학교심리학의 목표 결합하기

이상적인 세계에서는, 모든 교육 집단의 목표와 수단은 조화로울 것이다. 즉, 학교심리학자 훈련 프로그램의 목표는 학교위원회, 행정가, 학부모, 교사들의 목표 및 기대와 일치할 것이다. 현실적으로, 교육체제의 구성원들이 가지는 다양한 교육과 배경은 목표를 선정하고 성취하는 방법에 영향을 미친다. Sarason(1971)은 갈등을 학교 내에서의 문화적 관점에서 논한 바 있다. 그의 저서는 학교심리학자와 직접적인 연관은 없지만 이들의 상황에 맞아 보인다. 의견의 차이는 삶에 있어서 긍정적인 사실로서, 이는 실행 목표와 방법 결정에 대한 대안적 관점을 택하게 한다. 구성원들의 교육과 배경이 정책과 실제를 창출하는 데 기여한다면, 모든 집단들은 가능한 한 가장 조화로운 수행이 되도록 타협할 준비가 되어 있어야 한다. 이런 환경에서, 학교심리학자들은 권위보다는(이 장 뒷부분의 논의 참조) 공적 관계와 협력적 자문에서 그들의 역할의 중요성을 강화하는 능력의 위치에 있게 된다.

학교심리학 분야의 전문가들은 이 교육체제가 현재의 형식으로 영원히 존재할 것이라고 당연시해서는 안 된다. 또한 현 교육체제의 목표 성취를 돕기 위해 학교심리학자를 고용하지도 않을 것이다. 미국 교육의 역사 중 대부분은 학교심리학자와 같은 전문가의 도움 없이도 학교가 존재하였다. 하지만, 고유의 역할과 역사적인 역할(개별 아동의 "분류"와 "개선")만으로는 미국 교육의 변화하는 구조와 요구에 효과적이고 효율적으로 대처할 수 없을 것이다. 장래의 모든 학교심리학자들이 해야 할 중요한 일은 왜 학교가 학교심리학자들을 고용하는지에 대해 깊이 생각해 보고, 가상의 고용자가 "우리 교육청이 이 지역사회에서 하려고 하는 것에 대해 어떻게 생각하며, 그리고 당신은 이러한 목표를 달성하는 데 어떤 도움을 줄 수 있는가?"라고 물었을 때 어떻게 대답할지를 생각해 보아야 한다. 이들은 기본 특수교육 검사 모델만을 편협하게 배웠거나 학교체제에 대한 전반적인 목표와 구조에 대한 이해가 부족한 학교심리학자에겐 어려운 질문일 것이다. 이들 물음에 대한 답은 지역 학교의 요구에 대해 교육청이 인식하는 것을 잘 이해할 수 있게 할 것이며 학교심리학자들에게 어떤 기대를 하는지에 대해서도 잘 알게 할 것이다.

미국 학교교육의 기본 특징

초기 미국 공립학교들은 주로 아동, 교사, 행정가들로 이루어져 있었다. 실질적으로 장학사, 상담사, 또는 학교심리학자 같은 전문적인 직원들은 없었다. 전국교육통계센터(2003)에 따르면 2001~2002년에 미국 학교 고용인은 대략 590만 명이었는데 3백만 명의 교사, 22만 4천 명의 행정직원, 54,000명의 사서직원, 10만 명의 생활지도 상담사(NCES, 2004a), 최소 29,000명의 지역-중심 학교심리학자들이 있었다(Charvat, 2005). 공립학교는 14,500개 이상의 일반 및 특수 학군에 94,000개 이상의 학교 건물이 있었고 4,770만 명의 아이들을 가르치고 있었다. 같은 해의 사립학교 자료를 포함하면 대략 530만 명의 학생과 42만 5천 명의 정규직 교사, 29,279개의 학교 건물이 있었다(NCES, 2004b). "미국 전체 인구의 1/5이 학생으로서 또는 교직원으로서 교육 사업에 관여한다." (p. 209)는 Orlosky, McCleary, Shapiro, Webb(1984)의 견해를 지속적으로 보여 주었다. 사립학교의 학교심리학자 수에 대한 자료는 없지만, 거의 모든 공립 학군들은 학교심리학자를 포함하는 전문 서비스가 있으며, 학교가 아닌 곳에서 일하는 수천 명의 정신건강 실무자들이 있으며, 이들로는 상담사, 심리학자, 심리측정학자, 가족 치료사, 사회 복지사, 사설 학교 심리학자들이 포함되었다. 교육의 위상과 정신건상 산업의 가파른 증대는 학교교육의 복합성에 관심을 갖게 하였으며, 교육자와 정신건강 종사자의 협력을 통한 학생 서비스 개선방법 강구의 중요성을 각성시켰다. 전국의 교육체제의 크기와 다양성에도 불구하고, 구조적인 공통성들은 지역 학군 사이에 존재하였다.

> 거의 모든 공립 학교구에는 학교심리학자를 포함하는 전문 서비스가 있다.

배경—주(州)의 책임

아동의 지위 변화와 이들의 안녕에 대한 연방 정부의 관심에 발맞추어 교육에 대한 연방 정부의 관심은 20세기 동안에 증대하였다. 21세기에 아동은 더욱 중요해졌고 미국 역사 어느 시기보다도 더 큰 법적 지위를 가지게 되었다. 그러나 연방교육부, 법 제정, 법규, 기금, 교육의 가치에 대한 모든 정치적 미사여구의 증대에도 불구하고, 미국 교육체제는 주 정부의 헌법적 책임이며 대개 주와 지역 수준에서 규제되고 관리된다. 전국적 차원의 학교체제가 없는 것이다. 다양한 형태의 압력이 연방 정부의 수준에서 나오지만, 실제로 학교는 주에 의해 규제된다. 즉 각 주에서 제정된 법에 따르고, 각 주의 교육위원회에 의해 만들어지고 주 교육부(SDE)를 통해 시행되는 규정에 따른다.

연방 프로그램은 주가 자발적으로 연방 정부의 인센티브(보통 재정적)에 동의하는 주와 연방 정부의 관계를 포함하며 연방 정부의 교육법규에 대한 수용을 표시하는 주에 교부금과 기금을 배정하여 이루어진다. 1975년 모든 장애 아동을 위한 법(EAHCA, 공법 94-142)이 통과된 이래 특수교육이 폭넓게 성장하였고 이로 인해 주와 지역의 교육기관은 연방 기관의 발의와 법규에 대해 과잉 반응을 보였다. 비록 법규 준수는 임의적이지만, 장애가 있는 개인의 시민권은 필수적인 것으로 생각하며, 연방 정부의 지원금은 법규 준수와 직결된다. 모든 주들이 이러한 연방 정부의 프로그램에 참여하기 때문에, 모든 지역구는 주의 차원에서 해석되고 강행되는 것으로 연방 정부의 법규를 순종한다는 것을 주 교육부에 보여 주어야 한다. 전체 법규 준수 과정은 연방 법규의 통과로부터 수년이 걸린다.

실무의 다양성과 공통성

각 주는 시민을 위한 교육에 대한 책임을 가지지만, 그 자원과 절차는 다르다. 아무리 효과적이어도 한 주에서의 구조와 실무는 다른 주에서는 사용되지 않을 수 있다. 네바다 주와 같은 어떤 주는 큰 구역단위(예: 군 단위) 학교체계여서 주 전체에 17개 학군이 있지만, 다른 주에서는 아주 분산화되어 있다(텍사스와 일리노이 주에서는 각각 890개와 1,040개의 학군). 대부분의 주에서는 학군과 지역 시스템이 혼합된 형태를 취하고 있어 전국적으로 대략 14,500개의 학군으로 나누어진다. 심지어 주 안에서의 학군들 사이에서도, 학교 교육의 구조와 규정은 아주 다르다. 비교적 재정이 풍부한 학군에서는 빈곤한 학군에 비해 높은 수준의 일반, 특수 교육 프로그램을 제공한다. 도시와 시골 학교들은 교외 학교들에 비해 더 많은 재정적 문제를 가지고 있을지도 모른다. 공립학교 외의 기관들에서는 지역 교육청에서 제공되어 대체할 수 있는 특별 프로그램을 제공받을 수 있다. 그 결과는 학교 교육의 다양한 시스템과 실제의 미로와 같다. 교육을 주에 맡김으로써 연방 정부는 실제로 50개 이상의 주 수준의 실험을 하였으며 지역에서 시행하고 있는 공립학교도 14,000개가 넘는다.

이런 다양성에도 불구하고, 각 주들은 몇 가지 공통점을 가지고 있다. 그들은 추가적인 지원금을 얻어 내기 위해 연방 정부의 규정을 따르고, 주 교육부의 직원이 주에서의 학교 교육 이행을 감독하고, 주 내의 모든 아동에게 교육 기회가 돌아가도록 할 책임이 있으며 이런 목적에서 지원금 체계, 규정 및 절차를 마련해야 한다. 하지만, 하와이와 컬럼비아 특별구를 제외하고 그 어떤 주도 주 정부 수준에서 지시되는 학교는 없다. 대신에 각 주는 지역 학군의 활동에 대한 감독을 통해 학교교육을 제공한다. 교육에 대한 최근의 위기가 일부 주로 하여금 주 전체의 교육과정, 목표, 검사 프로그램을 고려하도록 하였다는 것은 아무런 가치가 없다. NCLB의 영향은 주와 지역 교육기관을 연방 정부가 정한 성취 기대로 끌어들었다. 이러한 노력에도 불구하고 학교교육의 전달은 주와 지역사회 수준에 머물러 있다.

정치적인 영향과 자금지원

학교는 아주 정치적인 곳이다. 학교에서 일어나는 거의 모든 일들은 한때 정부의 어떤 수준에서 누군가에 의해 투표로 정해진 것이라는 틀에 박힌 사실이 있다. NCLB에 뒤이어 책무성과 감독이 증대되던 시기에 교육체제는 주 전체의 교육과정에 대한 역량 검사

를 의무화하게 되었고, 지역 행정 지원금과 관련하
여 학생들의 학업성취를 향상시키려는 압력이 증대
되었다. 주의 학교위원회와 주 교육부의 많은 직원
들은 정치적으로 주지사에 의해 지명될 것이다. 지
역 학교위원회 구성원들은 선거구 주민에 의해 선출
되고, 일부는 지역학교에 다니는 자녀의 부모일 수
있다. 이렇게 지역에서 선출된 학교위원회들은 징계
절차, 교육과정, 특별 프로그램, 교과서, 채용, 그리

> 학교에서 일어나는 거의 모든 일들은
> 언젠가, 누군가에 의해, 정부의 어떤
> 수준에서 투표로 정해졌다. 자금제공과
> 할당의 주요한 모든 공급원들은
> 정치적으로 연관되어 있다.

고 학교의 위치선정과 유지관리를 포함한 많은 활동들에 대해 최종 의결권을 갖는다. 학
교가 수천의 전문 교육자들을 고용할 수 있지만 그러한 일은 비전문가들과 비교육자들
에 의해 관리되는 정치적 과정에 의해 지대한 영향을 받는다. 공립학교에서 일하거나 협
력하기 위해 고용된 학교심리학자와 같은 전문가들은 이런 정치적인 영향이 공립이 아
닌 학교 환경이나 학교 밖의 실무 환경의 고용과는 매우 다르다는 것을 이해해야 한다.
비록 그런 영향이 항상 좋은 것은 아니지만, 그것은 법에 존재하고 교육과 거기에 종사
하는 모든 사람들에게 상당히 권위적인 영향력을 가진다.

이러한 정치적 영향과 밀접한 연관이 있는 측면은 복잡한 과정으로, 지역 공립학군은
연방 정부, 주, 지역 자원에서 재정 지원을 받는다. 주와 지방의 기금과 비교했을 때, 연
방 정부 기금은 한 지역의 전체 예산에서 작은 부분을 차지한다. 1919~1920년도 이래로
국가 재원에서 받은 전체 학교 세입률은 1994~1995년도에 0.3%에서 6.8%로, 2002~2003
년도에 9%로 증가하였다. 같은 기간에 주의 기금은 16.5%에서 46.8%와 49%로 증가했고
지방의 기금은 83.2%에서 46.4%와 43%로 감소하였다(Snyder, Hoffman, & Geddes,
1997; Hill & Johnson, 2005). 2002~2003년도의 경우 K-12의 세입은 대략 4,400억 달러였
으며 세출은 4,550억 달러였다.

기금은 주로 주와 지방 재원에서 조달되는데, 다양한 세금에서 오는 주의 세입에 근
거한 지출금 예산을 포함한다. 세금은 주로 판매세와 소득세이고, 도시와 지방 재원은 일
차적으로는 지방 재산세이고 이차적으로는 지방 판매세이다. 그래서 대부분 학군의 재정
은 그 지역 주민의 부와 재산가치, 그리고 상업적 사업을 유치하는 지역구의 능력과 밀
접한 연관이 있다. 이러한 과세 기준은 주와 지방 행정부(시 당국)에 의해 승인되고 조정
된다. 학교 재정의 할당 또한 정치적 측면을 지닌다. 학교로 유입되는 지방 재산세의 배
당은 지역 당국에 의해 정치적으로 조정되고, 주 정부는 보통 규정에 따라 기금을 구역
에 할당한다. 마지막으로 교육청 예산은 학교 위원회와 때로는 시와 군 당국의 위원회에
의해 검토되고 승인된다. 그래서 기금의 모든 주요 재원과 기금의 할당은 정치적으로 연

계되어 있다. 교육의 상당 부분이 세금에서 지원되며, 교육 기금을 늘리는 유일한 재원은 새로운 세금, 세금 증대, 혹은 둘 모두가 될 수 있다는 것이 대중적 관심임을 쉽게 알 수 있다. 이러한 관심이 고조되는 것은 시민이 바로 세금 자원 혹은 세금 비율에 관해 직접 투표권이 있을 수 있다는 사실 때문이다.

주의 지원금은 모든 지역구에서 학생 한 명당 또는 교실당 최소 지출액을 보장하는 지원 방식에 따라 할당되거나, 특수 고용인 혹은 교육 영역(예: 특수교육의 여러 영역)에 근거하여 차별적인 할당이 이루어지는 복잡한 양태를 따를 수 있다. 이러한 방법은 세금을 근거로 최소 지원 지역구, 보통인 지역구 그리고 상당히 많은 지역구를 전국적으로 혼합한 결과이다. 비교를 위한 전국 공통의 기준은 지역과 주의 학생 한 명당 지출 비용이다. 미국의 1994~1995년도에 학생당 평균 지출 비용은 5,988달러였다(Snyder et al., 1997). 한 자료에 따르면 2002~2003년도 미국의 학생당 평균 지출액은 8,041달러였다(Hill & Johnson, 2005). 범위는 유타 주의 4,838달러에서 뉴저지 주의 12,568달러로 나타났다. 한 신문은 2004년의 평균이 8,287달러, 범위는 유타 주의 5,008달러에서 뉴저지 주의 12,981달러라고 밝혔다(*Commercial Appeal*, August 21, 2006, p. A2). 그러나 학생당 비용은 교육의 질에 대한 대략의 지표일 뿐이다. 그러한 비용 범위의 큰 차이는 보통 모든 주에 존재하며, 질을 판단할 때는 수많은 다른 요인들을 고려해야 한다(Biddle, 1997; Ceci, Papierono, & Mueller-Johnson, 2002). 미국의 학교 지원금 분석 자료는 Jordan과 Lyons(1992)에 나와 있다. 차터스쿨의 지원금과 온라인 프로그램에 연관된 문제는 Huerta, d'Entremont, Gonzalez(2006)에서 논의되고 있다.

가난한 구역과 부유한 구역, 종종 시골과 도시 구역 간의 교육청 기금의 균등 조달은 주요 정치적 논쟁점이 되었다. 평등한 교육기회에 대한 아동의 권리와 모든 아동에게 최소한의 적절한 교육을 보장해야 할 주 정부의 책임 간에 실랑이가 있어왔다. 적절한 교육과 "가장 적절한" 교육 사이에는 명백한 차이가 있다. 비록 학교 재정에 대해 널리 알려진 급진적인 개혁은 아직 일어나지는 않았지만 더 많은 평등화에 대한 논란은 지속되고 있다. 정치적인 논쟁과 예산 설계는 학교심리학자들이 제공하는 것을 포함하는 교육 서비스의 양과 질에 지대한 영향을 미친다. 그 영향은 제공할 프로그램의 수와 고용된 학교심리학자의 수, 역할, 기능, 봉급, 혜택에서 찾아볼 수 있다.

주의 개교 프로그램 또한 지방의 다양한 고용인을 위한 일정 수준의 재정이 확보되어야 한다. 그래서 주는 교육청의 모든 교사를 위한 특정 액수의 기금을 제공할 것이고, 나머지 교사의 봉급과 수당은 지방 기금을 통해 제공된다. 일부 주에서, 기본 범주는 학생 지원 서비스를 포함한다. 주의 최소 개교 프로그램의 한 부분으로서 학교심리사가 있다는 것은 고용 증대와 적절한 봉급 지급을 하게 할 수 있다. 그러나 대부분의 경우에 최소

개교 프로그램은 주 교육부(SDE)를 통해 인가받은 고용인에게만 적용된다. 따라서 개인 실무자 면허가 있는 심리학자이지만 SDE의 자격이 없는 사람이라면 교육청이 고용 비용을 지출하게 된다. 그러므로 대부분의 교육청은 적절한 SDE 자격을 가진 학교심리학자를 고용한다. 주 교육부 자격인증은 또한 학교에서의 재직 기간을 결정한다(7장 참고). 마지막으로, 공교육의 정치적 특성은 법적인 측면을 포함한다. 정치와 법의 혼합은 논쟁의 범위, 주제, 그리고 공립학교 유권자에서 찾아볼 수 있다. 예를 들어, 학교는 사회의 다문화적 특성에 민감해야 한다. 이 민감성은 실무자 고용, 가정과 학교의 의사소통, 평가 기술, 교육과정, 프로그램에서 나타난다. 학교는 교과 영역에서뿐만 아니라 스포츠 프로그램에서도 양성평등을 강조해야 한다. 장애아가 있는 교육청은 청각 장애아를 위한 통역자를 포함하여 관련된 서비스와 일련의 프로그램을 제공해야 한다. 학교 건물의 물리적 변화로 장애인이 잘 출입할 수 있고, 석면을 제거하여 더 건강한 환경을 제공하도록 해야 한다. 지난 40년간의 법 제정과 소송으로 인해 다양한 입장을 조정할 필요성이 부각되었다. 무상의 적절한 공교육을 받을 아동의 권리의 상당한 증대는 대부분 학군의 재정적 고민 없이 이루어진 것이 아니다. 학교 기금의 불확실하고 변하는 재원의 맥락에서 이러한 정치적-법적 관리는 미래 공교육에서도 지속되는 도전인 것이다.

전문성과 사업적 관점

학교 문제에 대한 해결책은 종종 전문적 교육의 입장과 대조적으로 사설 혹은 법인의 입장에서도 고려된다. 일부 학교행정 개혁안은 국가법인 실무에서 나왔다. 학교-중심 의사결정과 총체적 질적 관리와 같은 실무는 원자료, 동기, 생산성에 관한 지방의 투입과 사업적 개념을 강조하면서 부각되었다(Bender, 1991; Glasser, 1990; Valesky, Forsythe, & Hall, 1992). 미국 교육체제는 의심 없이 큰 사업이고, 사업 개념과 실무는 학교교육의 어떤 측면을 개선하는 데 성공을 보장할 것이다. Pipho(1999)에 의하면 "유치원에서 고등학교까지의 시장은 3,180억 달러 혹은 전체 교육비용의 48%의 시장이고, 2007년에는 38%, 4,400억 달러로 증가할 것으로 예상된다"(p. 422)고 하였다. 그러나 사업적 유추가 학교의 모든 측면에 적용될 수는 없다. 학교는 사업과 전문적 실무 간의 균형을 유지해야 하며, 위에서-아래로 혹은 아래에서-위로의 의사결정을 활용해서 학교 개혁을 해야 한다(Clinchy, 1998). 똑같은 투입으로 아이들을 "사업"에 들여보낼 수 없으며, 일반사업 환경은 원자료에 대한 통제가 가능하지만 학교환경은 그렇지 않다. 게다가 학교가 성과를 위한 일을 완수할 때 그 성과물을 팔지 않고 지역사회에 되돌려준다. 교육자와 행정가들은 학생들의 학업성취 향상을 가져오는 경쟁심을 경계해야 한다. 비록 학교교육의 측면이 그런 방식으로 향상될 수 있다 하더라도 학교심리학자들은 심리학적 관점을 교육문제에 적용하여 학교경영을 향상시키려는 지역 교육청의 노력에 효과적으로 참여할 수 있다. 사업적 입장을 학교경영에 적용하는 경향은 증대된 학교심리학의 책무성을 강조하는 것과 밀접한 관련이 있다.

교육체제에서 학교심리학자

권한과 권위

정치적 환경의 복잡한 맥락에서 학교교육과 학교심리학의 관계에 대한 이해를 위해 권한과 권위의 관계에 대한 이해가 필요하다. 여기서 *권한(power)*은 다른 사람이나 상황에 영향을 미치는 개인적 혹은 집단적 능력을 의미한다. 권한은 공격적, 때로는 적대적, 물리적인 힘의 사용을 포함할 수 있다. 이는 법이나 규정에 의해 주어지는 권위를 갖지는 않는다. 아동은 교사의 수업이나 훈육 방법으로 영향을 받을 수 있지만, 아동은 그러한 것들을 지시할 권위가 없다. 부모는 자녀가 특수교육 반에 배치되는 것에 저항할 권한이 있지만 최종 결정을 내릴 권위는 부족하다. 학교자문의 권한에 관한 종합적 논의를 위해 Erchul과 Raven(1997)을 보라.

*권위(authority)*는 의사결정을 내리고 의사결정에 대한 책임을 갖는 법적 및 통제적 능력이다. 일반적인 학교체제에서 행정 직원들은 한정된 활동 영역에 대한 의사결정을 할 수 있는 권위를 가진다. 교육감(장)은 전체 체제 내의 활동에 대해 책임이 있고, 교장은 학교 건물에서 일어나는 모든 일에 책임이 있으며, 교사는 교실의 활동에 책임이 있다. 학생 담당 전문가(예: 생활지도 상담사, 학교 사회복지사, 학교심리사)들은 다른 당국자로부터 위임받지 않은 한 실제적으로 의사결정을 할 자격이 없다. 학교위원회와 교육장의 관계 혹은 교육장과 학교심리학자의 관계의 경우는 권위가 직접적이며, 원하는 것을 권위적으로 실행하기 위해 선출된 학교위원회 위원들을 이용하는 시민의 경우 간접적일 수 있다.

> 학교심리학자는 권한의 근거에서 일을 하지만, 활동 분야에서 다른 사람에게 영향을 미치는 의사결정을 할 권위는 없다.

권한과 권위의 개념은 주와 국가의 자격인증과 자격증 부서는 물론 학교교육 구조에서 학교심리학자의 위치를 이해하는 데 있어 중요하다(7장 참고). 일반적인 학교체제에서 권한과 권위의 관계는 그림 3.1에 나타나 있으며 다음 특성을 포함한다.

1. 권위는 가장 위에서 제일 강력하고 아래로 내려올수록 약해지지만, 권한은 밑에서 가장 많고 위로 갈수록 적어진다.
2. 일반적으로, 권한을 가진 사람이 권위의 위치에 있는 사람보다 많다.
3. 부모와 자녀를 포함한 교육제도의 소비자들은 상당한 권한은 있지만 권위는 적다.
4. 학교체제에서 권한-권위의 갈등은 대부분 전문가들 간의 문제의 발단이 된다.
5. 학교에 고용된 전문 심리학자는 어떠한 권위적인 태도로 다른 사람에 대한 의사결정을 절대로 내리지 않는다. 단지 그러한 권위가 체제 내의 권위를 가진 사람에 의해 위임받을 때는 예외이다.
6. 권한과 권위는 상황에 관한 지각의 중요성에 따라 달라진다. 학교심리학자의 경우 이는 그들의 권한(영향력)은 상황에 따라 상당히 다름을 의미한다. 예를 들어 학교심리학자는 신체장애아와 관련된 결정보다 정신지체아와 관련된 팀 결정에 더 큰 영향을 미치는 것으로 인식된다.
7. 지각된 권위는 실제적 권위가 없는 고용인을 다른 사람들이 권위가 있다고 믿는 경우에 존재한다. 가끔 부모와 교사는 권위적 역할을 권위가 없는 학교심리학자에게 돌릴 것이다. 예를 들어 부모는 자녀들을 특수교육에 배치하는 결정을 내리는 권위가 학교심리학자에게 있는 것처럼 행동할 것이다. 비록 지각된 권위가 어떤 경

[그림 3.1] 학교장면에서의 권한과 권위 관계. 사람의 수는 위에서부터 각 수준별로 증가하지만 상대적 크기가 수적인 비율을 나타내지는 않는다. 학교심리학자는 특별 서비스에 포함된다.

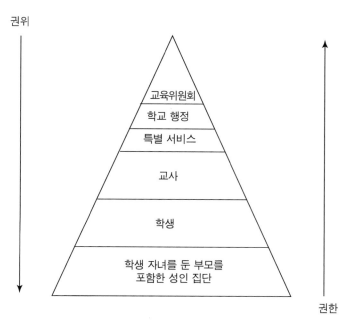

우 실무자에게 이점으로 보일 수 있지만 실무자들은 항상 의뢰인에게 자신의 제한된 권위를 분명히 해야 한다.

학교심리학자는 권한의 근거에서 일을 하지만, 활동 분야에서 다른 사람에게 영향을 미치는 의사결정을 할 권위는 없다. 예를 들어, 학교심리학자는 개인적으로 아동이 특수교육 대상 자격에 대한 최종 결정을 내릴 권위는 없다. 그러한 의사결정의 권위는 학교심리학자가 속해야 하는 다학제적 팀에 있다. 물론 학교심리학자는 심리학적인 관찰과 해석에 근거하여 아이의 상황에 대한 전문가적 판단을 내림으로써 이들 의사결정에 영향을 미친다. 학교심리학자는 자신의 전문성에 기초하여 의견을 제시하며 다른 사람을 위한 의사결정을 하지는 않는다. 부모는 자녀의 법적 대리인으로서 심리학자들의 의견에 논쟁할 수 있고, 제2의 견해를 따를 수도 있고 혹은 특수교육 규정하에서 제공된 공청회 과정을 통해 시정할 수도 있다. 학교심리학자가 그러한 가망성에 대해 언짢아하거나 위협을 받을 수 있지만 이는 바로 전문가-의뢰인 관계의 특성이다.

최근 몇 년 동안, 학교심리학자가 교육청 행정직으로 승진할 기회가 많아졌다. 그리하여 권한에 기초하여 일하던 전직 학교심리학자가 이제 학교 교장, 학생을 위한 실무부서 국장, 특수교육 국장 혹은 구역 교육장과 같은 행정직이 된다. 그러한 경우, 전문 학교심리학자는 상당한 권위의 위치에 배치되었다. 그 사람은 지금 학교심리학자가 아니라 행정가로서 구역 교육청을 위해 일하고, 권위와 권한이 효과적으로 결합될 수 있다. 지위의 변화는 학교심리 서비스의 가치를 다른 행정가에게 일깨워 주는 기회가 된다. 아마 학교심리학자가 그런 지위를 더 많이 열망할수록 심리 서비스의 역할이 더욱 넓어지는 기회가 많아질 것이다(Blagg, Durbin, Kelly, McHugh, & Safranski, 1997).

학교심리학자는 일반적으로 *지시 권환(referent power)*과 *전문가 권환(expert power)*을 포함하는 권환의 기초에서 역할을 한다(Erchul, 1992; Martin, 1978). 지시 권한은 학교심리학자가 내담자가 지닌 가치와 목표에 도움이 되는 사람으로 인식될 때 존재한다. 지시 권한은 오랜 기간 동안 학교심리학자와 의뢰인 사이의 관계를 통해서 발달되는 식별의 과정이다. 전문가 권한은 학교심리학자가 지시 권환의 수준과 관계없이 가치 있는 정보를 가지고 있다고 인식될 때 존재한다. 전문가 권한은 단기간에 개발되며 자격인증과 지각된 전문지식과 더 관련된다. 지시와 전문가 권환의 균형을 이루는 것은 학교심리학자의 일상 실무의 전반적인 성공을 위해 중요하다.

서비스의 구조와 조직

심리 서비스는 주와 지역 수준 학교교육의 기본 구조 내에서 일어난다. 그림 3.2는 주의

[그림 3.2] **교육의 책임자 차트**

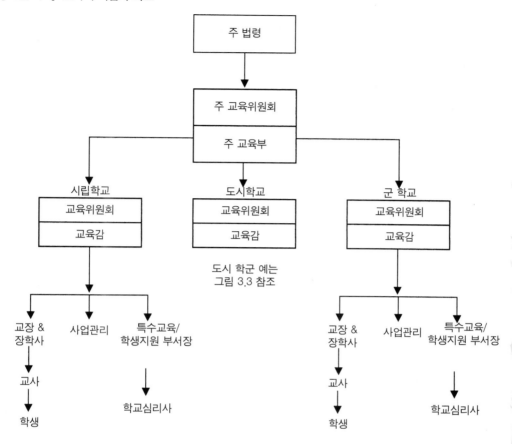

교육 서비스에 대한 구조적 조직을 나타낸다. 주요 기관으로 입법부와 주 교육부가 있고, 하부 교육기관은 시, 군, 도시, 협력 교육체제를 포함하며, 이사회에서 학생 개인에 이르는 이들 시스템의 하위 부서가 포함되어 있다.

그림에서 보듯이 권위의 흐름은 시민의 교육을 위한 주 입법부의 헌법적 책임에서부터 주 교육위원회와 입법부의 결정을 수행하기 위한 규정을 준비하고 시행하는 주 교육부로 흘러간다. 그래서 권위는 주의 규정 이행에 대해 책임이 있는 지방 교육위원회로 가는데 이는 또한 지역 학교교육의 방식에 관한 유권자의 욕구를 나타낸다. 거기서부터 권위는 지역 이사회의 결정을 수행할 책임이 있는 관리, 행정 구조로 흘러가고, 학교에서 정책의 시행을 관리할 책임이 있는 교장들에게로 흘러간다. 마지막으로, 주와 지역에서 결정한 많은 사항들에 대해 교실 수준에서 해석하고 교육과정을 이행할 책임이 있는 교사들에게 권한이 흘러간다. 전체 조직을 뒷받침하는 것은 부모와 보호자의 권한이고, 그들의 자녀들은 위의 모든 것의 수혜자이다.

그림 3.2는 시와 군의 학교체제의 이러한 구조에서 학교심리학자의 일반적인 위치를 보여 준다. 이 모델은 시골 지역을 포함한 대부분의 작은 학교를 대표한다. 학교심리학자는 종종 교육장 직속이거나 특수교육장 혹은 학생지원 부서장 직속이다. 작은 시와 군에서 학교심리학자는 종종 특수교육과 직접적으로 연계되어 있어 바로 특수교육 국장 직속이 되고, 구역의 최고 행정가와 가까운 곳에 사무실을 가질 수도 있다.

도시 학교체계의 조직

작은 학교체계와는 대조적으로 도시의 학교체제에서 학교심리학자는 종합적인 특별 서비스의 행정 구조 내의 많은 서비스 제공자 중 한 사람이다. 도시의 구조는 특수교육, 정신건강, 또는 학생후생업무를 맡는 더 큰 행정 단위일 수 있다. 학교심리학자는 비교적 정신건강과 학생지원업무 전문가들과는 가깝지만 권위적인 영향력을 가진 행정가 쪽과는 그리 가깝지 않다. 그림 3.3과 그림 3.4는 미국 교육구 가운데 크기가 21번째이고 2005년에 191개의 K-12학교에서 119,000명의 학생이 있는 멤피스시립학교 학교심리학자의 위치를 보여 준다. 그림 3.3에서 멤피스 학교심리학자는 특수아동 및 건강업무 부처에 있다. 이 부처에서 제공되는 일련의 심리학적, 사회복지, 양호 및 기타 서비스가 그림 3.4에 나와 있다. 학교심리학자에게는 알코올과 약물 남용, 성적학대 상담, 혹은 다른 지역 서비스 영역은 물론 평가, 자문, 중재의 역할이 배정된다. 이 부처에는 전체 전무이사와 부전무이사, 그리고 전체 구역의 서비스 조정을 돕는 몇몇 감독관이 있다(그림 3.4). 부처는 다른 주요 학교 부서와 구조적으로 연관되고, 직접적으로 교육장의 권위하에 있다. 이 부처는 엄연히 다른 부처와 분리되어 있고 배열도 전반적인 서비스 방향에 상당한 영향을 미친다. 학교심리학자는 정신건강센터의 부분이고, 특수아동 및 건강업무 부처 내의 주요 영역이며 자체의 담당자가 있다.

멤피스시립학교 체제의 60명 이상의 학교심리학자는 학군의 초등, 중등, 고등학교 및 특수 프로그램(예: 알코올과 약물 프로그램)에 배정된다. 각 지역에는 그 지역의 특수교육 담당자와 밀접히 연계한 감독심리학자가 있으며 배정된 지역 학교에서 일하는 학교심리학자의 업무를 감독한다. 그러므로 학교심리학자는 종래의 특수교육 업무(예: 적절성 평가)와 연계되지만, 관할 학교에서 일반교육과 특수교육 모두에 대해 일련의 자문과 중재 업무를 한다. 구역의 전체 구조에서(그림 3.3), 학생지원 부서는 학교심리학자, 상담가, 사회복지사와 분리되어 대신에 출석과 관리 업무와 연계되어 있다. 게다가 학교심리학자의 업무는 구조적으로 연구와 평가에서 동떨어져 있고, 다른 부처와 부서 주도의 학교 개혁 노력과도 동떨어져 있다.

그럼에도 불구하고 심리 서비스 기관인 정신건강센터(Mental Health Center)는 서비스 지향의 폭뿐만 아니라 일반교육 분야에서의 이용가능성을 암시한다. 정신건강센터는 주의 관련 기관과 협력적 계약으로 지역 교육청 기금에 의해 지원받는다. 멤피스시립학교의 모든 학교심리 업무는 이 센터를 통해 이루어지는데, 이 센터는 학교심리, 상담심리, 임상심리에서 적합한 자격을 갖춘 심리학자뿐 아니라 사회복지사와 약물남용 상담가도 고용한다. 각 학교는 각각의 지원 팀이 있으며, 업무는 각 학교에 배정된 학교상담가에 의해 조정된다. 멤피스시립학교의 전반적인 조직 구조가 전형적인 큰 도시 구역이지만 정신건강센터의 개념은 1970년에 설립된 독특한 서비스 제공 틀이며 1982년에는 APA 학교심리학 분과/전국 학교심리학회가 함께 서비스 제공 우수상을 주었다.

다른 업무 구조의 조직

또 다른 조직 구조의 배치는 그림 3.5에 나타나 있으며, 공립이든 사립이든 하나 이상의 학교 장면에 제공하는 세 가지 대안적인 유형의 서비스를 보여 준다. 첫째로, 지방 교육 기관은 *협동적 합의 부처(cooperative agreement disrtict)*이다. 몇 가지 합동 혹은 협동 협의안이 미국에서 시행 중이다(Benson, 1985). 예를 들어, 시골 지역의 몇몇의 학교구는 장애아에게 서비스를 제공하기 위해 자원들을 결합할 것이다. 교외 지역 학교구도 발생률이 적은 장애아(예: 맹아)에게 더 효과적인 서비스를 제공하기 위해서, 또는 특수교육의 종합적 체제(예: 시카고 지역의 북부 교외 특수교육청)를 제공하기 위해서 자원들을 결합할 것이다. 비록 시골 지역에서 흔히 있지만, 그런 합의 구역은 특수 아동을 위해 주 전체에 분포되어 있다. 이러한 협정은 공유함으로써 서비스 공급의 비용을 최소화하고 서비스 공급은 최대화하려는 시도를 한다. 대부분의 경우에, 이들 협정은 지방과 군 교육청 사이에서 만들어지며, 전반적인 동의는 하나 이상의 연계 구역 혹은 상위 구역에 의해 관리된다. 특수교육 서비스는 보통 참여하는 구역의 기존 시설에서 제공된다. 협동적 합의 구역은 자체 위원회와 국장이 있고, 학교심리사를 포함한 다양한 특수 교사와 학생 지원복지사를 고용한다. 이 협력체는 물리치료사와 같은 특수한 서비스 제공자와 계약을 맺거나 고용을 한다. 협력체는 지역 교육청의 학교심리사가 제공하는 것을 증대시키거나, 아주 다른 방식으로 학교 심리 업무를 제공한다.

둘째 유형으로, 학교심리학자는 시골의 정신건강센터와 같은 *비교육기관(noneducational agency)*에 의해 채용되는데, 특히 그러한 업무 비용을 공동 부담하기로 동의한 몇 개의 학교에서 일을 한다. 이 경우, 학교심리학자는 보통 정신건강기관의 직원이지 참여하는 학교 구역의 직원은 아니다. 업무는 센터에서 학교장면에 제공되고, 학교심리학자의 사무실은 정신건강센터에 있다. 또 다른 경우의 서비스는 부모가 자녀를 센터에 데려오고 센터에서 제공된다. 이런 경우 학교심리사는 학교에서 일하는 임상 및 상담심리사와 함께

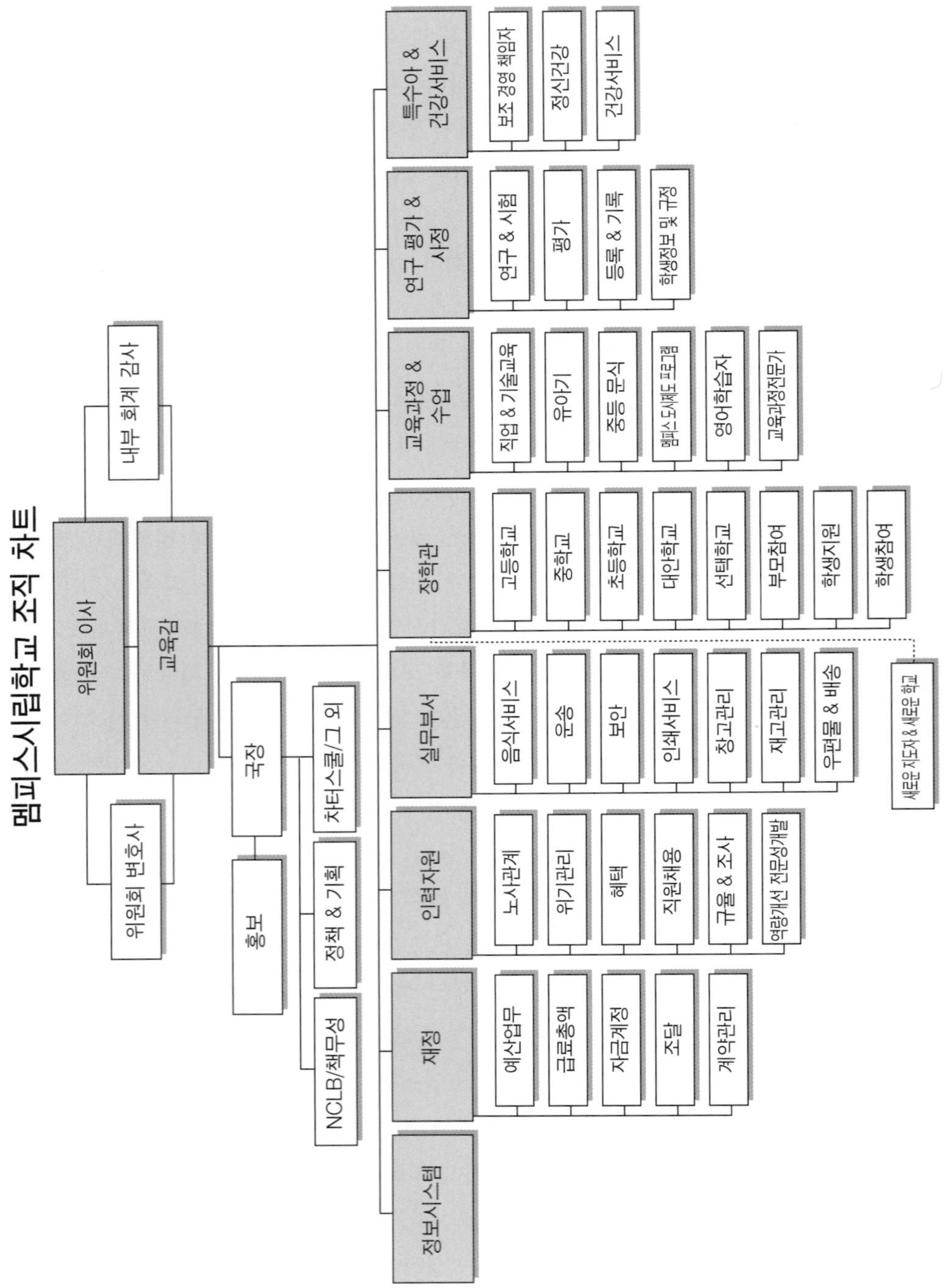

[그림 3.3] 도시학교 상황에서의 책임과 행정 관계표의 예. 멤피스시립학교의 허락을 받아 실음.

멤피스시립학교 조직 차트

위원회 이사
위원회 변호사
교육감
내부 회계 감사
홍보
국장
NCLB/책무성
정책 & 기획
차터스쿨/그 외

정보시스템

재정
예산업무
급료총액
지급계정
조달
계약관리

인력자원
노사관계
위기관리
혜택
직원채용
규율 & 조사
역량개선 전문성개발

실무부서
음식서비스
운송
보안
인쇄서비스
창고관리
재고관리
우편물 & 배송

새로운 지구 & 새로운 학교

정학관
고등학교
중학교
초등학교
대안학교
선택학교
부모참여
학생지원
학생참여

교육과정 & 수업
직업 & 기술교육
유아기
중등 문식
멤피스 도서관도 프로그램
영어학습자
교육과정전문가

연구 평가 & 사정
연구 & 시험
평가
등록 & 기록
학생정보 및 규정

특수아 & 건강서비스
보조 경영 책임자
정신건강
건강서비스

[그림 3.4] 도시학교 학교심리 서비스에서의 책임과 행정 관계표의 예. 멤피스시립학교의 허락을 받아 실음.

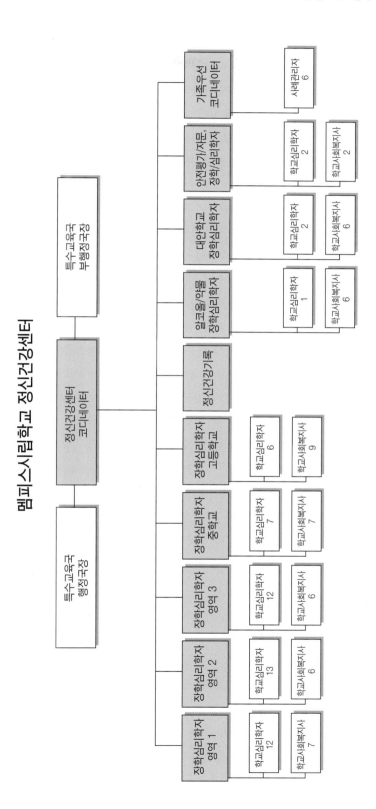

멤피스시립학교 정신건강센터

> 학교심리학의 미래는 학교심리학적
> 서비스의 제공에 대한 선택에서
> 다양성의 증대를 목격할 것이다.

일하며, 아마 사회복지사와 정신건강센터에 준비된 소아과의사와 함께 일할 수 있다. 직원의 수와 다양성은 센터의 위치, 기금, 여러 서비스기관의 유무에 따라 다양하다. 시골지역의 직원은 적을 것이고 정신건강센터는 다른 지역의 서비스와 연계될 수도 있다.

셋째 유형으로, 학교심리학자가 개업을 하고 동시에 여러 학교에서, 아마 한 학교당 주 1회 일하는 것이다. 이러한 실무를 *계약직(contractual service)*이라 하는데, 계약직의 임무가 특수 교육 검사에 한정되기 때문에 교육청 중심 학교심리학자들은 이를 싫어한다. 또한 지역 교육청은 종합적인 심리 서비스를 제공해야 하는 책임이 줄어드는 것으로 지각될 수 있다. 일부 계약직의 경우 협회가 그들을 전적으로 회피하기보다 그러한 서비스에 대한 지침을 제공했었다(APA, 1995; NASP, 2000b). 일반적으로 사설 계약자를 고용하기를 원하는 구역은 구체적으로 필요한 서비스와 이것이 어떻게 모든 아동을 위한 구역의 종합적인 서비스로 어우러지는지를 고려해야 하며, 계약직 학교심리학자가 갖추어야 하는 자격과 계약의 용도를 고려해야 한다. 계약직은 종합적인 서비스를 제공하는 교육청 소속 학교심리학자의 고용 방법보다 비용이 적게 들기 때문이 아니다. 그렇지만, 특히 상근직 학교심리학자를 고용할 수 없는 경우 계약직 서비스는 시골 환경에서 아주 흔한 일인데, 이 방법은 교육청 소속의 학교심리학자가 제공하는 다른 서비스와의 결합에 대한 재평가와 같은 특정 업무에 사용된다. 계약 업무의 긍정적인 측면을 보여 주는 예가 있다(Allen, 1993; Wonderly and Mcloughlin, 1984). 계약직 서비스의 전국망(PsyEdsSoultions)은 지방의 서비스 제공자와 특별 계약 서비스 요청자를 연결해 준다. 이와 비슷한 서비스가 아리조나에서 공고되었다 (*www.School-Psychologist.com*). 서비스 제공의 지배적인 모델이 그림 3.2에 제시되어 있지만, 그림 3.5의 예시들은 특정 상황에 적절한 학교를 위한 지원안의 다양성을 제시한다.

학교심리학 서비스의 새로운 모델

학교심리 서비스 제공의 대안적 방법은 더 다양해지고 있다(11장 참고). 이러한 것들 중에 종합적인 학교-기반 건강클리닉이 있다(Pfeiffer & Reddy, 1998; Tyson, 1999; Vance & Pumariega, 1999).

Martin(2005)에 따르면, 이런 센터의 수는 1988년에는 전국 120개였고 2005년에는 1,500개로 증가하였다. 수적인 증가가 상당하지만, 2005년 전국 90,000개의 공립학교들 중 2% 미만에 불과하다. 이들 센터는 종합적인 건강과 정신건강 관리를 제공한다. 센터

[그림 3.5] 학교심리 서비스에 대한 조직 배치

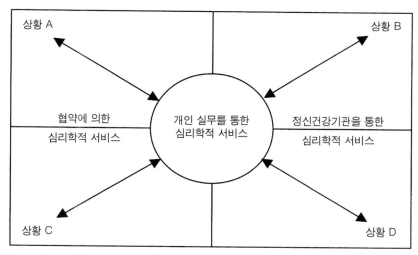

는 학교에 배치되어 있지만 대부분은 도시와 중등학교에 있다. 이에 대한 더 많은 정보는 전국학교기반건강관리협회(www.nasbhc.org)에서 얻을 수 있다. 공공건강과 정신건강 모델을 교육에 통합하려는 이러한 노력에서 학교심리학자의 역할에 관한 정보는 Bucy, Meyers, Swerdik(2002)과 Nastasi(2004)에서 찾아볼 수 있다.

또 다른 예는 LA의 캘리포니아 대학에 있는 학교 정신건강을 위한 학교정신건강 프로젝트센터인데, 종합적 학생지원 서비스에 관한 주요 정보원이다. 이에 대한 뉴스레터(*Addressing Barriers to Learning*)는 무료로 이용할 수 있다(이메일은 smhp@ucla.edu).

계약직 학교심리학자는 또한 차터스쿨에도 서비스를 제공한다. 왜냐하면 이들 공립학교는 지방과 주 당국에 의해 어느 정도 감독을 받기 때문에, 학교심리학자들은 차터스쿨 학생들에게 서비스를 제공할 책임이 있다. 이런 환경에서의 학교심리학자들의 업무에 대한 알려진 것이 적지만, 지방 학군의 지리적 영역 내에 있는 다른 공립학교들과 비슷할 것이다.

서비스 위치의 특성

학교심리학자들이 조직 구조에서 어디에 위치하느냐 하는 것 또한 서비스 제공에 영향을 미친다. 조직 요인은 여러 곳에서 논의되었고, 학교행정가와 조직정책 사이의 갈등도 전문직의 역사를 통해 논의되었다(symonds, 1933; Wallin, 1920). 학교심리 실무에 대한 조직의 영향은 Curtis, Zins(1986), Illback(1992), Maher, Illback, Zins(1984)에 제시되고 있다. 조직적 요인과 학교개혁의 주제는 1996년 *School Psychology Review*(25권 4호)에

[그림 3.6] 보통 및 특수교육과 학생지원업무의 관계

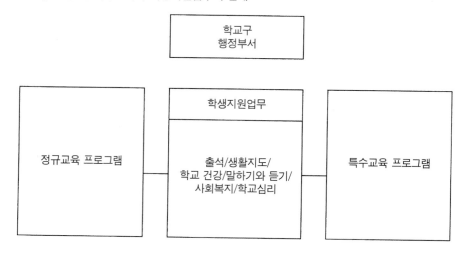

나타나 있다. 역동적인 조직의 관점에서 학교조직과 다른 직업환경을 보는 것에 대한 논의는 조직의 한 측면에 대한 변화가 또 다른 측면의 변화에 영향을 미친다. 그러므로 조직의 목표, 행정구조, 정책, 기금, 또는 협력적 관계는 심리학적 서비스가 조직 내에서 조직되고 제공되는 방식에 영향을 미친다. Curtis와 Zins(1986) 또한 학교심리 행정 단위 내에서 서비스 제공에 영향을 미치는 요인들, 이를테면 서비스 제공자의 철학과 지향 그리고 서비스 감독에 대해 논의한 바 있다. 서비스의 효율성에 영향을 미치는 여러 요인에 대해 경험적으로 알려진 것은 거의 없다. 그러나 알려진 논의들은 직관적인 관계에 대한 정보와 실제적인 조사결과를 제공한다. 이 주제는 4장, 7장, 8장에서 다시 논의될 것이다. Cutts(1955), Gottsegen와 Gottsegen(1960), Magary(1967b)의 다양한 학교와 지역사회에서의 학교심리학에 관한 초기 논의는 실무자를 위한 적절성 논의로 계속 이어져 갔다.

지방의 공교육은 두 가지 주요 분야로 이루어져 있다. 하나는 일반교육으로 학교 학생의 85~90%에게 제공된다. 또 하나는 특수교육으로 연방 정부와 주 정부가 제시한 지침에 따라 장애아로 판정된(예: 정신지체와 학습장애) 학생 및 주나 지역의 지침에 따른 추가적인 범주(예: 영재아, 십대 임신)의 학생 약 10~15%에게 제공된다. 1960년대 이래 특수교육의 빠른 성장은 일반적으로 일반교육에서 가능하던 학업적 보충 서비스의 감소를 가져왔다. 사실상 공교육은 일반교육 부분의 학생과 특수교육 부분의 학생으로 나뉘었다. 이는 학생이 너무 많아서 특수교육을 지원해야 할 만큼 심각하지 않다면 특별한 도움을 줄 수 없었음을 의미한다. 이러한 감소의 예외는 연방법에 의한 수백만의 빈곤가정 아이들을 위한 수업서비스(Stringfield, 1991)와 1973년 재활법 504 조항(PL 93-112)에

해당하는 학생들에게 제공되는 시설의 증대였다. 여전히 많은 학군은 비록 연방법의 자격이 되지 않는다 해도 일반교육에서 한정된 치료 서비스를 하고 있다. 도움이 필요한 학생의 학업과 행동 문제에 관한 직접적인 사정과 중재를 하자는 최근의 관심도 특수교육에는 해당되지 않았다.

공교육은 두 가지 주요 수업 분야로 이루어져 있다. 일반교육은 학교 학생의 85~90%에게 제공되고 특수교육은 약 10~15%에게 제공된다.

　특수교육 분야 안에 다양한 서비스 선택안이 있다. 이 선택안에 대한 일반 모델이 Deno(1970)에 의해 제시되었고 Dunn(1973)에 의해 논의된 바 있는데 종종 "서비스 계획의 분수령"이라 한다. 아동 장애의 범주적 특성과 상관없이, 선택안은 주류교육, 정상화, 통합교육, 연방과 주 규정의 최소제한환경 조항의 개념과 연관된다. 이 선택안들 중 다수는 일반교육과 특수교육 분야가 중첩된다. 특수교육 분야에서, 학교심리학자는 종종 행정적으로 특수교육 국장의 책임하에 있다(대부분 특수교육 석사학위와 행정 자격). 이 부서를 통해서 전체 의뢰업무—사정, 배정 결정, 중재, 추수, 재평가—가 일상적으로 이루어진다. 지방의 학교 수준에서, 학교중심 지원팀은 서비스 요청을 검토하고, 의뢰전 사정을 실시하며, 학교심리사의 다양한 역할을 한다. 업무 선택안은 수업 및 관련 서비스를 포함하는데 다학제적 평가팀, 개별화교육 개발팀(IEPs), 가족서비스 계획(FSPs)과 같은 것이 있다. 학교심리사는 조직적으로 일반교육과 특수교육 분야에서 아동을 일에 배치해야 하고 이러한 전체 서비스 선택안에 관여해야 한다.

학생지원 서비스

학교심리학자는 일반교육과 특수교육 사이에 위치한 학생지원 서비스(Pupil Personnel Services: PPS)의 일원이다. 이러한 서비스는 서로 다른 지역 관련 부서에서 혹은 계약으로 관리되며, 간략한 설명을 위해 그림 3.6에 나타내었다. PPS의 개념은 역사적으로 학교심리학, 학교 사회복지사, 생활지도 상담, 언어장애 전문가, 학교 건강관리사, 출석 관리자 분야에서 일하는 사람을 포함하였다(Ferguson, 1963; Hummel & Humes, 1984). PPS 직원은 도시 지역에는 많고 다양하고(그림 3.3과 3.4), 시골 지역에는 비교적 아주 적다.

　학생지원 서비스는 비록 일반 및 특수교육 부분 학생의 교육적인 향상을 위해 이용되지만, 한 부분 내의 또는 한 부분에서 다른 부분으로 옮겨가는 학생들의 이동을 조정하는 데 도움을 준다. 이 관계는 이 활동과 연관된 학교심리학자와 다른 전문가에게 의뢰하는 *문지기*라는 말을 사용하게 하였다. 다양한 조합의 PPS 직원은 각 부분에서 다양한 일을 한다. 일반교육과 특수교육 서비스 사이의 이동은 학교심리학자, 언어 치료사, 사회복지사가 관여한다. 이들 전문가는 또한 일반교육 분야에서 일을 하지만, 보통 특수교육에 깊은 연관을 갖는다. 학교 건강, 생활지도와 상담, 그리고 출석 관리자들은 일반교육 분야의 학생과 프로그램을 위해 대부분의 시간을 보낸다.

학교심리학자가 PPS 부서 내에 행정적으로 배치되면 이들은 특수교육뿐만 아니라 학교 전체 시스템에 더 많이 관여하게 된다. 이러한 상황에서, 장애를 가진 것으로 생각되는 아이들을 위한 심리 서비스는 PPS와 특수교육 부서를 통해 조정된다. 이들 부서 간에 자연스럽게 긴장이 존재하는데, 이는 학군의 일반 및 특수교육 부분의 욕구를 충족시키려는 노력 때문이다. 이들 두 교육 국장이 똑같이 행정적 권한이 있을 때 상위 수준의 행정가에 의해 영향을 받으며 종합적인 서비스를 제공해야 한다. 동등권이 결여될 때, 학교 심리 서비스는 일반교육이나 특수교육 중 하나에 치중되거나 둘 모두와 거리가 멀 것이다. 어떤 경우에, 특수교육과 학생지원 서비스는 하나 이상의 행정 권한 부서에 소속되는데, PPS가 특수교육국의 하위 조직일 경우 그렇다. 이러한 배치에서 학교심리 서비스는 일반교육에서 위험에 처한 아이들의 요구보다는 장애를 가진 것으로 생각되는 아이들의 요구에 더 치중하는 것 같다. 일반교육 상황에 있는 특수교육 대상자에게 서비스를 제공하는 경향(주류교육 또는 통합교육이라 함)은 학교심리학자의 조직적 배치가 바람직한 실무와 일치하지 않을 때 더 어려워질 것이다. 또한 통합 운동에 대한 장기적인 영향이 특수교육과 심리 서비스의 조직적 지위에 미치는 효과도 불분명하다.

행정에의 근접성

위의 조직 배치에 관한 중요한 점(그림 3.1~3.5)은 학교심리학자들이 행정가에서 학생에로 연장되는 권한의 선상과 지속적으로 연결되지 않고 대신에 조직상 권한의 선상에 첨부된 점이다. 학교행정에 대한 학교심리학자의 물리적 근접성은 이러한 배치에서 중요한 고려사항이 되며 장단점이 포함된다. 큰 학교의 학교심리학자는 전문 심리학자인 행정 장학사가 있다는 장점이 있는 반면, 상당한 거리가 있다면 실무자와 중앙 행정이 분리되어 학군 전체의 업무 지식을 얻는 데 어려움이 있다. 작은 구역은 행정부에 대한 접근이 더 좋다. 학교심리사는 종종 학군의 모든 학교를 담당하지만 심리학자가 아닌 행정 장학사가 있을 수 있다. 학교심리학자의 영향력 혹은 권한은 조직 배치의 장단점에 달려 있으며, 학교심리학자는 조직 정책과 프로그램에 영향을 미칠 수 있다.

집중 대 분산 서비스

학교심리학자 사무실의 물리적 위치(지방 학교 건물 혹은 더 중앙에 있는 사무실)는 장단점을 갖는다. 한 연구에서 학교기반(혹은 재택) 학교심리학자는 일반적으로 여러 건물

에 배정되던 학교심리학자에 비해 "만족도와 효율성에 대한 지각이 높고 일로 인한 소진
이 낮은 것으로 보고되었다"(Proctor & Steadman, 2003, p. 237). 에스토니아에서 9학년
과 12학년 학생들을 대상으로 행해진 또 다른 연구는 서비스에 대한 학생 평가가 센터중
심의 심리학자가 있는 학교에 비해 학교중심의 심리학자가 있는 학교에서 더 호의적이
라고 밝혔다(Kilas, 2003). 이 연구들은 건물중심 심리 서비스 제공과 종합적인 학교중심
보건 센터의 지속적 개발을 위한 노력을 뒷받침해 준다.

학교중심 서비스를 방해하는 요소들 중 하나는 학교심리 서비스를 수행할 개인 사무
실 공간의 부족이다. Bose(2003)는 대부분의 학교심리학자는 검사를 수행하는 자신의 환
경에 만족한다고 밝혔지만, 조지아, 메릴랜드, 오하이오 주에서 실시한 또 다른 연구에서
는 일반적 업무 공간의 적절성에 문제가 있다고 제시하였다(C. Wise, Li, Smith, 2000).
조지아 학교심리학회는 학교심리학자를 위한 업무공간의 기준을 마련한 성명서가 있다
(GASP, 1999). 건물중심 학교심리학자의 분파는 많은 건물에 학교상담과 학교사회복지
의 역할을 수행하는 학교심리학자가 있는 노스캐롤라이나 주 샬롯-메클렌버그(Charlotte-
Mecklenburg) 학교구에서 설립한 모델이다. 오랫동안 이러한 모델이 있었음에도 불구하
고 그 효용성과 수용가능성에 대해서는 체계적으로 연구되지 않았다.

지방 건물에 사무실이 있는 실무자는 교사와 학생에 대한 근접성 특히 자문과 위기에
대한 근접성이 있다는 이점이 있다. 그러나 단점은 지방 건물의 의뢰수가 너무 많다는
점이다. 또한 학교심리학자는 많은 시간을 건물 안의 다른 사람에게는 잘 드러나지 않는
자문과 행정업무에 종사하기 때문에, 교사와 행정가들은 학교심리학자가 평가에 충분한
시간을 투자하지 않는다고 불평할 수 있으며 또한 학교심리학자의 객관성에 위협을 받
는다. 학교심리학자가 학교에 가져오는 서비스에는 맥락을 넘어서는 객관적인 전문가의
입장이어서 그 학교에 안 맞을 수 있다. 그럼에도 불구하고 학교심리학자가 학군의 정책
과 관심거리를 지속적으로 제공한다면, 지방 학교건물에 학교심리학자가 있는 것의 장점
은 단점보다 더 크다. 말할 것도 없이, 학교심리 서비스를 제공하는 계약자들은 시스템과
도 덜 연결되어 있다. 집중과 분산 서비스는 Elliot와 Witt(1986a)에서 논의하고 있다.

주 교육부

학교심리 서비스는 보통 특수교육, 특별 서비스, 혹은 학생지원 서비스 부서를 통한 주
교육부에 의해 주 수준에서 조정된다(그림 3.2). 주 수준 부서는 자격요건, 교육과 고용
기회 및 실무지침의 개발과 보급이라는 이중 역할을 수행한다. 이러한 서비스 조정을 담
당하는 사람이 학교심리학 교육을 거의 혹은 전혀 받지 않아도, 이 분야의 이상적인 사
람은 학교심리학을 배우고 경험을 한다. 그러나 교육청과 학교심리사가 도움을 청할

SDE에서 자격을 갖춘 학교심리학자가 없는 주가 절반이나 된다. 그래서 지방 학군 수준에서 경험하는 권한 대 권위 갈등은 종종 주 전체의 서비스 제공에도 산재한다.

장학—행정적 대 전문적

서비스의 행정적 지위는 학교심리학자를 심리학 교육을 받지 않은 사람의 감독을 받게 한다. 행정적 장학 대 전문적 장학의 쟁점은 매우 중요하다. 행정적(administrative) 장학은 피고용인인 학교심리학자의 역량에 영향을 미치는 교육청 정책과 규정의 해석과 실시이다(Strein, 1996a). 예를 들어, 감독자는 전문 회의 때 특정 일당 지불명세표에 따라서 학교심리학자가 요구한 지급액을 승인한다. 전문적(professional) 장학은 전문 심리학자로서 학교심리학자가 수행한 활동의 해석과 실시이다(Strein, 1996b). 예를 들어, 심리 서비스 부서장은 사례연구 정보의 해석과 중재를 위한 추천을 할 때 학교심리학자를 돕는다. 많은 경우, 학교심리학자는 특수교육 국장, 교장, 교육감과 같은 심리학자가 아닌 사람에게 조직상 소속된다.

1992년 조사에서, 가장 자주 규명된 실무자 장학관의 배경은 특수교육(35%), 학교심리학(37%), 임상심리학(4%), 일반교육(16%) 출신이다(D. Smith, Clifford, Hesley, & Leifgren, 1992). 장학관의 60% 이상이 학교심리학 배경이 아니다. 학교심리학자는 사정과 중재에 대한 방법을 선택할 책임이 있지만, 일부 운이 없을 경우 전문가는 아니지만 권위를 가진 행정가에 의해 이 권한을 발휘하지 못한다. 심리학 전공자가 아닌 직원에 의해 행정상 감독을 받을 때 학교심리학자는 자신의 전문 영역(예: 검사의 선택과 해석, 자문 전략, 프로그램 평가와 방법론)에서 선택하는 능력을 가질 수 없다. 큰 학교체제에서 행정적 장학과 전문적 장학은 심리학 전공자 혹은 가까운 관련 분야 전공자가 맡을 가능성이 더 높다. 이러한 배정은 행정적 장학이 학교심리학자의 관심에 민감할 것이고, 다른 심리학 전공자에 의한 전문적 장학이 가능할 것이다. 또한 이러한 배정은 전국학교심리학회의 기준을 밀접하게 따르게 될 것이다(APA, 1981; NASP, 2000b).

> 가장 자주 규명된 실무자 장학관의 배경은 특수교육(35%), 학교심리학(37%), 임상심리학(4%), 일반교육(16%) 출신이다(D. Smith et al., 1992).

학교심리학자를 대상으로 한 1999년 조사는 임상(전문적) 장학이 APA와 NASP의 권장 수준 아래로 떨어졌다고 나타내었다. 비록 대부분의 학교심리학자들은 그러한 장학에 관여하길 원한다고 했지만, 실제로 단지 실무자의 10%만이 임상 장학에 관여하였다(Fischetti & Crespi, 1999). 웨스트버지니아의 학교심리학 연구는 장학관의 교육 수준과 분야가 학교심리학자의 전체 직업 만족에 상관이 있다고 제시하였다(Solly & Hohenshil, 1986). 이것은 M. Brown과 Hohenshil(2005)의 고찰과 VanVoorhis와 Levinson(2006)의 메타 분석에 의해 지지되었다. Fischetti와 Crespi의 연구에서, 장학에 관여하는 실무자들은 일반적으로 자격이 있는 직원에 의해 감독되었다. Hunlet 등(2000)은 장학 역량이 있는 학교심리학자는 장학 공부가 부족하고 이들은 교육청에서 심리학 전공자가 아닌 직원에 의해 장학을 받아 온 것으로 보고하였다. 장점이 섞여 있는데도 불구하고, 교육청 행정 구조는 거의 항상 학교심리학자를 교육청 행정직 누군가의 감독하에 두었다. 이는 심리 서비스에 불만을 가진 내담자가 소송을 제기하는 경우에 보호를 할 수 있다.

직원 혜택

직원 혜택은 실무에 영향을 미치는 또 다른 요소이다. 공립학교군 또는 기관에 의한 고용은 종종 다른 제도에는 없는 이점을 가진다. 이것들은 정년보장 가능성, 단체 교섭권, 고용 및 임금 안정, 출장경비 및 교통비, 평생 교육, 병가, 건강 및 생명보험 프로그램, 퇴직 프로그램, 신용조합, 사무 공간, 비서 지원, 장비, 컴퓨터 및 기술, 전화기, 메일을 포함한다. 더욱이, 교육청과 기관은 종종 그들 자체 평가 정책과 절차, 검사 도구, 중재 자료, 비품을 무료로 공급한다. 마지막으로, 일부 학군은 학회 참석비, 시간제 수당, 학회비도 제공한다. 사설 학교심리 실무자에게는 이런 혜택이 거의 없고, 사립학교 환경에 고용된 경우 정년을 포함한 일부 혜택은 없다.

단체교섭

단체교섭의 쟁점은 아마도 대부분의 학교심리학자보다 교사들에게 더 중요하다. 하지만 교사가 공립학교군에서 가장 큰 직원 단체를 이루기 때문에, 그들의 교섭단위는 종종 학교심리학자들을 포함한 많은 다른 직원 단체를 대표하고 이들의 편에서 교섭을 한다. 이에 대한 시사점은 아이들과 가족에 대한 서비스에 영향을 미칠 수 있는 권한-권위 갈등을 포함한다는 점이다. 특히 도시에 있는 학교심리학자들은 1960년대와 1970년대에 그러한 문제들에 관여하였고, 이 시기에 파업을 할 때 커다란 교사들의 호전성이 행정가와 교사 사이에 위치한 학교심리학자에게 넘겨졌다. 일부 학교심리학회는 학교심리학자의 지위는 행정가도 교사도 아니므로 "어느 한쪽에 대한 전적인 지지"를 강요하거나 혹은 "보통 심리학자들이 하는 일 이외의 임무에 배정되지 않아야 한다."는 입장을 채택하였다(NASP Adopts Position on Testing and Strikes, 1973). 더 최근의 정책 보고서는 다른 전문가들과의 관계를 참조하지만 단체교섭과 업무중단을 직접적으로 논의하지 않는다(APA, 1981; NASP, 2000b). 일부 큰 학군에서 학교심리학자들은 자신들의 교섭단체를 설립하는 반면, 작은 시골의 학교심리학자들은 행정기구와 개인적으로 협상한다. NASP 회원에 대한 초기 조사에서 37%가 NEA(National Education Association)에 속하고, 9%가 AFT(American Federation of Teachers)에 속하고, 35%가 지방 교사조합에 속한다고 밝혔다(Graden & Curtis, 1991). 이러한 회원제도의 상대적인 안정성(Curtis, Lopez, Batsche, Smith, 2006)은 NEA가 34.4%, AFT가 9.7%, 지방 조합이 29.5%로 나타났다. 교사조합의 지방 회원제도는 그 조합이 주와 국가에 소속되느냐에 달려 있다. 앞의 멤피스 시립학교 경우, 학교심리학자는 멤피스교육학회 교사노조를 대표하며 교섭을 한다. 지방 학회 회비는 주와 국가 수준의 회비를 포함한다.

　　단체교섭은 다음 장의 "손님"에 유추되고 학교심리학자가 교사 면허를 가져야 하는 가 하는 물음(제6장 참고)과 관련이 있다. 일부 주에서는, SDE가 발행한 학교심리학자 자격증은 그것을 가르치는 분야로서 학교심리학이 승인한 교수 자격증으로 간주된다. 다른 주에서는, SDE가 PPS 전문가 또는 비슷한 타이틀의 자격 증명서를 독자적으로 발행한다. 교육 분야의 규정과 정책은 보통 SDE-자격 교원을 가리킨다. 자격증이 없는 실무자는 학교장면에서의 일부 혜택에서 제외될 수 있다. 또 다른 경우, 교사 자격증을 가진 학교심리학자는 교사파업 동안에 그들이 교실 업무에 배정되는 것을 염려하였다. 쟁점은 심리학자로서 독자적인 정체성을 추구하는 심리학적 서비스 직원의 긴 역사를 반영한다. 학교심리학에서 단체교섭을 둘러싼 쟁점과 입장에 대한 논의는 Agin(1979)와 Hyman, Friel, Parsons(1975)에서 볼 수 있다. 최근의 연구와 논의에 대한 부재는 학교심리학에서 덜 중요한 관심거리임을 제시한다.

> 학교심리학자들은 … 일반적으로 그들의 고용에 만족한다.

직무 만족도

직무 만족도는 고용 환경의 측면에서 자주 조사되었다. 직무 만족도에 대한 연구는 특히 몇 년의 경험이 있는 학교심리학자들이 일반적으로 그들의 고용과 미래 학교심리학에 대한 긍정적 전망에 만족한다고 밝혔다(M. Brown, Hohenshil, & Brown, 1998; M. Brown & Hohenshil, 2005; D. Smith, 1984; D. Smith et al., 1992; VanVoorhis & Levinson, 2006). 또 다른 연구는 은퇴까지 이 분야에 남을 계획을 가진 실무자의 비율은 1980년대 중반 이래 31%에서 41%로 증가했고, 77%는 직업으로서 학교심리학을 다시 선택할 것이라고 밝혔다(Reschly & Wilson, 1992).

　　전문적인 학교심리학회에의 가입은 명확히 만족과 관계있는 것 같다(Levinson, Fetchkan, & Hohenshil, 1988; VanVoorhis & Levinson, 2006). 학교심리학자 대 학생의

비율은 또한 만족과 관련 있는 것 같으며(Anderson, Hohenshil, & Brown, 1984; Fagan, 1988b), 이 관계는 좋은 서비스 비율로 일하는 학교심리학자의 폭넓은 역할에 의해 부분적으로 설명된다(Curtis, Hunley, & Grier, 2002; D. Smith, 1984; D. Smith et al., 1992). 또한 직장에서 직무 만족도는 성별과 관련 있다는 증거들이 있다(Conoley & Henning-Stout, 1990; Henning-Stout, 1992). 웨스트버지니아의 학교심리학자에 대한 이전의 연구는 장학관의 교육과 전문성이 학교심리학과 가까울 때 만족이 더 크다고 하였다(Solly & Hohenshil, 1986). Proctor와 Steadman(2003)은 학교중심 실무자가 몇 개의 건물에 배정된 실무자보다 더 높은 만족도를 나타냈다고 하였다.

불만족과 관련된 가장 밀접한 요인은 학교 정책과 실무, 지각된 승진 기회의 결여이다(Anderson et al., 1984; M. Brown & Hohenshil, 2005; Levinson et al., 1988; Van-Voorhis & Levinson, 2006). 의심할 것도 없이, 정책과 실무로 인한 불만족은 장학과 조직상의 문제와 관련이 있다. 일부 불만족이 나타남에도 불구하고, VanVoorhis와 Levinson(2006)의 메타 분석에서 1982~1999년 사이의 학교심리학자들은 상당한 직무만족을 나타내었고, 그들의 결론은 2004년 NASP 회원 조사연구에 의해 뒷받침되었다(Worrell, Skaggs, & Brown, 2006). 마지막으로, 사례건수, 감독, 직업을 그만두려는 욕구와 관련된 고용 조건을 포함하는 직무 만족도는 실무자의 만성피로를 시사하는 것 같다. 만성피로의 정도는 심각한 문제로 판단되었고(Huebner, 1992), 학교심리학자 고용의 몇 가지 측면은 스트레스가 많다고 밝혀졌다(P. Wise, 1985)(8장 참고).

학교체제에서 승진의 한계는 학교심리학자의 양성제도에 있다. 아래에서 보듯이, 학교심리학자는 공립학교 체제에서 다소 손님으로 취급된다. 왜냐하면 학교심리학자의 교육과 자격증은 교사의 것과 다르며(즉, 교수 자격과 경험), 학교 안에서 승진을 할 길이 거의 없다. 학교심리학자들이 승진을 할 수 있는 일반적인 길은 심리학 행정직 혹은 학생후생업무(예: 심리학적 서비스 국장)이다. 교사 자격증과 충분한 경험을 가진 학교심리학자에게는 다른 행정직으로의 승진이 가능하다(예: 특수교육 국장 혹은 교장). 일부 주에서, 학교심리학자들은 행정직 자격증을 얻기 위한 필수요건인 교수 경험을 대치하는 것으로 학교심리학자의 경력을 이용할 수 있다. 그러나 행정직 자격증 또한 경험뿐만 아니라 적절한 대학원 수준의 교육을 필요로 한다.

학교에 온 손님

학교 조직은 일차적으로 교사와 다른 교육전문가로 이루어지고, 아이들을 가르치는 데 헌신한다. 학교와 지역사회의 많은 구성원들은 학교는 수업을 제공하는 곳으로 지각할 뿐 심리학적 서비스를 반드시 제공해야 한다고 생각하지는 않는다. 앞에서 논의된 학교

> 대부분의 학교심리학자들이 학교중심이 아니라는 사실은 아마 긍정적일 수 있다. 왜냐하면 그들의 존재가 학교중심 팀에 대한 대안적인 관점을 가져오기 때문이다.

와 학교 조직 구조에 영향을 미치는 요소들을 보았을 때, 학교심리학자처럼 교사도 아니고 행정직원도 아닌 사람이 어떻게 교육의 집에 온 객원 혹은 손님으로 지각되는지를 이해하는 것은 쉽다(Elliott & Witt, 1986b).

학교 직원에 관한 최근의 조사에 따르면, 응답자의 절반 이상이 학교심리학자를 학교 직원이라기보다는 학교에 온 손님으로 생각하였다(Hagemeier, Bischoff, Jacobs, & Osmon, 1998). 학교심리학자들은 이런 인식에 대해 안타깝게 생각하지만, 이는 많은 학교체제의 실체인 것이다. 시설관리, 학교 식당, 사무실의 직원이 학교심리학자보다 학교운영에 더 연결된다고 인식하였다. 다음에 열거한 것은 '손님'이라는 비유를 사용하여 학교심리학자를 바라보는 몇 가지 관점을 설명하고 있다. 정도의 차이는 있지만, 모든 학생후생업무(PPS) 직원들은 이와 같은 인식의 문제를 공유한다.

1. **모든 집은 고유의 규칙을 가지고 있다.** 모든 학교와 교실은 복장, 행위, 의사소통, 계획, 약속 등을 포함하는 많은 것에 대한 성문이든 구문이든 자체의 규칙을 가진다. 학교심리학자는 교사도 아니고 일반 직원도 아니기 때문에, 지방 학교와 교실의 기존 규칙에 쉽게 맞출 수 없을 것이라고 생각된다. 대신 학교심리학자는 일련의 다른 규칙이 있는 다른 '집'에 소속되는 것으로 지각된다. 학교심리학자의 관심은 교사의 문제와 가치보다 심리학자의 문제와 가치에 더 가깝다.

2. **손님은 보통 다른 사람의 집에 초대된다.** 학교 심리학자는 자주 교사의 의뢰를 통해 학교에 초대된다. 의뢰 과정에는 교사의 의뢰를 학교심리학자를 포함한 평가팀에 배정하는 특수교육 국장과 같은 제삼자가 관여한다. 교사가 초대를 시작하지만, 이 의뢰가 교사에게서 바로 학교심리학자에게로 전달되는 것은 아니다. 하지만 때때로 학교심리학자는 교사가 아닌 누군가에 의해 의뢰를 받고, 예고 없이 교실에 나타나는 초대되지 않은 손님일 때도 있다. 게다가, 대부분 학군의 교사들은 학교심리학자를 선정하는 의사결정에 참여하지 않는다. 많은 연합 학군에서는, 학교 행정가도 그런 의사결정에는 거의 관여하지 않는다.

3. **손님은 보통 가족의 구성원으로 인식되지 않는다.** 학교심리학자들은 사무실도 없고, 학교에서 식사도 하지 않는다. 많은 학교심리학자들은 사전 수업 준비를 하지 않고, 절반 이상은 공식적인 교수 경험이 없다(Graden & Curtis, 1991; D. Smith et

al., 1992). 학교심리학자의 실무에서 교수 경험이 중요하지 않다는 연구 결과가 있음에도 불구하고, 많은 교육자들은 수업 경험이 중요하다고 생각한다(6장 참고). 또한 어떤 교육자들은 특수교육을 학군에서 필수적인 측면이라고 생각하지 않으며, 마찬가지로 학교심리학자들이 학군에 꼭 필요한 것도 아니라고 생각한다. 이는 교사자격증과 경력이 필수적인 생활지도 상담사에게는 문제가 되지 않으며 학군의 특수교육 부분에는 덜 관여한다. 중등학교의 심리학적 서비스에 관한 논의는 Nagle과 Medway(1982), Steil(1994)의 연구에서 찾아볼 수 있다.

4. **손님은 임시적인 것으로 지각된다.** 학교심리학자는 가끔 짧은 기간 동안 학교에 있다. 대부분의 경우 그들은 학교중심 직원이 아니라 학군중심의 직원이다. 이는 학교심리학자가 정신건강센터, 중개소, 또는 개인 실무와 같이 학군에 소속되지 않은 기관에서 오는 경우 특히 그렇다. 그러나 중앙에 소속된 실무자들이 객원으로 인식되는 단점에도 불구하고, 대부분의 학교심리학자들이 학교중심이 아니라는 사실은 아마 긍정적일 수 있다. 왜냐하면 그들이 존재가 학교중심 팀에 대한 대안적인 관점을 가져오기 때문이다.

5. **손님은 보통 집주인과 비슷한 배경과 지위에 있으므로, 학교심리학자는 다르게 보이고 심지어 손님같이 보이지도 않는다.** 손님은 대개 주인과 많은 공통점을 가진 사람이다. 성별과 나이가 비슷함에도 불구하고, 많은 경우 학교심리학자들은 다른 교육자들과 공통점이 없다고 인식된다. 학교심리학자들은 전문 지식, 많은 특권, 높은 봉급(교사들과 같은 봉급을 받는 상황에서도)을 받는다고 인식된다. 이러한 지각된 불평등으로 학교심리학자가 환영받는 손님도 아니고 가족 성원보다 못하다. 물론, 학교심리학자가 생활지도상담사나 사회복지사와 같은 학생후생업무 직원과의 관계에서는 객원으로 지각되지는 않는다.

손님인 것의 시사점

손님 비유는 특히 자문 업무에서 변화하는 역할과 기능의 관계에서 중요하다. 왜냐하면 학교심리 서비스의 제공은 학교와 지역사회의 문화와 연관이 있고(Sarason, 1971), 전통적인 심리검사의 역할이 그런 맥락에 제공되기 때문이다. 특정 유형의 능력과 성취의 중요성은 그 사회에서 이루어지는 학교교육의 과정과 결과에 따라 다르게 보인다. 자문은 그러한 문화적 맥락 위에서 이루어지며, 그것의 성공은 관련 개인과 기대 사이의 관계에 크게 달려 있다. 그러므로 학교심리학자를 손님으로 인식하는 것은 자문, 특히 자문의 시작 단계에서 심각한 장애로 작용한다(4장 참고). 그러나 더 최근의 협력적 자문 접근은 교사와 학교심리학자를 교사와 외부 전문가의 관계로 보기보다는, 전문적 동료 및 파트너로 생각한다(Curtis & Meyers, 1985; Graden, 1989; Gutkin & Curtis, 1990; Zins & Ponti, 1990). 이러한 관계의 성공적인 결과는 제대로 된 손님 비유로 이끌 수 있고 교육의 집에서 오랫동안 얻으려 했던 학교심리학자의 지위를 제공할 수 있을 것이다.

의뢰인 식별

모든 직업에서, 서비스는 내담자를 위하여 제공된다. 기존의 학교심리학자가 몇 개의 고용 장소와 선거구에서 일할 때, 학교심리학자의 의뢰인은 누구인가라는 물음에 대한 답은 그리 간단하지 않다. 대답은 고용 환경이나 요청된 서비스에 따라 달라진다. 의뢰인(client)이란 용어는 전문적 도움이 필요한 사람, 전문가를 고용하는 사람, 도움에 대해 돈을 지불하는 사람, 타인의 보호하에 있는 사람, 전문가의 서비스를 받는 사람, 혹은 그러한 서비스로부터 이익을 보는 사람 등을 가리킨다. 결과적으로, 학교심리학자의 업무에서 의뢰인은 다음 중 하나 또는 그 이상을 포함한다. 이들로는 학생, 부모, 교사, 교장, 특수교육 국장, 장학관, 학교 이사회, 기관 관리자 또는 관리위원 등이 있다.

아마 가장 직접적인 고용 맥락인 독립적인 개인 실무의 경우, 미성년 자녀의 부모가 학교심리학자에게 직접 심리 서비스를 요청한다. 아이의 보호자로서 부모는 상당한 법적 영향력을 가지며 논리적으로 심리학자의 의뢰인으로 간주될 수 있다. 그러나 서비스를 받을 뿐만 아니라 서비스에서 궁극적인 혜택을 받는 아이는 어떠하며, 그리고 서비스에 협력적인 참여를 거부할 수 있는 개인적 권한을 가진 아이는 어떠한가? 이것은 학교심리학자들이 흔히 아동과 부모 모두를 그들의 직접적 의뢰인으로 여기는 혼동되는 상황이다. 비록 학교심리학자가 아동을 가장 중요한 고객으로 생각할지라도, 대부분의 상황에서 학교심리사가 갖는 태도이다. 부모와 아이에 대한 강조에도 불구하고, 사례는 다른 사람을 의뢰인으로 생각해서 만들어질 수 있다. 예를 들어, 학교 행정가는 학교심리학자의 고용을 책임지며, 서비스에 대한 지불을 하고, 제공된 서비스에 대한 결과에 법적인 책임을 지기도 한다. 교사는 아동에게 직접적인 영향을 미치며 보통 의뢰와 중재 과정에서 관여한다. 권한이라는 관점에서 볼 때, 교사가 그냥 의뢰를 하지 않고 심리 서비스에 반대한다면 학교심리 서비스 제공자에게는 큰 방해가 될 것이다. 마지막으로, 소아과 의사처럼 학교심리학자와 함께 일하는 다른 전문가는 자신들도 사례연구에 관여하고 의뢰를 위한 통로의 역할을 함으로써 자신을 간접적인 의뢰인으로 간주할 것이다.

어떤 경우, 학교심리학자는 부모와 아동에게는 간접적인 이익이 되고 학교 직원에게는 직접적인 이익이 되는 서비스를 제공하기도 한다. 예를 들면, 학교심리학자가 교사 연수를 통해 의뢰 절차를 개선시키려 할 수 있다. 또 다른 예는 학군이나 지역사회 기관에서 직원들의 스트레스 및 위기관리 교육을 위해 학교심리학자를 고용하는 경우이다. 의뢰인에 관한 문제는 어떤 고용 환경에서든 복잡한데 그 이유는 부모, 교사 및 다른 권위자의 법적 관심과 직-간접적인 서비스의 수혜자인 아동의 중요성 때문이다. 부모와 아동이 권한-권위 피라미드에서 맨 아래에 있지만(그림 3.1), 학교심리학자는 부모와 아동의 요청과 승인에 따라 일하며 그들의 이익을 위해 서비스를 제공한다.

　의뢰인 문제에서 권한-권위 맥락은 가끔 분리의 딜레마 혹은 엇갈리는 충성이라 불린다. 딜레마는 학교심리학자가 다른 의뢰인에 대해 충성하지 않고 한 의뢰인에게 충성하는 경우이다. 딜레마는 아동을 대상으로 일하는 모든 전문 심리학자와 관련이 있다. 고용변수의 기능과 역할로서 의뢰인-전문가 관계에 대한 논의는 May(1976)와 Stewart(1986)에 의해 제시된다. 이러한 논의는 학교심리학자가 그들이 처한 상황에서 오는 좌절뿐 아니라 그들의 고용인과 의뢰인이 주는 어려움에 대한 이해를 하는 데 도움이 된다. 분리된 충성 문제는 한 명 이상의 잠정적 의뢰인이 학교심리학자를 독점하는 것처럼 행동하는 상황에서 가장 예민하다. 이것이 일어나는 경우는 예를 들어 행정가가 사례연구 제안서를 그들의 관점에서 이루어지기를 요구하지만 학교심리학자는 아이의 입장을 옹호하려고 할 때, 그리고 부모가 심리학자에게 자신들이 낸 세금으로 심리학자들의 봉급을 충당한다는 사실을 상기시키면서 자녀를 위한 특정 프로그램의 적절성에 대한 심리학자의 판단에 맹렬히 반대할 때이다. 또한 학교심리학자가 문제 아동을 그 반에서 내보내야 한다고 권고하지 못하기 때문에 학군에 대한 심리학자의 가치에 대해 교사가 의문을 제기할 때, 혹은 심리학자가 윤리적으로 책임이 있다고 느끼는 것보다 더 많은 아동을 매주 검사할 것을 특수교육 국장이 학교심리학자에게 요구할 때이다.

　경험을 하면서 학교심리학자는 아동에 대한 거의 모든 의뢰에는 여러 명의 의뢰인이 포함된다는 것을 이해하게 된다. 의뢰인과의 갈등을 최소화하기 위해, 학교심리학자는 사정과 중재 과정에 주요 초점을 두면서 아동에 대한 관심을 유지한다. 아마 잠정적 의뢰인 각자는 아동에게 가장 도움이 되는 것에 관심이 높을 것이다. 학교심리학자가 일의 초점을 아동에 대한 최고의 관심에 두고 있음을 모든 의뢰인에게 확실히 할 때, 심각한 갈등을 피할 수 있을 것이다. 갈등을 최소화하려면 예방적인 기초 작업이 필요하다. 학교심리학자는 모든 관계자가 관여하도록 노력해야 하며 전체 의뢰 과정에서 그들을 가치있고 중요한 협력자로 대우해야 한다. 권한은 있지만 권위는 없는 학교심리학자는 자신의 일은 의뢰인이나 아동을 위한 의사결정을 내리는 것이 아니라 모두의 관심사인 아이의 안녕에 대한 객관적인 전문가 판단을 제공하는 것임을 확실히 한다. 학교심

> 아동에 대한 거의 모든 의뢰에는 여러 명의 의뢰인이 포함된다.

학자와 기타 전문가들은 의뢰인이 자신에게 의존하는 것이 아니라, 오히려 심리학자가 의뢰인에게 의존한다는 것을 인식해야 한다. 그리고 의뢰인은 학교심리학자 업무의 방해자가 아니라 목적이라는 사실과 의뢰인들은 자신의 요구를 제시하여 학교심리학자의 편에서 돕고 있고 학교심리학 일에서 중요한 부분을 차지한다는 것을 인지해야 한다(*Our Voice*, 1983).

부모의 도움을 받아 아동 개인의 서비스에 초점을 두는 일반적 실무가 가족 전체에 초점을 두는 방향으로 변화해 왔다. 이러한 전환은 학교심리학뿐만 아니라 몇몇 전문 분야에서도 나타나고 있으며, 가족 평가나 가족 치료라는 말을 흔히 듣게 된다. 장애인을 위한 연방법의 가족서비스 계획은 이러한 초점 변화를 잘 나타낸다. 따라서 가족을 학교심리학자의 새로운 의뢰인으로 고려하는 것이 적절해 보이며, 이는 의뢰인으로서 아이와 부모의 측면을 포함한다. 최근 몇 년간, 여러 저저들은 특수아 가족에 대한 서비스에 초점을 두고 있다(Barbarin, 1992; Christenson & Conoley, 1992; Fine, 1991; Gallangher & Vietze, 1986; Gargiulo, 1985; Seligman, 1991; Seligman & Darling, 2007). 가족 시스템의 평가와 중재는 1987년 *School Psychology Review*(16권 4호)의 주제였다. 그 출판물에도 나와 있듯이, 학교심리학 실무가 계속해서 아동 개인에게 초점을 맞추고 있지만, 가족 관점에 대한 관심의 증대를 예상하였다(Carlson & Sincavage, 1987). 2002년 미래 학회(Future Conference) 또한 실무의 과정에서 가족 관점의 중요성에 초점을 두었고(Christenson, 2004), *Best Practices in School Psychology IV*의 1권에 여러 관련 자원이 수록되어 있다(Thomas & Grimes, 2002).

— 지역사회와 학교 밖 환경에서의 학교심리학자

모든 학교심리학자는 지역사회의 가족, 공립 및 사립학교, 심리건강 서비스 기관, 정부를 포함하는 지역사회 안에서 그리고 지역사회와 함께 일한다. 이들은 전략적으로 사회 생태학에 근거한 서비스 제공 모델을 취하고 있다(Bronfenbrenner, 1979; Elliott & Witt, 1986a; Seligman & Darling, 2007; Woody, LaVoie, & Epps, 1992). 대부분의 학교심리학자가 공립학교에서 일하지만, 일부는 특정 종파학교, 자립학교, 학교 이외의 기관, 독립적인 사설 실무를 포함한 다른 환경에 고용되어 있다(D' Amato & Dean, 1989; Gilman & Teague, 2005; Graden & Curtis, 1991; Reschly, 1998; Reschly & Wilson, 1992). 이러한 고용 환경은 공립학교와 간접적으로 연관되는데, 왜냐하면 주로 공립학교의 책임하에 있는 어린이들을 위해 일하기 때문이다. 그래서 *학교중심(school-based)*과 *학교연계*

(school-linked) 서비스는 실무의 두 부분을 나타낸다(Reeder et al., 1997).

　지역사회에 또는 학교연계 환경에 있는 학교심리학자는 공립학교(학교중심) 환경과 비슷한 이유로 고용되지만 계약협정, 기대되는 역할과 기능, 장학에서 차이가 있다. 특정 종파학교와 자립학교에서 심리학 관련 직원은 주로 시간제로 고용되며 행정적으로 교장이나 시설 관리자의 책임 하에 있다. 학생 수는 더 적고 더 가려지기 때문에, 학교심리학자는 학습장애의 평가와 개인 및 집단 상담과 같은 더 좁은 범위의 서비스 제공을 요청받을 것이다. 어떤 지역사회 시설에서는 오직 장애아에게만 특정 서비스를 제공하기 위해 학교심리학자를 고용한다(D'Amato & Dean, 1989; Mordock, 1988). 만약 심리학자가 전임이라면 고용조건과 혜택은 공립학교 상황과 비슷할 것이다.

　학교심리학자는 또한 지역사회와 지역 정신건강센터에 고용될 수 있다. 이들 기관의 조직에서, 학교심리학자는 심리 서비스 부처에 속하고, 심리학자를 감독하는 사람 혹은 국장 밑에 있으며 이들은 다시 정신건강센터장과 센터 관리 이사회의 책임 하에서 일한다. 이때 장학관은 학교심리학 전공자는 아니지만, 행정 장학관과 전문적 장학관은 일반적으로 정신건강센터에서 교육받는다.

　공립학교가 아닌 환경에서, 학교심리학자는 여전히 다른 사람의 권위 아래에 있으며 권한의 기반에서 움직여야 한다. 서비스 의뢰는 보통 부모나 다른 전문가가 기관과 접촉을 한 다음 기관에 있는 사람이 학교심리학자에게 전달된다. 사설 개인 및 집단 실무에서, 학교심리학자는 종종 미성년 자녀를 위해 부모가 직접 하는 의뢰를 받는다. 사설 개인 실무에 대한 이전의 수집된 정보 자원이 있지만(아이오와 학교심리학회, 1983; Rosenberg, 1995; Rosenberg & McNamara, 1988) 최근 학교심리학 문헌에는 거의 나타나지 않았다. 임상심리학이나 상담심리학에 관한 상당한 최근 정보는 APA 저서(www.apa.org), 전문 심리학 학술지인 *Professional Psychology: Research and Practice*와 뉴스레터 *Monitor on Psychology*와 *The National Psychologist*에서 얻을 수 있다. APA는 또한 개인 실무 회원 분과도 있다(분과 42).

　공립학교가 아닌 환경에 고용될 경우 아동과 가족에 대한 심리학자의 접근성은 증대하는 반면 공립학교 환경에서는 접근성과 서비스가 감소한다. 장애아를 위한 지역사회 서비스의 대부분은 공립학교를 통해 제공되기 때문에, 서비스 환경의 권한-권위 관계의 균형은 중요한 고려사항이다. 예를 들어, 외부 심리학자에 의한 사례연구 추천은 학군에 고용된 심리학자가 주는 신빙성보다 학군의 행정가들이 주는

> 공립학교가 아닌 환경에 고용될 경우 아동과 가족에 대한 심리학자의 접근성은 증대하는 반면 공립학교 환경에서는 접근성과 서비스가 감소한다.

신빙성이 더 낮을(때로는 그 반대) 수 있다. 또한 부모도 학군 밖의 학교심리학자(학교연계)의 조언을 바라는데, 왜냐하면 부모들은 교육청 학교심리학자(학교중심)가 학교 행정과 제휴한다고 인식하기 때문이다. 그러나 어떤 고용환경에서든 심리학자는 의뢰인을 위한 의사결정을 내리지는 않는다. 오히려 의뢰인으로부터 의뢰를 받았을 때 이들은 심리학적 서비스에 대한 종합적인 자원으로서 역할을 한다. 학교심리학자는 전문적 견해를 제공하는 중요한 자원이지 의사결정을 내리는 권위는 가지고 있지 않다.

법에 의하면, 특수교육 배정과 서비스에 관한 의사결정은 학교중심이든 학교연계이든 간에 학교중심 팀의 책임이지 개인 실무자의 책임이 아니다. 학교 환경에서, 학교심리학자는 학생의 교육에 관한 중요한 의사결정을 내리는 팀의 구성원으로 인식된다. 학교심리학자가 참여하는 그 팀은 아동연구 팀, 학교중심 사정 혹은 지원 팀, 학생 지원, 정치 팀, 또는 다학제적 팀 등으로 불릴 것이다. 학교가 아닌 환경에 있는 학교심리학자는 자신의 노력이 학생의 사정과 중재라는 복잡한 퍼즐의 한 조각에 불과하다는 것을 알아야 한다. 이것은 지역사회에 기반을 둔 학교중심 및 학교연계 실무자 사이에 일어나는 갈등의 주요 원인이 될 수 있다. 개인 실무를 하는 실무자는 어떤 아이를 학습장애아로 진단할 수 있지만, 교육청은 다학제적 팀의 사정과 종합적 사례의 관점에서 동의하지 않을 수 있다. 권한과 권위의 문제와 학교심리학자가 들어가는 팀워크 환경은 팀의 기능을 위해 아주 중요하다. 일반적이지 않은 환경에서의 학교심리학 논의는 역할과 기능, 양성, 자격인증, 그리고 고용과 적절한 관련이 있으므로 이 책의 여러 장에서 거론된다.

학교심리학자는 고용 환경과는 상관없이 학교체제의 역동성, 정책과 절차, 그리고 팀워크 맥락에서 학교심리학의 위치에 대해 이해할 필요가 있다. 협력활동의 기능에 대한 몇몇 연구가 수행되었고 팀의 의사결정에서 학교심리학자의 다양한 권한을 제시하였다(Butler & Maher, 1981; Crossland, Fox & Baker, 1982; Pfeiffer, 1980; Yoshida, Fenton, Maxwell, & Kaufman, 1978). 또한 유용한 것은 1983년 *School Psychology Review* 특별호인데, 여기서 다룬 주제는 다학제적 팀이었고(12권 2호) Rosenfield와 Gravois(1999)에 잘 나와 있다. 학교와 지역사회의 정신건강 프로그램에 대한 1988년 *School Psychology Review* 미니시리즈는 또한 이 주제와 적절한 관련이 있다. 뉴저지에서, 학생후생집단 연합은 "아동 연구팀 구성원의 역할과 기능에 관한 성명서"를 개발하여 서비스에 관여하는 부모와 교육자들에게 명확한 설명을 제공하였다.

지역사회 자원

학교심리학적 서비스가 공립학교에서 제공되든지 혹은 다른 상황에서 제공되든지 간에, 상황이 그곳 의뢰인의 요구를 완전히 충족시킬 수는 없다. 학교심리학자는 특정 의뢰인의 요구를 도와주기 위해 이용 가능한 자원에 대해 매우 잘 알고 있어야 한다. 이들 자원은 군과 주의 사무국을 통해 그리고 전국 단체와 정부기관을 통해 지역사회에서 이용할 수 있을 것이다. Happe(1990)는 지역사회 자원에 대한 정보를 획득하는 양식과 여러 주와 국가기관 및 단체의 목록을 포함시키고 있다. 불행히도 Happe의 자원 목록은 최신판 *Best Practices in School Psychology*에 경신되지 않았다(Thomas & Grimes, 1995, 2002). 학교심리학자를 위한 몇몇 강좌와 현장경험은 연락했거나 방문한 기관의 지역사회 자원을 개발하는 방법을 포함하고 있다.

지역사회 자원에 대한 관여의 중요성은 학교심리학자의 역할과 기능에 관한 논의에서 간과된 것이며, 보통은 사정과 자문을 강조한다. 학교와 다른 기관 사이의 연락원으로서의 학교심리학자 역할은 중요하다. 학교심리학자는 가끔 "아동이 하루에 여러 시간을 보내는 기관과 연계하여 일하기 때문에, 그리고 인간관계, 전문 지식(용어), 교육적 문제에 대한 교육과 경험 때문에 학교, 가족, 여러 기관 사이에 최고의 연결고리를 제공한다"(Plas & Williams, 1985, p. 332). 지원 서비스와 기관의 상호의존적인 네트워크의 한 부분으로서 학교심리학자는 자신의 의뢰인을 위해서는 연결고리 역할을 하는 반면 다른 사람에게는 지역사회 자원으로서 역할을 한다.

> 학교와 다른 기관 사이의 연락원으로서의 학교심리학자 역할은 중요하다.

학교심리학자의 역할과 기능

이 책에서는 지금까지 학교심리학자들이란 어떤 사람들인지에 대해 설명했다. 본 장에서는 학교장면에서 이루어지고 있는 학교심리학자의 일반적인 역할과 특수한 기능에 대해 설명하고자 한다. 특히 직·간접적인 서비스 전달 모델에서의 학교심리학자의 역할과 기능에 대해 제시하고자 한다. 본 장에서는 학교심리학을 전공하는 학생들이 학교심리학의 전문성을 함양하기 위해 필요한 역할과 기능들을 다양하게 제시하려고 노력했다.

역사적 배경

현재 학교심리학자들의 역할과 기능은 20세기 초반에 비해 훨씬 더 좋은 방향으로 이해되고 있다. 거의 매년 학교심리학자의 역할을 잘 묘사할 수 있는 자료들이 나오고 있는 실정이다. 학교심리학자의 역할에 대한 가장 최초의 연구는 1914년 Wallin에 의해 수행된 실무자로서의 훈련과 검사시행에 대한 조사연구이다. 그 당시 Wallin은 대부분의 실무자들이 제대로 훈련이 되어 있지 않을 뿐만 아니라 다양한 영역에 서비스를 제공하고 있지 못함을 알게 되었다. 심리측정가들의 역할과 본질에 대해서는 매우 적절하게 정의되어 있는 반면에, 실무자의 역할에 대해서는 매우 한정된 영역에서의 능력 및 성취 평가 기법에 제한되어 있었다. 이러한 역할은 학교심리학자들이 아동을 서로 다른 차별화된 교육 프로그램에 배정하는 것을 유용하게 만들어 주었고, 개입, 교정학습, 상담으로 그 범위를 확장시켜 주었다. 이러한 역할의 확장은 학교심리학에 대해 논의된 *Journal of Consulting Psychology*(Symonds, 1942)의 특별호에서도 확인할 수 있다. 그럼에도 불구하고 판별가(sorting)로서의 역할은 기본적인 일차적인 역할로서 유지되고 있으나, 그 외의 역할들은 "치료자(repairer)"의 특성으로 간주되고 있다. 교사나 부모 또는 학교행정가에 대한 자문 및 연구에 대한 역할은 매우 작은 부분을 차지하고 있는 실정이었다.

1954년 Thayer Conference에서는 박사 수준과 그 이하 수준의 학교심리학자의 훈련과 자격에 필요한 역할과 기능에 대해 논의가 이루어졌다(Cutts, 1955). 1950년대 초반에 이루어진 학교심리학자의 역할에 대한 일련의 조사결과에 의하면, 검사와 평가 기능이 실무자의 업무 시간 2/3 이상을 차지하고 있는 것으로 나타났다. 1960년대와 1970년대의 문헌은 학교심리학자에게 가장 적절한 역할과 기능에 대한 내용으로 가득 차 있다(e.g., Fagan, Delugach, Mellon, & Schlitt, 1985). 이 시기에는 심리측정적 검사로서의 역할과 제한된 검사 기능을 주로 강조하여 지속적인 불만이 있었다. 훈련 프로그램과 교과과정의 성장의 시기와 맞물려 중재, 상담과 자문의 역할이 선호되던 시기이다. 예를 들어, 1963년 Gray는 자신의 책에서 학교 장면에서의 심리학자의 두 가지의 역할을 제시하였다: 1) 학교 장면에서의 문제해결과 관련된 연구 능력을 가진 자료-중심 문제해결자 2) 연구결과를 학교 장면에 적용할 수 있도록 심리학적 지식과 기술을 제공하는 지식전달자.

이러한 양상은 1980년대와 1990년대에도 지속되었다. 작지만 지속적인 변화의 움직임을 통해 드디어 1984년에 국가학교심리학직무훈련네트워크(National School Psychology Inservice Training Network)에서 학교심리학자 종합적 역할 모형이 제시되었고 이 모형은 1987년에 다시 개정되었다. Ysseldyke(2005)는 비록 학습장애아동을 판별하는 전통적인 방법의 효용성을 지지하는 실증적인 증거가 없다는 점을 지적하기는 했지만, 그는 여전히 "두드러지게 뚜렷한 평가 시행에서의 실제적인 변화의 부재에 의해 문제시된 채"로 남아있다(p. 126)고 했다. 대부분의 최근 자료(Curtis, Lopez, Batsche, & Smith)들은 학교심리학자들이 1989~1990년과 비교했을 때 상당히 더 많은 시간을 전반적으로 특수교육과 관련된 활동에 활용하고 있음을 보여주고 있다.

학교심리학자들의 역할과 기능은 전문성의 역사를 통해 만들어졌고 이러한 전문성 확보를 위한 노력들은 전통적인 것을 지키는 동시에 새로운 역할과 기능을 만들어 나갈 것이다. 아동들이 환경의 다양한 요소에 의해 영향을 받는 것처럼, 오늘날의 학교심리학자들의 역할과 기능은 다양한 개인적, 전문적, 외적 변인에 의해 영향을 받게 된다. 1장에서는 학교심리학자들이 수행하는 다양한 전문적 활동에 참여하는 시간의 평균 비율에 대한 자료를 제공하고 있다. 이러한 자료들은 요약으로서는 도움이 되지만, 학교심리학자의 활동을 정확히 묘사해주지는 못하고 있다. 아마도 어떤 학교심리학자도 정확히 일치하는 동일한 방식으로 업무시간 비율을 할애할 수는 없을 것이다.

역할과 기능의 결정인자

그림 4.1에서 볼 수 있듯이, 학교심리학자의 역할은 직무와 관련된 개인 역량(개인적 특성과 전문적인 기술), 직무 현장 특성(직무기술과 학교시스템 요구조건), 다양한 외부적 영향(법률적 변화, 사회적 변화, 연구 결과)에 의한 조합으로 묘사할 수 있다. 학생과 학교심리학자에게 요구되는 바람직한 자질에 대한 논의는 6장에서 이루어질 것이며, 결정인자에 대한 부가적인 논의는 7장에서 이루어질 예정이다.

[그림 4.1] 학교심리학자의 전문가적 역할과 기능에 영향을 주는 변인들

개인 역량	직무 현장
개인적 특성	직무 현장 특성
개인적 배경	직무 내용
전문적인 훈련	요구
학교심리학 선택 동기	사용가능한 자원
전문적 흥미	
기대	

외부적 영향력
법률적 변화
사회적 문제
연구 결과
세계적 사건

학교심리학자는 직무에 무엇을 가져오는가?

개인적 요소

학생들은 다양한 여러 가지 이유로 학교심리학을 하나의 전문적인 경력 영역으로 생각한다. 이들은 우연히 학부 과정에서 그 영역에 흥미를 유발시킬 만한 학교심리학자의 수업을 수강했을 수 있다. 또한 자신의 아동기 또는 청소년기에 학교심리학자를 접해보았을 수도 있고, 가족—자녀 혹은 형제—중에 학교심리학자의 서비스를 경험했을 수도 있고, 효과적인 학교심리학자와 함께 일한 경험이 있는 교사일 수도 있고, 가족 또는 이웃으로 학교심리학자를 만났을 수도 있을 것이다. 어떤 이유로 학교심리학자를 접한 경험

> 그들이 학교심리학 훈련에 매력을 느낀 이유는 그들의 근무 행위에 영향을 줄 수 있다.

이 있든 간에 그들이 학교심리학 훈련에 매력을 느낀 이유는 그들의 근무 행위에 영향을 줄 수 있다. 연령, 성별, 인종, 결혼 여부, 사회경제적 지위, 지역 사회의 크기, 학교 유형 등과 같은 변인들이 또한 잠재적인 학교심리학자의 전문적 역할에 영향을 줄 수 있다. 또한 개인의 성격 특성이 전문적 역할에 영향을 줄 수 있다(Itkin, 1966). 예를 들어, 활달하고, 자기 주장적이고, 사교적인 사람은 자문활동, 자기개발, 연설 등을 더 즐기는 경향이 있다.

전문적 훈련 요소

전문 훈련은 학교심리학자의 직무 기능에 주요한 영향을 미친다. 비록 서로 다른 학교심리학자가 동일한 학위를 갖고 있더라도, 그들이 받은 훈련, 지도교수의 이론적 경향성, 특정 학교의 분위기에 의해서 매우 다른 경향성을 갖게 된다. 또한 같은 훈련 프로그램에서도 교수들의 이동, 안식년, 은퇴, 학년마다 다른 교육 프로그램의 운영 등으로 영향을 받을 수 있다. 또한 학생들은 같은 시기에 학교를 다니는 다른 학생들의 생각과 감정에 의해 영향을 받을 수 있다. 정상적인 학교 교육과정을 이수한 학생보다 나이가 많은, 특히 자녀가 있는 성인 학생은 이제 갓 대학을 나온 22살의 어린 학생들과는 다른 학습 분위기를 가지게 될 것이다. 이처럼, 성, 경험, 문화적 배경의 다양성은 동일한 프로그램 내에서 개인에게 서로 다른 영향을 주는 강력한 요소가 된다.

학위 유형 또한 전문적 기능에 영향을 주게 된다. 3년 동안 실습과 인턴십을 포함한 최소 60학점 이수를 요구하는 현재의 전문가 훈련 수준은 국가적으로 인정되는 최소 학교심리학자 자격 기준이다. 이상의 최소 입문 수준을 수료한 학교심리학자들에게는 다양한 교육적 선택과 기회를 통해 지속적으로 더 높은 수준의 지식과 기술 습득을 기대하게 될 것이다.

학교심리학 훈련 프로그램—특히, 박사 프로그램—은 하나의 전문영역 이외에 또 다른 영역 분야(예를 들어, 행동자문, 개인 또는 집단 상담, 심리교육평가)에서의 전문성을 강조한다. 이러한 프로그램에서는 졸업요건으로 기본적인 실무자 능력을 보유하는 것과 더불어 전문화된 기술에 대한 준비 능력을 강조하고 있다. 반면, 대부분의 전문대학원 프로그램에서는 다양한 전문적 환경에서 적응할 수 있도록 보다 일반화된 훈련을 제공하려는 목적을 갖고 있다. 6장에서 보다 자세히 박사 수준의

> 3년 동안 실습과 인턴십을 포함한 최소 60학점 이수를 요구하는 현재의 전문가 훈련 수준은 국가적으로 인정되는 최소 학교심리학자 자격 기준이다.

훈련 프로그램과 전문가 수준 훈련 프로그램의 차이점을 심도 있게 제시할 예정이다.

학교심리학자로서 훈련을 받는 지리적 위치, 실습과 인턴십 요구조건, 훈련 프로그램에 대한 교수의 연구흥미, 교수와 학생 간의 상호작용 등 또한 학교심리학자의 역할에 영향을 주게 된다. 프로그램이 운영되는 학과 소속−인문과학 소속의 심리학과 또는 교육학과 심리학을 함께 운영하는 교육심리학과−의 형태가 학교심리학자에 대한 훈련 프로그램의 유형과 학교심리학자로서의 궁극적인 역할에 영향을 주게 된다. 또한 심리학 교과과정과 교육학 교과과정의 균형, 심리학 배경의 학생과 교육학(특수교육과 학교상담 포함) 배경의 학생 간의 균형이 영향을 줄 수 있다.

훈련과 관련된 문제들은 상당 부분 계획에 의해서보다는 우연에 의해서 결정된다. 많은 학생들은 교육과정의 질이나 평판에 의존하기보다는 다양한 여러 가지 이유로 해서 대학원 과정을 지원하고 선택하게 된다. 자신의 배우자가 다닌 학교라든지, 비용 절약을 위해 부모님과 함께 살기 위해서, 또는 학부 과정을 보낸 학교라서 선택을 하는 경우가 있는 것이다. 또한 많은 학생들은 자신이 다닐 학교에 대한 별다른 선택권이 없을 수도 있다. 경제적 사정으로 인해 먼 곳의 학교를 갈 수 없는 학생도 있을 수 있다.

재정적 지원의 이용가능성은 또 다른 주요한 결정 요인이 된다. 모든 다른 요소들(예를 들어 프로그램의 질, 학업기간, 명성)이 동등하다면, 대부분의 학생들은 학점면제, 장학금, 조교지원금에 대한 업무 시간 등과 같은 요인을 고려해 가장 경제적으로 유리한 프로그램을 선택하게 될 것이다.

보통 대학원 입학과 관련된 의사결정에서 박사과정 프로그램을 선택하는 것과 석사과정 또는 전문대학원 프로그램을 선택하는 것은 매우 다르다. 박사과정 프로그램은 석사과정 또는 전문대학원 과정보다 더 전문화되어 있으며 전문가적 관심에 부합되어 있어야 한다(Erchul, Scott, Dombalis, & Schute, 1989). 여전히 지리적, 경제적, 개인적 요인들이 영향을 주지만, 박사과정의 선택은 프로그램의 명성, 해당 학교 교수의 연구관심, 프로그램의 자격증 인정 등과 같은 요인들이 중요한 고려사항이 되어야 한다.

직무 현장 특성

학교심리학자들이 서로 다른 것처럼, 학교심리학자들이 활동하는 직무 환경도 동일한 것은 없다. 직무 현장은 동료와 학교행정가의 지지정도에서부터 학교심리학자에 대한 지역사회의 인식에 이르기까지 매우 다양한 특성을 갖고 있다.

서비스가 제공되는 학생의 수

학교심리학자의 서비스를 받길 원하는 학생의 수가 많을수록, 학교심리학자들은 장애아동의 진단 및 배치와 관련된 평가활동에 할애되는 시간적 요구가 증가하게 된다. 때때로 학교심리학자들이 장애아동을 위한 적절한 교육적 개입에 대한 의사결정과 평가와 관련된 책임 요구를 충족시키는 것은 매우 어려운 일이다. 또한 적은 수의 학생을 담당하고 있는 학교심리학자들은 교사자문, 개인 혹은 집단상담자, 학교구성원의 자기개발 계획자, 집단검사 실시자, 교육연구가와 같은 한 개 이상의 부가적인 역할을 수행할 것을 요구받게 된다.

직무 관련 기타 요소

많은 다양한 직무 관련 요소들이 학교심리학자의 전문적 실무 활동에 영향을 미친다. 어떤 학교심리학자들은 초등학교에서 업무를 수행하고 또 어떤 학교심리학자들은 중등학교에서 업무를 수행하게 된다. 중등학교는 학생들의 연령대와 학교구조(예를 들어, 표준 수업시수, 개별화된 교과교사)가 초등학교와는 매우 다른 특성을 갖고 있다. 각각의 학교환경마다 다른 학생의 연령대와 학교구조는 학교심리학자의 역할에 영향을 주게 된다. 또한 학교 소재―대도시, 중소도시, 농어촌―에 따라 학교심리학자의 역할과 기능이 달라지게 된다. 이러한 학교소재의 유형은 3장에서 논의한 바와 같이 서비스를 제공받는 학생의 수, 학교 간의 이동 소요 시간, 학교심리학자에 대한 지도감독자, 전문 훈련 과정의 차이를 가져오게 한다. 학교심리학 또는 특수교육학 분야의 교육을 받은 지도감독자는 그러한 배경이 없는 지도감독자와는 다른 기대를 갖게 된다. 때때로 학교심리학자의 업무는 전임자의 역할과 크게 관련을 갖게 된다. 전임자의 활동에 대해 호의적인 경우에는 새로 고용된 학교심리학자에게도 같은 활동을 기대하게 된다.

Oakland와 Cunningham(1999)은 학교심리학자의 역할에 영향을 미치는 외부 요인들을 개념화했다. 학교심리학 영역에 의해 자격증, 전문가협회 및 훈련과정과 같은 변인들이 영향을 받으며, 학교 또는 교육청의 재정적 지원은 학교심리학의 실무자와 그 조직에 의해 어느 정도 영향을 받게 된다.

학교심리학자의 부족

학교심리학자들의 인원부족으로 인해 전문가적 활동에 심각한 타격을 받고 있다. 교육위원회의 노력에도 불구하고 필요한 만큼 충분한 학교심리학자들을 만날 수 없을 때에는 어떤 일이 일어날까? 분명히 학교는 문제 아동에 대해 학업 또는 행동 문제에 대한 서비스와 교사에 대한 자문을 필요로 한다. 이런 상황에서 학교심리학자의 서비스를

> 학교심리학자들의 인원부족으로 인해 전문가적 활동에 심각한 타격을 받고 있다.

받을 수 없다면, 학교는 학교심리학자의 역할을 대신할 사람의 고용, 시간제 학교심리학 서비스 제공자, 학교심리학 전공대학원생의 활용 등과 같은 대안을 사용할 수 밖에 없게 될 것이다.

관련 학교행정 전문가의 유무

학교심리학자들의 일상적 활동은 관련 학교행정가의 존재 혹은 부재에 영향을 받는다. 교육청은 학부모로부터 아동의 사회성 및 발달에 대한 정보를 획득하고 학교장면에서 개인 및 집단상담을 수행하는 학교사회복지사를 고용할 수 있다. 또는 교육청은 학교 심리학자에게 기대되는 활동인 평가를 수행할 수 있는 준전문가를 고용할 수도 있다. 또한 어떤 교육청에서는 학교상담사, 언어치료사, 작업 및 물리치료사, 정신분석가, 또는 여타 다른 심리학자들을 고용할 수도 있다. 이상과 같은 학교심리학 관련 학교행정 가의 존재 여부는 학교심리학자의 역할에 극적인 영향을 줄 수 있다.

외적 요인

학교심리학자들은 사회로부터 분리되어 기능할 수 없다. 법안과 사회문화적 변화는 학교 심리학의 활동에 지대한 영향을 미치게 된다.

사회 변화

오늘날의 학교심리학자는 1990년대 이전의 학교심리학자와는 활동 방식을 달리해야 한다. 사회의 변화는 학교장면에서의 아동의 행동에 영향을 주었으며, 그 결과로 인해 학교 심리학자의 전문가적 활동에도 영향을 미치게 되었다. 과거에 비해 아버지와 어머니 모두와 의사소통을 하고 양육을 받는 아동의 수는 현격히 줄어들고 있다. 학령기 아동의 70% 이상의 어머니가 직업을 갖고 있으며, 여성의 대부분이 부분적으로나마 경제적 활동에 참여하고 있는 실정이다. 부모 중 어느 한쪽이 전업부모로서의 역할을 하는 가정은 매우 적은 편이며, 심지어 초등학교 아동의 대부분이 부모의 관리가 없는 상태에서 오랜 시간을 홀로 집에 머무르는 실정이다. 오늘날 소위 맞벌이 부부의 아이들은 부모와 교육자 모두에게 매우 중요한 고민거리이다. 중학교 또는 고등학교 자녀의 부모들은 부모의 관리 없이 가정에 남겨져 있는 자녀의 약물남용과 성적인 행동에 대해 걱정을 하곤 한다.

　오늘날 대부분의 미취학 아동들은 공공교육시설 혹은 사설기관의 탁아시설에 보내지고 있다. 사실 이러한 변화는 이삼십 년 사이에 생긴 커다란 변화이다. 또한 실업, 가난, 약물남용과 같은 사회적 현상은 학교심리학자의 전문적 활동에 영향을 줄 수 있다.

판례, 입법 행위, 윤리적 쟁점

비록 *학교심리학자를 위한 윤리와 법(Ethics and lea for School Psychologists*, Jacob & Hartshorne, 2007)에 잘 소개되어 있지만, 학교심리학자의 역할과 기능에 가장 직접적으로 영향력 있는 판례, 입법 행위, 윤리적 쟁점과 관련된 몇 가지 내용을 제시하고자 한다.

검사의 문화적 편파. 학교심리학자의 역학과 기능에 커다란 영향을 미친 교육 평가와 문화적 편파 사이의 관계에 초점을 맞춘 하나의 판례가 있다(Bersoff, 1981). 근본적인 질문은 "교육환경에서 전통적인 심리검사들이 인종, 성별에 관계없이 모든 학생들에게 공정하게 이루어지고 있는가?" 또 다른 민감한 사항은 "검사결과들이 아동들에게 어떻게 영향을 주는가?" 이다(Reschly, 1979).

첫 번째 경우는 *Hobson v. Hansen*(1967)의 판례인데 이것은 워싱턴 D.C에 있는 공립학교에서 집단심리검사 점수를 통해 우열반을 구분하는 데 있어, 열등반의 대부분의 학생들이 아프리카계 미국인 학생들로 구성된 사례이다. *Hobson v. Hansen* 판례의 주요 쟁점은 이러한 집단검사의 결과가 실제로 학생의 "선천적인 능력"을 반영한 것인가라는 물음이다. 이 판례에서는 사용된 심리검사가 열등 학급 배정에 충분한 근거를 갖고 있지 못함을 확인했다.

Hobson v. Hansen 판례 이후, 특수 학급 배정과 관련된 개인용 지능검사 결과 활용에서의 경도 정신지체아 판정에 대한 많은 문제점들이 언급되기 시작했다. 그러한 사례들로는 *Diana v. California State Board of Education(1970); Guadalupe Organization, Inc. v. Tempe Elementary School District No.3(1972); Larry P. v. Riles(1984); PASE v. Hannon(1980)*이 있다. 지능의 전통적인 정의는 선천적인 일반 지능의 개념보다는 백인, 중산층, 공립학교 기능에 더 잘 부합되는 개인적 능력과 밀접한 관련을 갖고 있다. Reschly(1979)는 지능에 대해 다음과 같은 주의를 강조했다.

> 지능검사는 지능을 포함한 개인 능력의 일부분을 측정하는 것이다. 지능결과는 학교에서의 수행을 잘 예측하며, 이는 중간 수준의 과업을 완수할 수 있는 정도를 반영하는 것이다. 유용한 자료인 것은 분명하지만, 매우 제한적인 사용이 이루어져야 한다(p. 224).

평가 시행이 도전을 받았던 또 다른 최근의 판례는 지능의 개념을 학생의 선천적인 모호한 개념에서 교실 장면에서의 실제 성취 수준의 직접적인 증거 개념으로 변화시켰다(Reschly et al., 1988c). Reschly와 그의 동료들에 의해 인용된 판례(*Marshall et al. v. Georgia*, 1984, 1985)에서, 학생들은 그들의 지능지수 점수가 아니라 기존의 교과과정 내에서 특수한 능력의 숙련 정도에 의한 수업 집단으로 분류되었다. 학생들의 향상 정도는 각각의 과목 내에서 더 심도 있게 관찰되었고, 그들은 성공이나 실패의 분류 없이 각각의 수준으로 분류되게 되었다. *Marshall*의 판례에서도 볼 수 있듯이, 열등 수업 집단에서 차지하고 있는 흑인 학생들의 비율이 비록 불균형적으로 많았지만, 이들이 학교에서 매우 향상적인 특성을 보이고 있음을 확인할 수 있었다. 이러한 결과는 Reschly와 그의 동료들의 책에서 언급된 교과기반 평가(curriculum-based assessment: CBA) 또는 교육과정 기반 측정(curriculum-based measurement: CBM)이라고 불리는 교과 관련 평가가 긍정적인 학습 수행과 직접적으로 관련이 있음을 확인할 수 있다. CBA와 CBM의 효과에 대한 내용은 Gickling과 Rosenfield(1995)와 Shinn(1995)에서 더 많은 정보를 얻을 수 있으며, 이러한 내용들은 학교심리학자의 일상 평가와 개입에 직접적인 영향을 주고 있다.

증거로서의 검사결과 활용. 판례들의 두 번째 유형은 심리검사들이 입증 또는 반박의 증거로 사용되는 경우들이다. 이러한 판례들은 위의 첫 번째 유형에 비해 주목을 받지 못했지만, 오랫동안 학교심리학자들은 심리검사들의 검증을 요구해왔다. 더 논란을 가져온 판례들은 특수교육과 정규교육의 배치결정에 대한 것들이다. 예를 들어, 학생이 거주 프로그램, 정규교과 프로그램, 또는 특수교과 프로그램에서 더 수행을 잘하는지는 학생의 검사점수, 교실 수행, 기타 다른 자료에 의해 결정된다.

> 더 논란을 가져온 판례들은 특수교육과 정규교육의 배치결정에 대한 것들이다.

학교심리학자들은 또한 법률 쟁점 혹은 판례들에 개입하게 된다. 그들은 범죄의 피해자 혹은 목격자인 학생들과 함께 참여하도록 요청받을 것이다. 이와 같이 학교심리학자들은 범죄를 저지른 학생들과 일하도록 요청받을 것이다. 본 장의 후반부의 위기 개입에서 논의하겠지만, 위기에 직면한 학생의 교사와 함께 일을 함으로써 간접적인 역할을 수행하도록 요구받게 된다.

법안의 영향. 학교심리학자와 관련된 법안의 영향은 Education for All Handicapped Children Act of 1975(EAHCA; Pub.L. 94-142), the Individuals with Disabilities Education Act(IDEA)로 알려진 the Education of the Handicapped Act(EHA), the Individuals with Disabilities Education Act Amendments of 1997(Pub. L. 105-117)에서 가장 분명하게 드러난다. 비록 원래 2002년에 갱신될 것으로 예정되었지만, 수정된 IDEA 규정들은 결국 2006년 8월 출판되었다.

이 책의 2장과 7장에 명시된 바와 같이, 1975년 EAHCA 법률 원문은 모든 장애 아동들이 최소로 제한된 환경의 범위 내에서 명시화되고, 진단되고, 배치되어야 함을 요구하고 있다. 이것은 모든 학생들이 공교육을 받을 의무가 있고, 가능한 한 "정상"의 정규 프로그램에서 교육을 받을 권리를 의미하고 있다. 비록 학교심리학자들이 장애 학생에 대한 명시, 진단, 배치에 개입을 하지만, EAHCA에 의해 출발된 진단 책임으로 학교장면에서 학교심리학자의 활동 중 진단 활동에 가장 많은 시간을 할애하도록 요구하게 되었다.

학교 심리학자들이 직면한 윤리적 쟁점. 7장에서 자세히 설명하겠지만, 학교심리학자는 연방 정부 또는 주 정부의 다양한 윤리 지침 아래에서 활동한다. (APA와 NASP 윤리규약은 부록 C와 D에 나타나있다.) 비록 많은 윤리적 쟁점들이 명확하지만, 다른 것들은 더 모호하고 주어진 상황에서 모든 요소들을 꼼꼼히 고려한 후에 결정할 수 있다. 이 장에서, 법률 쟁점과 윤리적 쟁점에 대한 정보는 학교심리학자의 다양한 역할과 기능에 응용되어 제공된다. (Jacob & Hartshorne, 2007, 학교 심리학자들에게 영향을 줄 수 있는 법률, 입법, 윤리 쟁점의 포괄적인 토의를 제공한다.)

학교심리학자들이 사용하는 기본 기술

비록 매우 다양한 요소들이 학교심리학자의 정확한 기능과 역할에 영향을 주지만, 또한 훈련과 시행에 있어 많은 부분에서 공통점을 갖고 있다. 대부분의 학교심리학자들은 크든 작든 간에 위에서 기술한 요소들에 의해 기본적인 기술들을 훈련받게 된다. 이러한 기본적인 기술들은 매우 서로 다른 다양한 방법에 의해 개념화될 수 있다. 오늘날의 학교심리학 전공 학생들에게는 학교심리학자 훈련 프로그램에 대한 미국학교심리학자협회의 기준에 가장 익숙할 것이다(NASP, 2003c). 미국학교심리학자협회의 11개의 영역들은 학교심리학자의 훈련과 시행에 대한 기초를 제공해주고 있다.

1. 자료기반 의사결정과 책무성
2. 자문과 협력
3. 학습과 수업
4. 사회화와 생활 기술 개발
5. 발달과 학습에 있어서 학생들의 다양성
6. 학교와 체계 조직, 정책 개발

7. 예방, 위기 개입, 정신건강
8. 집/학교/지역사회 협력
9. 연구와 프로그램 평가
10. 학교심리학 실무와 개발
11. 기술적 기준

11개의 영역에서 학교심리학자들에게 요구되는 특정한 기술은 무엇이며 이러한 기술은 어떻게 습득할 수 있을까? 개개의 훈련 프로그램은 각 영역에서의 학생들의 유능성을 높일 수 있는 독특한 교과과정과 현장실습의 조합을 사용하게 된다. 각각의 영역의 이름과 다소 다를 수는 있지만, 자격수료의 전제 조건으로서의 심도 있는 과정을 포함하고 있을 것으로 기대될 수 있다. 예를 들어, 학교심리학개론은 비록 어느 정도 자료기반 의사결정과 책무성(영역 1), 학교와 체계 조직, 정책발달, 분위기(영역 6)를 포함하고 있지만, 본질적으로 학교심리학 실무와 개발(영역 10)과 직접적으로 관련되어 있다. 유사하게 최종 연구논문을 포함한 연구와 통계 교과목은 연구와 프로그램 평가(영역 9)에서 요구되는 기술의 상당 부분을 제공할 것이다. 기술적 기준들(영역 11)은 발표시연, 인터넷 사용, 이메일, 컴퓨터용 표준화검사 등에 필요한 다양한 교과과정에 혼용되어 제공될 수 있다.

4장에서는 학교심리학자의 전통적인 역할과 기능―평가, 개입, 자문―에 대한 기술을 할 예정이며, 새롭게 제시될 수 있는 학교심리학자의 부가적인 역할과 기능을 기술할 것이다.

학교심리학자의 전문화된 궁극적인 목적은 아동을 돕는 것이다. 이러한 목표는 여러 다양한 방법으로 달성할 수 있지만, 모든 상황에서 모든 아동에게 적합한 방법이 있는 것은 아니다. Elliott와 Witt(1986b)는 학교심리학자들이 보유하고 있는 전문화된 서비스 레퍼토리와 서비스를 전달하는 방법에 의해 학교심리학자의 역할과 기능을 개념화했다. 이러한 서비스 전달 모형의 관점에서, 학교심리학자의 역할은 학생들에게 전달하는 방법에 따라 직접 서비스(상담), 간접 서비스(교사 자문), 중간적인 전략 서비스(개별 학생 평가, 부모나 교사 개입 방안 제공)로 나눌 수 있다.

이 장에서 묘사되는 역학과 기능은 공립학교 내에서 일하는 학교심리학자에게만 적용되는 독특한 것이 아니라, 그 외의 비전통적인 장면에서도 적용될 수 있는 것이다. 학교심리학자의 역할과 기능은 임상 또는 상담심리학자의 활동과 유사하지만, 그 전문성에

> 일반적으로 학교심리학자는 아동을 돕기 위해 문제의 개념화, 문제 확인에 도움이 되는 지지적 자료의 확인, 문제해결에 도움이 되는 사람들과의 협력적 작업과 결과를 평가할 수 있어야 한다.

있어서는 독특한 특성(학교기반 개입의 계획, 중다 분야 전문가 스태프의 참여)을 갖는다. 일반적으로 학교심리학자는 아동을 돕기 위해 문제의 개념화, 문제 확인에 도움이 되는 지지적 자료의 확인, 문제 해결에 도움이 되는 사람들과의 협력적 작업과 결과를 평가할 수 있어야 한다.

학교심리학자의 전통적인 역할과 기능-평가

학교심리학자의 전통적인 실무는 세 가지의 기본적인 역할을 포함하고 있다: 평가, 개입, 자문. 이러한 세 가지의 역할이 상호 배타적인 것처럼 보이지만, 항상 어느 정도는 서로 연결되어 있다. 자문을 요구하는 사람에게 평가 결과가 전달되지 않거나 심리학자, 교사, 부모에 의해 이루어지는 개입과 연결되지 않은 평가를 상상하기는 어려울 것이다.

학교장면에서의 심리학자의 전통적인 역할은 아동 개인의 평가를 수행하는 것이다. 이러한 아동 연구의 역할은 학교심리학자의 주요 역할로 남아 있다. 평가 과정에 대한 간략한 개관 후에 평가와 실습 과정에 대한 부분에서 좀 더 심도 있게 소개하도록 할 예정이다.

우선적으로 평가와 검사의 개념에 대한 구분이 필요하다. *평가(assessment)*와 *검사(testing)*는 서로 바꾸어 쓸 수 있는 개념이 아니다. Cohen, Swerdlik과 Phillips(1996)의 정의에 따르면, 심리평가는 "검사, 면접, 사례연구, 행동관찰, 특수 목적을 위해 설계된 측정절차와 같은 도구를 사용해 얻은 심리적 평가 목적을 위한 심리학적 자료를 수집하고 통합"한 것이다(p. 6). 또한 이들은 심리검사는 "행동표본을 얻기 위해 고안된 절차에 의한 심리학 관련 변인의 측정 과정"으로 볼 수 있다(p. 6). 이 장에서 평가는 복잡한 문제해결 또는 정보 획득 과정의 개념으로 사용될 것이다. 학교심리학자들이 개별 학생을 평가하는 이유는 아동에게 개입하고 궁극적으로 도움을 제공하기 위해 아동이 경험하는 어려움을 이해하기 위함이다. 비록 심리검사가 평가 과정의 일부분이지만, 검사는 모든 학생들과 모든 사례에 시행되는 것이 아니라 아동의 어려움을 이해하기 위해 필요한 경우에만 사용되어야 한다.

의뢰 과정

평가는 의뢰 과정의 맥락에서 이루어진다. 개별 아동에 대한 평가는 의뢰 형식으로 시작되는데, 대부분 교사, 부모 또는 보호자에 의해 발생한다. 그림 4.2에 의뢰 양식에 대한 예가 제시되어 있다. 아동이 의뢰되는 유형이나 아동이 경험하는 어려움에 대한 것은 학교심리학자들의 전국단위의 국가조사에 잘 나타나있다(Harris, Gray, Rees-McGee, Carroll, & Zaremba, 1987). 의뢰 아동의 약 62%가 유치원에서부터 5학년까지의 아동이며, 가끔 부모 혹은 스스로 의뢰하는 경우도 있지만, 대부분은 교사(57%)에 의해 이루어지고 있다. 또한 남아가 여아에 비해 3.5배 정도 높은 비율로 의뢰되며, 초등학생이 상위 학급 학생보다 많으며, 의뢰된 학생의 80% 이상이 학업수행이 낮거나 사회·정서적 문제를 갖고 있는 것으로 나타났다.

최근 연구에 의하면, 학교심리학자에게 의뢰된 아동의 57%가 읽기장애가 있는 것으로 나타났다(Bramlett, Murphy, Johnsom, Wallingsford, & Hall, 2002). 그 외 의뢰 사유로는 쓰기문제(43%), 과제완수 문제(39%), 수학문제(27%), 수행문제(26%), 동기문제(24%) 등이다. 또한 10~20% 정도가 반항, 또래관계, 듣기 문제, 말하기 문제, 정신지체로 의뢰되었다. 전체 의뢰의 2~9%는 자폐증이나 뇌손상과 같은 유병률이 낮은 행동결함을 포함한 무단결석, 폭력, 우울, 불안, 수줍음, 자살사고 등으로 의뢰되었다.

의뢰에 대한 이러한 양상은 아동들에게 학교장면에서 종종 심리 서비스와 학습지도가 필요함을 사시하고 있다. 캐나다의 한 연구에서는 높은 의뢰율을 보이는 교사와 낮은 의뢰를 하는 교사의 차이점을 보여주고 있다(Waldron, McLeskey, Skiba, Jancaus, & Schulmeyer, 1998). 몇몇 교사들은 다양한 종류의 개입(낮은 의뢰율)을 시도한 후에 마지막 수단으로 학교심리학자에게 의뢰하는 경향을 보이고 있으며, 의뢰를 많이 하는 교사는 학생의 문제를 해결하기 위한 첫 번째 단계로 학교심리학자에게 의뢰를 하는 양상을 보이는 것으로 나타났다. 점점 많은 학교에서 학교심리학자에게 의뢰되는 학생의 수를 줄이려는 노력으로 의뢰전 평가(prereferral assessment)를 사용하는 경향이 증가하고 있다. 이러한 과정은 교실에서 발생하는 어려움을 진단하고 가능한 한 일찍 개입을 하기 위한 팀 문제해결 접근 방식을 포함하고 있다(Brandt, 1996).

사전 동의서

일단 의뢰가 되면, 부모나 보호자는 평가에 대한 동의 여부를 작성해야 한다. 학교는 부모들에게 평가에 동의하기 위한 기회를 제공해야 함은 물론이고, 학생에게 평가가 이루어질 것이라는 점을 부모에게 알려주고, 또한 어떤 평가가 이루어지고 왜 그 평가가 이

[그림 4.2] 의뢰 양식 예시

I. 개인 정보

아동의 이름   요청 날짜
주소   생년월일
전화   나이   학년

II. 가족 정보

이름   학력   직업
아버지
어머니
형제자매의 나이
아동이 _____ 입양   _____ 양자입니까?
       _____ 한부모 가정입니까?   _____ 양부모 가정입니까?
가정에서의 언어: 영어 외의 언어(특정 언어)

III. 학교 정보

학교   이름
주소   전화
교장 성명   담임교사 성명
유급학년   현재 학교에서의 재학기간
현재 학생에게 제공되고 있는 서비스
출석 기록
이전에 다녔던 학교 출석기록

IV. 건강 정보

최근 신체 검사 날짜
의사명
최근 신체 검사 결과
아동이 약을 복용하고 있습니까?   그렇다면 무엇입니까?
최근 시력 검사 결과
최근 청력 검사 결과
일반적인 신체 건강
지난 2년 동안 아동이 어떤 의학적 문제를 겪은 적이 있습니까?
그렇다면 설명해주세요.

V. 의뢰 이유

왜 당신은 이번에 심리 평가를 위해 이 아동을 의뢰했습니까?

아동의 집이나 가족 환경에서 당신이 아동의 태도나 행동에 영향을 미쳤을지도 모르는 무언가가 있습니까? 그렇다면 설명해주세요.

아동의 어려움을 설명하기 위해 이미 노력해왔던 중재의 유형은 무엇입니까?

루어지는지를 알려주고, 평가로부터 어떤 결과를 얻을 수 있는지를 이해할 수 있는 노력을 해야 한다.

의뢰 질문

의뢰 양식이 작성되었고 정보에 근거한 부모의 동의가 얻어지면, 학교심리학자들은 평가 요구를 하나 또는 그 이상의 의뢰 질문 형태로 만드는 일을 하곤 한다. 예를 들어, 부모, 교사 또는 학생이 알고 싶어 하는 것이 무엇인가? 문제의 본질은 무엇인가? 의뢰 질문의 명료화는 문제를 정의하는 데 도움이 되며 평가 과정의 중요한 역할을 하게 된다. Elliott 와 Witt(1986, p. 21)는 "아동의 행동문제와 학습문제는 기능적으로 이러한 문제가 나타나는 상황과 관련이 있다"고 했다. 즉, 아동은 특수한 학교나 가정의 상황 속에서 존재하는 것이며, 어느 한 명의 교사나 부모가 문제라고 지각하는 것이 다른 교사나 부모에 의해서 반드시 문제로 지각되는 것은 아니다. 어떤 특수한 학교나 가정의 상황들이 아동의 문제 행동의 원인이 되고 문제행동을 강화시킬 수 있다. 따라서 이러한 평가 과정을 통해 상황적 요인들에 대한 세심한 고려가 있어야 한다.

자료 수집 절차

의뢰 질문은 다양한 자료 수집이나 평가를 통해 표현되고 확인될 수 있다. 학교심리학자들은 검사를 포함한 평가를 위해 *다면적 요소 접근법(multifactored approach)*을 사용하곤 한다. 의뢰 질문의 모든 면을 알려줄 수 있는 어떠한 단일한 자료는 존재할 수 없기 때문에 다면적 자료들이 사용되어야 한다.

자료 수집을 위한 질문

평가는 의도한 목적에 맞게 수행되어야 한다. Salvia와 Ysseldyke(2007)는 학교 장면에서의 평가는 다음과 같은 질문을 통해 학생에 대한 네 가지 유형의 의사결정을 내리는 데 도움이 되도록 수행되어야 한다고 제안하고 있다.

1. 의뢰전 결정(Prereferral classroom decisions): 학생이 현재 교실 내에서 행해지고 있는 것 이상의 어떤 종류의 도움을 필요로 하는가? 아동의 어려움이 교사의 조력팀 또는 개입 조력팀에 의해 논의되어야 하는가? 교사가 교실 안에서 학생을 도울 수 있는 일이 있는가? 가능한 다른 개입 가능성이 있는가?

2. 의뢰 결정(Entitlement decisions): 학생의 문제가 학교심리학자와 아동연구팀에게 의뢰될 만큼 심각하고 지속적인 것인가? 평가는 학교 구성원들이 어떤 아동이

전반적 능력, 학업성취, 사회적 기술에 대해 의미 있게 높은 학생인지 아니면 낮은 학생인지를 판단하는 힘을 주게 된다. 또한 평가는 중다영역 전문팀에 의해 아동이 어느 정도의 자질을 갖고 있고 특수교육 서비스를 받는 것이 도움이 되는지를 결정하는 데 사용될 수 있다.

3. 의뢰후 결정(Postentitlement classroom decisions): 평가는 아동 개인 또는 집단의 학업적 강점과 취약점에 대한 정보를 제공하기 위해 사용되곤 한다. 이러한 정보는 교실 환경 내에서 적용되어야 하며, 아동에 대한 개별화된 교수전략 개발, 교실, 학교 또는 지역사회 전반에 걸쳐 교과과정의 수정에 도움이 되어야 한다.

4. 책임성과 책무성(Accountability and outcome decisions): 평가는 교사, 부모, 아동 자신에게 교실에서 얼마나 많은 이득을 얻을 수 있었는지에 대한 부가적인 정보를 제공한다. 일반 교육 프로그램이 목표를 성취하기에 얼마나 적절한 것인지에 대한 정보를 제공해줄 수 있다.

의뢰원과의 초기 면담

학교심리학자들의 평가 활동의 첫 단계는 특정한 의뢰 질문을 결정하기 위해 의뢰를 한 학생과의 만남을 갖는 것이다. 이러한 첫 단계에서부터, 심리학자들은 아동의 어려움에 대한 일차적 가설을 명확하게 표현하곤 한다. 이 가설 설정 과정은 이러한 가설들이 전문적 경험과 훈련에 영향을 받는 것이기 때문에 학교심리학 전공학생들에게 가장 어려운 단계 중의 하나일 것이다.

비록 교사는 의뢰서를 작성할 책무를 가지고 있지만, 아동이 경험하는 문제를 이해하기 위해서는 교사뿐만 아니라 부모도 만나는 것이 중요하다. 부모는 검사를 실시하기 이전에 함께 공유할 만한 부가적인 정보와 통찰을 가지고 있을 수 있다. 부모는 또한 어떠한 다른 자원으로부터 얻을 수 없는 아동의 병력, 교육 진행 과정 및 발달적 지표에 대한 정보를 가지고 있다. 한편, 부모가 아동을 의뢰했다면, 교사와의 면담을 통해 아동의 학업적, 사회적, 그리고 발달 과정에 대한 부가적인 정보를 확보할 수 있을 것이다.

교사는 또한 교실 내의 또래와 아동을 비교할 수 있는 장점을 가지고 있다. 만약 부모가 의뢰하고 학교심리학자가 학교 밖에서 일하는 경우라면, 교사나 제3자가 아동과의 만남 이전에 부모의 동의가 반드시 필요하다.

> 교사는 또한 교실 내의 또래와 아동을 비교할 수 있는 장점을 가지고 있다.

교실 관찰

의뢰 질문을 명확히 하기 위해 교사나 부모와의 면담을 한 후에, 학교심리학자는 직접적인 관찰을 통해 의뢰된 아동에 대한 정보를 얻게 된다.

1. 아동이 무엇을 했는가? 다른 아동들은 무엇을 했는가?
2. 아동이 해야 하는 것은 무엇인가?
3. 관찰이 일어난 곳은 어디인가: 교실, 운동장, 혹은 그 외곳?
4. 언제, 얼마동안 관찰했는가?

Sattler(2002)에 의하면, 교실 관찰은 자연 상황에서 아동의 행동을 체계적으로 관찰하고 기록할 수 있는 기회를 제공해준다. 교실 관찰을 통해 얻은 정보를 교사 또는 부모로부터 얻은 보고 자료와 비교할 수 있을 것이다. 또한, 아동이 친숙한 자연 상황으로부터 얻은 관찰 정보는 상대적으로 덜 친숙한 표준화된 검사 상황이나 구조화된 상황에서의 아동 행동에 대한 관찰 정보와 비교할 수 있을 것이다. 이러한 연장선상에서 Elliott와 Witt(1986)는 "심리교육 평가의 궁극적인 목적은 아동이 이해하고 있는 것이 무엇이며 아동의 학습을 위한 성공적인 개입을 위한 방안을 결정하는 것이다"라고 했다. 교실 상황과 같은 자연스러운 상황에서 아동의 습관적인 행동의 관찰은 심리검사와 같은 일대일 상황에서 얻을 수 없는 아동에 대한 새로운 관점을 제공해줄 수 있다. 덧붙여, Hintze와 Shapiro(1995)는 교실에서의 문제 행동은 체계적인 교실 관찰을 통해 "문제가 실제로 일어나는 상황에서 흥미로운 행동"을 관찰할 수 있다고 하였으며, 이러한 교실 관찰은 "경험적으로 입증 가능한 자료를 제공해줄 수 있다"고 하였다(p. 651).

학교심리학자들은 문제에 대한 아동의 관찰에 제한되지 않고, 일상적인 교육 환경에 대해 관찰하고 평가하도록 훈련을 받는 경향이 증가하고 있다. Ysseldyke와 Elliott(1999)는 교육환경에 대한 관심이 오래전부터 지속되어 왔으며, 최근에 와서는 표준화된 측정 절차를 이용해 이러한 환경을 확인할 수 있는 기술들이 개발되고 진보되고 있음을 제시하고 있다.

학적부 검토

학적부를 통해 학교심리학자들은 상당히 많은 정보를 얻을 수 있다. 학교심리학자들은 아동의 현재 성적 수준, 이전 학교 출석기록, 학교 교육기록(아동의 유급 경험 유무, 월반 유무, 특수교육 유무 등), 집단검사 결과, 출결 상황, 개인 검사 결과 등을 확인하길 원한다. 건강 기록, 치료 기록 등과 같은 정보도 학적 기록을 통해 찾을 수 있을 것이다.

이러한 정보는 아동이 경험한 어려움을 이해하는 데 중요한 역할을 하게 된다. 아동의 출생 연월을 확인하는 것도 권고할 만한 일이다. 왜냐하면, 의뢰 양식에 기재된 정보의 오류 등을 확인할 수 있으며, 또한 검사결과를 연령에 기초해 해석할 수 있기 때문이다.

심리검사

교사 또는 부모와의 면담, 교실 관찰, 학적 기록 확인 등을 통해, 학교심리학자는 아동의 문제에 대한 명확한 그림을 그리고자 한다. 다양한 검사도구는 아동에 대한 더 많은 정보를 얻고자 할 때 매우 유용하게 사용될 수 있다. 때때로 심리검사가 학교심리학자에게 '뜨거운 감자'와 같은 고민거리가 되기도 하지만, 심리검사는 실제로 직·간접적으로 많은 장점을 갖고 있다. 심리검사는 아동에 대한 양적인 정보를 제공해줄 뿐만 아니라, 학교심리학자가 아동과 직접 대면해서 일을 할 수 있는 기회를 제공해주는 역할을 하게 된다. 잘 숙달된 검사자들은 검사 실시 동안 아동을 관찰함으로써 아동에 대해 더 많은 이해를 할 수 있게 된다. 중다검사의 개념하에서, 다음과 같은 심리검사의 유형 중에 몇 개 혹은 모든 심리검사가 실시될 수 있다.

1. 인지능력 검사: 전통적으로 지능검사 혹은 적성검사로 표현되는 검사
2. 학업성취도 검사: 한 개 이상의 학업 영역(예를 들어, 읽기 이해, 쓰기, 혹은 수학 등)에 대한 아동의 수행 평가 검사
3. 지각(시각, 청가) 검사: 아동의 지각 능력 검사(예를 들어, 동음어에 대한 듣기, 숨은 그림 찾기 등)
4. 운동 협응 능력 검사: 그림 그리기와 글쓰기 등을 모두 포함한 아동의 협응력 검사
5. 행동, 성격, 적응 행동 검사: 다양한 장면에서의 아동의 행동, 일반적인 적응 수준, 비학업관련 기술 검사
6. 교육과정기반 평가(CBA): 교육과정기반 평가는 아동이 달성하도록 기대되는 학업과제와 관련되어 있다. 이러한 평가는 일반적으로 이미 달성한 과제, 달성 목표로 진행 중인 과제, 초과달성한 과제의 범주 내에서 이루어진다. 또한 교과기반 평가는 또래의 성취 수준과 비교해 이루어지기도 한다.

면담

부모, 교사, 그 외의 사람들(예를 들어, 의사, 언어치료사, 사회복지사, 가족 구성원)은 아동의 어려움에 대해 잘 알고 있는 대표적인 사람들이다. 평가 초기 단계에서 이들과 이

야기를 나누는 것은 아동에 대해 더 완벽한 그림을 그리는 데 매우 도움이 될 수 있다.

평가 결과 기록

일단 모든 평가 절차가 끝나면, 의뢰 질문과 연계에서 결과를 조합하고, 다른 사람들과 공유하게 된다. 결과 제시는 두 가지 형식으로 이루어진다: (a) 학교행정가들에게 제공되고 학생의 영구기록으로 보관될 수 있는 형태로 만들어진 보고서, (b) 교사, 부모, 또는 정신건강팀들과의 회의를 위한 구술적 기록.

보고서 작성

심리 혹은 심리교육 보고서는 다양한 형태로 구성될 수 있다(Ross-Reynolds, 1990; Sattler, 2002; Tallent, 1993). 이상적인 심리 보고서는 독자들에게 논리적으로, 시기순으로 제시되어야 한다. 보고서는 명확하게 써야 하며, 가능한 한 전문용어를 사용하지 않으며, 독자들에게 도움이 되는 정보를 제공할 수 있어야 한다. 심리평가에 대한 배경 지식이 없는 사람이 이해할 수 있도록 검사 결과를 제시하는 것이 심리검사 보고서의 가장 주요한 목적이다. 보고서를 작성할 때에는 모든 정보를 의뢰 질문과 관련해 연결할 수 있도록 모든 노력을 기울여야 한다. 아동의 모든 정보가 보고서에 포함될 필요는 없다. 평가 동안 얻은 모든 정보를 하나의 보고서에 담을 수는 없다. 오히려 심리학자는 모든 자료를 종합해 핵심을 어떻게 개입과 연결할 수 있는지에 대한 효과적으로 의사소통할 수 있는 방법을 찾아야 한다. Ownby(1991)는 심리학자의 보고서는 그것을 읽는 독자의 행동을 수정하고 믿음을 형성시킬 수 있도록 구성되어야 한다고 강조하고 있다.

> Ownby(1991)는 심리학자의 보고서는 그것을 읽는 독자의 행동을 수정하고 믿음을 형성시킬 수 있도록 구성되어야 한다고 강조하고 있다.

만일 검사총집을 아동에게 실시하였다면, 개인검사 결과뿐만 아니라 다양한 검사들이 어떻게 서로 관련되어 있는지를 설명할 수 있어야 한다. 검사결과의 통합적 해석은 아동의 수행에 있어서 비일관적인 측면을 제공할 수 있어야 한다.

보고서는 양적인 검사결과와 함께 질적인, 행동적인 측면도 함께 제시할 수 있어야 한다. 아동이 대화를 시작했는가 아니면 질문에 단순히 대답만 하는가? 아동이 칭찬과 좌절에 어떻게 반응하는가? 검사 내용 중에 낮은 자존감을 보이는 부분이 있었는가? 아동의 행동에 대한 코멘트는 매우 특정한 예시로 표현되어야 한다. "Leta가 검사 시행 동안 매우 불안해하였다" 대신에 보고서에는 "Leta가 손톱을 물어뜯고 검사자와 눈을 마주치지 않았으며 대화를 시도하지 않았다" 식으로 표현을 해야 한다.

컴퓨터를 이용한 심리 보고서에 대한 논쟁이 지속적으로 제기되고 있다. 비록 대부분의 학교심리학자들이 심리검사 결과 채점에 컴퓨터 프로그램을 사용하지만, 검사결과를 해석하고 보고서를 작성하는 데 있어서 컴퓨터 프로그램을 사용하는 것에 불편해하는 경향이 있다. 컴퓨터용 보고서는 다양한 양식으로 제시된다(Cohen et al., 1996). *단순채점식(simple scoring)* 보고서는 검사 점수만 제공하는 반면에, *확장채점식(extended scoring)* 보고서는 하위 점수들 간의 유의미한 차이와 같은 통계적 개념을 포함하고 있다. 하지만, 이들 중 어떤 방식도 검사 점수에 대한 해석을 제공해주지는 못하는 실정이다.

Cohen에 따르면, 보고서는 기술적 보고서(descriptive report), 진단변별 보고서(screening report), 자문 보고서(consultative report)로 나눌 수 있다. 기술적 보고서는 다양한 검사에 대한 간략한 설명을 제공하며, 진단변별 보고서는 임상가들이 더 관심을 가질 수 있는 명확하고 비일상적인 결과들을 강조하게 되며, 자문 보고서는 전문가들 간에 공유할 수 있는 정보를 제공하도록 구성되어 있다. 마지막으로 전문가들 사이에 가장 관심을 많이 갖게 되는 것인 해석 보고서이다. 이름에서도 알 수 있듯이, 해석 보고서는 피검사자의 정보를 통합하고 다양한 도구나 관찰로부터 얻은 정보를 수집하고, 정보를 종합하고, 결론을 도출하여 문제를 해결할 수 있는 전략을 제공하도록 구성되어 있다.

비록 컴퓨터용 채점이 많은 장점을 갖고 있지만, 대부분의 심리교육평가의 채점과 해석은 훈련과 경험을 통해 체득하게 되는 매우 주관적 측면을 갖고 있다. Tallent(1993)는 "컴퓨터용 검사는 아직도 많은 기술적 발달이 진행되고 있으며 …… 우리의 삶에 상당한 영향력을 미칠 잠재력을 갖고 있다"고 했다. 그는 컴퓨터용 보고서 작성에 주의해야 할 지침을 제공하기 위해 *컴퓨터용 검사 해석 지침서(Guidelines for Computer-Based Tests and Interpretations)*(APA, 1986)를 제시했다. 심리학도나 개업심리학자들은 보고서의 모든 것에 대해 책임을 져야 한다. 만일 보고서에 채점 혹은 해석의 오류가 있다면, 심리학자는 보고서의 내용에 책임을 져야 한다.

학부모 회의

학부모 회의에 임하는 학교심리학자의 최선의 전략은 부모들이 자신의 아동의 결과를 얼마나 알고 싶어 하는지 그리고 알고 싶어 하는 내용이 무엇인지에 대한 부모의 입장을 상상해보는 것이다(Wise, 1986, 1995). 대부분의 부모들은 자신의 아동과 강하게 동일시하는 경향을 갖고 있다. 부모는 아동의 강점과 더불어 약점도 듣고 싶어 한다. 부모는 아동과 함께 일하는 심리학자가 또 다른 하나의 사례 연구의 대상으로서가 아니라 하나의 개인으로서 생각되기를 원한다. 자녀의 한계에 대해서 잘 알고 있는 부모들도 학부모 회의 동안에는 매우 감정적으로 흐르게 될 수 있다. 사실 부모가 거부 반응이나 눈물을 보이는 것이 드문 일이 아니다.

장애 아동을 둔 부모는 죄책감이나 슬픔을 경험할 수도 있다(Murray, 1985). 죄책감은 부모에 의해 생긴 어떤 일이 장애의 원인이라는 생각으로부터 나올 수 있을 것이다. 슬픔은 부모가 자녀에 대해 갖고 있던 꿈이 아동에게 실현되지 않았다는 생각으로부터 나올 수 있을 것이다. 지적 능력이 부족한 아이가 대학을 가지 못하거나 신체적 장애를 가진 아이가 훌륭한 운동선수가 되지 못한다는 것을 깨닫는 것은 부모에게는 슬픈 일이다. 학부모 회의에 대한 주제는 매우 다양하며, 학교심리학자에게 가장 적합한 학부모 회의의 내용은 Featherstone(1980), Fine(1991), Fish(2002), Gallagher(1980), Gargiulo(1985), Hubbard와 Adams(2002), Murray(1985), Seligman과 Darling(1997), Wise(1986, 1995)에서 확인할 수 있다.

교사 회의

교사 회의는 그 나름의 독특한 한계를 갖고 있다. 경험이 많은 교사들은 신입 학교심리학자에 대해 위협적인 존재가 될 수도 있다. 교사와 학교심리학자는 그들 각자가 아동에 대해서 가장 잘 알고 있는 적임자라는 상반된 생각을 갖고 있는 경우가 많다. 교사는 학교심리학자에 대해 교사가 아니면서 "내가 하고 있는 것을 이야기해주길 원하는" 존재로 의구심을 갖는 경우가 있는 반면에, 학교심리학자는 교사를 하나의 규범으로만 생각해 아이들이 서로 다르다는 점에 대해 인식하지 못하는 존재로 보는 경향이 있을 수 있다. 물론 두 사람 모두 아동을 돕기 위해 필요한 상호 보완적 관계임에는 틀림없다. 이미 앞에서 기술하였듯이, 학교심리학자의 자문가로서의 역할은 교사와 심리학자가 함께 협력적으로 문제해결을 고취시키는 것이며 아동의 요구에 부합하는 최선의 전략을 만들어내는 것이다.

다학제팀

1975년의 EAHCA와 그 이후 IDEA 법령에 의해, 학교심리학자와 학교는 동시에 모든 가능한 전문가들과 평가 결과를 공유하도록 함으로써 교사와 부모 개개인과의 자문회의와는 점점 거리를 두게 되었다. 학교심리학자, 교육학자, 그 외 다른 전문가들과의 다학제팀의 장점은 참여한 모든 개개인들이 제시된 모든 정보를 들을 수 있으며 그런 후에 의사결정에 동등한 파트너로 참여할 수 있다는 점이다. 다학제팀 모형은 개인의 영향력을 제한하고 소수집단 아동에게 불리한 선입견을 가지는 의사결정을 막기 위한 노력으로 개발되기 시작하였다(Huebner & Hahn, 1990). 반면 단점은 부모가 한 번에 많은 수의 교육자들을 대면하는 것이 매우 위협적인 상황일 수 있으며, 전문가들에 의해 제안된 권고를 받아들이지 않기가 매우 어려울 것이며 부모들 스스로 자신의 아이에게 무엇이 최선일지에 대한 생각을 하기도 전에 검사결과를 수용해야 하는 상황에 직면할 수 있다는 점이다(Wise, 1995).

학교심리학자가 수행하는 대부분의 일은 다른 전문가팀 내에서 이루어진다. 10년 전만 해도, 학교심리학자는 특수교육의 게이트키퍼 역할을 수행하였다: 학교심리학자가 제시된 자료에 의해 특정 프로그램에 대해 학생에게 자격을 부여할지 여부가 결정되었다. 하지만, 오늘날의 대부분의 이러한 결정은 집단으로 이루어진다.

> 학교심리학자가 수행하는 대부분의 일은 다른 전문가팀 내에서 이루어진다.

전통적인 평가에서의 일반적인 고려 사항

아동 대상 연구에 참여하는 학교심리학자의 책임성과 관련해, 전문가들은 아래와 같은 쟁점들에 대한 고려를 강조하고 있다.

1. 의뢰 과정이 어떻게 정해졌는가?
   a. 사용할 의뢰 양식은 누가 정하는가?
   b. 의뢰 양식은 누가 작성하는가?
   c. 부모의 동의서는 누가 받는가?
   d. 부모가 동의를 거절했다면 무엇 때문인가?
   e. 학생들에게 검사를 거부할 수 있는 기회가 주어졌는가?
   f. 아동과의 첫 대면은 누가 결정하는가?
   g. 작성된 의뢰 양식은 어디에 보관하는가?

2. 의뢰 대상자는 누구인가?
   a. 학교심리학자의 서비스가 특수교육 대상자에게 제한되는가?
   b. 학교심리학자의 서비스가 학교 또는 가정에서 장애가 있는 모든 아동들에게 가능한가?
   c. 학교심리학자의 서비스가 재능이 뛰어난 아동들에게 가능한가?

3. "의뢰-평가"의 순환 과정의 대안으로 가능한 것이 무엇인가?

  a. 의뢰전 개입이 가능한가?

  b. 학교로부터 다른 가능한 서비스가 있는가(예를 들어, 학교상담사, 사회복지사)?

  c. 이용 가능한 지역사회 서비스는 무엇인가(예를 들어, 정신건강센터)?

4. 교실 관찰이 실행될 수 있는가?

  a. 언제 관찰이 이루어지는가?

  b. 얼마나 오랫동안 관찰되는가?

  c. 어떤 방법으로 관찰이 이루어지는가?

  d. 관찰에서 알 수 있는 점은 무엇인가?

  e. 학교심리학자의 존재가 관찰에 어떠한 영향을 미치는가?

5. 학교 기록을 어디에 그리고 어떻게 보관하는가?

  a. 기록은 영구 보관하는가 아니면 정기적으로 폐기하는가?

  b. 학생 기록에 접근 가능한 사람은 누구인가?

6. 검사 절차는 어떠한가?

  a. 아동에게 심리검사가 실시된 목적이 무엇인가?

  b. 아동의 연령, 인종, 성, 모국어 및 제시된 문제에 근거한 최적의 심리검사는 무엇인가?

  c. 이러한 심리검사가 학교심리학자들에게 많이 사용되고 있는 것인가?

  d. 심리검사 실시, 채점, 해석에 요구되는 자격은 무엇인가?

  e. 심리검사는 의뢰 질문에 대한 답을 제공하는 데 도움이 되는가?

7. 아동의 문제에 대해 누구와 면담을 해야 하는가?

  a. 담임교사

  b. 부모 혹은 가족

  c. 아동

  d. 학교 구성원(예를 들어, 읽기교사, 언어치료사, 학교상담사, 사회복지사 등)

  e. 학교 외 전문가(예를 들어, 의사 등)

8. 면담의 목적이 무엇인가?

  a. 아동의 강점과 약점에 대한 정보를 얻기 위해

  b. 사회, 발달, 의학적 배경을 얻기 위해

c. 아동의 환경 내의 사람들에 대한 정보를 얻기 위해

d. 정보를 공유하기 위해

9. 언제 면담이 이루어져야 하는가?

   a. 심리검사 이전

   b. 심리검사 이후

   c. 심리검사 대안

   d. 심리검사 전과 후

10. 면담이 어떻게 진행되어야 하는가?

    a. 개별적으로 혹은 집단으로

    b. 학교에서 혹은 아동의 집에서

    c. 직접 대면 혹은 전화 면담

11. 평가결과를 어떻게 전달하는가?

    a. 부모 자문회의에서 구두로

    b. 중다전문협력 팀에게 구두로

    c. 보고서 형태로

    d. 보고서와 구두로

법적 및 윤리적 쟁점

학교심리학자의 역할 및 기능은 몇몇 특정한 법률과 윤리적 쟁점과 관련되어 있다. 전통적인 평가 역할과 관련된 주요한 법률적인 쟁점들은 아래와 같다.

1. 부모와 고학년 학생들은 평가 과정에 대한 동의를 받아들이거나 거부할 권리를 가지고 있다.

2. 부모, 학생, 학교행정가는 개인에게 위험이 될 수 있는 상황이 아니면 학교심리학자와 나눈 정보에 대해 비밀을 보장받을 권리가 있다. 이러한 비밀 보장의 범위는 모든 사람에 대해 초기면담에서 명확하게 설명되어야 한다.

3. 부모와 학생은 그들의 사생활에 대한 권리와 사생활이 침해받지 않을 권리를 가지고 있다.

4. 부모와 학생은 널리 알려져 있고 좋은 심리검사를 받기를 기대할 권리를 가지고 있다. 부모나 학생은 학교심리학자가 내담자에게 적절한 서비스를 제공해줄 것이라는 기대를 갖고 있다. 또한, 학교심리학자는 자신의 한계(전문적인 훈련, 전문

가 경험, 시간관리 등의 관점에서)에 대해 인식하고 있어야 한다.

5. 부모와 학생은 인종, 종교, 국가, 모국어, 문화적 배경, 성, 사회경제적 지위 등에 대해 차별을 받지 않는 평가를 기대할 권리를 가지고 있다.

이러한 이유에 대한 부분은 Jacob과 Hartshorne(2007)의 책에 더 자세히 소개되어 있다.

훈련 요구조건

전통적인 평가활동을 시행하기 위해서는, 학교심리학자는 행동관찰기법, 면접법, 다양한 평가 기술(개인검사의 선택, 시행, 채점, 해석과 교실 환경에 대한 평가 기술 등), 자문회의 수행과 보고서 작성 기술 등에 대한 훈련과 실습이 필요하다. 학교심리학자에게 있어서 학교조직, 정상 대 예외 아동의 발달, 일반화된 심리검사 및 측정원리 등에 대한 인식은 필수불가결한 요소이다. 법률과 윤리적 이슈에 대한 훈련 또한 높은 수준의 전문가 자격을 유지하는 데 있어서 반드시 필요한 요소이다. 마지막으로, 학교심리학자는 모든 정보를 통합하고 문제에 대한 책임감을 이해해야 하는 좋은 비판적인 사고를 할 수 있어야 한다.

장점과 단점

전통적인 평가의 장점은 다양한 장면에서 교육자, 부모, 타인이 특정 아동의 행동을 이해하는 데 도움을 줄 수 있다는 점이다. 또한 학생들과 직접적인 대면을 할 수 있는 기회를 제공해준다. 전통적인 평가는 합법적으로 법에 의해 규정되어 있다. 많은 사람들은 학교심리학자들이 아동과 일대일 관계에 기초한 작업 등을 선호하고 전통적인 평가가 이러한 기회를 제공해줄 수 있다고 생각해 학교심리학자의 전문성을 선호하는 편이다. 또한 학교심리학자들이 아동 사례연구의 역할의 한 부분으로 수행하는 평가는 기본적으로 자료에 기초하고 있다.

Salvia와 Ysseldyke(2007)는 한 아동의 행동을 다른 아동의 행동과 비교하는 규준지향검사의 특징을 다음과 같이 묘사하고 있다.

상업적으로 개발된 규준지향검사는 모든 아동들을 대표하는 집단과 특정 연령이나 특정 학년에서 획득한 전형적 수행을 표준화한 것이다. 개개인이 검사에서 얻은 원점수는 또래의 다른 아동들이 획득한 원점수와 비교 가능하다. 백분위 점수와 같은 변환점수는 동일 연령 또는 학년의 모집단과 비교해 개인의 상대적인 위치를 표현하는 데 사용된다(p. 30).

학교심리학자는 발달 수준을 확인하기 위해 준거지향검사를 사용한다. 준거지향검사는 "절대적인 기준에 근거해 특정한 정보 또는 기술에 대한 개인의 통달 정도를 측정한다"(Salvia & Ysseldyke, p. 30). 준거지향검사는 'Kelly가 인쇄된 문자들 중에서 소문자로 된 것을 얼마나 많이 찾아낼 수 있을까?'와 같은 질문에 대답을 제공해줄 수 있다. 준거지향검사와 규준지향검사는 아동의 발달에 대한 두 가지의 중요한 측정 결과를 제공해줌으로써 상호 보완적인 기능을 갖는다.

전통적인 자료기반 평가의 단점은 문제를 보이는 학생들이 많음에도 불구하고 몇몇 학생들과 검사를 위해 상당한 시간을 소비한다는 것은 학교체계 내에서의 요구와는 상당 부분 부합되지 않는 특성을 갖고 있다는 점이다. Lichtenstein과 Fischetti(1998)의 연구에 의하면, 평가에 사용되는 시간은 4시간에서 28시간 정도로, 사례당 평균 12시간을 사용하는 것으로 나타났다. 따라서 장시간의 평가를 수행하는 것은 학교에서 영향력을 행사하는 데 좋은 방법은 아닐 것이다. 또한 매일 평가를 수행하는 것은 빠르게 전문가 소진을 가져올 수 있을 것이다.

마지막으로, 자료가 모아지고 해석을 하고 나면 그 다음에는 무엇을 해야 하는가? 학생들은 여전히 도움을 받지 못한 상태이다. 사실 아동 연구에서 아동에게 낙인을 찍게 되는 것은 아동에게 매우 부정적인 결과를 야기할 것이다. Hynd, Cannon과 Haussmann(1983)은 낙인을 찍는 것에 대한 찬반 논쟁을 제시하고 있다. 낙인에 대한 가장 비판적이고 부정적인 부분은 장애로 낙인찍힌 학생은 타인이 그 학생을 대하는 방법에 편견을 줄 수 있으며 많은 사람들이 그 학생의 부정적 측면에 집중하게 될 것이며 학생에 대해 낮은 기대감을 갖게 될 것이라는 점이다. 반면에 장애 아동으로 낙인찍히는 것이 법률적 규제에 의해 전통적으로 특수교육을 받을 수 있는 유일한 방법으로 사용될 수 있다.

학교심리학자의 전통적인 역할과 기능-개입

평가 이후의 학교심리학자의 전통적인 역할은 학생에게 도움을 제공하고 문제를 완화시킬 수 있는 치료적 기법을 적용할 수 있는 사람들과 작업을 하는 것이다. 비록 평가의 궁극적인 목적이 개입 전략을 명세화해서 학생을 돕는 것이지만, 종합적인 평가가 자동적으로 개입으로 이어지는 것은 아니다. 대부분의 학교심리학자는 개입 지원팀(소위 교사지원팀이라 불리는)이 다양한 어려움을 경험하는 학생에 대해 소집단 또는 교사 개인과의 만남을 갖는 의뢰전 접근을 찬성하는 편이다. 이러한 팀은 협력적으로 전략 계획을 세우며 형식적인 종합 사례 연구 평가의 요구를 줄이려는 노력을 한다. 의뢰전 개입 혹은 개입 지원팀 접근법은 Graden, Casey와 Bonstrom(1985); Graden, Casey와 Christenson(1985); Zins, Curtis, Graden과 Ponti(1988); Ross(1995)의 책에 상세히 나타나있다.

개입 전략의 선택

개입 전략을 개발하는 것은 최근 연구에 대한 친숙성과 더불어 창의성과 상식을 필요로 한다. Witt와 Elliott(1985)는 다양한 개입을 고려할 때 사용 가능한 지침을 제시했다. 그들은 개입의 효율성과 개입의 수용 가능성을 제안했다. 개입의 *효율성*과 *수용 가능성*을 결정할 때 고려할 점은 결과에 도달할 때까지의 예상 기간, 개입 유형, 성공적인 개입을 위해 필요한 자원 및 시간, 개입의 이론적 기초, 개입 이행을 책임질 사람 등이다. Witt와 Elliott는 개입의 수용 가능성에 대한 학생의 지각이 또한 고려되어야 한다고 했다.

수용 가능한 개입 전략은 개인이 처해 있는 상황의 역동성과 더불어 가능한 자원을 함께 고려해야 한다. Phillips와 McCullough(1990)는 개입을 결정하기 위한 다음과 같은 8가지의 "실행 고려사항(feashibility considerations)"을 제안했다.

1. 개입이 교사, 교실, 학교에 어느 정도나 지장을 주게 될 것인가?
2. 얼마나 다양한 개인과 시스템이 영향을 받게 될 것인가(예를 들어, 학생, 교사, 가족 등)?
3. 요구되는 서비스 지원의 이용 가능성
4. 개입을 수행할 사람의 유능성 정도
5. 개입성공의 기회
6. 결과를 얻기까지의 시간
7. 개입이 없었을 때의 가능한 예후
8. 개입이 학생의 행동에 영구적인 변화를 가져올 기회

전공학생들과 인턴들은 종종 개입 시 무엇을 고려해야 하는지를 어떻게 결정하는지에 어려움을 보이곤 한다. 교과과정 혹은 현장실습이 개입에 대한 아이디어를 제공해줄 수 있다(McCarney, Wunderlich, & Bauer, 1993; Marzano, 2003; Rathyon, 1999). 학교심리학자들은 저서, 학술지, 인터넷을 통해 개입에 대한 조사를 한다. 학교심리학자들은 또한 그들의 자원을 넓히기 위해 워크숍이나 컨퍼런스에 참여하기도 한다. 미국학교심리학자협회 소식지나 *Communiqué*는 부모와 교사들에게 배포하기 적합한 특정 이슈들을 포함하고 있다. Canter, Paige, Roth, Romero와 Caroll(2004)은 *가정과 학교에서 아동을 돕기: 가족과 교육자용 핸드북(Helping Children at Home and School: Handouts for*

[그림 4.3] Catterall의 개입 전략 모형

개입 기술	간접적 접근	직접적 접근
환경적	환경적	비치된
	학생 주변에서 행해지는 활동	학생에게 행해지는 활동
개인적	할당된	교류분석적
	학생에 의해 행해지는 활동	학생과 함께 행해지는 활동

Families and Educators)이라는 책에 다양한 정보를 제시하고 있다.

학교심리학자는 목표 문제와 직접적인 관련이 있는 모든 것을 포함한 선택적 개입을 구성해야 한다. 모형은 개입을 분류하고 비교하기에 매우 유용한 정보를 제공한다. 개입의 유형을 구분하기 위해 Catterall(1967)은 개입에 대한 2*2 모형을 제시했다. 그는 2개의 영역에 의한 개입기법을 범주화하였다: 첫째는 개입활동의 초점이 직접적인가 간접적인가, 둘째는 개입기술이 환경의 환경에 초점을 맞추었는지 혹은 학생 자신에게 초점을 맞추었는지 여부이다. 그림 4.3에 Catterall의 개입 모형이 제시되었다.

Catterall은 환경적 개입을 특정 학급 선택 혹은 학급 규칙 설립과 같은 학생 주위에서 적용되는 활동으로 묘사했다. 비치된 개입은 학생에게 강화, 처벌, 또는 또래 교수 등과 같이 학생에게 행해지는 전략들이다. 할당된 개입은 우등상 평가나 숙제와 같이 학생에 의해 행해지는 활동이다. 교류분석적 개입은 개인 또는 집단 상담과 같이 학생과 함께 행해지는 활동이다. Catterall 모형은 가능한 모든 개입 전략을 고려해야 할 때 매우 유용하게 활용할 수 있을 것이다.

Maher와 Zins(1987)는 학교기반 개입 전략 구성에 대한 새로운 접근법을 제시했다. 그들은 6가지의 개입 영역을 구성하였다: 인지발달, 정서 기능, 사회화, 학업성취, 신체적 특성, 직업 준비도. 또한 3가지의 개입 양식을 제안하였다: 일대일 개입, 집단 개입, 자문. 예를 들어, 아동을 돕는 목적을 학업성취를 향상시키는 것으로 정의하고, 이를 위해 개인 교습(일대일), 소집단 읽기 향상(집단), 혹은 교실 내에서 아동의 읽기 향상을 위한 교사와의 협력(자문)의 양식을 선택하는 것이다.

개인 및 집단 상담 개입

대부분의 학교심리학자들은 개인 혹은 집단 상담을 제공할 준비가 잘 되어 있으며, 대부분 이러한 역할을 선호하는 편이다. Catterall의 모형에 따르면, 개인 혹은 집단 상담은 교류분석적 개입, 즉 학생과 함께 행해지는 활동으로 범주화된다. 학교심리학자가 개인 혹

은 집단 상담에 할애하는 시간의 양은 그들의 훈련, 경험, 상담에 대한 흥미, 시간과 계획의 유연성, 학교 혹은 지역사회에서의 활용 가능한 자격증의 여부에 의해 영향을 받게 된다. 모든 학년을 대상으로 한 상담 서비스를 제공할 수 있는 학교상담가, 학교사회복지사, 또는 특수 전문가를 고용하고 있는 교육

> 학교심리학자가 개인 혹은 집단 상담에 할애하는 시간은 그들이 활동하는 환경에 의해 영향받는다.

청이 있는 반면에, 어떤 교육청에서는 단지 고등학생만을 대상으로 하며, 대부분의 시간을 수업계획 협력활동, 집단심리검사 주선활동, 진로지도에 할애하는 상담가를 고용하곤 한다.

또한, 어떤 교육청에서는 학교심리학자들이 가족구성원의 죽음이나 부모의 이혼 등과 같이 학생들과 이야기를 나눌 필요가 있는 사건이나 문제에 대해 학생의 즉각적인 요구에 맞출 수 있는 단기 상담 유형과 같은 위기 개입 활동을 수행해주길 기대한다. 한편, 지역사회의 건강센터 등에서 가능한 모든 상담사례 등을 학교심리학자들이 담당해주길 바라는 교육청도 존재한다. 이러한 경우에는 학교심리학자들이 학교 밖 의뢰 학생에 대해, 지역사회와의 서비스 연계자로서의 기능을 하게 된다.

미국의 몇몇 주의 교육청에서는 장애 학생을 포함한 모든 학생들에게 상담을 포함한 필요한 모든 심리학적 서비스를 제공해주길 기대하고 있다. 어떤 경우에는 학교심리학자들이 학생들에게 개인 또는 집단 상담을 제공하는 데 상당한 시간을 할애해줄 것을 기대하게 되는 것이다. 사실 학교심리학자는 장애 아동에게 상담을 제공할 수 있는 가장 특화된 전문가일 것이다. 학교심리학자들이 개입하는 집단 상담의 예는 학생의 사회성 또는 문제해결 기술 향상에 도움을 제공할 수 있는 일반 집단을 포함한 이혼가정 자녀, 분노조절 문제를 가지고 있는 아동, 애도문제를 가지고 있는 아동 집단을 모두 포함하고 있다.

훈련 요구

개입을 계획하고 이행해야 하는 학교심리학자는 다양한 영역에서의 유능성을 필요로 한다. 학교심리학자는 라포를 형성하고 유지하기, 경청하기, 협력하기 능력 등과 같은 좋은 대인관계 기술을 가지고 있어야 한다. 또한 학교심리학자는 개입에 대한 기존 연구, 가용한 자원, 인터넷 등에서 얻은 지식을 통해 현실적인 문제해결책을 제시할 수 있어야 한다. 성공적인 개입이 되기 위해서는 프로그램의 평가와 변화의 대상 결정하기 등과 같은 결과물 평가 기술이 또한 필요하다. 학교심리학자는 교사에게 개입 수행을 위한 지침서를 제공했음에도 불구하고 교사가 개입 전략 단계의 절반도 달성하지 못하는 경우에도

인내하고 기다릴 수 있어야 한다. 이러한 기술은 훈련(연구 훈련)을 통해 성취될 수 있는 반면에, 어떤 기술들은 인턴과정 또는 실제 직무 활동을 수행하는 등 오랜 시간이 지난 후에 얻을 수 있게 된다.

법적 및 윤리적 고려사항

전통적 개입과 관련된 주요한 법률적, 윤리적인 고려사항은 특정 개입의 적절성과 관련된 것이다. 학교 장면에서 주요한 논란의 대상이 되는 개입 기법은 체벌과 '타임-아웃' —학생을 학급 활동에서 제외시키고 또래로부터 고립시킴— 이다. 이러한 내용은 Jacob과 Hartshorn(2007)의 저서에 상세히 제시되어 있다. 여기에는 상담 동안 내담자가 누군가를 해치거나 자살을 할 것이라고 하였을 때의 비밀보장 여부와 같은 특수한 문제들에 대한 법적, 윤리적 이슈가 포함되어 있다. 심리학자는 '학생들이 부모에게 학대를 받고 있거나 임신을 하였거나 혹은 약물을 복용하고 있거나' 등의 내용에 대해 정보를 공개해야 할 법적 또는 윤리적 책임이 있는가? 학교심리학자는 이러한 상황에 대한 최근의 법적이고 윤리적인 흐름을 인식하고 있어야 한다. 가능한 방법은 APA 또는 NASP의 윤리 규정에 대해 친숙해지는 것이다. Jacob과 Hartshorn(2007)의 저서는 이러한 논의에 대한 이해를 높이는 데 매우 유용한 내용을 담고 있다. 교육 및 훈련 프로그램 속에는 전공학생들과 인턴에게 이러한 주요한 문제를 고려할 기회를 제공해야 하는 윤리적 책무가 있다.

장점과 단점

학교심리학자의 전통적인 개입의 역할은 교사, 부모, 다른 사람들에게 제언을 함으로써 아동을 도울 수 있는 기회를 제공하는 것이다. 제언한 내용이 진행되었을 때 개입은 전문적인 성취와 성공감을 제공해 줄 수 있게 된다. 이러한 것들은 대부분의 학교심리학자들이 기대하는 일종의 최고의 보상이다.

개입의 단점은 평가에서 나타나는 단점과 유사하다. 어느 한 아동이 도움을 받고 있는 동안에 많은 다른 도움을 필요로 하는 아동들이 도움을 받지 못한 상태로 남아 있게 된다. 한 번에 한 아동과 개입 활동을 하는 것도 매우 보람된 일이지만, 같은 시간에 더 많은 아동들을 도울 수 있도록 더 많은 교사들에게 도움을 제공함으로써 해결될 수 있는 방법이 있지 않을까? 몇몇 개입 활동(예를 들어, 행동수정 혹은 사회성 기술 훈련)들은 종종 학교심리학자들에게 프로그램을 설명하고, 수립하고, 효과성을 평정하는 데 상당한 시간을 소비하도록 한다. 평가활동에 사용되는 대부분의 도구가 신뢰도와 타당도가 잘 확립되어 있는 것과는 다르게, 대부분의 치료 기법들은 문제를 치료하는 데 효과적임에도 불구하고 타당성을 지지해줄 만한 연구가 거의 없는 실정이다.

마지막으로, 지난 25~30년 넘게 개입과 관련된 학교심리학자의 전통적인 역할은 특수교육 서비스를 필요로 하는 학생들에게 집중되어 왔다. 장애아동이 학교심리학자의 일차적인 관심의 대상으로 간주되었다. 만일 교실에서 어려움을 경험하는 학생이 특수교육을 받을 정도는 아니더라도, 학교심리학자는 담임교사 또는 부모에게 개입을 제안할 수 있을 것이다. 학교심리학자는 종종 특수교육을 받을 정도는 아니지만, 정규교육을 지속할 수 없는 학생을 교육시스템에서 '틈새에 낀 아동'이라고 표현하곤 한다. 이러한 안타까운 상황이 서비스 전달 모형이 나아가야 할 새로운 영역을 추구해야 할 이유가 될 것이다.

학교심리학자의 전통적인 역할과 기능 - 자문 ─

앞에서 다루었던 "네-그러나(yes-but)" 반응을 피하고, 많은 수의 학생에게 더욱 효과가 있도록 하기 위해 학교심리학자들은 자문을 제공해왔다. 평가는 실무자들에게 학생들이 원하는 서비스의 종류를 결정하도록 도움을 주지만, 자문은 적절한 서비스가 제공될 기회를 강화한다. *자문(consultation)*이라는 용어는 매우 많은 것들을 의미한다. Fagan과 Warden(1996)은 12개 이상의 자문 유형에 대해 논의했다. 이따금 자문은 조언, 상담, 제안, 문제해결과 같은 의미로 사용되곤 한다. 학교심리학자들에 의해 사용될 때 자문은 일반적으로 둘 이상의 전문가들 간의 상호적 문제해결과정을 의미한다. 전문가로서의 자문가는 어떤 특정 영역에서의 전문가이다. 또 다른 전문가로서의 피자문가는 직접적으로 일과 관련된 문제를 경험하고 이러한 문제를 해결하기 위해 자문가의 도움을 필요로 하는 사람이다. 이러한 정의는 정신건강문헌 중 Caplan(1970)의 가장 주목할 만한 연구에서 나오게 되었다.

자문에 대한 또 다른 이슈가 나오게 된 것은 자문을 간접적 역할로 개념화한 것이다. 학교심리학자는 때로 교사가 자문 의뢰인이 되어 그들이 가진 일, 대개는 학생들과 관련한 문제를 해결하기 위해 일한다. 이런 경우 학교심리학자는 직접적으로 교사와 일하며 간접적으로 학생들을 돕는다. 자문 의뢰인은 실제로 학생들에 대해 직접적인 책임을 가지며 자문가의 도움을 수락하거나 거절할 수 있다. Martin(1983)은 자문이 개입보다는 예방에 초점을 둔다는 생각을 강조했다. 자문은 자발적이어야 하며 이는 누구도 일과 관련한 문제에 대한 자문을 강요해서는 안 된다는 것이다. 사람들이 자문을 구하러 오는 것은 그들이 해야만 한다고 들었기 때문이며(예: 부모가 "만약 당신과 당신의 자녀가 학교

자문을 둘 이상의 전문가 간
협력관계로 보는 것이
학교심리학자들에게는 특히 중요하다.

심리학자와 협력하지 않는다면 당신의 자녀는 학교에서 정학을 당할 것입니다"라는 말을 들음.) 상호적 문제해결을 수행할 긍정적인 작업 관계를 수립할 기회는 전혀 존재하지 않는다.

자문을 둘 이상의 전문가 간 협력관계로 보는 것이 학교심리학자들에게는 특히 중요하다. Curtis와 Meyers(1985)는 "자문의 가장 기본적인 원칙 중의 하나는 문제해결과정에서의 진정한 전문적인 협력관계는 성공을 위해 필수적이라는 것이다."(p. 81)라고 했다. Zins와 Ponti(1990)는 자문의 협력관계에 대해 더 구체적으로 "자문가와 피자문인은 믿음과 개방성과 협조를 바탕으로 한 파트너십의 맥락에서 문제해결을 위해 함께 일하는 것이 매우 바람직하다."(p. 675)고 했다.

자문은 많은 다른 기술들을 포함한다. 효과적인 자문은 튼튼한 지식적 바탕, 훌륭한 대인관계 기술과 의사소통 기술을 동반한다. 더불어 효과적인 자문은 피자문인이 자신의 내적 자원을 활용할 수 있는 능력을 개발시켜 준다. 자문가는 문제가 발생될 때만 존재하는 것은 아니다. 그러므로 피자문인은 자문가의 조언이나 그 존재에만 의존하려 하지 않는 것이 좋다. Conoley(1992)는 이에 대한 자문의 모델을 제시했다.

각 단계는 자문적인 관계의 특성을 나타내고 있다. 그 단계는 아래와 같이 요약될 수 있다.

1. 자문관계에 들어간다.
2. 일과 관련한 문제의 특성에 대해 진단한다.
3. 자료를 수집한다.
4. 실행을 위한 관계를 만들고 유지한다.
5. 자문관계의 경계를 정의한다.
6. 가능한 자원자원을 확인하고 개발한다.
7. 의사결정을 한다.
8. 자문관계를 종결한다.

자문 형식

자문은 개인, 집단, 또는 시스템과 함께 일하는 것을 포함할 수 있다. 학교심리학자들에게서 행해지는 자문의 가장 일반적인 형식으로는 정신건강 자문, 행동 자문, 위기 자문, 조직 자문이 있다. 학교심리학자들과 관련한 다른 형태의 자문은 지지자문, 사례자문, 협력적 자문, 생태학적 자문, 부모자문, 문제해결 자문 등이 있다. Fagan과 Warden(1996)은 이러한 추가적인 형태의 자문에 대해 제시했다.

정신건강 자문

정신건강 자문은 "원형적 자문 접근"이라 묘사되기도 한다(Conoley & Conoley, 1992, p. 6). Caplan(1960)의 책, *정신건강 자문의 이론과 실제*(*The Theory and Practice of Mental Health Consultation*)는 특히, 정신건강 장면에서 적용되는 자문을 정의함에 있어 이정표가 되었다. Meyers, Alpert와 Fleisher(1983)는 발생한 문제를 해결함에 있어 피자문인의 감정이 반드시 다루어져야 한다는 주장을 바탕으로 정신건강자문을 정의했다. 그 이유는 다음과 같다. 교사가 자신의 반에 있는 학생에 대해 학교심리학자에게 자문을 구할 때 학생과 교사의 관계와 학생에 대한 교사의 감정이 반드시 고려되어야 한다. 만약 자문가가 교사의 학생에 대한 감정을 바꾸도록 할 수 있다면 학생에 대한 교사의 행동도 변화할 수 있을 것이다. 그리고 학생에 대한 교사의 행동이 변화한다면, 이는 학생의 행동을 변화하게 하는 근간으로 작용할 것이다. 더 나아가 만약 교사가 학생을 대하는 자신의 행동이 변화함으로써 학생의 변화를 이끌어냈음을 알아차린다면 미래에 비슷한 상황이 닥쳐왔을 때 자신이 배운 것을 일반화해 적용할 수 있을 것이다.

　정신건강 자문의 정의를 확장한다면, 학교심리학자가 다른 학교 직원을 대상으로 정신건강과 관련한 어려움들을 예방하거나 해결해 긍정적 정신건강을 증진할 수 있도록 자문을 제공하는 것이 이에 포함될 것이다. Johnson, Malone과 Hightower(1997)는 그들의 연구에서 "능력, 정신건강, 성취는 학교와 불가분의 관계에 있다"고 언급하였다(p. 81). 이 연구에서 그들은 학교심리학자들은 교사들과 일함에 있어 학교 분위기를 향상시키고 더 많은 학생들의 긍정적 정신건강을 육성하기 위해 자문의 기술을 사용해야 한다고 제언하고 있다.

행동 자문

행동 자문은 피자문인의 일 관련 문제에 대해 행동수정과 사회학습이론의 원리와 절차를 적용하는 것이다. 전통적으로 교사는 특정한 형태의 용인될 수 없는 행동을 보이는 특정 아동들과 함께 학교심리학자에게 찾아온다. 예를 들면, 교사는 다른 아동들과 놀이터에서 싸우는 학생에 대한 그의 염려를 표현할 수 있다. 이러한 교사와의 만남을 통해 학교심리학자는 자문관계에 들어간다. 다음 단계는 교사와 함께 문제를 밝히고 명료화하는 작업이 될 수 있다. 학교심리학자들은 다음과 같이 질문할 수 있다. 아동이 오직 놀이터에서만 싸웁니까? 교실에서는 어떤가요? 아동이 어떤 특정한 한 아이하고만 싸웁니까 아니면 몇몇의 아동들과 싸웁니까? 얼마나 자주 싸움이 일어납니까? 싸우는 행동이 얼마나 오래 지속됩니까? 이 아동이 교실이나 집에서 다른 종류의 어려움을 경험하고 있지는 않습니까? 이 아동은 학급에 친구가 있습니까? 싸움은 특정한 활동을 할 때 일어납니까 (예: 경쟁적 게임)? 이러한 최초의 면담에서 학교심리학자들의 역할은 앞 장에서 다루었던 포괄적인 평가의 의뢰전 단계(prereferral stage)의 역할과 유사하다.

자료수집 단계에서 실무자는 놀이터와 또 다른 장면에서의 아동을 관찰하며, 싸움의 빈도를 관찰할 뿐 아니라 싸움의 선행사건과 결과도 알아보게 된다. 자문가는 이러한 관찰을 통해 부적절하거나 문제가 되는 행동(싸우기 또는 밀치기)와 적절한 행동을 명확하게 구분하게 된다. 예를 들면, 운동장 주변을 달리는 행동은 싸움이나 밀치기 등과 양립하지 않을 것이다. 또한, 부적절한 행동에 대한 관찰이 일어나는 동안 자문가는 부적절한 행동을 유지시키는 교사의 행동, 또래의 행동, 교실이나 운동장에서 일어나는 사건, 아동의 행동을 사건의 원인과 결과에 따라 살펴볼 수 있다.

자문을 통해 자문가는 교사와의 작업관계를 모니터링해야 하며, 또한 어떻게 사건이 진행되고 만들어지는지 물어보고 교사가 다음에 일어날 일에 대해 알 수 있도록 확인해야 한다. 자문가는 이렇게 말할 수 있다. "나는 운동장과 식당과 교실에서 일주일에 몇 차례 제니를 관찰할 것입니다. 그리고 다음 주에 당신이 제니의 밀치는 행동을 감소시키고 협동적 행동을 증가시키는 데 사용할 수 있는 계획들을 수립하기 위해 돌아오겠습니다." 다음 주 모임에서 자문가는 교사와 관찰 내용을 공유하고, 제니의 공격적 행동을 감소시키고 협동적 행동을 위한 제니의 노력을 강화하기 위한 시스템을 수립해나간다. 아마도 제니에게 운동장을 몇 바퀴 돌 때마다 포인트를 받게 되고 싸움을 일으키면 포인트를 잃어버리도록 적용할 수 있을 것이다. 기억해두어야 할 중요한 사실은 필요한 정보를 제공받은 교사는 파트너로서 가능한 자원을 제안하고 어떤 프로그램이 다음에 시행되는지에 대해 결정함에 있어 더 많은 권리를 가지거나 적어도 동등해야 한다는 것이다. 제니는 교사의 책임이므로 교사는 자문가의 도움을 거절할 수 있다. 상식적으로 더 많이 개입하는 교사는 프로그램을 수립하는 데 더 많은 관여를 하게 될 것이며 그에 따라 프로그램은 더 성공적이 될 가능성이 높아진다.

> 자문은 관계수립의 과정이다. 자문은 단순히 학교심리학자에 의해 완성될 수 있는 것이 아니다.

학교심리학자들이 자문관계를 종결하는 것은 다른 장면에서와 다른 특성을 갖고 있다. 3장에서 논의하였듯이 학교심리학자들은 가끔씩 학교를 방문하는 손님으로 보일 수 있다. 제니의 사례에서 제니의 교사가 자문을 통해 새로운 계획을 수행한 뒤에 자문가는 아마도 미래에 다른 문제가 생겼을 때나 그의 학급에 다른 아동이 직접 또는 간접적 서비스를 원하게 될 경우 교사와 협력적 관계를 유지하고자 할 것이다. 추수작업에 대한 언급은 학교심리학자에게 있어 특히 중요한데 그 이유는 다음과 같다. 자문가는 제안하였던 계획이 성공적인지 그렇지 않은지에 대해 교사와 함께 점검할 필요가 있다. 이러한 점검은 간략하고 비공식적일 수 있는 데 종종 교사를 복도에서 만났을 때 이루어지기도 한다. 왜냐하면 자문은 관계수립 과정이지 학교심리학자에 의해 단순히 완성될 수 있는 과정이 아니기 때문이다. 그보다, 자문은 학교에서 심리학의 다른 많은 역할과 기능 이상으로 교사, 부모 및 다른 사람들과 파트너로서 기능하는 것으로 볼 수 있다. Rosen-field(2002)는 다양하고 유용한 서식과 참고문헌을 포함한 교수적 자문에 대한 훌륭한 개관을 제공했다. 또한, Zin과 Erchul(2002)은 자문에 대한 이슈와 단계, 형태에 대해 규명했다.

위기 자문

위기 자문은 위기 개입에 대해 교사나 다른 학교 구성원이 위기를 겪고 있는 학생에게 대처할 수 있도록 돕는 간접적 접근이다. 학교심리학자는 한 명 또는 그 이상의 학생이 특정한 위기에 처했을 때 교사가 효과적으로 행동할 수 있도록 교사와 전략을 논의한다. 이전에 학교심리학자들과 일해본 적이 없는 학생들의 경우에는 자신의 사적인 이슈에 대해 낯선 사람에게 이야기하는 것에 대해 불편해할 수 있고, 그들이 좋아하는 선생님과 이야기하는 것이 더욱 편안할 것이다. 그러나 교사들은 이 학생을 어떻게 다루어야 할지 확신하지 못할 수도 있고, 또는 학교심리학자로부터의 어떤 제안이나 아이디어를 요청할 수도 있다.

한 연구(Wise, Smead , & Huebner, 1987)에서, 학교심리학자들을 대상으로 32개의 위기 사건들에 대한 목록을 제시하고 지난 학기 동안 다루어본 내용에 대해 표시하도록 했다. 절반 이상의 심리학자들은 직접적(위기 개입)으로 또는 간접적(위기 자문)으로 학생들이 어떤 과목에서 실패를 경험하거나, 학대를 당하거나, 부모가 이혼이나 별거를 하거나, 학생들이 한 명 또는 그 이상의 교사들과 문제를 경험하거나, 낙제, 부모와의 어려움, 전학 등을 다루도록 요청 받았음을 응답했다.

위기상황에서 학교심리학자들이 학교직원들이 위기에 대처하도록 돕는 것에 대한 중요성은 1997~1998년 학생들이 연루된 학교 내 총기사건과 관련한 일련의 비운의 사건들 이후 강조되기 시작했다. Scott Poland는 학교 위기에 대처하는 영역과 관련한 리더이자, *학교에서의 위기 개입*(Crisis Intervention in the Schools)(Picher & Poland, 19920)의 공동 저자이고, 국가폭력지원협회(National Organization for Victim Assistance)의 리더로 일하였고, 국가위기지원팀(National Emergency Assistance Team: NEAT)의 일원이다. 폴란드의 NEAT의 팀 구성원에는 2명의 학교심리학자와 5명의 다른 조력자들이 있으며, 중학교에서 2명의 학생들이 한 명의 교사와 네 명의 학생에게 총을 쏘아 살해한 사건 후에 아칸사스 주의 존스보로에 초청되었다. 이 팀의 역할은 가장 필요로 하는 서비스가 무엇인지 밝히고, 전문적인 지원을 제공하며 기존 지역사회에 있던 케어기버(caregiver)들을 훈련시키며, 지역사회에서 정서적 촉진작용을 위한 공공포럼을 이끄는 것이었다. (존스보로에서 폴란드팀의 작업에 대한 사항은 1998년 NASP *Communiqué*에 발표되었다.) 1997~1998년 동안 학교에서 일어난 폭력에 초점을 맞춘 관심이 커짐에 따라, NASP는 1998년 9월, 미국 교육부에 의해 발행되고 100,000개 이상의 공립, 사립학교에 배포된 *Early Warning, Timely Response: A Guide to Safe Schools*(Dwyer, Osher, & Warger, 1998)을 만들어 적극적 역할을 수행했다. 이와 비슷하게, 학교심리학자들은 2001년 9월 11일 뉴욕의 월드트레이드센터가 폭격을 당한 뒤와 2005년 파괴적인 허리케인 시즌에도 위기 개입에 참여했다.

조직 자문

조직 자문은 더 큰 틀의 학교 조성, 조직 전체의 기능을 향상하는 데 기여하는 학교 전체 시스템 자문, 또는 변화계획의 적용을 위한 원칙과 실제를 적용하는 것이다. 학교를 위해 많은 시간을 할애하는 숙련된 관찰자라면 변화가 필요한 부분을 발견하게 될 수 있다. Centra와 Potter(1980)는 학생들의 학습에 영향을 줄 수 있는 학교관련 변인의 모델을 개발하였다. 이러한 변인들은 학교, 또는 학교지역의 요건, 학교 내의 상태, 교사의 특성, 교수행동, 학생특성, 학생행동, 학습의 결과를 포함한다.

> 학교를 위해 많은 시간을 할애하는 숙련된 관찰자라면 변화가 필요한 부분을 발견하게 될 수 있다.

대체로 학교에서의 조직 자문에 대해 이야기할 때, 그는 일곱 가지 변인에 대한 것과 관련한 변화에 대해 이야기하고 있다. Harrington(1985)은 포부, 변화, 측정 불가능한 목표들(시스템 간의 빈약한 의사소통, 또는 충분한 예상 없는 변화를 위한 적용의 시도)과 관련한 학교 내의 전형적인 조직적 문제를 제안했다. Harrington은 나아가 학교심리학자들이 기관의 발전과 자문을 위해 도입할 수 있는 다음의 네 가지 역할을 제안했다.

- 계획된 지도자: 변화를 조직하거나 도울 수 있음.
- 정보와 의사소통의 연결고리: 다른 이들을 위해 기관정보를 모으고, 명료화하고, 종합하고 해석함.

- 학습 전문가: 가까이 있는 문제들에 대해 학습에 대한 지식과 교육이론을 적용함.
- 관리를 위한 자문: 관리자를 위해 문제와 해결책을 밝히고, 관련된 다양한 집단들 간에 중재인으로 활동함.

학교심리학자들은 다양한 이유에서 조직 자문에 관여하기에 이상적인 위치에 있다. 첫째, 학교심리학자들은 학교의 안이나 밖에 모두 속하지 않는다. 왜냐하면, 학교심리학자들이 한 학교에서만 일하는 경우는 거의 없으며, 어떤 한 학교에 속한 직원으로도 볼 수 없지만 학교 내 구성원들과 충분히 시간을 내어 일하고 있기 때문에 외부인으로 볼 수도 없기 때문이다. 많은 학교심리학자들은 몇 개의 학교에서 일하고 있고, 다른 학교에서 어떤 방법이 효과적이고 또는 그렇지 않은지를 관찰할 수 있는 기회를 갖고 있기 때문이다. 마지막으로, 학교심리학자들의 연구설계, 자문, 평가 기술의 지식이 조직 자문의 실제에 유용함을 제공할 수 있다.

Illback, Zins와 Maher(1999)는 "학교를 시스템으로서의 조망으로 보는 것은 잠재적으로 학교의 운영에 영향을 주는 요소들에 대해 더 폭넓은 이해를 제공한다."(p. 922)고 했다. 이들은 시스템은 하위 시스템들로 이루어져 있다고 언급한다. 학교의 그러한 하위 시스템들은 각각의 학교, 학교 관리, 교육 영역, 특수교육자, 심지어는 학교심리학자들이 될 수 있다. 하위 시스템은 모두 상호 연결되어 있고, 한 하위 시스템에서 기인한 변화는 다른 하위 시스템을 바꿀 수 있다. Illback 등은 학교심리학자의 한 가지 중요한 조직적인 역할은 프로그램의 평가와 관련이 있다고 언급했다. 학교가 학생들의 성적에 대한 교사의 책임에 대해 결과를 바탕으로 한 평가를 하고자 할수록 프로그램 평가의 역할은 그 중요성이 더 확대될 것이다.

훈련 요구

앞에서 언급한 대로, 효과적인 자문이 되기 위해서는 개개인이 훌륭한 대인관계 기술, 자문의 매개변수에 대한 인식, 고려하고 있는 대상에 대한 지식이 필요하다. Conoley와 Conoley(1992)는 자문을 위해 필요한 "관계 증진 기술", "문제의 규정과 해결"의 기술 그리고 "개인과 집단과정 기술"을 명명했다. 학교심리학자들은 직업적으로 익숙하지 않을 수도 있고, 갑작스럽게 자문을 의뢰받았을 경우 특정 학교에 낯선 경우도 있을 수 있다. 그들은 더욱 전통적인 역할(예: 아동연구와 개입)을 통해 처음 그들의 전문적인 능력을 증명해 보여야 할 수도 있다. 동시에, 새롭게 훈련된 학교심리학자들은 효과적인 자문을 위해 필요한 지식이나 경험을 갖고 있지 않을 수도 있다. 그들은 적절한 대인 기술을 가지고 있으며, 브레인스토밍, 문제해결 전략들을 편안히 사용할 수도 있겠지만, 교사나 부모가 기대하는 자원이나 기법 면에서는 부족할 수도 있다. 이들에 대한 대처 방법을 제공해주는 좋은 학교심리학 문헌은 Christenson(1995), Conoley와 Conoley(1992), Gutkin과 Curtis(1999), Kratochwill, Elliott와 Calla-Stoiber(2002), Rosenfield(2002)와 Zins와 Erchul(2002) 등을 예로 들 수 있다. 자문에 대한 새로운 생각을 갖게 해줄 수 있는 훈련의 필요성에 대한 논문에 의하면, 학교심리학자들이 자문가로서 훈련을 필요로 할 뿐 아니라, 교사들도 피자문인으로서 훈련받는 것이 좋다고 한다. 이러한 훈련은 더 나은 의문을 갖도록 만들어줄 수 있으며, 자문관계에 있어 더욱 능동적인 참여자가 되도록 해준다(Duis, Rothlishberg, & Hargrove, 1995).

법적 및 윤리적 이슈

Hughes(1986)는 자문의 모든 형태와 모델에 적용되는 윤리적 논점에 대해 제안했다. 예를 들면, 자문의 형태에 관계없이, 학교심리학자들은 학생의 권리, 부모의 권리, 피자문인의 권리, 그들을 고용한 학교 체계의 권리를 고려할 필요가 있다. 학생의 권리와 관련하여, Hughes는 학교심리학자들의 행동은 "(a) 아동의 권리를 약화시켜선 안 되며, (b) 인간의 존엄성에 대한 가치를 증진하며 개개인의 권리를 존중해야 한다"(p. 490). 만일 학교심리학자들이 자문이나 그 외의 역할을 수행하는 작업에 있어 비윤리적이거나 아동의 권리에 반하는 경우에는 이러한 작업을 다르게 바꾸어야 할 의무를 갖는다.

Hughes(1986)에 따르면, "아동이 얼마간 학급 동료들이 이 아동을 부정적인 쪽으로 다르게 지각할 수 있는 특수교육의 대상자가 되는"(p. 492) 어떤 계획이나 프로그램에 대해 부모는 사생활의 보호와 비밀보장, 사전 동의를 제공하거나 거부할 권리를 갖는다. 피자문인 또한 사생활보호, 비밀보장, 사전 동의의 의무를 갖는다. 왜냐하면 자문관계는 자발적이며, 피자문인은 자문으로부터 도출된 제언이나 조언을 수락하거나 거부할 권리가 있기 때문이다. 학교심리학자를 고용한 학교 또한 권리를 갖는다. Hughes는 학교는 그들의 학교심리학자가 자문의 목표를 성공적으로 달성한 방법에 대해 알 권리를 갖는다. 다시 말해, 학교는 학교심리학자들이 얼마나 효과적으로 그들의 시간을 사용했는지에 대해 보여줄 책임 데이터를 가질 의무를 가진다는 것을 의미한다(5장 참조).

> 자문가로서의 학교심리학자는 학생, 부모, 학교행정가들이 전문적으로, 능력 있고, 공정하고 확실한 방법으로 업무를 수행할 수 있도록 도와줄 책임을 갖고 있다.

Jacob과 Hartshorne(2003)은 학교심리학자들의 자문의 역할에 대한 이와 비슷한 윤리적 논점을 제기했다. 이들은 "자문 과정에서 학교심리학자들이 피자문인을 도울 수 없는 것이 명백해진다면 그는 피자문인을 다른 전문가에게 윤리적으로 의뢰해야 하는 의무가 있으며 …… 이는 자문 과정 동안 다른 전문가가 피자문인을 더 잘 도울 수 있다는 것이 명백해질 경우에도 해당한 다"(p. 223)고 했다.

장점과 단점

학교심리학자의 다양한 형태의 역할 중에서 자문은 매우 가치 있고 만족스러운 역할일 수 있다. 자문은 학교심리학자들이 많은 수의 학생에게 간접적으로 영향을 미칠 기회를 제공한다. 자문은 특히 교사들에게 어려운 문제가 발생했을 경우에 소중한 자원으로 인식될 수 있다. 더불어 이는 문제를 예방함에 있어서도 효과적인 도구일 수 있다. 새로운 교사와의 행동적 전략에 대한 자문은 교사가 이미 일어난 문제를 다루거나 문제를 예방함에 있어 필요한 자신감과 기술을 발달시키도록 도울 수 있을 것이다. 반면에 많은 학교심리학자들은 학생들과 일대일 관계를 즐긴다. 자문가가 간접적으로 학생들과 작업하는 동안, 이들은 아동과 더 적은 시간을 보내고 대신 어른들과 많은 시간 작업하게 된다. 대개 교사인 피자문인은 자문가의 의견을 얼마든지 수락하거나 거절할 수 있는데, 이는 자문가에게 또 다른 좌절의 요소가 될 수도 있다. 협력적 문제해결에 많은 시간과 에너지를 들였더라도 때로 이는 완전히 무시되거나 비일관적으로 적용될 수도 있다.

새롭게 부상하는 학교심리학자의 역할

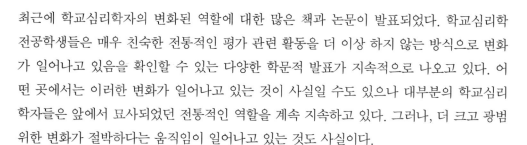

최근에 학교심리학자의 변화된 역할에 대한 많은 책과 논문이 발표되었다. 학교심리학 전공학생들은 매우 친숙한 전통적인 평가 관련 활동을 더 이상 하지 않는 방식으로 변화가 일어나고 있음을 확인할 수 있는 다양한 학문적 발표가 지속적으로 나오고 있다. 어떤 곳에서는 이러한 변화가 일어나고 있는 것이 사실일 수도 있으나 대부분의 학교심리학자들은 앞에서 묘사되었던 전통적인 역할을 계속 지속하고 있다. 그러나, 더 크고 광범위한 변화가 절박하다는 움직임이 일어나고 있는 것도 사실이다.

학교심리학자의 역할 변화에 영향력을 미친 것으로 보이는 것은 최근의 정치동향, IDEA 재승인, 역할을 확대하기 위한 추진, 학교에 대한 대중의 불만족 등이다. 우선 학교에 모든 학생들의 계량화된 결과물에 초점을 두는 아동낙오방지법(No Child Left Behind Act)의 명문화에 대한 정치적 분위기이다. 모든 학생들은 학교가 법안에서 정한 "적절한 연간 발달 수준"의 목표에 도달하도록 해야 한다. "모든 학생들"은 장애 학생, 일반학습에서 잘 기능할 수 없는 학생들, 전에 언급했던 전형적으로 교육적 체계의 틈새에 낀 학생들을 포함한다. 학교는 이러한 노력에 대한 도움이 필요한데 이를 위해 평가와 통계, 연구방법, 학습, 지도에 대한 지식을 가진 학교심리학자만한 적임자는 없을 것이다.

두 번째 추진력으로 작용한 것은 2004년 IDEA 법안의 재승인과 2006년 다른 전통적인 평가 기술보다 반응 개입(RTI: Response to intervention)을 강조해 이 법안을 적용시키는 것에 대한 규제였다. 많은 학자들은 몇 년간 주요한 문제 특히 학습장애를 가진 학생들을 규명하는 전통적인 방법에 대해 제안했다. 학습장애 아동을 밝히는 데 전통적인 모델은 지능검사와 성취검사 간의 격차를 살펴보는 것이었다. 만일 학생이 지능검사에서 측정된 정도의 잠재력에 미치지 못하면 학습장애일 가능성을 의심하게 된다. 전통적인 기술에 대한 비판은 어떤 경우에는 이런 비슷한 종류의 격차가 동기 문제, 학생과 교사의 좋지 않은 교수적 조합, 또는 정서적인 어려움과 같은 다른 이유들에서도 일어날 수 있다는 이론을 제기했다. 2006년 8월 IDEA의 적용 규제로써 지지된 최근의 고려점은 학습문제나 학습장애를 가진 학생들을 규명하고 도울 수 있는 더 나은 방법들이 있을 것이라는 점이다. 그 중 하나는 학교심리학자들이 학생들이 한 가지 또는 더 많은 증거를 바탕으로 한 개입에 어떻게 반응하는지에 대해 체계적으로 관찰한 반응 개입이다. 이는 3학년 또는 4학년이 되기 전까지 나타나지 않을 지능, 성취 간 격차를 살펴보는 것보다 학생의 어려움을 더 잘 드러내줄 수 있는 방법이 될 수 있다.

세 번째 변화를 자극했던 것은 전문분야 내부에서였다. 많은 실무자들과 대학 교수들은 전통적인 역할에서 더욱 확장된 역할로 확대하기 위한 방법을 찾고 있었다. 그러나, 반복적인 평가, 재평가, 근무 등을 단순히 해내는 것에 대한 의무는 다른 어떤 것들을 위한 시간을 거의 남겨두지 않았다. 학교 운영진들은 전형적으로 이들이 자신의 모든 다른 의무들을 수행한다는 전제하에 학교심리학자들의 역할의 어떤 변화에 대해 동의했다. 증거자료들이 확보되지 않더라도 수련생들은 그들이 특수교육학생과 배타적으로 일하며 학문적으로나 정서적으로 힘들어하고 있는 다른 학생들의 욕구를 충족시키지 못한다는 것에 놀란다는 경험적인 증거들이 있다. 경험이 많은 학교심리학자들 또한 학교에 실제적인 변화를 일으키고 있지 않다는 느낌에 대한 좌절을 이야기한다. 행정당국은 각 심리학자들이 얼마나 많은 수의 사례를 담당하고 있는지 지속적으로 확인해 만약 연간 특정 수 이하를 하고 있다면(한 사례에 80), 개인의 업무량에 다른 학교를 더한다. 그러므로 역할을 확대할 기회는 저해된다. 이런 종류의 행정적 압력과 다른 좌절의 요소들은 학교심리학자들에게 변화에 대한 의욕을 고취시켰다.

네 번째 자극은, 제한적인 학교심리학자들의 역할에 대한 좌절과 비슷하게 전반적으로 미국 공립학교에 대한 일반 대중들의 좌절이다. 부모들은 학생들이 학문적으로 도전받지 않는다고 불평하며, 또한 많은 사람들은 그들의 자녀가 학교에서 안전하지 않다고 느낀다. 교사들은 "시험을 위한 수업"과, 학생들이 전국적 기준에 도달하도록 해야만 한다는 압력에 대해 불평하는 실정이다. 교사들은 또한 과거보다 학생들이 더 많이 행동적, 정서적 어려움을 경험하고 있으며, 부모들은 학교에 대해 일반적으로 덜 협조적이라고 말하고 있다. 2006년에 America's Schools in Crisis 라는 제목의 유명한 시리즈까지 나오게 되었다. 이 시리즈는 학생들이 걱정스러울 정도의 비율(30% 또는 그 이상)로 학교를 중퇴한다는 내용을 다룬 오프라 윈프리 쇼나 타임지와의 협력으로 완성되었다. 시내와 시골 학교들은 특히 심한 타격을 받았다. 이 쇼에 나타난 한 가지 예로는 30명이상의 학생이 있는 교실에 책상이 고작 20개 정도밖에 없었다는 것이다.

이러한 다른 영향력들이 결합해 학교심리학자들이 그들의 모든 기술과 지식을 전체 학교체계에 사용할 수 있도록 함에 있어 최적의 시기가 되도록 작용했다. 이 역할의 원형은 1963년 자료지향적 문제해결 역할이라는 설명으로 Susan Gray에 의해 제안되었다. 이는 1997년 Ysseldyke 등에 의해 쓰였으며 *NASP Blueprint*로 알려진 *학교심리학: 훈련과 실제를 위한 청사진*에 의해 보급되었다. 가장 최근의 *Blueprint* 버전은 2006년에 발행되었다(Ysseldyke et al., 2006). 이 *2006 Blueprint*는 2개의 결과물을 위한 작업에 대한 언급으로 시작된다: "학교심리학자들은 (a) 모든 학생들의 능력을 증진하며, (b) 모든 학생들이 성공적인 성인으로 이행해나감에 필요한 요구를 충족할 수 있도록 체계를 세우고 최대한으로 지속하여야 한다"(p. 12). 장애가 있는 학생에게 더욱 주의를 기울여온 전통적인 역할에서는 모든 학생들에게는 주의를 덜 집중해왔다.

학교심리학자들의 자료를 바탕으로 한 문제해결 기술들에 대한 확대된 역할은 교육과 경험을 통해 얻어질 수 있는 기술과 지식에 달려있다. 이는 문제규명, 문제정의, 개입설계, 개입의 적용, 만일 문제가 적절히 다루어졌거나 추가적인 개입이 필요할 경우의 결정에 대한 재평가의 기본적 문제해결 모델을 중심으로 이루어졌다.

문제규명

종종 문제규명 과정은 앞에서 언급되었던 전통적인 역할에서 일어날 수 있는 것과 비슷한 학교-기반 모임에서 시작된다. 이러한 모임은 각기 다른 이름으로 불리는데 이 용어에는 일반교육발의(general education initiative), 의뢰전 개입(prereferral intervention), 유연한 서비스 제공(flexible service delivery), 교사 협력팀(teacher assistance teams), 학생 보조팀(student assistance teams) 등이 포함된다. 이러한 모임에서 누군가(대체로 교사들)는 팀 구성원들의 관심사를 이끌어낸다. 다음 예는 이러한 모임에서 나타날 수 있는 전형적인 예이다. 교사는 자신의 학생 중 한 명인 앤디(Andy)라는 이름의 1학년 학생이 읽기를 배우는 데 어려움을 겪고 있으며, 몇 분 이상 가만히 있지 못하고, 숙제를 끝마치지 못하며, 주의집중에 어려움을 겪고 있다고 말한다. 전통적인 모델에 따르면, 문제의 원인을 알기 위해 앤디는 학교심리학자들에게 평가 의뢰되었을 가능성이 높다. 확장된 모델에서는 앤디에 대한 추가적 정보가 요청될 수 있으며, 이전에 학교심리학자들에 의해 시행된 평가를 사용하지 않을 것이다. 대신 참가자들은 어떻게 Andy가 학급의 다른 학생들과 비교될 수 있는지 교과-기반 검사를 요청하거나 그의 산만한 행동과 낮은 숙제 완성률의 원인을 알아보기 위해 기능적 행동분석(FBA: functional-behavior analysis)을 요청할 가능성이 높다.

문제정의

전통적인 모델에서 학교심리학자들은 비공식적인 측정(예: 교사와 부모 면담, 학급 관찰, 학교 기록의 검토)과 공식적인 측정(예: 지능검사, 성취검사, 표준화된 행동 평가 척도)을 사용해 앤디를 평가할 것이다. 그의 학습문제의 원인을 찾아내기 위해 여러 전문분야에 걸친 협력팀 또는 적격성 평가 모임에는 모든 관계자(교사, 부모, 학교장, 학교심리학자, 학교사회복지사)가 참여하게 될 것이다.

　학교심리학의 확장된 모델에서 교과-기반 측정(CBM)은 그가 어떻게 행동하고 있으며 그의 동료들과 비교해 어떤 수행을 하고 있는지 보여주기 위해 사용될 수 있다. 앤디에게는 읽기 유창성, 독해 정확성, 음성적 지각 등이 측정될 것이다. Brown-Chidsey와 Steege(2005)는 이 단계에서 "어떤 문제는 매우 사소한 것이며, 시간이 지남에 따라 해결될 수 있다. 반면 어떤 문제는 즉각적으로 다루어져야 할 수도 있다. 만약 학생의 현재 수행과 기대되는 바가 큰 차이를 나타낸다면 그 학생은 심각한 학교문제를 가지고 있을 가능성이 있다"(p. 7)고 언급하였다. 확장된 모델에서 학교심리학자는 전통적 모델과 연합해 면담과 학교 기록의 검토, 학급 관찰, 다른 자료수집 과정을 계속해야 할 것이다.

개입설계

전통적인 모델에서 만일 앤디가 학습장애가 있는 것으로 밝혀진다면, 여러 전문분야에 걸친 팀은 그가 특수교육에서 어느 정도의 서비스가 필요하며, 그를 특수학급에 보낼 것인지, 일반학급에서 서비스를 받도록 할 것인지, 장·단기 목표를 무엇으로 수립할 것인지를 결정해야 할 것이다. 확장된 모델에서 앤디를 위한 최선의 개입을 결정하기 위해 근거를 기반으로 한 개입이 논의될 것이다. 앤디는 과제에 집중하고 그와 함께 번갈아 읽기를 도와줄 동료 튜터를 지정받을 수도 있다. 그의 숙제를 완성하는 비율을 감독해줄 표를 만들 수도 있다. 또한 앤디의 어려움을 교정하기 위한 개입 시간이 결정될 것이다.

개입이행

전통적인 모델에서나 확장된 모델에서 개입이행을 위한 단계는 기본적으로 같다. 개입 완전성의 개념은 어떤 모델인가와 관계없이 중요하며, 계획에 의해 실행된 개입을 의미한다. 수년간 학교심리학자들이 느껴온 좌절 중 하나는 부적절한 개입 또는 신중하게 계획된 교사와 부모, 다른 사람들이 관계된 개입 적용의 부족과 관련이 있다. 이러한 문제는 전략을 적용할 사람들이 개입에 대해 편안히 느끼고 그들이 성공적으로 이 개입을 이끌 기술이 있다고 믿도록 함으로써 해결할 수 있다. Rathvon(1999)은 교사와 부모의 입장을 이해하고 자주 개입이 어떻게 작용하고 있는지 점검하는 것을 지지하는 것에 대한 중요성을 강조했다. 교사와 부모가 좌절하고 포기하도록 하는 문제를 찾아내는 것보다 도중에 전략을 미세하게 조정해나가는 것이 훨씬 낫다. 이러한 점검 과정은 *진행 모니터링*이라고 불리며 비공식적 접촉이나 업데이트뿐 아니라 자료수집과 분석을 포함한다 (Brown-Chidsey, & Steege, 2005). 진척사항에 대한 감찰과정은 어떤 개입에서나 중요하지만 학생의 개입에 대한 반응을 결정함에 있어 매우 중대한 요소이다.

개입이행과 결과에 대한 재평가

전통적인 학교심리학 모델에서 재평가는 IDEA에 잘 나타나있다. 특수교육에 적합한 것으로 밝혀진 아동이나 청소년들은 그들의 IEP 목표 달성에 부합할 만한 발전이 있었는지 확인하기 위해 적어도 3년마다 재평가되어야 한다. 또한 IEP의 모든 학생들에 대해 매년 연말 발전 정도에 대해 논의하게 된다. 그 외 추가적인 고려사항이 발생하지 않는 한 각 학생들의 발전을 확인하는 것은 교사에게 달렸다.

확대되는 역할은 발달의 지속적인 관찰과 자료를 바탕으로 학생의 다음 단계를 결정하는 것을 강조하고 있다. 만약 학생이 증거-기반된 개입에 긍정적인 반응을 보인다면, 개입은 지속된다. 만약 학생이 이에 효과가 없다면, 새로운 개입이 제시되어야 할 것이다. 이러한 과정은 학생과 개입이 이상적으로 조화될 때까지 지속된다. 개입의 레파토리가 시도된 후에도 학생의 어려움이 지속된다면 학교심리학자가 전통적인 일련의 평가를 실행해야 할 시점으로 볼 수 있다. 앤디의 사례에서 만약 교사가 동료에게 학습의 도움을 받도록 하고, 숙제하기를 감독하며 자리에 앉아있는 행동을 증가시키도록 하는 행동 수정 계획을 시도하였고 앤디가 그를 통해 읽기와 행동 면에서 반 학생들을 따라잡기 시작했다면 개입은 계속될 것이다. 그러나 모두

> 확대되는 역할은 발달의 지속적인 관찰과 자료를 바탕으로 학생의 다음 단계를 결정하는 것을 강조하고 있다.

의 이러한 노력에도 불구하고 앤디가 나아지지 않는다면 앤디에 대한 더 많은 정보가 필요할 것이며, 더 집중적인 개입이 강조될 것이다. 확장된 역할은 학업적 문제뿐 아니라 행동적, 사회-정서적 어려움에도 사용될 수 있다.

 ## 학교심리학자의 추가적 역할과 기능

학교 시스템 안에서 일하는 대부분의 학교심리학자들은 앞에서 기술한 활동을 통해 학생들을 돕는 일을 주로 한다. 전통적인 방식으로 일하든 새로운 역할로의 변화를 만들든 간에, 학교심리학자들은 자료-기반 문제해결, 개입 계획, 자문을 하는 데 있어서 기본 기술을 조합해 사용한다. 아직도 많은 학교심리학자들은 하나 또는 그 이상의 덜 전통적인 역할과 기능에 관여하고 있다. 일반적으로 이러한 역할(예: 연구, 교육, 행정업무)들은 직접적으로 학생들을 돕는 것은 아니다. 그러나 학생들을 직접 상대하는 사람들에게 정보를 제공하고, 그들을 교육하며 감독하고 지원함으로써 학생들을 돕게 된다. 그러나 몇몇의 덜 전통적인 역할들은 다소 덜 전통적인 고객에게까지 서비스를 확장시켰고, 덜 전통적인 환경에 제공된다(예: 장애가 있는 고등학생에게 도움 주기, 유아에게까지 서비스 확장시키기, 자율학교 학생들에게 서비스 제공하기). 때때로 이러한 추가적인 역할과 기능은 전임 학교심리학자에 의해 실시된다. 예를 들어, 학교심리학자는 학교에서의 집단검사 실시와 집단검사 결과 해석을 검토하기 위해 위원회에 배정될 수 있다. 어떤 학교심리학자는 재능이 있는 학생을 위한 프로그램 개발이나 행동 수정 기법을 사용해 학생들을 통제하도록 학교 버스 운전사들을 교육시키는 일에 참여할 수 있다.

연구

학교심리학자들은 단기간 또는 장기간의 연구 프로젝트에 참여하게 된다.

- 공격적인 5학년 남자아이에 대한 행동 수정 방안의 효과 평가
- 의뢰 서식 중 의뢰 이유에서의 성차를 알아내기 위해 과거 기록 검토
- 학습 장애를 가진 중학생들의 특별반 교육과 통합교육의 효과 평가
- 사회적 기술 훈련을 받은 2학년 학생들과 그러한 교육을 받지 않은 2학년 학생들 간의 행동 비교

학교심리학자들의 연구와 관련된 노력은 전통적으로 대부분 대학에 기반을 둔 교육자들에 의해 행해졌다. 6장에 기술된 바와 같이, 교육자들은 일반적으로 박사학위를 받

는 과정에서 연구와 통계에 대한 추가적인 기술을 획득한다. 어떤 교육자들은 자신의 업무 중에서 연구를 즐기기 때문에 교육자가 되기도 한다. 게다가 대학에서는 교수들에게 승진하고 종신교수가 되기 위해 연구하고 논문을 발표하기를 기대한다. 마지막으로, 대학 환경은 일반적으로 컴퓨터, 도서관, 연구를 보조하는 대학원생들과 같은 연구에 필요한 것을 지원하는 시설을 갖추고 있다.

공립학교에 고용된 학교심리학자들은 연구를 하는 것에 대해 전통적으로 학교로부터 많은 격려를 받지 못했다. 연구를 희망하는 사람들은 프로젝트에 따로 시간을 내야 할 것이다. 어떤 학교심리학자들은 그들이 하고 싶은 연구 프로젝트에 대한 아이디어를 가지고 있지만 기술적인 전문 지식이나 연구에 필요한 대학의 지원은 부족한 실정이다. 최근 들어 연구에 관심을 가지는 현장에서 일하는 전문가와 관련 프로젝트를 도와줄 수 있는 자원을 가진 대학에 있는 사람을 연결해주려는 활동이 이루어지고 있다. 이러한 "전문적 연결" 활동은 더 큰 규모로 이루어지도록 권장되어야 할 것이다. 교사 교육에 있어서 이와 유사한 업무가 진전되고 있다. 교육학과 교수, 학교 교사, 관리자들 간의 긴밀한 관계를 발달시키려는 시도가 이루어지고 있다. 이러한 실행은 학생들에게 더 나은 현장 경험과 캠퍼스 안팎에서의 협동적 교수 협정, 교육 연구 프로젝트에 대한 기회 증가를 제공한다.

가끔 학교심리학자들은 다소 본의 아니게 연구 프로젝트에 관여하게 된다. 학교심리학자들은 연구 설계와 통계에 있어서 최고의 배경과 함께 하는 교직원의 일원이다. 그러므로 연구를 계획하고, 자료를 모으고, 결과를 널리 알리기 위해 학교 관리자, 교사 또는 교육위원회에서는 학교심리학자들을 선발할 것이다.

Phillips(1999)는 연구가 훈련과정에서 더 효과적이고 실제 업무에서 더 폭넓게 여겨지는 시스템을 제안했다. 연구는 문제해결 과정에서 꼭 필요한 부분이며, 전문영역 내에서 중요한 문제를 정의하는 수단이자 전문적인 문헌과 계속 접하는 방법으로 사용되어야 한다. Phillips는 연구를 평가하고 전달하는 "지식 중개인"인 학교심리학자와 실제로 연구 프로젝트를 진행하는 "혼합자"인 학교심리학자를 구분했다.

> 연구는 문제해결 과정에서 꼭 필요한 부분이며, 전문 영역 내에서 중요한 문제를 정의하는 수단으로 사용되어야 한다.

직무개발과 직무연수

대부분의 학교심리학자들에게 주어진 추가적 업무는 교직원 자기개발 또는 직무 연수와 관련되어 있다. 학교심리학자들은 여러 학교를 돌아다니면서 교사 및 학교 직원과 협의하기 때문에, 한 학교 또는 구역 내 전체 학교에서의 공통적인 교육 욕구를 파악할 수 있을 것이다. 예를 들어, 반응 개입 운동에 대한 뉴스가 퍼졌을 때, 학교심리학자들은 개입에 대한 반응 이해에 대해 도움 받기를 원하거나, 교육기반 측정 방법을 알고 싶어 하거나, 증거기반 개입에 대한 정보를 원하는 교사들로부터 연락을 받았을 것이다. 이런 요구들은 교사 대상의 직무 워크숍에서 이러한 주제에 대한 정보를 공유하고 논의하는 탁월한 기회를 제공한다. 여러 면에서, 직무 워크숍 계획은 일종의 대규모 또는 조직적인 상담으로 보일 수 있다. 때때로 학교심리학자들은 직무 워크숍에서 발표자가 된다. 어떤 때에는 워크숍을 계획하고 외부에서 발표자를 모셔오는 일에 관여할 수 있다. 학교심리학자의 역할과 기능이 변화함에 따라, 공개 발표에 대한 두려움을 극복한 학교심리학 전공자들은 직무 워크숍이나 다른 포럼에서 많은 청중에게 다가갈 수 있는 기회를 가질 것이다. 그리고 더 많은 아이들의 삶에 간접적으로 영향을 미칠 수 있을 것이다.

대학교육

많은 학교심리학자들은 예비 학교심리학자를 교육하는 데 참여하고 있다. 이러한 교육자 중 일부는 대학에서 근무하고 있으며 대부분의 시간 또는 모든 시간을 교육, 연구, 전문적인 서비스 활동에 할애한다. 다른 학교심리학자들은 학교에서 전문가로 고용되어 있지만 실습학생과 학교심리학 인턴을 감독하고, 훈련 프로그램에서 강사로서 대학생들을 가르치기도 한다. 대학에서 종신교수가 될 정규직 교수들은 거의 대부분 박사학위가 요구되며, 주로 철학박사 학위이다. 그러나 석사학위를 가진 겸임교수도 학부생들을 지도할 수 있을 것이다.

감독과 행정

대규모 교육청 또는 특수교육 협의회는 다른 학교심리학자들을 감독하고, 심리학적 서비스를 제공하는 부서를 운영하는 데 필요한 다양한 행정적 기능을 수행하기 위해 학교심리학자를 고용하곤 한다. 그런 사람은 일반적으로 학교심리학, 교육 행정 또는 관련 분야의 박사학위를 가진다. 감독하는 역할을 맡은 학교심리학자는 일반적으로 다른 정규직의 학교심리학자들보다 담당건수가 적은 편이다. 이는 행정과 감독 업무에 할애하는 시간에 대한 보상이다. 비록 모든 학교심리학자들이 서류업무나 회의와 같은 행정적 책임을 가지고 있지만 감독자인 학교심리학자들은 다양한 행정 활동에 대부분의 시간을 들인다.

전문적인 역할과 기능의 발전 —

학교심리학자의 전문적 역할과 기능은 고정적이지 않고 계속 변화한다. 이는 정치적·사회적 풍토, 교육 발전, 심리학 연구 결과 등을 포함한 다양한 요소를 기반으로 성장하고 변화한다.

새로운 역할을 제시하는 연구

전문적 문헌에서는 학교심리학자들이 직업상 하는 일(실제 역할), 하고 싶은 일(선호하는 역할), 다른 사람들—부모, 교사, 학생—이 생각하기에 학교심리학자들이 실제로 하고 있거나 하고 싶어 하는 일(지각된 역할)을 중점적으로 다루고 있다.

실제 역할에 대해 조사한 연구자들은 학교심리학자들에게 특정 시기에 그들의 활동을 일지에 기록하게 하거나 특정 역할과 기능과 관련해서 얼마나 많은 시간을 쓰는지 추정하도록 했다(LaCayo, Sherwood, & Morris, 1981; Smith, 1984). 최근 한 연구에서는 (Bramlett et al., 2002) 800명의 미국학교심리학자협회 멤버들에게 무작위로 설문을 실시하여, 다양한 직업 활동들에 할애하는 시간을 추정하도록 했다. 회수된 370부의 분석 가능한 설문지 결과에 따르면, 업무 시간 중 거의 반 정도(47%)는 평가하는 데 할애하고 자문에는 16% 정도, 개입에 13%, 상담 8%, 회의 7%, 슈퍼비전 3%, 연수 2%, 연구 1%, 부모 교육 1%, 그 외 다른 활동에 3%의 시간이 할애되는 것으로 나타났다.

몇몇 연구에서는 학교심리학자의 하나의 특정한 활동에 초점을 맞추고 있다. 예를 들어 Fish와 Massey(1991)는 학교심리학자들이 얼마나 많은 시간을 학생들의 다양한 생활(다시 말해서, 가정, 학교, 지역사회 구성원)과 함께하는지에 대해 관심을 가졌다. 그들은 연구대상자들에게 가족 구성원, 학교 교직원, 다양한 지역사회 구성원들과의 접촉에 대해 기록하도록 했다. 그 결과 학교심리학자들은 하루 중 평균 18%의 시간을 학교 교직원과 함께하며, 8%의 시간을 가족 구성원과 함께하고 2%의 시간을 다른 지역사회 구성원과 함께하는 것으로 나타났다. (아마 나머지 시간은 학생들과 함께하거나 문서업무 작성, 전문 서적 강독 또는 학교 간의 이동을 하는 데 보냈을 것이다.)

또 다른 연구(Watkins, Tipton, Manus, & Hunton-Shoup, 1991)는 학교심리학자의 다양한 전문 활동의 역할 관련성과 역할 관계를 조사했다. *역할 관련성(role relevance)*이란 다양한 역할들이 학교심리학 분야와 관련 있어 보이는 정도(또는 학교심리학 분야의 중요한 정의적 특징)로 규정된다(p. 328). *역할 관계(role engagement)*는 학교심리학자들이 전문적 업무에 관여하는 역할들을 포함한다. 이 연구에서 역할 관련성과 역할 관계의 공통적 배경을 확인할 수 있었다. 이 연구에 응답한 학교심리학자들은 평가, 자문, 상담과 개입을 하고 있었고 이러한 역할들을 학교심리학의 업무와 관련이 있는 것으로 생각했다. 이 연구에서 학교심리학자들은 직업과 관련 있다고 생각하는 여러 다른 활동, 즉 프로그램 개발과 책무성, 평생 교육, 교육과 슈퍼비전, 교육상담 및 직업상담을 담당하고 있었다.

Reschly(1998)는 학교심리학자들이 계속해서 업무 시간의 50% 이상을 심리학적 학습 능력 평가와 관련된 업무, 주로 새로운 또는 지속적인 특수교육 프로그램과 서비스에 대한 아동의 자격을 결정하는 일에 할애하고 있다는 것을 확인할 수 있었다. 그는 1992년과 1997년 사이에 "현재 또는 선호되는 역할에서 눈에 띄는 변화가 없음"을 알게 되었다 (p. 4). 5년 동안에 학교심리학자들은 평가, 개입, 자문과 같은 전통적 역할에 대한 선호를 지속적으로 표현했다. 몇몇 전문가들은 그들의 역할을 시스템의 방향, 조직적 협의 또는 연구 및 평가로 확대시키는 데 흥미를 보였다. Bahr(1996)는 Reschly(1998)의 연구를 뒷받침하는 자료를 제시했다. Bahr의 연구는 학교심리학자들이 역할 변화의 필요성을 인정하고 있지만(예: 증가된 교육과정기반 평가 사용, 교사와의 추후 자문의 증가) 일반적으로 전통적 역할을 완전히 새롭게 수정하고 변화시키기를 원하지 않고 있음을 보여주고 있다.

> Bahr의 연구는 학교심리학자들이 역할 변화의 필요성을 인정하고 있지만(예: 증가된 교육과정기반 평가 사용, 교사와의 추후 자문의 증가) 일반적으로 전통적 역할을 완전히 새롭게 수정하고 변화시키기를 원하지 않고 있음을 보여주고 있다.

몇몇의 연구에서는 학교심리학자의 역할에 대한 다른 사람들의 시각을 조사했다. Roberts(1970)는 학교심리학자가 자신의 실제 역할과 바라는 역할에 대해 지각하는 것과 교사들이 학교심리학자들의 실제 역할과 기대하는 역할에 대해 지각하는 것 사이의 유사성을 발견했다. Roberts의 연구에서 가장 큰 차이를 보이는 부분은 교사들이 학교심리학자에게 학생 개인 상담에 더 많이 참여하기를 바라는 것이다. Hughes(1979)는 학교심리학자, 학생 인사 관리자, 교육감들에게 실제적인, 이상적인 학교심리학자의 역할을 어떻게 지각하고 있는지에 대해 질문했다. 세 집단 모두 전통적 진단 평가 역할에서부터의 변화를 이야기하였다. 그러나 이 세 집단은 학교심리학자들에게 원하는 변화의 방향에서 차이를 보였다. 학교심리학자들은 자문(정신건강과 조직 발달)과 연구에서의 그들의 역할을 확장시키길 원했다. 학생 관리자들은 평가 역할에서 절약된 시간을 다른 역할(예: 상담, 부모 교육, 자문)에 골고루 분배하기를 바랐다. 연구에 참여한 장학사들은 학교심리학자들이 상담에 더 많은 시간을 할애하기를 바랐다.

보다 최근의 연구에서 Peterson, Waldron과 Paulson(1998)은 중서부의 교사들에게 학교심리학자와의 상호작용에 대해 물었다. 결과에 의하면, 비록 대부분의 교사들(89%)이 학교심리학자와 상의하지만, 학교심리학자들이 좀처럼 주변에 있지 않기 때문에 연락을 거의 하지 못하는 것으로 나타났다. 이 연구에서 교사들은 학교심리학자의 심리 측정과 문제해결 역할을 선호했고, 학교심리학자들이 교육 실습에 대해 좀 더 가치 있는 제안을 해줄 것이라고 믿고 있었다. 유감스럽게도, 교사들은 학교심리학자가 과도한 업무량과 여러 학교 또는 구역에서 근무하는 것 때문에 도움을 받을 수 없다고 생각했다.

학생들이 학교심리학자들에 대해 좋아하는 것을 알아보기 위해서, Culbertson(1975)은 한 집단의 대학 재학생에게 두 가지 질문을 던졌다: (1) 만약 당신이 이상적인 초·중·고등학교를 계획한다면, 당신은 학교 구성원으로서 심리학자를 포함시킬 것인가? (2) 위 질문에 그렇다고 응답했다면, 심리학자의 역할과 임무는 무엇인가? 서술해보시오 (p. 192).

학생 설문 조사결과, 92%의 학생이 심리학자를 학교 구성원으로 포함시켰다. 그 역할에 대한 다섯 가지 상위 응답은 도와주는 사람(예: 이야기할 수 있는 사람), 학생 능력의 평가자, 상담 조언자, 옴부즈맨, 정보 전달자 순이었다.

균형 잡힌 역할과 기능의 예

대부분의 학교심리학자들은 앞에서 논의된 역할과 기능을 조합하여 업무를 수행한다. 평가, 개입, 자문이 마치 서로 배타적인 활동처럼 제시되어 있지만, 실제로 그들 사이의 구별은 모호해졌다. 예를 들어, 특정 아동에 대한 교사와의 면담은 평가, 개입, 자문 모두의 부분일 것이다. 1장에서 학교심리학자들이 이러한 역할에 할애하는 시간의 상대적인 몫에 대한 설문 정보를 제공해주고 있다. 사례 4.1, 4.2, 4.3의 일지는 학교 심리학 업무에서 역할과 기능이 겹쳐지는 것을 보여주고 있다. 세 개의 일지는 학교심리학자가 참여하고 있는 활동의 다양성과 대상 아동의 연령대에 따른 활동의 차이, 교육구 단위에서 학교심리학자의 전통적인 역할이나 새로운 역할 중 무엇을 채택했는지에 따른 활동의 차이와 유사성을 보여준다.

변화하는 역할 준비를 위한 교육자의 공헌

학교심리학 전공 학생들의 교육을 담당하고 있는 대학 교수들은 특별하면서도 때로는 불편한 위치에 있다. 대부분은 자신의 경력 중 어떤 시점에 학교심리전문가로서 학교에서 근무해왔고, 실제 학교 현장에 대해 잘 알고 있다(예: 어려움을 가진 학생이 너무 많음, 너무 많은 서류업무, 학생을 특수 교육 교실에 배치하라는 강한 압박). 반면에 그들은 학교 심리학자들이 특수 교육에 대한 문지기 역할을 수행하는 것보다 더 많은 것을 할 수 있는 교육수준과 기술을 가지고 있다는 것을 알고 있다. 그러므로 학교심리학자를 교육하는 사람들은 전통적 역할을 강조하는 것과 학생들을 새로운 역할에 맞게 준비시키지 않는 것 사이에서 고민을 하게 되거나, 새로운 역할을 강조하는 것과 더 전통적인 업무에 맞게 학생들을 준비시키지 않는 것 사이에서 고민을 하게 된다. 그러므로 균형을 획득하기 위해 가장 노력해야 할 것이다. 그들은 학생들에게 평가(전통적인 것과 비전통적인 것), 자문, 개입을 포함한 다양한 기술을 가르친다. 그리고 졸업생들이 고용 자격을 갖추는 것뿐만이 아니라 그들이 고용된 어떠한 환경에서도 교육적 분위기를 향상시킬 수 있기를 바란다.

사례 4.1 학교심리학자 1: 일지

배경: 학교심리학자 1은 소도시에 고용되었다. 그녀는 세 군데의 초등학교와 한 중학교에서 초등학교-중학교 2학년을 담당하고 있다. 그녀는 총 1,800명의 학생을 맡고 있다. 그녀는 일주일에 하루씩 네 학교에 나간다. 금요일에는 그녀의 사무실에서 밀린 이메일과 전화 처리, 문서업무, 보고서 작성을 한다. 또한 금요일은 그녀가 일하는 지역의 유일한 다른 심리학자와 점심을 함께하는 날이다. 이를 통해 서로 계속 연락하고 지내고, 다른 학교 소식을 듣고 직업적 문제에 대해 토론하려 한다. 학교심리학자 1은 매우 전통적인 역할을 수행하고 있다.

10월 2일 월요일

7:30a.m.	이메일과 전화 메시지를 확인하고 비품을 챙기기 위해 사무실에 들름.
8:00a.m.	그레이스 학교에 도착.
8:00~9:30a.m.	교사지원팀(Teacher Assistance Team, TAT) 미팅 참석.
9:30~10:00a.m.	TAT 미팅의 새로운 위탁과 후속조치와 관련된 규칙을 확인함.
10:00~10:30a.m.	1학년 반에서 주의집중 문제가 있는 남학생 관찰.
10:30~11:00a.m.	1학년 담임교사와 관찰 내용에 대해 이야기함; 교사는 학생의 자리를 교실 앞쪽으로 옮기고 그가 안경이 필요한지에 대해 부모와 상의해보기로 함. 다음 주에 교사와 다시 이야기하기로 약속했음.
11:00~11:45a.m.	교실에서의 학습과 행동에서 곤란을 겪고 있는 4학년 여학생에게 심리검사 실시.
11:45a.m.~12:45p.m.	교사 라운지에서 점심을 먹으며 교사들과 그들이 원하는 직무연수 프로그램에 대해 이야기 나눔. 제안된 주제들은 자폐증, 일반 수업을 따라갈 수 없는 평균지능이 낮은 학생 다루기, 마음의 상처(부모의 이혼, 성적 학대, 형제자매의 죽음)를 경험한 학생 다루기 등을 포함하고 있음: 아직 결정된 것은 없음. 보다 공식적인 요구 평가가 전개될 것임.

(계속)

12:45~1:00p.m.	이메일과 전화 메시지를 확인함. 직무 연수 워크숍에 대해 간단하게 인터넷 검색 실시.
1:00~1:30p.m.	전학 온 지 얼마 되지 않아 적응상의 문제를 가지고 있는 6학년 학생을 상담함.
1:30~2:20p.m.	학업 곤란과 낮은 자존감 문제로 위탁된 5학년 남학생에게 성취도 검사와 문장 완성 검사를 실시함.
2:30~4:00p.m.	검사 결과와 통지표(school report card)에 대해 논의하기 위해 지역 NCLB 위원회와 만남.
4:00~4:30p.m.	심리검사 채점 및 해석; 문서업무 처리; 전화 통화.

사례 4.2 학교심리학자 2: 일지

배경: 학교심리학자 2는 대도시의 고등학교에서 전임으로 일하는 두 명의 학교심리학자 중 한 명이다. 사무실은 고등학교 내에 있으며 모든 근무시간을 사무실에서 보낸다. 이 학교의 학생 수는 고등학교 1학년부터 3학년까지 총 3천 명이다. 필요에 의해서 오로지 고등학교에서만 근무하는 학교심리학자들은 전통적 역할에서부터 새로운 역할에 걸쳐 다양하게 역할을 수행하는 것처럼 보인다. 일반적으로 그들은 학생들에 대한 초기 평가보다는 상담, 위기 개입, 특수교육에서의 학생을 위한 서비스 지원에 더 많이 참여한다.

10월 2일 월요일

8:00a.m.	힐크레스트 고등학교에 도착.
8:00~9:00a.m.	학생들의 학교에 대한 태도와 좋지 못한 학습 습관에 대해 우려하는 9학년 교사들과 만남. 부모가 학생이 성공하도록 도울 수 있는 방법을 주제로 한 이달의 학부모회(PTA) 프로그램 계획을 세움; 또래상담 프로그램의 가능성에 대해 논의함.
9:00~10:00a.m.	자존감이 낮고 사회적 기술이 부족한 6명의 1학년 여학생들과 집단 상담 실시. 지난 주 회기에서 6명 중 4명이 남자친구에게 학대당했었고, 대부분 부모 또는 다른 가족 구성원들로부터 학대당하거나 방치되었었다고 했음.
10:00~10:30a.m.	갱단활동을 막기 위한 전화회의에 공동체 특별전문위원회장의 보좌관과 참석. 학교와 공동체가 팀으로 일할 수 있는 방법에 대해 논의함.
10:30~11:30a.m.	모든 과목에서 낙제하고 자퇴를 고려하고 있는 2학년 남학생에게 성취도 평가를 실시하고 상담함.
11:30a.m.~12:30p.m.	교사 라운지에서 점심식사. 두 명의 교사가 임신한 것으로 보이는 3학년 여학생에 대해 우려를 표함. 다른 교사는 보통 학급에 배정되었으나 계속해서 과제를 하지 않는 것 같은 청각장애 학생에 대한 도움을 요청함.
12:30~1:30p.m.	심각한 가정 문제와 불안을 다루는 데 도움을 받고 싶어서 자발적으로 찾아

(계속)

1:30~2:15p.m.	온 1학년 남학생과 개인상담 진행. 두 명의 학교심리 전공 대학원생과 만남; 학교를 안내해주고 중등학교에서의 심리학자의 역할에 대해 논의함. 몇 가지 질문에 답해줌.
2:15~3:15p.m.	교사의 요구로 특수교육 학습 도움실 관찰. 학생들은 서로 어울려 지내지 못했고 이러한 문제들은 업무 완수를 방해함.
3:15~4:00p.m.	서류작업, 이메일 작성, 전화 통화 등
7:00~9:30p.m.	지역 대학에서의 장애가 있는 고등학생에 대한 직업 평가와 이직 서비스에 대한 강의 참석.

사례 4.3 학교심리학자 3: 일지

배경: 학교심리학자 3은 교육청에 근무한다. 그녀가 일하는 지역에는 6개의 초등학교와 3개의 중학교, 대규모 고등학교가 있다. 이 지역은 8명의 학교심리학자를 고용했고, 각자 1,000명에서 1,200명의 학생들에게 서비스를 제공한다. 학교심리학자 3에게 서비스를 제공받는 총 학생 수는 1,000명이다. 그녀는 한 개의 초등학교를 담당하고 있으며 다른 학교심리학자와 중학교 한 군데를 공유하고 있다. 학교심리학자 3의 지역은 전통적 서비스 모델에서 융통성 있는 서비스 전달(flexible service delivery)로 불리는 모델로 옮겨가고 있는 상황이다. 이것은 학교심리학에서의 새로운 역할 모델을 대표한다.

10월 2일 월요일

7:30a.m.	훼어랜드 초등학교에 도착(주 사무실로 여겨짐). 이메일과 음성메일 체크 등.
7:45~8:30a.m.	교사지원팀 회의 참석. 추가 정보를 모으기 위해 오후에 있을 유치원 아동과 1학년 아동 관찰을 계획. 교장은 읽기를 돕는 자원봉사 프로그램을 계획하길 바란다. 두 명의 교사와 학교상담가 그리고 나는 이것을 돕기로 했다(자원자 모집 방법, 자원자 지원 방법, 프로그램 모니터 방법 등에 대해 브레인스토밍). 막 전학 왔으며 1학년 수준의 읽기능력을 가진 (4학년) 남학생에 대해 들음. 그 학생의 어머니가 방과 후에 그의 담임과 의논하기 위해 학교에 올 것이다. 나는 이 미팅에 참석해서 나를 소개하고 이전 학교생활에 대해 질문하기로 했다.
8:30~8:45a.m.	학교 일과가 시작됨; 학생들이 등교할 때 그들을 맞이한다. (이것은 교장이 제안한 새로운 정책이다. 모든 교직원들은 매일 아침 복도에서 학생들과 인사해야 한다.)
8:45~9:15a.m.	독립된 특수 교육실에서 학생 그룹에게 사회적 기술을 훈련시킴.

(계속)

9:30~10:00a.m.	교실과 운동장에서 유치원생 관찰. 한 학생이 충동 조절에 어려움이 있어 보임: 그는 자기를 가로막는 모든 물건이나 사람을 던지고, 밀치고 움켜쥐었고, 지시나 경고 또는 결과에도 거의 신경 쓰지 않는다.
10:00~10:30a.m.	유치원교사에게 관찰내용을 이야기함: 그녀는 내가 언젠가 그 학생과 그의 행동에 대해 이야기하기를 바랐다. 또한 그 전까지 그가 적절하게 행동할 수 있도록 돕는 방법을 알고 싶어 했다. 나는 그를 교실에서 집중을 방해하는 것이 거의 없고 교사가 가장 잘 개입할 수 있는 자리(맨 앞줄?)에 그를 앉히라고 제안했다. 또한 순응적인 행동을 강화하는 보상 시스템을 개발할 것을 제안했다. 그가 의자에 앉아 있을 때에는 다른 사람을 밀거나 던지기 어렵기 때문에 우리는 자리에 앉아 있는 행동을 증가시키는 데 우선 초점을 맞추기로 했다. 나는 그의 착석행동에 대한 기준치를 측정하는 데 동의했다.
10:30~11:00a.m.	10초마다 이 학생의 착석행동을 관찰함. 그는 30분 중에서 5분도 못 앉아 있었다. 그 학급의 다른 학생들은 같은 시간 동안 최소 20분을 앉아 있었다.
11:00a.m.~12:00noon	두 명의 학생과 각각 30분씩 개인상담. 4학년인 학생은 분노조절의 어려움에 대해 다루었다. 5학년 학생은 부모님께서 굉장히 힘든 이혼절차를 밟고 계신다.
12:00noon~12:15p.m.	중학교로 이동함.
12:15~1:00p.m.	중학교 교사 식당에서 점심식사. 가장 기초적인 수준의 읽기와 쓰기조차 못하는 많은 학생들에 대해 걱정하는 6학년 선생님들과 이야기함. 나는 그 문제에 대한 정보를 모으는 일종의 교과기반의 측정방법을 조직화하는 데 동의했다. 그 동안에 우리는 일주일에 2회 실시하는 방과 후 보충 프로그램을 고려해보았다. 그 프로그램은 자발적으로 참여하는 것이지만, 올해 진학을 원하는 몇몇의 학생에게는 "강력하게 권해질" 것이다. 우리는 또한 내년에 이 문제에 도움이 될 수 있도록 보조금 제안서를 쓰는 것에 대해 논의했다.
1:00~2:30p.m.	중학교 팀 미팅에 참석. 앞에서 언급된 읽기 문제를 가진 6학년생에 대한 것과 함께 몇몇의 문제들이 논의되었다.
2:30~3:15p.m.	6학년 읽기 기술에 관한 교육과정중심의 측정방법과 관련된 자료를 찾기 위해 인터넷 검색을 실시함. 이러한 학생들에게 시도할 수 있는 증거 중심의 개입에 대해서도 찾아봄. 이메일과 음성메시지를 확인함; 전화 걸기 등.
3:30~4:00p.m.	중학교에서 다른 학교심리학자들, 학교 상담사들과 만남. 다가오는 주 학교 심리학 컨퍼런스에서 있을 중학교에서의 서비스 전달에 대한 합동 프레젠테이션에 대해 상의함.

― 결론

학교심리학자의 역할은 다면적이다. 학교심리학자들은 많은 활동들을 담당하고 있고, 그 활동들은 궁극적으로 아이들을 돕는 것을 목표로 한다. 비록 각각의 역할이 고유의 훈련과 기술을 요하지만, 모든 역할은 자료 중심의 문제해결 기술, 긍정적인 자문, 공동작업 기술에 기반을 두고 있다. 아동의 강점과 약점을 확인하고, 개입 전략이 효과가 있는지 여부를 결정하고, 자문 기술의 효능을 뒷받침하며 연구 가설을 지지하거나 반박하기 위한 자료 중심의 문제해결 기술이 없다면 우리는 기껏해야 더 좋은 사람, 즉 좋은 목적을 가졌지만 우리의 일에 대한 실증적인 증거는 없는 사람에 머물게 될 것이다. 긍정적인 협의 및 공동작업 기술이 없다면, 우리의 최고의 결실은 수반되지 않을 것이다.

제5장

학교심리학자의 평가와 책무성

지금까지 이 책은 학교심리학의 역사에 대해 기술했고, 고용환경과 학교심리학의 관계를 검토했다. 그리고 학교심리학자의 실제적, 이상적 역할과 기능에 대해 상술했다. 이 장에서는 집단으로서 그리고 개인으로서의 학교심리학자의 평가와 책무성에 관련된 다양한 과정에 대해 다룰 것이다. 전문적 평가와 책무성이라는 주제만큼 학교심리학 종사자들에게 중요하거나 불안감을 조성하는 주제도 없을 것이다. 학교심리학자의 직업 생활에서 스트레스가 많은 일에 대한 연구에서, "만족스럽지 못한 업무 수행에 대한 통지"가 가장 큰 스트레스를 받는 일로 순위 매겨졌다. 이는 "자살 가능성이 있는 사례들", "적법 절차 공판의 위험", 또는 "신체적으로 위험한 상황에서의 작업"들보다도 더 높은 순위다 (Wise, 1985).

대부분의 학교심리학자들이 학교심리학의 전반적 업무는 그 효과와 연관성을 평가하기 위해 주기적으로 검토되어야만 한다는 일반 원칙에 대해 동의한다. 그렇지만 막상 직업적 효과를 판단하기 위해 다른 구성원들을 평가해야 할 때가 되면 그 반응은 더 조심스러워지게 된다. 결국 학교심리학자들도 인간이다. 그렇지만 다른 사람들의 평가가 유용하다고 동의함에 따라, 대부분의 학교심리학자들은 매일 그렇게 하고 있는 것으로 보이는 것과 마찬가지로 그들 스스로도 충실히 평가를 받는다. 최근에, 특히 교육계에 있는 학교심리학자들은 교육자로서 학생의 학습 결과에 미치는 영향에 관심을 가지고 있다. 그러나 학교심리학자들에게 있어서, 단지 직업적 활동을 기록하고 실제로 어떻게 이러한 활동들이 아동에게 긍정적인 학습 결과를 초래하는지를 보여주는 책무성 모델을 뛰어넘는 것이 유용하고 가능한 일인가?

낙오학생방지법(No Child Left Behind) 시대에서 직업적 평가와 책무성에 대한 문제는 점점 더 중요해지고 있다. 학생시험금지법(No Child Left Untested) 시대로 별명 붙여진 지금, 학교에서는 매년 충분한 진전이 이루어지고 있음은 주지의 사실이다. 학교심리학자들은 이제 위험성이 더 높아진 교육적 책무성 문제에 대해 고심하는 학교 시스템을 돕는 데 있어 중요한 역할을 수행해야 할 것이다.

역사적 배경

학교심리학 종사자들에게 평가와 책무성은 새로운 것이라기보다는 쭉 이어져온 것이다. Witmer는 펜실베니아 대학의 상담실에 대한 의견을 진술하고 상담사례와 제공된 서비스에 대한 기록을 지속해야 했다(Brotemarkle, 1931). Gesell은 코네티컷 주에서 그의 담당 건수와 업무를 책임졌다(Fagan, 1987a). 대도시에 있는 학교에서는 연차보고서의 개념이 상당히 일반적이었다. 예를 들어, *Bureau of Child Guidance Five Year Report, 1932-1937*(City of New York, 1938)는 서비스와 열거 자료, 치료 결과에 대한 내용을 포함한 150페이지 이상의 방대한 보고서이다. *Bureau of Child Study and the Chicago Adjust-ment Service Plan*(City of Chicago, 1941)은 책무성 자료를 포함한 연차보고서의 또 다른 예이다.

몇몇 도시의 학교상담실은 아마도 사적인 자금으로 설립되었을 것이다. 지역과 주 행정부는 상담실의 가치와 성과가 입증되기 전에 공적 자금을 가지고 모험을 하려 하지 않을 것이기 때문이다. 이는 1910년에 설립된 신시내티 공립학교의 직업상담소(Vocational Bureau of the Cincinnati Public Schools)에 대한 사례이다(Veatch, 1978). Veatch의 연구는 심리학적 서비스 면에서의 상담소 발달과 몇 십 년 넘도록 힘겹게 진행되고 있는 책무성에 대한 역사적 설명을 제공해주는 좋은 사례이다. 교육위원회에 제출하는 신시내티 구역 연간보고서의 부분 역시 정리해 보관되고 있다. 그 보고서는 서비스에 대한 많은 세부사항을 포함한다(예: 신시내티의 공립학교(Cincinnati Public Schools), 1912).

비록 이러한 역사적 보고서의 대부분이 단지 얼마나 많은 학생들이 치료받았는지에 대한 기술이지만, 보고서들은 학교심리학자들의 활동 결과를 어느 정도 포함하고 있다. 그러므로 위에 언급된 것과 같은 자료들은, 비록 30년 정도에 걸쳐서 책무성이 보다 일반적인 것이 되었지만, 그것이 학교심리학 분야에서 중요한 개념이 되었음을 보여준다. 의심할 여지 없이, 위에서 인용된 것과 같은 기록들은 1930년대 공황시기에도 이러한 서비스를 유지하도록 학교 교직원과 교육위원회를 설득하는 데 도움을 주었다(Mullen, 1981).

현재의 실무 ─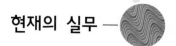

학교심리학자들은 교육 프로그램이나 학위과정에 지원하는 것부터 시작해서 자격 심사까지 그들의 경력 중 다양한 시점에서 평가를 받게 된다.

프로그램 지원 심사

학교심리학 교육 프로그램에 들어가기 위해서 예비 학교심리학자들은 특정 기준을 충족시키거나 그 이상의 자격 기준을 갖추어야 한다. 이러한 기준에는 보통 학부 성적, 졸업 시험 또는 다른 표준화 검사(예: Miller Analogies Test) 점수, 추천서, 자기소개서나 개인 면접이 포함된다. 이러한 기준은 대학의 교육자들에게 성공적으로 교육 프로그램을 이수할 가능성과 유능하고 생산적인 학교심리학자가 될 가능성이 높은 지원자를 뽑을 수 있는 기회를 제공한다. 이와 동시에, 하나 또는 그 이상의 이유로 교육과 실습에 부적합하게 보이는 지원자를 걸러내는 기능을 하게 된다.

학생 평가

일단 대학원 과정에 들어가면, 교수진들은 일반적인 학업 평가 요건(예: 학기 보고서, 과목 시험, 연구 프로젝트 등)을 통해 학생들의 학습 진전을 확인하게 된다. 학생들은 학위를 받기 전에 석사학위 논문이나 다른 연구 프로젝트, 포트폴리오 또는 종합시험을 완료해야 한다. 박사과정 학생들은 자격시험이나 구술 시험과 같은 추가적인 입학 및 졸업 자격 요건을 충족시켜야 한다.

　학교심리학 수련자들은 학업적 요건을 충족시키는 것 외에 개인적 특성과 전문적 특성에 대한 평가를 받게 된다. 몇몇 학자들은 학교심리학 전공자와 전문가에게 필요한 바람직한 개인적 특성을 제안하고 있다(Bardon, 1986; Bardon & Bennett, 1974; Fireoved & Cancerelli, 1985; Magary, 1967a). 가장 최근에 출판된 미국학교심리학자협회의 자격 수여 기준도 전문적인 업무 특성 목록을 포함하고 있다. 그 기준에 제시된 특성들은 "인간 다양성에 대한 존중, 의사소통 기술, 효과적인 대인관계, 도덕적 책임, 융통성, 진취성과 신뢰성"을 포함하고 있다(p. 45). Ysseldyke 등(1997)의 연구에서 학교심리학자들은 "경청하고 적응하고 모호성을 다룰 준비가 되어 있으며 어려운 상황에서 참을성이 있어야 한다."고 제안하고 있다(p. 11). 학교심리학 전공자들은 이러한 특성들 또한 반드시 갖추고 있어야 할 것이다.

　대부분의 학교심리학 교수들은 직업적 성공에 있어서 이러한 특성들 또는 자질의 중요성을 인정하고 있다. 따라서 교육 프로그램에는 이러한 특성들이 측정 가능하고 성공에 대한 유효한 예측변수가 되도록 충분히 구체적이고 의미 있는 용어로 규정되어 있어야 한다. 이 문제와 관련해서 학교심리학 교수들 또는 전문가들 사이의 의견일치를 이루는 것은 쉽지 않다. 그렇지만 교육 과정 중에, 특히 실습 과목에서 학생들은 다음과 같은 전문적 기술과 특성 중 일부 또는 전부에 대해 평가받게 될 것이다.

1. 경청 기술
2. 구어적, 문어적 의사소통 기술
3. 타인에 대한 존중
4. 건설적 비판을 수용하는 능력
5. 전반적인 정서적 성숙
6. 아이들과 일할 수 있는 능력
7. 긍정적이고 위압적이지 않은 방식으로 부모 및 학교 교직원과 일할 수 있는 능력
8. 교육과정에서 요구되는 것 이상을 기꺼이 하고자 하는 자세
9. 변화에 적응하는 융통성
10. 학교 프로토콜과 규칙 준수 (예: 사무실에 머물기, 적절한 옷차림, 부모의 허가 얻기)
11. 직업윤리 준수 (예: 비밀 유지, 교육의 경계 넘지 않기, 정직한 자료 제시)

우선 하나의 특성이 구체적이고 측정 가능한 용어로 규정되면, 교수들은 그 특성이 부족하다고 여겨지는 학생이 그러한 결함을 기꺼이 향상시킬 수 있을 것인지 또한 그 특성의 지속적 결함이 학생으로 하여금 교육 프로그램이나 인턴십을 끝내게 하는 충분한 근거가 되는지에 대해 결정해야만 한다. Ysseldyke 등(1997)의 연구에서 언급한 바와 같이, 자문이나 공동연구와 같은 영역에서 "대인관계 및 사회적 기술이라는 전제조건의 결핍은 높은 수준의 전문 기술 발달을 이루는 데 있어서 극복할 수 없는 장애물이 될 것이다"(p. 12).

자격 심사

대학원 과정을 마치고 주 증명서를 받기 전에, 학생들은 아마도 주에서 주관하는 최소한의 기능시험을 치러야 할 것이다. 이러한 시험은 학교심리학 분야에 대한 지식뿐만 아니라 언어와 수학 같은 기본 능력을 평가할 것이다. 1988년부터 국가공인과 관계있는 학교심리학자들은 국가공인 시험 점수를 포함해서 전문적 훈련, 지식, 경험의 증거를 국가심의위원회에 제출하도록 요구되고 있다. 국가공인 시험은 국가공인 절차와는 독립적으로

치러질 것이고, 사실 여러 주에서 증명서로서 사용되고 있다. 많은 교육 프로그램들은 졸업 전의 추가적 조건으로 국가공인 실습시험에서의 합격 점수를 요구한다.

1년간의 인턴십 기간 역시 세심한 평가가 이루어지는 시기로 설계되어 있다(8장 참고). 많은 학교심리학자들에게 인턴십 기간은 활동 중인 학교심리학자로부터 면밀하게 지도를 받게 될 마지막 시기이다. 지도를 담당하는 학교심리학자들은 교육과 경험 전체에서 인턴의 종합적인 진전과 기술뿐만 아니라 전문적 기술에 대해 평가할 자격이 있는 사람들이다. 인턴십을 마치면 수련생들은 학생 신분에서 벗어나 전문가가 된다. 그리고 적절하게 훈련되어 있고 지식이 풍부한 슈퍼바이저에 의한 평가는 더 이상 이루어질 수 없을 것이다. 그러므로 인턴십 과정에서 대학 교수와 현장 슈퍼바이저는 학생들이 공식적인 승인을 받기 이전에 그들이 최고의 전문적 기준에 도달하였음을 확인하고자 한다. 사실 미국학교심리학자협회 자격수여 기준(2000d)은 새로운 학교심리학자에게 처음 증명서를 받은 후, 영구적인 증명이 승인되기 전에 1년 동안

> 많은 학교심리학자들에게 인턴십 기간은 활동 중인 학교심리학자로부터 면밀하게 지도를 받게 될 마지막 시기이다.

슈퍼비전을 받도록 요구한다. 이 대학원 과정의 슈퍼비전은 "최소한 일주일에 두 시간, 대면 형식"으로 이루어져야 한다(p. 47). 그러나 실제로 여러 환경에서 이러한 요구는 이루어지기 어렵다. 특히 학교심리학자가 때때로 혼자 일하는 지방의 또는 작은 학교 구역에 고용된 사람들에게 더 그러하다.

일단 졸업자가 인턴십을 마치고, 추가적 교육 프로그램의 요건과 주에서 주관하는 자격수여 요건 또한 완료했다면 그들의 첫 번째 직업적 능숙도에 대한 시험은 일자리를 구하는 것이다. 물론 일자리를 구하는 것은 직업적 능숙도보다는 구인 총수, 지원자의 다른 지역으로의 이전 가능성이나 지원자의 기술과 흥미가 기존의 빈 자리와 부합되는 정도 등과 같은 다른 요인에 의해 좌우된다(이러한 요인들은 8장에서 논의된다).

고용 심사

학교심리학자들은 고용되고 나면 분명히 주기적으로 직업 평가를 받게 될 것이다. 학교 시스템은 일반적으로 전문직 직원에 대해, 특히 정규직을 승인받기 전인 사람들에 대한 연간 평가를 요구한다. 이러한 평가들은 적절하게 수행하지 않는 직원을 퇴출시키기 위해서뿐만 아니라 각 개인의 자신의 기량을 향상시키도록 하기 위해 시행된다. 교육자들은 때때로 형성평가(*formative evaluation*)와 총괄평가(*summative evaluation*) 방법에 대해 언급한다. 형성평가는 개입이나 프로그램 과정 동안 이루어진다. 총괄평가는 프로그

램의 최종 마무리 시점에서 이루어지는 것이다. 1년차 학교심리학자의 경우에 형성평가에는 자신이 근무 중에 했던 평가 또는 여러 분야의 직원채용 시 관찰한 바에 대한 평가, 과정 보고서, 학교 심리학자와 함께 일한 사람들로부터 받은 피드백 등이 포함된다. 1년차 학교심리학자에 대한 총괄평가는 아마도 활동 및 성취에 대해 상세하게 기록한 연말 보고서가 될 것이다. 강점과 약점 역시 언급될 것이다.

Millman(1981)은 그의 저서 *교사평가 핸드북(Handbook of Teacher Evaluation)*에서 형성평가와 총괄평가가 교사들에게 적용될 때 더 실용적인 방식으로 이러한 평가들을 구별했다. "형성평가는 무엇을 어떻게 가르치는지에 영향을 주는 정보와 판단, 제안 등을 제공함으로써 교사들로 하여금 그들의 수행을 향상시키도록 돕는다. 반면에, 총괄평가는 고용과 해고, 승진과 정규직, 부서 배치 및 급여에 대한 행정상의 의사결정에 적합하다"(p. 13).

비록 대부분의 학교심리학자들이 평가가 유익할 수 있다는 점에 동의하지만, 평가 결과에 그들의 급여, 부서 배치, 더 나아가 직장이 달려 있다면 많은 이들은 그러한 평가에 선뜻 동의하지 못할 것이다. 그러나 실제로 직장은 평가 결과에 달려 있을 것이다. 특히 작은 학교 구역 또는 지방에서 고용된 학교심리학자에게 때때로 발생하는 한 가지 어려움은 그들의 기량을 평가할 자격이 있는 전문가를 찾는 것이다. 학교심리학자의 직속 슈퍼바이저를 포함하여, 학교 시스템 내에서 학교심리학 분야의 배경이나 교육을 수료한 사람이 아무도 없을 수도 있다. 지역 교육위원회에서는 주기적인 평가를 시행하기 위해 외부에서 검토위원을 고용함으로써 이러한 문제를 다룰 수 있다. 비심리학자에 의해 평가된 학교심리학자에 대한 문제는 행정적 슈퍼비전 대 전문적 슈퍼비전의 논쟁을 다시 일으키게 될 것이다(3장에서 논의됨).

학교심리학 교육 프로그램에 대한 평가

대학 교육 프로그램 역시 형성평가와 총괄평가를 받는다. 대학은 일반적으로 교내의 각 프로그램에 등록된 학생 수, 각 프로그램을 수료한 학생 수, 학생들의 인구학적 정보(예: 나이, 성별, 인종), 각 프로그램을 맡고 있는 교수 수 등의 자료 유지를 책임지고 있는 연구 및 입안 기관을 가지고 있다. 경제적으로 어려운 시기에, 관리자와 대학을 운영하는 다양한 위원회에서는 배출된 졸업자 수에 따른 프로그램의 비용효과를 알아내기 위해 이러한 자료들을 면밀하게 조사하게 된다.

학교심리학 프로그램 관리자는 대학에서 받은 지원을 기록하는 것에 더해서 연간보고서를 작성하도록 되어 있다. 연간보고서는 프로그램에 대한 문의와 지원자 수, 프로그램에 가입한 학생 수, 현재 등록된 학생의 수와 자질, 그 해의 주요 성과, 졸업생의 직업 소개 기록 등등에 초점을 맞춘다. 학교의 부장, 학과장, 교무처장, 부총장, 총장 그리고 아마도 학교를 관리 감독하는 더 높은 이사회 임원들이 이러한 보고서를 읽을 것이다. 프로그램 관리자는 연간 단위로 교육 프로그램의 목표를 설정해야 하며, 전년도 목표를 어떻게 달성했는지 아니면 실패했는지를 설명해야 할 것이다. 게다가 대학에서는 모든 프로그램에 대해 정기적으로 자가진단을 하고, 자체 보고서를 공식화하기 위해 내부 또는 외부 심사를 받길 원한다. 학교심리학 프로그램의 교수들 역시 평가를 받는다. 특히 종신교수를 받기 전 매년 한 번씩(일반적으로 6년 동안) 평가를 받게 된다. 종신교수가 되고 난 후에 교수들은 부서 또는 대학의 정책에 따라 정기적으로 평가를 받는다. 이러한 평가들은 일반적으로 우선 학과 인사 위원회에 의해 이루어진다. 그 다음에는 학장, 교무처장, 부총장, 총장에 의해 시행된다. 물론 여러 대학에서 학생들에게도 강의가 끝난 후 교수를 평가할 수 있는 기회가 있다.

> 학교심리학 프로그램의 교수들 역시 평가를 받는다.

주와 국가에서 승인한 프로그램의 중요도에 따라서 주 교육위원회, 지방의 승인기관, NCATE와 함께하는 미국학교심리학자협회, 미국심리학회에 의해서 주기적인 심사가 이루어진다. 이러한 심사는 교육 프로그램이 지속적으로 높은 전문적 기준을 유지하고 있는지를 검토하기 위해서 일반적으로 다년도 주기—예를 들어 매 5년, 매 7년, 또는 매 10년 주기—로 시행된다. 학교심리학 교육 프로그램에 등록된 많은 학생들은 각 심사에 참여하도록 요구받을 것이다. 보통 이러한 심사에 참가하게 되면 개별적으로 또는 집단으로 한 명이나 그 이상의 교외 심사자와 만나게 된다. 학생들과 평가단 또는 승인단의 미팅은 대개 프로그램에 대해 교수들이 제공한 자료가 정확한지를 알아보기 위해 이루어진다. 예를 들어, 주어진 자료에 교수들이 매달 프로그램 담당 교수, 학생, 직원 모두가 참여하는 미팅을 주최한다는 내용이 있다면 학생들은 미팅의 빈도와 내용에 대해 질문을 받을 것이다. 그리고 교육이 희망했던 성과를 내고 있는지를 알아보기 위해서 학생들 또한 그들이 습득한 기술에 대한 질문을 받을 수 있다. 7장에서 교육 프로그램에 대한 승인 절차에 대해 더 자세히 다룰 것이다.

전문성 책무와 학교심리학

학교심리 전문가에게 있어서 평가란 전문성 책무의 개념, 즉 전문가의 직업적 활동에 대한 기록이나 설명과 매우 밀접한 관련이 있다. 다른 사람들을 위해 일하는 학교심리학자들, 특히 지역이나 주 또는 연방 정부로부터 급여를 받는 학교심리학자들은 그들의 고용주와 일반인들에게 설명을 해야 한다. Ysseldyke 등(1997)의 연구에 의하면, 자료 중심의 의사결정과 책무성은 학교심리학의 체계적인 주제가 되어야 한다. 그러한 관점에서 볼 때, 다음에 제시된 다섯 가지 이유는 왜 책무성이 학교심리학 종사자와 전문가로 일하는 사람들에게 중요한지를 보여준다.

아동을 돕는 방법으로서의 책무성

우선, 책무성은 심리학자들로 하여금 학생들을 더 효과적으로 도울 수 있게 한다(Zins, 1990). 전문가들은 효과가 있는 것과 그렇지 않은 것을 알아내기 위해 무엇이 실행되었는지를 꾸준히 기록하고 평가함으로써 아동의 욕구를 충족시키는 것을 점점 더 정확하게 결정할 수 있다. 예를 들어, 읽기를 배우는 데 어려움이 있는 아동이 또래로부터 도움을 받았을 때 또래 지도를 받지 못한 아동들보다 더 큰 학업 개선을 보였다는 기록이 있다면 학교심리학자는 아마도 앞으로 같은 사례에서 또래 지도를 제안할 것이다. 자료에 기반을 둔 권고사항을 기본으로 한다는 생각은 증거 중심의 개입 모델에서 가장 중요한 부분이다.

Canter(1991b)는 미니아폴리스 공립학교의 학교심리학자들에 의해 시행된 책무성 시스템이 어떻게 직·간접적으로 전문적 업무에 영향을 미쳤는지 기술했다.

예를 들어, 남자아이들이 여자아이들보다 두세 배 더 많이 위탁되고 있음을 보여주는 자료가 10년 이상 일관적으로 나타났을 때, 연구문헌에 대한 토의와 검토는 불안과 우울과 같은 문제에 있어서 여자아이들이 적게 위탁되고 있다는 염려를 일으킨다. 문헌 검토뿐만 아니라 초기 예방과 조정 활동에서 다루어질 수 있는 교직원 발달, 현직 연수 프로그램, 전문가 집단과의 자문 등은 덜 눈에 띄는 문제들에 대한 의식을 고조시키는 데 도움이 된다(p. 61).

전문성 향상과 회복의 수단으로서의 책무성

책무성이 중요한 두 번째 이유는 전문적 효율성을 향상시키는 것과 관련이 있다(Zins, 1990). 다음과 같은 경우가 그 예가 될 것이다. 학교심리학자는 자신의 회의 진행 기술을 평가하기 위한 설문을 작성하고 함께 일하는 교사와 부모들에게 실시했다. 완료된 설문에 의하면 회의는 대체로 긍정적이었지만, 몇몇 부모들은 학교심리학자가 아동의 강점과 약점을 설명할 때 너무 많은 전문용어를 사용한다고 생각했다. 그리고 몇몇의 교사들은 심리학자가 아동을 얕보는 듯한 투로 이야기했다고 언급했다. 이 심리학자는 회의 상황에서 부모와 교사들과 관계하는 방식을 바꾸는 데 있어 이러한 피드백을 활용할 수 있다. 그 자신의 전문적 효율성을 향상시킴으로써 그는 간접적으로 아동이 더 나아진 도움을 받도록 할 수 있을 것이다.

개인적인 효율성에 대한 피드백은 또한 전문성 회복을 가져올 수 있다. 그렇지만 많은 학교심리학자들은 그들의 노력이 성공적이었을 때 충분한 피드백을 받지 못하면 좌절감을 나타낸다. 중재 계획이 실패했을 때 교사들로부터 받은 피드백이 유일한 것일지도 모른다. 중재가 성공적이었을 때 학교심리학자를 찾기 위해 특별히 노력하는 사람은 많지 않다.

조직 향상의 수단으로서의 책무성

책무성 효과에 대한 세 번째 이유는 변화가 필요한 때를 알려주기 때문이다(Ains, 1990). 예를 들어, 하나의 구역 내의 학교심리학자들의 일정을 파악하고 있는 한 학교관리자는 학교심리학자들이 평균적으로 근무시간의 15%정도를 여러 학교와 교육위원회 사무실 사이를 왔다 갔다 하는 데 사용한다는 것을 발견할 수 있을 것이다. 학교심리학자들에게 이동에 많은 시간을 할애하게 되는 이유를 물으면, 그들은 검사 도구를 함께 사용하기 때문에 필요한 검사 도구를 매일 아침에 가지러 갔다가 매일 오후 가져다 놓아야 한다고 답할 것이다. 그렇다면 관리자는 검사 도구를 추가로 구입하기로 하거나 도구를 좀 더 효율적으로 나누어 사용할 수 있는 방법을 찾을 것이다. 이를 통해 이동시간을 단축하고 더 많은 시간을 생산적으로 쓰도록 할 것이다.

책무성 자료는 학교심리학자들의 기여 효과를 보여주고(예: 홍보 활동), 어떤 지역에 그들이 제공하는 서비스가 필요하다는 것을 알리기 위해 소비자들의 피드백을 활용함으로써 학교심리학자로 구성된 조직을 더 많이 활용하도록 할 수 있다. Phillips(1990b)는 일련의 학교심리학자들에게 그들의 일상적인 기능을 주기적으로 기록하기 위해 타이머를 가지고 다니도록 했다. 타이머가 울릴 때마다 학교심리학자들은 무엇을 하고 있었는지, 누구와 함께 있었는지 등을 기록했다. 이러한 기록 방식은 학교심리학자들의 활동에 대한 관심을 증가시킬 수 있다. 또한 이러한 기록은 교육 프로그램에서 강조되어야 할 것을 알아내기 위해 그리고 승인단체들이 요구 조건을 결정하기 위해 사용할 수 있다 (Williams & Williams, 1992).

홍보 활동을 개선하는 수단으로서의 책무성

책무성 자료를 만들어야 하는 네 번째 이유는 이러한 수고가 개인과 조직 모두에게 있어서 홍보 활동, 소비자 만족(Medway, 1996), 마케팅(Tharinger, 1996)의 도구가 되기 때문이다. 책무성 자료를 가지고 있는 것은 구직 중이거나, 직업적 평가를 받는 개인에게 유리하다. 자신의 능력을 입증하는 방법으로 성공적인 결과와 프로그램이 기록된 자료를 제시하는 것보다 더 나은 방법은 무엇인가? 또한 평가는 학교심리학자들이 생산적이고 중요한 교직원이라는 것을 교육위원회에 알려주는 역할을 한다. Rosenfield(1996)는 교육위원회의 심리학적 서비스 확대를 직접적으로 이끈 책무성 자료 예를 제시했다. 교육위원회는 특히 교육 예산이 충분하지 않은 상황에서, 학문적 프로그램을 줄이거나 학급 인원을 늘리지 않고도 예산을 줄일 수 있는 방법을 찾으려고 할 것이다. 학교심리학자들과 교내의 다른 비교육 전문가들(예: 상담자, 사회복지사, 언어 치료사)은 꼭 필요하지 않은—예산이 충분할 때에는 함께하면 좋지만 학교가 감축을 앞두고 있을 때에는 필수적이지 않은—대상으로 보일 수 있다. Trachtman(1996)이 언급한 대로, 학교관리자 관점에서 보면 "(만약 내가) 약간의 예산이 남아 있을 때, 내가 체육관이나 과학 실험실, 도서관, 음악실 또는 미술실, 악단 등을 유지하는 것이나 양호 교사, 생활지도 상담자, 또는 심리학자를 계속 고용하는 것 중 무엇을 선택할지에 대한 확신이 없다"(p. 9).

다행히 1975년 이래로 연방법은 학교에서 장애가 있는 학생들을 찾아서 진단하고 평가하도록 지시하였고, 그렇게 하지 않을 경우 연방 기금을 몰수함으로써 학교심리학자들을 보호하고 있다. 그러나 이러한 법률이 크게 수정된다면, 학교심리학자들은 단지 교내에서 자신들의 존재를 정당화시키기 위해 자신의 효율성을 기록한 대규모의 자료가 필요해질 것이다.

> 전문적 책무성을 가지는 것은 간단히 말해서 더 제대로 된 것이고 더 윤리적인 일이다.

윤리적 실무

비록 다른 이유들에 비해 덜 구체적이고 자주 언급되지 않지만 책무성에 대한 다섯 번째 이유 또한 중요하다. 전문적 책무성을 가지는 것은 간단히 말해서 더 제대로 된 것이고 더 윤리적인 일이다. Trachtman(1981, p. 153)은 책무성을 강요된 책무성과 자발적 책무성의 두 가지 유형으로 구분 지었다. *강요된 책무성*은 직업 분야에 대한 권위자(예: 슈퍼바이저 또는 교육위원회 장학관)의 요청에 의한 직업 활동 보고서를 말한다. *자발적 책무성*은 요구된 것이 아니라 학교심리학자가 그렇게 해야겠다는 직업적, 윤리적 책임감을 느꼈기 때문에 작성한 직업 활동 기록을 말한다. 평가 자료를 기반으로 학생들에 대한 중요한 결정을 하는 학교심리학자가 자기 자신과 자신의 활동을 평가에 포함시키지 않는다면 그는 위선적이고 비윤리적일 것이다.

책무성 노력에 대한 찬반양론

몇몇의 독자들은 아마도 왜 어떤 학교심리학자는 책무성 노력과 무관한지에 대해 의문을 제기할 것이다. 책무성 노력에 반대하는 주장은 직업에 대한 장기적인 관점보다는 단기적인 관점에 기반을 두는 경향이 있다. 현장에 있는 몇몇의 전문가들은 책무성 노력때문에 시간이 많이 소모되고, 더 중요한 활동을 할 시간을 빼앗긴다고 하거나, 아무도 연간 보고서를 읽지 않는 데 왜 신경 써야 하냐고 주장한다. 그러나 책무성은 학교심리학자들에게 직업적 활동에 대해 깊이 생각해볼 수 있고 그들이 기능하는 방식을 향상시킬 수 있는 방법에 대해 숙고할 수 있는 다소 흔치 않은 기회를 제공한다. 특히 교육이 결과 중심의 관점으로 보여진다면, 책무성은 직업적 결과를 설명하는 데 있어 매우 중요한 과정이다. 해마다 수집된 자료는 시간이 지남에 따라 이루어진 서비스의 변화를 보여주는 데 사용될 수 있다.

앞서 제시된 주장의 관점에서 볼 때, 전문적 책무성 노력이 이루어질 수 있는 방법에 대한 세 가지 가정이 제기될 것이다: (1) 전문성 책무는 가능하다; (2) 전문성 책무는 필수적이다; (3) 학교심리학자의 다양한 역할과 기능을 적절하게 평가할 수 있는 단일한 책무성 체계는 없다.

책무성의 유형 —

이 부분에서는 책무성의 다양한 유형과 책무성 자료의 출처에 대해 기술하고 학교심리학 문헌에 기록되어 있는 책무성을 이루기 위한 실제적인 노력에 대해 검토할 것이다. 하나의 가상 시나리오를 제시해보겠다. Goalworthy는 규모가 큰 학교 지역에서 학교심리학적 서비스를 책임지고 있다. 5월 1일에 그녀는 관리자에게 연간 행정 보고서를 6월 30일까지 제출해야 한다는 통지를 받았다. 그 보고서에는 다음과 같은 내용이 포함되어야 한다: (1) 전 학년도 대비 현 학년도 목표; (2) 현 학년도의 예산; (3) 현 학년도의 직원 활동.

첫 번째 부문은 전년도에 세워진 현 학년도의 목표에 대한 논의와 관련되어 있다. 골워시의 보고서에는 어떻게 목표를 이루었는지에 대한 설명이 포함될 것이다. 만약 이루지 못한 목표가 있다면, 그녀는 불충분한 자금, 직원 부족, 또는 과도한 위탁 등과 같은 목표 달성의 장애물에 대해 논할 것이다. 또한 그녀는 원래 목표에는 포함되지 않았지만 그 기간 동안 이루어진 다른 성취 결과에 대해서도 기술할 것이다.

두 번째 부문은 전년도와 비교한 예산에 대한 내용으로 이 역시 꽤 간단하다. 책임자로서 Goalworthy는 어느 정도의 자금을 할당받는다. 가장 큰 단일 지출경비는 직원 서비스 또는 급여에 배정된다. 이 범주에 해당하는 지출에는 종업원 후생복지 비용(건강보험, 치과보험, 퇴직자 연금제도 등)과 함께 그녀와 부서에서 일하는 다른 학교심리학자들, 직원들을 위해 고용된 관리부서의 봉급이 포함되어 있다. 학교심리학적 서비스에 대한 예산의 다른 품목들은 컴퓨터와 관련 소프트웨어, 평가도구(새것, 교체 또는 추가), 검사 프로토콜, 출장비(학교 간 이동시 소비되는 연료; 컨퍼런스 등록비, 교통비, 숙박비; 회의비), 도서와 학술지, 복사, 통신비, 여러 종류의 사무용품을 포함한다.

물가상승 그리고 위에 언급된 다른 비용(연료, 도구, 복사, 통신 등)을 포함하여, 학교심리학자를 고용하는 데에는 돈이 많이 든다. 이만큼의 자금이 안정적이지 않음과 더불어, 골워시는 책무성이 얼마나 중요한지를 알고 있다. 사실, 그녀는 관리자들이 각 사례에 대한 학교심리학자의 비용을 산출하고 싶어 하는 이유와 담당건수를 성취에 따른 비용 측정에 유용한 기준으로 보는 이유를 이해할 수 있다.

보고서의 세 번째 부문은 직원 활동에 대한 것으로, 과제는 더 어려워진다. 그녀는 자신의 부서에 속한 학교심리학자 개인이 하는 일에 대해 전반적으로 알고 있다. 그러나 어떻게 하면 지난 일 년에 걸친 그들의 활동을 간략하면서도 유의미한 방식으로 요약할 수 있을까?

기술적 접근

책임자로서 Goalworthy는 책무성에 대한 *기술적 접근*과 *평가적 접근*에 대해 잘 알고 있을 것이다(Monroe, 1979). 기술적 접근은 어떤 일이 일어났는지를 서술하고 평가적 접근은 일어난 사건의 영향을 조사하는 것이다(그림 5.1 참고). 일반적으로 골워시가 작성해야 하는 것과 같은 보고서에서 우선적으로 고려되어야 할 접근은 기술적 접근이다. 기술적 접근은 활동 일지 또는 직원들이 담당하고 있는 다양한 활동 목록을 포함하고 있다. 그러므로 Goalworthy는 다음과 같이 작성할 것이다.

이번 학년도에 우리 학교심리학자들은 시기에 맞춰 자신에게 위탁된 모든 평가를 완료할 수 있었다. 게다가 심리학자들은 다음과 같은 활동들을 담당했다.

1. 일련의 연수 워크숍을 통해 "반응 개입(RTI)" 개념을 지역의 직원들에게 소개함.

[그림 5.1] **책무성 자료의 출처와 유형**

유형	출처				
	학교심리학자	교사	관리자	부모	학생
기술적					
활동 일지	*				
열거하는	*		*		
평가적					
과정	*	*		*	*
결과	*	*		*	*

2. (학교사회복지사와 함께) 아이가 있는 고등학생을 위한 상담집단을 만듦.

3. 읽기 장애가 있는 학생들에게 사회과목과 과학을 가르치는 새로운 교수법 연구를 위해 보조금을 신청하고 25,000달러의 연구비를 받음.

4. 주의력 결핍 과잉행동 장애(ADHD)와 자폐증을 가진 아이를 파악하고 치료하는 지역 건강 전문의와의 연락 담당자로서 활동함.

5. 발병률이 낮은 장애를 가진 아이들의 부모를 위한 모임을 시작함.

책무성에 대한 기술적 접근의 두 번째 유형은 활동 목록과 함께 각 활동의 빈도수를 일일이 열거해 기록하는 것이다. 계수가 포함된 보고서를 준비하기 위해서 골워시는 부서에서 근무하는 학교심리학자들에게 그림 5.2와 유사한 표를 작성하도록 해야 했다.

그녀는 그러한 표들을 바탕으로 다음과 같은 내용을 열거한 하나의 작업 완수표를 작성할 것이다.

1. 교사 지원팀에 위탁된 아동의 수

2. 교사 지원팀 개입 시도 후에 평가를 위해 위탁된 아동의 수

3. 다양한 형태의 특수학급에 배정된 아동 중 학습능력을 평가받은 아동의 수

4. 다양한 연령 집단에 따라서 평가된 아동의 수

5. 학교심리학자가 참가한 교사 자문 횟수

6. 학교심리학자에게 개인 상담을 받은 아동의 수

7. 학교심리학자에게 집단 상담을 받은 아동의 수

8. 학부모 회의가 개최된 횟수

9. 학교심리학자가 참가한 여러 학문 분야에 걸친 직원 임용 횟수

10. 직원들이 담당한 연구와 평가 활동 수

[그림 5.2] 학교심리학자들의 연간 활동 기록지 예

지시사항: 이번 학년도 기간 동안 각각의 활동을 하는 데 소요된 시간을 기록하시오.

활동	학년 수준			
	미취학 아동	유치원~6	7~9	10~12
교실 관찰				
학교 기록 검토				
교사 면담				
부모 면담				
지능 평가				
성취도 평가				
사회성/행동 평가				
성격 평가				
학부모 회의				
여러 학문 분야에 걸친 직원 임용				
심리학적 보고서				
개인 상담				
집단 상담				
교사 자문				
직원 발달				
직무 연수 워크숍				
외부 단체와의 접촉				
지속적인/학교심리학자의 직업 발달				

열거 자료 역시 직업적 활동에 소요된 평균 시간에 관한 정보를 포함하고 있다. 그러므로 학교심리학자들에게 일주일에 얼마 동안 또는 업무 시간 중 어느 정도나 교사 자문, 부모 회의 또는 활동 평가에 시간을 소요하는지에 대한 질문을 받는 것은 특별한 일이 아닐 것이다. 그 예로 LaCayo, Sherwood와 Morris(1981)는 전국에서 무작위로 선발된 학교심리학자 750명에게 하루 활동을 기록하도록 했다. 그들은 표본 내의 학교심리학자들이 업무 시간의 39%를 평가, 33%는 자문, 6%는 상담하는 데 소요하며 나머지 시간에는 다른

학교심리학자가 하는 일의 효과를 평가하는 일은 그렇게 쉽지 않지만 장래의 책무성 추세가 될 것으로 보인다.

활동을 한다는 결과를 얻었다. 더 최근의 연구 결과에 의하면(Reschly, 1998), 1997년에 학교심리학자들은 심리학적 학습 능력 평가에 근무시간의 50%가 약간 넘는 시간을 할애했고, 직접적 개입에 약 20%, 문제해결 자문에 약 17%, 시스템과 조직 자문에 7%, 연구 평가에 2%의 시간을 할애했다.

기술적 자료 대 평가적 자료

기술적 자료(활동 일지 또는 열거 자료)와 평가적 자료(과정 또는 결과에 대한 측정)의 차이는 *설명*과 *실제 책무성*의 차이로 여겨질 수 있다. 설명은 기록 보존을 위해 중요하지만, 제공된 서비스의 질이나 효과를 검토하지는 않는다. 반면에 과정과 결과에 대한 책무성은 서비스의 질, 부모와 교사의 만족도, 아이들에게 제공된 혜택과 같은 서비스 전달의 질적인 측면에 초점을 둔다.

평가적 자료

완료된 사례연구의 수, 특수교육 프로그램에 배정된 아이들의 수 또는 교사 협의에 소요된 시간을 계산하는 것은 비록 다소 귀찮을 수 있지만 상대적으로 봤을 때 쉬운 일이다. 학교심리학자가 하는 일의 효과를 평가하는 일은 그렇게 쉽지 않지만 장래의 책무성 추세가 될 것으로 보인다. 학교심리학자의 컨설턴트로서의 기량을 어떻게 측정할 수 있을까? 상담이 성공적이었나? 특수학급 배치가 도움이 되었나? 부모와 교사들은 학교심리학자의 회의와 보고서 작성 기술에 얼마나 만족했나? 학교심리학자의 전문지식으로 인해 아동의 학교생활이 얼마나 향상됐나? 어떤 활동에 대한 적정 소요시간은 어느 정도인가? 이러한 질문에 답하기 위해서는 학교심리학자들이 평가적 정보를 수집해야 한다. 평가적 정보는 *과정에 대한 자료*와 *결과에 대한 자료*, 이 두 가지 요소로 구분된다.

과정 자료 수집

과정에 대한 자료를 수집하는 것은 학교심리학자가 목표에 도달하고 서비스를 전달하는 데 있어 얼마나 효과적인지에 대한 다른 사람들의 생각을 모으는 것과 관련이 있다. 예를 들어, Cornwall(1990)은 교사, 부모, 의사들에게 학습능력 평가보고서를 (a) 명료성, (b) 위탁 문제에 대한 언급과 해결책 유무, (c) 아이의 장애를 얼마나 잘 서술했는지, (d) 권고가 얼마나 유용한지의 측면에서 평가하도록 했다. Knoff, McKenna와 Riser(1881)는 자문 효과 척도(Consultant Effectiveness Scale)를 개발하는 데 있어 첫 단계로 학교심리학자와 그들의 교육자에 대한 탐색적 연구를 실시했다. 척도는 효과적인 자문에 가장 중요한 요소들(예: 자문 과정에 대한 지식, 전문적 기량, 개인적 특성, 대인관계 기술, 직업적 존중 등)을 포함하고 있다. 과정에 대한 자료는 학교심리학자들에게 그들이 어떻게 기능하고 있는지에 대한 유용한 정보를 제공한다. 예를 들어, 중·고등학생을 주 대상으로 하는 학교심리학자인 Carver는 학생들이 그녀의 역할과 역할 능숙도에 대해 어떻게 생각하고 있는지를 알고 싶었다. 그녀는 이번 학년도에 자신이 상대했던 모든 학생들에게 배부할 서식을 개발했다. 그 서식은 학생들의 집으로 발송되었다. 학생들은 익명으로 서식을 작성해 주말까지 학교에 있는 그녀의 우편함에 넣도록 요구받았다. 결과가 표로 작성되었다. Carver는 서식을 완성한 20명의 학생들 모두가 그녀와 함께한 시간이 가치 있었다는 데에 동의한다는 것을 알게 되었다. 대부분의 학생들은 그녀가 그들의 이야기를 경청했고 그들에게 관심을 가졌다는 데 의견을 같이했다. 그들 모두는 친구가 학교 또는 가정에서 문제가 있다면 그녀에게 친구를 보낼 것이라고 응답했다.

과정에 대한 자료의 수집과 해석은 보기보다 복잡할 것이다. 그림 5.2와 같은 서식은 기술적 타당성(예: 신뢰도) 측면에서 완벽함과는 거리가 멀다. Carver의 사례에서, 대부분의 학생들은 그들이 가진 문제에 대한 도움을 얻고자 자발적으로 학교심리학자를 찾아왔다. Carver가 도움이 되지 않을 것이라고 생각한 학생이라면 아마도 애초에 그녀에게 도움을 요청하지 않았을 것이다. 게다가, 그 학생들은 기꺼이 자신의 문제를 경청하고 보살펴준 사람을 평가함에 있어서 모두 긍정적인 태도를 가지고 있었을 것이다. 그 설문에 응답하지 않은 학생들은 어떠한가? 그들도 모두 상담에 대해 긍정적인 감정을 가졌다고 볼 수 있을까? 당연히 그렇지 않다!

대학교수에 대한 평가가 이와 비슷한 예이다. 대학 전체 또는 대학 내 학과나 단과대학에서는 교수 평가에 대한 정책을 가지고 있다. 학생들은 매 학기마다 수업의 일부 또는 모든 교수들에 대한 평가를 실시하도록 요구받을 것이다. 많은 경우에 교수들은 이러한 평가가 도움이 되고 유익하다는 것을 알게 된다. 그러나 복잡한 요소들이 존재한다. 예를 들어, 높은 성적을 주는 교수들이 성적을 잘 주지 않는 교수들보다 높은 점수를 받았나? 만약 그렇다면, 이는 교수 효과 척도로서의 교수 평가 타당도에 대해서 무엇을 말하는 것인가? 선택과목 교수는 필수과목 교수보다 더 높은 점수를 받았나? 소수의 학생과 함께 하는 대학원 교과목 교수는 대규모의 학부생 개설 강의 교수보다 높은 점수를 받았나? 이러한 질문들은 학문 분야에서의 교수 평가를 비교하는 것이 불가능하지 않다고 하더라도, 비교를 어렵게 만든다.

책무성에 대한 과정 자료를 수집하는 데 있어 유사한 의문이 학교심리학자들 사이에서 제기되고 있다. 안 좋은 소식이나 비판을 듣게 된 부모들은 좋은 소식을 접한 부모들이 학교심리학자를 평가하는 것만큼 높게 그들을 평가할까? (예: 당신의 아이는 교육을 받을 수 있을 정도의 정신발달지체 범위에 해당된다. 당신 아이의 문제는 대부분 가정

내 요소의 영향을 받고 있는 것으로 보인다. 올해 당신의 아이가 학습장애 학습도움실에서 매우 잘 했기 때문에, 우리는 내년에 그녀가 일반 학급에 배정되도록 제안할 것이다.) 골칫거리인 학생을 자신의 교실 밖으로 내보내고 싶어 하는 교사는 그에 대한 개입 계획이 그 학생을 자기 반에 그대로 두는 것과 관련되어 있을 때, 학교심리학자에게 높은 점수를 줄까? 유급에 반대하는 학교심리학자는 이를 미성숙한 아이들에 대한 이상적인 교정 전략으로 여기는 교장으로부터 어떤 평가를 받게 될까?

결과 자료 수집

연간 평가보고서를 제출하기 위해 준비 중이던 심리 서비스의 책임자 Goalworthy의 예로 돌아가서, 이제 결과 자료를 수집하기 시작할 때이다. 이때까지 그녀는 자신의 직원인

[그림 5.3] 과정 평가 서식의 예

지시사항: 이번 학년도에 Carver와 함께 한 작업과 관련해 아래 질문에 답해주시기 바랍니다.

1. 당신은 이번 학년도에 Carver와 몇 번 상담했습니까?

2. 당신은 Carver와 함께하는 시간 동안 무엇을 했습니까? (해당되는 모든 것에 체크하시오)
   _____ a. 검사 받음
   _____ b. 학교에 대해 이야기함
   _____ c. 다른 사람들과의 대인관계에 대해 이야기함
   _____ d. 가족에 대해 이야기함
   _____ e. 특정한 문제에 대해 이야기함
   _____ f. 나의 목표에 대해 이야기함

3. 당신은 Carver와 함께한 시간이 가치 있었다고 생각합니까?
   _____ 예 _____ 가끔 _____ 아니오

4. 다음 문장 중 당신이 동의하는 것에 모두 체크하시오.
   _____ a. Carver는 내가 학교 문제를 더 잘 이해할 수 있도록 도왔다.
   _____ b. Carver는 나의 강점과 약점을 이해할 수 있도록 도왔다.
   _____ c. Carver는 나에게 문제해결 기술을 가르쳤다.
   _____ d. Carver는 내 이야기를 경청했다.
   _____ e. Carver는 나를 보살펴주었다.
   _____ f. Carver는 학교에서 내가 더 잘 할 수 있도록 도왔다.
   _____ g. 나는 학교에서 어려움을 겪는 친구에게 Carver를 추천하겠다.

5. 나는 Carver가 _____ 에 시간을 더 할애하기를 바란다.

6. 내 생각에 Carver는 (해당되는 모든 것에 체크하시오)
   _____ 친절하다 _____ 비열하다 _____ 우호적이다 _____ 훌륭한 경청자이다
   _____ 둔하다 _____ 도움이 된다

7. 만약 _____ 한다면, 나는 아마 Carver를 다시 찾아올 것이다.

학교심리학자에 의해 제공된 정보를 토대로 열거 자료 표를 작성했다. 그녀는 또한 심리학자의 자문 기술을 평가하기 위해 부모와 교사들이 작성한 평가 서식을 훑어보았을 것이다. 다음 단계, 즉 결과 자료를 수집하는 것은 개입 전략을 살펴보고 질문하는 것과 관련되어 있다: 학교심리학자와 교사 또는 학교심리학자와 부모 사이의 미팅에서 의견이 일치된 개입 전략이 얼마나 많이 실행되었나? 실행된 개입 전략 중 효과적이었던 것은 얼마나 되나? 해결되거나 경감된 아동 위탁 문제는 어느 정도인가?

책무성 자료의 출처

책무성의 유형에 관한 논의에서 내재된 가정은 누군가 학교심리학자의 직업 활동을 계속 확인하고, 서비스의 과정과 결과를 평가하는 데 책임을 져야 한다는 것이다. 일반적으로 활동 일지 또는 열거 자료와 같은 기술적 자료의 경우에, 학교심리학자들은 자신의 직업적 활동을 꾸준히 기록하고 그것을 정기적으로 학교관리자(예: 심리적 서비스 담당 책임자 또는 특수교육 책임자)에게 제출하도록 되어 있다. 정확한 기록 유지 가능성을 향상시키기 위해 그림 5.1에 제시된 것과 같은 서식이 연초에 학교심리학자들에게 제공된다. 위에 기술된 평가적 책무성 자료(즉, 과정과 결과)의 정보 출처는 심리 서비스의 소비자이다. 과정 자료에서는 학생, 부모, 교사, 관리자가 제공된 심리적 서비스에 대한 만족 수준을 평가하는 데 중심이 될 것이다. 이 모든 사람들이 결과 자료의 출처이지만 결과 자료는 또 다른 출처를 갖는다. 조교, 대학원생 또는 다른 공정한 사람들이 훨씬 더 과학적인 방식으로 결과 자료를 수집할 것이다. 예를 들어, 행동 수정 계획이 개입방법으로 도입된다면 훈련된 학생이나 조교들은 프로젝트의 모든 단계에서 아동을 관찰하고 자료를 기록할 것이다. 사회적 기술 훈련 프로그램의 효과 여부를 알아보기 위한 한 가지 방법은 프로그램에 참가했던 아동을 운동장, 식당, 복도 또는 교실과 같은 자연적 상황(즉, 실제 생활, 비실험실 상황)에서 관찰하는 것이다.

전문성 평가와 책무성에 대한 도전

학교심리학자들은 전문성 평가와 책무성이 중요하다는 데 모두 동의할 것이다. 그렇다면 몇몇 학교심리학자가 이러한 노력에 더 적극적으로 관여하는 것을 주저하는 이유는 무엇일까?

시간과 인식에 대한 장애물

앞에서 직·간접적으로 언급되었던, 전문성 평가와 책무성을 실행하는 데 있어서의 장애물은 다음과 같다.

1. 책무 효과성이 다른 활동을 할 시간을 빼앗는다.
2. 책무 효과성은 성가신 것으로 여겨질 수 있다. 한 달 동안 그들이 담당한 각각의 활동에 할애한 시간을 기록하도록 요구받은 사람들은 지속적인 기록을 유지하기 위한 특별한 조직화 기술이나 그들이 한 일을 표시하기 위한 놀라운 기억력이 필요하다. Fairchild와 Seeley(1996)는 "효과성이 모든 서비스를 평가하기 위해 만들어지고 과업을 완수하기 위한 적절한 지략 없이 모든 소비자를 관련시킬 때, 책무 효과성은 다루기 힘들어진다"고 언급했다(p. 46).
3. 책무 효과성은 종종 기대되지만 좀처럼 보상이 없다.
4. 책무 효과성은 때때로 누군가 정말로 보고서를 읽는지에 대해 의구심을 갖게 하는 것처럼 헛된 노력으로 여겨진다.

이러한 네 가지 장애물은 모든 유형의 책무 효과성에 적용된다. 그러나 평가 책무성 자료를 수집하는 데 특별히 적용되는 추가적 장애물이 있다. 그 예로, 개입의 성공을 평가하기 전에 그것이 몇 번이나 실시되도록 해야 하나? 평가는 단기적 효과 또는 장기적 효과 아니면 두 가지 모두에 주목해야 하나? 성공을 구성하는 것은 무엇인가? 만약 3학년생이 10월에 1학년 초기 수준의 독서를 했고 3월에 1학년 말기 수준의 독서를 하게 됐다면, 그 개입은 성공적인가? 7학년 학생이 새 학년도 초기 2달 동안 열 번의 싸움을 했는데 1월부터 3월까지 고작 5번의 싸움을 했다면, 집단 상담 전략은 효과적인가? 개입 전략이 설계된 대로 실시되지 않은 경우, 그것을 학교심리학자에게 불리하게 생각하는 것은 적절한가? 앞에서 기술한 것처럼, 성공적 결과를 정의하고 무관한 변수를 무시하는 것과 관련된 문제는 책무성 과정에 내재되어 있는 장애물이다.

결과 자료 수집에 대한 또 다른 장애물은 *의뢰인*과 관련되어 있다. 3장에서 기술한 바와 같이, 학교심리학자의 고객은 아동, 부모, 교사, 학교, 학교관리자, 교육위원회 전체 또는 이들의 조합이다. 의뢰인에 관한 불명확성은 책무성에 대한 문제를 복잡하게 한다. 결과에 대한 한 사람의 인식은 똑같은 결과에 대한 다른 사람의 인식과 차이가 있을 것이다. 예를 들어, 학교심리학자는 1학년 담당 교사와 함께 수업시간에 주의 집중하고 가만히 앉아 있는 것, 독립적으로 과제를 수행하는 데 어려움이 있는 아동에 대해 의논했다. 교사와 교장은 그 아동이 미숙하며, 일 년 더 1학년 과정을 공부하는 것이 이로울 것이라고 생각한다. 아동이 그러한 문제에서 벗어나 2학년 때에 더 잘 할 것이라고 생각하는 부모들은 유급에 찬성하지 않는다. 교사, 부모와 이야기하고 교실에서의 아동을 관찰한 후에, 심리학자의 권고는 아동을 2학년에 배정하는 것이었다. 아동을 가능한 한 가장 잘 구조화된 2학년 교실에 배정하는 것이 추가로 권장되었다. 그리고 어려움이 지속된다면 추후에 사례연구가 적절할지를 결정하기 위해 아이의 행동을 주의 깊게 모니터할 것을 제안했다. 만약 교장, 교사, 부모에게 학교심리학자의 결정에 따른 결과에 대한 만족수준을 묻는다면, 그 대답은 아마도 다양할 것이다.

전문적 역량과 전문적 수월성의 측정

다른 장애물들은 전문성에 대한 책무성 과정과 평가에서 나타난다. 예를 들어, 성공적인 결과가 규정된다고 하더라도, 학교심리학의 실행에서 역량과 수월성을 정의하는 문제는 여전히 남아 있다. 학교심리학 전문성에서의 역량을 어떻게 정의할 것인가? 전문적 수월성은 무엇으로 구성되어 있나? 다른 직업의 경우를 예로 들자면, 유능한 의사는 신중하고 진단과 치료에서 실수를 거의 하지 않으며 환자를 존중할 것이다. 우수한 의사는 대부분의 생명을 구하고, 실수를 가장 적게 하며, 의료 과실에 대한 소송에 가장 적게 연관되고, 동료 의사들이 가장 자주 자문을 구하거나 특정한 수술을 완벽하게 할 것이다. 유능한 변호사는 법률에 정통하고, 자신의 고객을 잘 변론하는 사람일 것이다. 우수한 변호사는 대부분의 소송에서 승소하고, 최고의 합의금을 가져오거나 가장 많은 수의 배심원을 자신 편으로 기울게 할 것이다. 결과물, 즉 치료받은 사람과 승소한 소송 면에서 의사와 변호사를 생각하는 것은 타당하다.

> 학교심리학 전문성에서의 역량을 어떻게 정의할 것인가? 전문적 수월성은 무엇인가?

어떠한 특성이 교사를 유능하거나 우수하다고 정의하는가? 다시 말해서, 교사는 결과 측면에서 우수성을 판단할 수 있다. 유능한 교사는 자신의 학생들을 적절한 속도로 지도한다. 우수한 교사는 학업 성과가 높은 학생들을 데리고 있을 것이다. 아마도 어떤 교사의 학생들은 표준화된 시험에서 교내의 다른 학생들보다 더 높은 점수를 받을 것이다. 아마도 개인교사는 학생들로 하여금 뛰어난 보고서 작성, 미술품 제작 또는 작곡을 할 수 있도록 격려하는 것 같다. 아마 다음 학년의 교사들은 개인교사가 있었던 학생들이 학습을 지속하는 데 있어 더 잘 준비되어 있다고 보고할 것이다. 아마도 부모들은 아동이 학습에 더 열심이고, 작년에 비해 성적이 더 좋다고 보고할 것이다.

우수한 학교심리학자와 비교했을 때, 유능한 학교심리학자의 결과물은 무엇인가? 이 질문에 정확하게 답변하는 것은 훨씬 어렵다. 의사, 변호사, 교사는 개인이나 집단과 오랫동안 직접적으로 작업한다. 학교심리학자는 종종 아이들과 함께할 때 간접적인 역할을 한다. 그들은 주로 부모나 교사를 통해 아이들과 작업할 것이다. Trachtman(1981)은 학교심리학자가 때때로 "조장자"로 일한다고 제안했다. 그들의 노력은 부모 또는 교사가 아동을 도울 수 있게 한다. 조장자, 즉 학교심리학자의 노력은 실행자인 부모 또는 교사의 노력으로부터 어떻게 분리될 수 있을까?

학교심리학자들은 아동의 생명을 구하거나, 단독으로 아동의 문제를 바로잡거나 또는 중다훈련팀의 구성원으로 지속적으로 영향을 미치지 않는다. 일반적으로, 일어난 변화들은 정의하기가 어렵고, 아동의 환경에서 다른 사람들의 노력에 의해 좌우된다. 다른 사람이 실행한 개입에 대해 학교심리학자들이 책임을 지는 것이 타당한가? 만약 개입이 성공적이었다면 학교심리학자가 그 성공에 대한 공을 인정받을 수 있나? 개입이 성공적이지 않았다면 학교심리학자를 탓해야 하나?

학교심리학자를 평가하는 데 있어서의 또 다른 어려움은 업무의 환경적 맥락과 관련되어 있다. 평가, 상담, 부모 회의, 교사 자문은 일반적으로 독립적인 공간에서 학교심리학자의 수행을 지켜보고 평가하는 사람이 없이 일대일로 이루어진다. 아동이 심리 평가 또는 상담 기술을 객관적으로 판단할 수 있을까? 정보를 공유하는 과정에 정서적으로 관여하게 되었을 때, 부모들은 학교심리학자의 회의진행 기술을 평가하는 데 있어 객관적일 수 있을까? 심리학자들은 그들의 활동과 기술을 평가하는 상황에서도 객관적일 수 있을까?

평가 대안

학교심리학자들은 아마도 '*전문성 평가의 협력 모형*' 또는 협력 자문으로 불리는 것을 고려하기를 바랄 것이다. 이것은 다른 학교심리학자들이 연간 계획을 세우는 것을 돕고, 목표를 달성할 수 있는 방법에 대해 논의하고, 목표 달성을 뒷받침하는 자료를 모으고, 목표 달성 과정을 논의하기 위해 정기적으로 만나며 목표 달성 기록을 공유하는 학교심리학자들의 팀이 될 것이다. 이것은 McLaughlin과 동료들(1998)이 발표한 교사들을 위한 모형을 각색한 것이다. 그 팀에서 한 구성원은 미취학 아동의 부모와 작업할 때의 기술에 대해 조사할 것이다. 두 번째 구성원은 중학생과의 상담 기술을 조사할 것이고, 세 번째 구성원은 교실 환경 분석에 필요한 기술을 조사할 것이다. 그러나 기술 개발, 평가, 문서화에 대한 아이디어는 팀 내부에서 연초에 공유되고 논의될 것이다. 목표 달성 과정은 연중에 논의될 것이고 목표 달성의 장애물을 극복하기 위한 아이디어가 나올 것이다. 연말에 팀은 멤버들이 수집한 자료를 공유하고 내년의 목표에 대해 생각할 것이다. 이러한 모형의 장점은 팀 내의 다른 구성원들로부터 받은 지지와 의견, 평가가 모든 연도의 모든 일을 포함할 필요는 없다는 개념, 엄청난 시간 소모 없이 완성된 평가 결과의 제시를 포함한다.

책무성에 대한 최근 실제

얼마나 많은 학교심리학자들이 실제로 책무 효과성에 참여하고 있는지에 대한 의문은 Fairchild와 Zins(1992)의 연구 주제 중 하나였다. 미국학교심리학자협회 멤버 중에서 무작위로 표본을 추출해 실시한 조사 결과에 의하면 응답자의 반 이상(57.8%)이 책무성 자료 수집에 참여하고 있다고 보고했다. 책무성 자료를 모으는 사람들 중, 거의 모든 사람들(96.8%)이 열거 자료 수집에 참여하고 있었다. 3분의 1 이상(36.6%)은 과정 자료를 모았고, 44.1%는 결과 자료를 수집한다고 보고했다. 책무성 자료 수집에 관여하고 있는 응답자의 반 이상(52.7%)이 두 가지 또는 그 이상의 자료 유형을 모은다고 보고했다. 이전 연구에서, Fairchild(1975)는 학교심리학자에게 유익하다고 생각되는 여섯 가지 책무성 도구에 대해 설명했다. 그 여섯 가지 도구는 다음과 같다.

- *일지.* Fairchild는 학교심리학자들이 참여하고 있는 다섯 가지 활동을 확인했다: 학습 능력 평가, 개입, 평가, 자문, 집행. 그는 이런 정보를 일지 서식에 맞추어 기록하는 코딩 시스템을 개발했다. 그는 활동 요약본을 주별, 월별, 연도별로 기록했다.
- *경과 시간에 따른 정보.* 이 기법에서 일지에는 아동이 위탁된 날짜, 최초 연락 날짜, 아동을 위탁한 사람과의 회의 날짜가 기록된다.
- *책무성 인터뷰.* Fairchild는 이것을 학교심리학자로 하여금 피드백을 받고 잠재적인 문제를 예방할 수 있게 하는 기법으로 여겼다. Fairchild는 그가 교장을 통해 간접적인 방식으로 교사에게 피드백을 유도했다고 논문에 밝혔다.
- *추후 설문조사.* 자신의 아동이 학교심리학자와 만났던 교사와 부모들은 세 가지 질문을 포함하고 있는 설문조사에 익명으로 응답했다.
  a. "당신은 학교심리학자와 논의한 결과, 아동을 더 잘 이해하게 되었습니까?"
  b. "권고사항은 현실적이고 실용적이었습니까?"
  c. "심리학자의 권고사항은 효과적이었습니까?" (p. 157)
- *추후 전화 통화.* Fairchild는 그가 평가했던 모든 아동의 부모에게 최소한 한 번은

전화한다.

● *행동 자문.* 교사로부터 위탁을 받으면, 학교심리학자는 특정한 목표 행동을 확인 하기 위해 교사와 만난다. 교사와 심리학자는 성공의 기준을 결정한다(예: 앤디는 수업시간 50분의 90% 동안 자기 자리에 앉아 있다). 개입 계획의 실행 전반에 걸 쳐 따라오는 행동이 기준 행동으로 평가된다. 그러므로 성공이 구상된다. 이는 기 능적 행동 평가에 대한 최근의 추세와 매우 유사하다.

학교심리학자의 여섯 가지 도구에 대한 Fairchild의 설명은 학교심리학자들에게 어떻 게 그들의 직업 활동을 문서화하는지를 보여주는 초기의 노력이다.

다른 책무 효과성은 학교심리학 문헌에서 발견된다. 미국학교심리학자협회 출판물, *학교심리학자의 책무성: 변화하는 경향성(Accountability for School Psychologists: Developing Trends)*(Zins, 1982)은 전국의 학교심리학자들이 개발한 책무성 도구 모음집 이다. 출판물의 첫 번째 부분은 책무성의 세 가지 유형에 상응하는 세 부분으로 구분되 어 있다: 열거 자료("서술적 접근"), 과정 자료("다른 사람들이 지각하는 효과"), 결과 자 료("행동 변화 측정"). 이 세 부분 뒤에는 주석이 달린 참고문헌 목록이 여섯 가지 주제 로 정리되어 있다: 프로그램 기록, 품질 보증, 직원 평가, 프로그램 계획, 프로그램 보급, 자기점검 및 자기변화.

전문가 책무성에 대한 노력은 지난 20년 동안 더욱 필수적인 것이 되었다. Reschly (1983)는 법적인 판단 때문에 책무성이 교육 분야에서 가속화되었다고 언급했다.

정당한 법 절차와 법적 지침들은 학교심리학자들의 일의 거의 모든 면을 철저히 검토하 도록 했다. 10년 전에는 부모들에게 공개되지 않은 문서로 여겨지던 심리학적 보고서는 이제 부모가 검토할 수 있는 교육적 기록이다. 부모들은 보고서에 기록된 정보에 대해 이 의를 제기할 수 있다. … 분류 결정, 행동에 대한 해석, 권고사항들은 이제 의문의 여지가 있다. 정당한 보호 절차와 법적 근거를 바탕으로, 검사의 타당성과 공정성, 다른 평가도구 들에 대해 이의를 제기할 수 있다(p. 87).

다양한 환경에서의 학교심리학자들은 책무 효과성에 참여하고 있다. 교육자들은 특 히 프로그램에 대한 평가에 몰두하는 자신의 모습을 쉽게 발견하게 될 것이다. 단위시간 생산량, 프로그램 등록자 수, 졸업률, 졸업자의 성과와 취업과 같은 정보는 대학 내 부장 이나 자신의 감독관(예: 고위 관리직, 주 고등 교육 위원회)에게 제출하기 위해 연간 평 가를 작성해야만 하는 학과장으로부터 자주 요구받는다. 게다가, 교육 프로그램 교수들 은 주와 국가 승인 기관에 응해 프로그램의 활동과 성취에 대한 정기 보고서를 준비해야만 한다(7장에서 논의됨). 전문가 조직들도 그들의 구성원, 때로는 다른 정부 조직에 대한 책임이 있다. 협회도 회원에 대한 연간 보고서를 준비하기 위해 회원 수, 사용 자금, 출판물, 다른 활동들에 대한 정보를 제공하도록 요청받을 수 있다. 예를 들어, 미국학교심리학자협회는 미국학교심리학자협회 사무소의 지도력과 행정 책임자의 수행에 대한 설문을 매년 실시한다.

학교와 다른 환경조건에서의 자기 평가를 제외하고도, 학교심리학자들은 책무성과 전문성 평가에 참여한다. 심리학적 연구 방법과 통계에 대해 대학원 수준의 교육을 받은 학교심리학자들은 구역 전체의 책무 효과성에 참여하도록 요구받게 될 것이다. 이러한 노력은 교사 평가부터 교과과정 평가에 이르기까지 다양한 것을 포함한다. 사실 전국적으로 많은 학교 구역에서 학습 목표를 찾고, 그러한 목표가 충족되었는지 여부를 평가하는 시도가 이루어지고 있다. 심리평가 전문가로서 학교심리학자들은 이러한 학습 목표 찾기, 목표 달성 수준을 판단하기 위한 도구 개발 또는 선정, 심리 평가 결과에 대한 해석 및 평가에 관여하고 있다. 이러한 참여는 학교심리학자들의 문제해결 방법을 시스템 수준으로까지 확장시킨다.

책무성에 대한 새로운 도전

오늘날 학교심리학과 관련된 두 가지 쟁점은 전문성 평가와 책무성에 대한 논의와 관련 있어 보인다: 반응 개입 모형의 사용과 증거 중심 개입 관련 주제. 반응 개입은 아동이 개입에 반응할지 안 할지 여부는 특수교육에 대한 아동의 욕구를 판단하는 데 있어 공식적인 검사 결과보다 더 중요할 것이라는 IDEA의 재승인에서 등장한 개념이다. 이전에는 학생에게 학습 장애가 있다고 하기 위해서, 학교심리학자들은 다른 교육 전문가에게 자문할 때 학생의 능력 수준과 성취 수준의 차이를 기록해야 했다. 2학년 수준에서 IQ가 약 100인 4학년 학생은 이러한 서비스를 받을 자격이 있다. 반면에 4학년 수준에서 비슷한 학생은 자격이 주어지지 않는다(이것은 이전 모델을 단순화한 것임에 주의하라. 다른 요인들 역시 고려되었다). 반응 개입하에서, 학생은 불일치를 보이지 않을 수 있다. 그러나 만약 학생이 그의 학업 수행을 향상시키기 위한 반복적 시도에 호의적으로 반응하지 않는다면, 그 학생은 아마도 여전히 추가적 서비스를 받을 자격이 있을 것이다. 현재 반응 개입의 실행 문제로 전국이 혼란스러우며 이는 학교심리학자들의 공식적 또는 비공식적 모임에서 주요 논쟁거리이다. 반응 개입 시대에 책무성의 중요성은 분명하다. 반응 개입 모형은 기록 관리와 학생 개개인, 학급, 학교에 효과가 있는 것과 그렇지 않은 것에 대한 철저한 문서화를 근거로 하고 있다. 훈련을 받았고, 자료를 기본으로 한 의사결정자로서의 경험이 있는 학교심리학자는 반응 개입을 시행하는 것이 학교를 돕는 데 매우 유용하다는 것을 증명해야 한다.

두 번째 경향인 증거-기반 개입의 사용은 반응 개입과 관련이 있다. 학교심리학자들은 교사, 부모, 다른 사람들로부터 문제를 다루는 방법에 대한 문의를 받는다: 나는 집중하지 않는 아동, 숙제를 제출하지 않는 아동, 읽기를 잘 못하는 아동에게 무엇을 할 수 있습니까? 수년 동안, 학교심리학자들은 이러한 질문에 대답하기 위해 자신의 경험과 아동 발달에 대한 지식, 과학적 연구에 대한 교육, 상식에 기반을 둔 전략들을 개발했다. 그렇지만 지난 몇 년에 걸쳐 질문은 변화했다. 학교심리학자와 교육자는 어떻게 상식과 전문적 경험, 과학적 연구 사이의 간극을 메울 수 있을까? 다시 말해서, 학교심리학자들은 단순한 실행자가 아니라 과학적 실행자가 될 수 있을까? 그리고 학생들이 그렇게 되도록 격려할 수 있을까? 학문과 실행은 서로 영향을 미칠 수 있을까? 이것은 학교심리학자가 할 수 있고 또 열망하는 일인가?

증거-기반 개입의 저변은 15년 정도에 걸쳐 이루어진 메타분석 연구의 성장과 관련 있다. 메타분석은 연구자들로 하여금 특정 개입과 관련된 모든 연구를 모으도록 한다. 그리고 그 연구가 실제로 특정 기법의 사용을 지지하는지 알아보기 위해 그것을 검토하는 연구 방법이다. 예를 들어, Hoagwood와 Erwin(1997)의 광범위한 연구는 세 가지 개입의 사용을 지지하는 증거를 찾아냈다: 인지행동 치료, 사회적 기술 훈련, 교사 자문.

미국심리학회의 분과 16과 학교심리학 연구 협회(the Society for the Study of School Psychology)는 1999년에 '학교에서의 경험적으로 지지된 개입을 위한 팀(Task Force on Empirically Supported Interventions in Schools)'을 설립했다. 이 위원회의 거대한 임무는 "경험적 문헌을 검토하고, 예방 프로그램, 교실 개입 프로그램, 사회적 문제 행동에 대한 개입, 학업 문제에 대한 개입, 가족/부모 개입, 종합적인 학교 건강관리 프로그램에 대한 개념적, 방법론적, 문화적 다양성 문제를 다루는 것"이다(Stoiber & Kratochwill, 2000, p. 78). 이 팀은 문제해결에 대한 접근법으로서 평가의 유용성에 초점을 두고 관찰 내용을 문서화하는 매뉴얼을 개발하도록 요구되었다.

증거-기반 개입과 책무성의 관계는 분명해야 한다. 많은 개입이 효과적이라고 기록되었기 때문에, 학교심리학자들은 그들이 권하거나 실행한 전략과 기법이 학생의 성취 또는 행동을 변화시킬 가능성이 높다고 확신할 수 있다. 이러한 긍정적인 변화는 학교심리학자에 의해 문서화될 수 있고 책무성 목적으로 사용될 수 있다.

— 결론

책무성은 학교심리학자의 전문성 역할에서 필수적인 부분이다. 단기적으로 이것은 전문성 수행에 대한 피드백을 제공하며 더 향상시킬 수 있는 방법들을 제시한다. 장기적으로 봤을 때, 책무성은 학교심리학자의 업무에서 가장 중요한 부분이다. 그 이유는 이것이 학교에서의 전문가의 존재를 정당화시켜 주고, 따라서 전문가 영역으로서의 지속적인 생존을 보장하기 때문이다.

제6장

학교심리학자의 준비 [1]

대부분의 학교심리학 교재는 학교심리학자가 어떻게 훈련되는가에 대한 논의를 매우 제
한적으로 다루거나 자격인준에 대한 논의와 병행해 이 주제를 간단히 취급한다. 이 책의
경우 자격취득(credentialing)에 대해서는 전문적 규제를 다루면서 논의하며(7장 참조),
훈련에 대해서는 별도로 이 장에서 논의하고자 한다. 학교심리학자가 실무를 위해서 어
떻게 준비되는가를 이해하는 것은 이 분야의 직업을 준비하는 학생들에게 중요한 일이
다. 1장에서 학교심리학자로서의 자격취득을 원하는 사람들에게 요구되는 가장 일반적
인 수준의 훈련에 대해서 소개했다. 이 장은 학교심리학자의 준비과정을 훨씬 더 자세히
기술하며, 이러한 준비과정에서 중요한 주제들을 논의하고, 미래 학교심리학자들의 계속
적인 전문성 개발을 위해 기대되고 있는 것은 무엇인지 탐색한다. 이러한 정보는 독자들
이 한 주에서 다른 주로 이동할 경우 잠재적으로 당면할 수 있는 훈련 및 자격제도 관련
문제들과 학교심리학 분야의 기초 및 고급 대학원 과정의 관계를 이해하는 데 도움이 될
것이다. 독자들은 또한 전국 수준의 추세 및 준비 지침과 자신이 등록되어 있는 프로그
램을 서로 비교해 볼 수 있을 것이다.

훈련 프로그램의 성장

2장에서 논의한 것처럼, 초기 실무자들은 다양한 의뢰와 문제에 반응하는 일반전문가
(generalists)로서 기능했다. 이들의 주요 실무는 정신적, 신체적 혹은 도덕적 결함이 의심

---

1) 이 장의 일부 내용은 Fagan(1990a)에 처음 게재되었으며 '미국학교심리학자협회(National Association
of School Psychologists: NASP)'의 허가를 받아 여기에 전재함을 밝힌다.

되는 아동과 청소년을 대상으로 개인적 심리측정적 평가를 시행하는 것이었다. 대부분의 상황에서 심리서비스의 목적은 비교적 그 수는 적지만 점차 증가하고 있는 특수학급을 포함해 보다 적절한 학급에 아동들을 분류해 배치하도록 돕는 것이었다. 대부분의 실무자들이 흔히 학업적 교정, 상담 및 부모-교사 자문 등을 통해 직접 개입하는 경우는 극히 제한되어 있었다.

학교심리학자의 이러한 제한적인 역할과 기능을 고려하건대, 초기의 실무자 훈련은 G. Stanley Hall의 아동연구운동(child study movement)과 Lightner Witmer의 입장에서 나온 임상심리학의 개념들을 혼합해 놓은 것이었다. Hall의 입장은 발달 및 교육심리학으로 진보되었으며, Witmer의 입장은 몇몇 임상분야로 진보하게 되었다. 학교심리학자의 훈련과 실무는 이러한 두 입장에 의해 영향을 받아왔으며, 훈련과 실무의 변화는 Hall과 Witmer의 제자들에 의해 영향을 받았다고 볼 수 있다(Fagan, 1992). 당시 훈련은 대개 교육/사범대학 내의 심리학과나 철학과에서 이루어졌으며, 임상심리학 분야의 과목을 제외하고는 응용 교과목은 거의 없이 실험심리학적 연구를 강조했다.

학교심리학 훈련을 위한 명시적인 프로그램이 없었기 때문에 학교심리학 인력에 대한 수요는 당시 다양한 교육학 및 심리학 관련 분야에서 훈련을 받은 전문가들에 의해 충족되었다. 훈련은 최근 개발된 지능, 학업 성취 및 운동 기술 검사들의 사용을 강조했다. 초기 실무자들은 다양한 직함과 학위를 가지고 있었다. 일부는 학사학위를, 가장 많게는 석사학위를, 소수의 전문가들은 박사학위를 소지하고 있었다. 학교에서 일하고자 하는 학생들에게 적절한 대학 교과과정은 1920년대에 등장했다. 그러나 '학교심리학'이라는 이름의 최초의 준비과정 프로그램은 1920년대 말에서야 뉴욕대학의 학부 및 대학원 프로그램 과정에 등장하게 되었다(Fagan, 1999). 학교심리학이라는 특정 프로그램의 졸업자들은 당시 매우 드물었다. 1930년대까지 주 교육청(state education agency)의 인증 요건이 어느 주에도 존재하지 않았으며, 훈련의 방향에 영향을 미칠 만한 APA나 다른 국가적 차원의 조직이 승인하는 전국적인 훈련 기준 또한 존재하지 않았다. 어떤 경우에는 실무자 훈련이란 것이 교사훈련에 지능검사에 대한 간단한 교과목을 단순히 보강한 형태에 불과했다.

1940년대 이후에 몇 가지 요인들이 훈련의 범위를 확장시켰는데, 여기에는 실무자에 대한 수요의 증가, 검사 시행 이외의 심리학자의 역할에 대한 보다 광범위한 수용, 주 교육부의 인증 요건을 수립한 주의 수 증가, APA의 분과 16이 개발한 훈련지침, 검사기술의 향상, 학교 및 지역사회 정신건강에 대한 폭넓은 관심, 이 시기 동안의 이론적 발달(예컨대, 정신역동적, 행동주의적, 게슈탈트 및 비지시적)의 수준이 포함된다.

응용심리학자들의 여러 협회가 발전하면서 학교심리학 훈련에 대한 연구의 중요성에 대한 관심이 높아지게 되었다. 뉴욕 주의 훈련 위원회 보고서는 전문적 교과과정, 현장 경험, 프로그램의 길이 및 학생의 바람직한 개인적 특성에 대한 권장사항을 제시했다(New York State Association for Applied Psychology, 1943). 이 위원회의 권장사항과 현재의 일반적인 프로그램 기술 간의 유사성은 주목할 만하다(예컨대, 2년 반의 대학원 과정, 실습 및 최소 6개월의 인턴십). 1935년 이후에는 점차로 좀 더 학교심리학에 전문화된 보다 폭넓은 준비과정이 생

> 학교심리학 훈련을 위한 명시적인 프로그램이 없었기 때문에 학교심리학 인력에 대한 수요는 당시 다양한 교육학 및 심리학 관련 분야에서 훈련을 받은 전문가들에 의해 충족되었다.

기게 되었다. 펜실베니아 주립대학의 박사과정 프로그램은 1930년대 말에, 일리노이대학의 프로그램은 1953년에 생겼다. T. E. Newland가 설립한 일리노이대학의 프로그램은 최초의 학교심리학 박사과정 프로그램은 아니었지만, 최초의 잘 조직화된 프로그램들 중의 하나였다(Cutts, 1955). 일리노이 박사과정 프로그램에 대한 초기 기술을 살펴보면 이 프로그램이 심리학적 기반뿐 아니라 교육학적 기반, 광범위한 일반전문가로서의 준비, 현재의 여러 전문적 훈련 표준들에 여전히 포함되어 있는 그 외의 측면들에 대해 민감했다는 것을 알 수 있다.

1954년의 Thayer 회의 때까지 오직 28개의 교육기관만이 명시적으로 학교심리학 프로그램을 제공했으며, 이 중에서 10개의 프로그램은 박사학위를 수여했다(Fagan, 1986b). 이러한 교육기관은 지역적으로 고루 분포되지 않았다. 훈련의 주도적인 역할은 뉴욕대학, 펜실베니아 주립대학, 컬럼비아대학, 미시간대학과 일리노이대학의 프로그램이었다. 많은 사람들, 곧 Charles Benson, H. H. Goddard,

> 1954년의 Thayer 회의 전까지는 오직 28개의 교육기관만이 명시적으로 학교심리학 프로그램을 제공하였으며, 이 중에서 10개의 프로그램은 박사학위를 수여하였다.

Gertrude Hildreth, Leta Hollingworth, Francis Maxfield, T. E. Newland, Percival Symonds, J. E. W. Wallin, Lightner Witmer와 그 외의 무수한 보다 최근의 인물들이 학교심리학 전문가의 초기 훈련과 이후 실제 프로그램 개발에 기여했다. 현대의 훈련가들은 이들의 계획과 생각에 많은 빚을 지고 있는 셈이다.

1954년의 Thayer 회의는 학교심리학 훈련의 문제를 다룬 최초의 포괄적인 전국적 차원의 회의였다. 이 회의의 회의록은 이후에 몇 년 동안 널리 배포되었으며 보다 많은 석사과정 및 박사과정 프로그램의 필요성을 제기했다(Cutts, 1955; Fagan, 1993). 1960년대까지 여러 훈련 프로그램이 심리학 및 교육학적 기초, 특수교육, 지능과 성격 검사, 학업

적 교정 및 심리학적 개입(예컨대, 상담, 심리치료 및 자문)에 대한 교과목을 제공했다. 그럼에도 불구하고, 대부분의 프로그램들은 여전히 전통적인 실험심리학적 훈련에 대한 요건을 유지하고 있었다. Thayer 회의의 권장사항은 미래의 훈련을 위한 초석을 놓았을 뿐 아니라 훈련, 인준, 자격제도 및 실무 면에서 장차 전개될 많은 갈등을 다루기 위한 기본 틀을 만들었다고 할 수 있다(Fagan, 2005b).

역사적으로 훈련 프로그램의 성장은 1960년과 1980년 사이에 가장 극적으로 나타났으며 Fagan(1986b)이 요약한 몇몇 연구들의 주제가 되었다. 2006년 현재 1960년대보다 일곱 배나 많은 프로그램이 존재하고 있다. 1998년 간행된 NASP *Directory of Graduate Programs*는 218개의 교육기관이 그들의 프로그램에 대해 정보를 제공하고 있음을 확인했으며(Thomas, 1998), NASP 프로그램 데이터베이스에 따르면 2006년 현재 230~250개의 기관이 훈련 프로그램을 제공하고 있다. 1990년대 이후 학교심리학 훈련을 제공하는 프로그램의 수는 안정적인 것으로 보인다. 또한 박사과정과 비박사과정 간의 분명한 차이와 함께 프로그램 내용에 있어서도 그 유사성이 상당히 커졌다(M. Brown, Hohenshil, & Brown, 1998; Reschly & Wilson, 1997).

 ## 학생 및 실무자의 특성

동기와 배경

학교심리학은 다양한 배경을 가진 학생들에게 여러 이유에서 매력이 있다. 이 분야에 들어오는 이유들 중에는 훌륭한 직업 기회와 안정성, 피고용인 혜택, 교육에 대한 관심, 아동 및 가족과 일하고자 하는 열망, 강한 인도주의적 태도 등이 있다. 이러한 동기들은 다른 전문 조력 분야의 직업을 갖는 동기들과 중첩되기도 하므로, 일부 학교심리학 훈련생들의 경우 교육, 가이던스와 상담, 혹은 정신건강 분야의 사전 경험을 갖추고 있는 경우도 흔히 있다. 더욱이, 학생들은 사회학, 사회사업학, 초등 및 중등교육, 특수교육, 심리학 등을 포함하는 다양한 학부 배경을 가지고 있을 수 있다. 대부분의 학생들은 심리학과 교육학 분야의 배경을 가지고 있지만 학부 전공은 꽤 다양하다. 예를 들면, 미술교육, 상담자교육, 교육행정, 체육, 사회교육, 특수교육 등을 전공한 학생들이 훈련 프로그램에 입학해왔으며, 일부 학생들은 외견상으로는 무관한 분야인 경영학이나 과학기술 분야 전공에서 학교심리학 전공으로 전환하기도 했다.

바람직한 개인적 특성

이 분야에 들어오는 학생들이 가진 다양한 동기 이외에도 미래의 실무자들이 갖추고 있다면 바람직한 몇 가지 개인적인 특성들이 있다. 아마도 가장 중요한 것은 대학원 수준의 교육을 성공적으로 마칠 수 있는 학업 능력과 적성이다. 강한 개인적 책임감과 학교심리학 전공분야와 서비스 수혜자들에 대한 도덕적 및 윤리적 책임을 이해하는 것 또한 중요하다. *New York State Association for Applied Psychology*(1943)에서 제시한 바람직한 특성에는 "성숙한 매너와 관점, 편안한 전문가 간 관계, 급변하는 교육 및 사회적 조건의 효과에 대한 반응성, 무엇보다도 정서적 안정성과 객관성"(p. 239)이 포함된다. 실생활 장면에서 심리학자처럼 사고하는 것을 배우는 것이 중요함을 논하면서, Bardon과 Bennett(1974)는 학교심리학자의 인성에 대해서 다음과 같이 기술한 바 있다.

> 학교심리학자는 사람들에게 일어나는 일에 대해 관심을 쏟아야 한다. 다양한 부류의 사람들, 곧 문화적 배경, 민족적 기원, 기본 신념이 자신의 것과 다른 사람들 및 그들의 행동양식과 진정으로 동일시할 수 있어야 한다. 새로운 접근을 시도할 수 있으며 실망스럽고, 결과가 없으며, 좌절적인 상황에 직면해서조차도 지속해 나갈 수 있게 하는 인간성에 대한 진실하고 긍정적인 태도를 유지하고 있어야 한다.

Bardon(1986)은 1974년에 언급한 것 이외에도 성공적인 특성들에 대해 몇 가지 다른 견해들을 요약해서 제시한 바 있다. 여기에는 대인간 온정, 융통성, 민감성, 스트레스에 대한 저항력, 용의주도함, 배움에 대한 열의, 헌신, 반성적 판단, "긍정적인 회의론적 태도"(pp. 65-66)가 포함된다. Bardon의 생각은 그가 1960년대에 가르쳤던 러커스대학 프로그램에 명시된 특성들과 일치한다(Magary, 1967a 참조, pp. 741-742). 다른 바람직한 특성에는 조직적이며, 신속하고, 적응력이 좋으며 슈퍼비전을 통해 유익을 얻을 수 있고, 부모, 교육자 및 학생들과 좋은 관계를 유지할 수 있으며, 개인, 집단 및 시스템과 생산적으로 협력하는 능력 등이 포함된다. 학교심리학 슈퍼바이저들에 대한 한 조사에 따르면 기본적인 역량 다음으로 슈퍼바이저들이 가장 관심을 가진 것은 다른 사람들과 긴밀하게 일할 수 있는 능력이었으며, "말과 서면을 통한 의사소통 능력, 사교능력, 타인의 관점에 대한 배려, 내담자에 대한 공감, 학교심리학 분야에 대한 헌신과 관여"(Fireoved & Cancelleri, 1985, p. 4) 또한 포함되었다. Magary(1967a)는 훈련 프로그램과 주 교육부의 브로서, Carl Rogers의 생각에 기초해 바람직한 특성들을 확인했다. APA 학교심리학 분과의 이전 회장이었던 Magary는 "학교심리학자는 무엇보다도 최우선적으로 아이들을 돕고자 하는 특성이 있어야 한다."(p. 740)고 지적했다. 이외에도 다른 사람들은 다양한 교사들과 효과적으로 일할 수 있는 능력, 바람직한 성격 특성, 다른 사람들에 대한 민감성, 의사소통 기술 등을 언급했다.

훈련자과 고용주들이 합의한 특성 목록은 없지만, NASP의 자격제도 표준에 제시된 전문적 업무 특성 목록에는 전국 수준의 인가가 내포되어 있다(NASP, 2000d, p. 45). 이러한 목록에는 인간의 다양성에 대한 존중, 의사소통 기술, 효과적인 대인간 관계, 윤리적 책임감, 적응력, 주도성, 신뢰성이 포함된다. 개인적 안정성은 1994년 판부터는 삭제되었다. 1985년 판은 또한 성실성, 협동심, 독립심, 동기유발, 생산성 및 전문가적 이미지를 포함하고 있다. 이들 개인적 특성은 자격부여 과정에서 강요할 수는 없겠지만 계속해서 중요한 특성들이다. 이러한 목록들은 이들 특성에 대한 정의를 포함하고 있지는 않지만, 현재의 목록은 적어도 채택되기에 앞서서 많은 집단들과 NASP의 학교심리학 주도자들에 의해 재차 검토되어 완성된 것이다.

> 훈련과정을 통해서, 특히 현장실습 활동 동안에 학생들은 적절한 개인적 특성을 보이는지 면밀히 관찰된다.

개인적 특성에 대한 정의나 합의가 없다 하더라도 개인적 특성은 중요한 것으로 생각된다. Cournoyer(2004)는 NASP의 전문적 업무 특성 목록에 따라서 학교심리학 훈련생들을 면밀히 평가할 것을 권장하고 있으며 자신의 입장을 지지하는 사례들을 제시하고 있다. 훈련과정을 통해서, 특히 현장실습 활동 동안에 학생들은 적절한 개인적 특성을 보이는지 면밀히 관찰된다. 학교심리학자의 훈련자들은 학생들의 학업적 진전만큼이나 그들의 개인적 특성에 대해 관심을 가져왔다. Bardon(1986)은 "학교심리학자의 효과성은 그들의 지식과 그들이 수행하는 업무만큼이나 그들이 기능하고 상호작용하는 방식에 따라 결정될 수 있다"(p. 65)고 적절히 지적한 바 있다. 임상심리학과 상담심리학 프로그램의 전공 주임교수 대상의 한 연구는 이들이 입학허가 및 입학 후 훈련 과정에서 학생들의 인성과 적합성에 대해 강한 관심을 기울인다는 것을 보여준다. 주임교수들은 성격정신병리, 심리적 건강, 적절한 약물 사용, 성실성(정직성), 신중성(좋은 판단력), 돌봄(존중과 민감성; Johnson & Campbell, 2004, p. 408)에 높은 중요성을 부과했다. Kruger, Bennett와 Farkis(2006)는 훈련생들 대상의 리더십 기술 훈련이 중요함을 강조했는데, 이는 예방활동을 포함한 학교심리학자의 역할 확장에 대한 보다 폭넓은 관심과 관련된 것이다.

준비과정 프로그램의 특징 ──

다양성의 대표성(diversity representation)

다양한 이유로 인해서, 심리학 전문직 분야들은 문화적 다양성을 대표하고 있지 못하다. 한 분야로서 학교심리학은 8% 이하의 소수집단을 대표하는데, 이는 일반 인구에서 소수집단의 비중에 비해 매우 낮은 것이며, 이러한 대표성은 지난 25년간 겨우 2~3% 증가된 것에 불과하다(Curtis, Lopez, Batsche, & Smith, 2006). 이러한 약간의 증가는 적어도 이러한 대표성의 감소에 대해 초기에 제기되었던 두려움을 경감시킨다. 보다 고무적인 민족적 다양성 수준은 대학원생들(17%)과 프로그램 교원들(15%; Thomas, 1998)에게서 나타나고 있다. 보다 최근의 훈련 프로그램 자료는 가용하지 않다. 전국 차원의 *Directory of Bilingual School Psychologists*(NASP, Multicultural Affairs Committee, 1998)는 35가지 언어 유형(수화와 시각장애 포함)에 걸쳐 대략 400명의 명단만을 등재하고 있다. 이 명부에 등재된 명단 중 45%는 스페인어를 사용했으며 일부는 미국 이외의 지역의 실무자들이

> 여성은 학교심리학 대학원생의 거의 80%, 프로그램 교원의 45%, 실무자의 70% 이상을 차지한다.

었으므로, 이 명부는 학교심리학 분야에 보다 높은 수준의 다양성이 요구된다 하겠다. 히스패닉 학생들의 평가에 대해 학교심리학자들이 훈련되지 못했다는 점은 Ochoa, Rivera와 Ford(1997)의 연구에서 드러났다. 학교심리학에서 소수집단의 대표성이 계속 향상되려면 쉽게 달성되지 않을 장기적인 전문적 노력이 필요하다(Fagan, 1988b, 2004b; Jackson, 1992; Zins & Halsell, 1986). NASP의 Education and Research Trust는 소수집단 장학금을 제공하지만 이 장학금의 수혜는 민족적 소수집단에게만 제한되어 있다.

소수의 훈련 프로그램들은 다양한 집단과 일하는 학교심리학자들을 훈련하기 위한 지원금이나 특수 전문성을 보유하고 있다. 다양성 훈련을 위한 틀은 Gopaul-McNicol(1997)에 의해 제시되었으며, APA 분과 16의 소식지인 *The School Psychologist*는 다문화 훈련 및 특정 프로그램과 관련된 주제들에 대해서 두 번의 시리즈물(1994, 49권 4호와 1995, 50권 1호)을 발행한 바 있다. *Professional Psychology: Research and Practice*(2004, 35권, 1호)의 특별 섹션은 다문화적 유능성과 미국 원주민, 아프리카계 미국인과 스페인어를 말하는 집단의 성인들에게 정신건강 서비스 제공을 위한 실제적인 제안을 제시했다. Matines(2004)는 다문화 훈련의 효과가 교사 자문에 미치는 효과를 평가하기 위해 코딩 회기를 사용하는 방법을 기술했다. 학교심리학에서 다문화적 쟁점에 대한 주제는 Journal of Applied School Psychology(2006, 22권 2호)에 평가, 개입, 가정-학교 관계, 시스템 수준 개입에 있어서 문화적 요인 등을 포함해 포괄적으로 취급되고 있다. 학교심리학과 특히 관련된 추가적 자료로는 *Comprehensive Handbook of Multicultural School Psychology*(Frisby & Reynolds, 2005)와 *Handbook of Multicultural School Psychology: An Interdisciplinary Perspective*(Esquivel, Lopez, & Nahari, 2006)가 있다.

소수집단의 대표성과는 대조적으로 여성의 대표성은 지난 30여 년 동안 일관되게 증가했다. 여성은 학교심리학 대학원생의 거의 80%, 프로그램 교원의 45%, 실무자의 70% 이상을 차지한다. 이러한 증가는 예견되었던 것(예를 들면, APA, Committee on Employment and Human Resources, 1986 참조)으로 학교심리학 학술지에 여성이 발행한 간행물 수의 증가와 일치하는 것이다(Skinner, Robinson, Brown, & Cates, 1999). 여성이 편집위원이나 각종 조직에서 책임자 역할을 맡는 경우나 대학에 머무르는 경우도 증가했다(Robert, Gerrard-Morris, Zanger, Davis, & Robinson, 2006 참조). Akin-Little, Little과 Eckert(2006)가 실시한 조사에 따르면, 정년 보장, 서열 및 직무 지각에 있어서 남성와 여성 교원들 간에 몇 가지 차이가 있었지만, 이러한 차이들 중 일부는 남성들이 보다 많은 햇수의 경력을 가지고 있었기 때문인 것으로 보였다. 이와 관련되는 개관연구에 따르면 대학의 여성 교원들의 경우 학문적 분위기가 호의적이며 일반적으로 만족스러운 것으로 지각했다(Akin-Little, Bray, Eckert, & Kehle, 2006).

장애를 지닌 보다 많은 사람들이 Americans with Disability Act(공법 101-336)의 원조에 따라 점차로 노동시장에 들어옴에 따라, 학교심리학 분야에서 그들이 차지하는 비중이 증가할 것으로 예상된다. 훈련과 실무에서 장애인의 수와 그들을 포함시키고자 하는 노력에 대해서는 알려진 바가 없다. 스스로 학습장애나 ADHD를 가지고 있다고 주장하는 학생들에게 훈련이나 실무에서 조정(accommodation)을 제공하는 것은 그리 어렵지 않은 일이다. 그러나 보다 심각한 장애를 가지고 있는 사람들을 훈련시키려면 실제 직업 세계에서 고용주가 가지고 있는 기대에 비추어 조정을 제공하는 기술을 필요로 할 것이다. 이 분야에서 장애인들의 적절한 대표성을 고무시키기 위해서는 훈련 프로그램들은 전문적 조직들과 협력해 지원자가 실무자로서 효과적인 업무 수행을 위해 마땅히 개발해야 하거나 보완해야 하는 기술이나 행동들의 목록을 개발할 수 있을 것이다.

교사로서의 자격과 경험

학교심리학자의 준비과정에 대한 여러 논의들은 보통 교사로서의 사전 자격이나 경험을 바람직한 것으로 본다. 그러나 실증 연구들은 교육 경력과 학교심리학자의 성공 간에 유의한 관련성을 발견하지 못했다(Gerner, 1981, 1983). 1940년에서 1980년까지, 학교심리

학 자격증을 부여하기 위해 교사 자격증과 경험을
요구하는 주 교육부의 수는 급감했다. 현재로서 교
사 자격증이 없는 사람들에 대해 대안적인 방안을
제시하지 않으면서 학교심리학자에게 교사 자격증
을 요구하는 주는 극소수에 불과하다(구체적인 주별
요건에 대해서는 Curtis, Hunley, & Prus, 1998 참조,
NASP 웹페이지에 링크 제공). 그럼에도 불구하고, 3
장에서 언급했듯이, 많은 학교심리학자들은 교사 자

> 현재 교사 자격증이 없는 사람들에 대하여 대안적인 방안을 제시하지 않으면서 학교심리학자에게 교사 자격증을 요구하는 주는 극소수에 불과하다.

격증을 보유하고 있으며 사전 교사 경력을 갖추고 있는데, 아마도 이는 학교심리학자들
이 경력 있는 일부 교사들이나 학부에서 교사 교육 프로그램에 다닌 학생들 가운데서 계
속 모집되기 때문일 것이다. 주 정부의 심리학 면허위원회 중 학교심리학자라는 직함을
사용하기 위해 교사 자격증을 요구하는 경우는 전혀 없다. 중요한 것으로 간주되는 점은
훈련과 현장 경험을 통해 미래의 학교심리학자들이 교사의 역할을 이해할 뿐 아니라 자
신들을 직접 혹은 간접적으로 고용할 교육시스템에 대해 포괄적으로 이해하는 것이다.
마지막으로, 학교심리학자들이 그들의 실무 장면의 범위를 확장함에 따라, 학교 이외의
장면에 대해서도 이해하는 것이 중요하다. 슈퍼비전을 받는 현장경험과 계속교육을 그러
한 준비를 위해 가장 건설적인 방안으로 볼 수 있다.

일반적인 준비 수준

1장은 D. Smith(1984), Wilson과 Reschly(1995), 최근의 NASP 회원 자료를 포함해 학교
심리학자들이 보통 완수하는 훈련 수준에 대해 개관했다. 표 6.1은 이들 조사와 보다 초
기의 조사에 대한 응답자들이 완수한 훈련 수준을 요약하고 있다. Reschly와 Wilson의
자료, NASP 자료는 훈련가들 대상의 자료를 포함하고 있지만 Smith의 자료 및 Reschly와
Wilson의 자료는 주로 실무자들을 대상으로 얻어진 자료이다. 이러한 조사에서 서로 다
른 연구방법을 사용했지만, 대부분의 학교심리학자들은 박사학위를 소지하고 있지 않음
이 명백하다. 최근의 NASP 조사는 80.5%가 전문가 수준 이상의 훈련을 받았음을 보여주
고 있다. 1998년 회원 조사 자료에 비해 박사학위를 소지하고 있는 NASP 회원의 비율은
6%가 증가했다. 박사학위를 소지하고 있는 비율은 훈련가들이 표본에 포함될 때 더 높아
지므로(Graden & Curtis, 1991), 현재의 NASP 조사 자료는 실무자들만을 대상으로 한 조
사에서 나타난 것에 비해 높은 박사학위 소지율을 보이고 있다. 지난 30년에 걸쳐 전문
가와 박사 수준의 훈련을 받은 실무자들의 수가 증가하는 뚜렷한 경향이 있었으며, 석사
수준의 훈련을 받은 수는 감소했고, 학사수준의 훈련만을 받은 경우는 사실상 사라졌다.

등록 패턴

등록 패턴은 학교심리학자들의 전형적인 훈련에 대해 정보를 얻는 또 다른 수단을 제공한다. D. Brown과 Minke(1984), McMaster, Reschly와 Peters(1989), Thomas(1998)의 조사 자료들에 따르면, 학교심리학 프로그램에 등록한 학생수는 1980년대에 7293명에서 5634명으로 감소했다가 다시 8587명으로 증가했다. 인원 증가는 전문가학위와 박사학위 수준에서만 있었으며, 석사 수준에서는 상당히 감소되었다. 1984년과 1998년 사이에 석사 수준의 대학원생이 차지하는 비중은 20.1%에서 2.6%로 감소했으며, 전문가 수준의 대학원생은 48.3%에서 68.5%로 증가했고, 박사과정에 있는 학생들은 31.6%에서 28.9%로 약간 감소했다. McMaster 등(1981)과 Thomas(1998)의 자료를 비교해보면, 석사과정 프로그램의 수가 42개에서 13개로 줄었으며, 전문가 학위 프로그램은 164개에서 193개로 늘었고, 박사과정 프로그램도 67개에서 83개로 늘었음을 알 수 있다. 이러한 자료들과 Reschly와 McMaster-Beyer(1991), Reschly와 Wilson(1997)이 분석한 결과들은 전문가 수준의 학위가 더 인기를 얻게 되었으며 박사학위의 증가는 Brown과 Minke(1986), Fagan(1986c)이 예견한 것보다는 뚜렷하게 나타나지 않았음을 시사한다. 1977년에서 1998년에 이르는 기간 동안의 명부에 따르면 훈련을 제공하는 교육기관의 수는 꽤 안정적이었지만(평균=209, 범위=203~218), 프로그램당 평균 졸업생 수는 1975~1976년과 1981~1982년 사이에 약간 감소했고(12.2명에서 11.1명으로), 1986~1987년과 1996~1997년 사이에 안정적이었다(8.4명에서 8.9명). 총 졸업생 수는 대략 20% 정도, 즉 1981~1982년에 2350명에서 1996~1997년에 1897명으로 감소했다. NASP 데이터베이스의 보다 최근 프로그램 자료는 2006년에 등록자 수와 졸업생 수가 증가되었음을 보여준다.

2년 과정의 프로그램의 감소와 1년 과정의 석사과정 프로그램의 소멸뿐 아니라 전문가 및 박사과정 프로그램의 계속되는 증가는 예측된 것이었다. 실무자들 대상의 조사 결과들은 점차로 6년 과정의 전문가 혹은 박사과정 프로그램의 증가를 보여줄 것이며, 전문가 수준 이하의 훈련에 대한 수요에 부응하기 위해 학교심리학 실무에서 기술자(technician) 형태의 자격증이 등장하지 않는 한, 보다 적은 수준으로 훈련을 받은 인력들은 다음 20여 년에 걸쳐서 완전히 사라질 것으로 보인다. 온라인 대학과 독립적인 전문학교를 통한 훈련의 기회가 증가함에 따라 보다 많은 사람들이, 특히 박사 수준에서, 이 분야에 들어오게 될 것이다.

〈표 6.1〉 연구 응답자들의 학교심리학 훈련 수준 요약(백분율 분포)

	NASP 회원 자료[a]	Reschly와 Wilson[b]	Smith[c]	Farling과 Hoedt[d]
학사	-	-	0	1
석사(1년)	-	-	17	28
석사(2년)	32.6	23	45	63
석사(3년) 또는 전문가	24.9	56	22	1
박사	32.4	21	16	3

a. 전국학교심리학자연합회의 2004~2005년 회원 조사 자료에 근거(Curtis, Lopez, Batsche, & Smith, 2006에 보고됨)
b. "학교심리학 실무자 및 교원: 인구통계, 역할, 만족도 및 시스템 개혁에 있어서의 1986년에서 1991, 1992년까지의 추세", D. J. Reschly와 M. S. Wilson, 1995, School Psychology Review, 24, 62-80. 이 연구는 석사(30-59 학기제 학점 시수), 전문가(60 학점 이상의 학기제 학점 시수)와 박사의 세 범주만을 사용했음.
c. "실무를 담당하는 학교심리학자들의 특성, 활동 및 서비스 대상", D. K. Smith, 1984, Professional Psychology: Research and Practice, 15, 798-810.
d. National Survey of School Psychologists, W. H. Farling and K. C. Hoedt, 1971, Washington, DC: Author.

훈련 프로그램의 길이

훈련 프로그램의 길이는 학교심리학자가 받는 전형적인 훈련에 대해서 또 다른 관점을 제공해준다. 1989년에 발행된 NASP *Directory of Graduate Programs*(McMaster et al., 1989)에 따르면, 1986~1987년에 석사, 전문가 및 박사 학위를 받기 위해서 필요로 하는 학기제 기준의 평균 학점 시수는 각각 42, 66 및 100학점이었다. 1998년에 발행된 안내 책자(Thomas, 1998)는 각각 40, 66 및 103.5학점을 보고했다. 학위별 전형적인 수강 요건은 이 책의 후반부에 논의된다. 보다 최근의 훈련 프로그램 자료를 NASP가 제공하고 있지는 않지만, 프로그램의 길이가 변했을 가능성이 거의 없다.

프로그램, 학위 및 훈련 수준의 선정

학생들은 학교심리학 실무에 대한 훈련 과정을 탐색할 때 다음과 같은 목표들을 고려해야 한다.

1. 장애를 가진 아이들을 포함해 학령기의 아동·청소년과 함께 일할 것인가?.
2. 주로 공립학교 장면에서 일할 것인가?
3. 공립학교 환경 내에서 피고용인으로서 일할 것인가?
4. 비박사학위를 원하는가 아니면 박사학위를 원하는가?

5. 일반전문가 훈련을 원하는가 아니면 전문화된 훈련을 원하는가?

6. 실무자로서 일하는 것에 장기적인 관심이 있는가, 아니면 대학에서 일하는 데 관심이 있는가?

7. 특정 주나 지역에서 일할 것인가?

다음의 질문들에 대한 답변이 학생들로 하여금 훈련 프로그램을 선정하고, 프로그램에서 선택과목을 고르고, 박사학위 과정을 밟을지를 결정하는 데에 도움이 될 것이다.

프로그램을 선정하기 위한 정보 출처

NASP는 학교심리학 대학원 과정 프로그램들에 대한 정보를 모으는 데 사용될 수 있는 온라인 안내목록을 제공한다. 이 목록의 프로그램들은 각 훈련 기관에서 요구하는 교과 과정과 학기제 시수 요건 및 그 외에도 프로그램을 선정하고 그 내용을 판단하는 데에 유용한 특정 프로그램 정보를 제공한다. APA에서 발행하는 *Graduate Programs in Psychology* 또한 학교심리학 및 다른 심리학 프로그램들에 대해 유사한 정보를 제공하고 있어 NASP의 목록을 보완하고 있다. 학생들은 또한 특정 교육기관과 프로그램의 웹사이트에서 유용한 정보를 찾을 수 있다. 박사 및 비박사 프로그램들이 점차로 NASP와 APA가 공표한 표준을 따르고 있으므로, 이들 기관이 발행한 프로그램 표준 또한 유용한 참고자료이다. 장래의 학생들이나 입학 예정인 학생들은 실무에 종사하는 한 명 이상의 학교심리학자들의 실무 현장을 방문해 학교심리학이 무엇인지 체험적으로 관찰할 계획을 세워야 한다.

특정 프로그램을 고려하고 있는 학생들에 대해서는 프로그램 행정가가 가장 신뢰로운 정보 출처다. 최근 발행된 목록과 대학요람은 최근의 변화를 다 반영하지 못할 수도 있다. 해당 교육기관에 직접 문의함으로써 학생은 자신의 필요와 관심에 비추어 프로그램이 적절한지에 대해 보다 정확한 정보를 얻은 후 결정할 수 있을 것이다. 학생들은 어떤 선수과목을 수강하는 것이 바람직하거나 요구되는지 알 수 있지만 가능한 경우라면 프로그램을 직접 방문해 교직원이나 현재 등록하고 있는 학생들과 직접 이야기를 나누어야 한다. 특정 박사과정 프로그램의 역사적 발전과 철학에 대한 정보는 *Professional School Psychology*(현재 *School Psychology Quarterly*)의 과년 호에서 찾아볼 수 있다. 일부 프로그램들은 미발행된 프로그램의 역사 자료를 배포하기도 한다.

계속해서 유용한 책자로는 Gerner와 Genshaft의 *Selecting a School Psychology Program*(1981)이 있다. 이것은 학위, 현장 경험, 자격취득을 위한 요건, 프로그램의 방향, 인터뷰 질문 등과 같은 문제를 다룬다. 이 책자는 또한 훈련 프로그램과 그 프로그램이 위치한 주의 자격취득 요건 간의 관계를 언급한다. 이 점은 박사 이외의 수준에서 주로 고려할 점이다. 대부분의 프로그램은 특정 주의 교육부(state department of education)나 주 심리학 심의위원회(state board of examiners in psychology)의 요구 조건을 만족시키도록 구성되기 때문에, 박사 수준 이외의 프로그램들은 흔히 주 정부 기관의 요구 조건을 정확히 따른다. 따라서 NASP의 *Credentialing Requirements for School Psychologists*(Curtis et al., 1998)와 NASP에서 제공하는 자격부여 기관 링크는 프로그램을 선정하고 학교기반의 실무 활동과 독립적인 실무 활동을 위한 자격취득 요건을 알아보는 데 도움을 줄 수 있다. 인턴십을 선정하는 데 활용할 수 있는 추가 자료들이 이 장의 후반부와 8장에 논의될 수 있다. 또 다른 유용한 가이드로는 Morgan(1998)이 있다. 연구중심적인 프로그램에 관심 있는 학생들에게는 Little(1997)의 조사 자료가 도움이 될 것이다.

필요한 훈련 수준

어떤 사람들은 학교 이외의 장면에서 서비스를 제공하기 위해 전문가 수준에서 훈련을 받는 것에 대해 의문을 제기하기는 하지만(Reschly & McMaster-Beyer, 1991), 전문가 수준에서 훈련을 받은 학교심리학자들은 광범위한 서비스를 제공할 역량이 있다(M. Brown et al., 1998; Reschly & Wilson, 1997; Woody & Davenport, 1998). 학교심리학 훈련을 받고자 하는 사람들은 전문가 이하의 학위를 추구하지는 말아야 한다. 즉 최소 60학점의 대학원 학기제 학점 시수에 상응하는 수준의 훈련을 NASP가 인가한 프로그램이나 NASP의 표준을 인정하는 주 교육청과 National Council for Accreditation of Teacher Education(NCATE)과의 제휴를 통해서 인가된 훈련 프로그램을 통해 받아야 한다. 이러한 인가를 받은 프로그램에 입학한 학생들은 나중에 NASP의 전국학교심리학 인증시스템을 통해 인증받는 데 유리하다. NASP의 훈련 및 전국적 인증 지침들을 충족시키기 위해서 다양한 방식이 가능하다. 많은 프로그램들은 최소한 총 60 학기제 학점 시수를 마친 것에 대해서 석사학위와 교육전문가 학위(EdS)를 동시에 수여한다. 어떤 경우에는 시수 요건이 긴 석사학위나 EdS 학위만을 통해서 충족될 수도 있다. 프로그램의 내용과 인가 상태가 수여되는 학위명보다 더 중요하다. 그러나 일부 주에서는 교육전문가 학위가 자격취득의 요건이 되기도 한다.

실무자가 박사학위를 소지해야 하는지에 대한 질문은 학교심리학의 역사를 통해서, 특히 미국심리학회(APA)가 1945년 재편성된 이래로 늘 제기되어 왔다. 독립적인 개업 실무자의 경우, 학교심리학자들이 전문적 정체성을 추구하는 모든 전국적 조직이 박사학위를 적절한 신입 수준(entry-level)의 훈련으로 간주해왔다. 유일한 예외가 NASP이다(Fagan, 1993). 1977년에 APA 대표위원회의 결정 이후에 논쟁이 증폭되어, 전문 심리학자의 명칭을 사용하기 위해서는 오직 박사 수준만을 인정하게 되었다. 박사 대 박사 이외의 학위 수준의 논제는 이 책에서 깊이 있게 다루기에는 너무도 복잡하다. 이에 대한 논쟁에 대한 요약은 Fagan(1986c, 1993)과 *School Psychology Review*(16권, 1호와 18권 1호)를 참조하길 바란다. 대부분의 학교심리학자들이 박사 이외의 수준에서 훈련을 받았다고 할지라도(1장 참조), 박사 수준에서 훈련을 받은 학교심리학자들에 대한 수요는 APA가 인가한 박사과정 프로그램이 1971년 이래로 증가했다는 사실에서 찾아볼 수 있다 (Fagan & Wells, 2000).

그러나 박사학위가 학교에서 실무자로 활동하기 위해서 꼭 필요한 것은 아니며 학교가 학교심리학자의 주요 고용 환경이므로 한 가지 고려해야 할 중요한 점은 계속적인 고용에 따라 받는 임금과 박사 과정 학업의 상대적인 비용을 비교해보는 것이다. 1996~1997년에 프로그램이 위치한 주에 거주하는 학교심리학 전공 학생들의 1년 평균 학비는 4,308달러였으며, 학점당 평균 비용은 219달러였다(Thomas, 1998). 이러한 평균 학비는 1986~1987년 자료에 비해 두 배 증가한 액수다(McMaster et al., 1989). 이용가능한 보다 최근의 자료는 없지만 1998년 이래로 이러한 학비는 적어도 50% 이상은 추가로 증가했을 것으로 추정해 볼 수 있다. 실무자가 이미 전문가 학위를 소지하고 있고 학교에서의 실무를 위한 자격을 취득했다고 가정한다면, 전일제 학생으로서 박사학위 과정을 밟는 것은 다시 직장을 잡기까지 아마도 3년의 급여를 포기해야 함을 의미할 것이다. 3년간의 급여는 총 110,000달러에서 180,000달러 정도로 추산할 수 있으며 학비는 적어도 18,000불 정도 지출될 것으로 예상할 수 있다. 보수적으로 추정한 130,000달러의 비용은 대학원생 급여, 학비감면과 유급 인턴십을 통해 지원받을 수 있는 고작 55,000달러 정도의 액수와는 비교할 수 없는 액수이며, 여기에 생활비, 교통비, 비거주민(out-of-state) 학비, 책값, 그 외 자료 등의 비용을 추가한다면, 어떠한 경우이든 박사과정을 밟는 것은 장기적인 투자이지 단기간의 재정적 이득을 위한 선택은 아님이 분명하다.

학생들은 종종 융자를 받으며, 부채 증가에 대해 우려할 수 있다. 2003년에 박사학위를 소지한 실무자들의 부채 액수 중앙치는 67,000달러였으며, 학교심리학 전공 졸업자들 중 56%는 41,000달러 이상의 부채가 있다고 보고했다(Wicherski & Kohout, 2005). 실무자가 자신의 이전 직장에서 유의하게 높은 급여를 받고 복귀할 것을 기대할 수 없다거나 개인 개업 활동이나 행정 직위 등을 얻어 부가적인 수

> 박사학위가 학교에서 실무자로 활동하기 위해서 꼭 필요한 것은 아니며 학교가 학교심리학자의 주요 고용 환경이므로 한 가지 고려해야 할 중요한 점은 계속적인 고용에 따라 받는 임금과 박사 과정 학업의 상대적인 비용을 비교해보는 것이다.

입을 올리지 않는다면, 박사학위를 취득하는 데에 따른 재정적인 이득은 거의 없다고 느낄 수 있다. 대학에서 자리를 잡기 위해서 박사학위를 취득하는 것 또한 재정적인 이득을 보장하지는 못한다. 대학의 일부 직위는 박사 수준, 심지어는 전문가 수준의 실무자 직위만큼도 급여가 높지 못하다. Reschly와 Wilson(1995)은 실무자들의 주 고용자로부터 받는 평균 임금은 37,587달러였으며 대학 교원들의 경우는 46,657달러였다. 하지만 실무자들에 비해 교원들의 평균 연령이 6.5년 많았다(47.9세 대 41.4세). 1990년대 이래로 급여는 꾸준히 상승했지만, 이 차이가 감소되었을 가능성이 없어 보인다. 보다 최근의 급여 비교 자료가 없기는 하나, 박사과정 프로그램에 재학하고 있는 대학원생들 대상의 한 조사에 따르면 급여와 혜택 모두가 이후의 직장을 결정하는 데 중요한 요인이며, 오직 10%의 학생들만이 대학원 수준의 학교심리학 프로그램에서 가르치고자 하는 열망이 있음을 보여주었다(Baker, 2006).

재정적인 관점에서 보면 전문가 학위를 마친 후에 박사과정을 바로 시작하는 것이 일정 기간의 고용 후 학업을 다시 시작하는 것보다 나은 선택인 듯하다. 부가적인 학업 기간은 적어도 1년이며, 박사과정은 보통 인턴십 수료를 필수 요건으로 한다. 직장 생활을 한 후에 학교에 복귀하는 것은 또한 가족 관련 책임이나 비용, 휴직 등 라이프스타일의 변화를 요구한다. 이러한 요인들은 애당초 연이어 학업을 계속하는 것과 비교하여, 대학원 과정을 위해 학업에 복귀하는 것을 어렵게 만들 수 있다. 앞으로 박사과정에 진학할 계획이 있는 학생들은 자신의 장기적인 직업 목표에 비추어 고급 학위 취득의 장단점을 가늠해 보아야 한다. 박사과정 프로그램은 종종 전일제 학생들을 선호하지만, 많은 프로그램들은 학생들로 하여금 직장에 다니는 가운데 그들의 교육비를 충당할 수 있도록 시간제 학업 기회를 제공하기도 한다. 그러나 대학원생을 위한 급여나 학비감면 등은 시간제 학생들에게는 가용하지 않은 것이 보통이다.

일부 학생들에게 의사결정에서 돈이 가장 중요한 문제가 아닐 수 있다. 가장 중요한 것은 보다 많은 지식, 역량, 지위를 획득하고 전문적인 선택의 기회를 확장하는 것일 수 있다. 어떤 사람들은 박사학위가 학교기반의 실무를 위해 필요하지 않으며 역량을 거의 혹은 전혀 증진시키지 않는다고 주장한다. 전문가 학위가 학교에서의 실무를 위해서는 충분한 것으로 보이며, 박사과정 훈련을 통해서 획득되는 역량들은 학교 이외의 장면에서 실무 활동을 하는 데 좀 더 중요한 듯하다(Phillips, 1985; Reschly & McMaster-Beyer, 1991). 그러나, 훈련의 범위, 학교 장면에서의 승진 기회, 완전한 전문 권한을 갖고 개인적 활동을 할 수 있는 기회 등은 장기적인 직업의 기회를 선택하는 데 있어 가치 있는 인센티브가 될 수 있다. 또한 박사학위 소지자들의 비중이 높아지고 있는 분야에서 박사학위 취득은 그 자체로서 인센티브가 될 수 있다.

한 학생이 박사학위를 추구하든 박사 이외의 학위를 원하든 간에 한 가지 꼭 유념할 점은 적절한 주 및 전국 차원의 승인이나 인가를 받은 프로그램들에만 지원해야 한다는 점이다. 학교심리학의 변화하고 있는 인구학적 특성과 지속적으로 유망한 직업 시장은 많은 학생들로 하여금 비전통적인 프로그램들과 온라인 코스를 통해서 대학원 과정을 마치도록 도와줄 것이다. 그러나 학생들은 그러한 기회들에 대해 주의 깊게 접근하여야 한다.

준비 프로그램의 행정적인 소속

다른 일부 심리학 영역들과 비교해 학교심리학은 훈련, 자격제도 및 인가와 관련해 혼돈스러운 역사를 가지고 있다. 이러한 역사를 통해 훈련 프로그램들은 사범(교육)대학이나 인문과학대학(colleges of arts and sciences)의 심리학과와 심리학과 이외의 학과에 소속되어왔다. 만일 독자가 훈련 프로그램 목록의 내용을 검토해 본다면 학교심리학자 준비 프로그램을 제공하는 학과나 단과대학 이름이 다양하다는 점에 대해 놀랄 것이다. 이러한 다양성은 교육학과 심리학 분야에서 다양한 배경을 가진 학생들의 대학원 입학, 심리학과 교육학과 간의 갈등, 서로 다른 기관으로부터의 인가, 보다 최근에는 명확한 전문적 정체성의 결여 등을 포함하는 학교심리학의 발전에 있어서의 역사적 추세들에서 비롯된 것이다. 학과가 이렇게 다양한 것은 학교심리학 훈련에서 일반적인 것이지 예외적인 것이 아니다. 이전의 NASP 명부와 Council of Directors of School Psychology Programs의 자료들을 분석한 결과 표 6.2와 같은 분포가 나타났다.

전문가 수준 프로그램의 대략 2/3와 박사과정 프로그램의 3/4이 사범(교육)대학과 같은 교육학 관련 학과에 소속되어 있다. 표 6.2의 분포는 이전의 분석 자료(D. Brown & Lindstrom, 1977; Goh, 1977)와 일치하는 결과로 큰 변화가 없었다. 이러한 다양성은 다양한 학위명에서 찾아볼 수 있는데, 가장 흔한 것으로는 이학석사(MS), 문학석사(MA), 교육학 전문가(EdS), 철학박사(PhD), 교육학박사(EdD)와 심리학박사(PsyD)가 있다. 일부 주에서는 프로그램들이 교육학 관련 학과(가끔은 심리학과를 포함하고 있다)에 위치하는 경우가 많은 반면, 다른 주에서는 인문과학대학의 심리학과에 소속되는 경우가 많다.

> 프로그램의 내용이 프로그램의 행정적인 소속이나 학위명보다 중요하다.

흔히 학교심리학 프로그램들은 교육심리학과, 상담과 생활지도과, 혹은 명백히 심리학에 기반을 둔 다른 학과에 소속되어 있다. 프로그램의 내용이 프로그램의 행정적인 소속이나 학위명보다 중요하다. 이러한 원칙은 다양한 학과 소속의 프로그램들이 인

〈표 6.2〉 학교심리학 훈련 프로그램의 소속 (학과별)

	수	퍼센트
박사학위 프로그램 (N=87)		
교육	64	74
심리	21	24
결정하기 어려움	2	2
전문가 수준 프로그램 (N=196)		
교육	126	64
심리	55	28
결정하기 어려움	15	8

출처: Thomas(1998)과 CDSPP에서 수정

가되었다는 점에 잘 나타나있다. 교육학이나 심리학과 내의 프로그램들은 박사 및 박사 이외의 학위 수준에서 인가된다. 2005~2006년 현재, 미국심리학회가 인가하고 있는 67개의 학교심리학 박사과정 프로그램(10개의 혼합 프로그램[2] 포함)은 심리학과 이외의 학과에 소속되어 있었으며, 대부분은 사범(교육)대학 내의 학과에 소속되어 있었다. 박사과정 이외의 인가된 프로그램들은 교육학 및 심리학과에 걸쳐 고루 분포하고 있다.

프로그램의 행정적 소속은 양성과정의 질에 영향을 미치는가? 학교심리학자의 업무 효과성을 출신 과정 프로그램의 소속과 관련지어 알아본 연구는 아직 없었다. 1989년 NASP의 목록에 추출한 자료들을 토대로 분석한 초기의 연구는 학과 소속과 인가에 따라 프로그램에서 유의한 차이를 발견하지 못했다(Reschly & McMaster-Beyer, 1991). 보다 이전의 한 연구는 내용 영역의 중요성이 행정적인 학과 단위에 따라 유의하게 달라지지 않음을 제안했다(Goh, 1977). Ross, Holzman, Handal과 Gilner(1991)는 적어도 APA가 인가한 박사과정 프로그램들 간에는 학과 소속이 주 면허 위원회가 실시하는 Examination for the Professional Practice of Psychology에서의 수행과 관련될 수 있음을 조심스럽게 제안하고 있다.

프로그램의 소속은 학교심리학자들을 다른 교육자들과 심리학자들로 구성된 팀들과 보다 효과적으로 일하도록 훈련시키는 데 도움을 줄 수 있다. 예를 들면, 교육학과에 소

---

2) 역주: 혼합 프로그램(combined programs)은 세 가지 전문심리학 분야, 즉 학교심리, 임상심리, 상담심리 분야 간의 훈련과정상의 유사점을 감안해 이 세 분야 중 두 분야 이상의 훈련 요소를 결합해 훈련을 제공하고 학위를 수여하는 대학원 프로그램을 지칭한다.

속된 프로그램은 *학생 지원 서비스(pupil personnel services)* 영역에서 일하도록 준비하는 학생들을 훈련시키거나 심리학과에 위치한 프로그램은 건강 서비스 제공자로서 일하고자 준비하는 학생들을 훈련시킴으로써 이들과 팀을 이루어 함께 배우고 협력할 수 있을 것이다. 전략적으로 교육학과에 소속되어 있거나 혹은 인가된 혼합 심리학 프로그램에 소속되어 있는 많은 학교심리학 프로그램들조차도, 학교심리학자로 훈련하면서 동시에 다른 전문가들과 함께 팀을 이루어 일하도록 훈련시켜 주는 프로그램은 필자들이 알기로는 전혀 없다. 일단 인턴십이나 업무가 시작되면 이 점에 대해서 보다 많은 노력이 기울여질 수 있다. 임상심리학(아동-임상심리학 포함)과 상담심리학을 결합하는, APA가 인가한 전문직 심리학 프로그램의 수가 증가하고 있다. 2003년 Consensus Conference on Combined and Integrated Doctoral Training in Psychology의 요약된 내용이 *Journal of Clinical Psychology*(60권 9호)에 실려 있으며, 혼합 프로그램의 한 예는 Givner과 Fur-long(2003; Beutler & Fisher, 1994; Minke & Brown, 1996을 또한 참조할 것)에서 찾아볼 수 있다. 어떤 사람들은 심리학과에 기초한 프로그램이 우수하다고 믿을지도 모르지만, 1995년에 발표된 6개의 가장 우수한 학교심리학 프로그램 중 5개는 교육학과에 위치하고 있었다(*U.S. News and World Report*, 1995 America's Best Graduate Schools, 3월 20일, p. 109).

학위 수준과 상관없이 하나의 프로그램에 대해 심리학과에 소속되었느냐 교육학과에 소속되었느냐에 따라 그 우수성을 판단할 이유는 없으나, 실용적인 문제들이 어떤 학과 소속의 프로그램을 선택할지에 영향을 미칠 수 있다. 교육학 관련 학과 내에 소속된 프로그램들이 보통은 입학기준이나 수업일정에 있어서 보다 융통성이 있는 경우가 많다. 교육학과에 기반을 두고 있는 프로그램들의 경우 주간 및 약간 강좌의 선택에 따라 시간제에 기초해 입학허가를 받을 가능성이 더 높다. 심리학과에 기반을 두고 있는 학교심리학 프로그램들도 일부는 사범(교육)대학에 소속되어 있는데, 이러한 프로그램들은 인문과학대학에 소속된 심리학과의 프로그램들에 비해 일종의 '파장 효과'에 의해 보다 많은 융통성을 부여할 수도 있다. 또한 학생 고용 기회와 성인교육의 영향으로, 도시에 위치한 프로그램들은 시골지역에 위치한 프로그램에 비해 보다 많은 융통성을 부여할 수 있다.

또한 심리학자들에게 면허증을 발급하기 위해서 주 정부의 심리학 심의위원회(state's board of examiners in psychology: SBEP)는 심리학과에서 이수한 강좌만을 인정할 수도 있으며 EdD 학위보다는 PhD나 심리학박사(PsyD) 학위를 선호할 수도 있다. 주 교육부(state departments of education, SDE)는 대개 사범(교육)대학들과 협의된 기제를 통해서 프로그램을 인가하며(7장 참조) 교육학 관련학과에서 훈련이 마쳐지기를 선호할 수도 있다. 학위나 학과 관련 문제는 SDE를 통해서 학교심리학 자격증을 취득하고자 할 때보다는 개인 개업을 위한 면허를 취득하고자 하는 경우에 보다 흔하게 나타난다. 따라서 학생들은 교육학과 혹은 심리학과 내에서 제공하는 훈련 프로그램이 적절한 훈련을 제공할 것이라는 확신이 있어야 하지만 자격제도와 관련된 잠재적인 시사점 또한 알고 있어야 한다. 학교심리학 분야에서 적절한 인가를 받은 프로그램, 특히 박사 수준 프로그램의 졸업자들은 어떤 자격부여 기관과도 훨씬 적은 어려움을 경험할 것이다.

대안적인 학위 및 훈련

근년에 심리학박사(PsyD)와 같은 전문학위가 등장함에 따라 비전통적인 형태의 고급 학위과정이 학교심리학자들에게 가용하게 되었다. 1990년대 초반에는 학계에 있는 학교심리학자들 중 3%가 PsyD 학위를 소지하고 있었으며, 76%는 PhD, 17%는 교육학박사(EdD 혹은 DEd), 3%는 다른 학위를 소지하고 있었다(Daniel Reschly, 개인적 의사소통, 1999). 그러나, Wells(1999)에 따르면 1998~1999년의 학교심리학 분야의 박사학위 취득자들(교원 및 실무자들) 가운데, 24%가 PsyD, 70%가 PhD, 6%가 EdD 학위를 받았음을 보고했다. 1989년의 NASP 훈련 프로그램 목록에 따르면 PsyD 학위를 수여하는 프로그램은 단지 4개에 불과했으나, 1998년 목록에 따르면 9개의 프로그램으로 증가했다. NASP의 등재 자료가 아직 가용하지는 않지만, 추가로 7개의 훈련 프로그램이 현재 PsyD 학위를 수여하고 있을 가능성이 있다. PsyD 학위의 수용도에 대한 한 초기 연구는 이 학위가 전통적인 PhD나 EdD 학위에 비해 대학에서의 고용을 위해 널리 수용되고 있지 못함을 시사했다(Prout, Meyers, & Greggo, 1989). 이러한 문제는 임상심리학 분야에서의 PsyD 학위 취득자들 사이에서는 덜 일반적인 것으로 보인다(Hershey, Kopplin, & Kornell, 1991). PsyD 학위는 실무직을 원하는 학생들에게 가장 큰 매력이 있는 것으로 보인다. 박사학위를 수여하고 싶지만 PhD 학위 인가를 받을 수 없는 훈련 프로그램들은 대신 PsyD 학위를 수여할 수도 있다. PsyD 학위 취득은 SDE나 SBEP의 자격증을 취득하는 데에는 장애물이 되지 않는 것으로 보이지만, 훈련 프로그램의 교원들이 학교심리학 전공으로 PsyD 학위를 소지하고 있는 경우는 훨씬 드물다(Atkin-Little, Little, & Eckert, 2006, 3월). 학교심리학 분야의 훈련을 제공하는 자율형 전문학교의 수는 증가할 것으로 예상된다. 월텐(Walden) 대학, 애르거시(Argosy) 대학, 카펠라(Capella) 대학을 비롯해 그 외의 몇몇 학교들에서 제공하는 온라인 기반의 비전통적인 훈련 과정 프로그램들이 등장했다. 이러한 기관들은 몇 개의 도시에 설립한 캠퍼스를 가지

> 다가올 향후 10년 내에는 비전통적인 프로그램들이 자격부여 및 인가 기관들에 의해 수용될 것으로 예상되며, 웹 기반과 그 외의 다른 훈련 방안들이 더 확대될 것이다.

고 있으며, 박사 및 박사 이외의 수준에서 훈련을 제공할 수 있다. 이러한 자율형 프로그램들 중 일부는 NASP의 승인을 받기 위해 노력하고 있지만 2005년 현재 승인을 받은 프로그램은 하나도 없다.

　비전통적인 훈련 기회의 또 다른 측면은 이미 설립된 대학 훈련 프로그램에서 제공하는 웹 기반의 강좌가 점차로 더 많이 가용하게 된다는 점이다(Harvey, 2005). 최근 조사에 따르면 조사에 응답한 NASP 승인 프로그램들 중 24%가 적어도 하나의 웹 기반의 학교심리학 강좌를 개설하고 있는 것으로 나타났다(Bradley-Klug & Powell-Smith, 2001). Trainers of School Psychologists 리스트서브(sptrain@lsv.uky.edu)의 인터넷 강좌에 대한 논의는 그러한 강좌들, 특히 평가, 개입 등의 임상 과목들에 대해 상당한 우려를 나타내었다. 학교심리학 분야의 인력 부족이 전통적인 캠퍼스 기반의 강좌들에 대한 대안적 훈련에 대한 수요를 높일 것이라는 인식이 있다. 예컨대, 등록 제한이 자격을 갖춘 학생들로 하여금 대안적인 훈련 과정을 밟지 않을 수 없게 만들 수 있을 것이다. 교육학 분야에서 온라인 강좌와 대학원 학위 프로그램들은 매우 널리 퍼져 있으며 학교심리학 분야에서도 온라인 과정의 증가에 영향을 미칠 것이다. 웹 기반의 프로그램들은 이미 2005년 허리케인 카트리나의 여파 이후에 여러 학교심리학 프로그램에서 파견된 학교심리학 전공 대학원생들의 훈련 요구를 만족시키는 데 도움을 주었다. 다가올 향후 10년에는 비전통적인 프로그램들이 자격부여 및 인가 기관들에 의해 수용될 것으로 예상되며, 웹 기반과 그 외의 다른 훈련 방안들이 더 확대될 것이다. 이러한 변화들은 학생 수요에 부응하는 것일뿐더러 상당한 수익을 가져오는 강좌들을 비용을 절감해 제공할 수 있는 방안을 강구하는 대학 측의 노력의 결과이다.

훈련과 인가 및 자격취득의 관계

훈련의 수준과 학위 유형은 인가 및 자격취득과 복잡한 관계를 가지고 있는데 이는 전문적인 직함과 실무의 허용 범위를 제한하기 때문이다. 이러한 관계의 복잡성은 7장에서 자세히 논의되며 그림 7.1에 제안되어 있다. 그림 7.1에 제시된 조직, 위원회, 기관 및 프로그램들은 학교심리학의 인가 및 자격취득의 복잡성을 보여주고 있다(또한 Fagan, 1986c, 1990a 참조). 훈련 프로그램을 선택하는 학생들은 인가 및 자격부여 기준들과 해당 프로그램이 위치하고 있는 주와 자신이 실무 활동을 하고자 계획하는 주의 SDE와 SBEP의 요구조건을 주의 깊게 살펴볼 필요가 있다.

프로그램의 특성 ─

프로그램은 훈련에 사용되는 모델, 교과과정의 내용, 현장 경험 및 인가 상태에 근거해 고려해 볼 수 있다.

훈련의 모델

모델이라는 용어는 훈련, 실무, 자격취득 및 인가를 논의하면서 사용할 때 몇 가지 의미를 가지고 있다. 예컨대, 우리는 행동주의적 훈련 모델, 실무의 자문 모델, 자격부여의 NASP 모델, APA의 인가 모델 등의 말을 듣는다. 이러한 맥락에서 모델이라는 말은 선호, 공표하는 이상, 이론적 지향, 혹은 모범적인 실무 등의 의미를 함축할 수 있다. 서로 다른 용례의 결과로 이른바 훈련 모델에 대한 장황한 설명이 생겨났다. 이러한 것들에 더하여, 자문 모델, 과학자-실무자 모델, 생태학적 모델, 행동주의적 모델, 혹은 의학 모델 등의 용어가 있다(예를 들면, Conoley & Gutkin, 1986 참조). 모델이라는 용어는 행동주의적 자문 모델의 예에서와 같이 여러 이름이 결합될 때 더욱 혼란스러워진다. 이러한 결합은 특정 모델의 이론적 지향을 보다 정밀하게 표현하기는 하나, 이러한 용어들이 훈련 모델을 정의하는 데 사용되는 경우 훈련 중에 있는 학생들이 경험하는 특정 프로그램의 특성에 영향을 미치는 수많은 요인들을 흔히 간과하는 결과를 가져오기도 한다. 이러한 이유에서, 이 책에서는 모델이라는 용어를 특정한 훈련 프로그램의 두드러진 특성들만을 나타내기 위해서 사용하고자 한다. 모든 프로그램은 각기 독특하며 자체적인 모델을 가지고 있지만, 다음에 설명하는 하나 이상의 주 모델(master models)을 닮고 있다. 프로그램은 그 세부 설계를 위해서 일반적인 원리를 따르는 동안 개별적인 식별정보를 제공하는 지문과도 같다.

주 모델: 과학자-실무자, 전문가 및 실용적 모델

다양한 형태를 취하는 세 가지 일반 모델, 곧 '주' 훈련 모델이 학교심리학자의 준비과정에 영향을 미친다. 다음의 설명은 그림 6.1과 표 6.3에 대한 것이다. 많은 전문심리학 훈련 프로그램들이 자신의 프로그램이 과학자-실무자(S-P) 모델이나 전문가 모델을 따르는 것으로 공표한다. 이는 프로그램의 근거와 교과과정이 전국 수준에서의 인가 지표들에 맞추어 개발된 박사과정 프로그램들의 경우 더욱 그러하다.

[그림 6.1] 프로그램 특유의 준비과정 모델

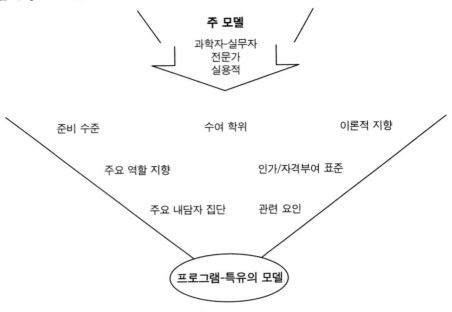

과학자-실무자(S-P) 모델

S-P 모델은 1949년 콜로라도 주의 Boulder에서 개최되었던 Boulder 회의에서 채택된 임상심리학 훈련 모델이다(Raimy, 1950). 이 모델은 모든 전문심리학자들의 훈련에 적용되어 왔으며, 임상, 상담 및 학교심리학 프로그램의 인가 과정과 연계되어 왔다. S-P 모델은 훈련이 "일반심리학 및 실험심리학의 연구에 기초하고 이러한 연구 가운데서 이루어져야" 하며, 전문심리학자들은 연구를 수행하도록 훈련되어야 함을 주창했다(Frank, 1985, p. 427). 심리학의 연구와 실무 훈련을 병행함으로써 피훈련자들은 대담자를 대상으로 효과적인 실무 활동을 할 뿐 아니라 연구를 이해하고 수행할 수 있도록 준비되어야 한다. 이 점에서, 학교심리학자는 무엇보다도 전통적인 의미에서의 심리학자의 역할을 하고 이차적으로 실무자 역할을 할 것으로 기대된다. 이 모델이 실무에 적용됨에 따라, 여러 프로그램은 각기 프로그램이 하나의 연속선상에 존재함을 인정한다. 일부 프로그램은 과학과 연구 기반을 보다 강조하며 다른 프로그램들은 실무를 강조한다. 각 프로그램의 근거에 대한 적절한 위치 배정, 그러한 근거의 실현에 대한 증거가 프로그램의 인가에 중요한 영향을 미친다. 이러한 연속체상의 한쪽 끝에 치우친 프로그램들은 통계, 연구설계 및 연구 경험, 학위논문 등을 강조하며 훈련을 학교심리학 연구 수행을 위한 준비로 본다. 실무자 쪽의 다른 극단에 있는 프로그램들은 평가 및 개입, 윤리, 전문성 개발 문제, 슈퍼비전을 받는 실무 및 그 외 현장 경험 영역을 강조한다. 따라서 이 연속체는

〈표 6.3〉 특정 훈련 프로그램 모델에 영향을 미치는 요인들

준비 수준	수여 학위	이론적 지향
준전문가	문학사/이학사(BA/BS)	정신역동적
신입 수준	문학석사/이학석사(MA/MS)	행동주의적
	교육전문가(EdS)	생태학적
고급 수준	심리학박사(PsyD)	사회학습
	교육학박사(EdD)	절충적
	철학박사(PhD)	경험적

인가/자격부여 표준		관련 요인
APA, NCATE/NASP		교원 특성
주 교육부		가용한 강좌
지역의 인가 체제		기관의 지원
주 심리학 면허 위원회		물리적 시설
NASP		학생 특성

주요 역할 지향		주요 내담자 집단
평가		영유아/취학전 아동
자문		초등
연구 및 평가		중등
예방		고등
개입		대학
시스템/조직 개발		부모
복합		교사
기타		행정/시스템
		학교 이외
		도심/교외/시골
		혼합
		기타

과학과 실무의 세계 간의 균형을 나타낸다.

대부분의 프로그램은 이 연속체상에서 양 극단 사이의 한 지점에 자신의 위치를 정한다. 이 모델은 원래 연속체 개념의 사용을 의도하지 않았다는 주장이 있다. 오히려, 모든 전문심리학 프로그램은 S-P 개념 안에서 연구와 실무를 위한 훈련 간에 균형을 유지해야 한다는 것이다.

전문심리학자들은 연구를 수행하도록 훈련될 필요가 없으며(이 모델 하에 훈련을 받은 실무자들 중 이후에 연구 수행하는 경우는 거의 없다), 연구와 실무 기술은 서로 병행하기 어려울뿐더러, 과학자와 실무자는 몇 가지 개인적 차원에서 다르다는 점에 기초해 S-P 모델은 비판을 받아왔다(Frank, 1984). 이러한 비판에도 불구하고 이 모델은 살아남았다. 이 모델에 대한 역사적인 논의는 Lambert(1993)에서 찾아볼 수 있다.

전문가 모델

전문심리학의 성장으로, 다른 훈련 프로그램 모델들도 등장했는데, 이 중 하나가 전문가 모델로 이 모델은 1973년의 Vail 회의에서 비롯되었다. Vail 회의는 다양한 안건들을 다루었는데, 여기에는 훈련 프로그램의 입학 허가, 소수 집단과 여성의 대표성 문제, 대학 교원의 실무 활동 참여, 실무의 사회적, 정치적 및 지역사회적 영향, 고용 환경 및 서비스 대상자의 범위에 대한 이해, 계속적인 전문성 개발의 필요성 등이 포함되었다(Korman, 1974). 전문가 모델의 경우 프로그램 평가 및 연구의 이해에 대한 훈련은 찬성하지만 연구 수행 훈련은 강조하지 않는다. 또한 실무를 위한 훈련을 보다 강조하며 심리학자의 전문가적 정체성과 실무의 세계를 강조한다. Korman이 기술했듯이, 이 모델의 의도는 포괄적인 심리과학을 포기한다거나 S-P 형태의 훈련 프로그램의 가치를 절하시키는 것이 아니었다. 오히려 "기본적으로 서비스 제공을 강조하는 프로그램들을 안내하는 하나의 체험적 모델"(p. 442)을 제시하고자 하는 것이었다.

이 모델은 분명 S-P 모델과 겹치는 부분이 있지만 S-P 모델의 연속체에서 실무자 쪽 극단을 강조하는 것 이상의 의미를 담고 있다. 전문가 모델의 수용은 박사학위를 수여하고 임상심리학 분야에서 최근에 많은 비중의 졸업생을 배출하고 있는 자율형 전문학교(전통적인 대학과 제휴하고 있지 않음)의 빠른 성장과 관련되어 있다. 이러한 학교들은 National Council of Schools and Programs of Professional Psychology(NCSPPP)에 의해 대표되며 2006년에 30주년을 기념했다. NCSPPP는 57개의 APA에 의해 인가된 회원 프로그램을 대표하며, 이들은 비회원들에 비해 더 많은 임상심리학 박사학위를 수여했다. 이들이 수여한 학위 중 약 90%는 PsyD였다(DeAngelis, 2006, p. 30; 이 조직의 교육 모델에 대한 논의를 보려면 R. L. Peterson, Peterson, Abrams, & Sticker, 1997 참조). PsyD 학위는 1918년에 이미 제안된 바 있는데(Hollingworth, 1918), 이것은 프로그램의 인가나 실무자의 자격제도가 존재하기 훨씬 이전이었다. 서로 다른 유형의 훈련 기관이 제공하는 임상심리학 PsyD 프로그램과 전통적인 PhD 프로그램의 차이를 비교해 보면 입학허가, 프로그램 이수 소요 시간, 학생들의 부채 면에서 중요한 차이가 있는 것으로 나타났다(Norcross, Castle, Sayette, & Mayne, 2004). 학교심리학의 경우는 어떠한지 비교 연구가 필요하다.

학교심리학 훈련에서 S-P 모델에 대한 강한 선호는 몇 가지 요인들과 관련되는 듯하다. 즉, (a) 학교심리학 전공으로 PsyD 학위를 수여하는 자율형 전문학교 수가 상대적으로 매우 적은 점, (b) 교육심리학과 이 분야의 연구중심적 특성이 역사적으로 미친 영향, (c) 임상심리학에 비해 학교심리학 분야의 전문적 발달이 느렸던 점, (d) 학교장면에서의 성공적인 실무에 대한 평가와 책무성의 중요성, (e) 학교심리학 프로그램이 소속되어 있는 전통적인 학과의 다양성, (f) Gray(1963b)의 '자료주도적 문제해결자(data-driven problem solver)' 같은 학교심리학 실무에 대한 경험주의적 접근의 영향력 등의 요인들이 그것이다. 학교심리학에 적용된 S-P 모델의 연구적 측면은 실무에 대한 개념화, 서비스 제공 및 이들의 평가 측면에서 몇 가지 이점이 있다(Bardon, 1987; Martens & Keller, 1987; Stoner & Green, 1992). 폭넓은 박사과정 훈련은 학교심리학 분야에서 비교적 새로운 추세이며, 이에 따른 훈련 철학은 S-P 모델과 오랫동안 관련되어 온 전문가들에 의해 널리 알려지게 되었다. 예컨대, 이 모델은 Phillips(1985)가 훈련과 교육이라는 용어를 구분한 것과 Bardon과 Bennett(1974)가 심리학자처럼 생각하는 것을 배우는 것에 대해 논의한 것과 잘 들어맞는다.

학교심리학이 전문적 위상을 얻게 됨에 따라, 임상이나 상담심리학에서 이미 그러했던 것처럼 실무자로서의 훈련을 위한 대안적 모델을 채택했다. 이러한 모델의 변화는 "과학자-전문가로 훈련된 후 직업 세계에서 이러한 역할을 유지하는 것이 어렵다면, 진부한 전문직과 구현되지 못한 과학을 피하는 것이 우리에게 최상의 희망을 부여한다."라고 한 Cook의 신중한 진술을 상기시킨다(Cook, 1958, Gray, 1963b, p. 394에서 재인용).

학교심리학 박사과정 프로그램은 동일한 기관에서 제공하는 박사 이외의 프로그램들과 흔히 혼재되어 있기 때문에, S-P 모델을 모든 수준의 준비과정에 보편적인 것으로 생각하는 경향이 있다. Knoff, Curtis와 Batsche(1997)는 과학자-실무자 모델은 박사 수준의 준비과정뿐 아니라 전문가 수준에도 연장되어 적용되어야 한다고 믿는다. 그러나 MS나 EdS 학위가 과학자-실무자 모델을 따르는 박사과정 프로그램의 한 부분일지라도, 이 모델에 따라 포괄적으로 준비되기 위해서는 보다 적게 훈련받는 것을 기대할 수 없다. 각 학위 수준에서 다양한 학업적 측면에 할애되는 전형적인 학기 시수는 이러한 입장을 지지한다. 따라서, S-P 모델은 박사학위로 최종 마무리되는 전체 준비과정 순서만을 지칭할 수 있을 뿐이다(표 6.4 참조).

〈표 6.4〉 영역과 학위에 따른 평균 학기 시수

영역	석사	전문가	박사
심리학 핵심 과목	15	18	31
평가	10	12	13
개입	9	12	13
교육학적 기초	6	8	8
전문적 학교심리학	9	16	20
총평균(시간)	42	66	100

출처: McMaster, Reschly와 Peters(1989)에 기초함.

실용적 모델

그러면 박사 이외의 학위를 수여하는 프로그램들은 어떤 모델을 고수해야 하는가? *실용적 모델(pragmatic model)*이라 부르는 세 번째 모델에서, 학교심리학자의 준비과정은 해당 프로그램이 위치하고 있는 주의 자격부여 요건을 맞추는 데 주안점을 둔다. 실용적 모델은 주 교육청의 해당 규정에 명시된 과목 및 역량에 대응하는 필수과목들을 제공함으로써 매우 처방적인 성격을 띠게 된다.

실용적 모델은 과학자-실무자 모델 및 전문가 모델 모두와 중복되며, 모든 전문적 준비과정들이 외적 통제 요인들에 따라 좌우됨을 인식한다. 모든 수준에서의 심리학자 준비과정에서 자격증 취득은 중요하므로, 모든 프로그램이 어떤 면에서는 처방적이라고 할 수 있다. 그러나 박사 이외의 학위를 수여하는 프로그램들은 주 정부의 자격취득 요구사항에 부합되어야만 하는 대학의 시수 요건들에 의해 제한을 받으므로 거의 전적으로 처방적인 특성을 가질 수밖에 없으며 프로그램들 간에 유사성도 매우 높다. 인가 표준 또한 처방적인 영향을 미치는데, 박사 수준에서의 고급 일반전문가 훈련이나 세부전공이 가능하게 하지만 신입 수준에서는 유사성을 초래할 수 있다. NASP의 인가 지침은 박사 이외의 학위 과정에도 적용될 수 있는 많은 영역들에서의 전문성을 명시하고 있으므로, 이 지침은 APA의 지침에 비해서 더욱 처방적이다.

실용적 모델은 피훈련자의 신입 수준의 자격증 취득을 보장하기 위해 적절하고 또 필요하다. 이러한 실용적 접근의 그 어떠한 요소도 학생들이 '훈련'되지 않고 '교육'되는 데에 방해가 된다거나, 단순한 '기능인'이 아닌 '전문가'가 되는 데에 방해가 되지 않는다(Ysseldyke, 1986).

기능인 수준의 준비는 박사 이외의 자격부여 기준이 오직 실무 영역에만 주안점을 두어 사실상 한 프로그램의 모든 이수과목을 처방하며, 교과과정이 협소한, 전통적인 심리

측정 업무에만 초점을 맞추고 있는 주들에서나 가능한 일이다. 그러나 주 규정과 프로그램들 중에서 이러한 경직성은 보다 광범위한 훈련과 인가의 결과로, 학교구들이 이제 포괄적인 서비스의 필요성을 인식하기 때문에, 감소하고 있다.

주 모델이 프로그램 모델에 미치는 영향

이러한 세 가지 주 모델은 준비 프로그램의 훈련에 대한 일반적 정의와 이에 따른 구체적인 프로그램 모델의 개발에 영향을 미친다. 준비 프로그램의 구체적인 모델은 표 6.3의 7가지 범주에 제시된 요인들, 곧 준비수준, 수여 학위, 이론적 지향, 인가 및 자격부여 표준, 관련 요인, 주요 역할 지향 및 주된 내담자 그룹에 의해 영향을 받는다. 각 범주에 대해서 몇 가지 요인들을 열거했지만, 여기에 포함된 것들은 예에 불과할 뿐 완전한 것이 아니다. 이러한 요인들의 상호작용은 특정 프로그램에서 관찰되는 훈련 모델을 통해 구현되며, 그 모델은 한 단일 교육기관에서조차도 각 프로그램(예: Eds 혹은 PhD)에 따라 다양할 수도 있다. 예컨대, 한 프로그램의 모델은 주로 초등학교 장면에서 서비스를 제공하기 위한 신입 수준의 준비를 목적으로 전문가 학위를 수여하며, 주의 자격증 취득 요건에 부합되기 위해 개발된 실용적 교과과정에 있어서 행동주의적 접근을 채택했을 수 있다. 다른 프로그램의 경우는 고급 수준의 특성을 갖추어 학교심리학 분야의 대학 교원이 되도록 준비시킬 목적으로 PhD 학위를 최종 수여하고 APA의 과학자-실무자 모델에 과학자적 측면을 강조해 생태학적인 이론적 방향성을 채택하고 있을 수 있다.

이와 같이 많은 다양한 조합이 가능하므로, 여러 훈련 모델에 대한 분석이 단일의 지배적인, 혹은 일반적으로 수용되는 모델, 혹은 어느 특정 훈련 모델이 다른 훈련보다 효과적인지를 찾는 데 실패했다는 점은 그리 놀라운 일이 아니다(예컨대, Pfeiffer & Marmo, 1981). "학교심리학 훈련 프로그램의 특성은 하나의, 확인 가능한 모델이 없다는 점이다."라고 한 Bardon과 Bennett(1974)의 논평은 여전히 적절한 지적이다. 그럼에도 불구하고, 프로그램 모델의 다양성은 수십 년간 존재해 온 바람직한 추세라고 판단되어 왔다(Bardon, 1986; Bardon & Bennett). 많은 훈련 프로그램이 과학자-실무자, 전문가, 혹은 실용적 주 모델과 계속해서 동일시되겠지만, 한 프로그램의 훈련 모델에 대한 보다 구체적인 전반적 기술은 몇 가지 요인의 상호작용에 따라 달라질 것이다.

프로그램의 내용

개설 과목 수의 증가, 훈련 프로그램 수의 증가 및 이러한 프로그램들의 행정적인 소속의 다양성에도 불구하고 신입 수준 프로그램의 내용은 상당히 획일적이다. 이러한 획일성은 전문적 및 정책적 요인, 일상적인 실무의 현실에 대한 지각, 신입 수준에서의 인가 기준의 시행 등의 영향을 반영하는 것이다. 표 6.4는 1989년 NASP *Directory of School Psychology Graduate Programs*(McMaster et al., 1989; 보다 최근의 요약 자료는 가용하지 않음)에 기초해 각 학위 수준별로 내용 영역에 있어서의 강조점을 요약해서 제시하고 있다. 평균적으로, 신입 수준의 훈련은 심리학 핵심 과목, 평가, 개입 및 전문적 교과 영역의 균형된 조합으로 구성된다. 박사 과정의 경우 평균적으로 심리학 핵심 과목 및 전문적 영역을 강조하는 한편, 평가, 개입 및 교육학적 기초에 대해서는 거의 유사한 비중을 유지한다.

　　박사와 박사 이외의 수준 간의 강조점의 차이는 프로그램의 자료에 대한 오랜 분석 결과들에 나타난 바와 같다(Goh, 1977; Pfeiffer & Marmo, 1981; Reschly & McMaster-Beyer, 1991). Goh의 연구에서, 9가지 강조 영역이 총 변산의 73%를 설명하는 것으로 나타났다. 이 영역은 (a) 학교기반의 자문, (b) 교육평가 및 교정, (c) 행동수정 기법, (d) 심리평가, (e) 심리치료 절차들, (f) 양적 방법론, (g) 지역사회 관여 및 자문, (h) 전문적 역할과 쟁점, (i) 아동발달과 학습을 포함하는 심리학적 기초가 그것이다. 이러한 요인들은 박사와 박사 이외 수준의 프로그램에서 모두 나타났지만, a, b, c 요인이 모든 수준에서 변산의 49%를 설명했다. 보다 최근의 내용 분석 자료는 출판되지 않았다. 내용 영역의 강조점은 아마도 다문화주의, 위기 관리 및 평가와 개입에 있어서 문제해결적 접근과 관련된 내용들이 추가된 상태에서 유사한 상태를 유지하고 있을 가능성이 크다.

　　지난 10년 동안, 각종 법령들은 소위 경험적으로 지지된, 증거기반의, 혹은 경험적으로 타당화된 개입이라 지칭되는, 연구에 의해 지지된 개입방법을 가르치고 실무에 적용하는 것에 대해서 상당히 강조해 왔다. 그러나 Shernoff, Kratochwill과 Stoiber(2003)가 실시한 학교심리학 훈련 책임자들 대상의 조사에 따르면, 이들은 제시된 많은 증거기반의 개입방법들에 대해서 그리 친숙하지 않으며 그러한 개입방법이 실무 훈련 경험과 비교해 교과목에 별로 반영되고 있지 않은 것으로 나타났다. 훈련에 있어서 증거기반의 개입은 논쟁적인 주제이기는 하지만 그 수용도는 높아지고 있다. 학교심리학에서 기능적 행동 평가(functional behavioral assessment)와 같은 보다 직접적인 평가 및 개입 절차들의 사용이 증가하고 있으며 성격검사 유형 중 하나인 투사검사 사용이 점진적으로 감소하고 있는 것은 이러한 변화의 일부로 볼 수 있다. School Psychology Quarterly(20권, 4호)의 2005년 특별호는 증거기반의 부모 및 가족 개입방법을 다루고 있다.

> 신입 수준 프로그램의 내용은 상당히 획일적이다.

신입 수준 프로그램

교과 내용에 대한 조사들과 초기의 NASP 훈련 목록(D. Brown & Lindstrom, 1977)을 살 펴보면 다음의 교과목과 경험이 박사 이외의, 신입 수준 프로그램들에서 가장 빈번히 제 시되고 있다.

1. 고급통계
2. 연구방법 및 설계
3. 아동 및 청소년 발달
4. 학습심리학
5. 인지평가
6. 성격평가
7. 교육평가
8. 교육학적 기초(예: 행정, 교육과정)
9. 아동연구 실습
10. 학교심리학 세미나
11. 상담과 심리치료
12. 자문
13. 교육적 교정
14. 특수아동의 특성
15. 행동관리
16. 실습
17 인턴십

보다 최근의 훈련 프로그램 목록들은 교과과정에 대한 구체적인 분석을 포함하고 있지 않다. 그러나 SDE 자격취득 요건과 NASP의 박사 이외 수준의 훈련 표준은 일반적으로 제시되는 박사 이외 수준 프로그램의 교과목과 경험에 영향을 미쳐온 것으로 보인다. 투 사적 기법의 훈련에 대한 조사 결과는 Hermann과 Kush(1995) 연구를, 슈퍼비전과 관련 된 조사 결과는 Romans, Boswell, Carlozzi와 Ferguson(1995)의 연구를 참조하라.

신입 수준의 훈련을 위한 NASP의 표준

현행 NASP 신입 수준의 훈련 프로그램 표준(NASP, 2000c)은 NASP가 처음 발행한 것 (NASP, 1972)과 비교해 훨씬 엄격하다. APA의 분과 16이 NASP가 훈련 표준을 제시하기 훨씬 이전에 훈련 표준을 홍보했지만, APA의 표준은 여러 교육집단에 의해 널리 채택되지는 않았었다. NASP의 표준은 National Council for Accreditation of Teacher Education(NCATE)과의 제휴를 통해서 홍보되었는데 1980년대 이래로 여러 SDE에 의해 수용되어 왔다. NASP의 표준은 널리 수용되고 있으므로 신입 수준의 프로그램의 내용을 예측하는 최선의 수단 중 하나일 수 있다. 이 표준에 따르면 인가 가능한 프로그램들은 학기제를 기준으로 직접 교수 및 현장 경험을 통해 60학점 시수 이상을 제공해야 한다. NASP 표준의 교과과정 지침은 구체적인 교과목 요건을 제시하기보다는 역량(competency) 영역을 제시하고 있으며, 1997년 판 *School Psychology: A Blueprint for Training and Practice II*(Ysseldyke et al., 1997)에 기초하고 있다. 이 표준이 제시하고 있는 영역들은 심리학적 기초, 교육학적 기초, 개입과 문제해결, 통계와 연구설계 및 전문적 학교심리학 영역에서의 교과목에 기초했던 전통적인 요구 조건들과는 상당한 차이를 보인다. 학교심리학 훈련과 실무의 11가지 영역들은 다음과 같다.

1. 자료기반의 의사결정과 책무성
2. 자문과 협력
3. 효과적인 교수 및 인지적/학업적 기술의 발달
4. 사회화와 생활기술의 발달
5. 발달과 학습에 있어서의 학생의 다양성
6. 학교와 시스템 조직, 정책 개발 및 풍토
7. 예방, 위기개입 및 정신건강
8. 가정/학교/지역사회 협력
9. 연구 및 프로그램 평가
10. 학교심리학 실무와 개발
11. 정보 테크놀로지

NASP 표준은 최소 60 학점 시수(학기제 기준)의 훈련을 이수하도록 요구한다. 양성과정은 교육전문가나 이에 상응하는 학위를 수여함으로써 마무리된다.

Blueprint III(Ysseldyke et al., 2006)는 NASP의 훈련 표준에 대한 다음 개정판의 내용 요건들을 아마도 2010년까지 안내할 것이다.

NASP 훈련 프로그램 표준은 실습이 슈퍼비전하에 이루어지는 인턴십에 선행하는 형식으로 실습과 인턴십을 포함하는 현장경험을 요구하고 있다. 인턴십은 최소 1,200시간(60분 단위의 시간)을 포함해야 하며, 이 중 적어도 절반은 공립학교 장면에서 이루어져야 한다. 관련된 인턴십 표준은 슈퍼비전의 성질, 장소 및 양질의 인턴십에 요망되는 경험들을 정의하고 있다. 인턴십은 전일제를 기초로 해 1년 혹은 시간제로 2년에 걸쳐서 이수될 수 있다(8장 참조).

NASP 표준은 모든 역량 및 현장 경험 요건을 만족시킬 뿐 아니라 그 외의 바람직한 학교심리학 프로그램의 특성에도 부합되는 최소 60학점 시수(학기제 기준)의 훈련을 이수하도록 요구한다(인턴십에 대해서는 최대 6학점까지 인정 가능). 양성과정은 교육전문가나 이에 상응하는 학위를 수여함으로써 마무리된다. 이러한 수준의 양성과정은 대개 석사학위와 전문가 학위(각각 36학점과 30학점)를 동시에 수여하거나, 전문가 학위만을 수여하거나(최소 60학점), 아니면 60학점의 연장된 석사학위를 수여함으로써 완료될 수 있다. 전문가(specialist)와 6년 프로그램이라는 용어들은 유사한 수준의 훈련, 즉 학부 4년과 대학원 2년의 훈련을 의미하는 것으로 여기에 인턴십은 포함되지 않는다. 전문가 프로그램은 전문가 학위를 수여함으로써 마무리되는 반면, 6년 프로그램은 수료증(6년 수료증 혹은 고급 대학원 과정 수료증)으로 보통 그 과정이 끝나지 않는다. NASP가 의미하는 전문가 수준은 이들 접근 중 어떠한 방법에 의해서든 충족될 수 있다. 전문가 학위 프로그램들은 6년 프로그램들에 비해 좀 더 많은 최종 요건들(예: 구두 및 필답 시험, 연구 논문)을 제시할 수 있다. 전문가 학위는 종종 인턴십에 추가해 '최종 경험(culminating experiences)'을 요구한다. NASP가 승인한 박사 이외 과정 프로그램들에 대한 1997년의 조사에 따르면 가장 빈번히 요구되는 최종 경험은 구두 시험(28%), 필답 종합 시험(59%), 연구 논문(43%), 논문이 아닌 전공 보고서(21%)였다. 그 외에 간혹 요구되는 다른 최종 경험으로는 학생 포트폴리오와 인턴십이 포함되었다. 프로그램들은 보통 하나 이상의 최종 경험을 요구했다(Fagan, 1997). 이러한 프로그램들 중 다수는 학교심리학 *Praxis 시험*[3]으로 최종 필답 시험을 대체한다. 학생들은 그들이 속한 주에서 자격증 취득을 위하거나 NASP의 NCSP를 취득하기 위해서는 이 시험에 합격해야만 한다. NASP의 표준에 따르기 위해서 사용되는 교과과정과 학위 수여 방식은 교육기관이 어떤 학위를 수여할 권한이 있는지에 따라 달라진다. 한 주의 고등교육을 관할하는 위원회는 오직 일부 지정한 기관만이 전문가 학위를 포함해 석사학위 이상의 학위를 수여하도록 허락하고 있다. 적절한 계획을 세운다면, 신입 수준의 학교심리학자들의 양성은 앞서 제시한 어느 사례이든 가능한 일이다. 전일제에 기초해 전문가 학위를 받고자 하는 학생들은 인턴십을 포함해 최소 3년의 시간이 걸린다는 점을 예상하여야 한다. 여름학기에 수업을 듣는다면

---

3) 역주: 교직에 입문하는 사람들이 교원자격증을 취득하기 위해 치러야 하는 필답 시험으로 미국의 다수의 주와 전문 인증기관은 이 시험을 점수의 인증과정의 일부로 요구하고 있다.

시간은 다소 단축될 수 있겠으나, 이 점은 필수 교과목들의 빈도와 순서에 따라 달라질 수 있다. 시간제 학생들은 그들의 훈련과정이 적어도 4년은 지속될 것을 예상해야 한다. 시간제 학생들은 또한 학위를 취득하는 데 소요되는 시간에 제한을 두고 있어서 지정된 연 수(예컨대, 6년)가 경과하면 이전에 이수한 과목들은 재승인을 받아야 하거나 재수강해야 될 수도 있다는 점을 알고 있어야 한다. 모든 학위의 취득에는 제한시간이 따른다.

박사 프로그램

많은 박사 프로그램은 박사 이외의 학교심리학 프로그램도 제공하는 학과에서 제공된다. 어떤 학과들의 경우, '경력 사다리' 접근을 취해 이수 학점의 손실 없이 한 학위에서 다른 학위로 올라가도록 허용하기도 하지만 대부분의 경우 박사과정은 단지 박사 이외의 학위 과정을 단순히 연장하는 것 이상이며, 박사과정은 박사 이외의 학위과정과 절반 정도만 중복이 된다. 어떤 경우에는 학위과정의 처음 2년 동안 박사과정 학생들은 박사 이외의 학위과정 학생들과는 상이한 교과과정을 따를 수도 있다. 다른 경우에는, 교과과정의 차이가 처음 2년 동안에는 거의 없다가 박사과정 학생들이 박사 이외의 학위과정에 있는 학생들이나 학교심리학자로 이미 자격증을 취득했거나 실무 활동을 하고 있는 졸업생들 중에서 모집될 수도 있다. 박사과정 입학을 계획하고 있는 학생들은 프로그램들 간의 이러한 차이를 고려하여야 하는데, 왜냐하면 어떤 프로그램들은 학생들이 대학원 저학년에서 박사 이외의 학위과정을 따른 경우 박사학위를 마치는 데에 훨씬 더 오랜 시간이 걸리도록 구성되어 있을 수 있기 때문이다. 일반적으로 박사학위를 원하는 전일제 학생들은 최소 4년의 학업을 예상해야 하는데, 이것은 대개 1년간의 박사전(predoctoral) 인턴십을 포함하지 않은 연 수다. 시간제 학업의 경우 훨씬 더 긴 시간이 소요되며 일부 박사과정 프로그램은 이러한 기회를 제공하지만 시간제 학생들에게는 보통 재정적 지원이 어렵다. 시간제 학생들은 교육기관들이 학위취득까지의 소요시간에 제한을 두고 있어서 일정한 연 수(예: 10년)가 경과한 후에는 전에 이수한 과목들을 재인증받거나 재이수해야 할 수도 있음을 알아야 한다.

> 박사학위를 원하는 전일제 학생들은 최소 4년의 학업을 예상해야 하는데, 이것은 대개 1년간의 박사전 인턴십을 포함하지 않은 연 수다.

박사 수준의 훈련을 위한 NASP의 표준

NASP 훈련 표준의 교과과정 부분은 박사와 박사 이외의 수준을 차별화하고 있는데 박사 수준 프로그램의 경우 여러 학교심리학 영역에서 보다 심화된 훈련을 제공할 것을 요구하고 있다. 따라서 앞서 열거한 NASP의 영역들은 모든 프로그램 수준에 적용되며, 신입 수준과 박사 수준의 학교심리학자들은 공히 실무 활동에 대해 포괄적인 훈련을 받도록 요구하고 있다. 전형적으로 박사과정은 연구와 세부전공(subspecialization), 프로그램의 구조적 측면, 인턴십에 좀 더 비중을 둔다. 예컨대, 2000년에 발행된 NASP 표준은 최소 90시간의 대학원 학점 시수(학기제 기준)와 1,500시간의 인턴십(이전에 이미 학교기반의 인턴십을 수료한 경력이 있는 경우를 예외로 하고, 이러한 시간 중 적어도 600시간은 학교 장면에서 이수되어야 함)을 요구한다. NASP 표준은 전통적인 '과정'에 기초한 훈련 표준에 더해 '성과'에 기초한 기대를 제시하고 있는데, 이는 지난 20년 동안의 추세다.

박사 수준의 훈련을 위한 APA의 표준

NASP와 대조적으로, APA는 박사학위를 학교심리학자로서의 직위와 독립적인 실무를 위한 적절한 신입 수준으로 간주하고 있다. APA의 이와 같은 훈련 요건은 오직 박사 수준에만 초점을 두고 있다. APA의 학교심리학 전공 지침(APA, 1981)은 전문적 학교심리학자의 양성에서 기대되는 교과과정에 대해 다음과 같이 진술하고 있다.

> 학교심리학자의 교육은 적어도 3년의 전일제 대학원 과정에 상응해야 한다. 교수 형태나 교과목 명칭은 프로그램에 따라 다양할 수 있지만, 각 프로그램은 (a) 윤리 및 표준, 연구 설계 및 방법론, 통계, 심리측정법 등의 모든 전문심리학 프로그램에 공통되는 과학 및 전문적 영역과 (b) 행동의 생물학적 기초, 행동의 인지적 및 정서적 기초, 행동의 사회, 문화, 민족 및 성 역할적 기초 및 개인차 등의 핵심 내용 영역에서의 강의 및 체험적 교육 활동을 포함해야 한다. 교과목은 교육의 사회 및 철학적 기초, 교과과정의 이론과 실제, 학습과 행동장애의 원인론, 특수아동 및 특수교육이 포함된다. 조직이론과 행정의 실제 또한 프로그램에 포함되어야 한다(p. 43).

이 APA 지침은 또한 현장 배치에 대한 기대사항들을 명시하고 있는데, 이들은 NASP에 명시된 것과 사실상 동일하다. 이러한 기대사항들은 학교심리학 전공의 정의 문서(*Petition for Reaffirmation of the Specialty of School Psychology*, 2005, 원래 1997년에 승인)에 나타나있다. APA의 인가 영역 B, 곧 프로그램 철학, 목표 및 교과과정은 심리학의 과학 및 전문적 실무에 기초한 순차적 훈련의 중요성을 기술하고 있으며 다음과 같은 교과과정 영역을 명문화하고 있다.

a. 폭넓은 과학적 심리학, 심리학적 사고의 역사와 발달, 심리학 연구방법 및 적용

b. 프로그램이 강조하고 있는 전문심리학의 핵심 영역에 있어서의 실무를 위한 과학

적, 방법론적 및 이론적 기초(개인차, 인간발달, 역기능적 행동 혹은 정신병리, 전
문적 기준과 윤리 등 포함)

c. 심리평가 및 측정을 통한 문제의 진단과 정의, 개입 전략(경험적으로 지지된 절
차들 포함)의 구성 및 실행

d. 이상의 모든 영역과 관련된 문화 및 개인적 다양성의 문제

e. 과학적, 전문적 지식이 증가되고 있는 맥락에서 전생애 학습, 학문적 의문 제기,
전문적 문제해결을 위해 핵심적인 태도

실습과 인턴십을 포함하는 현장 경험 또한 요구되고 있다(APA, 2005, pp. 12-13).
APA 인가 지침은 미국과 캐나다의 프로그램들에 적용된다.

국제학교심리학연합회(ISPA)의 표준

국제학교심리학협회(International School Psychology Association: ISPA)의 *Guidelines
for the Preparation of School Psychologists*는 몇 개국의 지침을 반영한 교차문화적 성격
을 갖기 때문에 유용하다(Cunningham & Oakland, 1998). 이 지침은 핵심적 심리학적 지
식, 전문적 실무를 위한 준비, 전문적 의사결정, 반성 및 질의 기술, 대인기술, 연구 및 통
계 기술, 윤리적 지식 및 전문적 가치의 확립 등을 강조한다. ISPA 지침은 학위 수준에
대한 기대사항을 구체적으로 언급하고 있지는 않지만, 전반적인 모델 교과과정은 APA와
NASP 및 의심할 여지 없이 몇몇 다른 국가들의 기대사항들과 상당히 중복된다. 현재로
서 이러한 기준들은 미국과 캐나다에 위치하는 프로그램들의 구성과 거의 관련성이 없
지만, 국제적인 문제와 실무에 대한 피훈련자들의 인식을 증진시켜 줄 것이다. 또한 그들
은 학교심리학 준비 프로그램을 현재 운영하고 있지 않은 국가들에서 프로그램을 개발
하는 데에 영향을 미칠 수 있을 것이다. ISPA의 훈련 지침과 그 외의 다른 국제적 관점에
대해서는 10장에서 논의된다.

비박사 학위와 박사의 차이

Goh(1977)는 박사학위 및 박사 이외의 학위 프로그램과 관련된 요인들을 보고하고 훈련
자 입장에서 박사 수준에 중요하다고 평가한 강조점들을 분석했다. 박사 수준에서 일관
되게 언급된 유일한 영역은 학교기반의 자문과 양적 방법론이었다. 이러한 결과는 D.
Brown과 Minke(1986)에 의해서도 지지를 받았는데, 이들은 학교심리학의 고급 대학원
과정은 전문가 수준의 훈련과 비교해 세부전공과 추가적인 연구 정보 및 기술을 제공한
다는 점에서 가장 큰 차이를 보였다. 이러한 결과들은 Reschly와 Wilson(1997)과 Woody

와 Davenport(1998)의 연구에 의해서도 지지되었다. 이러한 차이는 박사학위에 대한 전통적인 개념과 전문심리학에서 과학자-전문가 모델의 중요성을 반영하는 것이다(Martens & Keller, 1987). 일반적으로, 박사과정 학생은 부가적인 통계학 및 연구 과목(Little, Lee, & Atkin-Little, 2003), 박사논문과 같은 주요 연구 요건, 전공 영역 보고서와 같은 관련 요건, 부가적인 구두 및 필답시험, 인턴십 등을 이수해야 할 것으로 기대할 수 있다. 일부 교육기관은 신입 수준에서 이수한 이전의 인턴십 경험을 인정해 준다. Reschly와 McMaster-Beyer(1991)가 박사와 신입 수준의 프로그램들을 분석한 결과에 따르면, "보다 폭넓은 범위의 박사과정 훈련은 개인 개업 실무, 정신건강 클리닉, 의료 장면 등과 같이 다양한 장면에서의 실무를 위해 좀 더 잘 준비될 수 있게 할 뿐 아니라 학교장면에서 접하는 학습 및 행동 문제들을 이해하는 데에 보다 나은 배경을 갖추게 한다."(p. 373). 이들은 프로그램 수준에 있어서의 상이한 강조점은 학교와 학교 이외의 실무에 대한 자격증의 구분을 지지한다고 결론지었다. 따라서 이들의 분석은 자격취득에 관해 APA가 오랫동안 유지해 온 정책들을 지지하며 전문가 수준이 학교와 학교 이외의 실무를 위해서 충분한 것으로 보는 NASP의 정책을 지지하지 않는다.

포트폴리오 평가

훈련 수준과 상관없이, 많은 프로그램들은 포트폴리오 평가 과정을 활용한다. 교원이 제공하는 지침에 따라 학생들은 자신의 훈련 전 과정에 걸쳐 전반적인 평가 과정의 일부로 사용될 수 있는 포트폴리오를 개발한다(예: Hass & Osborn, 2002). 예컨대, 학생들은 매년 정규적으로 심사 과정을 거쳐야 할 수 있으며 그러한 심사 과정의 한 부분으로 자신의 포트폴리오를 제출할 수 있다. 포트폴리오에는 교과목과 성적이 명기된 성적증명서, 현장 경험 일지, 지역사회 서비스 활동, 연구실적, 조교 임무, 추천서, 그 외 학생의 역량 수준을 잘 대표하며 추가 개발이 필요한 영역들도 포함될 수 있다. 역량에 대한 교원과 학생의 자기보고를 서로 비교해 볼 수도 있을 것이다. 포트폴리오 내용은, 예컨대 NASP의 내용 표준과 일치시키기 위하여, 인가를 받기 위한 훈련 기대사항과 잘 조화되도록 설계될 수 있을 것이다.

훈련 경험으로서의 인턴십

인턴십은 다른 현장 경험과 마찬가지로 본질적으로 훈련 경험이다. 그것은 훈련 프로그램의 직접적인 확장으로 학생들에게 슈퍼비전을 받는 기회를 제공함으로써 강의 경험을 통해서 얻은 지식과 기술을 발휘하고 자신의 분야에서 새로운 지식과 기술을 습득 가능하게 한다. 그러므로 표준은 훈련 프로그램, 인턴 및 현장감독의 협력을 통해 인턴십을 긴밀하게 슈퍼비전할 것을 요구한다.

　　몇몇 정보 출처가 박사 수준의 인턴십을 원하는 학생들에게 도움이 되고 인턴십의 인가 문제를 이해하는 데 도움을 줄 수 있다(인턴십과 인턴십의 인가 문제에 대한 간단한 논의는 Pryzwansky와 Wendt, 1987 참조). 매년 12월에 *American Psychologist*는 APA가 승인한 박사과정 인턴십 센터의 목록을 발행하지만, 이 목록은 전문 영역에 따라 구분을 짓지는 않는다. 2005년 12월 자료에 따르면 인턴십을 제공하는 기관은 46개 주와 District of Columbia, Puerto Rico 및 Canada에 걸쳐 총 500개 이상이 있다(Accredited Internship and Postdoctoral Programs for Training in Psychology: 2005, 2005). 심리학 박사 추후과정 및 인턴십 프로그램 연합회(Association of Psychology Postdoctoral and Internship Programs: APPIC)는 특정한 박사 인턴십 준거를 만족시키는 회원기관의 목록을 매년 발행하며, 이 목록에 APA가 인가한 인턴십은 자동적으로 포함된다. 여기에 수록된 각 인턴십에 대한 정보는 어떤 심리학 전공영역(임상, 상담 및 학교)을 원하는지, APA가 승인한 훈련 프로그램 출신의 지원자들만 선발하거나 그러한 지원자들만을 선호하는지에 대한 정보를 제공한다. 따라서 APA가 비인가한 프로그램의 출신자들은 이러한 기준들에 따라 평가를 받는다. 2005~2006의 *APPIC Directory*는 하나 이상의 전공분야 출신자들을 받아들이는 595개 기관의 명부를 제시했다(APPIC, 2005). 이러한 기관들 중 단지 6개만이 학교구이며 이들 중 4개는 APA에 의해 인가되었다.

　　1998~1999년에 APPIC는 인턴십과 지원자를 매칭하는 컴퓨터 프로그램을 도입했다. 이러한 매칭 프로그램과 그 근거는 Keilin(1998)에 기술되어 있다. APPIC 온라인 자료(*www.appic.org*)에 따르면, 학교심리학 분야의 매칭률은 1999년과 2003년의 경우 83%였으며, 다른 전문심리학 분야들과 유의하게 다르지 않았다. PhD 과정을 밟고 있는 학생들의 2003년 매칭률은 PsyD 학생들에 비해 유의하게 높았다(85% 대 77%). 특별히 학교심리학 전공 학생들을 원하거나 받아들일 전일제 및 반일제(half-time) 인턴십 기관들에 대한 연간 가이드도 있다. 2006년 판 목록(APA & NASP, 2006)은 92 기관에서 제공하는 420개의 전일제 및 36개의 반일제 박사학위전(predoctoral) 인턴십 프로그램을 소개하고 있다. 이들 92 기관 중 78개는 급여를 제공했으며, 2006~2007년의 급여 중앙치는 18,187 달러였다. 7개의 전일제 박사추후과정 자리가 게재되었으며, 급여 중앙치는 29,000 달러였다. 이 목록은 APPIC의 목록을 통합하고 있으며 학교심리학 박사과정에 있는 학생들에게 가장 좋은 정보 출처이다.

　　박사 수준의 학교심리학 인턴십 기관이 비교적 희귀하고 그 지역적 위치가 제한되어 있다는 점은 박사 수준에서의 학교심리학 프로그램의 발전에 심각한 장애물이다. 또 다른 장애물은 인턴십 목록에 등재된 인턴십을 얻기 위한 APPIC의 요건들 중 일부(예컨대,

부가적인 전문심리학자와 인턴의 가용성)는 많은 장면에서 학교심리학적 서비스의 제공
과 양립불가능한 것으로 인지된다는 점이다. 이러한 결과로, 등재된 인턴십 프로그램 중
학교구에서 제공하는 것은 거의 없으며, 대부분은 의료시설, 정신건강센터, 혹은 기숙형
학교 등에서 제공하는 것들이다. 학교심리학 프로그램 운영자 위원회(Council of Direc-
tors of School Psychology Programs: CDSPP)는 박사과정 프로그램의 교원들로 구성된
집단으로 학교기반의 인턴십이나 학교심리학과 관련된 인턴십을 추가하기 위한 활동을
펴고 있으며, 인턴십 지침을 승인했다(CDSPP, 1998).

　　NASP의 인턴십 요건은 훈련 표준의 일부이며, 이러한 표준은 신입 수준의 학교 실무
에 초점을 맞추고 있기 때문에, NASP의 표준이 APPIC의 표준과 일치하지 않는 것은 놀
라운 일이 아니다. 박사학위를 취득하고자 하는 학생들이 증가하고 있으므로, NASP는
별도로 박사 훈련을 위한 표준을 개발해 전국적으로 인가된 박사 인턴십 기관의 수를 늘
리려는 노력을 도울 필요가 있다. 박사 수준의 인턴
십에 대한 선정과 평가는 보통 프로그램, 학생, 인턴
십 기관에 의해 통제된다. M. Brown, Kissell과
Bolen(2003)은 학교 이외의 기관에서의 박사 수준의
인턴십을 개관했다. 학교심리학 인턴들은 전통적인
실무 영역들(즉, 평가 및 자문)에서 강점을 갖추고 있
는 반면, 학교 이외의 기관에서 흔한 실무 영역인 상
담과 심리치료 영역에서는 약점을 가지고 있음이 나
타났다. Brown 등은 학교 이외의 장면에서 인턴십을 원하는 박사과정 학생들은 이 영역
에서 부가적인 준비과정을 거칠 것을 제안했다.

> 박사 수준의 학교심리학 인턴십 기관이 비교적 희귀하고 그 지역적 위치가 제한되어 있다는 점은 박사 수준에서의 학교심리학 프로그램의 발전에 심각한 장애물이다.

　　많은 인턴십은 박사 이외의 수준에서 가용하지만 이러한 인턴십 프로그램에 대한 전
국적 차원의 목록은 아직 없다. 어떤 주는 훈련 프로그램, 주 교육부 및 인턴십 기관(대
개는 지역의 학교구) 간에 조정된, 매우 잘 조직화된 인턴십 체제를 갖추고 있다. 오하이
오와 일리노이 주가 좋은 예로, 이들 주는 매년 100개 이상의 인턴십 기관을 제공할 수
있다. 불행하게도, 대부분의 주들은 이러한 정도로 잘 조직화되어 있지 않아서 임시방편
으로 인턴십을 구성하거나 창출하며, 훈련 프로그램 및 인턴십 기관에 의해서만 통제된
다. 이러한 주들에서 흔히 인턴십은 단순히 훈련 프로그램과 선정된 지역 학교구 간의
비공식적인 협정일 뿐이다.

세부전공(subspecialty)

전공분야(specialty)라는 용어는 APA의 전문심리학의 전공과 숙련의 인정을 위한 위원단

(Commission for the Recognition of Specialties and Proficiencies in Professional Psychology(CRSPPP); B. Murray, 1995)이 승인한 임상심리학, 상담심리학, 학교심리학 등의 전문적 분야를 지칭한다. 1998년 2월에 제기된 학교심리학 전공분야의 재확인을 위한 청원하에서, 학교심리학은 그러한 승인을 받을 최초의 전공분야 중 하나였다(*Petition for Reaffirmation of the Specialty of School Psychology*, 2005; 원래 1997년에 승인; Phelps, 1998). 대부분의 전문가 수준의 프로그램은 처방적이어서 학생들로 하여금 그들의 학업을 특정 전문영역에 초점을 맞추게 하기가 어렵지만, 박사과정의 프로그램은 대개 선택과목들을 통해서 세부전공의 기회를 제공하거나 여러 영역들에 대해 심화학습의 기회를 부여한다. *세부전공(subspecialty)*은 학교심리학의 전공 영역 내에서 특별한 숙련과 역량을 갖춘 영역을 의미한다. 많은 학교심리학 박사과정 프로그램들은 심리학과와 교육학과의 과목들을 결합하고 있으므로, 다양한 고급 일반전문가나 세부전공 분야의 심화학습이 가능하다. 일부 프로그램에서는 세부전공이 현장 경험을 포함해 프로그램의 여러 측면에 고루 내재되어 있다. 예컨대, 신경심리학을 세부전공한 학교심리학자를 양성하는 박사과정 프로그램은 학생들로 하여금 신경심리학과 관련된 주제에 대해 박사논문을 요구하고 의료 시설에서 슈퍼비전하에 신경심리학 훈련을 받는 인턴십을 이수하도록 요구할 수 있다.

박사과정 프로그램에 대한 조사자료에 따르면, 미국의 박사과정 프로그램의 거의 2/3가 고급 일반전문가를 지향하고 있으며, 이들 프로그램들 대부분은 학생들이 세부전공 영역을 개발할 수 있도록 허용하고 있다. 30개 이상의 세부전공이 특정 박사과정 프로그램과 관련되는 것으로 확인되었으며, 가장 빈번한 것들로는 행동평가 및 개입, 자문, 신경심리학, 취학전 아동 및 영유아기, 예방 등이 있었다(Fagan & Wise, 2000, pp. 213-217). 이러한 결과는 이보다 10여 년 전에 실시한 조사 결과와 비슷하다(Fagan & Wise, 1994, pp. 183-186). '학교심리학과 스포츠심리학' 이라는 희귀한 세부전공은 *Journal of Applied School Psychology*(21권 2호)의 2005년 특별호의 초점이었다.

> 30개 이상의 세부전공이 특정 박사과정 프로그램과 관련되는 것으로 확인되었으며, 가장 빈번한 것들로는 행동평가 및 개입, 자문, 신경심리학, 취학전 아동 및 영유아기, 예방 등이 있었다.

드물게는 이러한 세부전공이 전문가 신입 수준의 훈련에서 제공된다. 예컨대, 워싱턴 D.C.에 있는 Gallaudet 대학교는 청각장애 영역에서 박사 이외 수준의 세부전공을 제공한다. 많은 세부전공은 학과의 행정적인 의지만큼이나 혹은 그 이상으로 교원의 전문성에 달려있기 때문에, 교원의 이동과 관심에 따라 변화를 거듭할 수 있다. 가령, '시골 지역' 세부전공이 항상 프로그램의 지리적 위치와 관련된 것은 아니다(Cummings, Huebner, & McLeskey, 1985). 일부 학생들은 도시에 위치한 대학에 다니지만 선택과목, 교원의 전문 영역 및 현장 경험에 따라 시골 지역에 대해 세부전공할 수도 있다. 요컨대, 교원이 이동함에 따라 세부전공도 같이 이동한다고 볼 수 있다.

일반전문가 및 세부전공 준비

학교심리학의 역사를 통해서 대부분의 실무자들은 그들에게 제시되는 다양한 범위의 문제들에 적응하면서 다양한 기능을 수행해 왔다. 실무자들이 이러한 다양한 조건들의 요구를 충족하기 위해서는 폭넓은 훈련이 필수적이라는 점은 오랫동안 인정되어 왔다. 따라서 대부분의 신입 수준 훈련 프로그램은 교육학적 기초, 실험 및 임상심리학, 특수교육 및 관련 분야들로부터 지식과 기술을 끌어오는 일반전문가를 지향해 왔다. 학교심리학자가 흔히 특별 서비스 팀의 전문가나 성원, 혹은 전문가 학위를 소지하고 있는 사람으로 흔히 인식됨에도 불구하고 일반전문가 모델이 학교심리학자의 주된 훈련 모델이 되어 왔다.

1970년대 이후로 전문직의 빠른 성장에 따라, 실무자가 일반전문가(generalist)로 훈련되어야 하는지, 아니면 전공전문가(specialist)로 훈련되어야 하는지에 대한 문제가 점차 관심을 받게 되었다. 연구결과에 따르면 도심이나 시골지역의 실무자들은 그들이 일하는 환경의 사회문화적 특성과 관련된 전문화된 훈련 경험을 통해 유익을 얻을 수 있으며, 세부전공 훈련은 박사 이외의 과정보다는 박사과정 프로그램에서 제공할 가능성이 크고, 몇 가지 세부전공 영역(자문, 영유아 및 가족 서비스, 이중언어 및 이중문화 서비스, 신경심리학 및 직업 학교심리학)에 대한 수요가 있으며 이들 영역에 대한 관심이 증가하고 있음을 시사한다.

몇 가지 요인들이 상호작용해 세부전공을 조장하고 있는데, 여기에는 박사과정 프로그램을 선택하는 학생 수의 증가, NASP의 전국적 인증 체계의 계속 교육에 대한 요구사항, 학교와 학교 이외의 장면 모두에서 박사 수준의 일반전문가 및 세부전공 전문가(sub-specialist)의 고용 시장 호황, 주 정부 및 연방 정부의 규정 시행 등이 포함된다. 예컨대, 장애인교육법의 1986년 개정안(공법 99-457)은 유아와 취학전 아동을 세부전공한 학교심리학자들의 직업 기회를 증가시켰을 수 있다. 이러한 수요는 낙오학생방지법(No Child Left Behind Act, 공법 107-110)에 의해 더욱 강화되었는데, 이것은 이 법령이 학업 성취에 대한 기대를 높이고, 초기 문식성 및 읽기 기술에 대해 강조하기 때문이다.

과거에 세부전공 영역을 가지고 있는 대부분의 심리학자는 임상심리학자였다. 학교 장면의 학교심리학자와 학교 이외의 기관이나 개인 개업의 임상심리학자들 간에 의뢰를 주고받는 것은 매우 일반적인 일이었다. 박사 실무자와 세부전공을 갖춘 실무자 수의 증가에 따른 한 가지 파생물은 학교심리학자들이 병원, 클리닉, 전문가 그룹 및 자영업 등을 통해서 학교 이외의 장면에서의 실무 활동으로 이동하는 추세가 생긴 것이다(D' Amato & Dean, 1989). 이러한 추세는 분명히 있지만 그렇게 강하지는 않으며, 이러한 추세가 학교기반의 서비스 인력의 크기를 감소시킨 것도 아니다. 그러나 이러한 추세가 지속되고 학교심리학자들이 개인 개업을 하거나 학교 이외의 기관에서 일한다면, 학교심리학자들과 임상 혹은 상담심리학자들 간의 경쟁은 가속화될 것이다. 미래에는 학교기반의 학교심리학자들이 학교장면 바깥의 학교심리학자들에게 의뢰하는 일이 보다 흔해질 것이다. 학교는 일반전문가를 일반적으로 고용하고 학교 이외 장면의 학교심리학자들은 학교로부터의 의뢰를 받기 위해 서로 경쟁하게 될 가능성 또한 있다. 그러한 경쟁 중 일부는 널리 인식되는 세부전공을 갖춘 학교심리학자들 간에 일어날 것이다. 마지막으로, 임상과 상담심리학의 발전을 고려하건대 학교 이외의 장면에서 일하는 학교심리학자들은 개업을 하거나 지역사회 기관에서 일할 것이고, 다른 건강서비스 제공자들과 함께 단체로 고용을 원할 것이며, 이것은 세부전공을 더 강조하게 되는 결과를 가져올 것이다. 박사과정을 계획하는 학생이나 실무자들은 고급 일반전문가나 전공전문가 훈련에 대한 자신의 희망과 필요를 고려해야 한다.

물론, 경험, 계속 교육, 개인적 관심을 통해서 많은 학교심리학자들이 박사학위를 취득하지 않고도 전문성을 개발한다. 예컨대, 자신이 고용된 환경의 수요에 의해서 학교심리학자들은 드문 장애의 평가, 취학전 아동평가, 부모 훈련 등의 부가적인 영역에 대한 전문성을 개발할 수 있을 것이다. 학교에서의 폭력에 대한 교육자들의 우려는 많은 학교심리학자들로 하여금 예방, 위기평가 및 위기개입 분야에 추가적인 기술을 개발하도록 고무하는 역할을 했다. 실무자들의 경력이 늘어남에 따라, 그들은 흔히 특별한 전문성을 개발한다. 그러한 세부전문화는 공식적인 준비를 위해서 대학원에 다시 돌아가야 한다는 것을 꼭 의미하지는 않는다. 빈번히 필요한 전문성은 학회, 워크숍, 깊이 있는 독서활동, 슈퍼비전하에 얻어지는 실습 경험 등을 통해서 얻어진다.

세부전공에 대한 관심의 증가는 NASP 특별 관심 그룹의 인기와 그 수가 증가한 것에서 찾아볼 수 있다. 1970년대 말에 시작된 이러한 특별 관심 그룹은 그 구성원들 간에 선택된 영역들에 있어서의 전문성을 상호교류하도록 돕는 하나의 수단이 되고 있다. 1992년에 NASP는 14개의 관심 그룹이 있었으며, 1998~1999년에는 10개의 그룹이 있었다. 2006~2007년 현재 19개의 세부전공 영역이 포함되어 있는데, 여기에는 자폐증과 전반적 발달장애, 행동적 학교심리학, 인성교육 및 사회정서학습, 학교심리학에서 컴퓨터와 테크놀로지의 적용, 피자문자 중심의 자문, 학교에서의 위기관리, 유아교육, 군 가족(military families), 다문화주의, 학교에서의 신경심리학, 긍정심리학, 예방, 읽기, 은퇴, 시골

지역의 학교심리학, 청각장애 학생들과 일하는 학교심리학자, 주 정부의 학교심리학 자문가, 학교심리학 학생들, 슈퍼비전 등이 포함되어 있다. 이러한 관심 그룹의 변화는 실무자 수의 증가와 시간에 따른 관심의 변화를 반영하고 있다. 세부전공 영역을 가지고 있으며 관심 그룹에 소속되어 있는 학교심리학자들은 정책 개발 및 학술지에 투고할 원고 준비에 적극적이다.

계속적인 전문성 개발 —

공식적인 준비과정은 전문적인 커리어를 성공적으로 시작하는 데 필요한 기초 기술, 이론, 개념 및 슈퍼비전 경험을 제공해야 한다. 전문직에서 개인의 신입 수준과 상관없이, 심지어는 박사 수준에서도 계속적인 전문성 개발(Continuing Professional Development: CPD)에 대한 기대사항이 있다. 서비스 장면, 내담자, 호소문제, 전문적 쟁점 등의 문제는 그 범위가 너무 넓어서 공식적인 학위과정에서 이러한 문제들을 모두 취급할 수 없다. 공식적인 훈련과정은 미래의 전문가들에게 심리학과 교육에 대한 폭넓은 이해를 제공하며, 언제 자신의 기술과 전문적 판단이 특정 상황들을 다루기에 충분하지 못한지를 인식하는 것을 포함하는 전문적 책임감을 심어준다.

학교심리학의 역사를 통해서, 학술지와 학술대회 프로그램 등과 같이 CPD를 위한 비공식적 수단들이 다양하게 존재해 왔다. 보다 공식적인 기회들은 과거의 몇 십 년 동안, 특히 1950년대 이래로 개발되어 왔는데, 이 시기에 APA 학교심리학 분과(분과 16)는 학교심리학자들을 위한 전문 연구기관을 시작했다(Fagan, 1993). 1970년 이래로 주 수준의 학교심리학 연합회의 이례적 성장에 따라, 모든 주가 다양한 정도의 CPD 기회를 제공해 왔다. 워크숍과 기술개발 프로그램들이 매우 큰 인기를 얻게 되었다. APA와 NASP의 연차학술대회는 기술을 개발하고 향상시킬 수 있는 훌륭한 기회들을 제공한다. 분과 16은 APA의 학술대회를 통해 학교심리학 학술발표를

> 전문직에서 개인의 신입 수준과 상관없이, 심지어는 박사 수준에서도 계속적인 전문성 개발에 대한 기대사항이 있다.

개최한다. APA와 NASP를 포함해 몇몇 연합회와 출판사는 학술대회 발표물을 포함해 수많은 주제에 대한 오디오 및 비디오테이프와 CD 등을 임대하거나 판매한다. 인터넷은 CPD를 위한 또 하나의 잠재적인 수단으로, 실무자들은 파워포인트나 웹기반의 프로그램들을 활용할 수 있다. 예컨대, NASP는 회원들에게 온라인 CPD 모듈을 제공한다. 학

교심리학자를 위한 인터넷 자료에 대한 가이드는 Steingart(2005)에 의해 제공되고 있다. APA의 웹페이지 또한 온라인 CPD 모듈을 제공해 실무자들이 계속적으로 면허 갱신의 요건을 충족할 수 있도록 돕고 있으며, 이러한 자료들은 NCSP를 위해서도 사용될 수 있다(www.apa.org/ce).

전국적 인증을 위한 CPD 요건

학교심리학에서 가장 조직화된 CPD 노력은 NASP의 전국적 학교심리학 인증 시스템(National School Psychology Certification System)에 포함되어 있다. 회원 요건 이외에도, 이 시스템은 학교심리학자가 매 3년간의 갱신 기간 내에 적어도 75 대면 시간의 CPD를 이수할 것을 요구하고 있다. 자격증 소지자들은 다양한 직무관련 활동 영역에서 CPD를 얻도록 기대된다. CPD 활동의 선택에는 융통성을 발휘할 수 있어서, 모두 9개의 범주가 포함되는데 각각에 대해 인정 학점, 한계점 및 증빙서류 구비 등의 요건이 있다. 이 범주에는 워크숍, 학술대회, 현직 훈련, 대학의 강좌, 교수 및 훈련 활동, 연구와 출판, 인턴의 슈퍼비전, 대학원 과정을 통한 슈퍼비전 수혜 경험, 프로그램 계획 및 평가, 순차적 혹은 비공식적 자기-학습 프로그램, 전문 조직에서의 리더십 등이 포함된다. 일부 주의 교육부, 심리학 면허 위원회, 주 차원의 학교심리학자 연합회 등도 CPD 요건을 제시하고 있다. 특별히 학교심리학을 명시하지는 않지만, APA가 인가한 계속 교육 프로그램들은 Monitor on Psychology라는 소식지에 자주 게재된다.

재전공(respecialization)

하나의 전문심리학 분야에서 다른 분야로(예: 학교심리학에서 임상심리학으로) 전환하거나 전문심리학 이외의 분야에서 전문심리학 분야로(예: 발달심리학 전공에서 학교심리학으로) 옮기려면 어떻게 해야 하는지를 궁금히 여기는 학생들이 간혹 있다. 공식적인 재훈련 프로그램을 제공하는 교육기관은 거의 없지만, 일부 기관들은 심리학 분야에서 이미 박사학위를 취득한 학생들의 입학을 허가한다. 재훈련 과정은 흔히 인턴십 혹은 재전공을 위한 두 번째의 인턴십을 포함해 모든 요건의 완수를 요구한다. 공통된 요건들에 대해서는 특정 교과목이나 연구 경험 등 대개 이전의 학위에서 이수한 사항들을 참작하지만, 재훈련은 대개 적어도 1년간의 학업과 추가적인 인턴십을 요구할 것으로 예상할 수 있다. 두 가지 실례로, Crespi(1999)는 하트포드 대학의 재전공 프로그램을 기술했으며, Haggan과 Dunham(2002)는 박사학위를 취득하지 않은 임상심리학 전공자들이 학교심리학을 재전공하고자 할 경우 가능한 요건들을 분석해 제시한 바 있다.

박사추후과정

심리학 분야의 박사추후과정은 오랜 세월 동안 존속해 왔으나, 학교심리학 분야의 박사학위 소지자들이 박사추후과정을 고려하기 시작한 것은 비교적 최근의 일이다. 박사추후과정이 보편적으로 부재했던 것은 학교심리학 분야에 특별히 초점을 맞춘 박사추후과정의 기회가 없었고, 박사학위 소지자들의 고용시장이 호황을 이루어 왔기 때문이었다. 심리학의 일부 분야에서는, 고용시장이 훨씬 좋지 못했고 박사학위 소지자들이 대개는 대학의 교원 지위를 얻는 데 좀 더 경쟁력을 갖추기 위해서 박사추후과정을 희망해 왔다. 학교심리학 박사 프로그램에서 세부전공이 늘어남에 따라, 박사추후과정은 대학원 과정의 자연스러운 연장 과정이 되고 있다. 이 분야의 전문화가 증가함에 따라 개인 기관, 특히 의료 관련 기관에서 완전한 실무 권한을 얻기 위해서는 궁극적으로 박사추후과정이 필요하게 될 가능성도 있다. 많은 주의 경우, SBEP가 부여하는 심리학 면허의 취득을 위해서는 1년간의 박사후 슈퍼비전 수혜 경험이 있어야 한다. 더욱이 학교심리학 분야에서 박사추후과정의 교육과 훈련을 위한 지침에 대하여, 박사후 레지던트 과정의 APA 인가에 대해 현재 논의가 계속되고 있다(Pryzwansky, 1998; Shaw, 2002).

Logsdon-Conradsen 등(2001)의 연구는 박사추후과정(postdoctoral fellowship)을 기술했으며 오직 소수의 학교심리학 박사학위 취득자만이 그러한 과정을 밟는다고 제안했다. 2005년 12월 현재, APA는 9개의 박사추후과정만을 인가하고 있으며, 이들 중 어떤 것도 구체적으로 학교심리학에 특별히 초점을 맞추고 있지는 않다. 그럼에도 불구하고 학교심리학자들이 슈퍼비전을 받을 수 있는 박사추후과정의 기회는 있으며, 그러한 고급 과정에 대한 지침은 APA의 학교심리학 분과와 학교심리학의 여러 협력 집단을 대표하는 전체 그룹에 의해 지지를 받고 있다. 면허를 소지한 박사 수준 심리학자들의 약물 처방권 영역은 아직은 제한되어 있지만 이에 따른 중요한 법률적 이득으로 인하여, 정신약물학 분야의 박사 및 박사추후과정 훈련 기회는 증가할 것으로 예상된다. J. Carlson, Demaray와 Oehmke(2006)는 이들의 조사연구에 참여한 실무자들 중 1/4이 향정신성 약물 치료를 받고 있는 내담자를 다루고 있지만, 실무자들은 워크숍이나 독서를 통해 주로 훈련을 받는 것으로 나타났다. 학교심리학자나 그 외의 다른 전문심리학자들에게 있어서 이러한 훈련의 중요성은 Phelps, Brown과 Power(2002), J. Carlson, Thaler와 Hirsch(2005), 그리고 *School Psychology Quarterly*의 2005년 특별호(20권 20호)에 논의되어 있다.

프로그램의 비교과적 특성과 인가

한 프로그램의 전반적인 질을 결정하는 여러 측면은 반드시 교과과정을 통해 분명하게 나타나지 않을 수도 있다. NASP의 온라인 경력 센터는 고용 정보는 물론이고 학교심리학 분야와 특정 훈련 프로그램에 대한 정보들을 제공함으로써 훈련 프로그램을 선택하고자 하는 학생들을 돕고 있다. Gerner와 Genshaft(1981)는 훈련 프로그램을 선택할 때 몇 가지 요인을 검토하도록 학생들에게 조언하면서, 훈련 프로그램과 인턴십을 지원할 때 면접하는 요령을 기술했다. 이들은 프로그램의 방향, 학생에 대한 관여도, 내용의 균형, 다른 학과들과의 관계 등을 어떻게 판단하는지 제안하고 있다. APA와 NCATE/NASP의 인가 지침은 프로그램 내용 이외에도 많은 영역들을 다루고 있다.

전국적 인가

학교심리학 프로그램의 인가는 APA와 교사교육전국인가협의회(National Council for Accreditation of Teacher Education: NCATE)에 의해 이루어진다. NCATE의 인가 과정에서, 프로그램은 NASP의 표준에 비추어 평가된다(이와 같은 이유로 학교심리학 프로그램의 인가와 관련해 NCATE/NASP가 사용됨). 그러나 NASP는 인가 권한을 가진 조직체라기보다는 NCATE의 제휴기관이다. NCATE의 인가 과정에서, NASP는 심사 과정을 통해 프로그램을 평가하는데, 이러한 심사 과정에서 각 프로그램은 NASP의 표준에 부합된다는 점을 증명해야 한다. 프로그램의 심사 과정은 1980년대 중반에 개정된 NCATE 인가 과정으로 도입되었다. NASP는 인가 심사 과정의 일부로서 권장사항을 NCATE에 전달한다. NCATE는 학교심리학 프로그램이 소속되어 있는 대학의 학과/단대(예: 사범대학)에 대해 유사하지만 좀 더 폭넓은 심사 과정을 시행한다. NCATE의 심사 과정에 사용되는 NASP의 표준에는 프로그램의 맥락과 구조, 학교심리학 훈련과 실무의 영역, 현장 경험과 인턴십, 수행에 기초한 프로그램 평가 및 책무성, 프로그램 지원 및 자원 등의 영역이 포함된다.

APA의 인가 표준은 전문심리학에 일반적으로 적용되며 특별히 학교심리학 프로그램을 위한 것은 아니다. 2006년 현재, APA는 계속해서 임상, 상담 및 학교심리학과 이들 분야의 혼합 프로그램에 한해서만 인가하고 있다. 다른 전공분야나 세부전공은 인가의 목적으로는 아직 인정되고 있지 않다. APA의 과정은 해당 교육기관에서 프로그램의 소속과 상관없이, 프로그램의 심리학적 정체성에 주안점을 둔다. APA의 인가는 몇 가지 영역들을 심사하게 되는데, 여기에는 프로그램의 일반적인 적격성, 철학, 목표 및 교과과정,

프로그램의 자원, 문화 및 개인차와 다양성, 학생-교수 관계, 프로그램의 자기-평가와 질 향상, 공적 공개, 인가 주체와의 관계 등이 포함된다(APA, 2005). APA의 표준과 NCATE/NASP의 표준 간의 주목할 만한 차이는 APA의 경우 프로그램의 심리학적 특성에 초점을 맞추고 있으며, 교과목이나 교과 이외의 측면에서 전문심리학 및 과학자-실무자 모델 혹은 전문가 모델에 강한 정체성을 갖는다는 점이다.

1982~1983의 예비 프로젝트에 대한 호의적인 평가에도 불구하고, APA-NCATE 공동의 인가 과정은 결코 실행된 적이 없다(Fagan & Wells, 2000). 현재로서, 두 기관에 의한 심사가 병렬적으로 진행될 수 있겠으나 각 기관의 표준을 혼합한 진정한 의미의 공동의 심사 과정은 존재하지 않는다. NASP가 NCATE 과정을 통해서 보다 높은 자율성을 확보할 가능성이 있으며, 이는 박사 수준에서 APA와 추가적인 협력을 위한 기회를 열어 줄 수 있겠지만, 이러한 협력의 가능성은 별로 없어 보인다.

가장 최근의 포괄적인 NASP *Directory of School Psychology Graduate Programs* (Thomas, 1998)에 따르면, NCATE는 294개의 프로그램 중 108개(61%)를 인가했으며, 이들 중에는 194개의 전문가 수준 프로그램 중 인가된 102개(53%)의 프로그램이 포함된다. 박사 수준에서는, NCATE/NASP에 의해, 혹은 NCATE/NASP와 APA 모두에 의해 87개 중 78개(90%)의 프로그램이 인가되었다. APA에 의해서만 인가된 프로그램은 44개(51%)였다. 동일한 분석에서, 실제로 모든 프로그램들이 SDE의 승인을 유지하고 있었다. 그러나 294개 프로그램 중 128개(44%)는 SDE의 승인만을 받고 있어서, 모든 프로그램 중 56%의 프로그램만이 어떠한 형태로든 전국적 인가를 유지하고 있음을 알 수 있다(Fagan & Wells, 2000). 2005~2006년에는 67개의 APA가 인가한 학교심리학 박사 프로그램이 있었는데(이 중 10개는 혼합 프로그램), 이는 미국과 캐나다에 위치한 프로그램들 중 대략 75%에 해당한다(Accredited Doctoral Programs in Professional Psychology, 2005와 증보판, 2006).

NCATE와 APA 같은 인가 조직체가 내린 결정은 학교심리학 프로그램들에 대해 중요한 정보의 출처가 된다. 매년 APA는 *American Psychologist*의 12월 호에 인가된 박사과정 프로그램의 목록을 발행한다. NCATE는 *Annual List of NCATE Accredited Institutions*를 발간하며, 이 책자는 인가된 교육 기관의 박사 및 비박사 수준의 학교심리학 프로그램들을 포함하고 있다. NCATE는 공식적으로 교육 기관을 인가하지 그러한 기관 내의 특정 프로그램들을 인가하는 것은 아니므로, 어떤 학교심리학 프로그램이 NCATE의 연간 목록에 게재되었다는 사실 자체가 그 프로그램이 NASP 지침을 만족시켰음을 보장하지는 못한다. NASP에 의해 조건부 혹은 완전 승인을 받은 프로그램의 목록은 NASP의 웹사이트에서 활용 가능하며 정기적으로 *Communiqué*에 발행된다. 인가된 프로그램의 목록과 인가 표준에 대한 문서는 다음 기관들에 편지를 보내거나 그들의 웹사이트를 방문함으로써 얻을 수 있다.

1. American Psychological Association, Education Directorate, Office of Program Consultation and Accreditation, 750 First St. NE, Washington, DC 20002-4242 (www.apa.org/ed/accred.html)
2. National Council for Accreditation of Teacher Education, 2010 Massachusetts Ave. NW, Suite 500, Washington, DC 20036-1023 (ncate@ncate.org)
3. National Association of School Psychologists, 4340 East West Highway, Sute 402, Bethesda, MD 20814-9457 (www.nasponline.org)

주 및 지역적 인가

일부 주는 그들만의 프로그램 승인 과정을 가지고 있어서 이러한 과정을 통해 SDE가 독립적으로, 혹은 다른 조직의 심사와 연계해 (NCATE와의 제휴를 통해서) 학교심리학 프로그램을 심사한다. 프로그램 승인 혹은 제휴 협정을 사용하는 주의 명단은 NCATE나 National Association of State Consultants for School Psychological Services에 요청할 수 있다. NASP의 State School Psychology Consultants에 관한 관심 그룹 또한 명단을 가지고 있다. 거의 모든 경우에, 학교심리학 프로그램을 제공하는 기관은 지역적 인가에 참여한다. 전국적 인가는 적절한 지역적 인가를 보유하고 있는 기관들에 근거하고 있다. 6개의 지역적 인가체의 이름과 주소는 대부분의 도서관과 NCATE가 그 정보를 유지하고 있다. 학교심리학 인가에 대한 역사적인 개관에 대해서는 Fagan과 Wells(200)를 참조할 수 있다.

준전문가 훈련

훈련과 인가의 문제는 공식적으로 인정되는 수준의 학교심리학 준비과정만을 염두에 두고 다루어진다. 여기에는 석사, 전문가 및 박사 수준의 프로그램들이 포함된다. 60시간 이하의 석사과정 프로그램은 줄어들고 있기 때문에, 보다 적은 훈련을 박은 학교심리학 인력이 수행할 수 있는 역할이 있는지에 대해 가끔 의문이 제기되곤 한다. 이러한 수준의 훈련을 받은 사람들을 종종 준전문가(paraprofessional)라고 하며, "이들은 한 분야의 일부 제한적인 측면들에 대한 훈련을 받고 전문가의 지시와 감독에 따라 전문가와 함께 일하는 사람들이다"(McManus, 1986, p. 10). 준전문가들은 다양한 매우 구체적인 기술 중심의 과업을 수행하며 석사나 학사 수준에서 훈련받았을 수 있다. 일부 예에서 학교심리학자들은 지역 학교구 수준에서 학생들을 조교로 훈련시킬 수도 있다. Gerken(1981)

은 초기 NASP가 7수준의 역량 연속체를 따라 분류되는 준전문가들에 대해 관심을 보였다는 점을 지적했다(NASP, 1973). Gerken은 또한 이러한 관행은 준전문가들이 보다 자격을 갖춘 학교심리학자들의 자리를 앗아갈 수 있을뿐더러 아마도 서비스의 질을 침식할 수 있다는 두려움 때문에 폭넓게 수용되지 못했다는 점을 지적했다. McManus(1986)는 또래 지도 및 또래 상담, 기록 유지, 평가의 영역에서 학생 준전문가의 활용을 기술했으며, 학교심리학자의 역할을 다른 활동들로 확장하는 것이 소비자에게 이득이 된다는 것을 시사하는 문헌들을 개관했다.

준전문가의 개념은 근년보다는 1980년 초에 더 많은 관심을 받았다. Gerken(1981)과 McManus(1986)의 개관은 계속해서 학교심리학 문헌에서 이 주제에 대한 가장 폭넓은 개관으로 남아있다. 이들 두 문헌을 종합해 보면 학교심리학적 서비스의 제공을 보완하고 개선하기 위해 준전문가의 개념과 활용에 대해 강력한 지지를 제공한다. 이들은 몇몇 장면에서의 성공적인 모델 사례들과 자신이 일하는 환경에서 준전문가의 활용에 관심이 있는 사람들을 위해 준전문가의 활용 지침을 제공했다. 부가적인 의견은 NASP의 *Communiqué*(9권 6호, 10권 6호)에 제기되었다. 전통적인 서비스를 지원하기 위해서 검사 기능인을 활용하는 것에 대한 보다 최근의 논의는 훈련, 자격제도, 윤리 및 검사 표준에 기초해 그러한 실무를 권장하지 않는다(J. E. Hall et al., 2005). 건물 수준의 교수 활동에 준전문가를 활용하는 것(가령, 조교의 활용)은 상당히 보편적인 관행이지만, NCLB의 기대사항에 반응해 몇몇 주들은 이제 준전문가들도 인증을 받을 것을 요구하고 있다(Christie, 2005). NASP의 리스트서브는 훈련 수준이 보다 낮은 학교시스템 안팎의 검사 전문가들의 업무에 대해서 토론한다. 이에 대한 관점은 다양하지만, 대부분의 신입 수준 학교심리학자들은 그러한 서비스의 질에 대해서 만족하지 못하는 것이 분명한 듯하다. 대부분의 교수 활동에서는 준전문가의 활용이 도움이 되겠지만, 학교심리학적 서비스를 위해 준전문가의 훈련과 자격 부여를 학교심리학 분야가 지원할 것 같지는 않다.

> 준전문가들은 다양한 매우 구체적인 기술 중심의 과업을 수행하며 석사나 학사 수준에서 훈련받았을 수 있다.

프로그램의 완료 —

모든 학과의 모든 프로그램은 고등교육기관의 관료조직 내에 존재한다. 경험 있는 대학원생은 신입 대학원생에게 졸업은 단지 교과목과 현장 경험을 마치는 것 이상임을 말할 수 있다. 프로그램이 제공하는 교과목과 현장 경험이 학생이 받는 훈련의 내용이지만, 실제적으로 학생들은 학위를 완료하기 위해서 많은 규칙과 규정에 직면한다. 이와 같은 매우 중요한 요구조건들은 대개 교육기관의 대학원 요람이나 학과의 대학원생 편람 등에 자세히 설명되어 있다. 이러한 간행물은 학생의 학위 완료 가이드이므로, 주의 깊게 읽어야 한다. 학생들이 이러한 간행물을 검토하고 따르게 하는 책임을 교원이 지지는 않는다. 예컨대 석사논문이나 박사논문을 대학원에 언제 어떻게 제출해야 하는지를 아는 것은 학생의 책임인 것이다. 따라서 학생이 다음과 같은 요구조건과 절차들을 아는 것이 중요하다.

1. 지도교수와 전공교수의 선정
2. 학위계획서 준비
3. 프로그램 변경을 포함해 교과목 등록
4. 휴학
5. 학점 인정, 실습 학점 이수, 시험을 통한 학점 취득
6. 연차 학생 평가
7. 재정 지원 확보
8. 장학금 혹은 연구 조교직 혹은 대학원 조교직을 받은 학생들에 대한 기대사항 이행
9. 현장 경험 확보
10. 석사 및 박사 학위논문 심의위원회 선정
11. 전공시험
12. 학과나 대학의 연구 심사위원으로부터 허락을 얻는 것을 포함해 자신의 연구를 실행하고 방어하는 것
13. 졸업을 위한 서류 제출
14. 취업

졸업 요건들 이외에도, 자격취득을 위해 제출해야 하는 서류들도 있다. 훈련 초기에 신입 학생들은 인증 및 면허를 위한 서류준비 과정에 대해서 문의해야 한다. 이렇게 함으로써 공식적인 훈련의 종료시점에서 경험하는 난관을 피할 수 있을 것이다. 이 과정은 7장에 논의했다.

제7장

학교심리학의 규제[1]

학교심리학의 전문적 통제(control)와 규제(regulation)는 인가, 자격제도 및 실무의 세 영역에 따라 설명할 수 있다. 6장은 학교심리학 훈련의 본질과 이것이 인가 및 자격취득과 어떻게 관련되는지를 논의했다. 이 장은 학교심리학 분야에 영향을 미치며 이 분야를 규제하는 많은 요인들을 검토할 것인데, 여기에는 학생의 준비, 학교심리학자가 실무 활동을 위해 자격을 취득하는 방법, 학교심리학자의 일상적인 역할과 기능에 영향을 미치는 요인들이 포함된다. 앞서 언급한 세 영역들과 관련된 변인들은 상호관련성이 있지만 상당히 독립적인 논제들이기도 하다.

대부분의 학교심리학 서적과는 달리 이 책은 이 분야의 법적, 윤리적 측면에 대한 별도의 장을 포함하고 있지 않다. 법률적, 윤리적 논제들은 규제와 일상적 실무의 맥락에서 가장 잘 이해될 수 있다. 이러한 주제들을 이 장에서 함께 다룸으로써 학교심리학의 규제를 보다 통합적, 현실적, 포괄적으로 다룰 수 있으며, 실무에서 중요한 문제들과 연계시킬 수 있을 것이다. 모든 학교심리학자가 실무에서 법률적, 윤리적 측면들을 다루지만, 실제로 소송에 연루되는 경우는 소수에 불과할 것이다. 동시에 모든 학교심리학자가 훈련 및 자격취득에 있어서 규제를 받으며, 법률적, 윤리적 변인들을 포함해 그들의 실무에 영향을 미치는 복잡하고 다양한 변인의 영향을 받는다. 더욱이, 많은 학교심리학 개론 교과목은 법률적, 윤리적 문제에 대해 학생들이 포괄적

> 모든 학교심리학자는 훈련 및 자격취득에 있어서 규제를 받으며, 법률적, 윤리적 변인들을 포함하여 그들의 실무에 영향을 미치는 복잡하고 다양한 변인의 영향을 받는다.

---

[1] 이 장의 일부 내용은 Fagan(1990a)에 처음 게재되었으며 '미국학교심리학자협회(National Association of School Psychologists)'의 허가를 받아 여기에 전재함을 밝힌다.

으로 학습할 것을 요구하며, 이러한 주제는 과거에 비해 보다 쉽게 접할 수 있게 되었다.

이 장을 시작하기에 앞서, 학생들은 그들의 (a) 학교심리학자 훈련 프로그램, (b) 자격취득 요건, (c) 학교심리학 분야에서 기대되는 역할과 기능에 영향을 미치며 이러한 영역들을 통제한다고 믿는 요인들을 생각해 보고 나열해 볼 수 있을 것이다.

배경과 도입

한 전문직의 성숙의 지표는 그 전문직에 대한 내적, 외적 규제로 나타난다. 한 전문직종을 정의하는 데 도움이 되는 가장 뚜렷한 성숙의 증거들 중에는 인가와 자격제도를 통한 그 직종의 인정과 규제가 있다.

전문성

전문직(profession)은 대개 실무자들의 전문화된 지식, 고급 훈련과정, 독립성과 자율성, 및 도덕적 헌신의 차원을 따라 정의된다. 전문가는 "급여를 위해 일하지 않으며, 일하기 위해 급여를 받는다"(Hatch, 1988, p. 2). 심리학이 전문직이라는 점은 논쟁의 여지가 없다(Bevan, 1981; Fox, Barclay, & Rodgers, 1982; Petersen, 1976). 심리학의 전문적 위상은 독특한 학문적 기원과 현장 경험을 통해서 확립되었으며, 심리학은 그 전문성의 주요 표징들을 획득해 왔다. 여기에는 (a) 전문직 종사자들을 하나의 연합회로 조직화한 것, (b) 전문직의 독특한, 확인 가능한 지식체계, (c) 이러한 지식체계에 제한된 접근성, (d) 전문적 행동 및 윤리 강령, (e) 전문화된 훈련, (f) 자격제도, (g) 훈련과정의 규제, (h) 실무 활동의 전문적 자율성, (i) 전문가의 고용 기회, (j) 전문직에 귀속되는 많은 양의 문헌 등이 포함된다. 심리학 내의 하나의 전공 영역으로서 학교심리학은 또한 전문성의 주요 징표들 중 대부분을 획득해 왔다. 이 분야의 어떤 사람들은 학교심리학은 별개의 전문직으로 분류되어야 한다고 주장하지만, 심리학의 다른 전공 영역에 대해서도 동일한 주장이 나올 수 있다. 주요 전문심리학 전공 분야들(예: 임상, 상담 및 학교심리학)은 오랫동안 상당한 지식과 실무 영역을 공유해 왔다는 점이 널리 수용되고 있으며(Bardon, 1979; McKinley & Hayes, 1987), 따라서 이들이 별개의 전문직은 아니다. 따라서, 이들은 통상적으로 심리학의 전문 직종으로, 학교심리학 전문분야로 지칭된다.

전문화(professionalization)의 증가는 규제의 증가로 이어진다. 그러한 규제는 대개 해당 전문직에 보다 높은 위상과 존중을 가져오는데, 규제가 있다는 사실은 이제는 일반 시민과 그 전문직이 자격을 갖추지 않은 실무자들로부터 보호될 필요가 있는 지점에까지 그 분야가 발전되었음을 의미하기 때문이다. 전문적 규제의 형태는 윤리강령(code of ethics)과 같이 그 전문직의 내부적인 것일 수도 있지만 법령이나 면허법과 같이 외부적인 것일 수도 있다. 전문적 규제라는 개념이 통제 증가 및 융통성 감소 등과 같은 부정적인 어감을 가지고 있지만, 확립된 전문직이라면 그 어느 것도 이러한 규제가 없는 경우는 없다. Schudson(1980)에 따르면, "전문직을 구별하는 것은 전문가의 업무에 내재된 어떤 특성이기보다는 그러한 업무가 가져다주는 지위 부여를 단순히 의미한다. … 사회적 인정이 하나의 전문직을 정의하는 결정적인 요소다"(p. 218). 이 장은 학교심리학을 하나의 심리학 전문분야로 정의하는 데 기여하는 동시에 다양한 방식으로 이 분야를 통제하는 몇 가지 요인들을 논의한다.

규제의 등장

학교심리학의 규제에 영향을 미치는 요인의 현재 구조는 지난 수십 년에 걸쳐서 발전되었다. 2장에서 살펴본 바와 같이, 심리학자에 대한 최초의 전국적 인증은 단명한 1920년대의 APA의 인증 프로그램이었다. 학교심리학에 대한 주 수준의 규제는 뉴욕과 펜실베이니아에서 주 교육부(SDE)의 인증 표준에 따라 1930년대에 등장했다. 이들은 어떻게 개인이 학교심리학 실무 자격을 취득할 수 있을지를 규제한 최초의 주 수준에서의 시도였다. 이러한 인증 표준들은 의심의 여지 없이 이들 주에 당시 존재하던 훈련, 정신지체 아동들을 위한 특수교육 프로그램하에 아동의 검진을 규제하는 법들의 영향을 받았다. SDE의 인증 표준은 SDE의 관할권 내의, 보통은 공립학교 내의 심리서비스 제공자들만을 위한 것이었다. 제2차 세계대전 후, 심리학자들은 별개의 주 심리학심의위원회(SBEP)로부터 개인 실무를 위한 면허를 취득하기 시작했으며, SBEP의 주 전체 관할권은 공립학교 시스템을 포함한 주 정부기관에 대해서는 광범위한 면제조항을 적용했다. SDE와 SBEP 간의 별도의 자격부여 모델은 다른 주에서도 활용되었으며, 1970년대 말까지는 이러한 두 가지 자격부여 안이 거의 모든 주에서 가용하게 되었다. 각 모델은 주 차원 및 전국 차원의 교육 단체나 심리학 단체들과 보조를 맞추었으며, 따라서 학교심리학자를 위한 두 가지 별도의 자격부여 표준 및 실무 망이 형성되기에 이르렀다.

주로 1960년대와 1970년대에 전국적 인증이 시작되어 학교심리학 훈련 프로그램을 규제하기 시작했다. 일부 주에서는 SDE의 공식적인 프로그램 인가가 인증 규정과 연계되어 전국적 수준의 인증에 선행되게 되었다. 예컨대, SDE가 학교심리학 검사자나 학교심리학자의 훈련 프로그램을 심사해 프로그램이 인증 요건을 만족시켰는지를 공식적으로 판정하곤 했다. 이에 따라 승인된 프로그램의 졸업자들은 SDE의 관할권 내에 있는 장면에서 실무 활동을 위한 인증 자격을 갖추게 되었다. 공교육은 전국 수준의 집단과 제휴된 주 수준의 조직과 기관을 통해 규제되고 대표되기 때문에, 학교심리학을 비롯한 교육 분야의 훈련 프로그램에 대한 전국적 인가는 교육 인가체(accreditors)의 관할권 내에서 이루어졌다. 현재의 주요 교육 인가체는 National Council for Accreditation of Teacher Education(NCATE)이며, 이 인가체는 1954년 다른 교육 단체들과의 합병을 통해 형성되었고, 1960대에 학교심리학 프로그램을 심사하기 시작했다(Fagan & Wells, 2000).

심리학 분야는 자체적인 주 수준의 규제 및 대표 단체와 기관들을 갖춘 별개의 독립체로 발전했다. 이러한 주 수준 단체와 기관들은, APA 같이 전문심리학의 인가 시스템을 개발한 전국 수준의 상응 조직을 갖추었다. 심리학 영역의 주요 인가체는 APA로, APA는 1940년대 말 이래로 전문심리학 박사과정 프로그램들을 인가해 왔다. SBEP는 SDE와는 달리 결코 주 수준의 프로그램 승인을 실행해 오지 않았다. 즉, 주 심리학 이사회는 결코 훈련 프로그램을 심사하고 공식적으로 승인해 온 적이 없다. 대신 주 심리학 이사회는 APA, 지역적 인가체, 혹은 다른 집단의 인가 및 인정에 의존해 왔다. NCATE나 APA에 의한 학교심리학 프로그램의 인가는 1970년대에 보다 잘 정의되기에 이르렀다. APA는 1971년에 학교심리학 프로그램을 최초로 인가했다. NCATE와 NASP의 관계는 1970년대 초반으로 거슬러 올라가지만, NCATE가 NASP 표준을 사용해 학교심리학 프로그램을 인가하는 일은 1980년대 초반에 시작되었다. 현재 거의 모든 학교심리학 훈련 프로그램들이 SDE의 프로그램 승인이나 전국 수준의 인가 혹은 이 둘 모두를 유지하고 있다(Thomas, 1998). 자격취득과 인가의 역사적 측면에 대한 논의는 Fagan과 Wells(2000), Pryzwansky(1993)에서 찾아볼 수 있다.

> 교육과 심리학이라는 '두 세상'으로부터 만들어진 학교심리학 분야의 아주 많은 측면에는 이중적 통제가 자명하게 나타나고 있다.

일상적인 실무에 대한 규제의 역사는 덜 명료하다. 학교심리학 실무를 위한 지침이 지난 20~30여 년간 존재해 왔으나, APA는 전문적 윤리에 대한 첫 진술문을 1953년에 발간했었다. 이것은 몇 차례 개정되어 발간되었으며, 가장 최근판은 부록 C(APA, 2002)에 실려 있다. NASP의 윤리원칙은 1974년에 최초로 발행되었으며 1984, 1992, 1997년에, 가장 최근에는 2000년에 개정되었다(부록 D와 NASP, 2002a 참조). 많은 다른 요인들이 일상적인 실무에 영향을 미치며, 여기에는 지역적 고용 상황, 법령, 소송, 자금 등이 포함된다.

요컨대, 학교심리학의 규제는 자격취득, 인가 및 실무를 위한 교육 및 심리학 영역 내의 요인들의 혼합이다.

인가 및 자격제도의 구조

인가 및 자격제도 간의 역사적 연계의 복잡성은 그림 7.1에 나타나있다. 이러한 관계의 구조는 그림 7.2의 요약 분석에 제시되어 있다. 그림 7.1을 그림 7.2에 겹쳐 놓는다면, 이 전문직의 질 관리의 두 주요 영역이 나타난다. 이 중 하나는 잠재적인 학교심리학자의 준비과정을 평가하는 절차, 곧 인가이며 다른 하나는 전문적 준비과정을 마친 학생들에게 직함과 기능을 부여하는 절차, 곧 자격제도다. 근년에 들어 여러 SDE가 그들이 부여하는 자격(credential)에 대해 인증(certification)이라는 용어 대신에 면허(licensure)라는 용어를 점차로 사용함에 따라 자격부여 영역에 혼돈을 더하고 있다. 용어를 단순화하기 위해, 이 장에서는 주 교육부에서 수여하는 실무 자격증을 SDE 면허증(SDE license)이라는 용어로 표현하고, 주 심리학심의위원회에서 수여하는 실무 자격증은 SBEP 면허증(SBEP license)라는 용어로 사용하기로 한다. 어떤 주에서는 SDE 혹은 SBEP의 자격증을 여전히 '인증서(certificate)'라고 부른다. SDE 혹은 SBEP가 사용하는 다양한 명칭들은 Curtis, Hunley와 Prus(1998)에 나타나 있다.

그림 7.1과 7.2에 기술된 관계들을 명확히 하는 데 몇 가지 지침이 도움이 될 것이다.

1. *권한(power)과 권위(authority) 관계.* 공존할 수 있는 힘의 범위와 상관없이 그림 7.1의 파선은 권한 관계를 나타내며, 실선은 권위 관계를 나타낸다. 그림 7.1을 살펴보면 인가와 자격부여에서 권위 관계보다는 권한 관계가 뚜렷하게 많은 것을 알 수 있다. 인가나 자격부여에의 참여는 흔히 꼭 필요하기는 하지만, 엄밀히 말하면 사실은 훈련 프로그램, 기관, 연합회 및 개인의 자발적 결정에 의한 것이다. 비참여에 따르는 심각한 결과가 있을 수는 있지만 과정 자체는 자발적인 것이다.

2. *인가와 자격부여.* 도표 상부의 조직, 위원회 및 기관의 관계는 인가와 관련되며, 도표 하부의 것들은 자격부여와 관련된다. 도표의 상부에 나타난 관계들은 대개 전국적 수준에서 실행되며, 도표의 하부에 나타난 관계들은 주로 주 수준에서 실행된다. 상부와 하부 간의 권위적 연계는 존재하지 않는다. 즉, 자격부여의 규제는 훈련의 규제와는 대체로 독립적이다. 그럼에도 불구하고 부문(sector)들 간의 강력하고 영향력 있는 관계가 존재한다. 이러한 관계가 그림 7.2에 나타나 있다.

3. *교육 및 심리학과 관련한 구조나 정책.* 도표의 왼쪽 부분의 조직, 위원회 및 기관 간의 관계는 이미 수립된 교육의 구조나 정책에 관련된다. 도표의 오른쪽 부분은 심리학과 관련된다. 왼쪽 부분과 오른쪽 부분 간의 권위적 관계는 거의 없다고 볼 수 있다. 즉, 심리학의 규제는 교육의 규제와 대체로 독립적이다. 교육과 심리학 부문 내에서 좌-우보다는 상-하 간에 훨씬 강력한 범지역적 관계가 존재한다. 달리 표현하면, 주 수준의 교육 및 심리학 단체들은 전국 수준의 교육 및 심

리학 단체들과 가장 긴밀한 유대를 가지는 경향이 있으며, 대체로 양 수준에서 좌-우 간의 관계는 약하다.

4. *중재력.* 인가나 자격부여에 대해서 교육과 심리학 영역 사이를 효과적으로 중재하는 기관은 거의 없다. 전국적 수준에서, Association of Specialized and Professional Accreditors(ASPA, 1993년에 수립)가 인가에 관해 이와 같은 역할을 수행할 수 있다. 주 수준에서는 법령이 자격부여의 문제에 대해 중재 기능을 수행할 수 있을 것이다. 예컨대, SDE와 SBEP 면허법 및 규정 간의 갈등은 입법조치나 다른 정부 기관의 노력에 의해서 중재되어야 할 것이다.

[그림 7.1] 학교심리학에서 인가와 자격부여의 권한과 권위

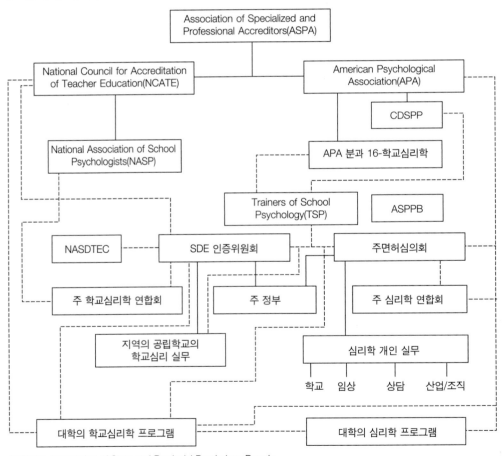

ASPPB는 Association of State and Provincial Psychology Boards.
CDSPP는 Council of Directors of School Psychology Programs.
NASDTEC는 National Association of State Directors of Teacher Education and Certification.
SDE는 state department of education.
출처: T. K. Fagan(1986c). School Psychology's Dilemma: Reappraising Solutions and Directing Attention to the Future. *American Psychologist*, 41, 851-861. 저작권은 1986년 American Psychological Association에 있음. 허가를 받아 재인쇄함.

인가 과정 —

박사 및 비박사 과정 프로그램이 전국적 차원에서 질적 표준을 충족시켰다는 인정을 받는 것은 인가 과정을 통해서 이루어진다. 일반적인 프로그램의 특성과 평가 영역에 대한 정보는 6장에서 제시한 바 있다. 그림 7.1에서 제시했듯이, 훈련 프로그램을 예외로 하고 인가에 영향을 미치는 주요 요인은 전국적 수준에서 작용한다(그림의 상부). 현재 학교

[그림 7.2] 인가 및 자격부여 과정에서 4대 주요 통제 영역 간의 권한과 권위 관계

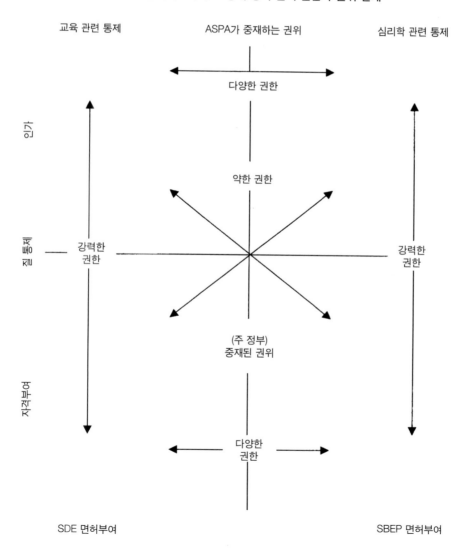

박사 및 비박사 과정 프로그램이 전국적 차원에서 질적 표준을 충족시켰다는 인정을 받는 것은 인가과정을 통해서 이루어진다.

심리학 프로그램의 인가에 관여하는 전국적 수준의 주요 기관은 NCATE와 APA이다. NCATE와 APA 모두 Assocication of Specialized and Professional Accreditors(ASPA)의 회원이다. U.S Department of Education의 National Advisory Committee on Institutional Quality and Integrity와 Council for Higher Education Accreditation은 NCATE와 APA에게 인가권을 부여하는 감독체이다.

Association of Specialized and Professional Accreditors(ASPA)

원래 National Commission on Accrediting이라는 이름으로 1949년에 설립된 Council on Postsecondary Accreditation(COPA)은 여러 분야의 자격을 갖춘 인가체들을 규정하기 위해서 1975년에 설립되었다. COPA는 "대학의 표준을 설정하거나 다양한 분야의 프로그램들을 위한 준거들을 규정하는 전국의 수십 개의 조직들"을 인정하고 감찰했다(Jacobsen, 1980, p. 10). 일반적으로 COPA는 한 분야 내에 한 조직에게 독보적인 인가 권위를 부여했으며 정기적인 심사 과정을 통해 그 인가체가 적절히 운영되게 했다. COPA는 1993년에 해산되었으며, 이러한 책임을 계속해서 맡기 위해 ASPA가 형성되었다. ASPA는 교사교육 및 심리학을 포함해 50개 분야 이상의 인가 기관의 활동을 관할하고 승인한다(www.aspa-usa.org).

NCATE와 APA는 그 역할의 일부로 기관이나 프로그램이 각기 자기-심사를 시행하고 인가체로부터 정기적으로 심사를 받을 것을 요구한다. 여기에는 상세한 심사 보고서 제출과 인가 조직을 대표하는 평가팀에 의한 현장심사가 포함된다. 어떤 인가체가 ASPA에 의해 인정을 받았다는 것은 그 인가체가 질적 표준을 개발했고, ASPA의 Code of Good Practice를 준수하며, 해당 분야의 전문가들을 대표하고 인가 활동 수행을 위한 자원과 동기를 갖추고 있으며, ASPA에 의해 인정되는 다른 현존의 인가체와의 갈등을 초래할 만한 인가결정을 내리지 않는다는 것을 의미한다. 인가 기관들은 자발적이며 정부와 무관한 과정을 거치지만, 그들의 결정은 정부의 자금지원 기관, 장학금 위촉, 고용주 및 잠재적인 학생들에게 영향을 미칠 수 있다.

APA와 NCATE의 권위 중복

어떤 분야들의 경우 독보적인 인가권을 허용하는 듯하다. 심리학의 경우 보다 복잡하다. APA가 임상, 상담 및 학교심리학 전문 분야의 프로그램을 인가하는 독보적인 권위를 가

지고 있으나, 다른 기관들도 관련된 실무 영역에서
실무자 인가권을 가지고 있다. 예컨대, Council for
Accreditation of Counseling and Related Education-
al Programs(CACREP)는 부분적으로 American
Counseling Association과 관련되어 있는데, 이 협의

> 인가권한은 APA와 NCATE가
> 독보적으로 가지고 있다.

체는 상담 분야의 프로그램을 인가하며, Council on Rehabilitation Education(CRE)은 재
활상담자들을 인가한다. 따라서 상담과 관련된 분야에 대한 인가가 중복되고 있다.

NCATE/NASP 인가 관계는 학교심리학 분야에서 APA의 인가와 중복되는 인가권의
예이다. APA가 임상 및 상담심리학 프로그램들을 인가하는 권위는 1940년대 후반 이래
로 존재해왔다. NCATE는 1954년에 결성되었으며 모든 교사 교육 분야를 인가권을 가져
왔다. NCATE가 학교심리학 프로그램을 이미 심사하고 있었던 1960년대 말에 APA가 인
가권을 학교심리학에까지 확장하고자 함에 따라 갈등이 생기게 되었다. NCATE는 학내
프로그램의 행정적 소속과 상관없이 SDE 자격증을 부여하는 모든 프로그램(교과 및 비
교과 영역 포함)에 대해 그 인가권을 확장하고 있었다. 따라서 NCATE의 심사는 사범(교
육)대학에 국한되지 않았으며 사범(교육)대학의 학교심리학 또는 다른 단과대학의 심리
학과에 소속된 프로그램도 포함되었다. 학교심리학 프로그램의 인가권에 대한 갈등의 강
도는 1970년대 말에 심화되어서, APA-NASP Task Force가 1978년에 형성되기에 이르렀
다(이 이름은 몇 년 후에 APA/NASP Interorganizational Committee, 즉 IOC로 변경되었
음). 박사 수준의 인가에서 갈등을 처리할 수 있는 수용가능한 수단을 찾는 것이 이 집단
의 과제였다. IOC는 인가 및 자격부여 표준의 문제에 대해 NASP와 APA의 차이를 중재
하는 중요한 기능을 수행했다. IOC는 인가 권위를 가지고 있는 것은 아니었으며, 그러한
문제를 직접적으로 규제하는 것도 아니었다. APA와 CACREP 혹은 CRE 간의 갈등은
APA와 NCATE/NASP 간의 갈등만큼 문제가 되지는 않는데, 이는 CACREP나 CRE가 전문
적 훈련 프로그램이나 직함에 '심리학자'라는 용어가 포함되는 분야를 인가하고자 의도
하지 않기 때문이다. IOC에 대한 역사적 정보는 Fagan(1993) 및 Fagan과 Wells(2000)에
서 찾아볼 수 있다. IOC는 2002년에 해체되었다. 갈등은 현재 해소되지는 않았으나 훨씬
덜 강렬하다.

다양한 영향과 대표성

인가 과정에 영향을 미칠 수 있는 다른 집단들에는 APA 분과 16(Division of School Psy-
chology), NASP 및 Council of Directors of School Psychology Programs(CDSPP)과
Trainers of School Psychologists(TSP)를 포함하는 훈련자 조직들이 포함된다. 이러한 집

단들은 인가 과정에 여러 가지 방법으로 다양하게 영향을 미친다. 대개 이들은 인가 표준의 개발과 개정 및 도입과 실행에 영향을 미친다. 가장 중요한 간접적 집단은 분과 16과 NASP로, 이들 집단은 각기 APA와 NCATE와 직접적인 권한 관계를 가지고 있다. 그러나 인가권은 Commission on Accreditation을 통해서 APA와 NCATE가 독보적으로 가지고 있다. ASPA(그리고 U.S. Department of Education 및 Council for Higher Education Accreditation과의 ASPA의 관계)를 제외한 모든 다른 집단들은 이러한 인가체들과 권한 관계만을 가지고 있다. CDSPP는 박사과정 프로그램만을 대표하는데, APA 및 분과 16과 밀접한 권한 동맹을 유지하고 있으며 전문심리학자라는 직함을 사용하는 자격부여를 위한 적절한 신입 수준은 박사 학위인 점에 대해 APA의 정책을 지원한다. TSP는 박사 및 비박사 과정 프로그램을 모두 대표하는데 다른 조직과 제휴하고 있지는 않다. CDSPP가 분과 16과 APA의 인가 네트워크에 직접적인 접근권을 갖는 반면, TSP는 NCATE/NASP의 인가 네트워크에 직접적으로 접근하지 않는다. 대부분의 경우 TSP는 인가 정책에 단지 작은 영향만을 행사할 뿐이다. CDSPP와 TSP의 역사에 대한 논의는 Philips(1993)에 나타나있다.

인가에 관한 한, 교육 부문이나 심리학 부문(그림 7.2에서 각각 좌측상단과 우측상단에 해당)에 직접적으로 관여된 조직은 별로 없다. 아마도 관여된 조직들은 광범위한 학교심리학의 지지층을 대표할 것이다. 그러나 주요 인가체들(APA와 NCATE)은 다양한 심리학자 및 교육자 집단들을 대표하는 가운데 그러한 조직들이 학교심리학 인가에 상당한 영향을 미치게 한다. 예컨대, APA의 인가위원단(Commission on Accreditation)과 APA 교육부서의 Office of Program Consultation and Accreditation의 권장사항에 기초해 APA의 이사회의가 APA의 인가 준거 및 절차(APA, 2005)를 결정한다. 인가위원단의 구성원들은 다섯 영역, 즉 대학원 심리학과(4명), 전문학교 및 훈련 프로그램(10명), 전문적 실무(4명), 일반 시민(2명) 및 교육과 훈련의 소비자(1명의 대학원생)를 대표한다. 2006년에 APA는 그 구성원을 인턴십 및 박사 추후과정 레지던트 프로그램, 다양성 및 공석으로까지 확대했다. 모든 NCATE 준거와 절차들(NCATE, 2002)은 교사 교육자 조직, 교사 조직, 아동중심의 조직, 교육 리더십 조직, 정책 입안 조직, 전문가 조직(예: NASP), 교과 특정적 조직, 테크놀로지 조직 및 기타 조직(예: National Board for Professional Teaching Standards)을 대표하는 NCATE 협의회에 의해 승인되었다. 박사 수준에서의 APA와 NASP의 인가 기준이 상당히 호환적임에도 불구하고, APA와 NCATE 간의 유의한 차이는 NCATE를 통한 NASP 표준의 실행에 비심리학자들이 영향을 미친다는 점과 APA를 통한 학교심리학 인가에 교육자가 미치는 영향이 없다는 점이다. 학교심리학의 직접적인 영향은 CDSPP가 APA의 Commission on Accreditation을 대표한다는 점, 한 명의 NASP 대표가 NCATE 협의회에 참여한다는 점에 국한된다.

인가 갈등과 쟁점

학교심리학 인가의 다음 측면들은 인가 과정에 관련된 갈등과 쟁점의 성질을 명확히 하는 데 도움을 준다.

APA 학교심리학 프로그램 인가

APA는 전문심리학을 위한 일반적인 인가 표준을 개발한다(APA, 2005). APA는 특별히 학교심리학에만 해당되는 표준을 갖추고 있지는 않으나, 이러한 일반적인 표준이 현장 프로그램 심사 과정을 통해 전문심리학의 구체적인 전공분야들에 적용된다. 3인으로 구성된 심사팀은 프로그램 자료를 검토하고, 현장 방문을 하며, 최종적인 조치를 위해 심사 결과와 권장사항을 APA의 Commission on Accreditation에 보고한다. APA는 실험심리학 분야의 프로그램 등 비전문심리학 프로그램은 인가하지 않는다. APA는 임상, 상담 및 학교심리학 분야만을, 박사 수준에서만 인가하며, 박사보다 하위 수준의 프로그램을 인가할 권위를 가지고 있지 않다. 따라서, APA와 NCATE/NASP 간의 인가 갈등은 박사 수준에만 적용되는 문제다. 근년에 인가를 받은 혼합 전공분야 프로그램(예: 상담 및 학교심리학)이 증가했으며, 이러한 수의 추가적인 증가가 권장되고 있다(Beutler & Fisher, 1994; Minke & Brown, 1996; *Journal of Clinical Psychology* 60권 9호, 2004년 특별호 참조). 마지막으로, APA는 중다 목적을 갖는 전문적 조직체로 인가는 APA의 많은 활동 중 하나에 불과하다.

NCATE 인가와 NASP의 승인

APA와 대조적으로, NCATE는 이사회에 대표되는 많은 집단을 대신해 인가 활동만을 수행하는 단일 목적의 조직이다. NCATE는 교사 교육기관과 프로그램을 학부 수준과 박사 과정을 포함하는 대학원 수준에서 인가한다. NCATE 표준은 교육기관의 전 부서(예: 사범대학)에 적용되며 특정한 프로그램 영역을 심사하기 위해서는 몇 개의 전공분야 그룹의 지침을 활용하거나 주 정부와의 제휴관계를 활용하기도 한다. NASP는 박사 및 전문가 수준의 학교심리학 훈련 표준을 가지고 있지만, 학교심리학 프로그램을 인가할 독립적인 권위를 가지고 있지는 않다. NCATE의 구성원으로서 NASP는 NCATE의 인가 과정의 권위를 통해서 NASP가 가진 훈련지침을 홍보하고 실행하도록 허가받은 것이다.

6장에 언급한 바와 같이, NASP는 학교심리학 프로그램의 승인을 위해 심사 과정을 활용하고 있다. 이 과정이 해당 교육기관에 대한 NCATE의 전반적인 인가 심사의 중요한 부분이기는 하지만, 대부분의 경우 이 과정에 훈련된 NASP 평가자들이 학교심리학 프로그램에 대해 구체적으로 현장 심사하는 절차는 포함되어 있지 않다. 그러나 NCATE와 주정부와의 제휴관계를 통해서 SDE에 의해 선정된 주 수준의 평가자 팀이 구체적으로 프로그램 심사를 실행할 수도 있으며, 이 팀에는 학교심리학자가 포함되었을 가능성이 보다 크다. APA와 NCATE/NASP로부터 인가 심사를 받는 것에는 트레이드 오프(trade off)가 있다. APA는 일반적인 표준과 현장심사를 활용하는 반면, NCATE/NASP는 구체적인 표준을 사용하지만 현장심사를 요구하지는 않는다. 비박사 수준에서, NCATE/NASP는 학교심리학 분야에서 가용한 유일한 인가체다. 그러나 NASP의 공식적인 지정은 주로 '서류심사'로 이루어진다. 이러한 심사의 찬반에 대한 문제는 Fagan과 Wells(2000)에 논의되어 있다.

NASP 단독의 승인

NCATE와 NASP 간의 협의를 통해 NASP는 NCATE 기관에 소속된 프로그램들과 NCATE 인가 과정에 참여하지 않거나 NCATE의 부서 인가를 거부당한 프로그램들을 독립적으로 승인할 수 있다. 전문가 수준의 학교심리학 훈련 프로그램들의 수가 증가하고 NASP가 단독으로 프로그램을 승인하는 능력을 갖춤으로써 NASP 표준이 별도로 인정받는 중요한 계기가 되었다. NCATE와의 협정은 '승인'이지 '인가'에 대한 동의는 아니며, NASP는 인가 권위를 갖고 있지 않다. 앞으로 NASP가 보다 큰 영향력을 미칠 수 있게 하는 부가적인 변화가 있을지, 프로그램을 인가하는 권위를 갖게 될지의 여부는 아직 불확실하다.

APA의 사전 인가

1991년에 NCATE/NASP는 만일 어떤 프로그램이 이미 APA로부터 인가를 받았다면 NCATE 과정 내에서 간소화된 NASP 심사 과정을 거칠 수 있다는 데에 동의했다. 만일 APA가 인가한 프로그램에 등록된 학생들의 인턴십이 학교 경험에 대한 NASP의 표준을 충족시켰다면, NCATE/NASP의 승인은 마땅히 보장된다. 그러나 APA는 NCATE/NASP가 인가한 박사과정 프로그램들에 대한 호혜적 승인을 인정하지 않는다.

인턴십 인가

APA는 또한 심리학 인턴십을 별도로 인가하는 권위를 가지고 있으나, NASP는 그렇지 않다. NASP의 인턴십 표준은 NCATE를 통해서 권고되는 훈련 표준에 이미 통합되어 있다. 훈련 프로그램은 학생들의 인턴십이 NASP 인턴십 표준을 충족시킬 수 있도록 하는 데에 책임이 있다. 인턴십에 대한 별도의 승인은 NCATE/NASP 인가 과정의 일부분이 아니다.

인가 과정

인가를 얻는 순서를 단순화시켜 제시하면 다음과 같다. 우선, 확인가능한 철학과 목표, 교과과정, 교수진, 시설, 정책 및 학생조직을 갖춘 프로그램이 개설된다. 몇몇 학생들을 졸업시킨 후에, 프로그램은 인가를 받기 위해 자발적으로 지원한다. 때때로 자문가가 사전심사를 위해 방문해 인가과정을 계속 밟아갈지를 결정하기도 한다. 프로그램이 공식적인 심사를 받을 준비가 되었다고 생각되면 일정한 기간의 자기-심사 과정을 통해서 프로그램 보고서를 준비하고 이러한 보고서를 인가체(APA 혹은 NCATE/NASP)에 제출한다. APA의 과정에서 프로그램의 자료들이 평가를 받으며 현장 방문이 이루어진다. 현장 방문 후에, 방문 팀은 APA에 권장사항을 제출한다. 인가체의 보고서에 대한 답변의 기회를 포함한 추가적인 심사 과정을 거쳐서 프로그램은 인가를 받거나 거부 판정을 받게 된다. NCATE 과정의 경우, NASP 프로그램 승인은 NCATE의 전반적인 교육 부서 인가 과정의 한 부분에 불과하다. 프로그램 보고서는 심사를 위해 NASP에 직접 제출된다. 심사 결과는 NCATE와 프로그램에 통보된다. 프로그램의 승인 상태에 대해 최종의 결정이 내려지기에 앞서 프로그램의 약점에 대한 NASP의 결정에 대해 프로그램이 반응할 기회가 주어진다. 이 두 과정에서 최초의 인가 의뢰에서 최종 결정에까지 1~2년이 소요될 수 있다. 현장 방문을 포함해 재인가 심사는 주기적으로(예: 5~10년) 실행된다.

인가의 장단점

자신의 프로그램이 APA나 NCATE/NASP 혹은 이 둘 다에 의해 인가되었다고 규정하는 프로그램들은 엄정한 심사 과정을 통과했고, 이에 따른 가정은 이러한 프로그램들은 질적 표준을 만족시키는 훈련을 제공할 수 있다는 것이다. 인가는 교육기관과 프로그램이 이에 따라 자신들의 프로그램을 광고할 수 있으며 그러한 프로그램에 등록된 학생들은 그들이 인가된 프로그램을 졸업했다는 점을 자랑할 수 있다. 물론 그러한 승인 스탬프가 인가된 프로그램들이 인가되지 않은 프로그램들에 비해 보다 나은 학교심리학자들을 양성한다고 보장하는 것은 아니다. Wells(1999)의 연구는 최근에 APA에 의해 인가된 박사과정 프로그램과 비인가된 박사과정 프로그램의 졸업자들을 비교했다. 이 연구결과는 박사과정 졸업자들에게 있어서 인가의 가치에 대해 의문을 제기한다. 가령, APA에 의해 인가된 인턴십 획득, 실무 자격증, 고용 장면 및 연봉에 있어서 두 집단 간에 통계적으로 유의한 차이가 없었다. 인가체들이 졸업자들에 대한 성과 자료를 요구하게 됨에 따라, 이

> 대부분의 학교심리학 프로그램은 어떤 형태로든 전국적 인가를 유지하고 있으며, 사실상 모든 프로그램이 SDE 승인상태를 유지하고 있다.

러한 결과들은 적어도 일부 성과들이 훈련 과정과 불분명한 관계를 갖거나 비인가 프로그램들이 그들의 교과과정을 해당 주의 면허 표준 및 APA의 인가 표준에 맞추어 조정한다는 것을 시사한다. 그럼에도 불구하고, 평균적으로 볼 때, 인가는 적어도 요구되는 패턴의 훈련을 받는다는 가치 있는 보증인 것으로 보인다.

전체적으로 어떤 분야에서 인가의 존재는 그 분야의 실무자들이 다양한 형태의 규제를 요구하는 지점까지 그 분야가 발전했다는 분명한 지표가 된다. 인가는 전문성의 보다 강력한 징표 중의 하나이다. 인가는 또한 프로그램이 보다 많은 교수진, 향상된 시설 및 부가적인 교과목 등을 확보하는 데 도움을 줄 수 있다.

인가의 훈련 프로그램에 몇 가지 특권을 부여하기는 하지만 때로는 이에 따라 치러야 하는 대가가 너무 크다고 인식되기도 한다. 프로그램 인가를 얻기까지 비용이 많이 들고, 준비와 심사를 위해 교수진이 많은 시간을 들여야 하며, 교과과정을 다른 사람들의 기대에 맞추어 조정해야만 한다. 이러한 이유들로 인하여, 일부 교육기관은 전국적 인가에 참여하지 않는 선택을 한다. 비참여에 따른 불이익은 다양하다. 일부 학생들은 프로그램이 인가를 받지 않았다는 사실이 프로그램의 질이 보다 낮음을 의미하는 것으로 보거나 나중에 그들이 자격을 취득하는 데에 어려움을 경험할 것이라고 보아 그러한 프로그램에 지원하지 않을 것이다. 프로그램과 교육기관은 또한 프로그램의 위신을 잠재적으로 잃을 수 있다. 프로그램은 또한 SDE 승인 자격을 갖추지 못하거나 프로그램 졸업생들이 주 인증이나 면허취득을 위해 받아들여지지 않을 수도 있다. 이러한 그리고 다른 이유들로 인해 대부분의 학교심리학 프로그램은 어떤 형태로든 전국적 인가를 유지하고 있으며, 사실상 모든 프로그램이 SDE 승인상태를 유지하고 있다.

그 밖의 영향 요인

공식적 인가가 훈련의 통제 혹은 규제의 유일한 측면은 아니다. 보다 덜 공식적인 심사과정이 지명(designation)이다(Pryzwansky & Wendt, 1987). Association of State and Provincial Psychology Boards(ASPPB)와 Council for the National Register of Health Service Providers in Psychology(National Register)에 의해 공동으로 수행되는 전문심리학 박사과정 프로그램에 대한 자발적인 심사에 따라 어떤 프로그램들은 매년 발행하는 *Doctoral Psychology Programs Meeting Designation Criteria*에 수록된다. National Register는 이러한 지명을 위해서 몇 가지 준거를 사용하는데, 이들 중 다수는 APA 인가에 사

용되는 것들과 매우 긴밀히 관련된다. 지명의 목적은 어떤 박사과정 프로그램이 '본질상 심리학적' 이라는 보증을 제공하는 것이며, 이는 많은 주의 면허법에서 사용하는 언어와 일치하는 개념이다. 지명은 ASPPB의 멤버인 모든 주의 면허 심의회의 업무를 촉진한다.

물론 다른 요인들이 학생들이 준비되는 방식에 또한 영향을 미친다. 인턴십 경험은 매우 중요하다(8장 참조). 이러한 영향의 성질은 APA(2005), Association of Psychology Postdoctoral and Internship Centers(2001) 및 NASP(2000c)에 의해 촉진되는 인턴십에 대한 인가 혹은 승인 준거들에 표현되어 있다. 그러나 전국적 인가, 지명 및 SDE 프로그램 승인은 고용을 위한 준비 과정을 통제하는 가장 중요한 요인들이다. 또 다른 중요한 직접 요인은 학생의 훈련 프로그램과 교수진의 방향(6장에서 논의)이다. 고용을 위한 준비에 영향을 미치는 간접적인 요인들 중에는 SDE 자격취득 요건, APA, NASP 및 주 학교 심리학자 연합회들의 입장 표명문(position statements), 정책 및 표준, 훈련 프로그램의 승인을 위한 SDE의 규칙과 규정, 실무의 규제 등이 있다. 이러한 요인들이 결합되어 학교심리학 대학원 과정의 교과과정, 교수진, 시설 및 정책에 강력한 영향을 행사하고 어떤 경우에는 이들을 규정한다. 이러한 영향력은 NCATE/NASP의 비박사 과정 인가 준거와 SDE의 승인 준거를 만족시키기 위해 고안된 고도의 처방적인 훈련 프로그램을 창출할 수 있다(6장에 기술한 실용적 모델과 같이). 마지막으로, 인가와 승인은 또 다른 규제의 영역인 자격부여와 밀접한 관련성 때문에 중요하다.

자격제도

현재 널리 퍼져있는 SDE와 SBEP의 학교심리학 면허제도는 이 분야의 전문적 성취에 대한 분명한 인정이다. 학교심리학자들에게는 세 가지 유형의 자격증이 가능하다. SDE 면허제도를 통한 학교 부문의 실무 자격증, SBEP 면허제도를 통한 학교 이외의 부문을 위한 실무 자격증, American Board of School Psychology(ABSP)로부터의 보증서와 National Certification in School Psychology(NCSP)를 포함하는 비실무 자격증이 그것이다.

실무 자격증

실무 자격증은 법률적으로 한 개인으로 하여금 특정한 직함을 사용하거나 특정한 서비스를 제공할 수 있도록 허용한다. 따라서 자격증을 부여하는 기관이 직함과 실무를 규제한다. 학교심리학 분야에서 취득 가능한 다양한 자격증에 대한 논의는 Merrell, Ervin과

Gimpel(2006), Prasse(1988), Prywansky(1993, 1999), Pryzwansky와 Wendt(1987)에서 찾아볼 수 있다.

주 교육부

거의 모든 주가 학교심리학적 서비스를 제공할 수 있는 SDE 자격증을 부여한다. SED 자격증의 취득요건은 다양하며, 직함과 실무 책임은 흔히 학위 및 현장경험에 맞추어 조정된다. 많은 주가 한 가지 직함과 학위 수준에서만 면허를 발급하지만, 어떤 주들은 여러 수준과 직함을 사용하기도 한다. 소수의 주는 SBEP 면허와 결합하거나 SDEP 면허에 의존해 SDE 면허를 부여하기도 한다. 학교에 대한 대부분의 SDE 규칙과 규정은 학교심리학 인력이 제공할 수 있는 서비스(예: 평가, 자문, 혹은 상담)에 대해서 포괄적으로 기술하고 있다. 중다 수준의 면허제도를 가지고 있는 주에서 낮은 수준의 면허는 평가 서비스만 제공할 수 있는 등 서비스 제공에 있어서 제한을 받기도 한다. 소수의 주는 '경력 사다리' 접근을 취해 하나의 직함을 사용하더라도 또래심사 결과나 경험에 따라 서로 다른 수준의 자격제도를 운영한다. 예컨대, 어떤 주는 학교심리학 분야에서 임시, 조건부 혹은 영구적 자격증을 부여할 수 있을 것이다. 1990년대에 비박사 수준에서 SDE에 의해 면허를 받은 테네시 주의 학교심리학자들은 경험과 또래심사에 근거한 세 수준의 경력 사다리 접근을 도입했으며, 각 수준에 따라서 급여가 차별화되었다. 학교심리학자의 직함과 허용된 역할은 각 수준에서 동일했다. 학교심리학자들은 주 입법부가 공립학교 내의 모든 교원에게 이러한 사다리 접근 프로그램을 사용할 것을 명령함에 따라 이러한 프로그램을 사용하게 되었지만, 이 프로그램의 전반적 비용이 커지자 몇 년 전에는 폐기하기에 이르렀다.

주 심리학심의위원회(State Board of Examiners in Psychology: SBEP)

SBEP 면허는 대개 한 수준(즉, 심리학자)이거나 두 수준(즉, 심리학자와 심리검사자 혹은 심리사[psychological associate])이며, 이 두 수준은 각각 박사 수준 및 석사 수준에 해당된다. 일부 주는 또한 하나 이상의 수준에서 전공분야를 지정해 면허를 발급한다(예: 임상심리학자 혹은 학교심리학자). 관리의료보호(managed medical care)의 영향으로 자격을 갖춘 전문심리학자들은 건강서비스제공자(health service provider: HSP)라는 직함의 사용이 증가했다. 일반적으로, HSP는 SBEP로부터 박사 수준의 면허를 소지하고 있으며 이러한 직함에 요구되는 부가적 자격요건을 갖추고 있다(Pryzwansky, 1999). HSP라는 직함은 전문심리학자로서 보험회사로부터의 상환을 받는 데 필요할 수 있다.

일반적인 규칙으로, 심리학자라는 직함을 갖춘 박사학위 수준의, 단일 수준 면허는 광범위한 실무 활동을 가능하게 한다. 이것은 전공분야가 지정된 면허의 경우에도 마찬가지다. 이론적으로, 전문심리학자들은 전문적 윤리에 비추어 자신이 역량을 갖춘 영역에 국한해 실무 활동을 수행할 것으로 기대된다. 사실, 이러한 자격증은 심리학자의 개인적인 훈련과 역량을 전문직의 행동 강령과 함께 묶는 역할을 한다. 하나 이상 수준의 면허가 있는 주에서는, 심리검사자나 심리사의 실무 범위는 흔히 관련 법령이나 규정에 자세히 명기되어 있다. 일부 주는 박사 수준에 대해서도 실무 활동에 대한 기술과 함께 한계를 명기하고 있다.

전문분야 면허

소수의 주는 비박사 수준의 학교심리학자들이 학교 이외의 부문에서 실무 활동을 하기 위한 전공분야 면허 제도를 운영한다. 이 경우 대개 실무의 한계가 포함되어 있다. 학교심리학과 관련되는 측면에 비추어 면허제도에 대한 세부적 분석은 Curtis 등(1998)에 나타나있다. 인터넷 링크는 NASP 웹페이지를 통해서 가용하다. 대부분의 학교심리학자들은 비박사 학위를 소지하고 있기 때문에 SDE가 부여하는 실무 자격증을 가지고 있는 경우가 가장 흔하다. 드문 예외가 있기는 하지만 일반적으로 말해서 이러한 자격증들은 박사 이후의 학업적 훈련을 요구하는 경우는 없으며, 준전문가 수준의 자격도 가용하지 않다. 그러나 박사 이후 슈퍼비전을 받은 경험이 SBEP의 면허취득을 위해서는 종종 요구된다. 미래에 SBEP의 면허를 소지한 학교심리학자들은 정신약물학에 대한 박사 후 훈련과 자격증을 취득해 실무 활동에서 처방권을 부여받을 수도 있을 것이다. 이러한 실무 활동은 현재로서는 소수의 주에서만 가능하지만, 다가올 20여 년에 걸쳐 폭넓게 확대될 것으로 기대된다. 뉴멕시코 주에서는 처방권 관련 법령이 2005년에 발효했지만, 학교심리학자들이 현재 그러한 서비스를 제공하고 있는 것으로 보이지는 않는다.

APA와 NASP의 상충되는 입장

주 수준의 인증과 면허 제도에 있어서 무수한 차이들에도 불구하고, 학교심리학 자격제도를 둘러싼 기본적인 논쟁은 박사 및 비박사 수준에 대한 직함과 실무와 관련된다. 이는 APA와 NASP 입장의 차이와 일치하는 부분이다. APA는 학교심리학자라는 직함을 박사학위를 취득하고 SBEP의 면허 요건을 충족하는 실무자들에 한해 사용하게 하고 있다. APA의 입장은 학교 부문에도 적용되어, APA는 학교심리학자라는 직함의 사용을 위해서는 SDE 면허와 함께 박사 수준의 훈련을 주창하고 있다. 비박사 수준의 실무자들은 다른 직함(예: 학교심리학 검사자)을 사용하고, 박사 수준의 심리학자의 슈퍼비전을 받으면서 실무 활동을 하도록 허용되어야 한다. 이에 반해, NASP는 인턴십을 포함해 전문가나 이 학교심리학 자격제도를 둘러싼 기본적인 논쟁은 박사 및 비박사 수준에 대한 직함과 실무와 관련된다. 이는 APA와 NASP의 입장 차이와 일치하는 부분이다.

에 상응하는 학위(60시간의 학기제 시간)를 소지한 사람들에게 신입 수준의 자격으로서, 학교 및 비학교 부분에서, 학교심리학자라는 직함이 부여되어야 한다고 주창한다. 독립적인 실무 수준에 도달하기 위해서, 신입 수준의 학교심리학자는 학위 취득 후의 실무 활동에 대해서 1년간 슈퍼비전을 받아야 하며 NASP의 자격부여 표준과 일치하는 계속적 전문성 개발을 이수하여야 한다(NASP, 2000d).

APA와 NASP의 표준은 이 분야의 최근 상태보다는 그들의 이념을 반영하고 있다. 실제적인 측면에서 보면 학교 실무 활동에서 비박사 수준이 훨씬 보편적이고 일부 주에서는 비박사 수준이 학교 이외의 실무에서도 인정되지만, 학교와 비학교 부문에서 NASP의 입장에 따라 자격증을 부여하는 주는 거의 없다. SBEP의 면허의 경우, 주에 따라 차이가 있기는 하지만 대부분의 주는 APA의 지침을 따른다. 학교기반의 실무에 대해서 APA의 입장만을 엄격하게 고수하는 주는 없다. APA 표준 및 주 심리학 면허법과의 긴밀한 연계성은 인가와 자격부여에 있어서 전국 수준과 주 수준 간의 권한관계가 중요하다는 점을 드러낸다. 결국 NASP도 SDE 및 SBEP 자격부여 영역에서 유사한 영향력을 행사하기를 원할 것이다. SDE 영역에서 NASP는 꾸준하게 상당한 영향을 미쳐왔지만, SBEP 영역에서의 영향은 매우 제한적이었다. 인가와 자격부여에 있어서 APA-SBEP의 관계는 인가 및 면허 요건의 개정 과정에서 불일치하는 항목들을 감소시키는 노력들로 이어졌다. 지난 40년 동안 이 영역들에서 나타난 변화는 면허위원단이 학위를 오래전에 취득한 실무자들의 자격을 평가하는 데 어려움을 초래했다. 1992년에 APA Council of Representatives는 1979년 이전에 양성과정을 이수한 사람들을 평가하는 지침을 승인했다(APA Education Directorate, 개인 의사소통, 1992). 이 지침은 지역적으로 인가를 받은 교육기관 출석, 일차적으로 심리학적인 박사학위 논문 작성 및 1년간의 슈퍼비전 받은 인턴십에 상응하는 경험을 강조한다.

종종 '박사학위 쟁점'이라 불리는 APA와 NASP의 논쟁은 학위만큼이나 전문적 직함의 사용과도 관련된다. 직함은 서비스에 대한 제3자 보험 상환과 관련되는 법규와 규정에 나타난다. 대부분의 주에서, 그러한 특권은 심리학자라는 직함을 가진 사람들에게만 제한되어 있다. 서로 다른 수준의 준비를 갖춘 전문가의 직함에서 '심리학자'라는 용어가 등장할 때, 서비스 제공 및 특권에 대한 논쟁이 심화된다. 전문심리학자로서의 정체성과 지위의 문제 또한 관여된다. Engin(1983)에 따르면, 자격부여에 있어서 이러한 갈등은 "비박사 수준의 학교심리학자에 대한 APA의 입장에 따른 아마도 가장 감정적인 측면"

(p. 38)일 것이다. 박사학위 쟁점에 대한 논의는 Bardon(1983), Fagan(1986c, 1993), Fagan, Gorin과 Tharinger(2000), Trachtman(1981), *School Psychology Review*(1987년 16권 1호와 1989년 18권 1호)에 나타난다. APA의 훈련과 자격부여에 대한 관점의 배경에 대한 논의를 보려면, Pryzwansky(1982)를 참조하고, NASP의 관점에 대해서는 Engin 과 Johnson(1983)을 참조하라. 이들 출처는 APA와 NASP의 오래된 입장 차이를 이해하는 데 계속해서 연관성을 가지고 있다.

인가 영역에서 교육과 심리학 기관들 간의 중복되는 권위는 자격부여 영역에서도 나타난다(그림 7.1의 하부 참조). 인가 영역이 혼란스러운 것과는 달리, 자격부여에서의 중복 부분은 대부분의 주에서는 자격증을 특정한 서비스 장면(locale)에 국한시킴으로써 관리되어 왔다. 따라서 SDE 자격증은 이 기관이 관할하는 장면, 대개는 공립학교 기관에만 적용된다. SDE 자체의 인력에 대해 SDE가 자격을 부여하는 권위에 대한 인정은, SDE에 의해 자격을 취득한 학교심리학자와 상담자들이 주 SBEP 면허법에서 면제를 받는 점이나 APA의 모델 면허법(APA, 1987a)에 자명하게 나타나있다. 이러한 면제조건들을 통해 학교심리학 요원들은 그들의 직함을 사용할 수 있으며, SDE의 관할권 내에서 그들의 역할을 수행할 수 있는 것이다. 일부 주에서는 SDE의 권위가 사립학교에도 연장되어 적용된다.

SDE와 SBEP 간의 자격취득 요건의 차이는 대부분의 주에서 학교심리학자들에게 갈등을 초래했다. 예외조건들을 통해서 학교심리학자들은 학교 내에서 실무 활동을 할 수 있지만, 많은 학교심리학자들은 그들의 실무 활동을 박사학위를 얻을 필요 없이 비학교 부문까지 확장하고 싶어하며 SBEP를 통해 별도의 자격증을 취득하고 싶어한다. 이 점은 주 심리학연합회와 학교심리학연합회, 주 교육부 및 주 면허위원회 간의 갈등을 초래했다. 최근에 있었던 가장 격렬한 자격 논쟁 중 하나는 1995~1996년에 텍사스 주에서 있었다. 이러한 텍사스 논쟁은 서로 다른 시간의 서로 다른 심의위원회의 관할권뿐 아니라 직함과 학위의 문제와 관련되었다. 이 논쟁에 대한 출판물은 자격부여에 관한 복잡한 쟁점에 대해 배우는 데 매우 유익한 자료를 제공한다(Clay, 1996; Curtis, Batsche, & Tanous, 1996; Hughes, 1996). 유사한 논쟁은 알칸사스 주가 학교기반의 실무를 위한 SDE 자격증에 *학교심리학자(school psychologist)*라는 용어 대신에 *학교심리전문가(specialist in school psychology)*라는 용어를 사용한 데에 반영되어 있다. 이러한 논쟁과 그 외의 다른 논쟁은 SDE와 SBEP의 면허법의 개정, 보다 폭넓은 면제조건 및 제한적으로 비학교 실무 권위를 부여하는 다른 '창의적인 자격부여' 방법을 가져오게 했다. 비록 이러한 노력들로 인해 몇 개의 주에서 원하던 실무 활동의 확대가 이루어지기는 했으나, 이러한 실무자들에게 박사 수준에서 면허를 소지한 심리학자들과 동일한 권위가 주어지지는 않았다(가령, 제3자 보험 상환).

또 하나의 비학교 실무를 위한 출구는 학교심리학과 관련된 분야(예: 정신건강과 상담)에서 비박사 수준의 실무자들을 위해서 만들어진 자격증을 취득하는 것이다. 예컨대, North American Association of Masters in Psychology(NAMP, 1994년 설립)는 Nationally Certified Psychologist라는 자격을 부여한다. NAMP 자격증은 1998년에 시작되었는데 이 것은 실무 자격증이 아니고, NASP의 NCSP와 유사한 인정 자격증이다. American Counseling Association(ACA)은 Licensed Professional Counselor와 Licensed Marriage and Family Therapist와 같은 비박사 수준의 자격증을 지원해 왔다. ACA 및 이와 제휴하고 있는 주 연합회들의 이러한 노력들은 많은 주에서 대체로 성공적이었다. American Mental Health Counselors Association(AMHCA)은 비박사 수준의 상담자들의 권익을 옹호하지만 특정 자격증을 부여하지는 않는다. 학교심리학자가 취득할 수 있는 상담자 자격 취득안에 대해서는 Crespi와 Fischetti(1997)가 논의한 바 있다.

> 학생들은 자신이 실무 활동을 할 주에 대해서 잘 알고 있어야 한다. 왜냐하면 학교기반 혹은 개인 실무를 위한 자격부여가 주 수준에서 규제되기 때문이다.

훈련과 자격취득의 연계성

훈련과 자격취득 간의 관계는 학교심리학자가 갖게 될 전문적 직함과 실무의 유형을 지정할 수 있다. 이러한 관계성을 이해하는 것은 전문적 준비과정의 다른 측면을 이해하는 것만큼이나 중요하다. 학생들은 자신이 실무 활동을 하고자 계획하는 주에 대해서 잘 알고 있어야 한다. 이유는 교육 부문에서 이러한 관계의 대부분은 SDE 자격취득으로 이어지는 한편 심리학 부문에서의 이러한 관계는 비학교 기반의 개인적 자격취득으로 이어지기 때문이며, 이러한 자격제도는 주 수준에서 권위로 규제되기 때문이다. SDE와 SBEP의 자격부여 권위 간에는 공통점들이 있지만, 학교심리학 분야에서 자격증이나 자격요건들 간의 원만한 호환성은 일반적이라기보다는 예외적인 경우가 많다. 다음의 두 예는 관련된 결정과 이러한 관계의 중요성을 보여 준다(그림 7.1).

첫 번째 예에서 학생 A는 자신이 소속된 주(home state)에서 심리학자로 일하기를 원하며 비학교 장면에서 실무 활동을 하는 데 관심이 없으며, 현재로서 박사학위로 이어지는 긴 대학원 과정에 다닐 생각은 없다. 자신의 주에서 SDE 자격이 비박사 수준이며, SDE가 준비 프로그램을 엄밀히 심사한다는 사실을 알고는 A학생은 전문가 수준에서 NCATE/NASP 인가와 SDE 프로그램 승인을 받은 교육기관을 선택한다. 프로그램을 마친 후에 자신이 등록된 교육기관에 의해 자동적으로 SDE 자격증을 신청하게 되었고, SDE

는 그에게 실무 자격증을 부여한다. A는 이제 그 주의 공립학교 시스템에서 학교심리학 자로 실무 활동을 할 수 있는 자격을 갖추게 되었다. A학생의 소속 주의 요건이 다른 주의 요건과 얼마나 유사한가에 따라, A는 다른 주에서 유사한 자격을 취득할 수 있는 자격을 갖추었을 수도 있지만 그렇지 않았을 수도 있다. A는 또한 학교심리학자로서 비학교 실무 활동을 할 수 있는 권위나 적격성을 갖추지도 않았는데, 그의 주에서는 SBEP 자격취득을 위해서는 박사 수준의 자격증이 필요하기 때문이다. 만일 A가 상이한 SDE 자격요건을 요구하고, 그의 현재의 SDE 자격증과 호환성을 인정하지 않으며, 박사학위 수준에서만 SBEP 면허를 부여하는 다른 주로 이사를 간다면, A는 계속해서 독립적으로 심리서비스를 제공할 수 있는 아무런 자격도 갖지 않게 될 수도 있다.

두 번째 예로, B학생은 고용시장에서의 융통성을 최대화하는 데 관심이 있어서, 학교와 비학교 부문 모두에서 학교심리학자의 직함을 유지하면서 학교와 비학교 기반의 실무를 위한 준비를 하고자 한다. B는 A와 동일한 주에서 실무 활동을 원하지만 학교심리학의 특정 영역을 세부전공으로 하고자 한다. B는 박사와 비박사 수준에서 NCATE/NASP 인가와 박사 수준에서 학교심리학 APA 인가, 원하는 세부전공분야에서 고급 대학원 과정을 갖추고 있는 타 주의 기관을 선택한다. B는 또한 프로그램의 요건이 자신의 소속 주의 SDE 자격 요건과 잘 들어맞는다는 점을 알게 된다. 1년간의 승인된 인턴십을 포함하는 박사학위를 마친 후에, B는 자신이 원래 거주하던 주로 돌아와서 SDE와 SBEP 자격증에 지원하게 된다. SBEP의 추가 필기시험과 구술시험을 마친 후에, B는 학교와 비학교 장면에서 학교심리학자로 독립적으로, 개인적으로 실무 활동을 할 수 있는 자격을 갖추게 된다. 만일 B가 다른 주로 이사를 갈 경우, 학교 및 비학교 실무를 위해 필요한 부가적인 자격증은 최소한의 부가적인 시험이나 그 외의 요건들을 통해서 얻을 수 있을 가능성이 매우 높다. 그러나 1년의 박사 이후의 슈퍼비전 받은 경험이 SBEP 자격을 위해서 필요할 수도 있다. 학교에서 실무 활동을 할 수 있는 자격은 사실상 모든 주에서 보장될 것이다.

이상의 두 예는 각기 목표가 다른 두 사람이 적절한 훈련을 받은 방법을 보여주었다. 이러한 패턴의 다른 변이 형태가 훈련, 인가 및 자격취득 간의 복잡한 관계를 보여주는 데 사용될 수 있을 것이다. 가령, 소속 주가 비학교 부문에서 실무 활동을 하는 학교심리학자에게 비박사 수준의 자격증을 부여했다거나 아니면 학교심리학자의 모든 자격취득이 SBEP의 통제하에 있었다면, 위의 각 학생은 훈련을 위해 다른 결정을 내렸을 것이다. 따라서 잠재적인 신입 수준 혹은 고급 수준의 학생들은 그들이 선택하는 주의 자격취득 요건과 프로그램의 인가 상태를 고려하는 것이 중요하다. 심지어는 훈련 프로그램에 입학하기에 앞서, 학생들은 이후에 실무 활동을 하고자 하는 주를 고려하고, 자신이 학교 부문에서 주로 일하기를 원하는지, 아니면 비학교 부문에서 일하기를 원하는지를 고려해야 한다.

자격증 취득

실무 자격증 취득 과정은 이제 학업을 막 시작하는 학생들조차도 알아보아야 하는 부분이다. 학교와 비학교 실무를 위한 자격부여 기관은 서로 다른 절차와 요구조건을 갖추고 있다. 전형적인 양상은 이 절에 요약되어 있다.

주 교육부

SDE 자격증의 경우, 2가지 경로가 가장 일반적이다. SDE의 프로그램 승인절차가 없는 주나 혹은 타 주에서 온 학생들의 경우에는 SDE 자격증 담당 사무처에 지원서(성적표, 인턴십 수료증 및 프로그램 완료 진술도 포함)를 직접 제출할 수 있다. 이러한 과정을 간혹 *학적부 심사(transcript review)*라 부르며 지원 서류를 SDE의 요건에 비추어 비교하는 과정이다. 그리고는 자격증이 발급되거나, 추가자료 요청에 따라 판정이 보류되거나 아니면 자격증 발급이 거부된다. 프로그램 승인 절차가 있는 주의 경우, 지원자들은 승인된 프로그램을 완성한 교육기관의 사범(교육)대학의 자격증 관련 사무실을 통해서 자료들을 제출한다. 타 주의 지원자들은 그들이 이동해 온 주의 승인된 프로그램들 중 하나를 통해서 동일한 절차를 밟아야 할 것이다. 이러한 경우, 그 학생의 지원 자료는 자격증을 취득하는 데 도움을 받고자 하는 승인된 프로그램의 요건에 비추어 평가된다. 사범대학의 학장 혹은 학장의 대표자가 SDE에 대해 그 교육기관의 자격취득 담당 사무관 역할을 한다. 사범대학은 지원자의 자료를 모으고 검토한 후에 제출된 자료를 자격부여에 대한 추천과 함께 SDE로 제출한다. 승인된 프로그램의 이러한 과정에서, 지원자의 자료는 승인된 프로그램의 모든 요건이 충족된 것으로 판단될 때까지는 SDE로 제출되지 않는다. 어떤 문제가 발생하든지 SDE가 사범대학과 직접 일하며, 사범대학은 지원자와 함께 일한다.

　　SDE 자격취득에는 훈련 완료 후 1~3개월이 소요될 수 있다. 학생들은 프로그램을 완료하기 훨씬 이전에 사범대학을 접촉하도록 그 절차들에 대해 알고 있도록 권장된다. 학적부 심사 과정이든 프로그램 승인이든, 타 주로부터의 지원자는 새로운 SDE 요건과 비교해 그들의 훈련에서 부족한 부분이 있다는 점을 흔히 알게 된다. 새로운 주에서 자격증 취득을 승인받기 위해서는 부가적인 교과목을 이수해야 하는 경우도 있을 수 있다. 학생들은 훈련 프로그램을 직업을 구하고자 하는 주(인턴십을 마치게 될 주 포함)의 SDE 요건과 비교해 볼 필요가 있다. SDE 자격증은 해당 주의 요건에 따라 주기적으로 갱신된다. 대부분의 주는 주의 수사국을 통해 지문채취(fingerprinting)를 포함하는 범죄경력배경조사 과정을 요구한다.

주 심리학심의위원회

SBEP 자격취득과 SDE 자격취득은 거의 항상 완전히 별개의 절차다. 지원자료들은 직접 주 심리학심의위원회로 보내진다. 주 심리학심의위원회는 개개 주 의사당에 위치해 있다. SBEP 자격취득을 위한 요건은 전공분야에서의 특정 학위, 현장 경험, 추천서 및 Examination for Professional Practice in Psychology(EPPP)에서의 합격점을 요구한다. EPPP는 심리학 자격증을 위한 일반적인 표준에 맞추어져 있으며 전문심리학뿐 아니라 실험심리학 분야를 폭넓게 다룬다. EPPP 준비 강좌는 전국적으로 연중 제공된다. 최초의 자격에 대해서 SBEP는 지원자의 학위와 현장 경험을 검토하며 EPPP 시험을 치를 적격성이 있는지를 결정한다. EPPP는 각 주의 지정된 장소에서 연중 실시된다. SBEP 또한 EPPP를 합격한 각 지원자에게 구술시험을 요구할 수도 있다. 일단 이러한 관문들이 통과되면, 지원자는 자격증을 발급받게 되며, 자격증은 정규적으로 갱신되어야 한다. 일반적으로 말해서, SBEP 자격취득비는 SDE 자격취득비와 비교해 훨씬 비싸다. EPPP의 합격점은 주에 따라 다르며, 대개 지원자가 합격점 이상의 EPPP 점수를 이미 가지고 있고 유효한 자격증을 보유하고 있다면 다른 주에서도 호환성을 인정받을 수 있다.

Association of State and Provincial Psychology Boards(ASPPB)는 미국과 캐나다에서 SBEP 자격취득과 관련된 가장 중요한 기관으로 Certificate of Professional Qualification in Psychology(CPQ; McGuire, 1998)를 수여함으로써 자격증의 호환성을 증가시키기 위한 노력을 기울여왔다. 이 프로그램은 다른 호환성 노력을 앞질러, 2005년까지 대략 36개의 주가 CPQ를 받아들였다(Bradshaw, 2005). SBEP 자격취득 및 EPPP와 관련된 몇 가지 출판물은 ASPPB로부터 얻을 수 있으며, 여기에는 *Certificate of Professional Qualification in Psychology, Entry Requirements for the Professional Practice of Psychology, The Handbook of Licensing and Certification Requirements for Psychologists in the United States and Canada,* (EPPP를 위한) *Items from Previous Examinations*가 있다. 그 외의 출판물은 과거 박사학위 후보자들의 EPPP 수행 수준, 시험의 구성, 내용 및 실시에 관한 정보들과 관련되는 것들이다. ASPPB는 인터넷상에 연습판을 제공하고 있다(*www.asppb.org*). 구술시험을 위한 전국적 모형을 개발하고자 하는 노력 또한 있다. ASPPB는 이전에는 American Association of State Psychology Boards였다. ASPPB의 초기 역사는 H. S. Carlson(1978)이 논의한 바 있다.

심리학자의 이동성(mobility) 문제는 *Professional Psychology: Research and Practice*(2003, 34권 5호)의 특별 섹션에서 다루고 있다. 다른 국가에서 일하는 데 관심이 있는 심리학자들은 Hall과 Lunt(2005)가 기술한 세계적 이동성의 증가 방안 노력에 대해 관심을 가질 것이다.

자격제도의 찬반론

자격제도는 전문적 위상의 주요 상징이며, 실무자의 자격증은 특정한 직함을 사용하고 실무 활동을 할 수 있는 권위를 보장한다. 자격제도는 또한 심리학자를 고용하는 기관과 소비자들에게 이익을 제공한다. 그러나 자격제도의 장점이 잘 알려져 있음에도 불구하고 그 가치가 항상 동일하게 이해되는 것은 아니다. 인가와 마찬가지로 자격제도의 역사는 희생하는 것이었다. 면허제도의 역사를 논하면서 Hogan(1983)은 면허제도가 다음과 같은 결점을 가지고 있음을 지적했다: 면허제도는 (a) 무능한 실무자로부터 일반대중을 반드시 보호하는 것은 아니다. (b) 실무자들의 공급과 분포에 있어서의 부족을 악화시킬 수 있다. (c) 전문적 서비스의 비용을 증가시킬 수 있다. (d) 준전문가의 활용을 막을 수 있다. (e) 훈련과정의 변경을 억제할 수 있다. (f) 소수집단, 여성, 노령자, 빈곤자 등에 대해서 차별할 수 있다. 자격제도 및 윤리강령의 역사적인 강점은 Sinclair, Simon과 Pettifor(1996)가 제시한 바 있다. 13개의 전문직에 걸쳐서 자격취득 요건을 비교한 결과 심리학자의 준비과정은 소득에 비해서 길었으며 자격취득 요건들의 재검토가 필요함을 나타내었다(DeVaney Olvey, Hogg, & Counts, 2002). 균형을 맞추어 보면 장점이 단점을 능가하는 것으로 보이며, 심리학자의 자격제도는 계속해서 보다 엄격해지고 있으며 인기를 얻고 있다. 조사 자료에 따르면 거의 90%의 학교심리학자들이 SDE 자격증을 소지하고 있으며, 적어도 1/3 이상은 SBEP나 다른 기관의 자격증을 소지하고 있는 것으로 나타났다(Curtis, Lopez, Batsche, & Smith, 2006; Graden & Curtis, 1991; Hyman, Flynn, Kowalcyk, & Marcus, 1998).

> 실무자의 자격증은 특정한 직함을 사용하고 실무활동을 할 수 있는 권한을 보장한다.

비실무 자격증

많은 학교심리학자들은 SDE와 SBEP 자격증에 추가해 전국적 수준의 자격증을 추구한다. 이러한 자격증으로는 American Board of Professional Psychology(ABPP)로부터의 인증서(diploma)와 NASP의 National School Psychology Certification System의 인증서(certificate)가 있다. 이 두 자격증은 양질의 준비 혹은 실무에 대한 인정이지만, 개인으로 하여금 서비스를 제공하도록 권위를 부여하지는 않는다. 즉 이들은 SDE나 SBEP 실무 자격증의 대체물이 아니다. 또 다른 선택 사항은 *National Register of Health Service Providers in Psychology*에 등재되는 것인데, 이것은 14,000명 이상의 면허를 소지한 심리학자들이 등재되어 있는 널리 인정되는 명부다. 이 명부에 등재되는 것은 특히 관리의료(managed care) 부문에서 실무자의 개인 실무에 영향을 미칠 수 있다(www.national-register.org).

American Board of School Psychology(ABSP)

심리학 인증서는 1947년 APA에 의해 임상심리학 분야에 대해서 시작되었으며 1960년대 말에 학교심리학 분야로 확장되었다(Fagan, 1993; Pryzwansky & Wendt, 1987). 이 인증서를 소지하고 있는 사람은 인증서취득자(diplomate) 혹은 심의회인증 심리학자(board-certified psychologist)라 부른다. 모든 자격취득 절차와 마찬가지로 이러한 인정을 받고자 하는 후보자는 엄격한 심사를 받을 것에 동의한다. 이 과정은 박사 수준의 심리학자들에게만 국한되며, 인터뷰와 후보자의 실무에 대한 광범위한 평가가 포함된다. 이 자격은 한 번만 수여되며 갱신될 필요는 없다.

1992년에 American Board of Professional Psychology(ABPP)는 American Board of School Psychology(ABSP)를 포함해 전공분야의 심의위원회의 연합을 형성함으로써 그 영향력을 확대했다. ABSP는 유일하게 역량에 기반한 박사 수준의 학교심리학 자격증을 수여한다. 심의회인증 학교심리학자들은 American Academy of School Psychology의 회원들(fellows)이다(Pryzwansky, 1999). 비교적 소수의 박사 수준 학교심리학자만이 ABPP 인증서취득자다. 훈련자들에 대한 조사(Hyman et al., 1998)에서 조사에 응답한 사람들은 7%(9명)만이 인증서취득자였다(5명은 학교, 3명은 임상, 1명은 다른 분야). 최종 보고서에 출판되지는 않았지만, Reschly와 Wilson(1995)은 1992년 조사에서 전반적으로 한 분야의 대략 1%만이 인증서취득자임을 발견했다. Wells(1999)는 최근의 박사학위 취득자들 중 2%가 인증서를 소지하고 있었으며, 2%는 인증서를 획득하는 과정 중에 있었고, 10%는 계획 중에 있음을 발견했다. 이것은 비교적 최근에 박사학위를 받은 사람들 중에서조차, 소수의 사람들만이 이 인증서를 추구한다는 것을 시사한다. ABPP의 역사는 Bent, Packard 및 Goldberg(1999)에서 찾아볼 수 있다. 실무자는 한 분야 이상에서 인증서취득자일 수 있다(예: 임상이나 신경심리학).

National School Psychology Certification System(NSPCS)

1988년에 NASP는 National Certificate in School Psychology(NCSP)를 시작했는데, 이것은 NASP의 훈련 및 자격부여 표준을 전제로 한 인증 프로그램이다. 이 인증서를 위한 요건에는 인턴십을 포함해 NASP의 훈련 표준을 충족하는 프로그램으로부터의 학교심리학 학위, 학교심리학 실무 활동을 위한 주 인증 혹은 면허, 학교심리학 시험에서 얻은 합격점(National School Psychology Certification Board가 설정한 합격점 적용)이 포함된다. 학교심리학 시험은 National Teacher Examination(NTE)의 전공분야 시험으로 학생들은 이 시험을 인턴십을 거의 수료한 시점이나 수료한 이후에 치러야 한다. 이 시험은 NASP 의 훈련과 실무 표준에 맞추어져 있으며 EPPP에 비해 보다 응용적 성격이 강하다. 2002~2003년의 시험 데이터에 따르면 1,819명의 응시자들의 전체 평균점수는 693점(범위는 650~740점)이었으며, 일부 문화적 집단 간에 유의한 점수 차이가 있었다(Vazauez & Dunham, 2004). NTE 학교심리학 시험에 특별히 초점을 맞춘 강좌는 없지만, Educational Testing Service는 학교심리학 시험을 위한 스터디 가이드를 발행하며(ETS, 2003), 검사 가이드는 Thompson(2004)의 의해 마련되었다. NCSP 자격은 매 3년마다 갱신되어야 하며 계속적 전문성 개발(CPD)을 위한 75시간의 접촉 시간을 요구한다. CPD에 대한 요건은 학교심리학 자격증들 중에서 엄격하고 독특하다. NCSP 프로그램 전체 안내와 CPD 요건들은 NASP(혹은 www.nasponline.org)에서 구할 수 있는 소책자에 요약되어 있다. NASP 웹사이트에 따르면, 2006년 2월 현재, 9,500명 이상의 학교심리학자들이 NCSP를 소지하고 있으며, 26개 주에서 SDE 자격부여 표준의 일부로서 NCSP가 인정되고 있었다.

전국적 인증 프로그램의 장기적인 목적 중 하나는 주와 주 간의 자격증 호환성을 개선하는 것이다. NTE 학교심리학 시험은 몇몇 주에서 이미 그들의 자격부여 요건의 일부로서 채택되었다. NTE 시험은 NASP의 National School Psychology Certification System(NSPCS)의 일부분이기 때문에, 동일한 시험 결과가 서로 다른 주에서 사용될 수 있을 것이다. 그러나 합격점은 다양할 수 있다. 이상적으로는 NASP의 인증서를 소지하면 타 주로 이주할 경우 자동적으로 자격증을 재취득할 수 있는 정도로 호환성이 개선될 수 있을 것이다. NSPCS는 NASP의 훈련 및 자격부여 지침, APA와 NCATE/NASP의 인가 지침, 다양한 주의 자격취득 요건들이 훨씬 더 동질적인 체계로 진보할 수 있는 틀을 제시하고 있다. 이러한 점에서, NSPCS는 적어도 그림 7.1의 교육 영역에서는, 학교심리학 자격부여에서 전국 수준과 주 수준을 매개하는 주요 요인으로 나타날 수 있을 것이다(Batsche[1996]는 NCSP와 그 요건의 발달에 대한 논의를 제시하고 있다). 호환성 외에도 일부 주는 NCSP 학교심리학자들에게 보다 높은 급여를 지불한다. 예컨대, 루이지애나의 경우, NCSP를 소지하고 있는 학교심리학자들은 몇 천 달러의 보너스를 받는다. 이러한 특권을 인정해오지 않은 주들의 경우, 개별 학교구는 NCSP

2006년 2월 현재, 9,500명 이상의 학교심리학자들이 NCSP를 소지하고 있으며, 26개 주에서 그들의 SDE 자격부여 표준의 일부로서 NCSP가 인정되고 있었다.

자격 소지자들을 전국적으로 인증된 교사들과 마찬가지로 보상할 수 있을 것이다(York, 2001). NTE 학교심리학 시험의 수용도가 높아지고 있는 또 다른 지표는 NASP가 승인한 프로그램들 중 거의 절반가량이 졸업 요건으로서 이 시험을 요구하고 있다는 점이다.

자격제도 요약

거의 모든 주에서 두 가지 실무 자격증, 즉 SDE와 SBEP 면허가 존재하며 전국적 수준의 비실무 자격증도 두 가지, 즉 American Board of Psychology의 ABSP와 NASP의 NCSP가 존재한다. 이러한 자격증들은 교육과 심리학의 두 영역에서 학교심리학에 영향을 미치고 있는 조직체들과 정책들에 밀접히 연계되어 있다. 비박사 수준에서 박사 수준으로 훈련 과정을 이행하는 학생들은 이 모든 자격증을 취득할 수 있을 것이다. 그러나 대부분의 학교심리학자들은 SDE 자격증과 NCSP를 취득할 것이며, 이 모든 자격증을 필요로 하는 경우는 거의 없을 것이다.

  자격제도에 주로 영향을 미치는 기관은 SDE와 SBEP이며 이들의 권위는 주 입법부에 의해 매개된다. SDE와 SBEP 법령과 규정은 자격제도에 직접적인 영향력을 행사한다. 간접적인 영향력은 다른 문서들(예: NASP와 APA의 표준)에서 나온다. NASP와 APA의 인가 표준들은 흔히 SDE와 SBEP 각각의 자격부여 기준과 밀접히 연계되어 있다. 자격부여 표준과 절차에 영향을 미치는 그 외의 간접적인 요인에는 APA, NASP, 혹은 주 연합회의 공식적 입장 진술문(예: 포괄적인 서비스 진술문), ASPPB나 National Association of State Directors of Teacher Certification의 정책, 주 훈련 프로그램과 교수진의 방향 등이 포함된다. 자격제도에 영향을 미치는 주요 조직 문서로는 *Specialty Guidelines for the Practice of School Psychology*(APA, 1981), APA의 모델 면허법령(APA, 1987a), *Standards for the Credentialing of School Psychologists*(NASP, 2000d)가 있다. ASPPB는 또한 면허 제도에서의 호환성을 더욱 증진시킬 수 있는 모델 면허법령을 승인했다(Association of State and Provincial Psychology Boards, 1998). APA의 모델 면허법령은 2007년에 개정할 것을 고려하고 있다.

복수의 자격증

학교심리학자들은 종종 학교심리학 실무를 위한 SDE 자격증 이외에도 다른 자격증들을 취득한다. 일부는 심리검사자(psychological examiner)나 심리사(psychological associate)로서 면허를 취득할 수 있을 것이며, 박사 수준의 학교심리학자의 경우, SDE 자격증을 취득하고 비학교 실무를 위해서 학교, 임상, 혹은 상담심리학 분야의 건강서비스 제공자로서 별개의 자격증을 취득할 것이다. 학교심리학자는 SBEP와는 별개의 심의회를 통해서 인증된 전문상담자(certified professional counselor)나 결혼 및 가족치료사(marriage and family therapist) 면허를 취득할 수도 있을 것이다. 마지막으로, 어떤 학교심리학자들의 경우 몇몇 영역에서 SDE의 자격증을 취득할 수도 있다. 예컨대, 이들은 학교심리학자뿐 아니라 교사, 가이던스 카운슬러, 혹은 교육진단가로서의 자격증을 갖추고 있을 수 있다. 소수의 사람들은 학교행정가 자격증을 또한 보유하고 있다.

연구직의 자격요건

연구에 종사하는 학교심리학자의 직위를 얻거나 학교심리학 훈련 프로그램의 교원으로 고용되기 위해 신입 수준에서 필요한 자격으로는 적절한 인턴십 경험을 포함하는 학교심리학 분야의 박사학위, 추천서, 교육과 경험을 기술하는 이력서가 있다. 원하는 학문적 직책의 유형에 따라, PhD 학위가 EdD나 PsyD 학위보다 선호될 수도 있다. 학교심리학자로서 학교기반의 경험이 매우 바람직하지만, 실상은 지원자를 고려할 때 연구 경험과 출판 실적에 훨씬 더 비중이 부여될 가능성이 높다. 이는 이러한 요인들이 정년보장을 위해서 필요하기 때문이다. 박사학위를 수여하지 않는 기관들과 PsyD 학위를 수여하는 프로그램의 경우, 학교심리학자로서의 현장 경험이 선호될 수도 있다. 프로그램 인가의 목적상, 실무 자격증과 실무 자격증 취득의 적격성이 종종 필요하기 때문이다. Reschly와 Wilson(1995)의 연구에 따르면, 프로그램 교수진의 학위 분포는 PhD가 76%, EdD/DEd가 17%, PsyD가 3%, 기타 학위가 3%였다(여기의 백분위는 연구 출판물에는 소개되지 않았음). Graden과 Curtis(1991)에 따르면 대학 교원은 학교심리학 분야에 종사하는 사람들의 총 수 중 4.6%에 불과하다. 당시에 22,000명의 학교심리학자가 있었던 것에 비추어 산정해 본다면, 이들의 자료는 미국 내에 아마도 총 1,000여 명의 학문에 종사하는 학교심리학자가 있음을 시사한다. 학교심리학 프로그램 교원의 부족을 고려한다면, 실제로 이 수를 초과할 것 같지 않으며, 800명에서 1,000여 명이 정확한 수일 듯하다.

연구직에서 여성이 차지하는 비중은 1989년의 약 33%에서 1998년의 약 46%로 증가했다. 교원 중 소수집단의 대표성은 1989년 현재 11%에서 1998년 15%로 증가했으며, 남성과 여성의 비중이 대략 균형을 이루었다. 전체적으로, 학교심리학 대학 교원 중 85%는 비소수민이었다. 874명의 교원 중 85%는 SDE 자격증을 소지하고 있는 것으로 확인되었으며, 58%는 심리학자나 학교심리학자로서 면허를 소지하고 있었다(Thomas, 1998). 여성과 소수집단 교원을 위한 유용한 지침이 APA(1998)에 의해 제작된 바 있다.

Hyman 등(1998)의 조사에서 응답한 훈련자들 중 65%는 자신이 소속된 주에서 심리학자로서 면허를 소지하고 있다고 보고했으며, 38%는 면허가 그들의 학문적 위상을 증진시켰다고 믿고 있었다. 훈련자들의 자격취득과 관련해 애로사항 중 하나는 박사 이후에 슈퍼비전을 받은 경험이 면허 취득에 보편적으로 요구된다는 점이다. 정년심사가 교육, 연구 및 서비스에 기초해 이루어지는 학계에 있으면서 이러한 경험을 얻는다는 것은 어려운 일이며 그러한 노력을 분산시킬 수 있다. APA는 이러한 문제를 해결하기 위해 노력하고 있는데 아마도 박사학위 취득 전에 얻은 폭넓은 경험이 박사 후 과정 1년에 상응하는 것으로 인정될 수도 있을 것이다. Crespi(1998)는 박사 후 수준에서 학교기반의 전문가 수준에 이르기까지 슈퍼비전을 위해서 슈퍼바이저가 소지하여야 할 자격증의 유형에 대해서 논의했다(Fischetti & Crespi, 1997). Demaray, Carlson과 Hodgson(2003)은 프로그램 운영자들의 훈련 프로그램을 위해 새로운 교원을 고용할 때 중요한 요인들에 대해서 평정한 결과를 학위 수준과 인가 상태에 따라 기술했다. 그들의 결과에 따르면, 박사 수준의 프로그램에서 연구직을 원하는 학생들은 확고한 연구 기술과 연구 산출력의 증거를 갖추고 있어야 한다.

그 외의 자격

넓게 본다면 자격에는 학교심리학자로서 개인의 경력에 관련되는 성취의 증거라면 거의 어느 것이나 포함될 수 있다. 자격은 보다 고급의 학위, 보다 많은 경험, ABSP나 NCSP 같은 인정 등에 의해 강화될 수 있다. 이외에도 '올해의 학교심리학자' 같은 전문학회로부터의 수상, 계속적 전문성 개발 인증서, 전문적 조직으로부터의 탁월한 서비스 관련 수상 등의 학교심리학 관련 수상과 영예는 자격을 강화시키는 데 도움이 될 수 있다. 지역사회의 집단(예: PTA와 Council for Exceptional Children 지부)으로부터의 수상이나 표창 또한 중요하다. 뉴햄프셔 주의 지적 기능평가 전문가나 캘리포니아 주의 학교심리학자의 고급 훈련 및 전문화 인증(예: 기능분석과 행동개입 분야) 등과 같이 어떤 주에서는 특정 실무 활동에 대한 특별한 인정이나 자격이 존재한다. 캘리포니아의 전문화 인증은 주 연합회의 계속적 전문성 개발 위원회가 수여한다.

학교심리학 실무의 규제 —

학교장면에서의 심리학적 서비스는 몇 가지 시스템적 요인에 의해 영향을 받는다(3장과 Curtis & Zins, 1986; Maher, Illback & Zins, 1984 참조). 또한 몇 가지 요인들이 학교심리학자의 역할과 기능에 영향을 미친다(4장 참조). 예컨대, Tindall(1964)과 Monroe(1979)는 학교심리학자 대 학생 수의 비율, 소송과 입법 및 윤리가 미칠 수 있는 잠재적인 영향

> 실무활동은 또한 많은 부분 고용 맥락에 얽혀있는 매우 지역적인 요인들에 의해 규제되기도 한다.

을 규정했다. APA와 NASP가 실무를 위한 윤리와 표준을 제작하고 SDE가 서비스의 제공을 규제하지만, 실무 활동은 또한 많은 부분 고용 맥락에 얽혀있는 매우 지역적인 요인들에 의해 규제되기도 한다. 다음의 직접적 요인들은 학교심리학자의 일상적인 업무에 가장 큰 영향력을 행사한다.

직접적인 영향 요인

학교심리학 실무에 영향을 미치는 결정 요인들에는 학교구의 요구와 기대, 학교구의 필요에 대한 자체적인 지각, 서비스에 대한 소비자의 반응, 학교심리학자가 바라는 기능, 학교심리학자의 개인적 역량이 포함된다.

학교구의 요구와 기대

학교행정가들이 지각하는 학교심리학자의 역할과 기능은 많은 부분 학교심리학자가 무엇을 할지를 결정한다. 너무도 많은 장면에서 학교행정가, 특히 특수교육 책임자나 교육감은 검사를 실시하고 해석하며 특수교육 수혜자격이 의심되는 아동들에 대한 사례연구를 수행하는 등의 전통적인 역할만을 알고 있다. 학교행정가는 학교심리학자에 대해서 권위를 가지고 있기 때문에, 아마도 이것은 학교심리학자의 역할과 기능에 가장 강력한 직접적 영향을 미치는 요인이다. 따라서 학교심리학자가 다양한 범위의 서비스를 제공할 수 있는 역량이 있더라도, 어떤 서비스를 언제 어떻게 제공할지를 결정할 권위를 가지고 있지 않다. 권위 있는 관리들이 이러한 결정을 내린다. 아무런 과장 없이 자신이 자신의 역할과 기능을 완전히 정하고 서비스 제공의 지표를 정의한다고 말할 수 있는 학교심리학자는 드문 것이다.

자문자로서의 그들의 역할에서, 학교심리학자들은 공적 관계 기술 및 정보 제공 기술을 활용해 그들의 서비스 소비자들에게 제공 가능한 서비스의 범위와 그들이 어떻게 학교구가 가지고 있는 요구를 만족시킬 수 있는지 알려주어야 한다. 그러한 공적 관계 기술을 효과적으로 사용함으로써 학교심리학들은 그들의 고용 조건을 개선할 수 있을 것이다. 학교심리학자를 비효과적으로 활용하는 경우 그들의 역할과 기능이 제한되는 결과가 초래된다. 학교구는 쉽게 활용할 수 있는 학교심리학자의 직무 분석표를 구비함으로써 그러한 정보공유 노력을 촉진할 수 있을 것이다. 학교심리학자는 직장을 구할 때 그러한 직무 분석표를 보여 달라고 요청해야 한다. 그러한 직무 분석표가 없다면, 만들어야 한다.

학교구의 필요(needs)에 대한 자체적인 지각

보통 학교구가 무엇을 요구하는가는 그 학교구의 필요에 대한 자체적인 지각과 밀접히 관련될 것으로 예상할 수 있다. 그러나 흔히 많은 학교구가 심리학적 서비스와 관련되는 영역에서 그들의 필요를 제대로 다루지 않거나, 그들의 필요조사(need assessment)와는 상관없이 전통적인 방식으로 심리학적 서비스를 인식한다(3장의 목표 갈등에 대한 논의 참조). 수십 년 동안 역할과 기능에 대한 연구들은 학교심리학자들이 그들이 훈련과정에서 배운 것의 대략 25% 정도에 해당하는 활동에 60~70%의 시간을 소요한다는 점을 보여주었다. 즉 자문, 개입, 연구, 평가 등 그들이 받은 훈련 내용 중 많은 부분이 제대로 활용되지 않고 있다. 미국의 교육의 많은 변화에도 불구하고, 학교심리학자의 전통적인 기능과 역할이 지속되고 있다는 점은 놀라운 일이다. 학교심리학자는 평가전문가이므로, 그들은 학교구의 필요를 평가하는 데 관여되어야 하며 보다 다양한 역할과 기능이 어떻게 학교구의 필요를 채워줄 수 있을지 목소리를 높여야 하는 것이다. 예컨대, 학교심리학자의 필요조사는 학교구의 많은 아동들이 분노를 다루고 적절한 사회성 기술을 습득하는 데 도움을 필요로 한다는 것을 보여줄 수 있을 것이다. 전통적인 1대1의 평가와 개입 서비스를 제공하는 대신에, 학교심리학자는 집단 서비스를 도입할 수 있을 것이며, 아마도 학교에 기반을 두고 있는 가이던스 카운슬러나 사회복지사의 도움을 받아서 그렇게 할 수 있을 것이다. 중요한 점은 학교구의 필요에 대한 지각이 학교구의 요구를 결정한다는 점이다. 학교구는 그들의 필요를 적절히 평가하고 학교심리학자들이 그러한 필요를 채우기 위해 기여할 수 있는 방법들을 보다 폭넓게 고려하기 위해 필요한 만큼의 많은 구성원들을 관여시켜야 한다.

서비스에 대한 소비자의 반응

한 학교구가 그들의 심리학적 서비스에 대하여, 혹은 다른 학교구들의 심리학자들이 제공하고 있는 서비스에 대해 받는 피드백이 학교심리학자의 역할과 기능을 만들어 갈 수 있다. 긍정적이든 부정적이든 피드백은 부모, 교육자 혹은 학생들로부터 얻을 수 있다. 서비스에 대한 소비자의 만족은 서비스의 유지에 매우 중요하며 소비자의 불만족은 변화의 주요 원천이 될 수 있다. 피드백은 필연적으로 어떤 일의 발생 이후에 주어지며(즉, 사후반응적), 따라서 서비스에 대한 소비자의 피드백은 그러한 서비스가 제공되었다는 것을 전제로 한다. 5장에서 기술한 책무성 전략들은 폭넓게 구상된 심리학적 서비스의 중요성을 학교 행정부서에 알리는 데 도움이 된다. 소비자 반응은 또한 사전예방적 (proactive)일 수도 있다. 소비자들은 행정부서에 압력을 행사해 그들이 다른 곳에서 받았던 다른 형태의 심리학적 서비스를 제공하게 하도록 요구하거나 그들이 매우 만족스러웠던 기존의 특정 서비스를 증가시키도록 요구할 수도 있다. 학교심리학자들은 심지어 소비자 집단들이 심리학적 서비스 개선, 혹은 특수교육이나 의뢰과정의 변화 등을 주창하도록 조력함으로써 이러한 과정을 육성할 수 있다.

소비자의 반응은 변화를 위해 효과적인 사후반응적 혹은 사전예방적 영향을 미칠 수 있다. 이러한 사실은 널리 인정되지만, 학교심리학자의 역할과 가능을 결정하는 이러한 요인은 서비스의 향상을 위해 널리 이용되고 있지는 않다. 실무자들에게 유용한 출판물로는 *Making Psychologists in Schools Indispensable*(Talley, Kubiszyn, Brassard, & Short, 1996), *Professional Advocacy Resource Manual*(Canter & Crandall, 1994), NASP 핸드아웃 시리즈(Canter & Carroll, 1998)가 있다. Thomas와 Grimes의 *Best Practices in School Psychology*(1985, 1990, 1995, 2002, 2008)의 다양한 개정판에도 일부 제안들이 담겨있다.

학교심리학자들은 또한 행정가들의 태도와 행동의 변화를 촉진하기 위해서 강화물의 형태로 성과에 대해서 구체적인 기대사항들을 제시할 필요가 있다. 결과를 보여주기 위해 현존하는 성과 연구물들이 활용될 수 있다. 예컨대, 자문과 의뢰전 평가 절차들은 공식적인 의뢰와 이에 따르는 비용을 경감시키는 것으로 밝혀졌다. 소비자 반응은 가장 영향력 있는 요인이 될 수 있는데, 이는 투표상자나 혹은 미디어에서 힘을 행사할 수 있기 때문이다. 학교행정가들은 소비자의 목소리에 귀를 기울이지 않을 경우 이에 따르는 결과를 인식하고 있기 때문에, 소비자를 무시하지 못한다. 소비자들은 또한 이기적인 목적으로 학교심리학자들의 역할 변화를 요구하는 것으로 보일 필요 없이, 그들이 다른 곳에서 경험한 서비스의 중요성을 강조할 수 있다.

따라서 학교심리학적 서비스에 대한 학교구의 요구를 바꾸는 데 있어 정보, 기대 및 강화물을 결합하는 것이 다른 노력들에 비해서 보다 효과적일 것이다. 너무도 자주 학교구는 의무 불이행에 따른 자금 상실을 걱정하며, 따라서 주된 요구는 의무 이행을 돕는 보다 전통적인 사례작업에 관한 것이다. 학교심리학 전문가들은 공식적인 의뢰의 감소를 통해 장기적인 관점에서 의무 이행이 보다 효과적으로 달성될 수 있음을 보여줌으로써 학교구의 요구를 바꿀 수 있다. 이에 따른 결과는 보다 폭넓은 서비스 제공이며 소비자의 만족도 증가이다. 요컨대, 학교의 권위자들에게 학교심리학자가 받는 광범위한 훈련과 잠재적인 서비스에 대해서 단순히 알리는 것은 일상적인 실무에 영향을 미치는 데 충분하지 못하다. 이 경우 학교구의 요구와 필요를 결정하는 요인들이 소비자의 반응보다 더 우선시되겠지만, 소비자의 반응은 필요의 지각과 이에 따른 학교구의 요구에 중요한 영향력을 행사할 수 있다.

학교심리학자가 바라는 기능

이러한 결정 요인은 학교심리학자가 개인적으로 수행하기 원하는 역할과 기능을 의미한다. 학교심리학자가 실제로 제공하는 서비스와 선호하는 서비스에 대한 연구들은 이 둘 간의 불일치를 일관되게 드러내었으며, 이러한 요인과 학교구의 기대 및 요구 간의 구분을 입증하고 있다(예컨대, Curtis, Graden, & Reschly, 1992; D. K. Smith, 1984; D. K. Smith, Clifford, Hesley, & Leifgren, 1992 참조). 오하이오 주의 학교행정가들에 대한 조사 결과는 실무자들이 매우 가치 있게 생각하는 일부 서비스를 행정가들은 그다지 가치 있게 여기지 않는다는 점을 시사했다(Thomas & Pinciotti, 1992). 이러한 불일치는 학교심리학자들의 직무 관련 소진의 원인을 설명하는지도 모른다(Huebner, 1992; Miller, Witt, & Finley, 1981; P. S. Wise, 1985). 이러한 직접적인 결정 요인, 즉 학교심리학자가 무엇을 하기를 바라는가가 아마도 행정적 권위자들이 학교심리학자가 무엇을 하기를 기대하는가보다 학교시스템에서 아마도 더 적은 영향을 미치고 있다.

학교심리학자의 개인적 역량

모든 학교심리학자는 공식적인 훈련, 경험 및 계속적 교육을 통해서 자신이 습득한 많은 지식과 기술을 그들의 직장에 가져온다. 이론적으로 적어도 학교심리학자는 자신의 활동과 실무를 자신이 역량을 갖추고 있는 지식과 기술에만 국한시킨다. 학교구의 기대와 요구가 학교심리학자가 역량을 갖추지 않은 서비스를 요구할 때 역할과 기능의 불일치가 쉽게 초래될 수 있다. 이러한 불일치는 또한 학교심리학자가 갖추고 있는 기술이 제한적인 기대로 인해 과소활용될 때 일어날 수 있다. 학교심리학자는 자신의 소비자들이 가지고 있는 서비스에 대한 필요를 평가하고 부가적인 공식적 교육, 슈퍼비전을 통한 경험, 계속적 교육 등을 통해서 필요한 기술을 습득하고자 노력함으로써 이러한 부분에서 중요한 역할을 할 수 있다. 학교심리학자가 자신의 기술을 확대함에 따라, 종합적 서비스의 가능성은 커진다.

간접적인 영향 요인

몇 가지 간접적인 요인들 또한 학교심리학자의 일상적인 역할과 기능을 결정하는 데 기여한다. 이러한 요인에는 훈련 프로그램의 방향, 학교심리학자의 자격취득 요건, 주 법령과 규정, 주 및 지역 수준의 전문 학회, NASP와 APA의 입장 등이 포함된다.

훈련 프로그램의 방향

각 훈련 프로그램은 특정 유형의 모델을 중심으로 교수적 및 경험적 훈련 요소 모두를 갖추어 구성된다. 훈련 프로그램의 방향은 프로그램 교수진의 역량과 방향에 따라 부분적으로 결정되며 학교심리학자의 일상적인 실무에 영향을 미친다. 만약 교수진의 이론적 방향이 행동주의적 심리학에 초점을 두고 있다면, 학생들의 서비스 제공 활동에서 행동주의적 전략들을 사용할 가능성이 높다. 따라서 훈련 프로그램의 방향, 개인적 역량, 바라는 기능은 학교심리학자의 역할과 기능을 결정하는 상호 밀접히 관련된 요인으로 볼 수 있다. 프로그램의 방향이 개인적인 역량을 보장하지 않으며, 이러한 이론적 방향과 관련 역량들이 소비자나 학교구가 지각하는 그들의 필요와 일치하지 않을 수도 있기 때문에, 이러한 요인은 학교심리학자의 역할과 기능에 대한 그들의 기대와 요구에 직접적인 영향을 행사하지는 않는다. 이러한 영향 요인의 관련 측면 하나는 인턴십이 대개 훈련 경험, 전반적인 훈련 프로그램의 일부로 간주된다는 점이다. 인턴십 경험에 관여된 슈퍼바이저와 동료들의 이론적 방향은 대학의 교수진들의 그것과 다를 수도 있다. 훈련자들이 종종 인정하는 것은 그들이 학생들에게 심어준 이론적 지향이 학생들로 하여금 이와 달리 실무 활동을 하도록 권장하는 인턴십을 통해서 수정, 개선되거나 아마도 어떤 경우에는 무너지기도 한다는 점이다. 또한 학교심리학자가 경력을 쌓음에 따라 이론적 방향을 전환할 수도 있다. 따라서 프로그램의 이론적 방향은 그 프로그램을 졸업한 학생들의 단기적 혹은 장기적 이론적 방향의 일관된 예측 요인이 되지 못할 수도 있다.

학교심리학자의 자격취득 요건

한 주의 SDE와 SBEP가 규정하는 자격취득 요건들은 학교심리학자가 훈련되고 판단되는 역량 영역을 정의함으로써 일상적인 실무에 간접적인 영향을 미친다. 이러한 결정 요인은 훈련 프로그램의 방향 및 인가와 밀접히 연관된다. 자격부여 표준의 변화는 실무상으로 몇 년 동안은 관찰되지 않을 수도 있다. 즉 자격요건에 있어서의 그러한 변화는 이미 자격을 취득한 사람들에게 소급해 적용되지 않는다. 그럼에도 불구하고 자격취득 요건의 변화는 학교심리학자의 역할과 기능에 장기적인 영향을 미칠 수 있다. 자격취득 요건의 변화가 가장 직접적으로 영향을 미치는 부분은 훈련 프로그램의 요건이며, 특히 비박사 과정 프로그램의 경우 실용적 모델을 따르는 경향이 있기 때문에 더욱 그러한 영향을 받는다. 자격취득 요건이 학교심리학자의 역할과 기능의 가장 강력한 결정 요인들(즉, 학교구의 요구와 기대, 학교구의 필요에 대한 자체적인 지각)에 미치는 영향은 미약한 것으로 생각되며, 따라서 간접적이다.

주 법령과 규정

대부분의 주는 학교심리학자의 역할과 기능을 일반적으로 기술하는 법규 혹은 SDE 규칙과 규정을 갖추고 있다. 그러나 이런 진술은 흔히 서비스 제공에 대한 지침일 뿐 학교심리학자가 무엇을 해야만 하는지에 대해 강제력이 있는 진술은 아니다. 예컨대, 그러한 법규가 평가, 자문 및 현직교육(in-service education)이 중요한 서비스라고 규정할 수 있지만 이러한 서비스들 중 어느 것이 보다 중요한지, 혹은 이들 각 서비스에 대해서 학교심리학자가 어느 정도 비중으로 시간을 할애해야 하는지에 대해서는 규정하지 않는다. 사실 규칙과 규정은 학교구가 심리학적 서비스를 제공해야 한다는 것만을 요구하고 있지, 학교구가 학교심리학자를 고용할 것을 요구하고 있지는 않다. 보다 명확한 진술은 장애인을 위한 연방법과 이러한 연방법을 실행하기 위한 SDE의 규칙과 규정에 등장할 것이다. 일부 주에서는 이러한 진술들이 학교심리학자가 특정한 유형의 의뢰문제에 대해서 어떤 검사를 사용해야 하는지 지정할 정도로 매우 구체적일 수도 있다. 그러나 모든 SDE가 평가 및 관련 서비스에 대한 기대, 적법한 과정적 절차, 비밀보장, 팀 미팅 등 학교심리학자의 일상적인 실무에 직접적인 영향을 미치는 진술들을 갖추고 있다.

자격취득 요건과는 달리, 법령과 규칙 및 규정은 종종 즉각적으로 강행할 수 있으며, 실무자들 모두에게 자격취득 시기와 상관없이 적용된다. 이것은 간접적 결정 요인으로 고려할 수 있는데, 왜냐하면 법규와 규정이 학교심리학자를 구체적으로 언급하는 경우는 거의 없기 때문이며, 또한 무엇이 보다 중요한지를 규정하고 있지 않기 때문이다. 그럼에도 불구하고, 법규와 규정이 가지고 있는 권위로 인해 만일 적절한 문구를 포함하고 있다면 학교심리학자의 역할과 기능에 매우 직접적이고 강력한 영향을 행사할 수 있다. 예컨대, SDE의 서비스에 대한 기술이 학교심리학자로 하여금 자문 활동에 30% 이상의 시간을 할애하도록 요구하거나 일주일당 평균 두 개의 사례연구에 기초해 연중 75사례를 초과하지 않도록 요구할 수도 있다. 물론 그러한 기대를 규정하는 지역 학교구의 지침이나 집합적 교섭 동의서 등은 직접적인 영향을 행사하겠으나, 이러한 요인들은 맨 처음 언급한 두 가지 직접적인 결정 요인(학교구의 요구와 기대, 학교구의 필요에 대한 자체적인 지각)에 포함되는 것들이다.

주와 지역의 전문가 협회

주와 지역의 전문가 협회들은 변화를 위한 권위를 가지고 있지는 않으나, 학교심리학자들의 일상적인 실무에 효과적으로 간접적인 영향력을 행사할 수 있다. 아마도 이들은 훈련 프로그램, 자격취득 요건 및 SDE 규칙과 규정에 가장 강력한 영향을 미칠 것이다. 이들의 SDE 및 입법 로비활동 노력을 통해서, 이러한 조직들은 주 법규, 규칙 및 규정과 이들의 실행에 영향을 미칠 수 있다. 이러한 협회들이 일상적인 실무 활동에 영향을 미칠 수 있는 범위 내에서, 이들은 소비자의 반응, 학교구의 필요에 대한 지각, 이에 따른 서비스에 대한 기대와 요구를 변화시킬 수 있을 것이다.

NASP와 APA의 입장

주 수준의 연합회에 비해 학교심리학자의 일상적인 실무와도 다소 거리가 있지만 전국적 단체들 또한 간접적인 영향을 미칠 수 있다. APA와 NASP의 훈련, 자격부여 및 실무 표준은 실제로 이러한 집단들의 공식적인 입장을 나타낸다. APA의 *General Guidelines for Providers of Psychological Services*(1987b), *Specialty Guidelines for the Delivery of Services by School Psychologists*(1981), NASP의 *Guidelines for the Provision of School Psychological Services*(2000b)는 특히 일상적인 실무 혹은 역할과 기능과 관련된다. 이들 중 후자의 두 가지 문서들은 훈련 및 윤리 지침에 비추어 학교심리학자의 적절한 역할을 규정하며, 선호되는 서비스 비율을 명시한다. 학교에서의 정신건강 서비스, 학교 폭력, 아동 초기의 보육과 교육, 유급, 재평가 혹은 체벌 등의 주제들에 대한 NASP의 입장 진술문 또한 실무에 영향을 미칠 수 있다. *Best Practices in School Psychology*(Thomas & Grimes, 1985, 1990, 1995, 2002, 2008)의 많은 장들은 공식적인 입장 진술문은 아니지만 NASP의 관심사를 반영한다. APA의 분과 16이 제작한 자문과 최근의 쟁점들에 대한 비디오테이프 시리즈 또한 이러한 전국적 집단의 관심사를 반영한다. 이러한 비공식적인, 그러나 분명히 인가된 도서와 출판물들은 일상적인 실무에 간접적으로 영향을 미칠 수 있을 것이다. 물론 전국적 조직들은 그들이 일부 영향을 미치고 있다고 생각하고 싶어한다. 마지막으로 이외에도 여러 조직들이 후원하는 표준이나 지침들(예: *Standards for Educational and Psychological Testing*, AERA, APA와 NCME, 1999에 의해 마련됨; Turner, DeMers, Fox, & Reed, 2001 참조)도 있는데, 이미 언급한 것들에 비해서 그리 관심을 받지는 못했더라도 이들 또한 매우 중요한 역할을 할 수 있다.

공식적인 표준 문서들이 인가와 자격취득에서 미치는 영향은 쉽게 관찰될 수 있지만, 전국 수준의 영향력이 행사되는 기제는 복잡하고 불명확하다. 소수의 경우에 NASP와 APA의 분과 16이 캘리포니아의 *Larry P. v. Riles* 사례와 뉴욕의 *Muriel Forrest*의 사례에서와 같이 지역적 실무와 전문적 쟁점에 관여된 적이 있었다. 또한 다른 경우에는 한 학교구의 학교심리학자들이 제기한 문제들에 대해서 NASP가 그 학교의 교육감을 직접 접촉해 우려를 표명하기도 했다. 이러한 사례들에서 학교심리학자들을 위해서 전국적 조직이 지지를 표명한 것 자체가 그 결과보다 더 주목을 받았다. 이러한 사례들은 전국적 단

체가 그들의 정책과 그 정책의 영향을 검토하고 그
들의 입장을 분명히 표현하는 데 도움을 준다. 그러
나 그러한 개입이 일상적인 실무의 직접적인 변화를
초래하지는 않았다. 이에 따르는 어떤 후속적인 변
화는 주나 전국적 협회의 지침이나 입장을 사용해
지역적인 힘을 발휘해 변화에 영향을 미친 결과였

> 학교심리학자의 일상적인 실무의 주요 결정 요인은 학교구와 그 지역사회 내에 있다.

다. 개선이 이루어진 것은 전국적 조직이 개입한 결과이기보다는 학교구의 지각과 기대
에 있어서의 변화의 결과였다. 흔히 전국적 단체가 요청받지 않고 개입하는 것은 학교구
가 선호하지 않을뿐더러 이는 오히려 행정가들과 심리학자들 간의 긴장을 증폭시키는
결과를 가져올 수 있다. 그럼에도 불구하고, 전국 및 주 수준의 단체가 지역적 결정 요인
들과 잘 조정되어 적절히 개입한다면 중요한 변화가 나타날 수 있다.

변화하는 역할과 기능

역학과 기능을 변화시키는 가장 강력한 기제는 지역적이다. 학교심리학자의 일상적인 실
무의 주요 결정 요인은 학교구와 그 지역사회 내에 있다. 처음에 제시한 3가지 결정요인,
곧 학교구의 요구와 기대, 학교의 필요에 대한 자체적인 지각 및 소비자의 반응들이 변
화되지 않는다면 학교심리학자의 역할과 기능을 변화시키려는 노력은 효과적이지 못할
것이다. 훈련 및 자격취득 요건의 변화, 학교심리학적 서비스에 대한 법률적 인식의 개
선, 실무에 대한 공식적인 입장 표명, 혹은 표준과 윤리의 개정 등과 간접적인 노력들도
중요하지만 덜 영향을 미친다.

역할과 기능에서의 유의한 변화는 표 7.1(예: 훈련과 자격부여)의 간접적 변인들에 의
해 영향을 받는 것으로 가정할 수 있는 상위의 3가지 직접적 결정 요인들의 변화를 요구
하며, 이것은 학교심리학자가 바라는 기능과 개인적 역량에서의 변화와 동시적으로 일어
나야 한다. 이러한 분석에 따르면, 역할과 기능의 변화는 지역, 주 및 전국 수준에서, 실
무자, 훈련자 및 학교심리학 분야에 권한과 권위를 가지고 있는 단체들의 리더십 간의
조정된 노력을 요구한다. 또한 지속적 변화는 주 혹은 전국 수준에서 제시되는 혁신이나
학교개혁의 결과라기보다는 점진적 과정으로 받아들여져야 한다.

윤리적 및 법적 영향 요인

이상으로 논의한 결정 요인들 중 한두 가지에 대해서 추가로 설명할 필요가 있는데, 연
방법과 소송과 관련된 전문적 윤리와 법률적 문제들이 그것이다.

모든 사람은 무엇이 윤리적인 행동인지, 무엇이 올바른지, 혹은 특정 상황에서는 어

사람들이 어떤 전문 직종에 종사하게 될 때, 그들은 그 직종의 실무 강령을 수용함으로써 그들의 개인적 신념을 자발적으로 수정하거나 확장한다.

떻게 해야 하는지에 대해 나름대로의 견해를 가지고 있다. 즉 모든 사람은 개인적인 행동 강령을 가지고 있다고 할 수 있다. 사람들이 어떤 전문 직종에 종사하게 될 때, 그들은 그 직종의 실무 강령을 수용함으로써 그들의 개인적 신념을 자발적으로 수정하거나 확장한다. 미리 정해진 전문적 행동 지침에 대한 충성은 모든 다른 요인들에 앞서 내담자의 이익을 우선시하는 그 전문 직종의 이상을 상징한다. 간혹 자신의 직종에 대해서 소명을 받았다라고 말하는 것은 전문성의 바로 이러한 측면이다. 사람들이 전문적 협회에 가입하게 될 때, 그 협회의 윤리 강령을 준수하고 이에 따라 그 협회의 동료들과 함께 자신의 책무를 다할 것으로 기대할 수 있다. 따라서 전문적인 결정을 내릴 때 학교심리학자들이 그들의 '직관적 수준'의 의사결정을 수정해 '비판적-평가적 수준'의 의사결정을 내려야 한다(Jacob & Hartshorne, 2007). 그들은 실무와 관련된 관찰과 연구결과들에 기초해 결정을 내린다. 이것은 Gray(1963b)의 자료지향적 문제해결자 및 과학자-실무자 개념의 정수다. 학교심리학자들은 또한 현재의 법률적 결정과 윤리적 고려사항들에 기초해 결정을 내린다.

윤리적 실무의 일반적 개념

학교심리학의 일상적인 실무는 APA나 NASP의 강령(각각 부록 C와 D 참조)을 자주 검토할 것으로 요구하지 않는다. 물론 이러한 강령들에 친숙하고 또 이들을 준수할 것으로 기대된다. 학교심리학자들은 대학원 과정에서 윤리강령의 검토를 포함해 윤리에 대한 교수를 받으며, 훈련과 인턴십 동안에 적절한 전문적 책임을 발휘한다. 더욱이 계속적 전문성 개발(CPD)은 윤리적 지식과 실무를 촉진한다. 그럼에도 불구하고 어떠한 조치를 취하는 것이 가장 적절한지, 실무자나 대학에서 가르치는 학교심리학자가 검토해야 하는 상황들이 발생할 수 있다. 그렇게 함으로써 학교심리학자들은 그들의 윤리강령이 담고 있는 일반적인 개념들에 따라 안내를 받을 수 있다.

(1) 윤리강령은 전문가의 외현적인 행동을 지칭한다. 이것은 여러 상황에 대해서 전문가가 어떻게 생각하고 느껴야 하는가보다는 무엇을 해야 하는지와 관련된다. 따라서 윤리강령은 외현적 행동을 안내한다.

(2) 내담자와 지역사회의 안녕이 윤리적 행동을 안내하는 초석이다. 이러한 일반적 개념은 역량, 권리, 품위, 타인의 복지, 보다 넓은 지역사회에 대한 책임 등을 다루는 윤리적 원칙과 관련된다. 이러한 명제들은 APA 강령의 전문과 일반적 원칙에, NASP 강령

의 section II(전문적 역량) 및 III(전문적 관계)에 규정되어 있다.

(3) 동료에 의한 검토가 도움이 되며 여러 곤란한 상황들을 해결하는 데 동료에 의한 검토를 활용하도록 권장된다. 이러한 접근은 전문가들이 자신의 분야의 최근 발전에 대해서 잘 알고 있으며, 유사한 상황에서 동료들이 어떻게 행동해야 할지에 대해서 합리적인 판단을 유지하고 있다는 점을 전제로 한다. 어떤 상황을 어떻게 해결해야 할지에 대해서 불명확한 실무자들은 그러한 상황에 대한 결론을 내리고 조치를 취하기에 앞서서 다른 학교심리학자들과 의논할 수 있다.

(4) 전문가의 행동을 안내하기 위해 윤리를 활용하는 것은 실무와 자격취득 규제의 핵심적인 부분이다. '당신의 양심을 안내자로 삼아라.' 라는 충고는 그 자체로서 오용될 가능성이 있는 것으로 보이지만, 각 SBEP에는 전문적 윤리강령의 위반을 포함해 자격취득 법규를 위반한 것으로 의심되는 상황들에 대한 검토 기제가 존재한다. 유사한 기제들이 SDE의 자격관리 과정 속에도 존재한다. 윤리강령의 위반은 또한 주 심리학 협회나 주 학교심리학 협회, APA와 NASP의 심의를 받을 수도 있으며 법정은 적절한 행동 여부를 결정하기 위한 지침으로서 윤리강령을 사용할 것이다.

(5) 전문가는 동료들의 업무와 다른 전문직의 실무자들의 업무를 존중한다. 학교심리학자는 다른 학교심리학자의 업무를 경시하거나 지역사회의 특정한 전문가들에게만 의뢰하는 일을 피한다. 예컨대, 어떤 초등학교 교사들이 학교심리학자에게 자신들이 지역사회에 개인지도 서비스를 시작할 것이며 일부 학생을 그들에게 보내주면 좋겠다고 한다면 학교심리학자는 어떻게 해야 하는가? 그러한 상황들을 다루는 일이 항상 쉬운 것은 아니다. 실무자들은 몇몇 서비스 범주에 따라 의뢰가능한 자원의 목록을 유지함으로써 이러한 딜레마를 피할 수 있다. 학교심리학자들은 불가피하게 일부 전문가들의 업무를 더 높이 평가하게 된다. 그럼에도 불구하고 전문가는 특혜를 주는 일을 피해야 한다. 만일 일부 실무자들의 서비스가 부적절하다고 믿는다면 의심되는 위반은 다른 윤리적 위반과 마찬가지 방식으로 다루어져야 하며 학교심리학이나 다른 분야의 특혜를 받는 특정 동료에게만 체계적으로 의뢰하는 일을 하지 말아야 한다.

(6) 의심되는 윤리적 위반을 다루는 데 있어 가장 큰 목적은 현재의 상황을 교정하고 그러한 위반이 다시 일어나지 않도록 예방하는 것이다. 이 과정은 처벌적이라기보다는 교정적이고 교육적이다. 물론 어떤 경우에는 대학원 훈련과정에서 퇴출된다거나 협회 회원권의 박탈, 혹은 개인의 자격 취소 등 처벌적인 조치가 내려질 수도 있다. 법정에서는 이러한 과정이 훨씬 더 적대적이어서 실무 과실(malpractice)의 경우 매우 심각한 처벌적 결과가 주어질 수 있다. 대부분의 상황에서 전문가들은 의심되는 윤리적 위반을 관련 당사자들과 함께 개인적으로, 비공식적으로 해결하고자 한다. APA와 NASP는 윤리적 불평

을 판결하는 절차들을 개발했으며 이에 대한 지침은 이들 조직으로부터 얻을 수 있다. 전문가들은 그러한 불만사항을 보고하고 적절히 판결할 것으로 기대되기 때문에, 그렇게 하지 않는 것 자체가 윤리강령을 위반하는 일이 될 수 있다. Jacob과 Hartshorne(2007)은 Koocher와 Keith-Spiegel(1998)의 연구에 기초해 윤리적 불만사항을 고려할 때 사용할 수 있는 8단계의 문제해결 모델을 논의한다. 이 모델은 우선 문제를 규정하고 그 다음으로 다양한 조처 방안과 각각의 시사점을 고려할 것을 강조한다.

이상은 윤리강령을 검토할 때 일반적으로 고려해야 될 사항들을 제시했다. 다른 형태도 가능한데, Jacob과 Hartshorne(2007)은 윤리강령을 광범위한 4가지 원칙을 중심으로 통합했다. 여기에는 "(a) 사람들의 품위에 대한 존중, (b) 책임감 있는 돌봄(전문적 역량과 책임)(c) 전문적 관계에서의 정직성, (d) 지역사회와 사회에 대한 책임"(p. 10)이 포함된다. 이들의 통합 방식은 APA와 NASP 강령의 길잡이 원칙들의 정수를 잘 포착하고 있다.

APA와 NASP의 강령

APA의 *Ethical Principles of Psychologists and Code of Conduct*는 전문, 5가지 일반적 원칙(A부터 E까지) 및 구체적인 윤리적 표준(1.01부터 10.10까지)으로 구성되어 있는데, 그 범위가 넓어서 다양한 전문적, 과학적 역할을 수행하는 심리학자들에게 적용될 수 있다(APA, 2002). 이 강령은 모든 실무 장면의 심리학자들에게 적용된다. 그러나 이들은 학교장면에서 일하지 않는 임상 및 상담심리학자들에게 적용되기 때문에, APA 강령은 학교 바깥에서 실무 활동을 하는 학교심리학자들에게 특히 그 관련성이 높다고 볼 수 있다. 예컨대, 이 강령은 NASP의 강령에 비해 심리치료에 대해 보다 구체적으로 다루고 있다. SBEP의 자격취득 시험들은 APA 강령에 친숙할 것을 요구한다. APA와 NASP 강령 모두 평가, 성적으로 부적절한 행위를 포함하는 관계, 동의 및 비밀보장을 다룬다. 2002년 판 APA 강령이 부록 C에 실려 있다.

> NASP의 강령은 대학의 훈련자, 주 정부의 자문가, 행정가 및 슈퍼바이저뿐 아니라 학교기반 및 비학교기반의 실무자에게 그들의 고용 환경에서 각자의 역할을 수행할 때 적용된다.

NASP의 *Principles for Professional Ethics*(2000a)의 2000년 개정판은 학교심리학 전 공분야에 특정적이며 실무 장면과 상관없이 모든 학교심리학자들에게 적용된다. 따라서, 이 강령은 대학의 훈련자, 주 정부의 자문가, 행정가 및 슈퍼바이저뿐 아니라 학교기반 및 비학교기반의 실무자에게 그들의 고용 환경에서 각자의 역할을 수행할 때 적용된다.

이 강령의 원칙들은 전문적 역량, 전문적 관계, 전문적 실무의 일반적 원칙 및 독립적 실무를 포함한 전문적 실무 환경들을 포함하는 몇 개의 넓은 영역들을 중심으로 구성되어 있다. NASP 강령은 특히 학교기반의 실무자들에게 도움이 된다. 이 강령은 학교 실무의 맥락에서 발생할 수 있는 갈등과 학교기반의 실무자들과 비학교 실무자들 및 학교심리학의 개인적 실무 간에 일어날 수 있는 갈등을 제시한다. 2000년 개정판이 부록 D에 제시되어 있다. NASP 원칙들에 제시된 윤리는 NASP의 *Guidelines for the Provision of School Psychological Services*(NASP, 2000b)를 보완하며, 몇 가지 방식으로 그것을 보강하고 있다. 예컨대, 두 문서가 모두 개인 실무 활동을 하는 학교심리학자들을 위한 지침을 제시하고 있으며 구체적으로는 학교구에 의해 고용된 학교심리학자는 학교장면에서 자신이 책임을 맡고 있는 내담자들을 대상으로 개인적인 실무 활동을 하지 말 것을 규정하고 있다. 이러한 사안은 매우 중요한데 왜냐하면 이중 고용을 추구하는 학교심리학자들이 늘어나고 있고, 그러한 상황에서 이해관계의 갈등이 초래될 수 있기 때문이다. NCSP를 취득하는 시험 과정에서 이 두 문서에 대한 친숙성이 가정된다. NASP 강령의 의도와 NASP 표준의 의도 간의 구분은 Reinhardt와 Martin(1991)에 의해 제시된 바 있다.

윤리적 문제의 예

학교심리학자의 윤리적 딜레마에 대해 전국적 규모로 수행된 소수의 연구 중, Jacob-Timm(1999)의 연구는 226명의 NASP 회원들의 응답을 통해 19개의 범주에 속하는 222개의 윤리적으로 도전적인 상황들을 확인했다. 보다 보편적인 범주로는 비윤리적 행동을 종용하는 행정적 압력(특히, 특수교육 수혜자격, 배치 및 서비스와 관련된 사건들, 49 딜레마), 평가(의문의 여지가 많은 결과와 진단, 부적절한 해석 및 저질의 보고서 등, 32 딜레마), 비밀보장(아동을 해로부터 보호할 의무와 비밀보장성의 파기 등, 30 딜레마), 부적절한 교육적 관행(예: 유해한 교수 활동, 비교화적인 프로그램, 훈육, 28 딜레마)이 포함되었다. 그 외의 범주로는 학생의 요구 충족 실패, 직무 역량 및 수행, 심리학자-부모 딜레마, 심리학적 기록, 갈등적 관계, 내담자의 자기결정권과 사전고지에 의한 동의, 치료적 개입, 학업적 장면, 슈퍼비전, 성적인 문제, 지불, 다른 사람들의 업적에 대해서 인정을 받는 것, 비윤리적 행위에 대한 직면, 자격증, 연구 및 출판 및 기타(예: 심리학자가 좋은 역할 모델이 되지 못함) 등이 포함되었다. 이 조사의 응답자들이 전국을 대표하는 표본은 아니었지만, 이 연구에서 많은 학교심리학자들에게 그들이 직면한 특정한 사건을 규정하도록 한 것은 이 연구의 결과를 매우 유용하게 한다.

APA 회원들과 위원들을 대상으로 한 좀 더 이전의 한 연구는 703개의 '윤리적으로 고민스러운 사건들'의 23 범주를 확인했는데, 상위의 3 범주는 비밀보장, 갈등적 관계,

수금방법과 관련되어 있었다(Pope & Vetter, 1992). 15개의 사건(전체의 2%)이 '학교심리학' 범주에서 언급되었는데 그 중에 역할과 기능에 있어서 행정가-실무자 간의 갈등이 포함되었다. 예컨대, "우리 학교구의 행정가는 검사 결과를 왜곡해서 향상된 결과를 보여주기를 원한다.", "학교심리학자로서 개별학생의 교육적 요구보다는 서비스의 가용성에 기초해 학생들을 특정 프로그램에 배치하도록 행정가로부터 압력을 자주 받는다." 등이다(Pope & Vetter, 1992, p. 406). 표본의 대표성은 없지만, 이 연구에서 학교심리학자들이 언급한 문제들은 고용주-피고용인 관계와 관련된 심각한 윤리적 갈등을 시사한다. 흔히 학교심리학자가 비학교심리학자에 의해 감독을 받는 경우 이러한 딜레마가 흔하며, 이러한 문제들은 인식하고 있는 것보다 훨씬 일반적이다. Jann(1991)이 보고한 조사 자료는 상관의 압력은 상관이 학교심리학자인 경우 훨씬 덜 문제가 되지만, 꽤 일반적임을 시사한다. 그러나 어떠한 상황이든 평가 정보의 변경이나 아동의 교육적 요구 이외의 요인에 기초해 프로그램에 배치하는 것은 심각한 윤리적, 법률적 위배 행위에 해당한다.

역량. 또 하나의 관련된 윤리적 딜레마는 학교심리학자가 역량을 갖추지 못한 서비스를 제공하도록 상관이 요구하는 상황이다. 이러한 문제는 계속적 교육의 필요성을 보여주며, 실무자의 역량과 내담자의 복지를 다루는 윤리적 원칙에 관련된다. 이러한 특정 딜레마는 *Communiqué*의 윤리적 문제 시리즈물의 한 부분으로 다루어진 적이 있다(Grossman, 1992). 다른 예는 학교심리학자가 자신이 역량을 갖추고 있다고 생각하는 활동에 관여하게 되었지만 실제로는 그렇지 않은 경우다. 가령, 학교심리학자에 대한 SDE의 포괄적인 직무기술(job description)은 자격증을 소지하고 있는 모든 개인에게 적용되지 않을 수도 있다. 예를 들면, 어떤 실무자들은 자문이나 집단상담에 대해서 충분히 준비되지 않았을 수도 있으며, 만일 그렇다면 그들이 역량을 갖출 때까지 그러한 서비스를 제공하지 말아야 한다. 보다 뚜렷한 윤리적 위반은 학교심리학 분야로 흔히 생각되는 영역 이외에서 실무 활동을 하는 경우다. 예컨대, 감각기능과 신체적 건강에 대해서 진단하고 제언하는 것은 다른 전문직의 영역이다. 학교심리학 훈련과 실무와 관련된 정보는 *Petition for Reaffirmation of the Speciality of School Psychology*(2005)와 Ysseldyke 등 (1998)에 제시되어 있다. 실무자 역량 부재에 대한 역사적인, 보다 터무니없는 예로는 Dr. Gestalt의 사례가 있다. "학교위원회의 한 위원이 한 학교심리학자에게 그의 실무 활동에서 사용하고 있는 Bender-Gestalt 검사의 본질에 대해서 물었을 때, 그 심리학자는 믿기 어려운 무식함으로 다음과 같이 답변했

> 내담자의 사생활권에 대한 존중은 실무에 있어서 가장 중요한 윤리적, 법률적 측면이라 볼 수 있다.

다. '네, 그 검사는 Dr. Bender와 Dr. Gestalt가 만든 검사에요.'" (Rosenfeld & Blanco, 1974, p. 263).

특권과 특별 범주. 특별한 범주의 아동들을 대상으로 서비스가 요구될 때 부가적인 딜레마가 일어날 수 있다. 예컨대, 어떤 주에서는 학교심리학자가 추가 훈련을 마칠 때까지는 외상적 뇌손상(traumatic brain injury, TBI)을 지닌 것으로 확인된 아동들에게 서비스를 제공하는 것을 금지할 수도 있다. 전국적 수준에서의 전문적 심리학자들의 처방권 확보를 위한 지속적인 노력들 또한 딜레마를 초래할 수 있을 것이다. APA 분과 16은 학교심리학에서 처방권의 시사점에 대한 보고서를 발간한 바 있다(Kubiszyn, Brown, Landau, DeMers, & Reynolds, 1992). 처방권과 그 외의 다른 특정 실무 활동은 박사와 비박사 수준의 실무자들에게 서로 다른 시사점을 가질 것이며, 앞으로 학교심리학자의 역할 및 기능의 확대와 윤리적 실무를 위해서는 계속적인 전문성 개발이 필수적일 것이다.

비밀보장 및 사생활권. 내담자의 사생활권에 대한 존중은 실무에 있어서 가장 중요한 윤리적, 법률적 측면이라 볼 수 있다. 각자의 업무에서 다양한 이익관계를 갖는 동료들과 함께 일하는 공립 학교장면의 전문가들은 비밀보장의 문제에 부딪힐 수 있다. 이러한 문제들은 3장에서 논의한 누가 내담자인가의 문제와 관련될 수 있는데, 부모, 교사, 행정가 및 그 외의 다른 사람들이 실무자의 사례에 관여되어 비밀보장이 되어야 하는 것으로 간주되는 정보를 알고자 할 수 있다. 평가기록 및 보고서, 사례에 대한 대화들, 서면상의 의사소통, 전화 대화 내용 등에 대한 접근성은 모두 독자적인 개인 실무에서는 있음직하지 않는 비밀보장의 위험을 초래한다. 일부 소송 사례에서 볼 수 있듯이, 내담자가 미성년이고 학교심리학자가 "특혜 의사소통(privileged communication)"의 안전성을 보유하고 있지 않을 때 비밀보장의 유지는 단순한 문제가 아니다. 즉, 특정 상황, 그러나 반드시 드물지는 않은 상황에서, 학교심리학자와 그 외의 다른 학생서비스 직원들은 아동이 비밀보장이 유지되는 것으로 생각해 제공한 정보를 노출할 것으로 기대되거나 심지어는 노출하도록 강요를 받을 수 있다. 비밀보장, 특혜 의사소통 및 타인의 사생활권 존중의 개념은 심리학자의 윤리적 실무에 있어서 핵심적인 개념이다.

훈련 중의 윤리. 임상과 상담심리학 분야의 학생들에게 특별히 해당되지만, Fly, van Bark, Weinman, Kitchener과 Lang(1997)의 연구 결과는 훈련 중에 있는 학생들의 윤리적 위반행동에 대한 하나의 조망을 제시한다. 선행 연구들에서 사용된 '결정적 사건' 기법을 사용하여, 이 연구자들은 각 범주의 위반행동이 차지하는 비중은 비밀보장(25%), 전문적 경계(성적인 것과 성과 관련 없는 것 모두 포함; 20%), 자료의 표절 혹은 위조

(15%), 복지(10%), 윤리적으로 의미 있는 절차적 위반(10%), 역량(9%), 정직-부정직(8%) 및 자격의 사칭(3%)이었다. 이러한 위반의 결과는 44%의 경우 교정적 조치였으며, 프로그램으로부터의 퇴출은 22%였다. 이 연구는 전문적 훈련과정에서 윤리적 사건들을 다루는 것이 얼마나 중요한지를 보여주는데, 연루된 학생들의 54%만이 윤리 과목을 수강한 적이 있었기 때문이다. 훈련, 슈퍼비전 및 학생 동료의 관점에서 문제가 되는 학생들을 관리하는 것에 대한 논의는 *Professional Psychology: Research and Practice*, 2004년 35권 2호의 특별 섹션에서 다루고 있다.

윤리와 법. 학교심리학자는 윤리적 행동의 법률적 측면들을 이해하고 있어야 한다. 비밀보장의 무시는 문서에 의한 명예훼손(libel)과 말에 의한 명예훼손(slander)을 포함하는 명예훼손(defamation of character)을 초래할 수 있다. 비밀보장과 관련해 또 하나의 복잡한 영역은 정당한 관심을 가진 전문가들이 검사의 내용에 접근할 수 있게 하는 것과 검사 발행자의 저작권을 보호할 필요성 간에 균형을 맞추는 문제다(APA, Commitee on Psychological Tests and Assessment, 1996a 참조; Canter, 1990b; Woody, 1998).

비밀보장과 법. 비밀보장의 영역은 아마도 학생들을 대상으로 서비스를 제공하는 전문가들에게 가장 심각한 딜레마를 부과한다. 어떤 상황에서는 비밀보장의 문제와 같이 윤리적 딜레마가 윤리적 파문뿐 아니라 법률적 파문을 일으키기도 한다. Jacob과 Hartshorne(2007)은 *Pesce v. J. Sterling Morton High School District* 사례(1986)의 갈등적인 윤리적, 법률적 측면들을 논의한다. 이 사례의 경우 비밀보장을 유지하기로 한 학교심리학자의 결정이 주 정부의 아동학대보고법과 일치하지 않는 것으로 판결되었다(pp. 199-201 참조). 비밀보장에 대한 학교심리학자의 주장은 학대법의 보고 의무조항을 무시하기에는 불충분했다. 일반적으로 법률적인 의무조항은 윤리적인 고려사항들을 대체한다고 인정된다.

그 외의 법률적 함정. 학교심리학자와 그들의 내담자 간의 성적으로 부적절한 행위와 학대에 대해서는 보다 공개적으로 논의되고 있기는 하나, 실제로 이러한 문제들이 얼마나 자주 일어나는지에 대해서는 거의 알려진 바가 없다. 간혹 이러한 문제들이 지역 신문에 게재되지만, 이러한 행동은 거의 확실히 연루된 실무자의 모든 실무 권위와 자격의 박탈을 초래한다.

마지막으로, 개인적 실무에 대한 관심과 학교심리학적 서비스에 대한 '제3자 상환'의 가용성이 증가함에 따라, 학교심리학자들은 개인 실무 활동의 윤리적 문제와 법률적 측면들에 대해서 친숙해져야 한다. 학교심리학 서비스에 대한 제3자 보험회사 지불과 관련되는 문제들은 Canter(1990a, 1991a)에 의해 논의되었다. 윤리와 법이 중복되면서 갈등을 초래하는 영역들에 대한 논의는 Cardon, Kuriloff와 Phillips(1975), Jacob과 Hartshorne(2007), Phillips(1990a), Prasse(1995), Reschly와 Bersoff(1999), Sales, Krauss, Sacken와 Overcast(1999)를 참조할 수 있다.

그 외의 자원들

Canadian Psychological Association도 윤리강령을 가지고 있다(CPA, 2000). Canadian Association of School Psychologists(CASP)는 이 윤리강령을 일부 수정해 채택했다. CASP 또한 *Standards for Professional Practice in School Psychology*(CASP, n.d)를 제공한다. International School Psychology Association은 APA와 NASP의 주요 조항들과 매우 일치되는 윤리강령을 가지고 있다(Oakland, Goldman, & Bischoff, 1997). 또 하나의 관련되는 윤리 표준은 American Counseling Association(ACA, 2005)이 만든 것이다. ACA의 회원이 아닌 학교심리학자들에게는 직접 적용가능하지 않지만, 이 표준은 특별히 상담관계, 자문 및 개인 실무에 대한 절을 제시하고 있다는 점이 독특하다. ASPPB는 스스로의 *Code of Conduct*(2005)와 관련 교수용 비디오인 *Ethical Dilemmas Facing Psychologists*를 발간한다. Canadian Psychological Association 웹사이트(*www.cpa.ca*)는 캐나다의 강령을 APA와 ASPPB의 강령들과 비교한다. 어떤 주들은 APA와 NASP의 강령을 대체할 수도 있는 교육자를 위한 윤리강령을 가지고 있다. 예컨대, 조지아 주의 교육자를 위한 윤리강령은 주 정부의 Professional Standards Commission으로부터 자격증을 취득한 모든 전문가들에게 적용된다(www.gapsc.com/profeesionalpractices/Nethics.asp).

　윤리와 법규에 대한 소수의 저서만이 특별히 학교심리학자를 다룬다(Gredler, 1972; Jacob & Hartshorne, 2007; Valett, 1963). Jacob과 Hartshorne의 저서는 대부분의 상황에서 취할 수 있는 전문적 조치를 명확히 하도록 돕기 위해 법적 결정과 윤리강령을 함께 다룬다. Jacob과 Hartshorne의 저서는 학교심리학의 법률적, 윤리적 문제를 포괄적으로 다루며 다양한 사례들로부터 많은 실례를 들어 구체적인 원칙들을 설명한다. 보다 이전에 발간된 Valett의 저술 또한 현대 학교심리학 실무와 관련성이 있다. Valett는 몇 가지 실무 영역과 관련된 전문적 쟁점과 딜레마에 대해서 흥미있게 논의한다. 이 책은 학교심리학 분야의 많은 측면들을 논의하며 각 장은 논의를 위한 실제적인 문제들을 제시하고 있다. 이 책에 제시된 많은 짧은 글(Vignette)은 윤리적, 법적 문제나 평범한 실무 문제와 관련된 연습문제로 활용될 수 있다. Valett는 한 가설적인 학교에서의 행정적인 문제들과 관련된 사례를 다음과 같이 제시한다.

일군의 부모들이 상담과 학교심리학 프로그램에서 성격검사를 계속해서 사용하는 것에 대해 의문을 제기했다. 그들은 학교심리학자가 다음 학부모회(PTA) 회의에서 현재 사용되고 있는 모든 검사들과 이러한 검사들이 교육 프로그램과 개별 학생들과 일하는 데 어떻게 도움이 되는지에 대해 프레젠테이션을 해 줄 수 있는지 문의했다. (p. 269)

테크놀로지의 발전은 부가적인 윤리적 문제들을 불러일으키는데, 여기에는 컴퓨터를 활용한 보고서 작성과 검사 채점 프로그램(Carlson & Martin, 1997; Sutkiewicz, 1997), 팩스(Batts & Grossman, 1997) 및 무선호출기(DiVerde-Nushawg & Walls, 1998; Tracy, 1998)의 활용이 포함된다. 개인 실무에서 실무자들의 테크놀로지 활용 및 이에 따른 윤리적 우려점들에 대한 조사는 추가적인 지침이 필요하다는 점을 지지한다(McMinn, Buchanan, Ellens, & Ryan, 1999). 학교심리학 실무에서 테크놀로지 사용에 대한 지침의 요약은 Harvey와 Carlson(2003)에 등장하는데, 이들은 테크놀로지는 전통적인 실무를 대체하기보다는 증진하기 위해서 사용되어야 하며, 책임은 계속해서 실무자에게 있다는 점을 경고한다. 활용가능한 테크놀로지의 유형과 이에 따른 윤리적 문제들에 대한 논의는 Pfohl과 Pfohl(2002)에서 찾아볼 수 있다. 인터넷 그룹(예: email 토론 리스트) 참여와 관련된 윤리적 우려와 책임은 Humphreys, Winzelberg와 Klaw(2000)가 검토한 바 있다.

마지막으로, 윤리적 행동과 관련해 최근의 연구와 견해를 따르는 것이 중요한다. 이전의 개관들이 전문적 행동에 대한 시각을 제시하지만, 전문가에 대한 기대는 시간에 따라 변화하며 서비스가 제공되는 보다 넓은 사회적 맥락을 반영하기 마련이다. 게이, 레즈비언 및 바이섹슈얼 그룹과 같이 특별한 상황과 내담자들에 대해 지침이 마련되어 있다(Division 44 Commission, 2000 참조). 일부 주 협회의 소식지는 윤리에 대한 기고를 정규적으로 싣고 있으며, 윤리에 대한 시리즈 기사가 분과 16의 소식지, *The School Psychologist*와 NASP의 *Communiqué*(예컨대 19권의 7호 색인 참조)에 게재된 바 있다. 사례 연구가 간혹 American Psychologist에 등장하기도 한다. 훈련과 실무에서의 윤리적 문제에 대한 개관은 *Professional Psychology: Research and Practice*라는 학술지에 또한 게재되어 왔다. 윤리와 최상의 실무 지침은 밀접히 연관되어 있기 때문에, *Best Practices in School Psychology*(Thomas & Grimes, 1985, 1990, 1995, 2002, 2008) 또한 매우 유용한 가이드다. 윤리적 원칙에 대한 대학원 교육은 1992년에 간행된 *Professional Psychology: Research and Practice*(23권 3호)의 특별 섹션에서 논의되었으며, 학교심리학 프로그램의 윤리 훈련은 Daley, Nagle과 Onwuegbuzie(1998) 및 Swenson(1993)에서 논의되었다. 법적, 윤리적 쟁점들에 대한 추가적인 정보는 아동학대와 아동의 권리와 관련된 학교심리학 문헌에서 제시되고 있다. 역사적인 조망은 Hart(1991)에서 제시되며, 종합적인 논의는

*School Psychology Review*의 여러 특별호에 실려 있다. 이들 특별호에는 아동에 대한 심리적 학대(1987, 16권 2호), 아동의 권리(1991, 20권 3호), 아동, 연구 및 공공정책(1996, 25권 2호)에 대한 주제들이 다루어졌다.

연구 수행의 윤리적 측면에 더해 출판물의 저자 문제가 최근에 다루어진 바 있는데(Murray, 1998) 검사나 교수 자료들의 사용에 있어서 저작권법에 대한 우려가 있기 때문이다(Woody, 1998). 한 최근 논문은 APA의 Practice Directorate에 제기된 가장 일반적인 질문들을 다루었다(Committee on Professional Practice and Standards, 2003). 이 논문은 윤리적 위반과 법률적 위반 간의 차이, 전문적 관계에서 흔한 실무관련 우려사항, 비밀보장과 특혜 의사소통, 기록의 관리, 서비스의 종료, 비즈니스로서의 심리학과 관련된 문제 등을 논의했다. 이 논문은 추가적인 명료화를 위한 무수한 정보원을 담고 있으며 개인 실무 중에 있는 심리학자들에게 가장 도움이 될 수 있다. Helton과 Ray(2005)의 조사는 학교심리학자들과 특수교사들 간에 IEP의 시행, 평가 자료, 관련 서비스 및 교수 자료의 적절성과 관련된 딜레마에 자신이 반응할 것이라고 예측한 방식들이 서로 차이가 있다는 점을 시사한다. 이 연구는 실무자들로 하여금 비윤리적으로 행동하게 하는 지역적 압력에 저항하는 전략들(예방을 포함하여)을 제시하고 있다. 2002년 판 APA 윤리강령이 어떻게 학교심리학 실무와 딜레마의 관리에 적용되는가에 대한 논의는 Flanagan, Miller와 Jacob(2005)을 참조할 수 있다.

> Jacob과 Hartshorne의 저서는 학교심리학의 법률적, 윤리적 문제를 포괄적으로 다루며 다양한 사례들로부터 많은 실례를 들어 구체적인 원칙들을 설명한다.

법규

3장에서 언급했듯이, 공교육은 강한 규제를 받는 사업이다. 이러한 규제의 일부는 법률, 헌법 조항, 주 정부가 그 시민들을 교육할 책임, 학생의 권리, 특수아동의 요구, 전문적 서비스의 제공, 전문적 실무상의 과실 및 연구의 범위를 정하는 판례 등과 관련된다. 이러한 영향 요인들 배경과 시사점들에 대한 깊이 있는 논의는 Fischer와 Sorenson(1991), Jacob과 Hartshorne(2007), Phillips(1990a), Reschly와 Bersoff(1999), Reynolds, Gutkin, Elliott와 Witt(1984) 및 Sales 등(1999)에서 참조할 수 있다.

FERPA, Section 504, IDEA

학교심리학자의 일상적인 실무에 가장 중요한 두 법이 1970년대에 통과되었다. 첫 번째 법은 Family Educational Rights and Privacy Act of 1974(FERPA, 공법 93-380)이다. Russell Sage Conference Guideline(Goslin, 1969)에 의해 영향을 받아, FERPA는 부모 및 18세 이상의 학생이 기록을 검토하고, 이의를 제기하며, 수정할 수 있는 권리를 명확히 했으며 기록의 수집과 배포를 위한 서면동의를 의무화했다. 두 번째 법은 1975년 제정된 Education for All Handicapped Children Act(EAHCA, 공법 94-142)로, 1973년 제정된 Rehabilitation Act의 Section 504의 영향을 받았다. EAHCA는 1997년에 Individuals with Disabilities Education Act(IDEA, 공법 105-117)로, 보다 최근에는 2004년에 Individuals with Disabilities Education Improvement Act(공법 108-446)로 재인준되었다. 이 법들은 사실상 장애인의 인권을 다루는 것으로 장애인에게 무상의 적절한 공교육(free and appropriate public education, FAPE), 비차별적 평가, 적법과정 절차(due process procedure), 최소제한환경(least restrictive environment: LRE)하에서 제공되는 서비스의 개별화교육계획(individualized educational plan: IEP) 등의 권리를 부여하고 있다. 1986년에는 EAHCA를 확대해 개별화가족서비스계획(individualized family service plan: IFSP)을 통해 이전 법에 규정된 권리를 영유아에게도 부여했다(공법 99-457).

본질적으로 이러한 법들은 교직원과 지역사회 기관들이 학생의 기록을 자유롭게 공유하던 시대, 부모의 동의 없이 특수교육 배치의 목적으로 학생들을 평가하던 시대, 흔히 매우 격리된 환경에서 특수교육을 제공하던 시대를 종식시켰다. 이 법들은 모든 자격을 갖춘 아동에게 특수교육 프로그램과 심리학적 서비스를 포함한 관련 서비스를 제공해야 하는 일상적 요구의 토대를 놓았다. 이제 부모의 동의는 아동에 대한 정보의 수집과 배포뿐 아니라 평가 과정에서 빠질 수 없는 부분이 되었다. 장애인에 대한 법에 대해 가장 논쟁적인 부분은 비편향적 평가, 적법절차와 사전고지에 의한 동의(informed consent), 가끔 주류화(mainstreaming)와 통합교육(inclusion)과 같은 이름으로 실행되는 최소제한 환경에의 교육적 배치 등이다. 법령이 학교심리학에 미치는 영향은 1975년에 발행된 *Journal of School Psychology*(13권 4호) 특별호의 주제였다. 이 특별호는 적법절차심사(due process hearing)에서 증인으로서의 학교심리학자, 법적-윤리적 갈등, 훈련 등의 논문 등을 게재했다.

1970년대 중반에 FERPA와 EAHCA에 대해 논의한 문헌이 아주 많이 있었다. 이러한 문헌과 보다 최근의 논의는 실무와 관련성이 매우 높다. 예컨대, Telzrow(1999)는 많은 학교와 전문가가 IDEA의 1997년 개정안의 주요 조항들에 대해서 얼마나 준비되어 있는지 의문을 제기하고 이러한 조항들을 보다 잘 실행하기 위한 제언을 제시했다. Havey(1999)는 연구에 응답한 38%의 학교심리학자들이 한 번 이상 적법과정심사에 관여한 적이 있으며 평균 1시간을 증언하는 데에, 7.5시간을 준비에 할애했음을 보고했다. 이러한 심의에서 가장 일반적인 쟁점은 평가와 배치의 적절성에 대한 것이었다. 적법과

정심사에서 증언하거나 목격자 증언을 할 때의 요령은 Elias(1999), Kimball과 Bansi-lal(1998), Stumme(1995) 및 Zirkel(2001)에서 찾아볼 수 있다.

2004년의 재인준은 수혜자격 기준(특히 학습장애 영역에서의)에 대한 오랜 논쟁을 강화시켰다. 증가일로에 있는 심리학에서의 경험적으로 지지된 개입과 교육에서의 타당화된 교수 실무에 대한 강조에 더하여, 학습장애의 새로운 수혜자격 기준은 개입에 대한 반응(Response To Intervention: RTI)이 지능과 성취도 간의 심각한 불일치를 대체할 수 있게 되었다. 집합적으로 이러한 요인들은 심리교육적 과학에 보다 일치하는 실무를 확립하고자 하며, 보다 예방적인 접근을 취하고, 점차로 일반 교육 부문에서 서비스를 제공하고자 하는 역사적 흐름을 가속화시키고 있다.

또한 통합교육에 대한 논의가 관심의 초점이 되고 있다(Pfeiffer & Reddy, 1999 참조). 특수교육을 받는 학생들을 일반교육 프로그램 속에 좀 더 통합시키고자 하는 최근의 추세와 위기 학생들을 위한 서비스 제공은 Section 504의 조항과 IDEA의 조항 간의 차이에 보다 많은 주의를 기울이게 했다. 전자는 보다 포괄적이며 IDEA에 따르면 수혜자격이 없을 수도 있는 일부 아동들(예: 주의력 결함 장애를 가진 아동들)에 대한 서비스를 요구한다. 앞으로는 보다 많은 가족들이 Section 504의 조항에 근거해 자

> 이러한 법들은 교직원과 지역사회 기관들이 학생의 기록을 자유롭게 공유하던 시대, 부모의 동의 없이 특수교육 배치의 목적으로 학생들을 평가하던 시대, 그리고 흔히 매우 격리된 환경에서 특수교육을 제공하던 시대를 종식시켰다.

녀들에 대한 교수 및 관련 서비스의 조정(accommodations)을 요구할 가능성이 커질 것으로 보인다. 이것은 특수교육이 보다 비범주적인 서비스로 이행하고 개입과 성과를 더욱 강조하도록 변화를 가속화할 것이다. Section 504와 IDEA 모두 적법과정, 평가, 교육계획 등과 관련해 아동과 그의 가족에 대해 상호 중복되는 보호 조항을 가지고 있다.

이 두 법 간의 중요한 차이를 검토하기 위해서 이 둘을 비교한 기사가 *Communiqué* 시리즈에 1992년 9월호를 시작으로 게재되었으며, Council of Administrators of Special Education(*www.casecec.org*)에서도 자료를 얻을 수 있다. Jacob과 Hartshorne(2007)의 저서도 이러한 비교를 위한 주요 자료다. 학교심리학자의 진단적 결정은 이러한 법령과 그 규정들이 정의하는 장애의 분류에 의해 강한 영향을 받는다. 대부분의 학교구는 특수교육 프로그램의 실행에 있어서 이러한 정의들을 고수한다.

또 다른 분류 체계는 American Psychiatric Association의 *Diagnostic and Statistical Manual of Mental Disorders: 4th Edition*(DSM-IV-TR, American Psychiatric Association, 2000)이다. 이러한 분류 체계들은 학교심리학 실무의 진단 실무를 주도한다. DSM-IV를

학교심리학에 적용하는 문제는 1996년에 발행된 *School Psychology Review*(25권 3호)의 특별호에 논의되었으며, DSM-IV-TR의 적용 문제는 House(2002)가 저술한 책에서 논의되었다.

No Child Left Behind Act(NCLB)

아마도 2001년에 처음 시행된 No Child Left Behind(NCLB, 공법 107-110)만큼이나 일반교육에 대한 학교심리 서비스의 중요성을 강조한 법도 없을 것이다. 이 법은 특수아동에 대한 기대사항을 다루기도 하지만, 주로는 정규적 교육 실무에 그 과녁을 두고 있다. 학생의 학업적 숙련, 적절한 연간 진보, 탈락률 감소, 출석률 개선 및 우수한 자격을 갖춘 교사(학교심리학자 포함)를 강조함으로써, 이 법은 1970년대에 EAHCA의 시행이 그러했던 것처럼 일반교육 부문에서 많은 논쟁을 가져왔다. 통계, 연구 설계, 검사 해석 및 자문 기법에 대한 역량을 갖춤으로써 학교심리학자들은 보다 널리 정규교육 속으로 투입될 수 있을 것이며, 특수교육과의 강한 역사적 연계성을 줄일 수 있을 것이다. 그러나 1990년대의 Goal 2000 프로그램과 마찬가지로, NCLB의 이상이 현재의 연방 정부의 행정을 넘어서서 어떻게 구현될지는 앞으로 지켜볼 일이다.

HIPPA

2003년에 시행된 Health Insurance Portability and Accountability Act(HIPAA)는 기록의 전자 송수신 및 개인의 건강보호 정보에 대한 사생활권의 유지에 대한 규칙을 제시한다. 이 법이 학교기반의 활동에 미치는 영향은 중간 정도라고 볼 수 있지만, HIPAA는 개인 부문에서 일하는 건강 서비스 전문가에게는 매우 중요한 법이다. 학교기반의 실무와 관련해 이 법의 시사점에 대한 논의는 Icove와 Palomares(2003)에 나타나며 개인 부문에서의 시사점은 APA의 *Monitor on Psychology*(2003, 34권 1호)에 나타난다. 몇 가지 다른 참고문헌 정보는 2002년 발행된 *The National Psychologist*의 9/10월호에 제공되고 있다. Jacob과 Hartshorne(2007)의 저서 제5판도 HIPAA에 대한 정보를 담고 있다.

소송

연방법과 관련된 몇 가지 주요 판례가 특수교육 서비스의 제공과 학교심리학 실무, 특히 평가 영역에 영향을 미쳐왔다(Reschly & Bersoff, 1999; Salvia & Ysseldyke, 2007). 이러한 판결 중 일부는 1974년의 FERPA 및 1975년의 EAHCA의 표현과 제정에 선행하여, 이들 법령의 제정에 영향을 미쳤다. 판결은 특수교육 및 학교심리학 실무의 다음과 같은 측면들에 영향을 미쳤다.

- 장애아동이 무상의 적절한 공교육을 받을 권리(*Mills v. Board of Education of the District of Columbia*, 1972; *PARC v. Commonwealth of Pennsylvania*, 1971, 1972)
- 소수집단 아동의 평가(*Hobson v. Hansen*, 1967; *Guadalupe Organization, Inc. vs. Temple Elementary School District No. 3*, 1972; *Larry P. v. Riles*, 1972, 1984; *Parents in Action on Special Education[PASE] v. Hannon*, 1980)
- 전문가-내담자 의사소통의 비밀보장(*Pesce v. J. Morton Sterling High School District*, 1986; *Tarasoff v. Regents of California*, 1974, 1976; *Zirkel*, 1992)
- 실무에서 전문가 윤리의 중요성(*Forrest v. Ambach*, 1980, 1983)
- 특수교육법의 조항을 준수할 필요성(*Mattie T. v. Holladay*, 1979).

많은 다른 판례 또한 학교심리학의 실무와 특수교육에 영향을 미쳐왔다. 이들은 종종 특수교육, 심리교육적 평가 및 실무의 법률적, 윤리적 측면에 대한 대학원 교과목에서 다루어진다. Reschly, Kicklighter와 McKee(1988a, 1988b, 1988c)의 저술은 선별된 판례들이 학교심리학 실무에 미친 영향을 설명한다. Knapp, Vandecreek과 Zirkel(1985)의 저술은 소송에 대한 연구를 수행하는 데 도움을 준다. 지난 10년 동안에 대표적인 소송사건이 비교적 없었던 점은 특수교육법령이 점차로 수용되고 있으며 학교구가 보다 효과적으로 시행하고 있음을 시사한다. IDEA의 재인준과 최근의 NCLB가 중요한 사건이지만, 이들은 보다 나은 특수교육을 제공하고 문화적 집단들 간의 성취도 차이를 감소시키고자 하는 1970년에 시작된 교육적 과정에 대한 조정 노력이라고 볼 수 있다.

학교심리학자들은 주 수준과 전국적 수준에서 입법 과정에 훨씬 더 적극적으로 활동해 왔다. 이러한 활동은 아동과 가족, 교육, 심리학 및 학교심리학 영역에서 중요한 문제들에 대해 사후반응적(이미 진행 중에 있는 입법 노력에 반응함)으로, 사전예방적(입법 노력을 개시함)으로 이루어진다. 몇몇 주 연합회들은 적극적인 입법 네트워크와 로비스트를 가지고 있다. NASP의 경우, School Psychologists Action Network(SPAN)의 활동은 매우 주목할 만하다. 이러한 과정에서 학교심리학자들은 종종 의회에서 증언하며, 의회와의 접촉을 통해 입법화를 촉진한다. 1970년대에 학교심리학이 FERPA와 EAHCA의 의무조항으로 고투하는 가운데 이러한 노력의 중요성을 배우게 되었다. 그 당시에도 NASP와 APA가 입법 과정에 관여하기는 했으나, 현재의 위치와 비교해 볼 때 그것은 매우 절제된 것이었다. 증언에 대한 가이드는 Sorenson, Masson, Clark과 Morin(1998)과 NASP와 APA에서 얻을 수 있는 자료들에 제시되어 있다. 입법 영역은 학교심리학 전문 조직들의 가장 눈에 띄는 활동 중의 하나다.

정부 자금이 실무에 미치는 영향

지난 40년 동안 실무에 대한 광범위한 규제는 몇몇 서비스 영역에 있어서 잠재적으로 불편한 상황들을 창출했다. 서비스를 개시하기 위해서 부모와 보호자의 허락을 얻는 것은 이제 일상이 되었고, 전문가와 기관 간에 기록을 공유하는 것은 보다 까다로워졌으며, 전통적인 특수교육 서비스 수혜자격을 갖추지 못한 내담자들은 종종 Section 504를 통해서 서비스 수혜자격을 갖는다. 이러한 모든 상황들은 실무 활동을 하는 학교심리학자들에게 잘 알려져 있다. 1990년대에는 두 가지 부가적인 우려의 영역이 등장했다. 첫 번째는 가족이 정부의 Supplemental Security Income(SSI) 프로그램을 통해서 정부로부터 수당을 받으려면 '진단'이 있어야 한다는 요건이다. 이것은 학교구가 학교심리학자들의 서비스에 대해서 받는 Medicaid 상환과는 다른 것이다. SSI 수당은 개인이나 부모 혹은 보호자에게 직접 지불되지, 학교구에 지불되지 않는다. SSI 수당을 받으려면 개인은 65세 이상이거나, 맹인이거나 장애를 가지고 있어야 하고, 제한적인 자원과 소득과 함께 그 외의 다른 특정 요건을 충족해야 한다(Social Security Administration, 2000). SSI 프로그램은 신체적 혹은 정신적 장애를 가진 성인과 아동에게 적용된다. 매월 받는 수당은 가족 내에 장애를 가진 각 아동에 대해서 적어도 500달러 가량 된다. 많은 주에서 학교심리학자들은 SSI 소득 혜택을 위해서 아동을 평가하도록 승인받았다. 어떤 학교심리학자들은 학부모로부터 자신의 자녀를 장애가 있는 것으로 판정해서 그들이 이러한 지원금을 받을 수 있게 해 달라는 압력을 받는다고 느낀다. 이것이 얼마나 보편적인 법적 혹은 윤리적 문제가 되어 왔는지에 대해서는 알려진 바 없지만, 논쟁의 소지가 있는 이 프로그램은 정밀 조사를 받았다(Stanhope, 1995). 많은 학교심리학자들은 일부 궁핍한 아동의 부모로부터 그들의 자녀에게 장애 진단을 내려서 그들이 SSI를 받을 수 있게 해 달라는 압력을 받아왔음을 개인적으로는 인정해 왔으나, 학교심리학 문헌에서 평가 과정의 남용에 대해서 발행된 출판물은 거의 없다.

두 번째 우려점은 장애명을 얻고자 하는 대학생 수가 빠르게 증가하고 있는 점이다. 대개 추구하는 장애명은 학습장애 혹은 ADHD인데, 이는 입학과정에서의 특혜를 얻거나 지원서비스 혹은 다른 조정(예: 교과목 대체, 시험에서 추가 시간 부과, 선호에 따른 좌석 배치, 해독기, 전사기 등)을 받기 위해서다. 이러한 상황은 전문가들이 이전에 그러했듯이 권익옹호자(advocate)의 역할을 하기보다는 수사관 같은 실무자(investigative practitioner)가 될 것을 요구한다.

이와 같은 두 상황들에서의 문제는 프로그램의 적법성이나 서비스에 대한 요구라기보다는 오히려 내담자가 진단을 받음으로써 무엇인가를 얻고자 하는 입장에 있다는 것이다. 특히 고등학교나 대학에서 일하는 학교심리학자는 자신이 내담자에게 다소 적대적인 역할을 하고 있다고 느낄 수도 있다. 마치 죄가 있다고 의심이 가는 내담자를 변호해야하는 변호사와 비슷한 역할을 하는 느낌을 가질 수 있다. 이러한 사례들을 둘러싼 문제와 딜레마는 Law School Admissions Test(LSAT; Ranseen, 1998)에 대한 조정을 요구했던 학생들에 대한 논문에 자세히 설명되어 있다. ADD나 ADHD로 진단을 받아 LSAT에서 조정을 받은 50명의 성인 사례들을 검토하면서, Ranseen은 단지 8%의 경우만이 아동기나 청소년기 동안에 진단을 받은 경험이 있으며 48%는 법과대학을 마친 후에 진단을 받았다는 사실을 발견했다. 이 논문은 조정을 위한 대학에서의 평가에 관여하는 사람이라면 누구나 읽어야 할 논문이다. 이 논문은 또한 성인 ADD와 ADHD 진단의 문제에 대해 가치 있는 논의를 제시하며, 최소한 이 영역에 대해서 실무자들의 인식 수준을 높여줄 것이다.

학교심리학자나 훈련 중에 있는 학생들은 Section 504와 1990년의 American with Disabilities Act(ADA; 공법 101-336)의 시행과 관련된 문제들에 대해서 주의를 기울이길 원할 것이다. 많은 대학기관이 Association on Higher Education and Disability의 전국적 지침에 기초한 구체적인 증빙요건과 절차들을 채택해 왔다.

책임보험

윤리, 법령 및 소송 간의 복잡한 관계는 전문적 책임보험의 소지가 중요함을 보여준다. 불과 소수의 기관과 주요 보험회사만이 전문적 책임보험을 제공한다. 보통 학교심리학자들은 책임보험을 NASP나 APA 회원자격을 통해서 구입한다. 보험시세는 주, 보상범위, 공제액, 실무 장면에 따라 다양하다. NASP 회원의 경우, American Professional Agency(*www.americanprofessional.com*)와 Forrest T. Jones and Company(*www.ftj.com*)를 통해서 보험을 구입할 수 있다. 이들 기관들을 통한 보험 비용은 매우 합리적이며 학교기반의 실무자와 개인 실무자뿐 아니라 학생들도 책임보험을 구입할 수 있다. American Professional Agency는 웹사이트에 소비자들로 하여금 보상범위와 보험회사를 선정할 수 있도록 돕는 구매 섹션을 제공하고 있다. APA와 연계되어 있는 APA Insurance Trust(*www.apa.org*)가 제공하는 박사 수준의 심리학자들에게 가용한 보험 상품들을 포함해 다른 회사들의 경우 보험 비용이 높을 수 있다. 책임보험은 내담자가 제기한 소송에서 실무자가 자신을 방어하는 데 필요한 많은 비용으로부터 실무자를 보호해주며, 실무자가 내담자에게 해를 끼쳤다고 증명된다면 내담

> 윤리, 법령 및 소송 간의 복잡한 관계는 전문적 책임보험의 소지가 중요함을 보여준다.

자에게 보상금을 지불한다. 보험 프로그램을 제공하는 다른 조직으로는 American Coun-seling Association과 American Mental Health Counselors Association이 있다.

자금의 출처

학교심리학자의 실무에 영향을 미치는 또 하나의 변인은 학교심리학적 서비스에 대한 자금 제공의 출처다. 자금의 출처를 학교심리학자가 제공하는 서비스의 유형과 연관시키려 한 연구는 거의 없었다. Eberst(1984)는 학교심리학적 서비스에 대한 가장 일반적인 자금은 특수교육과 관련된 출처에서 나오고, 그 다음은 일반교육, 마지막으로는 지역의 출처로부터 나오는 것을 발견했다. Ebersts는 연구결과를 요약하면서, 다음과 같이 결론 내리고 있다.

> 자금은 유형은 학교심리학자의 역할과 가능에 거의 영향을 미치지 않는 것으로 보인다. 응답자들의 논평은 학교심리학자들이 대부분의 시간을 장애아동의 개인심리교육평가 수행과 보고서 작성, 다분야 평가팀을 돕는 데 할애하고 있음을 시사했다. 이러한 활동들은 사용되는 자금의 주요 출처와 상관없이 대부분의 주에서 요구되는 것들이다. (p. 15)

Eberst의 연구는 학교구의 필요에 대한 행정가들의 지각과 역할 기대 및 요구가 학교 심리학자의 일상적으로 수행하는 업무를 결정한다는 필자들의 주장을 지지하는 것으로 보인다. 자금 자체가 강력한 결정 요인은 아닌 것으로 보이지만 그러한 지각과 서비스에 대한 후속적인 기대의 형성에 기여하는 것으로 보인다. 실무자의 관점에서 볼 때 자금의 출처는 결정적으로 중요한 것으로 보이지는 않는데, Eberst의 연구에 참여한 실무자들의 적어도 절반은 그들의 직책에 대한 자금의 출처에 대해서 확실히 알고 있지 못하다고 보고했기 때문이다(Curtis, Hunley, Walker, & Baker, 1999; Graden & Curtis, 1991).

과거의 10년 동안에, 주 정부들은 학교장면에서의 학교심리학자의 서비스에 대한 비용을 상환하기 위해 Medicaid 자금을 사용해 왔다. 최근의 조사는 41개 주에서 학교시스템에서 제공되는 정신건강서비스 비용이 Medicaid를 통해 상환되었다는 것을 보여주었다. 가장 일반적으로 상환받은 서비스는 개인 및 집단치료와 심리평가였다. 서비스 제공자에게 요구되는 자격증은 주에 따라서 다양했지만, 학교기반의 학교심리학자들은 자주 그들의 서비스에 대한 비용을 상환받았다. 조사 당시 학교시스템에 지출된 주 차원의 Medicaid 자금의 양은 백만 달러에서 8천3백만 달러까지 다양했다(Wrobel & Krieg, 1998). Medicaid 혹은 그 외의 다른 제3자 상환 프로그램이 학교심리학 실무에 미친 영향은 명확하지 않다.

캐나다의 학교심리학 엿보기

캐나다와 미국의 역사는 많은 공통점을 가지고 있다. 유럽의 영향이 뚜렷하지만, 캐나다의 교육시스템과 학교심리학 실무는 많은 측면에서 미국과 유사하다. 미국의 교육시스템이 주 정부와 연방 정부의 영향 가운데 발달했다면 캐나다는 연방정부의 직접적인 영향 가운데 10개의 독립적인 주 정부의 초등 및 중등교육의 시스템을 중심으로 발전했다. 그러나 캐나다의 경우 전국적 차원의 교육부를 가지고 있지 않다. EAHCA와 이것의 IDEA 재인준 조항과 유사한 주 법령이 규제력을 행사한다. 학교심리학 분야 내에서 미국과 캐나다 간에 많은 유사점이 존재한다. 역할과 기능의 제한, 슈퍼비전, 혹은 박사 대 비박사 실무 문제와 같은 실무 관련 문제들이 캐나다의 문헌과 학술대회에서도 등장한다. 주 정부의 권위가 학교심리학의 실무를 규제하며, 교육(학교)심리학자의 자격부여에 대해 주 심리학 위원회와 교육위원회 간의 경쟁도 미국의 그것과 흔히 유사하다. 몇 개 주(예: 앨버타, 브리티시 컬럼비아, 미네소타, 퀘벡)에서 심리학자와 학교심리학자는 별개의 협회에 소속되어 있으며, Canadian Psychological Association 혹은 Canadian Association of School Psychologists에 가입되어 있다.

> 약간의 수정을 가한다면, 미국에서의 학교심리학의 전문적 규제에 영향을 미치는 직, 간접적인 요인들이 캐나다에도 적용될 수 있다.

이 장의 그림 7.1과 7.2, 표 7.1은 캐나다에서 학교심리학의 전문적 규제를 설명하는 데 쉽게 적용될 수 있을 것이다. 약간의 수정을 가한다면, 미국에서의 학교심리학의 전문적 규제에 영향을 미치는 직, 간접적인 요인들이 캐나다에도 적용될 수 있다. 이중언어(영어와 불어) 및 캐나다 원주민의 유산이 미치는 풍부한 문화적 영향은 캐나다의 학교심리학 실무를 미국만큼이나 복잡하고 어렵게 만든다(Fagan, 1987b). 캐나다에서 학교심리학의 중요성은 이 책에 이 주제에 대한 장을 포함시킨 사실에서 엿볼 수 있다.

결론

학교심리학 전문가들의 준비, 자격취득, 일상적 역할과 기능을 통제하는 요인들이 표 7.1에 요약되어 있다. 표 7.1에 제시한 결정 요인들을 조직한 방식은 필자들의 견해를 반영한 것으로 다른 사람들은 이러한 결정 요인들의 상대적인 중요성을 다르게 볼 수도 있다. 통제 변인들은 각 규제의 영역에 따라 직접 및 간접 변인으로 구분되었다. 예컨대, 실

〈표 7.1〉 전문적 통제의 원천

고용을 위한 준비	고용을 위한 자격취득	고용시의 역할과 기능
직접적 영향	**직접적 영향**	**직접적 영향**
APA 인가 표준	SDE 면허 요건	학교구의 요구와 기대
NCATE/NASP 인가 표준	SBEP 면허 요건	학교구가 지각하는 필요
SDE 프로그램 승인 요건		서비스에 대한 소비자 반응
지명(전국적 명부 & ASPPB) 준거		학교심리학자가 바라는 역할
		학교심리학자의 역량
간접적 영향	**간접적 영향**	**간접적 영향**
ASPA	NCATE/NASP 인가 표준	훈련 프로그램의 방향
CDSPP	APA 인가 표준	자격취득 요건
SDE 인증 요건	SDE 프로그램 승인 요건	주 법령과 규정
SBEP 면허 요건	지명 준거	주 및 지역의 전문가협회
APA/NASP IOC	ASPPB 입장 진술문	NASP와 APA의 입장 진술문
APA 입장 진술문	APA 입장 진술문	윤리
NASP 입장 진술문	NASP 입장 진술문	법령과 소송
주 협회의 입장	주 협회의 입장	
SDE 규칙과 규정	NASDTEC의 입장	
APA 분과 16의 입장	APA 분과 16의 입장	
훈련 프로그램과 교수진의 방향	NCSP 요건	
	훈련 프로그램과 교수진의 방향	

무를 위한 준비와 자격부여와 관련된 변인 중, 준비에 대한 직접 변인이 자격부여에 대해서는 간접 변인으로 작용할 수 있으며, 그 반대도 마찬가지다. 각 영역의 직접 변인은 주로 독립적이며, 다른 영역에서 간접 변인으로 작용한다. 따라서 실무를 직접적으로 통제하는 요인들은 훈련과 자격부여를 통제하는 요인들과는 별개다. 적어도 부분적으로, 이러한 구분은 여러 해 동안의 훈련과 자격취득 요건의 강화 이후에도 전통적인 학교심리학 실무의 지속을 설명할 수 있을 것이다.

그림 7.1과 7.2, 표 7.1이 명확히 제시하듯이, 학교심리학에는 두 개의 광범위한 영향의 영역이 존재한다. 교육 영역이나 심리학 영역에서의 주된 변화는 학교심리학에 후속적인 영향을 행사해왔다. APA 혹은 NCATE에 의한 인가 절차의 변화는 학교심리학 훈련의 표준에 영향을 미칠 것이며, 인증 혹은 면허 기관의 변화는 자격부여 표준에 영향을

미칠 것이다. 교육 혹은 심리학의 법령과 소송은 학교심리학자의 일상적 실무에 영향을 미칠 수 있다.

결정 요인들의 영향은 학교 및 비학교 고용의 함수에 따라 다양해질 수 있다. 고용조건에 미치는 교육 부문의 영향은 학교장면에서 훨씬 뚜렷하게 나타날 것으로 예상할 수 있는 반면, 심리학 부문의 영향은 비학교 장면에서 뚜렷할 것으로 기대할 수 있다. 학교 기반의 장면에서 실무를 결정하는 요인들이 비학교 장면에 적용되기 위해서는 조정이 필요할 것이다. 학교심리학이 교육과 심리학 분야 사이의 덫에 걸려 있는 것으로 보든, 아니면 능숙하게 이들 두 분야 사이를 활보하는 것으로 보든, 이러한 이중적 영향력은 매우 극적이다. 이러한 이중적 영향에도 불구하고, 학교심리학은 그 전문성의 주요 징표들과 이에 따르는 규제들을 획득해 왔다.

제8장

현장실습, 인턴십, 취업

학교심리를 배우기 시작한 학생들에게는 인턴십과 취업이 너무 먼 훗날의 일로 여겨질 수 있다. 종합시험, 연구 프로젝트, 포트폴리오, 기타 장기적인 학업적 장애물이 줄지어 기다리고 있음은 말할 것도 없이 이번 학기를 잘 마치는 것 자체가 매우 어려운 꿈으로 보일 수 있을 것이다. 그러나 대학원 과정 초반에 학생들이 직업에 관한 단기 목표와 장기 목표를 생각하는 것은 매우 중요하다. 그렇게 함으로써 학생들은 직업 목표를 달성하기 위한 적절한 동기가 유발된다. 8장은 현장실습 경험, 인턴십, 첫 직장, 학교심리의 학위와 경험을 가진 사람들이 택할 수 있는 대안적인 진로 등과 같은 몇 가지 중요한 이슈를 다룬다.

현장 경험의 역사적 배경

현장 경험은 실무자 양성 과정에서 중요한 개념으로 학교심리학의 역사와 거의 같은 역사를 가지고 있다. Witmer는 펜실베니아 대학교에서 심리치료를 실시한 초창기에 강의의 한 부분으로 실습을 제공했다. Morrow(1946)에 따르면, 1908년에 뉴저지 주의 Vineland 직업 학교에서 최초로 공식적인 인턴십을 시작했으며, 이것이 학교심리학 인턴십의 시초였다. Norma Cutts는 Vineland에서 훈련받은 인턴들 중 한 명이었다. 그 시기에 직업 학교에서 발간한 출판물에 따르면, 인턴십은 본질적으로 유급직이었다(Goddard, 1914). Wallin(1919)은 심리학자들을 훈련시키는 데 인턴 경험이 필요하다고 주장했지만, 즉각적으로 이것을 수용한 프로그램은 많지 않았다.

　대학교의 심리치료센터와 지역사회의 기관에서의 실습 또는 현장 경험은 1930년대 중반까지 학교심리학 교육과 자격 요건의 한 부분이었지만(Fagan, 1999), 현장 경험을 요구하는 실습이 인가를 받고 박사학위를 받기 위해서는 1년간 인턴을 해야 한다는 규정은 1945년이 되어서야 제정되었다(APA & AAAP, 1945). 주(州) 교육국 차원에서 인턴 프로그램을 가장 먼저 지원하기 시작한 주는 오하이오 주이며 그 시기는 1950년이다(Bonham & Grover, 1961). Thayer 학술대회 자료집(Cutts, 1955)은 현장실습과 인턴십의 개념, 실천, 추천서에 관해 상당한 분량의 논문을 싣고 있다.

1963년에 테네시 주의 내쉬빌(Nashville) 시에 있는 George Peabody 교원대학에서 학교심리학의 인턴십을 논의하기 위한 학술대회가 개최되었다. Peabody 학술대회 자료집에서 Susan Gray(1963a)는 "인턴십은 교육 기관이 아니라 대학교 밖의 상황에서 지리나 행정 영역에서 주로 적용되어 온 것이기 때문에 불가피하게 그 범위가 다양했다. 이런 인턴을 그대로 적용한다면, 교육의 목적이나 기준을 흐리게 만들 위험이 있다는 점에 특별히 주의를 기울일 필요가 있다"고 지적했다(p. 1).

Peabody 학술대회가 박사 수준의 인턴십에 특별히 초점을 두었지만, 그 학술대회에서 설정된 많은 아이디어와 원리들은 오늘날에도 여전히 유효하다. 예를 들어, 인턴십은 학교심리학 영역에서 이루어지는 연속적인 교육 과정의 한 부분이어야 하며, 학생에서 전문가로 전환되는 시기에 해야 하는 것이라고 자료집에 나와 있으며, 이것은 여전히 유효하다. Peabody 학술대회에서 다루어졌고 지금도 매우 적절한 주제로 인턴십은 봉사와 훈련 사이에 적절하게 균형을 이루도록 해야 한다는 것이다. 인턴은 고용주를 위해 열심히 일하고 봉사해야 한다. 한편, 인턴십에서 훈련을 소홀히 해서는 안 되는 측면이다. 인턴을 단지 값싼 학교심리학자로 간주해서는 안 된다. 오히려 인턴십은 새로운 경험을 쌓는 1년이 되어야 하며, 주제를 논의하고, 질문을 하고, 절차를 관찰하고, 기술과 지식을 획득하고, 다양한 전문가 역할과 기능을 수행하는 풍부한 기회를 갖는 기간이어야 한다.

현장실습과 인턴십을 통해 현장 경험을 쌓는 것이 널리 퍼진 것은 매우 최근의 일이며, 주 교육국와 자격증 심의위원회에서 정한 자격 요건의 증가와 직접적으로 관련이 있으며, 미국심리학회(APA)와 미국학교심리학자협회(NASP)에서 만든 훈련 기준의 수가 증가한 것과 서로 연관되어 있다. 주 교육국에서 요구하는 자격 요건에는 현장실습이 자주 등장했지만, 인턴은 그렇지 않았다. 현 시점에서 모든 주 교육국과 자격증 심의위원회로부터 자격증을 승인받기 위해서는 현장 경험이 필수조건이다(Curtis, Hunley, & Prus, 1998).

현장 경험의 실제 ─

학교심리학 훈련 프로그램에 소속된 학생을 위한 현장경험은 매우 성격이 다른 두 가지로 나누어진다. 학점 이수와 관련이 있는 현장경험을 *현장실습(practica)*이라 하고 훈련의 마지막 단계에서 수행하는 현장경험을 *인턴십*이라 하는데, 이 둘은 엄격히 구분되어야 한다.

현장실습

*학교심리학의 훈련과 현장 배치 프로그램 기준(NASP)*에 따르면, *현장실습(practice)*은 다음과 같이 정의된다.

> 학교심리학도가 프로그램 또는 수업의 목표와 일치하는 뛰어난 전문 기술을 숙달하도록 도와주고 평가하기 위해 고안된 학교내 활동 또는 현장 기초 활동이며, 밀착 지도를 받는 활동이다. 현장실습 활동은 우수한 기술에 초점을 두는 교육과정의 부분이 될 수도 있으며, 또한 일련의 기술을 포함하는 폭넓은 경험의 한 부분이 될 수 있다. (p. 36)

현장실습 경험은 학점으로 인정된다. 현장실습은 밀착지도를 받게 되며, 학문적 지식과 기술을 통합하고 적용하도록 도와준다. 또한 현장실습은 내용, 슈퍼비전, 평가의 측면에서 훈련 프로그램의 목표와 직접적으로 관련이 있으며, 인턴십보다 먼저 하는 훈련이다. 학생들은 종종 특정한 과제를 완성해 제출해야 하며, 학점은 과제의 질에 기초해 부여된다. 또한 현장실습 경험은 학교심리학의 현장이 학생들을 위한 곳인지를 확인하는 실질적인 기회를 학생들에게 제공한다. 동시에, 현장실습은 교직원들과 현장 슈퍼바이저가 학생들이 수행하는 것을 볼 기회를 주며 학생들의 전문 기술과 대인관계 기술을 평가할 기회를 준다.

훈련 프로그램에 따라 현장실습 요건은 매우 다양하다. Thomas(1998)에 따르면, 석사 과정 훈련 프로그램에서 요구하는 현장실습 경험은 40시간에서 1,200시간에 이르기까지 다양하며, 중앙값은 225시간이다. 전문가 수준의 프로그램에서 요구하는 현장실습 시간은 중앙값이 360시간(범위 25~1,278시간)이며, 박사과정 프로그램에서 요구하는 현장실습 시간은 중앙값이 600시간이다(범위 30~2,000시간). 일부 훈련 프로그램은 학교나 대학교 임상센터가 아닌 다른 기관에서 현장실습할 것을 요구하기도 한다. 반면, 다른 훈련 프로그램은 대학의 임상센터나 일선 학교에서의 경험만 요구하기도 한다.

이상적으로 볼 때 현장실습 경험은 발달적이고 누진적이어야 한다. 학생들이 먼저 수

실습경험은 이상적으로 발달적 또는 누진적이어야 한다.

업에서 다양한 전문적인 기술을 배우고 난 뒤에 교수의 밀착 슈퍼비전을 받으면서 실제 내담자에게 서비스를 제공하는 동안에 배운 기술을 적용하기 시작한다. 이런 방식으로 학업을 통한 훈련과 실천 기술 사이에 강한 관련성이 형성되기를 희망한다. 훈련 기관에 따라 정해진 학점의 수는 서로 다르지만, 학생들은 보통 현장실습 경험에 대한 학점을 받는다.

현장실습은 학교심리학을 처음으로 실천에 옮기는 것으로 여겨질 수 있다. 현장실습을 통해 학생들은 처음으로 일종의 보상을 얻게 되며 또한 사람을 다루는 전문직의 좌절도 인식한다. 학생들은 전문가로 성공한다는 것은 기술과 훈련뿐만 아니라 협상하고, 앞장 서고, 협력하는 것과 같은 대인관계 기술과도 밀접하게 연관되어 있음을 알기 시작한다. 현장실습을 하는 동안에 학생들은 종종 학교심리학자들이 직면하게 되는 복잡한 문제들에 관한 체험적 지식을 획득한다. 학생들은 개별 아동을 다루면서 배우게 되고, 또한 학교심리학자는 가족, 교실, 학교, 학교체제, 주와 연방 입법 및 필수요건, 그리고 전문가 지침과 함께 일해야 한다는 것도 알게 된다. 게다가 학생들은 사회적 책임과 윤리에 적합한 방식으로 모든 일을 수행해야 하는 것의 중요성도 몸소 배운다.

현장실습과 인턴십 사이의 주요 차이점은 각 상황에서 대학교가 어떤 역할을 하느냐와 관련이 있다. 현장실습에서는 대학 교수가 학생들의 경험을 직접 지도하고 평가하는 책임을 지닌다. 대학 교수는 학생이 해야 할 경험을 직접 정해 주고, 과제를 제시하고, 학점도 준다. 현장에 있는 사람(학교심리학자나 교장)이 현장실습을 긍정적인 학습 경험이 되도록 만드는 데 적극적인 역할을 하고, 그 사람이 학생의 수행에 관해 대학 교수에게 조언을 줄지라도, 학생 경험에 대해 최종적으로 책임을 지는 사람은 대학 교수이다.

학교심리학자를 양성하는 사람들은 현장실습이 대학의 치료센터, 공립학교 현장, 대학 치료센터와 공립학교 두 곳 모두, 또는 기타 장소(가톨릭 교구 학교) 중 어디에서 이루어져야 하는지에 대해 논쟁하고 있다. 대학교 치료센터의 장점은 학생들이 더 집중적으로 슈퍼비전을 받을 수 있고, 대학 교수는 학생들의 경험을 더 잘 통제할 수 있고, 교수와 학생이 이동시간을 줄일 수 있다는 것이다. 또한 치료센터가 학교심리학과나 프로그램에 의해 운영된다면, 교수나 행정가는 충분하고 적절한 실습장소를 찾는 데 드는 시간을 줄일 수 있다. 공립학교에서 실습하는 것의 장점은 다양한 문제, 학교에서 일하는 것을 일찍 경험하는 것, 실제 활동하고 있는 학교심리학자를 만날 수 있는 기회, 더 많은 역할과 기능을 맡을 가능성 등이다. 어떤 학교는 치료센터와 공립학교 두 곳 모두에서 실습하는 것을 선택한다. 이 경우 학생들은 대학교의 치료센터에서 밀착 지도를 받으면서 첫 번째 실습을 하고, 두 번째 실습은 공립학교에서 실시한다.

인턴십

학교심리학에서 학교기반 인턴십 경험은 직업적 도제이다. *학교심리학의 훈련과 현장 배치 프로그램 기준*(NASP, 2000c)에 따르면, *인턴십(internship)*은 다음과 같이 정의된다.

> 인턴십은 학교심리학 후보자가 이전의 수업과 실습을 통해 획득한 전문 지식과 기술을 통합하고 적용할 기회를 갖도록 하며, 또한 훈련 프로그램의 목표에 부합하는 새로운 능력을 함양하도록 하는 최고의 순간에 포괄적으로 제공하는 현장 경험이며, 학위를 받기 전에 반드시 마쳐야 하는 과정이다.(p. 36)

6년차 학생 또는 전문가(학교심리사) 훈련 프로그램에 참여하는 학생들을 위한 인턴십이 가장 널리 이용되고 있으며, 이런 인턴십은 실습과 현장경험을 마친 전일제 대학원생이 2년 동안 학업을 마친 뒤에 신청할 수 있다. 박사과정 프로그램에 있는 학생들을 위한 인턴십은 필요한 교과목을 모두 수료를 한 상태에서 아직 박사학위를 받지 않았을 때 이수해야 한다. 어느 경우이든, 인턴십을 최종 학위를 받기 전에 해야 할 마지막 필수 과정이다. 인턴십은 대학에서 배우는 것에서 전일제 학교심리학자로 활동하기 위한 취업으로 순조롭게 이행하는 기회를 제공하는 중간 기지(halfway house)이다. 전부는 아닐지라도 대부분의 훈련 프로그램은 학생들이 학교에서 공부하고 교육과정을 이수하는 동안에 전문적 기술을 개발하는 실제적인 기회를 제공하지만, 이런 현장실습은 학교현장에서 전일제로 지도를 받으면서 1년 동안 진행되는 인턴십에 비교할 바가 못 된다. 대부분의 주에서 학교 밖의 실무 자격증(nonschool licensure)을 취득하기 위해서는 학생들은 박사학위 전 인턴십뿐만 아니라 적어도 1년간의 박사후 과정을 지도를 받으면서 경험해야만 한다.

모든 현장 경험(인턴십뿐만 아니라 현장실습을 포함하여)에는 학생, 대학교 슈퍼바이저, 현장 슈퍼바이저 삼자가 참여한다. 삼자 모두 중요한 역할을 수행하지만, 현장실습에서 인턴십으로 옮겨감에 따라 학생에 대한 영향력과 전문적 책임감의 정도도 대학교 슈퍼바이저에서 현장 슈퍼바이저로 옮겨 간다. 인턴십을 수행하는 동안에 현장 슈퍼바이저는 매일 수행하는 슈퍼비전과 인턴의 활동에 대한 평가에 대해 대학교 교수보다 더 큰 책임을 지닌다. 현장 슈퍼바이저와 인턴은 종합적인 인턴십 계획을 세우고 계획에 있는 사항이 달성되었는지를 평가하기 위해 상호 협력하며 일하게 된다. 대학교 교수진은 일 년에 몇 번만 현장을 방문하고, 인턴이 대학교에 가끔 들리도록 안내하고, 질문이나 문제가 발생하면 컨설팅을 해주면서 다소 떨어져서 인턴을 관찰한다. 주로 대학교 슈퍼바이저가 인턴에게 최종 성적을 주고 인턴십을 마친 것에 대한 공식적인 승인을 해주지만, 현장 슈퍼바이저가 대학교 교수진에게 그 인턴의 수행에 관한 정보를 제공하며 그 인턴이 승인받을 수 있는지 아닌지를 제안한다.

인턴들은 인턴십 1년 동안에 배운 것이 학부 4년, 대학원 교육과정, 현장실습 모든 과정을 다 통틀어서 배운 것보다 더 많다고 자주 말한다. 또한 인턴들은 대학원 수업에서 배운 지식이 인턴십을 하는 동안에 더 명료해지고 더 유의미해진다고 말한다. 한 여학생은 대학원 과정에서 수강했던 모든 수업(연구법이나 통계까지 포함하여)에서 얻은 정보를 인턴십 기간 동안 사용했다는 것을 알고는 놀라게 되었다고 말했다.

> 인턴들은 인턴십 1년 동안에 배운 것이 학부 4년, 대학원 교육과정, 현장실습 모든 과정을 다 통틀어서 배운 것보다 더 많다고 자주 말한다.

폭넓은 실습 경험에도 불구하고 인턴십을 시작하는 학생들은 자신들의 전문적 능력에 대한 불신을 자주 느끼게 된다. 학부나 대학원 과정에서 공부를 잘 했던 학생들조차도 자신에 대한 의심을 느낄 수 있다. 대학원학생이 인턴을 시작하면서 많은 스트레스가 생길 수 있다. 친숙한 환경으로부터 이사를 가는 것, 친구와 동료로부터 떨어지는 것, 새로운 사람을 만나는 것, 새로운 일을 시작하는 것, 학생에서 전문가로 지위가 바뀌는 것 등으로부터 스트레스를 받을 수 있다(Phillips, 1990b; Solway, 1985). 그러나 인턴십을 완수함으로써 대부분의 학생들은 고급 전문 기술을 향상시킬 뿐만 아니라 자신감도 높이게 된다. Gray(1963a)는 인턴십 기간 동안에 학생들은 자신의 강점과 약점을 알게 되고, 약점을 수정하거나 적어도 최소화시키면서 자신의 강점을 부각시키는 방법을 배우게 된다고 한다.

인턴십에 관한 논의는 인턴십의 필수 요건을 살펴보는 것으로 시작하는 것이 논리적이다. NASP 기준(2000c)에 다음과 같은 인턴십 경험에 관한 지침이 나와 있다.

3.2 인턴십은 (대학의) 훈련 프로그램과 현장 사이의 협력이다. 현장은 훈련 프로그램의 목표와 일치하는 활동을 완수하도록 해야 한다. 작성된 계획서에는 훈련 프로그램과 인턴십 현장이 슈퍼비전, 지원, 인턴에 대한 형성적 수행평가와 총괄적 수행평가에 대한 책임을 명시한다.

3.3 인턴은 1년 이상 전일제로 또는 2년 이상 반일제로 근무해야 한다. 인턴십 기간 동안에 적어도 600시간을 학교현장에서 보내야 한다. (주: 전문가 과정에서 요구하는 인턴십을 학교 또는 유사한 기관에서 이미 수행한 박사과정 학생은 학교가 아닌 장소에서 인턴십을 할 수도 있다. 단 프로그램의 가치와 목표와 일치하는

곳이어야 한다. 프로그램 규정은 유사(동일) 경험에 대해 구체적으로 정의해 놓고, 박사과정 인턴십 요건으로 수용 가능한지를 정해 놓아야 할 것이다.)

3.4 인턴은 매 주마다 적절한 자격증을 가진 학교심리학자로부터 적어도 평균 2시간 이상 동안 현장에서 슈퍼비전을 받는다. 학교가 아닌 곳에서는 인턴십에 해당하는 적절한 자격증을 가진 심리학자로부터 슈퍼비전을 받는다.

3.5 인턴십 배치 담당 기관은 인턴십 경험을 위해 다음과 같은 적절한 지원을 제공한다. (a) 인턴십 기간과 보충 기간에 관해 상세히 기록한 합의서, (b) 약속 스케줄, 비용 상환, 안전한 작업 환경, 적절한 사무실 공간, 학교심리학자에게 부합하는 지원 서비스, (c) 지속적으로 전문성 개발 활동에 참여하도록 지원, (d) 인턴십 슈퍼비전을 위한 시간 안배, (e) 다양한 훈련 경험으로서 인턴십에 대한 헌신 서약서. (pp. 18-19)

NASP가 요구하는 인턴십 요건에 추가해 각 주 정부와 각 대학교의 훈련 프로그램은 자신들만의 고유한 요구사항도 가지고 있다. 학교심리학자 자격 인증 기준(NASP, 2000c)이라는 문서에서 인턴십에 관해 다음과 같이 기술하고 있다.

인턴십 경험은 상근제로 1년 이상의 경험, 또는 시간제로 연속 2년 경험으로 구성될 것이다. 최소한 1200시간 이상 근무해야 하며 그 중에서 적어도 600시간을 학교에서 근무해야만 한다. 종합적인 인턴십 경험은 인턴들이 슈퍼비전을 받는 동안에 전문 실천 영역에서의 지식과 기술을 통합하는 능력과 결과중심의 학교심리 서비스를 폭넓게 제공하는 능력을 보여줄 것을 요구한다. (대학원에서) 공식적인 훈련 기간이 끝날 때 또는 끝날 무렵에 제공되는 인턴십 경험은 폭넓은 경험을 제공하기 위해 계획에 따라 설계되며, 프로그램의 특정한 훈련 목적에 적절한 상황에서 일어나며, 학점을 부여함으로써 적절하게 인정해 주며, 적절한 슈퍼비전을 받으면서 일어나며, 프로그램의 특정한 훈련 목적에 일치하는 방식으로 체계적으로 평가받으며, 직업의 법적 및 윤리적 기준과 일치하게 수행된다. (p. 45)

각 주 정부와 대학교 훈련 프로그램에서 요구하는 인턴십 경험에 관한 질문은 이 장의 결론부분에 제시되어 있다. 훈련 프로그램 교수진들과 토론뿐만 아니라 각 주의 교육부에서 제시한 지침은 이런 질문에 답을 제공해야만 한다.

기타 인턴십 고려사항

인턴십 기간에 관한 비공식적인 정보는 여기서 다룬다. 어디서 인턴십을 할 것인지 결정하는 것, 여러 장소 중 한 곳을 선택하는 것 등에 관한 것이 포함된다. 여기서는 인턴십 기간 동안에 일이 잘못되어 가면 무슨 일이 일어나는지에 대한 추가 정보도 다룬다.

인턴십 장소 결정

인턴십할 장소와 취업할 곳을 찾을 때, 개인차가 있기 마련이다. 모든 사람은 좋은 인턴십 장소 또는 직업을 찾을 때 자신만의 우선순위, 가치, 전문적 및 개인적 선호와 비선호, 강점과 약점을 고려한다. 결혼이나 자녀와 같은 생활환경의 변화에 따라 이런 요인들도 변하게 된다. 인턴을 준비하는 학생들 대부분은 지리적, 사회적, 재정적 요인에 초점을 두거나 고려하면서 어디서 인턴을 할 것인지를 물색한다. 아래의 질문은 학생들이 의사결정을 하는 과정에 도움이 된다.

학생들은 아래와 같은 질문을 해야 한다.

1. 지금 내가 살고 있는 곳과 가까운 데에 인턴십을 할 수 있는 장소가 있는가?
2. 나는 지금 살고 있는 지역에 계속 머물고 싶어 하는가?
3. 나는 인턴십을 하면서 받는 봉급으로 그 곳에서 지낼 수 있는가?
4. 아니라면, 인턴십하는 동안에 부모님, 친척, 또는 친구 집에서 함께 지낼 수 있는가?
5. 이사하는 데 걸림돌이 되는 요인은 무엇인가(가족, 연인)?
6. 여러 장소의 기후, 신변 안전, 환경 위생, 가족과의 근접성, 교육적 기회는 어떠한가?
7. 나는 매일 얼마나 먼 거리를 자동차로 출퇴근할 것인가? 내가 운전하고 다닐 길의 상태는 어떠한가? 교통체증은 어떠한가? 대중교통을 이용할 수도 있는가?
8. 내가 결혼한다면, 배우자는 이사할 의향이 있는가?
9. 배우자가 직업을 찾고, 수업을 듣고, 대학원을 다니고, 친구를 사귈 기회가 있는 곳인가?
10. 지금 이사하는 것이 배우자와 나를 위해 옳은 일인가?
11. 자녀가 있다면, 그 지역의 학교는 얼마나 좋은가?
12. 그곳에 수준은 높으면서 비싸지 않은 어린이집이나 유치원이 있는가?
13. 내 아이가 다니는 학교에서 내가 학교심리학자로 일한다면 문제가 발생할까?
14. 그 곳에서 나는 어떤 종류의 사회생활을 할 수 있는가?
15. 그 지역에서는 총 생활비(예: 집세, 세금, 식품, 건강관리)가 얼마나 필요할까?
16. 내가 살 집을 구할 수 있는가?

17. 내가 장애를 가지고 있다면, 그곳은 의료시설에 접근하기 용이한가?

18. 지역사회는 얼마나 큰가?

19. 나는 여가시간에 무엇을 (예: 취미, 종교모임, 쇼핑, 여가활동, 문화행사 등) 하고 싶어 하는가? 새로운 장소에서 이런 활동을 내가 할 수 있는가?

20. 근처에 대학원 강좌를 이수할 곳이 있는가?

21. 인턴십을 위해 어디로 이사를 한다면, 같은 학교, 학교구, 그 다음 해에 학교심리학자로 채용될 가능성이 있는가?

일단 가능한 장소가 정해지면, 다음 단계에 할 일은 가고 싶은 그 곳에서 가까운 곳에 인턴십을 할 장소가 있는지를 찾는 것이다. 인턴십 자리는 주학교심리학자협회, 훈련 프로그램, 주교육부, NASP 직업센터(*www.nasponline.org/careers*)와 같은 다양한 채널을 통해 공고된다. 예를 들어, 일리노이 주에서 매년 이른 봄에 열리는 일리노이 학교심리학자협회 연차학술대회에서는 슈퍼바이저와 행정가(학교심리학자 대표나 특수교사 팀장)가 인턴십을 희망하거나 일자리를 찾는 사람을 인터뷰할 수 있도록 특별히 큰 방을 제공해 준다. 오하이오 주에서는 주의 교육청이 대학연합위원회에 인턴십을 할당하며, 대학연합위원회는 각 대학의 프로그램에서 요구하는 정도에 따라 각 대학에 인턴십 수를 배분한다. 일리노이 주의 방법은 인턴십 희망자에게 더 많은 자유를 주지만, 오하이오 주의 방법은 인턴들을 적절한 곳에 배치하는 데 더 유리하며 훈련 프로그램과 가까운 곳에 인턴을 배치할 수 있는 이점을 가진다. 일리노이 주와 오하이오 주는 인턴들에게 봉급을 지급하고 있다. 그러나 다른 주에서는 봉급을 지급하지 않을 수도 있다. 학교심리학자 구직광고는 종종 인터넷에도 올려진다. 취업관련 온라인 정보는 *www.schpsy-subscribe@ yahoogroup.com*에서 찾을 수 있다.

인턴십 신청하기

인턴십 자리가 나왔을 때, 지원자는 이력서(또한, curriculum vitae라 불림), 성적표, 추천서, 기타 자료를 제출해야 한다. 대부분의 대학교에는 이런 절차를 도와주기 위한 취업 지원실이 있다. 이런 사무실에서 일하는 직원들은 취업 지원자를 위한 파일을 보유하고 있다. 이런 파일을 *취업파일(placement file)* 또는 *취업문서(placement pages)*라고 부르며, 학생의 요구에 따라 고용주에게 보내진다. 취업 정보실을 이용하는 것은 각 학생이 취업 신청서를 보낼 때마다 다양한 구비 서류(예: 추천서)를 모으고 보내는 것의 불편함을 덜어 주는 장점을 가진다. 처음 시작할 때 쉬운 절차를 따르도록 도와주는 것뿐만 아니라 취업 정보실은 미래에 사용하기 위한 파일을 최신 정보로 바꾸고 유지하는 것도 도와준다. 취업 정보실은 취업공고 관련 정보를 찾아서 목록을 만들어 서비스를 이용하는 사람들에게 정기적으로 알려 준다. 취업 정보실은 이력서 작성과 면접하는 방법에 관한 서비스도 제공한다. 학교심리학 교수진은 매우 중요한 정보원이다. 교수들은, 특히 오랫동안 근무한 교수들은 인턴십 장소를 많이 알고 있으며, 특정한 장소의 장점과 단점을 말해 줄 수 있다. 교수진은 이력서를 기꺼이 검토해 주기도 하며 이력서에 추가해야 할 것과 빼야 할 것을 말해 줄 수 있다. 취업 정보실에서는 학생들에게 자신의 학과 교수들 중 적어도 한 명으로부터 추천서를 받으라고 권한다. 교수의 추천서가 필요 없다고 하는 경우는 매우 드문 경우이다. 학교심리학 교수의 이름이 추천인으로 기록되어 있는 것과 관계없이 현장 슈퍼바이저는 의사결정을 하기 전에 신청자를 가르치는 대학 교수의 의견을 듣고 싶어 한다.

인턴십 면접 준비하기

인턴십 면접의 형식은 장소에 따라 매우 다르며, 인턴의 교육 경험과 지원자의 수에 따라 다르다. 어떤 학교는 면접하는 날에 모든 지원자를 불러 모아 놓고 면접을 한다. 학교 직원은 면접일에 면접의 절차에 따라 여러 곳을 데리고 다니면서 면접을 하고 짧은 기간 내에 합격 여부를 알려준다. 다른 교육 기관은 매우 덜 구조화되어 있어서 상호간에 편리한 시간에 면접을 실시하기도 한다.

면접을 실시하는 사람은 청각장애를 가지고 있으면서 발달지체 3세 아동을 평가해 달라고 요청을 받으면 어떤 도구를 사용할 것인가 또는 당신의 평가 결과에 수긍하지 않는 학부모를 어떻게 다룰 것인가와 같은 구체적인 질문을 묻는다. 어떤 면접관은 지원자가 스트레스 상황에 어떻게 반응하는지를 보기 위해 어려운 질문을 묻기도 한다. 어떤 면접관은 단지 해야 할 일에 대해 말해 주고는 지원자를 데리고 다니면서 직원들을 만나도록 안내한다. 여전히 어떤 면접관은 학교심리학자보다는 교사가 될 사람에게 적합할 것 같은 질문을 한다. 예를 들어, 당신의 교실에서 어떤 학생이 잘못된 행동을 한다면 어떻게 할 것인가라고 묻는다. 이 경우에 지원자는 반드시 학교심리학자의 관점에서 대답을 해야 한다(예: 저는 학교심리학자이기 때문에 이런 문제를 가진 교사는 저에게 컨설팅을 요청할 것입니다. 만약 컨설팅 요청을 받는다면, 아마도 저는 ~하십시오라고 제안할 것입니다).

대부분의 면접에서 지원자는 궁금한 것에 대해 질문을 하라고 요구받는다. 지원자는 처음부터 월급, 부가혜택, 장기적인 직업 전망에 대해 질문해서는 안 된다. 대신 지역사회와 학교구에 관한 일반적인 질문은 그 일에 대한 지원자의 관심을 나타낸다. 질문을 하지 않으면 지원자의 관심이 부족하다는 인상을 면접관에게 줄 수 있다.

아래에 있는 두 가지 종류의 목록 중 첫 번째의 것은 인턴십이나 직장을 구하고 있는 학생(지원자)이 물을 수 있는 지역사회나 학교 관련 질문이다. 두 번째는 직장에 관한 질문이다. 이런 질문들 중 어느 것도 인터뷰하는 동안에 받지 않을 수 있다. 다른 한편 인턴십 장소를 결정하기 전에 특히 2개 이상의 인턴십 자리 중 선택해야 하는 상황에 있는 지원학생은 이 모든 질문은 아닐지라도 대부분의 질문에 답하고 싶어 할 수 있다.

지역사회와 학교에 관한 질문은 다음과 같다.

1. 그 지역에 살고 있는 사람들의 사회경제적 수준은 전반적으로 어느 정도인가?
2. 이 지역 사람들의 교육 수준은 어느 정도인가? 지역사회 사람들의 교육열은 어느 정도인가?
3. 학교구에 있는 학교(또는 협력기관 또는 교육기관)는 몇 개인가?
4. 학교구(교육청)의 가장 큰 요구는 무엇인가?
5. 그 학교 학생들의 학업성취는 주나 전국 규준과 비교할 때 어떠한가? 교육청은 NCLB에 대한 주와 전국 기준을 어떻게 충족시키는가?
6. 학교의 크기는 어떠한가?
7. 학년 구성은 어떠한가?
8. 평균 학급의 규모는 어떠한가?
9. 이 지역에서 공통으로 사용하는 교재는 있는가?
10. 벌과 보상을 줄 때 적용하는 일반적인 규칙은 무엇인가?
11. 특수학급의 종류는 무엇이며 어떤 서비스를 제공하는가?
12. 통합교육은 어느 정도 이루어지고 있으며, 교사들은 교실에서 장애 학생을 어떻게 다루는가?
13. 이 지역에서 발생하고 있는 문제(예: 폭력집단, 마약, 절도, 학교폭력)는 어떤 것인가?
14. 학교는 얼마나 안전한가?
15. 교사와 직원들의 교대근무 비율은 어느 정도인가?
16. 학교의 재정상태는 어떠한가?
17. 교직원들이 새로운 아이디어와 프로그램 등에 대해 가진 열정은 어느 정도인가?
18. 행정가, 교사, 기타 교직원들이 학교심리학자의 다양한 역할과 기능에 대해 어느 정도 알고 있는가?
19. 지역사회는 학교 활동에 어떻게 참여하고 있는가?
20. 보건, 상담, 기타 의뢰할 만한 서비스를 위해 필요한 자원을 어느 정도 가지고 있

는가?

직업에 관한 질문은 다음과 같다.

1. 계약기간은 어떻게 정할 것인가(예: 185일, 200일, 11개월)?
2. 학교심리학자가 책임지고 있는 학교는 몇 개이며, 인턴은 무엇을 해야 하는가?
3. 학교들이 얼마나 멀리 떨어져 있는가?
4. 이용할 수 있는 자원과 재료에는 어떤 것이 있는가(예: 최신판 검사 도구, 보조원 서비서, 컴퓨터, 검사 채점 프로그램, 문서작성기, 구술 녹음기 등)?
5. 사용하는 컴퓨터는 어떤 것이며, 인터넷과 이메일을 이용할 수 있는가?
6. 학교심리학자(그리고 인턴)의 사무실은 어디에 있으며, 다른 학교심리학자의 사무실과 가까운가?
7. 여러 학교에는 인턴이 일할 수 있는 적절한 공간이 마련되어 있는가?
8. 근무하고 있는 학교심리학자는 몇 명인가?
9. 인턴십 슈퍼바이저는 누구인가?
10. 슈퍼바이저는 학교심리학에 대해 어떤 철학을 가지고 있는가?
11. 인턴은 대략 몇 시간 동안 슈퍼바이저를 받는가?
12. 다양한 역할(예: 평가와 컨설팅)에 할당된 시간은 어느 정도인가? 비전통적인 평가와 개입을 할 수 있는 기회가 많이 있는가?
13. 2명 이상의 학교심리학자와 함께 일할 기회가 있는가?
14. 학교심리학자들 사이에 얼마나 자주 교대근무를 할 수 있는가?
15. 학교심리학자들은 얼마나 서로 사이좋게 지내는가?
16. 인턴은 몇 사례를 다루어야 하는가?
17. 인턴은 사례들에 대해 어느 정도의 책임을 지니는가?
18. 인턴에게 주는 월급은 대략 얼마인가?
19. 어떤 종류의 부가 혜택(예: 의료보험, 치과보험, 병가, 인수인계 계획)을 받을 수 있는가?
20. 인턴십을 하는 동안에 일을 잘 한다면, 그 다음 해에 정식으로 채용될 가능성은 있는가?

취업 기회: 수요와 공급의 법칙

수년 동안 학교심리학 훈련을 받은 사람이 부족해 이 영역의 모든 인턴직과 직장을 채워주지 못했다. 교육기관은 연방법과 지방법에 의해 지정된 수를 채우기 위해 학교심리학자를 채용해야 했다. 인턴을 희망하는 학생들도 적당한 거리만 이동하여도 인턴십을 할 수 있는 장소를 선택할 수 있었다. 최근 NASP의 온라인 게시물(Charvat & Feinberg, 2003)에 따르면, 지금 겪고 있는 학교심리학자의 부족현상은 당분간 지속될 것이며, 미래에는 더 악화될 것이라고 예상된다. 이것은 인턴십과 취업을 바라는 대학원생들에게 좋은 징조일지라도, 학교심리학 전문가의 역할과 기능에도 영향을 줄 수 있다. 예를 들어, Thomas(2000)는 2000년 당시에 학교에서 학교심리학자로 근무하는 사람들 중 겨우 1/3이 학생 1000명당 학교심리학자 1명이 있어야 한다는 NASP의 권고를 충족한다고 말한다. 같은 시기에 Reschly(2000)는 학교심리학자들의 평균 연령이 증가하고 있으며, 이들 중 다수가 은퇴를 고려하기 시작하고 있다는 것을 발견했다. 만약 몇 년 이내에 상당한 수의 학교심리학자가 은퇴를 한다면, 학교심리학 훈련을 받고 있는 학생의 수가 변화가 없다면, 끝으로 공립학교에 등록한 학생의 수가 변동이 없거나 오히려 증가한다면, 그러면 학교심리학자 1명당 학생 수의 비율은 계속 증가할 것이다. 많은 수의 학생들에게 서비스를 제공하는 것은 학교심리학자의 역할을 약화시킬 것이며, 학교심리학들로 하여금 예전처럼 평가의 역할만 하도록 만들 것이다. 학교심리학자 대비 학생 수의 비율은 코네티컷 주에서는 1:700이며, 미시시피 주에서는 1:3,625이다. Thomas가 2000년에 보고한 것처럼 전국 평균 비율은 1:1,816이다. 2006년에 Curtis, Lopez, Batsche, Smith는 평균 비율을 1:1,500이라고 보고했다.

여전히 학교심리학자의 수가 부족함에도 불구하고, 대학원생들은 인턴십을 할 자리가 있을지를 걱정하고 있다.

인턴을 뽑을 때 평균 학점을 가장 중요한 단일 요인으로 보는 현장은 거의 없다. 그러나 교수의 추천서는 중요하며 누가 인턴을 하게 될지를 결정하는 데 중요하게 작용할 수도 있다.

면접하는 동안에 주는 인상 또한 중요하다. 깔끔하게 옷을 입고, 말을 잘하고, 정각에 도착하고, 적절한 질문을 하고, 공손하고, 친절해 보이는 지원자는 더럽고, 웅얼거리고, 지각하고, 전혀 질문하지 않고, 무례하고, 불친절해 보이는 사람보다 인턴으로

> 깔끔하게 옷을 입고, 말을 잘하고, 정각에 도착하고, 적절한 질문을 하고, 공손하고, 친절해 보이는 지원자는 더럽고, 웅얼거리고, 지각하고, 전혀 질문하지 않고, 무례하고, 불친절해 보이는 사람보다 인턴으로 뽑힐 가능성이 더 높다.

뽑힐 가능성이 더 높다. 면접하는 동안에 사람들은 학업 성적이 우수한 지원자를 찾을 뿐만 아니라 함께 잘 어울릴 수 있다고 여겨지는 지원자를 찾는다. 몇 년 전에 일리노이 주에서 인턴 슈퍼바이저들에게 비공식적 설문조사를 한 결과에 따르면, 슈퍼바이저들은 자신들 그리고 지역사회와 인성적으로나 직업적으로 잘 어울리고 협력할 수 있는 인턴

을 뽑으려고 했다고 말했다.

대학원생들이 인턴십 면접을 하러 갈 때 자신의 전문가 포트폴리오를 가지고 가라고 지도하는 것이 좋다. 포트폴리오는 다양한 것을 포함해도 된다. 그러나 학생의 작품 복사본, 이수한 교과목 설명서, 직접 작성한 심리보고서 견본(학생의 실명은 모두 삭제해야 함), 개입이나 상담 기간 동안 기록한 노트, 대학원 훈련 프로그램의 철학이나 목적에 관한 정보는 반드시 포함시켜야 한다. 모든 정보와 자료를 편리하고 읽기 쉽게 정리하는 것도 장점으로 작용한다. 또한 포트폴리오는 인턴십 이후 취업 면접이나 박사과정으로 진학할 때 사용할 수 있다.

전문가 포트폴리오는 아래와 같은 정보를 꼭 포함해야 한다.

1. 최근 이력서
2. 교육과 학교심리학에 대한 철학 그리고 직업 목표에 관한 진술 1쪽
3. 인턴십 계획 사본
4. 추천서
5. 훈련받는 동안에 받은 평가나 심사 결과
6. 가르치고, 상담하고, 개입한 경험에 관한 자료 목록
7. 연구 프로젝트나 논문 요약본(아직 논문을 작성하지 않았다면, 논문 계획서)
8. 실시해 본 평가도구의 목록
9. 행동적 컨설팅 계획 견본
10. 실습하는 동안에 학교에서 실제로 근무한 시간
11. 내담자의 실명을 제거한 가장 잘된 심리교육 보고서 1부(또는 그 이상)
12. 수행한 공동 연구 요약본
13. 완수한 개인상담 요약본
14. 보조원으로 활동할 때의 직무에 관한 요약본
15. 자격증(교사 자격증 등)
16. 고등학교 이후의 모든 성적표
17. 대학원에서 수강한 교과목의 수업계획서, 교재의 표지와 목차 복사본(이것으로 미래에 다른 대학원 프로그램에 입학하거나 자격증을 발급받고자 할 때 시간을 절약할 수 있다.)
18. 참여한 위원회의 목록과 설명
19. 전문 협회나 기관에 가입한 증명서
20. 참여한 워크숍이나 학술대회 목록

21. 대학원 프로그램 안내서

　IT 기술이 뛰어난 학생들은 온라인 포트폴리오로 대체할 수 있을 것이다. 이것이 대학에서 특히 학교심리학 프로그램에서 점점 더 인기를 얻고 있으며, 동일한 형식과 편리한 방법을 이용한다. 그러나 면접을 준비할 때는 온라인 포트폴리오에 실린 정보를 출력해서 들고 가라고 권한다.

　인턴십을 지원하고 면접을 보는 것에 대해 이제까지 진행해 온 논의가 박사과정 또는 석사과정 인턴십 모두에 적절할 수 있을지라도, 박사과정 인턴십은 더 형식적인 방법으로 운영되며 전국적 차원에서 진행되고 있다(6장 참고).

인턴십 기간: 이점과 난점

일단 학생이 인턴으로 받아들여지면, 학생은 대개 인턴십 계획을 짜기 위해 슈퍼바이저를 만나게 된다. 계획은 NASP, 주 정부, 훈련 프로그램의 요건을 충족시키는 활동과 역량들로 구성된다. 예를 들어, 어떤 주에서는 인턴에게 네 가지 형태의 학교(예: 유치원, 초등학교, 중등학교, 경도 장애학교)에서 각각 20일 이상 동안 근무할 것을 요구하기 때문에 이런 요구를 충족할 수 있도록 시간표를 작성해야 한다. 비슷하게 어떤 훈련 프로그램은 인턴에게 적어도 네 명의 유치원생을 평가하고, 적어도 10명의 교사를 컨설팅하고, 모든 특수교육 프로그램을 관찰한 다음 문서로 작성해 제출할 것을 요구한다.

　인턴십 기간은 학생이 이미 가지고 있는 기술을 더욱 연마하는 것뿐만 아니라 새로운 기술을 익힐 수 있는 기회를 제공한다. 인턴 학생이 하는 현장 경험의 대부분이 5~12세 아동을 다루는 것이라면, 이 학생은 인턴십 기간 동안에 유아, 아동, 청소년을 다루는 활동에 꼭 참석해야 한다. 인턴은 이 기간 동안에 워크숍에 참석하고, 전문적 주제를 다룬 책과 논문을 읽어야 하며, 법적·윤리적 문제와 우려에 대해 자신들의 슈퍼바이저와 동료들과 논의해야 한다. 훈련받는 동안에 많은 주제와 문제가 가설적으로 논의되었을지라도, 인턴 기간 동안에 발생하는 실제 상황이 전문적, 법적, 윤리적 문제를 더 의미 있게 만든다.

　많은 인턴들은 인턴십을 시작할 때 천천히 진행된다고 말한다. 인턴들은 무엇을 해야 할지 확신이 없으며, 슈퍼바이저는 특히 처음 슈퍼바이저의 역할을 하는 사람은 인턴에게 무엇을 시킬 것인지 갈피를 잡지 못하는 경우도 많다. 첫 한 달 동안에 대부분의 인턴들은 지방의 관련 기관을 방문하고, 슈퍼바이저가 근무하는 학교의 직원들과 인사하고,

인턴은 이 기간 동안에 워크숍에 참석하고, 전문적 주제를 다룬 책과 논문을 읽어야 하며, 법적·윤리적 문제와 우려에 대해 자신들의 슈퍼바이저와 동료들과 논의해야 한다.

슈퍼바이저가 하는 다양한 과제를 관찰하고, 워크숍에 참석하고, 현장을 소개받느라 대부분의 시간을 보낸다. 그런 활동들 덕분에 인턴들은 쉴 틈 없이 바쁘지만, 이런 느린 진행 때문에 한 달이나 6주 이후부터는 뒷처리하느라 대가를 치르게 되며, 1년이 지날 때에는 화려했던 지난날을 후회하면서 되돌아보게 된다. 이 때 이들의 달력은 이미 회의, 약속, 책무로 가득 차 있다.

인턴 슈퍼바이저들은 일주일에 적어도 2시간 동안 슈퍼비전을 해야 하지만, 각자의 의지나 능력에 따라 슈퍼비전을 제공하는 양이 다르다. 어떤 슈퍼바이저들은 몇 주 동안이나 인턴의 평가기술과 컨설팅 기술을 관찰한 뒤에 그 인턴이 독자적으로 일하도록 허락해 준다. 또 다른 슈퍼바이저들은 인턴이 대학교에서 이미 인정을 받고 왔기 때문에 인턴의 기술은 적절하며 밀착해서 관찰할 필요가 없다고 추정한다. 마찬가지로 일부 슈퍼바이저들은 인턴이 작성한 심리교육 보고서를 일 년 내내 읽고 수정해 준다. 또 다른 슈퍼바이저들은 처음 몇 보고서는 읽고 제안을 해주고, 인턴의 보고서 작성 기술에 충분히 익숙해지면 가장 까다로운 보고서나 복잡한 상황이 얽혀 있는 보고서만 읽는다.

인턴십 동안에 발생할 수 있는 문제

대부분의 인턴십은 순조롭게 진행되지만, 간혹 문제가 발생한다. 그런 문제들은 인턴십 기간 동안 아무 때나 발생할 수 있다. 주로 아래와 같은 형태의 문제가 발생한다.

인턴-슈퍼바이저 갈등

지원, 면접, 선발의 과정을 거친 뒤에 대부분의 경우 인턴과 슈퍼바이저는 서로 손발이 잘 맞는다. 그러나 두 사람이 가까이서 함께 일하는 일터에서 불일치와 갈등이 자주 발생하는 것처럼 인턴과 슈퍼바이저도 자주 불일치와 갈등을 경험한다. 예를 들어, 인턴은 더 많은 시간이나 횟수의 슈퍼비전을 받고 싶어 할 수도 있고, 슈퍼바이저는 인턴의 평가 기술이나 상담 역량이 최소 기준에 못 미친다는 것을 발견할 수도 있고, 인턴은 슈퍼바이저가 구식의 평가 기법을 이용한다고 느낄 수 있고, 슈퍼바이저는 직무에 시달리고 있는데 인턴마저 지나치게 의존적이라고 느낄 수도 있다.

그런 갈등이 발생할 때, 인턴은 종종 다른 장소에 있는 동료 인턴이나 훈련 프로그램의 교수들에게 말하고, 슈퍼바이저도 대학교에 전화해서 불평하거나 대안을 고려해 달라고 요청하기도 한다. 이런 갈등 중 일부는 상호 합의나 상식적인 조율을 통해 해소될 수 있다. 예를 들어, 인턴이 더 많은 슈퍼비전을 원한다면, 그 슈퍼바이저에게 그런 사실을 알려 주고, 매주 일정한 시간에 2시간 동안 회의를 하도록 계획을 세우거나 매주 2회 점심식사를 같이 하는 것으로 조정할 수 있다. 다른 갈등은 쉽게 해결되지 않을 수도 있으며(예: 성희롱, 극한 철학적 불일치), 다른 슈퍼바이저나 다른 인턴십 장소를 찾는 것이 유일한 대안일 수도 있다. 대부분의 대인관계 갈등에서처럼 의사소통의 통로를 개방하고, 대안을 고려하고, 외부의 도움을 청하는 것이 그런 갈등을 극복하는 중요한 방법이다. 인턴이 소속된 대학교의 슈퍼바이저가 양쪽의 말을 들어주고 조율하는 역할을 할 수 있으며 과소평가되어서는 안된다.

인턴과 대학교 슈퍼바이저 사이의 의사소통을 촉진하기 위해 이메일을 이용할 수 있다. 즉, 인턴은 인턴십 과정이 잘 진행되고 있는지를 대학교 슈퍼바이저에게 이메일을 통해 알려 줄 수 있다. 이메일을 이용하면 인턴들은 같은 대학 출신의 인턴들끼리 서로 의사소통할 수 있다. 또한 1년에 두 번 정도 인턴 현장을 방문하는 모교의 교수에게 질문하고 조언을 받는 것은 어려운 일이지만, 이메일을 이용하면 모교의 교수에게 즉시 질문하고 조언을 받을 수 있다. 이메일을 이용하면 바쁜 사람들이 유선전화기를 통해 서로 연락하려고 할 때 자주 발생하는 소위 전화불통(telephone tag) 현상을 막을 수 있다. 이메일 주고받기는 인턴의 하루 일과를 다른 사람들에게 더 잘 알려 주는 데 도움이 될 수 있지만, 비밀을 지키는 것도 고려되어야 한다. 끝으로 많은 훈련 프로그램과 인턴 협의회는 인턴-슈퍼바이저 갈등을 해결하고자 할 때 해야 할 것에 관한 지침을 마련했다. 특히 인턴(또는 슈퍼바이저)이 우려한다면, 모든 당사자들은 인턴십 전 과정을 문서로 기록해야 한다.

개인적 위기

때로는 인턴십 기간 동안에 인턴이나 슈퍼바이저는 인턴십을 정지시킬 수 있는 심각한 질병이나 가족의 사망과 같은 개인적 위기를 경험한다. 인턴은 그런 상황에서 인턴십을 완수할 수 없다면, 다음 해까지 인턴십이 연기될 수 있다. 대부분의 대학교들은 모든 교과목과 요구사항을 완전히 이수하는 데 걸리는 기간을 규정으로 정해 놓았다. 만약 인턴의 슈퍼바이저가 자신의 임무를 수행할 수 없다면, 슈퍼바이저를 다른 사람으로 바꿀 수도 있다. 예를 들어, 여러 명의 학교심리학자가 근무하는 학군에서는 장소를 바꾸지 않고 단지 다른 슈퍼바이저에게 인턴을 맡길 수 있다. 그렇지 않은 경우에는 인턴 기간을 맞추기 위해 인턴을 다른 장소로 재배치해야 한다. 어느 경우든 훈련 프로그램 교수진은 상황이 바뀐 것에 대해 계속 통보를 받아야 하며, 컨설팅을 해 주어야 한다.

인턴 장애(impairment)

여러 논문들은 훈련받는 사람 또는 인턴의 장애에 대해 다룬다(Bernard, 1975; Boxley, Drew, & Rangel, 1986; Knoff & Prout, 1985; Lamb, Cochran, & Jackson, 1991). Lamb 등은 1991년의 논문에서 장애를 전문적 임무수행을 방해하는 어떤 것이라고 정의하였다. 그런 방해는 다음과 같은 형태일 수 있다.

1. 전문적 기준을 획득하고 이를 전문적 행동으로 통합하는 것이 불가능 혹은 의욕 상실
2. 전문 기술의 습득과 수용할 만한 수준의 역량에의 도달이 불가능
3. 전문적 기능에 영향을 미칠 수 있는 개인적 스트레스, 심리적 역기능, 정서적 반응의 통제가 불가능

이런 논의는 학교심리학 훈련과 실습 전 기간 동안에 전문가의 윤리적 책임, 책무성, 평가가 중요하다는 것을 강조한다. 학교심리학 전문가들의 질을 관리하기 위해 교수진과 인턴십 슈퍼바이저는 학생의 기술과 진행사항을 밀착해서 지속적으로 감독하고 문서로 기록해야 한다. NASP와 APA에 의해 마련된 직업 행동 윤리 지침뿐만 아니라 많은 주 협회들도 고유한 윤리 지침을 가지고 있다. 인턴은 전체 훈련 기간 동안에 이런 원칙에 익숙해지기 위해 노력해야 한다.

인턴십을 마친 이후

학교심리학 프로그램을 졸업한 대부분의 학생들은 학교심리학자로 일할 수 있는 직업을 갖고 싶어 하며, 지난 3년 내지 그 이상 동안 훈련을 받으면서 획득한 기술을 현장에서 실천해 보고 싶어 한다. 대부분 주교육부는 학생들이 학교심리학자 자격증을 취득하는 데 필요한 구체적인 절차를 정해 놓았다. 예를 들어, 졸업생들은 주에서 관할하는 역량 시험이나 서류 심사에서 합격해야 주 정부에서 발행하는 학교심리학자 자격증을 취득할 수 있다. 학생이 소속된 학교심리학 훈련 프로그램은 자격 요건을 간략히 서술할 것이고 학교심리학회 실무 시험을 요청할 수 있다. 각 주 정부에서 요구하는 자격 요건에 관한 질문의 목록이 8장의 끝 부분에 제시되어 있다.

다른 학생들은 추가 훈련을 받기 위해 대학교로 되돌아가기로 결정할 수도 있다. 대학원에 진학하려고 하는 이유는 두 가지로 나타날 수 있다. 상담, 초기 아동 평가 및 개

입, 신경심리학적 평가와 같은 심리학의 특정한 영역에서 기술을 더 습득하려는 것이 한 가지 이유이고, 학교심리학 교수가 되기 위해서 대학원에 진학하려고 하는 것이 또 다른 이유이다.

직장 탐색

학생에서 전문가로 지위가 변하는 것은 인생에서 주요한 전환점으로 여겨진다. 많은 졸업생들은 전문가로 인정받는다는 측면에서 놀라고 심지어는 너무 좋아서 어찌할 줄을 모른다. 그런 신분 변화가 우쭐하게 만들 수 있지만, 윤리적이고 성숙한 실천에 대한 졸업생의 책임을 증가시키고 전문 활동에 대한 더 많은 책무성을 부여한다.

인턴십을 신청할 때 직면했던 동일한 문제와 질문이 직업 검색을 할 때에도 그대로 적용된다. 직업을 검색할 때에도 지리적, 가족, 재정적 요인이 영향을 준다. 직업 설명, 월급, 부가 소득이 직업을 검색하는 데 있어 중요하다. 웨스턴 일리노이 대학교의 인적자원 혜택 관리자인 Nacy Sherer는 혜택과 직장 조건에 대해 스스로 아래와 같은 질문을 할 것을 제안한다. 또한 인적자원부서에 혜택에 관한 질문을 하고 안내 책자를 받을 것을 제안한다.

1. 건강보험, 건강관리 기관, 장기적 장애, 생명보험, 치과보험, 안과보험에 관해 나는 어떤 혜택을 받을 수 있는가? (나는 4대 보험(고용보험, 국민연금, 건강보험, 산재보험)을 적용받을 수 있는가?)
2. 이런 혜택이 나에게 적용되는 시기는 언제부터인가?
3. 내가 이런 혜택을 받기 위해 내는 비용은 얼마인가?
4. 배우자와 자녀들이 이런 혜택을 받기 위해 내는 비용은 얼마인가?
5. 여름방학 동안에 일하지 않아도 이런 혜택을 받을 수 있는가?
6. 건강보험을 청구하고자 한다면, 내가 부담해야 하는 비율은 어느 정도인가?
7. 보험에서 적용되지 않는 것은 무엇인가?
8. 만약 내가 아프거나 다친다면, 내가 지불해야 하는 보험료는 얼마인가?
9. 정해진 의료인으로 서비스를 받도록 제한되어 있는가?
10. 정해진 구역 밖으로 나가더라도 보험을 적용받을 수 있는가?
11. 청구는 어떻게 해야 하는가?
12. 만약 내가 지금 생명보험을 따로 더 가지고 있지 않다면, 차후에 생명보험에 가입하려고 한다면 어떤 것이 필요한가?
13. 어떤 퇴직 계획을 이용할 수 있는가? 공제금을 얼마나 납부해야 하는가? 고용주

(사용자)는 얼마나 납부를 하는가?

14. 만약 내가 퇴직을 하면, 퇴직금은 얼마나 받게 되는가?

15. 병가, 연가, 가족문제로 인한 특별휴가(예: 출산휴가)에 관한 원칙은 어떠한가?

게다가, 직원들이 노동조합을 가지고 있는지 아닌지, 조합이 있다면 조합원이 아닌 사람도 회비를 내야 하는지에 관한 질문이 포함된다. Sherer는 모든 고용 선택 사항을 공부할 시간을 가지는 것이 중요하다고 강조한다.

첫 직장을 찾고 있는 학교심리학자는 더 많은 경험을 가진 동료들과 긴밀한 관계를 가지고 일하려고 노력해야 한다. 즉, 어려움에 직면할 때 도와주거나 조언을 해줄 수 있고 전문가 역할을 확립하는 데 도움을 줄 수 있는 멘토를 가져야 한다. NASP가 정한 자격증 부여 기준에 따르면, 학교심리학자는 주교육부에서 영구 자격증을 발급하기 전에 슈퍼바이저의 지도를 받으면서 1년간 인턴후(postinternship) 과정을 통해 현장과의 긴밀한 업무 관계를 먼저 수립해야 한다. 물론 많은 학교심리학자들은 학교에서 혼자 일하거나 함께 일하는 다른 학교심리학자는 겨우 한 명이므로 다른 사람과 긴밀한 관계를 만드는 것 자체가 어려운 일이다. 이런 직업적 고립을 타개하기 위해 많은 새로운 학교심리학자들은 모교의 교수진, 인턴십 슈퍼바이저, 대학원 동기들과 서로 연락을 취하면서 전문적 지원을 주고받기 위한 네트워크를 형성한다. 이메일의 등장이 이런 과정을 크게 도와주었다. NASP 회원들이 아이디어와 충고를 얻을 수 있는 곳인 NASP Listserv 같은 이메일 토론공간은 특정한 문제에 대한 빠른 자문을 받을 수 있는 곳이다. NASP Listserv에 자주 등장하는 논제는 선택적 무언증을 가진 어린 아동에게 무엇을 해야 하는지와 심리보고서에 있는 학생에게 특정한 프로그램을 받도록 지시해야 하는지와 같은 것이며, 학교에서 위기 개입 계획을 개발하는 것을 도와달라는 요청도 포함되어 있다. 때때로 학교심리학자는 특정한 검사의 점수를 공유하고 그것을 해석해 달라고 요청하기도 한다. 이메일은 동료와 얼굴을 맞대고 만나지 않아도 외로움을 덜 느끼도록 도와준다.

첫 직장을 찾은 이후

많은 학교심리학자들은 자격증을 받을 때부터 은퇴를 할 때까지 단지 전문직을 실행하는 데 만족하지만, 일부 학교심리학자들은 자신들의 전문성 지평을 더 넓히려고 한다. 전문성과 주제의 최근 대세를 따라잡고 싶어 하는 현장의 학교심리학자들은 여러 가지 방법으로 그렇게 할 수 있다. 지속 교육 또는 지속적 전문성 개발(Continuing Professional Development: CPD)도 한 가지 방법이다. CPD는 국가 자격증을 계속 유지하기 위한 필수 사항이다. 전문 학술대회나 워크숍에 참석하는 것, 독자적인 독서, 온라인 학술대회,

대학교 교육과정, 개인적인 연구 노력 등 여러 가지 형식이 있다. 새로운 기술을 개발하는 것, 전문성 발달을 따라 잡는 것, 다양한 개입 기법을 시도하는 것은 학교심리학 분야에의 관심과 참여를 높게 유지하는 방법이다.

> 전문가 협회의 문에 발을 들여놓는 또 다른 방법은 뉴스레터를 위한 시간과 재능을 보태는 것이다.

일부 학교심리학자들이 추구하는 또 다른 길은 전문 조직이나 학회에 적극적으로 참여하는 것이다. 주의 학교심리학회와 NASP와 같은 조직은 학생, 인턴, 학교심리학자들의 참여를 환영한다. 다양한 조직위원회나 분과위원회가 개최하는 일은 항상 있으며, 전문 학회는 회원들이 시간과 재능을 들여 소식지를 발간하는 데 기여하는 것을 환영한다.

직무 스트레스와 소진

학교심리학자들의 직무 스트레스와 소진은 지난 20년 동안 계속 조사해 온 주제이다 (Huebner, 1992; Proctor & Steadman, 2003; Wse, 1985). 3장에서는 현장에서 근무하는 학교심리학자들의 직무 만족에 관한 몇 가지 연구들을 보고했다(Conoley & Henning-Stout, 1990; Fagan, 1988b; Henning-Stout, 1992; Levinson, Fetchkan, & Hohenshil, 1988; Solly & Hohenshil, 1986). 그런 연구들에 따르면, 연령, 학교심리학회 가입 여부, 성, 심리학자 대비 학생 비율, 슈퍼비전의 질과 같은 많은 요인들이 직무 만족과 관련이 있다. Wise(1985)는 직무 스트레스 요인을 찾기 위한 '학교심리학자와 스트레스 검사 (School Psychologists and Stress Inventory)'를 개발했으며, 각 스트레스 요인에 따른 스트레스의 상대적 비율을 측정하기 위해 표본으로 선택된 전국의 학교심리학자들에게 설문지를 돌렸다. 그림 8.1은 각 사건들로 인해 학교심리학자들이 느끼는 스트레스의 정도를 평가한 결과를 강한 것부터 순서대로 정리한 것이다.

Huebner(1992)는 '학교심리학자와 스트레스 검사'와 'Maslach 소진 검사'(Maslach & Jackson, 1986), 직무 만족도와 인구학적 자료에 관한 설문지를 함께 실시했다. Maslach 소진 검사는 정서적 소진, 비인격화(depersonalization), 개인적 성취감이라는 세 가지 하위척도를 가진다. Huebner의 연구 결과는 소진이 많은 학교심리학자들이 가지고 있는 심각한 문제임을 보여준다. 사실 1/3 이상의 응답자들이 정서적 소진이 기준치보다 높은 점수를 받았고, 1/4 이상의 응답자들이 개인적 성취감이 기준치보다 낮은 점수를 받았고, 1/10에 가까운 응답자들이 비인격화가 기준치보다 더 높은 점수를 받았다. Huebner는 학교심리학자들의 소진에 영향을 주는 특정한 스트레스 요인이 있음을 보고했다. 무능하거나 융통성 없는 슈퍼바이저, 부적절한 업무 보조, 동료와의 접촉 부족

[그림 8.1] 534명의 학교심리학자가 지각한 스트레스 사건의 순위

1 = 가장 강한 스트레스   35 = 가장 약한 스트레스

1. 불만족스러운 직무 수행을 공지하는 것
2. 직무를 적절히 수행할 시간의 부족
3. 자살 가능성이 있는 사례
4. 비협조적인 교장과 행정가와 함께 일하는 것
5. 아동의 요구와 행정적 제약 사이에 사로잡힌 느낌(예: 아동을 기존의 프로그램에 끼워 맞추려고 하는 것)
5*. 법적 조치를 취하겠다는 위협
7. 아동을 위한 적절한 서비스의 부족
8*. 아동학대 사례
8*. 무능하고 융통성 없는 슈퍼바이저
8*. 작성해야 할 보고서가 5편 이상 남아 있는 상황
11. 신체적으로 위험한 상황에서 일하는 것(예: 갱이 활개치는 고등학교)
11*. 의뢰된 학생이 10명 이상 밀린 상황
13. 정해진 수의 사례를 다 채우라는 압력(예: 1년에 적어도 100명의 아동에게 검사를 실시하라는 요구)
14. 저항하는 교사와 회의를 하거나 일하는 것
15. 저항하는 학부모와 회의를 하거나 일하는 것
16. 추천한 것에 대한 교사들의 불만족
17. 보고서 작성
18. 현직 연수를 실시하는 것
19. 학교에서의 법률 준수(연방 정부, 주 정부, 지방의 법규를 준수하는 것)
20. 대중 연설 약속(예: 학부모-교사연합회(PTA)에서 연설)
20*. 자기가 수행한 일을 알아주지 않는 것
20*. 아동이 장애가 있음을 학부모에게 알리는 것
23. 인력 배치에 대한 합의 부족
24. 부적절한 업무 보조
25. 당신이 쉽게 학교심리학자 직업을 가지게 되었다고 학급 교사들이 수군거리는 것
26. 학교나 학군을 변화시켜야 하는 것
26*. 같은 일을 하는 동료들과의 접촉 부족
26*. 이중 언어를 사용하는 학생을 선별하는 것
26*. 학부모 간담회를 개최하는 것
30. 적절한 평가 도구를 사용할 수 없는 상황
31. 임박한 교사들의 파업
32. 인턴이나 학교심리학 대학원생을 슈퍼비전하는 것
33. 최근의 전문 서적을 읽는 것
34. 궂은 날씨에도 검사 장비를 들고 다니는 것
35. 여러 학교를 운전하고 다니면서 시간을 낭비하는 것

* 같은 순위를 뜻한다.

과 같은 적절한 지원이나 자원의 부족과 관련된 스트레스 요인은 정서적 소진과 비인격
화에 가장 큰 영향을 주었다. 시간 관리(예: 밀린 의뢰 학생과 보고서), 본인과 타인에 대
한 높은 위험(예: 자살 가능성이 높은 사례나 법적 조치를 취하겠다는 위협), 비인격화
갈등(예: 저항하는 교사와 회의를 하는 것이나 비협조적인 행정가와 함께 일하는 것)은
역시 정서적 소진에 영향을 주었다.

　　더 최근의 연구(Huebner & Mills, 1998)는 학교심리학자들의 직업적 스트레스 요인,
소진, 성격 특성 사이의 연관성을 조사했다. 신경증 검사에서의 높은 점수는 정서적 소
진, 신경증 검사에서의 높은 점수는 정서적 소진과 강조된 개인적 성취감의 높은 점수와
연관이 있었고 낮은 비인격화 점수와 연관이 있었다. 외향성과 양심은 정서적 소진과 부
적 상관이 있었지만, 개인적 성취감과는 정적 상관이 있었다. 친화성(agreeableness)은
정서적 소진과 비인격화와 부적 상관이 있었다.

　　Proctor와 Steadman(2003)은 학교심리학자들의 직장 생활에서 나타나는 하나의 스트
레스 요인만 연구했다. 이들은 한 학교에서만 일하는 학교심리학자들과 여러 학교에서
일하는 학교심리학자들 사이에 직무 만족도, 소진, 지각된 효과성에서 차이가 있는지를
조사했다. 이들의 연구는 한 학교에서만 근무하는 학교심리학자들이 여러 학교에서 일하
는 동료들보다 직무 만족도가 높으며, 직무로 인한 탈진을 덜 경험하고, 자신들을 더 효
과적이라고 본다는 결과를 얻었다.

직무 스트레스 줄이기

학교심리학자들은 직무를 하는 동안에 겪는 높은 수준의 스트레스를 다루는 방법을 배
울 수 있다. Proctor와 Steadman(2003)의 연구는 학교심리학자가 한 학교에만 근무하는
것이 도움이 된다는 것을 보여 준다. 게다가 Huebner와 Mills(1998)는 학교심리학자는
직장 동료들의 복지뿐만 아니라 자신들의 복지에도 주의를 기울여야 한다고 제안한다.
Maslach(1976)는 전문성 타임 아웃을 사용해야 한다고 제안한다. 이것은 전문가가 자신
의 주요 전문 활동을 일시적으로 중단하고 다른 전문 활동으로 대체하는 것을 말한다.
예를 들어, 장애 아동을 평가하고 개입을 계획하는 것이 주 특기인 학교심리학자는 학교
에서 영재 프로그램을 개발하는 것을 돕기, 장애 아동의 학부모 단체와 함께 일하기, 지
역 학군의 어린이집 장애 아동 판별 프로그램에 참여
하기, 고등학교 심리학 수업에서 학교심리학자가 하
는 일에 대해 강의하기 등과 같은 다른 활동에 참여
하고 싶어 할 수도 있다. 지방의 학교심리학 위원회에
참여하는 것과 다른 리더십 활동에 참여하는 것, 학술

동료지원 단체는 직업적 고립감의
일부를 완화시켜줄 것이다.

대회에 참여하는 것도 스트레스를 수습하는 전략이다.

Huebner(1992)는 조직 자체를 바꾸려는 전략은 학교체제의 조직적 측면으로 인해 스트레스를 받고 있는 학교심리학자에게 특히 효과적일 수 있다고 말한다. 예를 들어, 만약 학교가 가지고 있는 검사 도구가 부족하거나 업무 보조가 충분하지 않다면, 학교심리학자는 그런 요구에 대한 문서를 작성해 학교행정가에게 제출하거나 주 정부나 연방 정부에 보조금을 신청해 추가 자금을 확보할 수 있다.

Zins, Maher, Murphy와 Wess(1988)는 스트레스와 소진을 다루기 위한 전략으로 직장 동료 지원 단체를 설립하는 것을 제안했다. 이런 지원 단체는 단체 회원에게 지원을 제공하는 것뿐만 아니라 아이디어를 공유하고, 피드백을 받고, 문제나 논제에 대해 논의할 수 있는 동료의 네트워크를 제공한다. 학교심리학자들은 가끔 한 학교 건물에서 그 분야의 전문가가 전혀 없는 상황에서 일하거나 혹은 한 개 이상의 학교구에서 일한다. 동료 지원 단체는 그런 상황에서 발생하는 직업적 고립감을 일부 완화시킬 수 있을 것이다.

이직 고민하기

직무 소진을 수습하는 다른 전략은 이직을 고민하는 것이다. *Stay or Leave*(Gale & Gale, 1989)라는 제목의 책은 직업 선정에 관한 것으로 일반적으로(구체적으로 도움을 주는 직업이 아닌) 왜 성취가 높은 사람의 대다수가 새로운 직장으로 옮겨가는지에 대한 다섯 가지 이유를 제시하고 있다. "개인적 성장의 기회가 막힘, 자신의 능력을 다 발휘하지 못하게 만드는 제약, 상사나 동료와의 성격 갈등, 인정이나 보상이 충분하지 않음, 경제적 재편성, 기업 인수 합병"이 다섯 가지 이유다(p. 13).

이들 이유의 일부 용어는 서비스를 제공하는 전문가에게보다는 기업의 세계에서 일하는 사람들에게 더 적절한 말로 들리지만, 사람들이 새로운 직장을 찾아 떠나는 근본적인 이유는 상당히 비슷하다. 대부분의 학교심리학자들은 친절한 동료들과 함께 지지를 받으며 일하고 있을지라도, 일부 학교심리학자들은 다양한 이유로 인해 직장에서 불행하게 일하고 있다. 어떤 학교심리학자들은 역할 확대나 개인적 성장의 기회가 부족하다고 불평한다. 이런 불평은 다음과 같은 말로 드러난다. "나는 검사만 하는 사람인 것처럼 느껴진다." "내 슈퍼바이저는 내가 컨설테이션을 하고 싶어 하면 그렇게 하라고 말한다. 그러나 내게 맡겨진 사례연구가 1년에 120건이나 된다." "나는 더 많은 자문을 하고 싶다. 그러나 의뢰된 학생과 재평가 할 일이 수북하게 쌓여 있다."

학교심리학자가 하고 싶은 일을 못하게 만드는 제한도 비슷한 불평을 야기한다. "사회복지사가 상담을 하기 때문에 나는 상담을 할 수가 없다." "학교심리학자가 아닌 나의 상사는 내가 할 수 있는 일 또는 해야 하는 일을 검사로만 여기고 있다." "나와 함께 일하는 대부분의 교사들은 '통합'이라는 말을 듣는 것조차 싫어한다. 다만 내가 장애 학생을 데리고 나가고 자기는 학습을 잘 하는 학생들만 가르치기를 바란다." "내가 하는 일의 수준이 기대했던 것보다 낮다. 지나치게 훈련을 많이 받은 것 같다."

넓게는 교육 전반에서, 좁게는 학교심리학에서의 새로운 법과 최근 경향에 비추어 볼 때 불만족은 직무가 불명확하다는 것과 관련이 있다. "어떤 아동이 학습장애아라면 어떻게 해야 하는지를 알고 있는 사람이 아무도 없는 것 같다." "우리는 반응-개입(RTI)을 확인해야 하지만 학급에서 실시하는 개입은 일관성이 없고 교사들은 여전히 아동이 교실에서 나가기를 원한다." "모든 것이 변화하며 우리가 평가를 실시하지 않는다면 진정 무엇을 해야 하는지를 모른다."

성격 갈등 다루기

윗사람이나 직장 동료들과 성격 차이로 인한 갈등은 인생에 있어서 가장 큰 스트레스를 주는 일이 될 수 있다. 전문가들은 배우자나 친구들보다 훨씬 더 많은 시간을 직장 동료들과 보낸다. 아예 배우자나 친구를 직장 동료에서 찾는다. 직장 동료들은 거슬리는 개인적 습성(너무 강한 향수를 사용한다거나 너무 강한 탈취제를 사용하는 것)을 가지고 있을 수 있다. 또한 직장 동료들 중에는 너무 시끄럽고, 수다스럽게, 끼어들기를 좋아하고, 비난하기를 좋아하고, 일을 다른 사람에게 떠넘기기를 잘하고, 계속 다른 사람에게 지시하기를 좋아하는 사람도 있다. 심리학자들은 가장 심술궂은 직장 동료의 행동마저도 수정할 수 있다고 믿을지 모르겠지만, 아마도 결국 실패하거나 포기하고 다른 직장을 찾으려고 할 것이다.

까다로운 직장 동료가 학교심리학자에게 골칫거리인 것처럼 까다로운 상사는 더 큰 문제가 될 수 있다. 학교심리학자의 상사들 중에는 학교심리학자로 훈련을 받지 않은 사람도 더러 있다. 상사들 중에는 부교육감, 특수교육 담당자, 학생지원부서장, 교장도 있으며, 다른 교육 행정적 지위도 가지고 있을 수 있다. 어떤 상사들은 장애 아동을 다루는 것에 대해 매우 다른 생각, 철학, 우선순위를 가지고 있다. 학교심리학자들은 종종 매우 힘든 일을 하면서도 동정심 없는 상사에게 자신을 방어할 기회도 가지지 못한다. 학교심리학자를 괴롭히는 스트레스 사건에 관한 Wise(1985)의 연구에서(그림 8.1) 10건의 스트레스 사건 중 4건은 행정이나 슈퍼비전과 관련이 있다. 즉, 불만족스러운 업무 수행을 공지하는 것(1위), 비협조적인 교장이나 행정가와 일하는 것(4위), 아동의 요구와 행정적 제약 사이에 갈등이 있음을 느끼는 것(5위), 무능하고 융통성 없는 상사((8위)가 이에 해당한다. 3장에서 유사한 직무 스트레스와 불만족에 대해 다루고 있다.

Gale과 Gale(1989)이 제시한 다섯 번째 이직 이유인 재편성이나 인수 합병은 학교심리학자에게는 잘 발생하지 않는다. 그러나 학교체제도 종종 재편성을 겪는다. 예를 들어, 학교심리학자, 사회복지사, 언어 및 의사소통 치료사, 생활지도 상담자를 교무실 밖에서 일하도록 하는 것이 재편성에 해당한다. 또한 학군을 이웃에 있는 몇 개의 학교들로부터 학군 내에 있는 모든 학생들에게 학년별로 서비스를 제공하는 센터로 바꾸는 것이다. 그런 재편성은 학교 교직원, 학부모, 아동들 사이에 불평을 야기할 수 있다. 특히 재편성이 일어나는 동안에 더 그렇다. 학교 통합(school consolidation)이라고 불리는 인수 합병도 자금이 부족하거나 학생의 수가 줄어들어 더 이상 독립된 학교로 존재하기 어려운 시골 학교에서 가끔 일어난다. 이런 학교 통합은 좋아서 선택하는 것이 아니라 어쩔 수 없이 해야 하는 것이기 때문에 재편성과 마찬가지로 사람들이 격한 정서나 어려움을 겪도록 만든다.

학교심리학자가 위의 이유들이나 개인적, 가족, 재정적 이유 때문에 이직을 결심할 때 이들은 주로 다음과 같은 대안을 고려한다. 다른 학교에서 학교심리학자로 근무하는 것, 자신의 역할을 확대할 수 있는 지위를 얻는 것, 학교로 되돌아가는 것, 관련된 분야로 이동하는 것, 관련이 없는 분야로 이동하는 것, 학교가 아닌 곳에서 학교심리학 관련 기술을 이용하는 것을 고려한다.

어떤 직장도 완벽하지 않을 것이다. 그러나 구직자로 하여금 특정한 직장을 다른 직장보다 더 좋다고 느끼게 만드는 어떤 요인들이 있다. 역할 확장의 기회, 합리적인 슈퍼비전, 마음이 맞는 직장 동료, 개선된 물리적 환경은 직무 만족도의 수준을 높이는 데 크게 기여할 것이다. 학교심리학자가 새로운 직장을 선택하는 이유는 그것이 전문성 향상으로 여겨지기 때문이다. 지난 수년 동안에 NASP 회원들은 전자통신의 가능성에 대해 질문해 왔으며, 집에서 어린 아동들을 돌보면서 시간제로 일할 수 있는 가능성에 관해 질문했다. 만약 사무실 공간이 부족하다면, 학교는 학교심리학자가 아동이나 교사들과 함께 학교에서 일하고 보고서 작성이나 기록과 같은 행정적인 일은 집에서 하도록 허락할 수 있다. 이런 조정은 1주일에 5일간 학교에 출근할 필요가 없기 때문에 훨씬 먼 거리에 있는 학교에서 일하는 것을 학교심리학자들이 받아들이도록 만들 수 있다.

직무 스트레스를 줄이기 위한 다른 전략 찾기

학교심리학 관련 분야에서 학교로 되돌아가는 것은 6장에서 길게 다루었다. 몇 년 동안 한 분야에서 일한 뒤에 대부분의 사람들은 자신이 관심 가지는 것과 더 많이 알고 싶어 하는 것을 알게 된다. 박사학위를 취득하기 위해 대학교로 돌아온 대학원생들은 신경심리학, 조직발달, 읽기에 관한 심리학 등과 같은 다른 분야에서 전공하기로 결정할 수 있다. 다른 사람들은 다른 학교심리학자들의 슈퍼바이저 또는 지역의 특수교육이나 학생지

원 서비스 행정가가 되기 위해 교육행정이나 장학 분
야에서 반일제 또는 전일제 대학원생이 되어 수업을
듣기로 결정할 수 있다. 대학교로 돌아간 학교심리학
자들은 전통적인 학교심리학 관련 영역보다는 학교
법이나 소아과와 같이 학교심리학과 어느 정도 관련
이 있는 법학이나 의학 분야에서 학위를 취득했다.

대부분의 학교심리학자들은 자신들의
일에 만족한다는 것이 여러 연구에서
나타나는 공통된 결과이다.

많은 학교심리학자들은 학교체제에 큰 영향을 줄 수 있을 것 같은 경력을 쌓기 위해
다른 학교심리학자들을 위한 학교행정가나 슈퍼바이저가 되려고 노력한다. NASP *Com-
munique*에서 행정가로 변신한 5명의 학교심리학자에 관한 기사를 실었다(Blagg,
Burbin, Kelly, McHugh, & Safranski, 1997). 이들 중 대부분 사람들은 이런 변신을 하기
전에 학교심리학자로 10년 이상 근무했다. 어떤 사람들은 주 정부 교육청에서 근무할 수
있는 자격을 획득해 학교심리학을 주 전체에 널리 보급하려고 노력할 수도 있다.

대부분의 학교심리학자들은 자신들의 일에 만족한다는 것이 여러 연구에서 나타나는
공통된 결과이다. 이 논의는 학교심리학의 어두운 모습을 보여주려고 하거나 모든 학교
심리학자는 결국에는 탈진해 다른 직장을 찾게 된다는 것을 보여주려고 한 것이 아니다.
그러나 학교심리학을 포함해 다른 사람들에게 서비스를 제공하는 모든 전문가들은 보상
과 좌절, 장점과 단점을 동시에 가지고 있다. 결국 대부분의 사람들은 어느 순간에 이직
을 하거나 진로를 완전히 바꾼다. 여기서는 학교심리학자들이 직장에서 겪는 스트레스를
해소하도록 도와주는 여러 가지 방법을 제시했다. 그러나 다음에서 논의되는 것처럼 대
안적인 장소에서 직장을 구하는 것도 한 가지 방법이 될 수 있다.

대안적 환경에 있는 학교심리학자의 역할

학교체제에서 일하지 않으려 하거나 학교에서 직장을 구하지 못한 학교심리학자는 다른
곳에서 직장을 구할 수 있다. 대안적인 직장은 성격과 같은 개인적 요인, 지역사회, 다양
한 종류의 시설이나 서비스와의 근접성에 의해 제한을 받는다. 대안적인 장소나 비전통
적인 장소에서 일하고 있는 자격증을 가진 학교심리학자의 수에 대한 연구는 아직 없다.
한 문헌에 따르면, 학교심리학자들 중 5%에서 31%가 학교 밖에서 일하고 있다(이들은
대부분 박사학위를 가지고 있다; Gilman & Teague, 2005). 학교심리학 전공 대학원 대표
들이 참여한 2005년도 이메일 토론에서 드러난 취업에 관한 정보에 따르면, 박사학위를
받은 전국의 졸업자들 중 10%에서 60%가 학교에 취업했으며, 나머지는 사설 기관, 대학
교, 정신건강센터, 기타에 취업했다. 그럼에도 불구하고, 1장에서 다루었듯이 학교심리
학자들 중 대다수는 학교환경에서 일하고 있다.

고등교육 기관에서 일하는 교육자

고등교육에서 학교심리학자들이 하는 대표적인 역할은 학교심리학자를 훈련하는 것이다. 그런 직업을 선택한 사람은 심리학, 교육, 특수교육, 또는 생활지도나 상담 영역에서 학부 학생이나 대학원 학생을 수업을 통해 가르치면서 훈련시키는 일에 관여하고 있다. 대학교 교수로 일하는 것은 많은 혜택이 있다. 대부분의 대학교에서 근무하는 교수들은 공립학교에서 근무하는 사람들보다 더 많은 융통성을 누리면서 더 적은 양의 문서를 처리한다. 대학 교수의 약점은 아동들을 직접 도울 시간과 기회가 부족하다는 것이다. 대학 교수들은 학생들과 개인적인 연구 노력을 통해 학교심리학 분야에 더 큰 영향을 줄 수 있으나 개별 아동에게 직접 영향을 주는 정도는 더 낮다. 아동과의 접촉 부족을 보충하기 위해 많은 학교심리학 교수들은 실습과 인턴십을 통해 대학원생들을 지도하고, 가까운 거리에 있는 학교에서 컨설턴트로 활동하며, 시간제로 개인 사업을 운영한다. 또한 정년 보장을 받기 위해서는 박사학위를 취득해야 한다.

> 대학 교수의 약점은 아동들을 직접 도울 시간과 기회가 부족하다는 것이다.

기타 고등교육 기회는 지역 사회의 전문대학이나 학교심리학 관련 4년제 기관에서 강의를 하는 것이다. 예를 들어, 많은 박사학위 소지 학교심리학자나 박사학위를 소지하지 않은 일부 실천가들은 교육심리, 특수교육, 일반 심리학 관련 과목을 강의할 능력을 갖추고 있다. 이런 영역에서의 시간강사 자리는 학교심리학자가 정규 업무 이외에 추가할 수 있는 편리한 일이다.

고등교육 영역에서 학교심리학자가 하는 역할 중 간혹 하는 일은 대학생을 다루는 일이다. Sandoval(1988)은 학교심리학자가 대학생들에게 할 수 있는 일을 몇 가지 추천했다. 학교심리학자가 초등학교와 중등학교에서 다루었던 학생들 중 대다수가 대학에 진학하며, 이들은 대학에서도 유사한 서비스를 받아야 한다. 학교심리학자들은 이런 학생들을 돕는 컨설턴트로 역할을 할 수 있다. 예를 들어, 학급 조정에 관해 교수를 컨설팅하고, 장애 학생들을 위한 옹호자로 활동하고, 장애 학생들의 기록을 해석하기 위한 입학사정관으로 근무하고, 필요하다면 추가 서비스를 제공하는 일을 맡을 수 있다. 일단 대학에 입학하고 나면, 장애 학생은 추가적인 지원 서비스가 필요하다. 예를 들어, 상담센터, 건강 센터, 장애 학생을 위한 센터에서 근무하는 학교심리학자에 의해 제공될 수 있는 모든 서비스, 진로 평가나 지도를 위한 집단 상담 및 개인 상담 등이 장애 학생들에게 제공되어야 한다. 전문 대학과 4년제 대학교에서 근무하는 학교심리학자들은 예방적 활동

(예: 약물남용), 긍정적 정신건강 촉진, 진로 계획, 스트레스 관리(예: 시험불안), 위기 개입 활동(예: 성폭행 희생자를 위한)에 참여할 수도 있다.

의료 기관, 주간 프로그램 및 기숙형 기관

학교심리학자가 학교 이외의 장소에서 일할 수 있는 또 다른 곳은 의학 학교 또는 의과 병원이다. Shellenberger(1988)는 학교심리학자들은 가정 주치의에게 심리, 교육, 연구 컨설팅을 제공함으로써 도움을 줄 수 있다고 제안했다. 학교심리학자가 이런 역할을 수행하려면 추가적인 훈련을 더 받아야 하겠지만, 가정 주치의와 협력하면서 일할 수 있는 기회가 있다는 것은 분명하다. 의학 분야와 관련된 능력이 있는 사람은 만성적인 질병을 앓고 있는 아동의 가족에게 사회적, 심리적, 행동적, 교육적 발달을 촉진하기 위한 일을 할 기회가 있다. 학교심리학자는 천식, 어린이 당뇨, 암, 에이즈 등과 같은 만성적인 질병에 걸린 아동의 요구를 충족시키기 위해 가정 주치의, 가족, 학교 사이의 연결고리로 활동할 수 있다. 한 문헌에 따르면, 미국의 학령기 아동의 5~15%가 만성적인 질병으로 고통받고 있다 (Johnson, Lubker, & Fowler, 1988). Power, DePaul, Shapiro, Parrish(1998)는 학교에서 학생 건강 문제를 폭넓게 다루어야 한다고 강조하면서 "이웃 학교는 건강 프로그램을 시작하는 합리적 장소이다. 학교들은 가족과 접촉하기 쉬워지고 학부모와 전문가의 노력을 통합하기 위한 기제를 이미 가지고 있다. 심리학자와 기타 학교에서 근무하는 전문가들이 중요한 역할을 수행하고 있다고 보는 견해가 점진적으로 증가하고 있다."라고 말한다. 게다가 소아 신경심리학 영역에서 특별 훈련을 받은 학교심리학자들은 치명적인 뇌 손상을 입은 젊은 사람들에게 신경심리학적 평가를 실시하는 것을 도와달라고 고용될 수 있다.

> 소아과 의사와 학교심리학자가 협력하면서 일할 수 있는 확실한 방법은 주의력결핍과잉행동장애(ADHD)와 기타 학습 및 발달 장애를 가진 아동들을 평가하고, 진단하고, 처치하는 것이다.

Wodrich(1988)는 학교심리학자가 소아과 의학을 실천하는 데 기여할 수 있다고 주장한다. 오늘날의 소아과 의사들은 의학에 관한 질문뿐만 아니라 종종 학교 준비도, 행동문제, 학습문제에 관한 질문을 받는다. 그런 질문에 대답하는 것을 훈련받았거나 실제 대답해 본 경험을 가진 학교심리학자들은 소아과 의사를 컨설팅해 주거나 아동, 가족, 학교에 직접 서비스를 제공함으로써 기여할 수 있다는 것은 틀림없다. 소아과 의사와 학교심리학자가 협력하면서 일할 수 있는 확실한 방법은 주의력결핍과잉행동장애(ADHD)와 기타 학습 및 발달 장애를 가진 아동들을 평가하고, 진단하고, 처치하는 것이다. 확실히 이런 문제는 다학제적 접근을 통해 연구하고 처치하는 것이 이익이다.

비슷하게 어떤 학교심리학자들은 기숙형 기관이나 주간형 기관에서 일한다. Mor-dock(1988)은 이런 기관에 고용된 학교심리학자들은 전통적인 업무인 사정, 개입, 자문, 교육, 평가뿐만 아니라 비전통적인 경영 및 행정 기능까지 수행하고 있다고 말한다. 대개 기숙형 기관과 주간 치료 기관에서는 정서적으로 방해받았거나 발달적으로 지체된 아동 또는 위법적인 행동을 한 아동들의 요구를 다룬다. Morris와 Morris(1989)에 따르면, 학교 심리학자는 그런 기관에 있는 아동들을 위한 진단, 프로그램 설계, 프로그램 평가에 참여할 수 있다. 대부분의 이런 역할과 기능은 학교심리학자들이 잘 준비해 온 것들이며, 꼭 필요한 추가 훈련은 거의 없다.

정신건강 센터

학교심리학자가 찾을 수 있는 또 다른 대안 중 하나는 지역사회의 정신건강 센터에서 일하는 것이다. Conoley(1989)는 학교심리학자가 할 수 있는 적절한 역할로서 지역 사회나 가정에 서비스를 제공하는 사람의 역할을 제안했다. 지역의 정신건강 센터에서 일하는 학교심리학자들은 일상적으로 수행하는 다양한 평가 기법과 개입 전략을 사용함으로써 가족 컨설팅, 부모 교육, 가족 치료를 수행할 수 있다. Conoley는 지역의 정신건강 센터에서 하는 일과 관련이 높은 행동수정 전략과 개인 평가나 가족 평가 방법을 사용하라고 주장했다. 게다가 학교심리학자들이 특별히 훈련을 받은 대로 가정과 학교 사이의 협력을 증대시켜야 한다는 요구가 높다.

Davis(1988)는 훈련의 초점을 학교에서 지역 정신건강 센터로 이동시킬 필요가 있다고 주장했다. 그는 평가, 치료, 컨설팅을 훈련받은 사람은 학교심리학 기술을 정신건강 센터에서 쉽게 적용할 수 있을 것이라고 말했다. 또한 Davis는 지역 정신건강 센터는 예방적 활동을 할 기회를 학교보다 더 많이 줄 수 있다고 언급했다.

사설 실무

학교에서 실천되고 있는 역할과 기능 중 다수는 사설 실무에서 쉽게 적용될 수 있다. 예를 들어, 개인 아동의 평가, 상담, 행동 관리 전략에 관한 계획 세우기 등이다. Pryzwan-sky(1989)는 아직까지는 전일제로 사설 실무를 하는 학교심리학자가 거의 없다고 말한다. 사실 Pion, Bramblett와 Wicherski(1987)가 수행한 연구에 따르면, 박사학위를 소지한 학교심리학자의 5%만이 전일제로 사설 실무를 하고 있었다. 전일제로 사설 실무를 운영하고 있는 석사학위를 소지한 학교심리학자의 비율도 낮았다.

Pryzwansky(1989)는 미래에 사설 실무를 할 학교심리학자의 수와 비율은 증가할 것이라고 제안했다. 그는 이런 증가를 초래할 몇 가지 요인을 밝히고 있다. 첫째, 만약 공교육에 대한 연방 정부의 자금이 대폭 삭감되면, 특히 장애아동에 대한 기금이 줄어든다면, 학교심리학자의 높은 실업률로 이어질 가능성이 높다. 사설 실무는 실업한 학교심리학자들이 할 수 있는 대안이다. 둘째, 심리학 학위를 부여하는 전문 프로그램의 증가는 여러 주의 시험관리위원회에서 인증하는 자격증을 소지한 학교심리학자의 수를 증가시킬 것이다. 그러나 이런 예측이 아직 나오지 않았다.

> 사설 실무를 통한 수입은 주로 몇 시간 동안 일을 하느냐, 요금을 얼마로 정하느냐, 고객을 유치하는 능력이 어느 정도이냐에 달려 있다.

끝으로, 사설 실무는 매력적이다. 학교에서 일하는 것보다 더 높은 소득을 얻을 가능성이 있기 때문이다. 사설 실무를 통한 수입은 주로 몇 시간 동안 일을 하느냐, 요금을 얼마로 정하느냐, 고객을 유치하는 능력이 어느 정도이냐에 달려 있다. 그러나 이들은 사무실 임대비, 평가 도구 구입비, 이자, 직원 임금과 같이 학교에서 일하는 사람은 내지 않아도 되는 비용을 지불해야 한다. 예상되는 재정적인 보상 이외에도 개일 실무는 더 많은 전문적 독립성을 누릴 수 있다. 사설 실무를 하는 학교심리학자는 지역의 교육위원회나 행정가들이 정한 규칙이나 규정으로부터 통제를 받지 않고 자신의 스케줄을 만들 수 있고, 자신만의 절차를 만들 수 있다. 또한 이들은 자녀 양육권 사례나 아동 학대나 방치에 관한 사례와 같은 특정한 유형의 사례를 전문적으로 다룰 수 있다.

사설 실무의 약점은 의뢰인을 충분히 유치하지 못해 재정적 위기를 겪을 수 있다는 것이다. 사설 실무는 기업과 같은 사업이므로 기업과 같이 운영되어야 한다. 사설 실무를 하는 학교심리학자들은 슈퍼바이저나 교육위원회로부터 통제를 받지는 않지만 고객을 책임져야 하며 자격증 심사위원으로부터는 통제를 받는다. 그러므로 진단과 개입에서 고객의 영향이 더 클 수 있다. 게다가 협회에 참석하는 활동이나 전문성 발달을 지속하는 것은 사업할 시간을 뺏는 것이기 때문에 수입에 직접적으로 영향을 준다. 또한 보상에 관한 보험회사의 제약도 수입에 영향을 준다.

기업체와 산업체

학교심리학자로 훈련받은 사람이 전통적인 서비스 모형에서 훨씬 더 벗어나는 것은 기업체이나 산업체에서 일하는 기회이다. Maher와 Greenberg(1988)는 기업체들이 인적 자원 개발에 점점 더 많은 관심을 가지게 되었다고 말한다. 인적 자원 개발은 근로자의 동기를 높이고, 작업 환경의 질을 높이고, 근로자들이 하는 일을 통해 얻는 만족도를 높이는 것을 포함한다. 학교에서 일하는 학교심리학자의 전통적인 역할과 기업체와 산업체에서 일하는 학교심리학자가 하는 역할 사이에 큰 차이는 고객의 나이와 관련이 있다. 자신의 역할을 잘 준비하기 위해 학교심리학자는 인간 발달과 평생교육에서의 훈련을 받을 필요가 있다(Harrison & McCloskey, 1989). Harrison과 McCloskey는 기업체나 산업체에서 일하는 학교심리학자가 수행할 수 있는 구체적인 활동으로 장애 근로자를 위한 서비스, 일반 기업 서비스(인사 평가, 교육과 훈련, 조직적 개입, 상담), 연구, 출판을 제안한다.

은퇴 계획

은퇴를 위한 계획은 일을 시작하자마자 곧바로 시작해야 한다. 시간은 빨리 지나가며, 편안하고 비교적 걱정이 없는 은퇴를 위한 자원을 가지는 것이 중요하다. 학교구(교육청)와 대학교는 학교에서 지불하는 돈과 근로자의 임금의 일부를 모아서 만든 퇴직기금을 가지고 있다. 예를 들어, 학교와 근로자들이 퇴직을 대비해 근로자 임금의 7%에 해당하는 금액을 저축하고 있다.

　사설 실무를 하는 학교심리학자들은 개인퇴직계좌(Individual Retirement Account: IRA)와 같이 전혀 다른 은퇴 계획을 가질 수 있다. 보험과 기타 혜택에 관한 질문처럼 근로자들은 인적 자원 임원이나 전문 회계사에게 은퇴 계획에 관련된 질문을 반드시 해야된다.

결론

이 장은 인턴십, 첫 직장, 장기 진로 계획, 학교심리학자를 위한 대안적인 장소에 관한 실제적인 측면을 다루었다. 독자들이 자신의 전문 목표를 검토하고 깊이 생각하도록 도와주고 학교심리학 영역에서 준비하고 훈련받는 것이 의미 있는 일임을 보장하기 위해 앞의 여러 장들에서 나온 정보들이 적용되었다.

제9장

캐나다의 학교심리: 과거, 현재, 미래

Donald H. Saklofske, University of Calgary

Vicki L. Schwean, University of Calgary

Riva Bartell, University of Manitoba

Juanita M. K. Mureika, School District 18, New Brunswick

Jac Andrews, University of Calgary

Jeffrey Derevensky, McGill University

Henry L. Janzen, University of Alberta

캐나다의 학교심리학자는 심리학회와 관리 기관뿐만 아니라 학교와 기타 교육 상황에서도 독자적인 직업 정체성을 확립하는 데 어려움을 겪어 왔다. 심리학의 한 전문 영역으로서 학교심리학은 때로는 유사한 또는 보완적인 학문이라고 여겨졌고, 때로는 독자적인 학문으로 간주되었고, 심지어 잘못 이해되기도 했다. 학교심리학자들은 다른 교육 전문가들의 역할과 구분되는 독자적인 역할을 찾기 위해 경쟁했다. 그러나 지난 몇 년 동안에 캐나다 학교심리학의 미래에 좋은 징조가 되는 긍정적이고 낙관적인 변화가 있었다. 학교 환경과 교육 환경이 점점 더 복잡해지고 교육 기관에 대한 요구가 점점 더 커짐에 따라 강조점은 전문지식의 저장(silos)에서 다학제적 협력으로 옮겨졌다. 교육자, 교육행정가, 정부 관료, 일반 대중은 심리학 특히 학교심리학의 실천이 아동, 교사, 사회적 환경과 학습 환경으로서 학교, 교육 전반에 기여할 수 있다는 것을 점점 더 깊게 인식하게 되었다.

　매우 최근에서야 캐나다 심리학회(Canadian Psychological Association: CPA)는 학교심리학의 전문성을 공식적으로 인정하였다. CPA는 캐나다의 전국 학회이며 캐나다에서 교육자, 교육행정가, 정부 관료, 일반 대중은 심리학 특히 학교심리학의 실천이 아동, 교사, 사회적 환경과 학습환경으로서 학교, 교육 전반에 기여할 수 있다는 것을 점점 더 깊게 인식하게 되었다.

제공하는 심리 프로그램을 인가하는 기관이다. CPA는 임상과 상담 심리 프로그램의 인가를 보완하기 위해 박사과정 학교심리 훈련 프로그램을 인가하기 위한 기준을 수립했다. 학교심리학에 대한 관심이 증가하고 있다는 것은 CPA의 2006년 학술대회에서 증명되었다. 학술대회의 교육 영역에 속한 심리학자들이 매우 많은 양의 논문과 포스터를 발표했으며, 지난 수년 동안에 계속 성장세를 보여주었다. 또한 학교심리학자 훈련과 실천의 문제에 관한 심포지움과 토론회도 참석자들로 가득 찬다. 이런 회의에서 대학교 직원과 훈련가들은 학교심리학 프로그램에 지원하는 사람의 수가 계속 증가하고 있으며, 일선 학교는 학교심리학자들을 매우 적극적으로 채용하고 있다고 보고한다. 그러므로 캐나다에서 학교심리학은 급격히 그리고 지속적으로 변하고 있다는 지표가 있다.

9장에서는 오늘날 캐나다 학교심리학을 개관하고 캐나다 학교심리학이 최근에 이룬 발달과 최근에 중요하게 다루는 문제를 소개한다. 먼저 최근의 발달이 도래하도록 발판이 되었던 역사적 사건을 검토한다. 그러고 나서 현재 대학교에서 운영하고 있는 학교심리학 프로그램, 자격증 인정 문제, 학교심리학자의 역할과 기능에 관해 다룬다. 끝으로 학교심리학자들을 위한 전문가 협회와 출판물에 대한 검토와 미래에 대한 예측을 다루면서 이 장을 마무리한다.

 ── 캐나다 학교심리학의 역사

학교심리학은 다른 전문 학문의 영향을 받아 왔다는 것을 인정한다 하더라도 하나의 독립된 학문으로서 길을 걸어 왔다. 미국과 달리 캐나다 연방 정부는 교육, 교육적 실제, 심리적 서비스에 직접적으로 관여하지 않고 적절한 지역 단체가 권한을 행사하도록 해주고 있다. 그로 인해 학교심리학의 역사를 전국적 관점에서 서술하기는 어렵다.

1950년 이전

어떤 사람들은 캐나다에서 학교심리학이 정말로 탄생한 시기는 1950년대라고 주장하지만(Janzen, 1980; Perkins, 1990; Saklofske et al, 2000; Saklofske & Grainger, 1990), 다른 사람들은 훨씬 이전에 시작했다고 제안한다(Janzen & Massey, 1990). 1900년대 초반의

출석 관리자는 오늘날 학교에서 일하고 있는 심리 서비스 담당자와 같다. 당시의 출석 관리자는 학교에서 생활지도 상담이나 검사와 같은 심리적 개입을 제공했을 가능성이 높다.

　학교에서 처음으로 정신건강 서비스를 직접 제공한 시기는 1900년대 상반기이며 토론토 공중위생국에서 담당했다(Perkins, 1990). Binet의 연구가 대표적으로 보여주듯이, 이런 서비스를 제공하는 주요 이유는 소위 정신적으로 결함이 있는 아동을 식별하여 특수학급에 배치하는 것을 돕는 것이었다. 학습문제를 보여주는 학생들이 모두 인지적 결함을 가지는 것이 아님이 명백해짐에 따라 학교에서 적응하지 못하는 문제를 확인하고 개입하는 일을 맡은 학교 교원의 역할이 더욱더 강조되었다. 그러므로 캐나다에서 학교심리적 서비스가 시작되고 발전한 시기는 미국처럼 1920년대 초반일 가능성이 높으며, 공립학교에서 아동과 청소년들에게 정신건강 서비스를 제공할 필요가 있다는 인식에서 출발했다. 처음 이런 서비스는 교사, 방문교사, 생활지도사, 교육심리학이나 임상심리학에서 훈련받은 사람들과 같은 기존의 교직원에 의해 제공되었다(Fagan, 1996b).

> 미국과 달리 캐나다 연방 정부는 교육, 교육적 실천, 심리적 서비스에 직접적으로 관여하지 않고 적절한 지역 단체가 권한을 행사하도록 해주고 있다.

1950년대~1960년대

*캐나다 대학교에서의 심리학(Psychology in Canadian Universities)*이라는 보고서에서 MacLeod(1955)는 심리학자들이 캐나다의 학교에서 일하고 있을 수 있다고 말했다. 다른 사람들도 비슷한 관찰을 했지만, 이런 심리학자들의 책무에 대해 상세히 언급한 경우는 없었다(Dorken, 1958; Dorken, Walker, & Wake, 1960; Keating, 1962). 1960년대 초반에 Bowers(1962)는 훈련받은 심리학자들에 대한 수요가 응용 장면에서 높아지고 있다고 말하면서 대학교의 심리학과 교수진들이 학교심리학 훈련을 지속적으로 재검토하기를 희망했다. 같은 해에 Stein은 캐나다 전역에서 일하고 있는 95명의 학교심리학자를 확인했고, 1964년에 그들의 지위와 역할에 관한 연구를 실시했다. Stein은 재직 중인 학교심리 교직원은 대학교에서 특별한 준비를 한 것도 아니며 또한 심리적 경험을 가진 것도 아님을 발견했다. 다만, 이들 모두 교수 경험이 있었으며, 학교심리학과 약간의 관련이 있는 자격증이나 경험을 가지고 있었다(Stein, 1964).

　몇 년 뒤에 McMurray(1967)는 캐나다의 심리학과에서 학교심리학 전공으로 졸업하는 학생이 전혀 없음을 발견했다. 그러나 온타리오 교육연구소의 응용심리학 분과에서는 학교심리학 박사과정을 소개했다. 이것은 앨버타대학교, 캘거리대학교, 컬럼비아대학교, 맥길대학교의 학교심리학 또는 교육심리학 대학원의 발전을 초래한 계기가 되었다.

1970년대~1980년대

학교심리학이 캐나다에서 1950년대에 전문 영역으로 등장하기 시작했지만, 1970년대 초반이 되어서야 학교심리학자의 역할을 하는 전문 인력이 캐나다의 전역에서 일하게 되었다(Janzen, 1976). 학교심리학자라는 직함과 역할에 대한 논쟁이 여전히 지속되고 있었지만 1970년대와 1980년대에 많은 성장과 발달이 있었다. 캐나다 전국의 학교는 심각한 학습, 행동, 정서 문제를 경험하고 있는 일부 학생들을 단지 격리시키는 것을 더 이상 원하지 않았다. 비슷하게, 고유한 요구를 가진 영재 학생에 대한 관심이 증가했다. 캘거리의 학교위원회는 학교심리학자의 수를 계속 늘렸을 뿐 아니라 영재성과 신경심리학적 평가와 같은 영역의 전문가를 채용했다. 대학원 학생들 또한 학교 중심의 현장배치와 폭넓은 실습기회를 갖기 시작했다.

> 학교심리학이 캐나다에서 1950년대에 전문 영역으로 등장하기 시작했더라도, 1970년대 초반이 되어서야 학교심리학자의 역할을 하는 전문 인력이 캐나다의 전역에서 일하게 되었다(Janzen, 1976).

학교에서의 요구가 증가함에 따라 학교심리학자의 기능도 확대되었다. Weininger(1971)는 학교심리학자를 "만능적인, 컴퓨터 같은 슈퍼맨, 모든 것을 보고, 모든 것을 아는, 하루에 25시간 항상 가장 효율적인 기능을 한 준비된 사람"(p. 125)으로 보는 경향에 반대하는 감명 깊은 항변을 했다. 캐나다에서 학교심리학자의 수와 역할이 확대되고 있는 동안에 학교심리학 훈련 프로그램은 정체되어 있었으며, 그 결과 미래의 학교심리학자를 양성하기 위해 미국의 대학교에 더 의존하게 되었다(Schmidt, 1976). 이런 해결은 교육심리학을 교육이라는 특정한 분야에 일반심리학을 적용하는 응용 학문으로 여기게 만들어 심리학과 교육심리학 사이의 차이를 약화시켰다. 이런 경향은 영국으로부터 온 것이다. 그 당시 캐나다의 교육심리학 교수 중 대다수는 영국에서 학위를 받았기 때문이다.

또한 1980년대에는 학교심리학자의 역할과 직함에 대한 논쟁이 있었다(Holmes, 1986). 동시에 전문 학회 회원 가입이 지방과 국가 수준에서 모두 증가했다. 이 기간 동안 캐나다에서 학교심리학회도 발달했다. *캐나다 학교심리학술지(Canadian Journal of School Psychology)*의 특별판(1990)에 따르면, 브리티시 컬럼비아, 앨버타, 서스캐처원(Saskatchewan), 매니토바(Manitoba), 온타리오(Ontario), 퀘벡(Quebec)에서 지방 학회가 설립되었다.

지방에서 급속하게 성장하는 동안에 캐나다 학교심리학자들은 미국의 NASP와 느슨한 제휴를 유지했다. 대표단은 1명의 NASP 위원장(캐나다-멕시코 위원장)과 캐나다 동부와 서부를 대표하는 2명의 대표자로 구성되었다. Don Dawson(1980, 1981, 1982)은 온타리오의 Marjorie Perkins와 함께 캐나다 학교심리학자들과 NASP와의 관계를 연대별로 정리했으며, 캐나다 학자들이 NASP에 더 많이 관여해야 한다고 주장했다. 그러나 NASP는 곧 캐나다/멕시코 지역 위원회를 해체하고 캐나다 학교심리학자들에게 국제 회원 자격으로 가입할 것을 권했다. 주요 이유는 캐나다 학교심리학자협회(Canadian Association of School Psychologists: CASP)가 설립되었기 때문이다. CASP는 규제적 협회가 아니라 전문협회이며 지방의 학교심리학 단체나 CPA와는 느슨한 제휴를 맺고 있었다. CASP는 학교심리학 전용 학술지로는 Canadian Journal of School Psychology 한 종류만 발간했다.

1960년대 후반부터 시작한 응용 훈련 프로그램의 급속한 성장(Arthur, 1971)과 학교심리학자의 고용에 관해 연구한 Dawson은 1982년에 "캐나다 학교심리학의 미래"라는 논문을 발표했으며, 이 논문은 전문가의 정체성을 찾으려는 학교심리학자의 기치가 되었다. 이 논문은 또한 1980년대와 1990년대는 학교심리학을 위한 중요한 시기가 될 것이라고 예측했다. 캐나다에서 참여하고 있는 학교심리학자의 수는 급속히 증가했다. Dawson은 1980년 초에 1,000명이라고 추정했는데, 1980년대 말에는 Fagan(1989b)이 4,000명이라고 추정했다. 미국에서 1960년대 후반 이후로 전문직이 급속히 증가한 것에 비유해 Fagan은 캐나다에서도 비슷한 성장이 있었을 것이라고 예측했다.

1990년대

Saklofske와 Janzen(1993)은 캐나다의 학교심리학이 지난 10년 동안에 큰 성장을 이루었다고 말한다. 이들에 따르면, 1) 캐나다의 여러 대학교에서 좋은 훈련 프로그램을 갖추게 되었고, 2) 특히 캐나다 서부 지역의 학교심리학 전문가 협회를 발전시키기 위해 중요한 활동이 있었고, 3) 캐나다의 학교심리학 및 교육심리학에 초점을 둔 연구물이 캐나다, 미국, 국제 학술지에 게재된 건수가 증가했다는 점이다. 1993년에 Holmes는 "학교심리학은 지금 청소년의 성장 폭발과 그에 따르는 성숙의 딜레마를 경험하고 있다고 반복해 말할 필요가 있다. 그냥 신나는 일이라고 말하는 것은 충분하지 않다. 학교심리학이 계속해서 성장하고 변화할 것이라고 예측하는 것 이외에 10년 또는 20년 뒤에 어떤 결과가 있을지를 추측하는 것은 불가능하다."라고 말했다(p. 143).

1990년대에 많은 대학교에서 학교심리학 전공으로 석사과정과 박사과정 프로그램을 개설했으나, 공식적으로 인증을 받은 곳은 한 곳도 없었다. 이런 경향과 더불어 학교심리학자의 역할도 변화했다. 이전과 달리 심리측정 기능을 덜 중요하게 여기고, 컨설팅 서비스와 치료적 서비스를 더 강조하게 되었다. 그러나 매니토바 주의 교육, 시민, 청소년청에서는 석사학위를 가진 학교심리학자들이 취득할 수 있는 학교임상심리학자 자격증을 개발했다. 맥길대학교의 학교/응용 아동 심리학과의 박사과정 프로그램이 처음으로 미국 심리학회로부터 인증을 받은 최초의 캐나다 대학교 프로그램이 되었다. 뒤이어 온타리오 교육연구소(OISE)의 학교심리학 프로그램과 아동, 청년, 가족을 강조하는 아동 임상심리학 프로그램이 동시에 APA로부터 인증을 받았다. 과학자-학자-실천가 모델을 도입한 교육기관은 맥길대학교, OISE, 빈센트대학교, 매니토바대학교, 앨버타대학교, 캘거리대학교, 브리티시 컬럼비아 대학교 등이다.

새천년: 2000년대

인증과 면허증에 대한 요구가 증가함에 따라 캐나다 심리학회는 2005년에 학교심리학 박사과정 프로그램에 대한 국가 인증 기준을 마련했다. CPA로부터 인증을 받은 대학교가 아직 한 곳도 없지만 맥길대학교와 OISE는 APA로부터 인증을 받았음), 몇 년 후에는 상황이 바뀔 것이다. 지금 학교심리학자와 교육심리학자들은 CPA 및 지방 협회에서 중요한 역할을 하고 있다. CPA의 교육 영역의 심리학자들은 크고 활동적인 그룹 중 하나이며, 캐나다 학교심리학자의 교육과 실천을 이끌어 갈 동력이 될 것이다.

학교심리학 분야에 대한 낙관론이 여전히 남아 있지만, 최근 몇 년 동안에 예산이 동결되거나 삭감되는 현실에 직면했고 시간을 낭비하는 심리교육적 검사를 대체할 대안을 찾으려는 노력이 증가하고 있다. 특수아동을 평가하는 것은 학교심리학자의 기능으로 남게 될 것이며 반드시 그래야만 한다. 동시에 캐나다 학교심리학자의 역할과 책무는 서서히 발전하고 있다. 학교심리학 분야는 독자적인 구조화된 서비스 제공 모델을 적용해 학교나 더 큰 교육적 맥락에서 성장할 수 있는 능력을 갖추고 있으므로 그 지위를 계속 유지하면서 다른 심리 전문가나 교육 전문가와의 관계를 지속할 것이다. 결과적으로 학교심리학은 더 투명해지고, 더 가치 있게 되고, 더 많은 자금을 지원받게 될 것이다. 최근의 보고서에 따르면, 캐나다 서부에 있는 심리학자들 중 12%는 학교심리학 전공자로 활동하고 있다(Watkins, Dobson, & Berube, 2006). 학생의 광범위한 욕구를 충족시키기 위해 학교에 더 많은 학교심리학자들을 배치해야 한다는 요구가 증가함에 따라 그 수치는 계속 증가할 것으로 기대된다. 학교심리학 박사과정 프로그램을 인증하기 위해 국가기준을 설립하는 것은 훈련 표준을 명확하게 하고

> 학교심리학의 전문성은 더욱 분명하고 더 가치로울 것이며 장래에 더 많은 기금을 지원받을 것이다.

더 많은 학생들이 학교심리학을 전공하도록 이끌게 될 것이다. 게다가 정부가 건강의학 당국과 같이 다른 서비스 제공 기관에 제공하는 돈을 학교심리학 서비스에 더 많이 할당한다면, 학교심리학의 질과 투명성은 더 높아질 것이다.

학교심리학: 당면 문제 —

2001년에 발간된 *Canadian Journal of School Psychology* 특별판에서 전국 각지에서 참여한 저자들은 학교심리학이 자신의 지역에서 어떤 위치에 있는지를 검토했다. 몇 개의 공통 주제는 캐나다에서 학교심리학이 가지는 위치, 즉 직업 정체성, 수요와 공급, 역할과 기능, 훈련과 준비, 자격증 발급과 호환성 등이다. 아래에서 이런 각 영역에 대해 상세히 다룬다.

학교심리학자의 전문적 정체성

캐나다 학교심리학자의 전문적 정체성은 대학교 훈련 프로그램, APA와 NASP와 같은 인증기관에서 만든 훈련 표준, 법, 지역에서 요구하는 자격증 요건, 정책 문건, 학교심리학자에 대한 지역 주민의 기대와 학생의 요구 등과 같은 복합적인 요인에 의해 구체화된다. 또한 캐나다의 특수교육은 미국과 달리 연방 정부로부터 통제를 받거나 자금을 지원받지 않기 때문에 지역에 따라 특수교육 정책, 프로그램, 서비스 제공에서 실질적인 차이가 있다(Andrews & Saklofske, 2007).

캐나다의 많은 학교와 학교위원회는 학교심리학자를 '검사 실시자'와 동의어로 간주한다. 이런 견해가 사실을 많이 반영하고 있다고 할지라도, 학교심리학자는 자문, 개별화 교육 프로그램 설계, 상담, 직·간접적 개입과 같은 다른 실무도 수행한다. 그러므로 학교심리학자의 전문적 정체성은 더 확장되는 것으로 나타나며 전문 심리학의 전문성 영역의 선상에 있다. 흥미롭게도 이것은 미국에서 학교심리학자의 역할과 기능에 관한 연구 결과를 반영하고 있다(Fagan, 2002; Reschly & Wilson, 1995). 조사 연구에 따르면, 심리학자들은 대부분 자신의 직업에 대해 만족하고 있는 것으로 일관되게 나타나고 있지만, 캐나다와 미국의 학교심리학자들은 자신의 역할과 기능에 대해 약간의 불평을 하고 있다(Hosp & Reschly, 2002). 학교심리학자가 하는 일이나 기대받고 있는 일이 그들의 개인적 또는 집단적 정체성을 결정한다.

비록 학교심리학자는 일반적으로 좋은 대우를 받고 있지만, 학생, 교사, 교육체제의 요구를 충족시켜 주는 이들의 능력이 지방과 교육 관할청으로부터 항상 충분한 인정을

> 학교심리학자가 하는 일이나 기대받고 있는 일이 그들의 개인적 또는 집단적 정체성을 결정한다.

받고 있는 것은 아니다. 예를 들어, 캐나다의 어떤 지역에서는 학교심리학자의 수가 적고 강력한 후원 단체인 전문 학회가 잘 발달되어 있지 않기 때문에 이들은 관심을 거의 받지 못하고 있다. 게다가 어떤 학교위원회와 학교는 학교심리학자가 현재 수행할 수 없는 더 많은 일(예를 들어, 협력적 컨설팅)도 하라고 주문하고 있다. 그러나 많은 학교심리학자는 학교로부터 지원받고 있는 일보다 훨씬 더 많은 고급 서비스를 제공할 수 있고 또 제공하고 싶어 한다는 점에서 이것은 양날의 칼이다.

게다가 예산 삭감, 자원 축소, 학교심리학 기능을 다른 교육 전문가(예: 개업한 치료사)에게 외주하는 것과 같은 요인은 학교심리학자의 기능에 잠재적인 위협이다. 캐나다의 여러 지역에서 진행되고 있는 논쟁은 모든 훈련을 다 받은 학교심리학자가 하는 여러 가지 기능을 수행할 수 있는 심리보조사와 심리검사관을 고용하는 것에 초점이 맞추어지고 있다. 여러 지역에서 일부 학교위원회는 학교심리학자가 교사 자격증을 소지하거나 교사 경험을 가지고 있을 때 좋아하거나 심지어 요구한다. 동전의 양면처럼 교육학 학사 학위를 가진 학생이 학교심리학 대학원 프로그램에 진학하기 위해 필수 심리학 과목을 반드시 이수해야만 하는 것은 아니다. 이것이 대학교의 학교심리학 훈련 프로그램에서 우려하는 사항이며, 학교심리학자의 역할에 대한 정의, 직업적 보장, 직업 정체성에 중요한 것이다.

Andrews(2002)는 학교심리학자의 직업 정체성에 대해 다루면서 학교심리학자는 자신들이 하는 일을 수용해야만 하고 더 잘하게 되어야 한다고 말한다. 학교심리학자는 해를 거듭할수록 평가, 컨설팅, 개입의 영역에 크게 기여했으며, 서비스를 받은 사람들(예: 학생, 교사, 학부모)로부터 대부분 긍정적으로 인정받고 있다고 Andrews는 주장한다. 사실 학교심리학자는 이 세 가지 영역의 전문성을 가지기 때문에 다른 전문가보다 학생의 학습과 발달을 월등히 더 잘 촉진할 수 있다. Andrews에 따르면, 학교심리학자는 자신들의 기술을 이용해 아동과 청소년의 학습과 발달의 질을 높일 수 있으며 자신들이 학생의 성공과 복지를 강화하는 데 핵심적인 요소임을 일반 대중에게 증명해 보여 줄 필요가 있다. 이런 과정을 지원하는 한 가지 방법은 지역과 국가의 차원에서 학교심리학자의 정체성을 강화하는 것이다. 지역적 차원에서 대학교 훈련 프로그램에 관여하는 교수들은 학교심리학자의 일을 강화하기 위해 지역의 일선 학교뿐만 아니라 지역 학교심리학회와 더 긴밀하게 일해야 한다. 국가적 차원에서 캐나다 학교심리학자협회(CASP)는 학교심리학의 국가적 정체성과 지역적 정체성을 강화하기 위해 지역 학교심리학회와 대학교 훈런 프로그램과의 관계를 더 긴밀하고 더 효과적으로 만들어야 한다.

지금까지 CASP는 학교심리학회의 실천과 훈련을 강화하기 위해 지역의 (학교) 심리학회나 대학에 충분히 관여하지 않았다. 오히려 CPA의 교육에서의 심리학자 분과(SPE)가 훈련 기준과 지침을 개발했으며, 뿐만 아니라 APA와 NASP에서 정한 훈련 요구와 기준을 CPA가 채택하도록 했다. 2006년 6월에 개최된 CPA 학술대회에서 학교심리학 훈련 프로그램에 참여하고 있는 전국의 대학 교수진들이 정체성 문제를 다룬 한 발표에서 상호작용했다. 이 학술대회를 통해 학교심리학을 지역과 국가 차원에서 발달하도록 만들기 위해서는 많은 대학교의 프로그램이 CPA와 CASP뿐만 아니라 서로 다른 프로그램과 긴밀한 관계를 가지고 함께 일할 필요가 있다는 공감대를 형성했다.

학교심리학자의 수요과 공급

2001년에 발간된 *Canadian Journal of School Psychology(CJSP)* 특별판에 게재된 논문들은 많은 학교심리학자들이 과중한 업무에 시달리고 있다고 언급하고 있다. 특히 인기 많은 지역에 있는 거대한 학교위원회에서 과중한 업무를 요구하고 있다. 또한 학교심리학자들의 수가 저평가되고 있으며, 특히 캐나다 북부 지역에서 활동하는 학교심리학자의 수를 더 낮게 표시하고 있다. 학교심리학 기능이 다양해진 것과 특수교육을 받아야 할지를 결정하기 위한 사정을 신청한 학생 수 및 특수교육 프로그램을 받아야 하는 학생 수의 급격한 증가는 학교심리학자의 업무량에 큰 영향을 주었다. 직접 서비스를 당장 받아야 하는 학생, 직접 서비스를 장기간 받아야 하는 학생, 간접 서비스를 받아야 하는 학생 수가 증가해 학생 대비 학교심리학자의 비율이 매우 악화되었다. 또한 모든 학생을 위해 예방, 안녕, 회복력을 다루는 학교팀의 중심이 학교심리학자라는 관점에서 볼 때에도 학교심리학자의 수가 턱없이 부족하다.

예를 들어, 대부분의 Nova Scotia 학군에서 일하는 학교심리학자의 업무량은 지나치게 많다. 한 명의 학교심리학자가 약 12개 학교에 등록되어 있는 3,000~4,000명의 학생에게 서비스를 제공하는 것은 드문 일이 아니다(Hann, 2001). 비슷하게 Carney(2001)도 온타리오 지역 학교에 등록된 학생 대비 학교심리학자의 비율은 1:100에서 1:12,000에 이른다고 보고했다. Carney는 "17개 학교위원회로부터 받은 자료에 따르면, 전반적인 비율은 등록된 학교심리사 1명당 5,600명의 학생"이었다고 말했다. Janzen과 Carter(2001)에 따르면, Alberta에 있는

> 학교심리학 기능이 다양해진 것과 특수교육을 받아야 할지를 결정하기 위한 사정을 신청한 학생 수 및 특수교육 프로그램을 받아야 하는 학생 수의 급격한 증가는 학교심리학자의 업무량에 큰 영향을 주었다.

큰 도시 학교들은 학교심리학자 1명당 10,000의 학생 비율(1:10,000)로 전일제 학교심리학자를 고용하고 있다. Saklofske와 Grainger(2001)는 Saskatoon과 Saskatshewan 지역에 있는 공립학교들은 1:4,400의 비율이며, 천주교 재단에서 운영하는 학교에는 그 당시 단 1명의 학교심리학자를 고용하고 있었으며, 비율은 1:14,000이었다.

2006년에 뉴 브런스윅(New Brunswick)에 있는 Anglophone 학군에서 근무하는 학교심리학자 대비 학생 비율은 1:3,800이었으며, Francophone 학군에서의 비율은 1:1,000이었다. Anglophone 학군은 약 29명의 학교심리학자를 고용하고 있지만, Francophone 학군은 학생 수는 절반이고 학교심리학자는 2배 더 많이 고용하기 때문에 이런 차이가 발생한 것이다. 지역마다 그 비율이 다른 것은 캐나다 중부에 위치한 매니토바 주에서 사용한 2005~2006년 학교 통계 자료와 2003년 12월 전일제 심리학자의 수에 관한 통계를 통해서도 설명될 수 있다. 매니토바 주의 주도인 Greater Winnipeg 시의 유치원에서 고등학교 학생 수는 99,000명에 자격증을 가진 전일제 학교심리학자는 57명이어서 그 비율은 1:1,737이다. 반면 매니토바 주의 시골지역의 초·중·고 학생 수는 87,600명에 자격증을 가진 학교심리학자는 36명이어서 그 비율은 1:2,417이다. 몇 군데 시골학교는 학교심리학자를 아예 고용하지 않고 대신 사회복지사에게 맡기고 있기 때문에 이런 비율은 호도될 수 있다. 도시지역과 시골지역에서의 서비스 비율의 불균형은 놀라운 일이 아닐지라도 주목할 만한 일이다. 이런 자료는 NASP와 기타 학교심리학 지지자들이 추천하는 약 1:1,000 비율에 턱없이 부족하다. 그러므로 학교심리학자는 가까운 장래에 닥칠 평가, 프로그램 계획, 컨설팅, 기타 요구를 충족시켜 줄 수 있도록 준비해야 할 것이다.

학교심리학자들이 캐나다 전국에 어떻게 분포되어 있는지를 살펴보면, 일반적으로 모든 지방에서 시골지역은 대부분 서비스가 충분하지 못함을 알 수 있다. 학교심리학자들은 시골지역 학교를 기피하는데, 대부분의 시골지역이 안고 있는 삶의 질 문제와 직업상 방해물(예: 출퇴근 시간과 기타 지원 서비스, 물품, 자원의 부족) 때문에 그렇다. 동시에 일부 도시 학교들도 학교심리학자를 확보하는 데 어려움을 겪고 있다. 더 큰 도시가 더 큰 매력을 가지고 있기 때문이다. 예를 들어, Martin(2001)에 따르면, 뉴펀들랜드의 시골과 도시지역은 학교심리학자를 채용하는 데 어려움을 경험했는데, 그 이유는 근처에 있는 대학교의 대학원생들이 교육심리학을 전공했으며 학교에 취업하기를 희망하지 않았기 때문이었다. 이런 현상은 학교심리학자들이 그 지역에서 다른 관련 직업(교사)에 비해 낮은 봉급을 받고 취업하기 전까지 비용은 더 많이 든다는 것으로도 설명된다.

게다가 학교심리학 서비스를 캐나다의 북부 지역에 공급하는 것도 어렵다. 예를 들어, 캐나다의 북서부 지역과 누나벗(Nunavut; 1999년에 설립된 신생 도시)에는 심리학자를 양성하는 프로그램이 없다. 북서부 지역에서 교육을 담당하고 있는 부서들은 학교심리학자를 정기적으로 채용하지 않고 이런 서비스가 필요하면 남부에 있는 사설 전문가들과 계약해 그들을 이용한다. Blakely와 Wells(2001)에 따르면, 전일제 학교심리학자에게 접근하기를 원하는 학교는 학교심리학자를 채용해야만 한다. 그러므로 대부분의 학교는 학교심리학자를 고용하지 않고 있기 때문에 캐나다 북쪽에 있는 교사와 학생들은 학교심리학 지원을 거의 받지 못하고 있다.

많은 연구는 학교심리학 영역에서 학교심리학자를 훈련시킬 교수진을 찾는 것이 점점 더 어려워지고 있다고 보고한다(예: Miller, 2001; Miller & Masten, 2000; Miller & Palomares, 2000; Tingstrom, 2000). *School Psychology Quarterly*의 최근 호(2004년 19권 4호)는 미국과 캐나다에서 학교심리학 교수진의 발달에 초점을 두었다. 논문들은 학교심리학이 훈련과 연구를 동시에 수행하는 교수의 부족이라는 심각한 문제에 직면하고 있다고 강조했다(Kartochwill, Elliot, & Carrington-Rotto, 1995; Little, Akin-Little, & Tingstrom, 2004; Nagle, Suldo, Christenson, & Hansen, 2004; Rosenfield, 2004). 박사과정 프로그램에 참여하는 학교심리학 교수진들을 분석한 조사에 의해 과학자-실천가 모형을 적용해 인증을 받은 대학교에서 대부분의 학교심리학 교수 요원을 배출하는 것으로 드러났다(Little et al., 2004).

캐나다에서 학교심리학 박사과정 프로그램 중 학회로부터 인증을 받은 프로그램은 두 개뿐이므로(맥길 대학과 OISE 프로그램), 학교심리학 프로그램을 개설하거나 유지하고 싶어 하는 캐나다 대학교는 박사학위를 소지한 학교심리학 교수를 채용하고 보유하는 데 어려움을 겪고 있다. 예를 들어 캐나다에 있는 대학교의 학교심리학 분야에서 정년보장 교수직을 채용할 때 지원하는 사람이 극히 소수이며, 후보자들도 학교심리학 박사학위 소지자가 아니라 심리학의 다른 분야(임상이나 발달)에서 박사학위를 획득한 사람이 다수이다. 캐나다의 학교심리학 대학원 프로그램은 공석을 채우기 위해 모교 출신 교수를 채용하는 것이 드문 일이 아니며, 이로 인해 많은 문제점이 발생할 것이다. 캐나다의 학교심리학 분야에서 대학원생을 가르치고 연구할 교수진이 부족하기 때문에 학교심리학 대학원 프로그램에서는 다음과 같은 두 가지 중요한 요소들을 시급히 갖추어야 한다. 이것들은 대학생들이나 대학원생들이 계속 공부를 할 것인지를 결정하는 데 영향을 주기 때문이다. 가장 중요한 요소는 인증이다. 다른 요소는 연구그룹에 참여시키고, 학부 학생을 가르치고 감독하고, 교수진

> 학교심리학 서비스를 캐나다의 북부 지역에 공급하는 것이 어려운데, 그 이유는 그 지역 교육을 담당하고 있는 부서들은 학교심리학자를 정기적으로 채용하지 않기 때문이다. 캐나다 북쪽에 있는 교사와 학생들은 학교심리학 지원을 거의 받지 못하고 있다.

과 공동 연구에 참여시키는 것을 통해 멘토링과 모델링을 통합하는 것이다.

캐나다에서 박사과정을 이수하려는 학교심리학자가 부족한 것은 학교심리학 박사과정 프로그램을 운영하고 있는 대학교가 6개뿐이고, 그 중에서도 2개 프로그램만 인증받았다는 사실과 직접적으로 연관되어 있다. 지금 캐나다에서 학교심리학 박사과정 프로그램에 입학하고 졸업한 학생의 수를 파악하는 것은 어려운 일이다. 그러나 학생의 수가 학교현장의 수요를 충족시킬 수 있을 만큼 충분하지 않다는 것은 의심할 여지가 없다. 그러므로 학교심리학에 대한 수요는 캐나다 전역에서 상당히 높지만, 공급은 제한되어 있다. 이런 점에서 학교심리학자에 대한 수요를 국가 차원에서뿐만 아니라 각 지방 차원에서도 가장 중요한 이슈로 채택해야 한다는 것이 중요하다.

학교심리학자의 역할과 실습

배경 문제

캐나다의 학교심리학 발전을 검토하기 위해서는 학교심리학자의 역할과 기능 그리고 학교심리학자의 고객을 정의하는 데 영향을 주었던 두 가지 중요한 요인부터 살펴보아야 한다(Bartell, 2006). 첫째 요인은 학교에서의 심리교육 서비스에 대한 초기 조항과 학교에서의 심리 서비스 제공자의 직업화 간의 역사적 시간 차이이다. 둘째 요인은 학교구 행정가, 학부모, 입법기관 및 법정(가장 중요한 요소임)의 요구와 기대와 같은 외부 사회적 및 소비자의 힘이 주로 학교심리학 서비스의 본질과 조건을 결정한다는 사실이다(Bartell, 2006). 학교심리학이 캐나다의 학교에서 전문성을 가진 특수한 영역으로 발전하도록 만든 힘은 심리학 분야 내부에서 나온 것이 아니라 심리학 분야와 관계없이 나왔다. 또한 그 힘은 지역, 지방, 국가의 요구에서 나왔다. 이것이 일관성 있는 직업적 핵심 내용과 직업적 정체성을 확립하는 것을 방해하고 약화시키기도 했다. 그러나 한편으로는 바로 그 힘이 학교와 학교 교육의 주류 속에 들어가려는 목적의식과 광범위한 실습을 학교심리학자에게 제공했다(Bartell, 2006).

학교심리학에 대한 요구는 일반적으로 캐나다 전역에 걸쳐 높지만 공급은 제한되었다.

북미의 학교심리학이 겪어 온 독특한 역사와 중요한 외부 힘에 의해 (부분적일지라도) 학교심리학이라는 전문직이 계속 이끌리고, 만들어지고, 통제받고 있다고 인식하는 것은 실질적으로 이득이 된다. 상황이 바뀔 때마다 학교심리학자의 역할과 실천을 새롭게 바꾸는 데 도움이 되기 때문이다. 그러나 학교심리 실천가, 교육자, 연구자들이 해결해야 할 일이 남아 있다. 외부 세력과 균형을 이루고 학교심리학이 주로 평가 기능만 담당한다는 인식을 바로잡기 위해서는 학교심리학자들이 1) 학교의 맥락은 하나의 생태적 체제로 바뀌고 있다는 것과 2) 발달 영역, 사회심리학 영역, 학습 영역, 임상 영역에서 연구와 지식이 발전하고 있다는 두 가지 변화하고 있는 현실에 맞추어 새로운 정체성을 확립할 필요가 있다.

경험적 연구로부터 지지를 받는 예방 프로그램을 개발하는 것도 중요한 일이다. 최근에 일차(일반학생), 이차(판별학생), 삼차(특수학생)로 이루어진 예방과 개입 체계를 점차 강조하고 있다. 이에 따라 학교심리 실무가들은 자신들의 역할과 서비스 체계에 관해 좀 더 포괄적인 관점인 체제적, 생태적, 발달적 관점을 채택해야만 한다. 그렇게 함으로써 학교심리 실천가들은 학교와 공동체 맥락에서 모든 학생과 가정이 가지고 있는 발달적 요구와 학습 요구를 이해하고, 예상하고, 예방하고, 준비하고, 개선할 수 있게 된다 (Bartell, 1995, 1996a, 1996b, 2003, 2006; Finn, Heath, Petrakos, & Mclean- Heywood, 2002; Schwean, 2006). 지난 50년 동안 학교심리학의 성장은 전례가 없을 만큼 우수했다. 그러나 학교심리학자가 무엇을 해야 하는지를 규정하는 역할과 모델은 비교적 더디게 변하고 있다.

캐나다의 아동교육은 지역/지방이 책임지고 있다. 그 결과 지역에 따라 학교심리학에 관한 직업 설명, 자금, 우선순위라는 측면에서 큰 차이가 있다. 캐나다는 지리적, 문화적, 언어학적으로 매우 크고 다양한 나라이다. 이와 같은 다양성에 상관없이 학교심리학자의 일차적인 역할은 학교에서 아동, 교육자, 학부모가 직면한 문제에 초점을 맞춰 왔고 앞으로도 계속 그렇게 해야 할 것이다. 학교심리학자의 역할과 기능과 심리학적 서비스를 제공하는 것에 계속 영향을 주는 요인에는 특정한 지역에서 고용된 심리학자의 수, 담당하는 사례의 수, 심리학자 대비 학생의 비율, 심리학자의 훈련과 전문성 지향, 시골과 도시에 따른 작업 환경, 지자체에서 부여한 우선순위, 각 지역에서 고용한 심리학 팀과 전문가에 대한 전반적인 신뢰도가 포함된다(Saklofske & Janzen, 1993).

그럼에도 불구하고 학교심리학자의 실무에 관한 문헌에서 상당한 공통점을 찾을 수 있다. 예를 들어, Dumont(1989)와 Neudorf(1989)에 의해 수행된 조사, *CJSP*에 실린 1990년과 2001년 특별호, 국가에서 수행한 연구(Kaufman & Smith, 1998)에서 나온 자료 등은 학교심리학자의 전통적인 역할이 여전히 더 널리 수용되고 있음을 보여 준다. 전통적인 역할은 심리적 또는 심리교육적 평가, 직접적인 서비스 제공 모형, 임상적이고 교육적인 프로그램을 포함한다. 그러나 전통적 역할 중 많은 것들이 수정되거나 다른 것으로 대체되고 있다. 개별 아동에게 직접적인 서비스를 제공하지 않고 간접적으로 서비스를 제

> 학교심리학자들이 받은 훈련과
> 자격증의 종류에 맞추어 학교가 아닌
> 병원, 임상센터, 사회봉사 기관, 또는
> 사설 기관과 같은 대안적인 장소에서
> 일하는 것이 여러 지방에서 점점
> 증가하고 있는 추세다.

공하는 것이 최근 몇 년 사이에 인기를 얻고 있다. Cole과 Siegel(1990, 2003), Sladeczek와 Heath(1997)는 컨설팅을 건의했고, Cole(1995), Mykota와 Schwean (2006)은 예방과 개입 프로그램을 제안했다. 부모교육과 교사교육은 Greenough, Schwean, Saklofske (1993)와 Philips, Schwean, Saklofske(1997)에 의해 건의되었다. Da Silva(2003)와 Stirtzinger, Campbell, Green, DeSouza, Dawe(2001)는 학교에서의 다면적 개입을 제안했다. 캐나다 학교심리학자들은 적극적인 지원과 참여를 요구하는 새로운 역할과 기능, 관리 체제와 같은 새로운 접근이 학생, 부모, 교사의 요구를 충족시키는 데 더 효과적이며 더 적절하다는 것을 알고 있다.

Cole과 Siegel(1990)은 캐나다 학교심리학자들이 해야 한다고 기대받고 있는 역할을 서비스 제공의 목표(일차, 이차, 삼차)와 학교심리 서비스 수혜자의 다양성(학교 체제, 교사, 학부모, 학생)이라는 두 가지 축으로 만든 표를 이용해 설명한다. Bartell(1995)은 모든 학생의 발달적 요구와 학습 요구를 더 잘 충족시키기 위해 학교심리학자는 자신의 역할과 기능을 바꿀 필요가 있으며, 아동들이 살고, 배우고, 성장하는 더 큰 맥락을 보는 생태적이며 발달적인 관점을 수용할 필요가 있다고 제안한다. 게다가 캐나다의 학교, 가족, 공동체는 급변하는 세계가 요구하는 교육을 할 수 있도록 학교심리학자가 지원해 줄 것을 계속해서 요구하고 있다. 만약 캐나다의 학교심리학자들이 자신들의 운명을 통제할 수만 있다면, 자신들의 역할과 기능을 변화시키기 위해 계속해서 진화해야만 한다. 여건과 요구가 변화함에 따라 역할도 계속 급격히 진화할 것이다. 그렇지 않으면, 서비스 제공 패러다임의 전환으로 인해 학교심리학자들이 변화의 선봉으로 나서야 할 것이다 (Bartell, 1996a, 1996b, 2006). 이 주제는 뒤에서 논의된다.

학교심리학자들이 받은 훈련과 자격증의 종류에 맞추어 학교가 아닌 병원, 임상센터, 사회봉사 기관, 또는 사설 기관과 같은 대안적인 장소에서 일하는 것이 여러 지방에서 점점 증가하고 있는 추세다. 이들의 역할은 학교에서 일하는 심리학자의 역할과 다르다. 학교심리학자는 학교가 아닌 곳에서 일을 할 수도 있지만, 하는 일은 같다. 같은 시기에 캐나다 대학교에서도 훈련 패러다임을 바꾸려는 경향이 일어나고 있다. 맥길대학교의 교육심리학 및 상담 심리학과에서 개설한 학교/응용 아동심리 프로그램이 대표적인 예이다. 이 APA-인가 프로그램은 학교심리 박사과정 학생들에게 전통적인 학교심리학의 역할뿐만 아니라 지역 공동체를 위한 정신건강 역할을 수행할 것을 강조한다.

학교심리학자를 다양한 차원에서 훈련시키는 것은 심리학 관련 전체 직업에 도움이

될 뿐만 아니라 학교심리학의 특성화를 향상시키는
데 도움이 된다. 두 군데 이상의 장소에서 전문성을
발휘할 수 있는 캐나다 학교심리학자는 자신의 취업
전망을 밝게 할 뿐만 아니라 학교 이외의 장소에서도
학교심리학의 중요성을 인식하도록 만들 수 있다. 다
른 한편, 어떤 사람의 직업 전문성을 분산시키는 것
은 학교심리학자의 독특한 역할을 약화시키고, 흐리
게 하고, 심지어는 위험에 빠뜨린다. Bartell(1996b)은
학교심리학자의 역할과 서비스 제공을 생태적, 맥락

> 학교심리학자들이 받은 훈련과
> 자격증의 종류에 맞추어 학교가 아닌
> 병원, 임상센터, 사회봉사 기관, 또는
> 사설 기관과 같은 대안적인 장소에서
> 일하는 것이 여러 지방에서 점점
> 증가하고 있는 추세다.

적, 체제적 관점에서 보아야 한다고 주장했고, 정신건강을 고취시키는 것은 학교 전체에
영향을 준다고 주장했다. 이 주제는 최근에 APA와 NASP 학술대회에서 계속 논의되고 있
을 뿐만 아니라 2006년에 캘거리에서 있었던 CPA 학술대회에서도 논의되었다.

　　새로운 아이디어와 관점에 대한 관심이 최근 증가하고 있으며, 학교심리학 관련 문헌
에 반영되고 있다. 예를 들어 학교심리학의 생태학(Sheridan & Gutkin, 2000), 탈맥락적
프로그램(Elias, Zins, Graczyk, & Weissberg, 2003), 보육기관(Schwean, 2006)에 관한 문
헌에 등장한다.

학교심리학자의 역할과 기능의 변화

캐나다 학교심리학자의 역할과 기능의 변화는 캐나다의 작은 지역인 뉴 브런스윅의
Atlantic 지역에서 찾을 수 있다. 이 지역은 캐나다 학교심리학자의 역할과 기능에 대한
외부의 영향이 얼마나 중요한지도 보여 준다. 2002년에 뉴 브런스윅의 교육부는 학교심
리학자의 전문적 실천을 위한 지침서(Guidelines for Professional Practice of School Psy-
chologists)를 발간했다(뉴 브런스윅 교육청 & 캐나다 심리학회, 2001). 이 자료와 2004년
에 발간된 학교심리 자문 의뢰인을 위한 지침서(Guidelines for Referrals for School Psy-
hcological Consultation)는 주로 NASP에서 나온 연구에 의존하고 있다(뉴 브런스윅 교육
청 & CPA, 2004). 기존 연구는 전통적인 검사("의뢰-검사-배치" 실무모형)가 교육과정
기반 평가와 학급 개입보다 신뢰도가 낮고 유용성도 낮다는 것을 보여 준다. 2004년에
재승인한 특수교육법(IDEA)에 근거해 이 문서들은 학습장애를 진단하는 데 있어 능력-
성취 불일치 모형의 신뢰성이 낮고, 학습 부진 학생을 위한 프로그램을 만드는 데 있어
반응-개입(RTI) 접근의 적절성이 낮고, 학교심리학자들이 서비스를 제공할 때 더 예방 지
향적일 필요가 있다고 지적하고 있다.

　　뉴 브런스윅에서는 통합교육 정책을 실시하므로 학교심리학자는 학생들을 적절한 장

소에 배치하기 위한 검사를 꼭 실시하지 않아도 된다. 대신 학교심리학자는 학교 전체 학생을 위한 예방 활동을 하는 것, 어려움을 겪는 학생의 문제를 교내에서 해결하는 것, 반응-개입 접근을 지원하는 것에 시간을 보낼 수 있게 되었으며, 또한 생태적 개입이 학생의 문제를 해결하지 못할 때 자신들의 평가 기술을 활용할 수 있게 되었다.

　　CPA는 뉴 부런스윅 자료를 정책자료로 채택하였다. 이 자료들은 뉴 브런스윅 지방 정부로부터 허락을 받아 캐나다 전국의 실무를 반영하고 영향을 미치도록 다시 집필되고 있다. CPA는 학교심리학을 심리학의 전문 직업의 중요한 영역으로 발달시키는 데 큰 관심을 보이고 있다. 2002년에 CPA는 학교심리학자의 역할에 관한 두 가지 문서를 발행했고, 심리학자가 학교에 더 많이 참여할 것을 독려하는 문서를 발행했다 (*http://www.cpa. ca/documents/school%5F2.pdf*, Mureika, French, & Service, 2002a, 2002b). 학교심리 실천에 관한 캐나다인의 관점은 2003년 NASP 학술대회에서 제시되었으며, 학교심리학자 훈련가를 위한 뉴스레터(Mureika, Falconer, & Howard, 2004), CASP 뉴스레터, CPA의 교육심리학 분과에서 2004에 발간한 자료에 제시되어 있다.

학생을 위한 직접 서비스

대부분의 경우에 캐나다의 학교심리학자는 학생들에게 교육적 또는 심리적 지원을 직접 제공하지 않는다. 직접 서비스는 주로 교사, 학습 전문가, 특수교사가 맡는다. 그러나 치료적 개입과 상담과 같은 임상 서비스를 직접 제공해 달라고 요구를 받는 학교심리학자들의 수가 점점 증가하고 있다. 대부분의 경우에 이런 지원은 단기간에 이루어지며, 장기간의 치료를 받아야 하는 학생들은 외부 기관에 의뢰된다. 학교심리학자는 개별화 교육 프로그램(Individualized Educational Program: IEP)과 개인적 행동 지원 계획(Individual Behavior Support Plan: IBSP)의 개발에 중심적 역할을 하며, 학생의 학업 성취와 행동 변화 그리고 IEP와 IBSP가 성공적으로 실시되고 있는지를 감독해야 한다.

　　학교심리학자가 제공하는 직접 서비스 중 가장 두드러진 것은 심리학적 또는 심리교육적 평가다. 사실 이 서비스는 학교심리학자가 하는 전문 역할이며 강점이다. 이런 역할은 검사를 위한 검사가 아니며, 단지 능력-성취 차이를 검사하는 것도 아니다. 오히려 이것은 아동의 강점과 심리적 요구를 확인하는 절차이며, 이를 통해 학생들의 요구와 흥미를 더 강화시킬 수 있다(Prifitera, Saklofske, & Weiss, 2005; Weiss, Saklofske, Prifitera, & Holdnack, 2006).

점차로 많은 학교심리학자들이 말하는것은 보통 치료적 중재와 상담의 형태로 직접적인 임상서비스를 요구한다는 것이다.

심리적 및 심리교육적 평가

학교심리학자는 학생의 학습, 성적 향상, 성공적인 학교 경험에 기여하거나 방해하는 기타 요인을 평가하기 위해 교육자와 긴밀히 협력하고 있다. 캐나다 학교심리학자에 의한 평가는 종종 당면한 문제와 의뢰 이유(예: 특정 아동을 위한 프로그램을 개발 혹은 배치나 학년 유급 결정)에 따라 다르다. 이들 평가는 종종 표준화 검사를 포함하는데 인지적, 교육적, 사회적, 정서적 성격, 신경심리학적 발달을 평가하기 위해 일부는 캐나다에서 개발되었고, 또 다른 것(예: WISC-ZV)은 캐나다 규준으로 맞추어졌다(Saklofske & Janzen, 1990). 최근에는 교육과정 기반 평가, 역동적 평가, 이중언어 평가, 기능적 행동 평가, 계속적 수행 평가와 같은 다른 유형의 평가 절차가 적용되고 있으며, 인기를 끌고 있다. 심리적 평가는 표준화 검사를 실시하는 것뿐만 아니라 비형식적 평가, 인터뷰, 교실 행동 관찰도 포함한다(Saklofske, Schwean, Harrison, & Mureika, 2006). 비형식적 평가를 할 때는 Sattler(2001)의 네 가지 평가 원칙을 따라야 한다.

어디에 배치할 것이며, 의뢰 및 유급 여부에 대한 결정은 아동의 능력, 성취, 행동을 깊게 이해하기 위해 설계된 종합적인 평가 결과에 기초해 이루어져야 한다. 아동, 교사, 가족에게 주는 구체적인 권고는 평가로부터 나올 것이다. 평가 결과, 권고, 행동 계획을 논의하기 위한 학부모, 아동, 교사가 모여서 하는 회의도 전형적인 평가 과정의 한 부분이다(e.g., Lawrence & Heller, 2001). 그러나 캐나다 학교심리학자는 정신지체를 진단하는 상황에서 종합적인 평가 도구를 사용하지 않고 있다는 증거가 있다(Lecavlier, Tasse, & Levesque, 2001). 이로 인해 개입과 예방 프로그램의 완전함과 효과성이 손상을 받을 수 있다. 개입과 예방은 완벽하고 정확한 정보에 기초해야 하기 때문이다. CPA는 2004년에 "학생 배치를 위한 심리적 평가 결과의 윤리적 사용과 보고"라는 정책 보고서를 발행했다(CPA, 2004). 이 보고서는 CPA의 윤리 규정에 따라 심리 검사 결과를 적절히 사용하는 것과 학생을 특수학급에 배치할 것인지를 결정하기 위해서는 두 가지 이상의 정보 자료를 이용해야 함을 강조하고 있다.

의뢰, 간학문적 협력과 자문

학교심리학자는 사람들을 지역의 서비스 기관에 의뢰하는 중책을 맡고 있다(Carney, 1995a, 1995b). 또한 학교심리학자들은 아동과 청소년들을 교육자들보다 더 자주 다학제적 서비스 제공 기관에 보낸다. 캐나다 학교심리학자들은 정신과 의사, 소아과 의사, 신경과 의사 같은 의사들과 자주 협력한다. 물리치료사, 직업병 치료사, 사회복지사, 간호사와 같은 의료 영역과 관련이 있으면서 공적 자금으로 운영되는 전문직 종사자들도 아동들에게 추가 서비스를 제공할 수 있다. 정부의 재정 축소와 제한은 이런 서비스의 수준에 영향을 줄 수 있다. 그러나 보편성의 원리는 모든 캐나다인에게 의료를 보장하는 것을 목표로 하고 있다. 이와 같은 다학제적, 간학문적 접근은 아동이 심각한 교육적, 심리적, 신체적 건강 문제를 앓고 있고 학교와 일상생활에서 더 잘 성공하기 위해 많은 사람으로부터 지원을 받아야 하는 상황에서 특히 도움이 된다.

> 자문은 학생의 가정과 학교 간의 협력을 증대시킨다. ······ 자문은 학교심리학자가 제공하는 첫 번째 서비스인 것으로 점차 나타나고 있다.

자문은 아동과 청소년들에게 서비스를 제공하기 위한 접근으로 20세기 후반부터 널리 사용되고 있다. 그러나 캐나다의 일부 지역에서는 컨설팅 보급이 느리게 진행되고 있다(Sladeczek & Heath, 1997). 컨설팅 모형들 사이에 차이가 있지만(예: Cole & Siegel, 2003), 많은 학교심리학자들과 교육자들이 컨설팅을 도입하는 것은 지대한 효과를 가진다. 캐나다가 지리적으로 거대한 나라이기 때문에 자문 서비스의 필요성은 더 높다. 예를 들어, Greenough 등(1993)은 토착 원주민이 주로 살고 있고 인구 밀도가 매우 낮은 북부 서스캐처원 지역에서는 협력적 자문이 요구된다고 말한다. 캐나다의 각 지역들은 독특한 사회적, 문화적, 경제적, 언어적, 교육적 요구를 가지므로, 학교심리 서비스를 제공하는 방법은 매우 다양해야 한다.

자문 모형은 교사와 학부모가 맡는 중요한 교육적 역할을 보여 주며, 교사와 학부모가 문제를 분석하고 해결하는 기술을 획득하도록 도와준다. 4장에서 논의한 것처럼 컨설팅은 비용 대비 효과적인 서비스이며, 평가와 같은 전통적인 학교심리 역할에서는 찾을 수 없는 추가적인 이득을 몇 가지 더 가진다. 자문은 학생들의 가정과 학교가 서로 더 많이 협력하도록 만들며, 이렇게 증가된 양자 간의 협력은 학생들의 성취와 학습을 증가시키는 것으로 밝혀지고 있다(Christenson, Rounds, & Gorney, 1992). 행동 장애를 가진 학생들이 학교에서 격리되어 치료받기보다는 상호작용할 수 있는 맥락에서 치료받을 때 협력적 자문이 더 많은 효력을 발휘할 가능성이 높다(Bartell, 1995; Finn et al., 2002; Schwean, Saklofske, Shatz, & Folk, 1996). 유능한 행동적 컨설턴트는 문제해결 과정을 조정하고 촉진하는 것과 행동을 수정하는 것 두 가지 영역에서 전문성을 가지고 있어야만 한다(Kratochwill, Elliott, & Carrington-Rotto, 1995).

캐나다 학교심리학자들은 컨설테이션 기술을 상당한 수준으로 발전시켜 왔다. 캐나다에서 수행된 연구로부터 지지를 받는 컨설테이션 방법을 계속 적용하는 것은 의심할 여지 없이 학교심리학자들의 역할을 널리 유행시킬 것이다. 자문은 점점 학교심리학자에 의해 제공되는 첫 번째 서비스로 인정받고 있다. 심리학자는 컨설테이션을 통해 학생의 상황을 총괄적으로 평가할 수 있으며, 학생의 상황에 대한 학생의 반응과 다른 사람들의 반응을 평가하며, 개입 과정을 재빨리 시작하기 위해 학교 및 가족과 함께 문제해결에 착수할 수 있다. 교사들은 컨설테이션이 큰 도움을 주며, 형식적인 검사 결과를 기다릴 필요도 없이 교사들이 학생의 행동에 즉각적으로 개입할 수 있도록 해준다고 말한다. 학급에서 적용하는 문제해결 접근은 형식적인 검사 결과보다 더 시의적절하게 정보를 제공하는 것 같다. 형식적인 검사 결과를 통보받는 데 오랜 시간이 걸리기 때문이다.

최근에 학교심리학 실천에 있어서 컨설팅의 역할이 증가하고 있는 것은 긍정 행동 개입 및 지원과 맞물려 있다(http://www.pbis.org). 긍정 행동 개입 모형은 뉴 브런스윅의 교육청에서 제작한 행동적 문제해결하기(Meeting Behavioural Challenges)라는 문서에 기록되어 있는 학교 전체 훈육 모형에 제시되어 있다(뉴 브런스윅 교육청, 2004). 심리학자는 세 가지 서로 다른 수준으로 개입하는데, 처음 두 수준은 상당 부분 컨설테이션을 통해 이루어진다. 수준 1에서 학교심리학자는 학교 전체 지원, 수업 지원 서비스, 학생 선별을 한다. 수준 2에서 학교심리학자는 행동 및 학습 문제를 가진 위험에 처한 학생에 대한 판별, 개발, 단기간 모니터링, 개입을 위해 학교-기반 문제해결 팀을 지원한다. 수준 3에서 학교심리학자는 특수교육 계획이나 개인 행동 지원 계획을 지원하기 위해 직접적으로 학생에게 개입(예: 심리 평가나 기능적 행동 평가)을 한다.

위기 개입과 위기 팀 운영

캐나다 학교심리학자는 위기 개입과 위기 팀 운영 역할을 훨씬 더 잘 하게 되었다. 학교 폭력, 집단 따돌림과 공격성, 약물 중독, 대재앙 사건, 공동체 내의 중요한 문제(예: 대규모 실업), 자연 재해의 증가는 신속하고 즉각적인 개입을 요구한다. 예를 들어, Beran과 Tutty(2002)는 4~6학년 학생의 27%가 언어적 폭력 또는 신체적 폭력을 경험했으며, 비슷한 비율의 1~3학년들도 이런 폭력을 경험했다고 보고한다. 학교심리학자는 자동차 사고로 인한 학생이나 교사의 죽음과 그런 비극적인 사건으로 인한 스트레스 반응과 같은 공동체에서 발생한 재해를 다룰 수 있는 기술을 가지고 있어야만 한다. 이런 사건들은 "가르침의 순간(teachable moments)"으로 이용할 수 있다. 즉, 충격적인 사건이 주는 효과에 대해 성인들이 설명하거나 설교하기보다는 인생에는 예기치 않은 일이 일어난다는 엄연한 현실로부터 학생들이 배우도록 도와줄 수 있다.

불행한 현실은 학교 공동체의 모든 구성원에게 부정적이고 심각하게 영향을 줄 수 있는 위기를 사전에 예방하거나 그런 위기를 면제받은 학교가 어디에도 없다는 것이다. 부유한 지역에 있는 성공적인 학교조차도 어떤 형태의 위기를 겪을 가능성이 있다(Jay,

> 불행한 현실은 학교 공동체의 모든 구성원에게 부정적이고 심각하게 영향을 줄 수 있는 위기를 사전에 예방하거나 그런 위기를 면제받은 학교가 어디에도 없다는 것이다.

1989). 최근에 캐나다와 미국에서 발생한 학교 총격 사건은 이런 사실을 경고하고 있다. 세계 여러 나라로부터 온 많은 피난민들은 캐나다를 안전한 천국으로 여겨 왔다. 그 결과 많은 캐나다 학교는 비극적인 상황을 목격했거나 경험한 아동들을 받아들이고 있다. 통계치에 따르면, 캐나다로 이민 온 아동들 중 약 31%가 불안정하고 불행한 조건에서 살고 있다 (Cole, 1998). 학교나 지역사회에서 폭력에 노출된 아동들은 즉각적인 심리적 스트레스 반응과 외상후 스트레스 장애(PTSD)를 겪을 위험에 있다. 외상후 스트레스 장애를 겪을 위험에 있는 학생들은 위기 개입을 통해 관리를 받는다. 필요하면, 학교심리학자는 이 학생들이 정신건강 서비스를 받을 수 있도록 적절한 기관에 의뢰한다. 학교심리학자는 매일 이런 학생들을 만나야 하는 학교 직원들을 지원하는 데도 중요한 역할을 할 수 있다.

예방과 개입은 또한 위기 개입 팀의 필수적인 요소다(Poland, Pitcher, & Lazarus, 1995). Cole(1995)은 일차 개입 프로그램은 학교의 모든 학생들에게 초점을 둘 수 있으며 친사회적 행동과 비폭력 신념을 격려할 수 있다고 말한다. 이차 프로그램은 폭력을 야기할 수도 있는 학업적, 사회적, 정서적 장애를 경험하고 있는 위기의 학생들을 목표로 한다. 삼차 예방 프로그램은 장애의 역사를 가지고 있으며 분노 관리와 같은 특수한 프로그램을 받을 필요가 있는 학생에게 초점을 둔다. 캐나다에 있는 대부분의 학교심리학자는 위기 개입과 위기 팀 관리에서 중요한 역할을 한다. 뉴 브런스윅은 우리 학교의 안전 지키기: 뉴 브런스윅 학교에서의 폭력 예방과 위기 반응(Our Schools Safe: Violence Prevention and Crisis Response in New Brunswick Schools)을 위한 조례안을 개발했다(뉴 브런스윅 교육청, 2001). 이 문서는 학교에서 예방, 개입, 사후개입(postvention)을 실천하는 절차를 간략히 제시하고 있다. 진행 중인 캐나다의 연구는 학교 폭력을 줄이고 예방하기 위한 학교기반 프로그램의 효과성을 검토하고 있다(Beran, Tutty, & Steinwrath, 2004). 모든 수준의 실행에서 학교심리학자가 하는 역할은 분명하다.

프로그램 개발과 평가

캐나다 학교심리학자의 역할은 프로그램을 개발하는 것과 기존의 프로그램을 평가하는 것으로 확장되고 있다. 결과에 대한 새로운 강조는 학교심리학자가 교육과정 프로그램과 사회적 개입 프로그램(예: 약물 남용, 비폭력, 에이즈 예방, 자살 예방)을 설계하고, 실행하고, 평가하는 능력을 갖추고 있으면서 프로그램 평가에서 더 적극적인 역할을 취할 것

을 요구한다. 담당 건수와 지역의 정책에 따라 다를 수는 있어도 어떤 캐나다 학교심리
학자들은 이런 역할을 하는 데 다른 학교심리학자들보다 더 적극적이다. 이 영역에서 책
임감과 책무성이 증가했다는 것은 캐나다 학교심리학자들이 자신들의 역할을 다양화시
키고 학생의 학습과 행복을 증가시키기 위한 증거-기반 프로그램을 적용할 더 좋은 기회
를 가지게 되었음을 의미한다(Greenspoon, 1998).

학부모 훈련

교육학적 관점에 따라 교육자들은 학교와 가정이 서로 협력하도록 만들기 위해 오랫동
안 노력해 왔다. 시골의 학교는 그 지역사회의 주요 행사를 주도하는 곳으로 여겨진다.
작은 마을의 심리학자들은 지역 사회에 잘 융합되며 다양한 주제를 다루는 교육 워크숍
에 대한 요구를 충족시켜 줄 수 있다. 이용 가능하다면, 이런 워크숍에 참가하는 학부모
가 많다. 또한 학부모의 양육 기술을 향상시키고 아동 양육 문제를 줄이기 위해 고안된
학부모 교육과정은 많이 있다.

캐나다 학교심리학자의 변화하는 역할의 최근 예시

캐나다 사회가 인종적으로나 문화적으로 더 다양화됨에 따라 지난 10년 동안에 캐나다
인구의 모습은 급격히 변하고 있다. 캐나다에서는 불어와 영어가 공식 언어이므로 심리
학적 서비스를 두 가지 언어로 제공할 필요가 증가하고 있다. 불어로 서비스를 제공하라
는 압력과 퀘벡과 뉴 브런스윅 시 내부와 외부에서 불어 몰입 학급을 제공하라는 압력은
계속 높아지고 있다. 이민 온 많은 수의 사람들의 요구를 충족시키기 위해 영어교사에
대한 요구도 급격히 증가하고 있다. 이미 토착 인디언 아동의 수가 많은데 새로운 캐나
다인들이 유입되고 있으므로, 학교는 문화 간 차이에 대한 민감성을 강조한다(Ormrod,
Saklofske, Schwean, Harrison, & Andrews, 2006; Saklofske et al., 2006). 학부모와 지역
사회는 그들의 자녀들이 가족 문화의 전통에 따른 언어(예: Chinese, Cree)를 보존하면서
불어와 영어 모두 학습하기를 원한다.

캐나다의 두 가지 공식 언어: 퀘벡과 뉴 브런스윅 시의 사례

언어, 문화, 종교의 차이에 따라 학교심리학 서비스도 달라야 한다는 것은 퀘벡 주에서의
과거와 현재의 변화를 통해 가장 분명하게 설명될 수 있다. 다른 지역과 달리 퀘벡의 공
교육체제 종교적 색채가 강하다. 그 지역에는 일반 사립학교와 종교 기반 사립학교(예:
유대교, 그리스정교회, 이슬람교)도 많이 있지만, 대다수의 학생들은 지방정부로부터 지
원을 받는 공립학교에 다닌다. 퀘벡의 공교육 체제에는 가톨릭 학교와 기독교 학교라는

두 가지 다른 학교 체제가 있다. 가톨릭 학교 체제는 전통적인 교육 요소뿐만 아니라 강한 종교적인 수업 프로그램을 가지고 있다. 기독교 학교는 성당에 다니지 않는 모든 학생들을 위해 설립되었으며 종교 프로그램을 가지지 않는다. 그러나 기독교 학교는 윤리교육과 특정 종교와 관계없는 종교교육을 실시하고 있다. 수업에서 사용하는 언어가 불어와 영어 둘 중 하나일 수 있다는 사실 때문에 더 복잡해진다. 이 지역에 사는 다수의 아동들이 불어를 사용하지만, 영어를 사용하는 아동도 상당히 많다. 그 결과 퀘벡의 많은 학교들은 영어를 말하는 학생과 불어를 말하는 학생 둘 다 가지고 있다. 예를 들어, 몬트리올과 같은 대도시에는 가톨릭-불어, 가톨릭-영어, 기독교-불어, 기독교-영어라는 네 가지 유형의 학생들이 함께 다니는 초등학교가 네 개나 있다.

> 그 결과 퀘벡의 많은 학교들은 영어를 말하는 학생과 불어를 말하는 학생 둘 다 가지고 있다. 예를 들어, 몬트리올과 같은 대도시에는 가톨릭-불어, 가톨릭-영어, 기독교-불어, 기독교-영어라는 네 가지 유형의 학생들이 함께 다니는 초등학교가 네 개나 있다.

인구가 심각하게 줄어들고 있는 가운데 언어적 유산을 그대로 지키고 싶어 하는 퀘벡의 주 정부는 모국어가 영어가 아닌 아동들은 영어 교육을 더 이상 받을 수 없고 불어를 공용어로 사용하는 학교에 입학하라고 요구하는 법안을 통과시켰다. 그러므로 심리적 서비스는 불어와 영어로 제공되어야만 했다. 학생의 수가 계속 감소하는 것과 서비스를 강화하려는 요구에 따라 1998년에 언어와 지리적 위치에 기초해 학교위원회 구성을 재조정했다. 이제 학교와 학교위원회는 영어나 불어 둘 중 하나를 공식어로 지정하지만, 불어는 모든 초등학생과 중등학교 학생들에게 필수과목이 되었다. 불어 몰입 프로그램(영어를 말하는 학생이 거의 모든 과목을 불어로 수업을 받는 영어 학교에 입학한 것)에서 학교심리학자는 교육과정에 대해 잘 알기 위해서는 일하는 데 필요한 만큼 불어를 알고 있어야 한다. 학교심리학자들은 불어로 된 표준화 검사(예: WISC-IV)를 이용해 교육적 평가를 완수할 것을 요구받는다. 심리보고서는 영어로 작성해도 되지만, 학부모 면담은 자주 불어로 이루어진다. 그러므로 영어와 불어 모두 능통하는 것이 반드시 필요한 것은 아닐지라도 두 가지 언어를 말할 수 있는 것은 공교육 체제에서는 매우 유리하다. 영어 전용 사립학교에서는 두 가지 언어를 능숙하게 사용하는 것이 꼭 필요한 것은 아니다.

뉴 브런스윅에서도 언어가 학교심리학에 영향을 주고 있다. 서로 다른 언어를 사용하는 두 개의 독립된 교육청이 있다. 영어 전용 학군이 9개 있고 불어 전용 학군이 3개 있으며, 학교심리학자는 두 상황 모두에서 일하도록 채용된다. 그러나 실제로는 학교심리학자들이 다른 언어를 사용하는 학군으로 이동한 경우가 없으며, 교육청과 학군들 사이에 협력이 거의 없다. 영어를 사용하는 학교심리학자들은 1980년대 후반기에 '학교에 근무하는 심리학자와 심리검사자의 뉴 브런스윅 연합회'를 설립했다. 이 연합회는 약 30명의 회원을 가지고 있으며, 회원들은 이메일을 통해 적극적이며 지속적으로 의사소통하고 연 2회 모임도 가진다. 불어를 사용하는 학교심리학자는 수년 동안 그런 연합회를 가지지 않았다. 그러나 최근에 이들도 교육청과 공동으로 실천하기 위한 지침을 마련했다. 이들의 지침은 영어를 사용하는 학교심리학자들의 지침과 유사하다. 언어, 문화, 기타 사회정치적 요소들은 학교심리학자에게 부과된 역할과 서비스에 영향을 준다. 그러나 아동과 교사들의 요구가 이런 서비스의 종류와 정도를 결정하는 데 있어 최우선 사항이 되어야 할 것이다.

유아와 성인에게 학교심리 서비스 확대하기

유치원이나 어린이집 유아와 초기 성인을 위한 프로그램과 성인 교육에 서비스를 제공하는 것이 많은 캐나다 지역사회에서 서서히 발달하고 있다. 조기 진단과 예방 프로그램을 종합적으로 그리고 효과적으로 실행하고 싶다면, 확실히 학교심리학자의 참여가 더 증가되어야 할 것이다. 많은 성인들이 계속 교육을 위해 대학교로 되돌아오고 있으므로 학교심리학자들은 모든 수준에서 교육 서비스를 제공할 수 있는 기회를 가지게 되었다. 감옥에 있는 많은 청소년과 성인들이 학교생활을 실패로 이끌고 조기에 퇴학하도록 만드는 학습장애, ADHD, 기타 문제를 가지고 있었으며, 재활 프로그램이 효과를 발휘하기 위해서는 이런 문제들이 직접 다루어져야만 한다는 인식이 높아지고 있다. 학교심리학자들은 모든 연령대의 사람들에게 특수교육 서비스를 제공할 때에도 여전히 중요한 역할을 할 것이다.

학교심리학자의 역할과 기능에 관한 결어

21세기가 시작할 즈음에 캐나다의 학교심리학자들의 역할은 더 다양해졌다. 각 학생들의 심리 문제 또는 교육 문제를 확인하고 다루기 위해 검사를 실시하는 것이 필수적이기 때문에 심리교육적 평가는 줄어들지 않을 것이다. 확실히 학교심리학자는 진단과 프로그램 계획을 위한 심리검사를 학교장면에서 발휘해야 하는 고유한 전문 영역으로 보고 있다. 그러나 전문직 사이의 협력, 컨설팅, 프로그램 개발을 향한 대이동이 일어나고 있으며, 두 가지 공식 언어로 서비스를 제공하는 것, 공동체와 문화집단에 반응하는 것, 예방 서비스 프로그램을 제공하는 것에 대한 요구가 점점 증가하고 있다. 이런 경향에 따르면, 다문화, 이중언어, 심지어 다중언어 환경에서 행정가, 교사, 관련 전문가, 학부모들과 협력적으로 일하기 위해 더 많은 수의 학교심리학자가 필요하다는 것이 매우 명백하다.

캐나다의 지역교육청은 학교심리학자가 학생 배치를 위한 검사만 허락하는 모형에서 문제해결 및 컨설팅을 제공하는 모형으로 바꾼 미국 지역교육청의 경험을 본받을 것이다. 이런 변화로 인해 학교에서 제공하는 심리적 서비스에 대한 수요가 증가되었으며, 그 결과 학교심리학자가 취업할 일자리의 수가 증가되었다. 학교심리학자들도 스스로 지도자와 중개자의 역할을 수행할 수 있도록 적절한 훈련을 받을 필요가 발생했다. 지도자와 중개자로서의 역할은 학교심리학자로 하여금 사회정책 문제를 제기하도록 도와주며 학교 주변의 지역사회에서 효과적인 교육 프로그램과 심리 프로그램을 개발하도록 도와줄 수 있을 것이다.

학교심리학자 훈련

대학교에서 제공하는 훈련의 수준과 종류 그리고 학교심리학자로 채용되는 데 필요한 최소한의 자격은 캐나다의 지역마다 다르다(Saklofske, 1996). 캐나다의 학교심리학 훈련 프로그램들이 특정한 인증(박사과정 훈련에 관한 APA나 CPA의 인증이나 전문가 과정 훈련에 관한 NASP의 인증)을 더 많이 받을 때까지 캐나다의 여러 대학교에 설립되어 있는 훈련 프로그램들은 계속 서로 다를 것이다. 다행스럽게도 이제는 그 방향을 미래로 돌려야 할 때이다. 브리티시 컬럼비아 대학교와 캘거리대학교에 설립된 학교심리학 프로그램은 끊임없이 진화해 왔으며 학교심리학자 훈련자, NASP, CPA, ISPA 등이 제안한 기준이나 제안을 따르고 있다. 게다가 2006년 CPA 학술대회에서 발표된 자료에 따르면, 캘거리, 앨버타, 브리티시 컬럼비아 대학교의 박사과정 프로그램은 향후 몇 년 이내에 CPA로부터 인증을 받으려고 준비하고 있다.

> 캐나다의 학교심리학 훈련 프로그램들이 특정한 인증(박사과정 훈련에 관한 APA나 CPA의 인증이나 전문가 과정 훈련에 관한 NASP의 인증)을 더 많이 받을 때까지 캐나다의 여러 대학교에 설립되어 있는 훈련 프로그램들은 계속 서로 다를 것이다.

오늘날 캐나다에서는 비교적 소수의 프로그램만 학교심리학자를 양성하고 있다(표 9.1 참조). 다섯 개의 프로그램만 학교심리학 박사학위를 수여하고 있으며, 이 중 단지 두 개 프로그램(맥길대학교와 토론토대학교의 온타리오 교육연구소 프로그램)만 미국심리학회로부터 인증을 받고 있다. 캐나다 심리학회가 이제서야 학교심리학 박사과정 프로그램을 인증하기 위한 기준을 마련했지만, 캐나다의 어떤 프로그램도 아직까지 CPA로부터 인증을 받지 못하고 있는 실정이다. 이 다섯 개 프로그램(모두 석사 프로

〈표 9.1〉 캐나다의 학교심리학 대학원 프로그램

프로그램	학위	인증	입학기준	학업준비	취업준비	기간
교육학과, Mount Saint Vincent 대학교, Halifax, Nova Scotia	석사, 학교심리학	없음	심리학 학사학위. 교육학 학사학위 가진 학생 우대. 관련 일이나 자원봉사 경험 필수; 추천서 3매; 개별 면담(www.msvu.ca/calendar/Graduate/Programs/MasterArtsSchoolPsychology.asp)	필수과정(11.5과목): 심리학의 핵심 영역, 평가와 개입 서비스, 대인관계와 자문 기술, 윤리, 연구방법과 통계 포함	인턴십과 현장실습 3.5과목	전일제 2년 프로그램
교육과 상담심리학과, 사범대학, 맥길대학교 몬트리올, 퀘벡	박사와 박사후과정, 석사 학교/응용 아동심리학	APA	박사과정에 입학하기 위해서는 교육심리학 석사학위, 추천서 2장, 석사논문 요약본, 이력서, 진로계획, 프로그램 적합성, 연구프로젝트 복사본, 석사과정 성적표, 심리학 학부 전공 (www.coursecalendar.mcgill.ca/gps2005-06/GPSO-5-26.html)	60학점: 심리평가, 윤리, 전문가 실습, 심리학 핵심과목(발달, 인지, 행동의 생물학적 기초), 개입 등	60학점 중 12학점은 현장실습. 학생은 학교와 지역사회에서 수행하는 현장실습 12학점을 추가로 이수해야 함. 인턴십은 24학점 이수해야 함.	명시되어 있지 않음.
인간발달과 응용 심리학, 온타리오 교육연구소, 토론토 대학교, 토론토, 온타리오	석사와 박사 학교심리학과 임상심리학	APA	석사과정 프로그램은 4년제 대학의 심리학 또는 관련 학사학위를 요구함. 박사과정 프로그램은 4년제 대학의 심리학 또는 관련 학사학위와 학교심리학과 임상심리학 석사학위를 요구함. (www.oise.utoronto.ca/depts/hdap/sccp.html)	석사과정 학생은 11.5 과목, 현장실습, 논문제출을 완수해야 함. 교과목은 심리교육적 평가, 윤리, 심리학의 핵심영역, 개입, 연구를 포함함. 박사과정 학생은 8.5과목, 현장실습, 종합시험, 박사논문, 인턴십을 완수해야 함. 박사과정 학생은 연구, 통계, 행동의 생물학적 기초, 행동의 사회학적 기초, 심리평가, 심리교육적 개입, 심리사회적 개입 등을 이수해야 함.	석사과정 학생은 250시간의 현장실습을 이수해야 함. 모든 박사과정 학생은 매주 2일 동안 현장실습(약 500시간의 경험)과 승인받은 기관에서 1500시간의 인턴십을 해야 함.	석사는 2년 전일제, 박사는 최소한 2년간 전일제로 공부해야 함.

〈표 9.1〉 캐나다의 학교심리학 대학원 프로그램 (계속)

프로그램	학위	인증	입학기준	학업준비	취업준비	기간
심리학과, 매니토바 대학교, Winnipeg, 매니토바	석사, 학교심리학	없음	지원자는 심리학 영역에서 4년제 학사학위를 소지해야 함. 충분한 심리학 배경이 없는 학생은 예비석사프로그램에 입학할 수 있음. 고려하는 다른 요인은 학부 평균 학점, GRE 시험 점수, 추천서이다. (www.umanitoba.ca/faculties/arts/psychology/school/_psychology/program.php).	60학점: 교과목은 윤리와 직업 기준, 평가, 개입, 심리학의 핵심영역, 자문과 협력, 의사결정, 프로그램 평가, 연구 방법과 통계	첫 번째 3학점짜리 현장실습(150시간)은 1년차 겨울학기에 있으며, 평가활동에 초점을 둠. 두 번째 6학점짜리 현장실습(300시간)은 2년차 겨울학기에 있으며, 개입에 초점을 둠.	전일제 2년 프로그램

그램도 가지고 있음) 이외에도 세 개의 다른 프로그램이 학교심리학 석사과정을 운영하고 있다. 캐나다의 학교심리학 프로그램에 매년 몇 명의 학생이 입학하고 졸업하는지를 파악하기는 어렵다. 각 프로그램마다 매년 입학하는 학생의 수가 다르기 때문이다. 최근의 정보를 얻기 위해서는 이들 대학교의 홈페이지를 이용하기 바란다.

 ── **캐나다에서 학교심리학자 자격증 발급 및 규정**

학교심리학자 자격증을 발급하는 기관은 많이 있으며 종류도 다양하다. 자격증은 다양한 지역의 다양한 기관에서 발급되며, 요구하는 대학원 학위 수준과 경험은 지역에 따라 다르다. 미국에서 관찰되는 것처럼, 이런 차이는 교육학회와 심리학회의 유대관계 역사, 훈련 프로그램, 정부 기관과 관련이 있다.

자격증 발급 기관

심리학자라는 직함은 지역이나 지방의 심리학 자격관리 위원회로부터 등록 확인을 받은 사람만이 사용할 수 있는 것이다. 심리학자로 등록하는 것은 지역이나 지방 수준에서 이루어지며, 지역에 따라 신임 학교심리학자가 되기 위한 대학원 입학 요건, 슈퍼바이저 경험, 시험, 면제에서 차이가 있다. 이런 자격 기준을 CPA에서 요약해 놓았다(표 9.2 참조). 최근 10개 주와 2개 지방에서 정한 학교심리학자 등록 기준은 CPA 홈페이지(*http://www.cpa.ca*)에 게시되어 있다. 학교위원회와 교육청과 같은 기타 기관에서 어떤 사람을 학교심리학자로 고용하거나 자격을 부여할 수 있도록 관할법이 허용하지 않는다면, 학교심리학자는 심리학자로도 등록되어야만 한다.

> 교사 경험이나 교사 자격증은 지역의 심리학자 자격증과 면허증을 받기 위한 필수요건이 아닐지라도, 일부 교육청과 학교구는 학교심리학자가 유효한 교사 자격증을 가지고 있어야 한다고 규정하고 있다.

교사 경험이나 교사 자격증은 지역의 심리학자 자격증과 면허증을 받기 위한 필수요건이 아닐지라도, 일부 교육청과 학교구는 학교심리학자가 유효한 교사 자격증을 가지고 있어야 한다고 규정하고 있다(예: 뉴펀들랜드와 래브라도). 게다가 지난 몇 년 동안에 지방에서 학교심리학자 자격증과 면허증을 받기 위한 요건은 많이 변화했다. 그러므로 캐나다에서 학교심리학자로 취업하는 것에 관심을 가진 사람들은 지역 교육청과 학군에서 정한 최근의 정책안에 담긴 정보를 면밀히 검토하고 지역의 심리학 관리 기관으로부터 자문을 받아야만 한다.

매니토바와 브리티시 컬럼비아는 학교심리학자에 관한 독자적인 규정을 가지고 있으며 이것은 오래전부터 사용해 오던 것이다. 이들 규정은 각 주 정부에서 만든 심리학 규제 기구와 별도로 존재한다. 매니토바의 학교심리학자는 학교와 아동 상담소(Child Guidance Clinic)에 의해 채용된다. 학교심리학자로 채용되기를 바라는 사람은 매니토바 주의 교육 · 시민 · 청년부서에서 발급하는 임상 자격증을 먼저 취득해야 한다. 학교심리학자로 인증받고자 하는 사람은 반드시 매니토바 학교심리학자협회(MASP) 정회원이어야만 한다. MASP는 심리학자로 인증해 주는 기관인 매니토바의 심리학회(PAM)와는 분리되어 있는 독립적인 기구이다. 지금 보장하고 있는 등록 면제(학교에서 학교심리학자가 되고자 할 때 반드시 심리학자로 등록되어 있어야 할 필요가 없다는 의미에서)와 임상심리학자 자격 부여를 박탈할 수 있고, 학교심리학의 지위와 실천을 불확실하게 변화시킬 수도 있는 심리학 법안을 선포해야만 하는가? 예를 들어, 온타리오에서처럼 석사 수준의 학교심리학자가 심리학자 회원이 될 수 있는가? 매니토바 주는 서스케처원 주의 모형을 따를 것인가? 아니면 앨버타 주와 같이 석사학위만 가져도 학교심리학자가 될 수 있는 단일 수준의 등록을 유지할 것인가? 이런 의미에서 매니토바 주에서 심리학자가 되기 위한 자격 요건을 변화시키면, 요건에 맞추기 위해 학생들을 준비시켜야 하는 대학교

〈표 9.2〉 각 주의 심리학자 자격증과 면허증 요구 사항

	학위 요구사항	슈퍼바이저 받은 경험	시험	면제
브리티시 컬럼비아 (British Columbia)	**박사** • 개별 실습 **석사** • 심리학회 회원 개별 실습	**박사** • 학위 받기 전 1년간 **석사** • 학위 받은 뒤 1년간 인턴십과 3년간 실습	• EPPP(심리학 전문가 자격시험) 70% • 논술형 법률시험 • 윤리시험	대학교, 정부, 학교
앨버타 (Alberta)	**석사** • 개별 실습	**석사** • 학위 받은 뒤 1년 (1,600시간)	• EPPP 70% • 구술형 법률시험 • 윤리시험	대학교(전문가 실천 영역에서 가르치지 않을 때)
서스캐처원 (Saskatchewan)	**박사** • 개별 실습 **석사** • 개별 실습	**석사** • 학위 받은 뒤 1년 (1,500시간)	• EPPP 70% • 구술형 법률시험 • 윤리시험	없음. 상담과 임상 심리 또는 심리 평가를 존중
매니토바 (Manitoba)	**박사** • 개별 실습 **석사** • 심리학회 회원 개별 실습	**박사** • 학위 받기 전 1년간 학위 받은 뒤 1년간 **석사** • 학위 받은 뒤 2년간	• EPPP 박사 70% 석사 65% • 구술형 법률시험	대학교, 정부, 학교, 병원
온타리오 (Ontario)	**박사** • 개별 실습 **석사** • 심리학회 회원 개별 실습	**박사** • 학위 받기 전 1년간 학위 받은 뒤 1년간 **석사** • 학위 받은 뒤 4년간 + 1년간 슈퍼비전	• EPPP 70% • 구술형 법률시험 • 윤리는 논술형 법률시험에 포함됨	대학교
퀘벡 (Quebec)	**박사(2006년부터)** **석사(2006년 이전)** • 개별 실습	• 없음(슈퍼바이저 받은 경험은 대학원 프로그램 요구사항과 일치)	• EPPP 없음 • 불어 능력 시험의 한 부분으로 논술형 또는 구술형 윤리시험	없음
뉴펀들랜드와 래브라도 (Newfoundland & Labrador)	**석사** • 개별 실습	**박사** • 학위 받기 전 1년간 학위 받은 뒤 1년간 **석사** • 학위 받은 뒤 2년간	• EPPP 70% • 구술형 법률시험 없음 • 윤리시험 없음	대학교
북서부지역 (Northwest 지역)	**석사** • 심리학, 캐나다의 대학교 출신	인턴으로 등록한 1년간 (1600시간) 다른 기관에서 수행한 이전의 인턴 경험을 반영해 줌	• 시험을 치를 수도 있음 • 윤리시험 없음	없음

〈표 9.2〉 각 주의 심리학자 자격증과 면허증 요구 사항 (계속)

	학위 요구사항	슈퍼바이저 받은 경험	시험	면제
노바 스코샤 (Nova Scotia)	**석사** • 개별 실습	**박사** • 학위 받기 전 1년간 학위 받은 뒤 1년간 **석사** • 학위 받은 뒤 4년간	• EPPP 70% • 구술형 시험 • 윤리시험	석사 성적이 우수 하면 EPPP 면제 해 줌

프린스
에드워드 섬
(Prince
Edward 섬)
	박사
	• 개별 실습
	석사
	• 기관에서의
	  개별 실습
		박사
		• 학위 받기 전 1년간
		  학위 받은 뒤 1년간
		석사
		• 학위 받은 뒤 2년간
			• EPPP 70%
			• 구술형 시험
			• 윤리시험
				대학교

뉴 브런스윅
(New
Brunswick)
	석사
	• 개별 실습
		박사
		• 학위 받기 전 1년간
		  학위 받은 뒤 1년간
		석사
		• 학위 받은 뒤 3년간
			• EPPP 70%
			• 구술형 시험 또는
			  면접
			• 윤리시험
				대학교

이 자료는 캐나다 심리학회에서 2002년 8월 27일에 제공한 것을 저자가 2006년에 갱신한 것임.

의 훈련프로그램도 변화된다. 만약 박사학위를 가지는 것이 학교심리학자가 되기 위한 필수조건이 되고 석사학위를 가진 임상 심리학자에게 학교에서 학교심리학자로 일할 수 있도록 하는 면제를 주지 않는다면 큰 문제가 발생할 수 있다.

브리티시 컬럼비아 심리학회(BCPA)는 지금 석사 수준과 박사 수준에서 심리학자로 등록하고 있다. 이전에는 BCPA와 브리티시 컬럼비아 학교심리학자협회(BCASP) 사이에 상당한 긴장이 있었다. 이로 인해 BCASP는 독립적으로 학교심리학자를 위한 규정을 설정했으며 이 규정이 학교심리학자를 채용하는 학교 직원들에게 널리 수용되고 있다. 이 규정은 NASP의 규정을 따르고 있으며, 지원자는 캐나다 교육평가원(ETS)에서 실시하는 학교심리학 실습 시험에서 합격해야 한다. 물론, 이것은 학교 장면에서만 유효하게 사용할 수 있으며 심리학자 법에서 예외로 인정받고 있다. 여기서 학교는 초등학교, 중등학교, 고등학교뿐만 아니라 대학, 대학교, 정부기관도 포함한다. 심리학자 법의 면제 조항은 어떤 사람이 학교심리학자로 불리기 위해서는 어떤 곳에서 근무해야 하는지를 매우 구체적으로 명시하고 있으므로, BCASP는 학교나 공적 자금의 지원을 받는 교육적 장면에 취업하지 않은 사람은 회원에서 제외시킬 수 있다.

캐나다에서는 학교심리학자로 등록하기 위한 기준과 학교심리학 실천 규정이 주와 지역에 따라 상당히 다르다. 앞으로 몇 년 이내에 더 많은 주와 지역에서 더 많은 변화가 있을 것으로 예상된다. (각 주와 지역의 규정과 자격요건에 관한 정보를 얻고 싶으면, CPA 홈페이지를 참고하세요. *http://www.cpa.ca*)

학교심리학 자격증의 지역 호환성

여러 해 동안 주와 지역에 따라 심리학자로 인정받아 등록하기 위한 기준이 달랐기 때문에 학교심리학자가 다른 주나 지역으로 이동하는 것은 매우 어려웠다. 예를 들어, 1990년대 후반에 심리학자로 인정받기 위해서는 브리티시 컬럼비아에서는 박사학위를 가지고 있어야 했지만, 온타리오에서는 두 가지 수준(석사와 박사) 중 하나를 선택할 수 있었고, 서스캐처원에서는 박사학위에서 석사학위로 변화를 시도하고 있었다. 퀘벡에서는 심리학자로 활동하기 시작하기 위해서는 박사학위를 소지하도록 변경하기 위한 논의가 활발해지기 시작했다. 게다가 각 주의 관리 기관에서 요구하는 기술과 지식이 다양하며 신청자를 평가하기 위한 기준도 다양하다. 다른 주나 지역에서 거주하면서 학교심리학자로 활동하고자 학교심리학자는 새로 옮긴 주나 지역에서 길고 비용이 많이 드는 재승인 절차를 밟아야만 하는 경우가 많았다. 어떤 경우에는 다른 지역으로 옮기는 것 자체가 불가능했다.

> 캐나다의 지역과 구역은 학교심리학자의 등록과 학교심리학 실무 규제에 따라 상당히 다르다.

1988년에 캐나다에 있는 각 지역의 관리 기관의 대표들이 캐나다의 한 지역에서 심리학자로 등록한 사람은 다른 지역에서도 빨리 확인이 되어 그곳에서도 심리학자로 활동할 수 있도록 허락하기 위한 합의서를 만들기 위해 회의를 하기 시작했다. 2001년에 캐나다의 전문 심리학자의 관리 기관은 캐나다의 한 지역에서 더 이상 슈퍼비전을 받지 않아도 실천을 할 수 있도록 면허를 받고 회원으로 등록한 사람은 다른 지역에서도 자격을 인정받을 수 있다는 상호 인정 합의서(Mutual Recognition Agreement)에 서명을 했다(*http://www.cap.ab.ca*에서 확인 가능).

상호 인정 합의서의 조항 덕분에 어느 한 주나 지역에 이미 등록된 심리학자는 관리 기관이 요구하는 시작 단계의 자격을 가지고 있다면 이전보다 훨씬 더 빨리 다른 곳에서도 심리학자로 등록을 할 수 있게 되었다. 이런 측면에서 새로운 지역의 자격 관리 기관에서 요구하는 자격을 갖춘 신청자는 새로운 지역에서 슈퍼비전을 받으면서 실습을 하거나 면접시험이나 필기시험을 다시 치를 필요가 없다. 그러나 각 지역의 관리 기관은 여전히 그 지역에서 독자적으로 정한 추가 정보나 시험을 요구할 수 있다. 상호 인정 합의서는 핵심 역량과 평가 방법에 관해 합의를 이루고 있다. 핵심 역량에는 대인관계, 사정과 평가, 개입과 자문, 연구, 윤리와 기준, 심리학에 관한 전반적인 지식이 포함된다.

이 합의서는 2004년 6월에 마지막으로 수정되었다(*www.cpa.ca*).

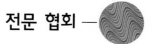

전문 협회

캐나다의 학교심리학자와 심리학자를 위한 전문 협회의 등장과 설립은 미국의 전문 협회의 복잡한 역사와 비슷하다. 아래에서 논의하듯이 경쟁력 국가 수준의 조직이 있으며, 많은 지방은 그 지역의 학교심리학자와 심리학자를 위한 독립된 조직을 가지고 있다. 각 조직들 사이의 차이가 학교심리학 분야의 정체성에 큰 영향을 주었다.

정체성 문제에 대한 재검토: 심리학 대 교육학 관련 전문 협회

캐나다의 학교심리학자는 심리학과 교육학의 전문가로 정체성을 확립하고 있다. 이런 정체성은 대학교의 훈련 프로그램에 의해 부분적으로 영향을 받았다. 교육학 학사학위를 받고 교사 경험을 가진 사람들은 지역 교원협회와의 유대관계를 계속 유지할 가능성이 높다. 각 지역과 학군에 속한 학교심리학자와 기타 지원인력들은 기존의 교직원들과 긴밀한 유대관계를 유지해야 하기 때문에 학교에 고용되기 위해서는 교사 자격증을 소지할 것을 요구받고 있다. 학교위원회도 학교심리학자가 교사 자격증을 가지고 있다면 학교심리학자의 월급체계, 교직원 공제 프로그램, 기타 혜택 상품을 교사의 그것에 비교할 수 있으므로 일을 상당히 수월하게 할 수 있다. 심리학이라는 학문과 실천에 더 많이 노출된 학교심리학자는 지역 심리학회와 전국적인 심리학회 회원으로 받아들여질 가능성이 높다. 그러나 직업 정체성의 문제와 전문 단체의 문제는 학교심리학자들 사이에 분열을 초래했다. 예를 들어, 학교심리학의 지역 학회나 전국 학회에 회원으로 가입한 사람들보다 훨씬 더 많은 사람들이 학교심리학자로 활동하고 있다. CASP는 1980년대 중반부터 존재했지만, 학교심리학자로 활동하고 있는 사람들 중 아주 낮은 비율의 사람들만이 캐나다 학교심리학자협회의 회원으로 가입하고 있다. 그러므로 전국 학회 중 어느 것도 학교심리학이나 학교심리학자를 대표한다고 말하지 못하고 있다. 오히려 지역 수준의 BCASP와 MASP가 대표적인 학회로 여겨지고 있다.

학교심리학협회의 조직

심리학자들을 대표하는 여러 협회 사이의 관계가 항상 좋은 것은 아니다. 주 단위의 심리학 규제 단체와는 독립된 주 단위의 학교심리학협회를 창립하는 것은 어떤 직접적인 갈등을 야기시켰다. 이런 불행한 줄다리기는 전문가 직함으로 또는 지역 학회의 이름에

> 주 단위의 심리학 규제 단체와는 독립된 주 단위의 학교심리학협회를 창립하는 것은 어떤 직접적인 갈등을 야기시켰다.

*심리학자(psychologist)*라는 직함을 사용하는 것 때문에 야기된다. 이런 갈등은 British Columbia에서 잘 드러났으며(McKee, 1996), 매니토바와 같은 주에서도 나타날 수 있다. Sweet(1990)는 BCASP를 설립하는 과정에서 있었던 일련의 일들을 책으로 발간했다. 여러 해에 걸친 금지명령, 법정 청문회, 법률 전환을 겪은 뒤에 BCASP는 BCPA와 교사연합회 (British Columbia Teacher's Federation)로부터 독립한 단체로 인정을 받게 되었다. 그 당시 Sweet는 학교심리학자 규정을 탐색할 필요성을 알았다.

학교심리 직업은 주로 분산되어 있고, 정체성이 부족하고, 학교 내에서 직함을 사용하는 것에 대한 제한을 철폐함으로써 규제를 받지 않고 있다는 것이 가장 심각한 문제이다. 그러므로 누구나 학교심리학자로 고용될 수 있으며 심리학자로 불릴 수 있다. 우리는 성실한 학교심리학자가 실제로 고용되지 못하는 제1유형의 오류로 가득한 상황으로부터 벗어나 자질이 없는 사람에게 학교심리학자라는 직위를 부여할 수 있는 제2유형의 오류를 범하지 않으려고 노력하는 상황으로 바꾸어 왔다. 가까운 미래에 학교심리 영역이 해야 할 과제는 자체 회원들이 스스로 규정을 지키도록 만드는 것임에 틀림없다. 그렇게 하지 못하면 규정을 폐지하기 위해 수정안을 반대하는 사람들을 초대하는 결과를 낳게 될 것이다. (p. 5)

온타리오에서 있었던 아주 최근의 일은 학교심리학자를 지지하는 다양한 조직을 한데 모으는 좋은 예다. 1996년에 *Canadian Journal of School Psychology*는 여러 심리 관련 학회로부터 받은 논문을 모아 특별판을 발간했다. 각 논문은 그 학회의 선서를 담고 있다. 각 학회의 선서가 담긴 논문을 제출한 것은 1995년에 토론토 학교위원회가 심리 서비스를 2/3로 줄이겠다고 위협하자 그에 대한 대응으로 나온 것이다(Carney & Cole, 1995). 투고된 논문들 중 다수는 캐나다 학교심리학자협회(Carney, 1995b), 캐나다 심리학회(Beal & Service, 1995), 온타리오 심리학회(Hamovitch, 1995), 온타리오 심리학회의 교육심리 분과(Jobin, 1995)의 대표들이 보낸 것이었다. 학교심리학자의 수와 이들의 서비스를 대폭 줄이겠다는 뜻은 뒤집어졌고, Toronto 학교 위원회는 질 높은 심리 서비스를 계속 제공하고 있다.

지방 심리학협회

표 9.3은 캐나다의 지방 심리학회 목록과 연락처를 담고 있다. 지방 심리학회 홈페이지나 CPA 홈페이지를 통해 지방의 관리 기관을 찾을 수 있다.

지방 학교심리학협회

박사과정 혹은 다른 요건 때문에 학교심리학자가 등록할 자격이 없었던 역사적 사례가 서부 캐나다에서 있었는데, 이들은 자신들의 협회를 만들거나 지역 교육부와 밀접한 관

〈표 9.3〉 지방과 전국 심리학회

Quebec의 심리학회(APQ) 전화:(514)738-1881, 1-(800)363-2644 www.ordrepsych.qc.ca info@apq.psycholog.qc.ca Quebec,www.aqps.gc.ca	Newfounland 심리학회 전화: (709)739-5405 www.nfpsych.com
Nova Scotia 심리학회 전화: (902)422-9183 apns@apns.ca www.apns.ca	북서부지역 심리학회 omegathree@theedge.ca
British Columbia 심리학회 전화: (604)730-0501 www.psychologists.bc.ca bcpa@telus.net British Columbia 학교심리학회 www.bcasp.ca	New Brunswick 심리학자 모임 전화:(506)382-1994 cpnb@nbnet.nb.ca www.cpnb.ca
Manitoba 심리학회 전화:(204)488-7398 www.mps.mb.ca 매니토바 학교심리학회 www.masp.mb.ca	Ontario 심리학회 전화:(416)961-5552 info@psych.on.ca www.psych.on.ca
Prince Edward 섬 심리학회 전화:(902)888-8371 www.cpa.ca/peiprov/html tadixon@edu.pe.ca	Alberta 심리학회 전화: (780)424-0294 paa@psychologistassociation.ab.ca www.psychologistassociation.ab.ca
Saskatchewan 심리학회 pss@psychosociety.org www.psychosociety.org Saskatchewan 교육심리학회 www.saskedpsych.ca	Nunavut 지역 심리학회 전화:(867)982-7668 Box 390,Kugluktuk, NU,X0B 0E0
캐나다 심리학회 151 rue Slater Street, Suite 205 Ottawa ON K1P 5H3 전화:(613)237-2144 Fax: (613)237-1674 www.cpa.ca	캐나다 학교심리학자협회 CASP Executive Director 10660 Trepassey Drive, Richmond, B.C.V7E 4k7 www.cpa.ca/casp

계를 유지하거나 했다. 매니토바 주는 여러 전문직이 재미있게 서로 얽혀 있음을 보여준다. 많은 학교심리학자들이 MASP에 등록되어 있을지라도, 학교심리학자로 활동하고 있는 다수의 사람들은 매니토바 심리학회에 심리학자로 등록되어 있다. 이들은 모두 매니토바 주의 교육·시민·청소년부서에서 발급하는 임상 자격증을 가지고 있다. 학교심리학자가 심리학자로 등록해야 하고(서스캐처원과 온타리오처럼) 또 이들이 석사학위 또는 박사학위를 가지고 있는 경우에는 지방 심리학회와 더 강한 유대관계를 가진다. 그러나 모든 심리학자를 규제하는 법안을 겨우 몇 년 전에 제정한 서스캐처원에서는 학교심리학자를 위한 지방 학회가 여전히 매우 강력하다.

학교심리학을 독자적인 훈련과 실습의 영역을 가진 학문으로 보는 인식이 증가하는 것과 더불어 일반심리학과는 구분되는 독자적인 정체성을 가지기 때문에 학교심리학회가 1980년대에 등장하기 시작했다. 학교에 고용된 학교심리학자의 수가 증가함에 따라 이와 같은 새로운 학회를 설립할 필요성이 크게 높아졌다. 지방의 학교심리학회를 설립하는 것은 직업 정체성, 의사소통 망, 계속적인 직업 교육, 심리학회로부터 다소 분리되었다고 느끼면서 교직과는 충분히 연관되어 있지 않다고 느끼는 학교심리 전문가 단체의 공통 요구로부터 나왔다.

1980년대에 나타나기 시작한 학교심리학회의 설립은 캐나다 서부에서 특히 활발했으며, 지금도 여전히 번창하고 있다. 불행히도 캐나다 학교심리학자협회를 창립하는 데 원동력이었던 앨버타 학교심리학회는 완전히 사라지고 말았다. 아틀랜틱 지역에서는 학교심리학자들에게 계속 교육을 제공하고 기타 직업적 요구를 충족시켜 주기 위해 학교심리학자를 대표하는 작은 학회들이 여러 개 설립되었다. 그러나 뉴펀들랜드의 학교심리학들 중 다수는 그곳의 심리학회에 심리학자로 등록을 했거나 그렇지 않거나 관계없이 Newfoundland의 학교상담학회와 같은 다른 학회에 가입하고 있다.

건강, 사회봉사, 교정, 공공법인과 사단법인, 사설 실무, 교육 환경 등 모든 전문 영역에서 일하는 심리학자의 수가 가장 많은 곳은 퀘벡과 온타리오이다. 1988년에 퀘벡의 초등학교에서 주로 근무하는 학교심리학자들은 Groupe d' interet en Psychologie Scolaire 이익단체를 만들었다. 이 이익단체는 이제 Quebecoise des Psychologues Scolaires 연합회라고 불린다. 그러나 L' Ordre des Psychologues de Quebec(OPQ)는 7,500명의 회원을 가진 관리 기관이며 학교에서 근무하는 모든 심리학자는 OPQ에 등록되어 있어야 한다. 최근까지 퀘벡에

> 박사과정 혹은 다른 요건 때문에 학교심리학자가 등록할 자격이 없었던 역사적 사례가 있었으며, 이들은 자신들의 협회를 만들거나 지역 교육부와 밀접한 관계를 유지하거나 했다.

서 심리학자로 등록하기 위해서는 적어도 심리학 석사학위를 가지고 있어야 했다. 이제 이것도 변화되어 심리학자로 등록하기 위해서는 적어도 박사학위를 소지해야 한다. 표 9.2에 제시되어 있는 것처럼 온타리오는 2단계 등록 체제를 가지고 있다. 심리학자로 등록하기 위해서는 박사학위가 필요했던 시기에(1978년 이전) 온타리오의 교육위원회에서 고용한 다수의 심리학자를 포함해 박사학위를 소지하지 못한 심리학자들이 온타리오 컨설턴트, 심리측정사, 심리치료사 학회를 설립했다. 그러나 심리학자 법이 바뀜에 따라 교육장면에서 근무하는 심리학자들이 온타리오 심리학회 산하 특별 분과에 가입하는 사례가 계속 증가하고 있다.

많은 학교심리학회들은 비교적 소규모이기 때문에 주소와 연락처(회장이나 간사)가 해마다 바뀌는 경향이 있다. 설립된 학회 중 다수(예: British Columbia, *www.bcasp.ca;* Saskatchewan, *www.saskedsych.ca;* Manitoba, *www.masp.mb.ca;* Quebec, *www.aqps.gc.ca*)가 홈페이지를 가지고 있지만, 지방 학교심리학회와 접촉하는 가장 좋은 방법은 지방 심리학회를 통하는 것이다(표 9.3 참고).

국가수준 심리학회

캐나다의 학교심리학자들은 전국 학회 또는 국제 학회와 네트워크를 구축하려는 강한 열의를 보여 주고 있다. 이들은 지방 학교심리학회를 설립하기 전에 이미 NASP 회원으로 활동하고 있었다. APA의 회원들이 분과 16에 가입하고 싶어 하는 것처럼, 캐나다 학교심리학자들은 여전히 NASP에 가입하고 싶어 한다. 다소 적은 수의 캐나다 사람들은 ISPA에도 가입하고 있다.

캐나다 학교심리학자협회

지방 학교심리학회가 추진력을 모으는 동안에 캐나다 학교심리학자협회의 싹이 1980년대에 Barry Frost 박사에 의해 심어졌다. 캐나다 서부의 네 개 지방 학교심리학회가 설립된 이후에 Carl Anserello 박사(브리티시 컬럼비아), Barry and Ruth Frost 박사 부부(앨버타), Don Saklofske 박사(서스캐처원), Retha Finch-Carriere 박사(매니토바), Marjorie Perkins 박사(온타리오)로 구성된 비공식적 단체는 캐나다 학교심리학자협회(CASP)를 위한 기본 틀을 만들었다. 잠시 후에 CASP는 캐나다 전국의 학교심리학자 전문협회로 통합되어 승격되었다. CASP의 목적은 다음과 같다.

- 캐나다 학교심리학자의 교육적 책무성과 사회적 책무성을 배양하는 것
- 전국 학교심리학자의 전문성을 발달시키는 것

- 학교심리학자를 위한 국가 표준과 윤리적 원칙을 개발하고 높이는 것
- 다양한 장면에서 학교심리학자의 관심과 흥미를 표현하는 것
- 학교심리학 영역에서 일하고 있는 전문가들 사이에 의사소통을 촉진하는 것

CASP는 세 가지 수준의 회원제를 가지고 있으며 캐나다 지방 학교심리학회, 국제 학교심리학회, CPA와 비공식적이고 느슨한 관계를 유지하고 있다. CASP는 학교심리학에서의 전문적 실천을 위한 표준(Bartell & Saklofske, 1998)뿐만 아니라 윤리 규정을 개발했다. CASP는 또한 *Canadian Journal of School Psychology(CJSP)*를 발간하고 있으며, 최근까지 캐나다 심리학회와 함께 소식지를 발간하고 있다. 연차 학술대회는 지방 학교심리학회와 공동으로 주최해 왔으나 어떤 때에는 그렇지 않았다. 그러나 CASP는 최근에 참석률이 높은 워크숍을 공동으로 주최했다.

> CASP의 미래는 지금 논쟁 중이며, 내년이나 내후년에 CASP가 전문 학회로 계속 존재할 수 있을 것인지 결정이 날 것이다.

불행히도 CASP 회원은 지난 몇 년 동안에 약 400명에서 140명으로 눈에 띄게 줄어들었다. 이런 하락세는 여러 가지 요인에서 비롯되고 있다. CASP가 학교심리학자를 위해 강력한 목소리를 내는 데 있어 소홀히 하는 것, 정규 학술대회의 부족, CJSP를 발간하는 데 어려움, 지방의 규정이 바뀌는 것 등이 하락세를 부추기는 요인들이다. 예를 들어, 서스캐처원은 한때 가장 많은 CASP 회원을 보유하고 있었지만, 몇 년 전에 석사학위를 가진 심리학자들도 서스캐처원 심리학회에 가입할 수 있게 되었다.[1] 게다가 서스캐처원의 학교심리학자들은 서스캐처원 교육심리학회와 강한 유대관계를 지속하고 있다. 온타리오와 퀘벡의 CASP 회원은 결코 많았던 적이 없으며, 이 지역에는 소수의 심리학자들이 있지만, 불행히도 CASP는 아틀랜틱 캐나다에서 큰 영향을 주지 못하고 있다. CASP의 미래는 지금 논쟁 중이며, 내년이나 내후년에 CASP가 전문 학회로 계속 존재할 수 있을 것인지 결정이 날 것이다.

캐나다 심리학회

캐나다 심리학회는 1939년에 만들어졌으며, 1950년에 법인이 되었다. CPA는 전국 전문 협회이며 APA와 많은 부분에서 닮았다. 퀘벡 심리학회도 CPA와 거의 비슷한 수의 회원을 가지고 있지만, 6,000명 이상의 회원들 덕분에 캐나다 심리학회는 비교적 강력한 전

---

1) 역주: 이로 인해 학교심리학자들의 수가 줄어들고 있다.

국 학회가 되었다. 동시에 CPA는 전문가 규정과 윤
리 규정을 제정하고, 심리학자를 위한 훈련과 교육
기회를 증가시킨 덕분에 더 효과적인 조직이 되었
다. APA처럼 CPA도 특수한 관심을 가진 회원들로
구성된 분과를 만들었다.

> CPA는 전국 전문 협회이며 거의 모든
> 방식에서 APA와 유사하다.

CPA의 교육분야 심리학자 분과(Section on Psychologists in Education: SPE)는 230명
정도의 회원이 가입하고 있으며 APA 분과 16, NASP, CASP보다 더 다양한 회원이 가입
하고 있다. CPA의 분과 회원들은 대학교의 훈련가, 연구자, 직접 실천하거나 행정적 역
할을 하는 학교심리학자, 교육과 정신건강 관련 문제를 다루는 공교육 또는 사교육 시장
에서 활동하는 심리학자, 학교심리학이나 교육심리학 프로그램에 등록한 대학원생들이
다. 아래는 이 분과의 설립 목적을 발췌한 것이다(*http://www.cpa.ca/psyedu.html*).

CPA의 '교육에서의 심리학자' 분과의 회원은 유아에서부터 노인에 이르기까지 다양한
연령의 사람들을 위한 교육과 정신건강에 관한 문제를 다루기 위해 병원, 공공 기관, 사
설기관에서 근무하는 학교심리학자나 심리학자; 교육심리학과와 심리학과에 소속되어 있
으면서 응용 연구를 수행하고 임상 훈련가로 활동하고 있는 대학교 교원; 그리고 위의 영
역에서 배우고 있는 대학원생들로 캐나다 전국에서 활동하고 있다.

이 분과의 목표는 이 넓은 나라에 흩어져 있는 회원들이 서로 의사소통해 여러 주와
지방들이 공통 이슈를 다룰 수 있도록 도와주는 것이다. 이를 위해 오타와에 있는 CPA
본부로부터 지원을 받을 수 있다. 최근에 이 분과는 구독률을 높이고 회원들 사이에 의
사소통을 촉진하기 위해 뉴스레터를 CASP의 뉴스레터와 통합했다.

'교육에서의 심리학자(SPE)' 분과는 최근에 설립 목적을 변경했으며, 아래의 목표를
포함하고 있다.

- 교육 문제에 관심을 가지는 캐나다 심리학자들 사이에 의사소통을 촉진한다.
- 교육심리학의 연구 결과를 수업장면에 적용하는 것을 촉진한다.
- 캐나다 심리학이 교육의 모든 영역에서 하는 활동과 공헌에 대한 일반 대중의 인
  식을 높인다.
- 유치원에서 대학교에 이르기까지 모든 단계의 교육의 질을 높인다.

CPA-SPE와 CASP 사이에 이루어진 협력의 한 가지 예는 연구에 기초한 CANSTART
시리즈를 공동으로 발행한 것이다. 이 프로그램 책자는 웨스턴 온타리오 대학교의 퇴직
교수인 Marvin Simner 박사에 의해 집필되었으며, CPA에서 이용 가능하다

(*http://www.cpa.ca/publist.html*). 책자의 목록에는 *초등학교 저학년의 학교 실패-예측과 예방: 학령전 아동들을 위한 교실 활동: 읽기능력 향상시키기: 유치원 아동을 위한 음운인식 활동: 필체 교정: 유치원 아동용 글쓰기/논술* 등이 있다.

기타 전문가 단체

일부 학교심리학자들은 또한 교사교육과 특수교육 프로그램을 통해 훈련을 받았으므로 자신들을 지방과 전국의 교사 연합회뿐만 아니라 캐나다 특수아동 위원회(Canadian Council fo Exceptional Children)와 캐나다 교육연구 학회(Canadian Society for the Study of Education)와 같은 단체의 회원으로 여기고 있다. 일부 학교심리학자들은 상담을 강조하는 대학원 프로그램 출신이기 때문에 캐나다 상담학회와 지방의 상담학회의 회원으로 남아 있다. 예를 들어, 뉴펀들랜드의 학교심리학자들은 지방학회를 가지고 있지 않다. 이들은 뉴펀들랜드 심리학회의 검사관 위원회 회원으로 가입하고 있으므로 이들의 전문적 정체성은 이 학회와 관련이 있다. 그러나 뉴펀들랜드 학교상담학회 회원으로 가입하고 있는 학교심리학자들도 많이 있다.

학교심리학자의 연구와 출판

학술지는 어떤 학문이 고유한 역사와 미래 그리고 정체성과 지위를 가지고 있음을 보여주며 또한 지식의 보급과 적용에도 중요한 역할을 한다고 Saklofske와 Janzen(1990)이 말했다. 출판은 학교심리학의 기초연구와 응용연구, 임상적 적용, 직업적 문제에 관한 정보와 아이디어를 교환하는 것을 의미한다. 미국은 좋은 학교심리학 관련 학술지와 학교심리학자들과 직접 연관이 있는 다양한 학술지를 여러 개 가지고 있지만, 캐나다에는 훨씬 적은 수의 학술지가 발행되고 있다.

학교심리학 분야에서 연구와 실천의 문제에 초점을 둔 대표적인 캐나다 학술지는 *Canadian Journal of School Psychology*이다. 이 학술지는 1985년에 처음 발행되었으며, 학교심리학과 교육 영역에서 활동하는 실천가와 연구자들이 자신들의 연구 결과를 학술지에 게재하도록 돕기 위한 전국 포럼을 개최했다. 특히 캐나다의 상황에 적절한 연구 결과를 출판하도록 권한다. 이 학술지는 주로 심사를 받은 응용 논문을 계속 게재하고 있지만,

> 학교심리학 분야에서 연구와 실천의 문제에 초점을 둔 대표적인 캐나다 학술지는 *Canadian Journal of School Psychology*이다.

새로운 하위부분을 만들어 진척 사항 초점을 둔 연구와 검사와 책 비평을 싣고 있다. 이 학술지는 영어와 불어 둘 다 사용하고 있다. 편집위원은 캐나다와 미국의 우수한 연구자, 교수, 실천가들로 구성된다. 9장의 저자들 중 세 사람(Derevensky, Janzen, Saklofske)은 CJSP의 편집위원이다.

이 학술지는 1년에 두 번 발행되며, 정규판과 함께 특별판(예: "아동과 청소년의 행동장애," "학교심리학의 후원문제와 행사," "21세기 학교심리학자를 위한 도전과 쟁점")도 여러 번 발간되었다. 두 개의 특별판은 꼭 언급할 가치가 있다. "캐나다 학교심리학의 최첨단"이라는 제목을 단 1990년 특별판은 유콘 지역을 포함한 캐나다의 각 지방이 안고 있는 학교심리학의 훈련, 실천, 전문가 문제를 다룬 논문들을 모아 놓았다. *School Psychology in Canada*라는 제목을 단 비슷한 특별판이 2001년에도 발행되었다.

캐나다 심리학회는 *Canadian Journal of Behavioral Science*와 *Canadian Psychology*를 발간하고 있으며, 이 두 학술지는 영어와 불어 둘 다 허용하며 학교심리학자와 관련이 있는 논문(예: 윤리, 평가, 개입, 컨설팅, 중독)도 포함하고 있다. 또한 CPA는 학교심리학자들이 자주 받아 보는 모노그래프(*http://www.cpa.ca/publist.html*)도 발간한다. 캐나다 학교심리학자들은 *Alberta Journal of Educational Research*와 *McGill Journal of Education*도 자주 읽는다. 학교심리학자들은 특수교육 영역의 학술지를 자주 참고하며, 특히 *Canadian Journal of Special Education, Exceptionality Canada, Developmental Disabilities Bulletin*을 중요한 참고문헌으로 여기고 있다.

모든 지방 심리학회와 지방 학교심리학회는 대개 업무, 공지사항, 짧은 응용 논문을 실은 뉴스레터를 발행한다. 비슷하게 CPA에 속한 개별 분과(예: 임상심리학, 상담심리학, 학교와 교육심리학)들도 뉴스레터를 발행한다. CASP와 SPE는 공동으로 뉴스레터를 발행하므로 관심을 가지는 많은 연구자와 실천가들이 쉽게 구독할 수 있게 되었다. 게다가 전국 학술지와 국제 학술지에 논문을 게재하는 캐나다의 학교심리학 연구자의 수가 계속 증가하고 있다.

또한 캐나다 심리학자들은 학술지, 학술지 논문, 책, 책의 장을 쓰고 편집한다. 예를 들어, Saklofske는 최근에 *Journal of Psychoeducational Assessment*의 편집위원이 되었으며, Snyder와 Saklofske는 계속해서 *Canadian Journal of School Psychology*를 공동으로 편집하고 있다. 캐나다 교육심리학자 또는 학교심리학자들이 참여해 저술한 최근의 책은 *학교심리학을 통한 효과적인 컨설팅*(Cole & Siegel, 2003); *심리교육 평가 핸드북*(Andrews, Saklofske, & Janzen, 2001); *WAIS-III와 WMS-III의 임상적 해석*(Tulsky et al., 2003); *WISC-IV의 임상적 사용과 해석*(Prifitera et al., 2005); *문화와 아동의 지능*(Georgas, Weiss, van de Vijver, & Saklofske, 2003); *WISC-IV의 새로운 임상적 해석*(Weiss et al., 2006); *WISC-IV 지침서: 해석과 교육적 개입을 위한 지침*(Truch, 2006); *교육심리, 캐나다 3판*(Woolfok, Winnie, & Perry, 2006); *교육심리학의 원리, 캐나다판*(Ormrod et al., 2005)이다.

끝으로 이런 출판물은 학교심리학이 과학적 연구와 실천 사이에 서로 연결되어 있으며 융합되어 있음을 보여준다. 캐나다에서 대부분의 심리학 연구자들은 대학교의 심리학과에서 근무하는 박사학위 소지자들이다. 주의, 지각, 기억, 언어와 같은 심리적 구성개념; 문식성; 발달적 심리병리학; 인지적 신경과학 영역에서의 기초연구는 계속되어야 할 필요가 있다. 동시에 학생들의 학습, 사회-정서적 발달, 행동적 수행, 수업 방법, 학교 실천, 학급경영, 기타 학교에서 제공하는 서비스와 학생의 성과를 향상시키기 위해 증거에 기초한 예방과 개입을 모색하는 응용연구도 중요하다. 실생활 장면에서 수행되는 연구에서 제기되는 질문은 구체적인 실천 맥락에 적합한 방식으로 설계, 적용, 평가, 분석의 과정을 통합하는 과정으로 연구를 향상시키는 노력이 요구된다.

─ 캐나다의 학교심리학의 변모: 미래의 모습

예전부터 해오던 학교심리학자의 역할과 실천은 21세기에도 지속할 것이다. 효과적인 교육 프로그램을 개발하는 것과 아동의 교육적, 심리사회적, 정서적 발달에 영향을 줄 수 있는 조건을 파악하는 것 모두 진단적 평가에 기초한다. 그러므로 진단적 평가는 학교심리학자가 해야 하는 주요한 업무로 계속 유지될 것이다. 동시에 여태까지 학교심리학자가 교육적 상황에서 사용하는 기술과 지식은 대부분 검사를 실시하는 역할에 관한 것뿐이었다. 캐나다에서 학교에 대한 요구와 기대가 변하고 있기 때문에 이런 요구와 기대를 충족시키기 위해서는 학교심리학자의 역할이 확장되어야만 한다(Sasklofske et al., 2006). 학교심리학자는 자신들의 전문 지식을 사용하는 방법과 학교와 교육적 상황에서 서비스를 제공하기 위해 참여하는 방법을 다양화시켜야 한다는 인식이 높아지고 있다. 9장의 마지막 부분은 캐나다 학교심리학자의 새로운 역할과 패러다임의 전환을 다룬다.

유전, 부모, 질병, 경험, 가난 때문에 야기되는 학교의 문제에 노출된 캐나다 어린이의 수는 심각하며

> 여태까지 학교심리학자가 교육적 상황에서 사용하는 기술과 지식은 대부분 검사를 실시하는 역할에 관한 것뿐이었다. 캐나다에서 학교에 대한 요구와 기대가 변하고 있기 때문에 이런 요구와 기대를 충족시키기 위해서는 학교심리학자의 역할이 확장되어야만 한다

당혹스럽게 만든다. 예를 들어, 최근의 자료에 따르면 5세에서 14세 사이에 속한 캐나다 아동들 중 50만에 가까운 어린이들이 장애아동으로 진단을 받고 있다(캐나다 통계청, 2001). 장애의 정도와 임상적 특징에 따라 정도 차이는 있을지라도 이런 위험 요인들은 평생 동안 영향을 주는 발달적 위협이다. 즉, 이 요인들은 아동들을 건강과 행복에 큰 영향을 주어 아동들의 삶의 궤도를 완전히 바꾸어 놓을 수 있다. 불행히도 캐나다는 학교 심리학자가 절대적으로 부족하다. 그 결과 학생들이 평가와 개입을 받기 위해 기다리는 시간은 너무 길다(Lupart, Goddard, Hebert, Jacobsen, & Tmmons, 2001). 아동들은 시기에 적합한 발달적 경험과 교육적 경험을 가질 권리를 가진다는 것을 사회가 인식하는 시대에서 서비스 제공 전문가들이 학교에서의 성취도가 낮을 위기에 처한 아동들의 취약성과 보호 요인들을 이해하고 평가하는 것이 중요하다. 또한 실천가들이 평가 결과를 효과적인 개입 전략을 개발하기 위한 기초로 사용하는 것도 중요하다(Mash & Dozois, 1999).

특히 캐나다 아동들의 정신건강을 높이는 것에 관심이 높아지고 있다. 정신건강 문제는 오늘날의 캐나다 아동들이 직면한 초두의 관심사이다. 최근의 설문조사는 예방과 개입을 한 노력에도 불구하고 4세에서 17세 사이 아동들 중 14%에서 20%에 이르는 아동들이 임상적으로 심각한 정신 장애를 가지고 있음을 보여준다. 이런 맥락에서 정신 장애를 가진 아동들 중 소수의 아동들이 개입 서비스를 받고 있다는 것은 당혹스러운 일이다. 예를 들어, CPA(2002)는 정신건강에 문제를 가진 아동들 중 5%만이 어떠한 형태의 서비스이든 개입을 받았지만 겨우 1%에서 2%만이 전문가로부터 개입을 받고 있다고 최근의 글을 통해 밝혔다. 더욱 비극적인 일은 정신건강 문제의 진단과 개입이 경제적 불평등과 같은 패턴을 가진다는 것이다. 즉, 더 많은 수의 소수민족의 아동과 저소득층 아동들이 정신건강의 문제를 가지고 있지만, 서비스는 더 적게 받고 있다. 다른 캐나다 아동과 청소년에 비해 캐나다 원주민의 아동들은 가난한 가정에서 태어날 가능성이 높으며 이들이 정신건강 문제를 겪을 가능성도 가장 높다. 최근의 역학연구에 따르면, 정신건강 문제를 겪고 있는 캐나다 원주민 아동들의 비율은 전국 평균 비율보다 세 배나 더 높았다. 이렇게 비율이 높은 것은 서비스를 전혀 받지 못하거나 간헐적으로 받고 있다는 데서 기인한다(Mussell, Cardiff, & White, 2004).

학교는 정신건강 문제나 장애를 가진 아동들 중 대다수 또는 이런 문제를 가질 위험이 있는 아동들에게 일차적인 도움과 서비스를 제공하는 유일한 곳이다. 학교는 광범위한 평가와 개입 서비스를 공평하게 제공하는 데 있어 중요한 역할을 수행할 수 있을지라도, 여러 가지 요인들로 인해 그렇게 하지 못하고 있다. 전문가의 서비스를 제공하는 데에 초점을 둔 서비스 제공 모형이 널리 보급되고 있는 점과 학교심리학자가 부족한 점의 두 가지 요인은 가장 심각하고 분명한 증상을 가진 학생들만 교육적 맥락에서 적절한 심리적 지원과 서비스를 받을 수 있게끔 만들어 버렸다. 정신건강과 학습문제의 위험에 처한 대다수의 학생들은 조기에 중요한 시점에 발견되지 않고 있으며 조기 개입은 실질적으로 없는 것이나 마찬가지이다. 중요한 시기에 이런 아동들의 발달을 위한 투자가 부족한 것은 이 학생들이 겪을 장기적인 불이익, 경제적 손해, 사회적 손실로 되돌아올 것이다. 학교가 문제를 이미 가지고 있거나 문제에 노출될 위험에 처한 아동들의 다양한 요구에 대처하는 능력은 아동에게 제공하는 서비스가 여러 연방기관, 지방기관, 하위부서, 학문 분야에 분산됨으로써 더 약화되었다. 교육부, 복지부, 법무부, 보건부 등과 같은 여러 정부부서와 기관이 상호 조율하는 것 없이 각 부서가 따로 아동과 가정에 서비스를 제공하고 있다. 많은 단체, 기관, 전문가들이 학문적 구획 안에서 활동하고 있는데, 이것이 아동을 위한 서비스의 분산을 더 악화시키고 있으며, 학교에서 이용할 수 있는 기존의 서비스와 자원을 효과적이고 효율적으로 사용하는 전문가의 능력을 저해하고 있다.

충족되지 않은 요구의 강도, 학교심리학자와 응용 아동 심리학자의 부족, 현존하는 서비스의 분산을 감안한다면, 전문가 서비스 제공 모형을 계속 고집하는 것은 위험에 처한 아동의 요구를 적절히 충족시키지 못해 결과적으로 낮은 성과를 얻게 될 것이다. 오히려 필요한 것은 모든 아동들의 건강한 발달을 촉진하는 것, 위험에 처한 아동의 장애를 예방하는 것, 장애를 가진 아동을 치료하는 것을 강조하는 종합적인 서비스 제공 시스템으로 전환하는 것이다(Waddell, McEwan, Shepherd, Offord, & Hua, 2005). 많은 아동 인권론자들은 이런 시스템을 설치할 곳은 학교 내부이며, 편리하고 아동과 가족을 낙인찍지 않는 곳이어야 하며, 잘 훈련된 인력을 고용하고, 지원 서비스를 제공하고, 의무적으로 서비스를 제공해야 한다고 주장하고 있다.

학교에서 서비스를 제공하는 것의 가치는 불을 보듯이 명확하다. 학교는 아동과 청소년들에게 개입하기 위해 친숙한 환경을 제공하며, 많은 지역에서 학교는 서비스와 지원을 제공하는 핵심 기관이라고 인식되고 있다. (중략) 서비스는 아동, 청소년, 가족이 대부분의 시간을 보내는 장소(학교와 가정)와 적절한 시간대에 제공되어야 한다(Kirby & Keon, 2004. p. 12).

학교 내에서 종합적인 서비스를 실현하는 것은 "관리체제(system of case)" 접근을 가장 잘 수용하는 것일 수 있다. 관리체제에서는 아동과 가족이 자신들의 가정, 학교, 지역사회 내에서 필요한 서비스와 지원을 받을 수 있도록 모든 기관이 상호 협력한다. 대부분의 관리체제는 아동 중심적, 가족 중심적, 강점 기반한, 문화 역량을 갖춘, 공동체 기반한, 비용 효과적, 간학문적, 통합적 서비스를 제공한다는 원칙으로부터 발달된 것이다.

돌봄의 체계는 객관적인 임상연구와 프로그램 평가 자료에 기초하고 있으며, 아동과 가족의 독특한 요구와 관점에 적극 대응한다. 특히 중요한 것은 서비스 제공을 위해 사용하고 있는 다양한 자금 흐름을 한데 모아서 독자적인 하나의 자금줄을 만드는 것이다. 많은 관리체제는 보호막[2]이라고 알려진 적용방법을 채택한다. 보호막은 아동과 가족이 모두 참여하는 계획 과정이며, 아동과 가족이 긍정적인 결과를 성취하도록 개별화된 공동체 서비스와 자연 발생적인 지원을 제공하는 체계이다. 캐나다 학교와 지역사회에서 돌봄의 체계를 성공적으로 적용하는 것은 공허한 꿈이라고 많은 사람들이 말하지만, 이 돌봄의 체계가 캐나다 내에서 성공적으로 실행되고 있는 사례가 이미 많이 있다.

학교에서 돌봄(care) 체제가 성공하기 위해서는 확장되는 역할을 맡을 심리학자의 요구를 포함한 몇 가지 실천이 필수적이다. 대부분의 학교심리학자들이 직접 또는 간접적으로 학생을 평가하고 개입(전문화된 서비스의 제공)하는 데 지나치게 많은 시간을 보내고 있는 캐나다의 현재 상황과는 대조적으로 돌봄 체제 안에서의 학교심리학자들은 자신들의 역할을 확장할 것이며 다음과 같은 역할을 포함시킬 것이다.

- 교육 서비스와 정신건강 서비스의 우선 제공자
- 강점 기반 촉진 및 예방 전략 개발자 및 제공자
- 아동, 가족, 체제의 지지자
- 다양한 전문가로 구성된 팀원 또는 팀장
- 다른 전문가를 자문하는 컨설턴트
- 서비스 제공 조직이나 체계에서 행정적 지도자
- 서비스의 질 보증 및 질 개선 컨설턴트
- 관리체제에서 결과물 평가 및 연구
- 연수교육 제공자
- 사례 관리자
- 지역사회, 광역시, 주에서 교육 및 정신건강 서비스 정책과 계획의 개발자

이렇게 점진적으로 확장되고 있는 역할은 학교심리학자 훈련에 중요한 시사점을 가진다. 돌봄의 체계를 통해 서비스 제공하는 것으로 패러다임이 바뀌면 심리학 공동체 및 교육기관도 훈련, 실습, 연구의 역할에 대한 지각, 정책을 바꾸어야 한다(Tolan &

---

2) 역주: 1980년대에 시작된 것이며 가정이나 지역사회에서 주변에 있는 여러 사람들이 팀이 되어 심각한 정서 장애나 행동 장애를 가진 아동들에게 자연스러운 서비스를 제공하고 돌봐 주는 형태의 개입방법이다.

Dodge, 2005). 훈련 모형은 (a) 증거에 기초한 실습을 사용하는 서비스를 조직하는 것, (b) 직접 개입하는 것뿐만 아니라 예방, 컨설팅, 교육, 기타 영역의 전문가들과 협력하면서 일하는 것, (c) 도중에 새로운 접근으로 편입될 수 있도록 만드는 모형을 개발하는 것, (d) 전염병, 발달심리병리학, 예방적 정신건강 접근, 다양한 전문가들 사이의 협력, 공동체 능력 함양, 평가 절차에 대한 공부를 강조하는 것, (e) 분야를 개발하기 위한 도구로 연구를 더 강조하는 것으로 발전되어야 한다. 훈련 프로그램은 공공정책을 이끌어 나가는 데 있어 과학적 연구와 과학적 방법이 가지는 가치를 보여 줌으로써 심리학자들을 효과적 개입, 예방, 노력 증진을 지지하는 사람이 되도록 준비시키는 것을 강조해야 한다 (Tolan & Dodge, 2005).

> 이 장은 불쌍한 생활을 할 위험에 처한 아동이 겪고 있는 고통을 대폭 줄여 주기 위해서는 아동 보호 정책과 서비스 제공 시스템을 체계적으로 변화시켜야 하는데, 이와 같은 도전적인 일을 캐나다 학교심리학자들이 맡아야 한다는 것을 요구한다.

이 장은 불쌍한 생활을 할 위험에 처한 아동이 겪고 있는 고통을 대폭 줄여 주기 위해서는 아동 보호 정책과 서비스 제공 시스템을 체계적으로 변화시켜야 하는데, 이와 같은 도전적인 일을 캐나다 학교심리학자들이 맡아야 한다는 것을 요구한다. 캐나다의 학교심리학자들은 당면한 문제에 대해 강력하고 통일된 목소리를 내기 위한 통합된 전국 네트워크를 형성함으로써 이런 변화를 이끌어 낼 수 있다. Mureika(2007)가 주장하듯이, CPA의 교육 심리학자 분과를 통해 학교심리학자들을 서로 연결시키는 것은 전국 네트워크를 형성하는 지름길이 될 것이다. 이 네트워크는 궁극적으로 아동을 위한 반응적이고, 접근이 쉽고, 효과적이고, 협력적이고, 종합적인 돌봄의 체계 구축을 재촉할 수 있을 것이다.

제10장

국제 학교심리학

Thomas Oakland, University of Florida

사람들이 처음 여행을 떠나면, 문화를 정의하는 데 도움을 줄 수 있는 언어, 종교, 옷, 음식, 태도, 운전 스타일 등에서 차이를 크게 느낀다. 그러나 여행자가 점점 새로운 문화에 익숙해질수록 자신이 속했던 문화와 새로운 문화와의 차이보다는 유사성이 점점 더 눈에 띄게 된다. 비슷한 의미로 다른 나라에서 학교심리학자가 되기 위해서 어떻게 준비되고 훈련받는가에 대해 느껴졌던 차이가 점차 유사성과 차별성을 인식하는 좀 더 성숙된 관점으로 변하게 된다. 이 장에서 언급되고 있는 차별성은 그 나라의 사회적, 경제적, 지리적, 문화적 특성이 반영된 것이다. 이러한 차이에도 불구하고 학교심리학의 특수성에 해당하는 좀 더 중요한 영역에서는 나라마다 상당한 유사성이 있다.

사고가 유연하거나 자신의 방법이 최고라고 쉽게 생각하지 않는 사람들은 국제적으로 볼 때 학교심리학은 특수성이 아주 풍부하다고 생각한다. 국제적으로 볼 때 학교심리학 내에서 나타나는 다양성은 학교심리학의 장점이며 해당 지역의 상황에 맞게 학교심리학을 적용시킬 수 있다. 더욱이 캐나다와 미국의 학교심리학 전문가들은 학생, 학부모, 교사의 교육적, 심리학적 요구를 충족시키기 위해 미국과 캐나다에 고용된 외국 동료들로부터 다양한 방법들을 배우기도 한다. 학교심리학이 미국에서 시작된 것이라고 믿는 많은 사람들은 학교심리학의 이정표가 다른 국가에서 처음 생겼다는 것에 놀란다. 예를 들어 학교심리학은 유럽에서 처음 생겼으며 베네수엘라 학교심리학회(Venezuela Society of School Psychology)가 세계 최초의 독립적인

> 학교심리학이 미국에서 시작된 것이라고 믿는 많은 사람들은 학교심리학의 이정표가 다른 국가에서 처음 생겼다는 것에 놀란다.

국가 수준의 학교심리학회로 1968년에 발족했다(Oakland, Feldman, & Leon De Viloria, 1995).

이 장에서는 학교심리학을 국제적 차원에서 몇 가지 중요한 특징을 설명하고 특성을 기술하고 학교심리학 분야가 가지는 특수성 내에서 국제적으로 나타나는 유사성과 차별성을 살펴보고자 한다. 미국과 캐나다에만 해당하고 이슈로 강조하지 않았다. 이슈의 주제는 국제 학교심리학을 정의하고 구성하고 형성하는 데 물질적인 영향을 준 8가지 특성을 포함한 학교심리학의 역사, 학교심리학자의 인구학적 특성, 학교심리학자들의 역할과 기능, 준비, 그들에게 영향을 주는 내외적인 특성 등이다. 국제적으로 승인된 3가지 기준은 좀 더 세밀하게 기술했다. 멕시코에서의 교육과 학교심리학의 위치에 대해서도 요약하여 설명하였다. 국제적으로 학교심리학 분야의 직업을 찾기 위한 방법에 대한 정보와 더불어 국제적인 수준에서 학교심리학 분야의 미래에 대한 전망도 논의하였다.

국제 학교심리학의 역사

학교심리학은 처음에는 철학과 생물학에 바탕을 둔 교육에 기원을 두었다가 추후에는 교육과 심리학을 기초로 교육하였다. 국가의 문화적, 사회적 상황은 학교심리학 분야가 생성되고 유지되는 토양과 양분이 된다(Oakland, 1993).

초기 역사

19세기 후반기에는 서부 유럽과 미국에서 심리학의 기원에 대한 관심과 더불어 공교육에서 심리학을 적용하고자 하는 요구가 중요한 사회적 변화로 나타났다(표 10.1). 수세기 동안, 일반적인 생활양식이 작은 가족 단위의 사업이나 농업에 의존한 개별화, 시골생활, 가족 중심적 환경으로 요약된다. 직계존속과 확대 가족은 일반적으로 가능한 가족 구성원들의 요구나 필요를 서로 충족시켜 준다. 자녀들은 부모의 전철을 밟아 기르고, 아들은 농장이나 작은 사업을 경영하는 것에 대한 책임감이 주어지며, 딸에게는 결혼을 해서 자녀 양육 및 기타 가사 일을 하는 것으로 생각했다. 자녀들은 어린 나이부터 일을 해야 했다. 교육은 일반적으로 가정 내에서 이루어지며 기초적인 읽기와 숫자에 관한 제한된 교육이 이루어졌다. 가족들은 가족 구성원으로 혹은 친한 친구로 의사와 같은 소수의 전문가들에게 자신들의 일반적이고 특별한 요구에 대한 서비스를 요청했다. 생활은 비교적 안정적이었다. 그러나 1800년대 후반기 동안 생활양식이 많이 변화되었다. 사람들은 비인간적이며 도시적, 산업 중심적인 환경에 내몰렸다. 이러한 상황과 연관되어 나타난 생

〈표 10.1〉 국제 학교 심리학의 이정표

1879	Wundt가 독일에서 처음 심리학 실험실 설립
1896	Lighner Witmer가 펜실베니아 대학에서 처음 임상실험실 설립
1898	Munsterberg의 책에 "학교심리학자"라는 용어가 처음 나타남
1899	일리노이 주의 앤트웝, 벨기에, 시카고에서 처음 학교 기반 아동연구부서 설립
1905	Binet가 신뢰도가 높은 정신 능력 측정도구 개발
1948	UNESCO 후원의 국제 학교 심리학회 개최
1954	미국에서 학교심리학 Thayer 학회 개최
1956	UNESCO 후원의 유럽 학교심리학회 개최
1968	최초의 국가 학교심리학회 발족: 베네수엘라 학교 심리학회
1972	국제 학교심리학 위원회(ISPC) 구성
1975	최초의 ISPC 후원 국제 학교심리학회 콜로퀴움 개최
1979	세계 아동의 해
1982	국제 학교심리학회의 규정과 조례 채택
1990	ISPA의 윤리 규정 채택
1996	ISPA의 학교심리학의 정의 채택
1996	ISPA의 학교심리학자의 준비과정에 대한 국제 가이드라인 채택

활의 변화는 가족들이 새로운 지역으로 이주하면서 더 악화되어 소년들이 더 이상 아버지의 직업적 전철을 따를 수 없었다. 아동 노동법은 아동들의 작업 제한뿐만 아니라 초등 교육을 받을 수 있도록 최소한의 시간과 장소도 제공하였다. 그래서 소년과 소녀들은 교육을 받을 수 있게 되었다. 혈통과 육체적 인내 대신에 교육이 사회적 안정과 개인적 성공의 중요한 경로로 대체되기 시작했다.

학교 내에서 사회적, 교육적 쟁점

우리가 가정에서는 무심코 지나치는 아동들의 행동이 학교 현장에서는 명확해진다. 어떤 아동은 상당한 수준의 학업 성취도와 인지 능력을 보이며 어떤 아동은 학습속도가 늦고, 어떤 아동은 감각적 혹은 신체적 문제를 가지고 있다. 그리고 어떤 학생은 학교를 자주 결석하고, 행동을 통제하기 힘들거나 교사가 받아들이기 힘든 학생이 있는가 하며 또 다른 아동은 또래와 너무 다른 특성을 보이기도 한다. 교사가 학생들의 교육학적 요구를 충족시키기 위해서는 도움이 필요하다. 점점 도시화되어 가면서 우리가 간과하거나, 혹은 아주 작거나 개인적인 상황, 그 예로, 가족이나 친구가 있는 상황에서만 발견되는 그래서 자명하지 않은 많은 문제들이 발생한다. 그 예로, 점점 더 많은 아이들이 고아가 되고 반복적인 경범죄나 중범죄로 법의 심판대 앞에 서며, 집을 가출하고 갑자기 사회적으로 관심을 받는 사회적, 정서적, 정신적 문제를 보이고 있다. 그래서 이러한 아동들의 요구를 충족시키기 위해 새롭게 공립 및 사립 기관의 사업체들, 청소년 법정, 극빈자 수용소, 사회복지관, 정신지체와 정서장애 아동을 위한 주 정부 운영 기관들이 설립되었다. 아동의 요구를 정확하게 평가하고 그들의 문제를 진단하며 나아가 그들의 요구를 충족시킴으로 1, 2, 3차의 예방 방법을 제안해 줄 수 있도록 사회과학 분야의 전문가들이 해당기관에 배치되었다. 이러한 상황에서 심리학과 사회복지 분야의 전문가들이 생겨나게 되었다.

심리학 훈련의 필요성

사회과학 분야의 전문가가 생기기 위해서는 사회과학 분야가 먼저 존재해야 한다. 서부 유럽과 미국에서는 심리학자들의 선구적인 노력으로 인해 1800년대 중반에 사회과학 분야가 처음 시작되었다. 초기 몇몇 선구자들의 노력이 가장 중요했다. Wilhelm Wundt는 1879년 처음으로 독일 Leipzig에 심리학 실험실을 처음으로 설립했다. Francis Galton이후에 London에 실험실을 만들어 London 사람들을 대상으로 심리학적인 데이터를 모으기 시작했다. Jean-Marc Gaspard Itard와 Edouard Seguin은 발달장애를 가진 아동과 함께 일을 하면서 심리학적인 방법들을 개발했다. Sigmund Freud의 업적은 많은 영향력 있는 사람들의 관심을 끌면서 심리학적 이론과 실습을 합법화하는 데 도움이 되었으며 추후 여러 기관들, 특히 사회사업 분야의 기관과 법정에서 많은 영향을 미쳤다. 그리고 심리학의 기초를 세운 많은 선구자들은 전통적으로 생물학 분야 혹은 의학, 이 두 분야가 혼합된 분야의 학위를 가지고 있었다. 이러한 많은 선구자들은 선진 1859년 Charles Darwin의 *종의 기원(On the Origin of Species)*이라는 책에서 많은 영향을 받았다.

4가지 학교심리학 서비스 시스템

학교심리학은 서부 유럽과 북아메리카에서 처음 생겼다. 20세기 초반 서부 유럽에서 4가지 형태의 학교심리학적 서비스가 생겨나기 시작하면서(Wall, 1955) 이와 비슷한 서비스가 캐나다와 미국에서도 뿌리내리기 시작했다. 다양한 형태의 서비스는 학교심리학의 다양한 특성을 나타내며 해당 지역의 요구와 재원, 다른 특성에 따라 제공해 줄 수 있는 서비스를 조정할 수 있다. 첫 번째 형태는 학교심리학자들이 큰 학교 하나를 맡거나 여러 학교를 그룹으로 담당하는 것이다. 학교심리학자들은 의료진과 학교 사회복지사를 포함한 팀의 구성원이다. 학교심리학자들의 목적은 학업, 사회, 정서와 관련된 문제들의 발생을 예방하기 위해 예방 교육을 담당한다. 학교심리학자들은 학생들의 학교생활 적응을 위한 안내 및 지도 서비스를 제공하고 학생들의 학업 기술을 향상시키고 학교 공동체의 정신건강을 향상시키는 책임을 가지고 있다.

두 번째 형태는 영국에서 주로 나타나는 형태로 학교심리학자들은 학교와 지역사회 간의 서비스의 조정에 강조를 두고 있다. 서비스는 지역 교육기관으로부터의 재정적 지원에 따라 정해지거나 요구된다. 학교심리학자들의 주 활동들은 예방의 조정, 연구, 안내 활동; 심리치료, 치료적 중재의 제공; 진단이다. 이 두 번째 형태의 목표는 문제의 발생을 예방하거나 혹은 문제가 발견되었다면 그들에게 직접 서비스를 제공하는 것이다. 초등, 중등, 기술학교 학생들이 이러한 서비스의 수혜자가 된다.

세 번째 형태는 서비스 제공을 위해 원칙적으로 지역 내 아동 지도 클리닉에 의존하는 것이다. 이러한 클리닉은 의사가 위원장으로 심리학자, 사회복지사가 함께 팀을 이루어 장애 아동을 진단하고 학교, 가정, 혹은 다른 기관에 적용할 수 있는 중재들을 제공해 주는 역할을 한다.

네 번째 형태는 1893년 영국에서 시작된 형태로 아동의 성장과 발달에 있어서 아주 중요한 이슈에 관한 연구를 강조하는 것이다. 파리의 Alfred Binet, 런던의 Galton, 미국의 G. Stanley Hall의 연구와 미국의 아동 연구 운동(Child Study Movement)이 이 형태의 예에 해당된다.

20세기 초중반 학교심리학의 성장

전문가라 함은 잘 정의된 이론과 연구능력, 충분한 훈련을 통해 숙련된 기술을 가진 사람으로 기대한다. 20세기 초 심리학은 새롭게 생긴 전문 분야로 많은 사람들은 전문가적 지위를 보장해 줄 만큼 심리학 분야가 훈련을 통한 충분한 지식과 성숙함이 부족하다고 생각했다. 학교심리학은 이 시기 동안 아주 적은 성장을 보였다.

학교심리학을 포함한 심리학 분야의 전문성과 훈련은 동일선상에서 각각 서로 도움을 주고받으며 발달한다. 예를 들어 Binet와 다른 연구자들이 학업 성취, 지능, 기타 특성 평가와 같은 초기 연구가 학교심리학 실습에 있어서 매우 유용한 검사 개발의 발달을 이끌었다. 심리검사의 유용성은 교육심리학과 아동발달에서의 전문성을 포함해 심리학의 새로운 훈련에 있어서 아주 중요한 부분이 되었다.

2장에서 언급된 것처럼 1898년 Hugo Munsternberg(다른 나라말로 더 먼저 나왔을지도 모르지만)의 글에서 처음으로 영어로 학교심리학자라는 용어가 쓰였다. 그는 학교심리학자가 교사와 연구 심리학자들 간의 컨설턴트로서 임무를 맡고 있다고 주장했다 (Fagan, 2005a). 학교심리학자라는 용어는 1910년에 다시 독일 심리학자 William Stern이 학교 현장에서 심리학자에 의해 제공되는 심리 평가가 필요하다는 주장을 할 때 다시 한 번 사용되었다(Fagna & Delugach, 1984). Stern(1910)은 학교의 의료적인 요구를 충족시키기 위해 학교에 고용된 의사와 비정상적 특성을 보이는 학생의 심리학적인 요구를 충족시키기 위해 고용된 심리학자를 비슷하게 설명하였다.

    20세기 초반 학교심리학이 전문적인 분야로 발전할 수 있었던 몇 가지 특성이 나타났다. 2차 세계대전으로 인한 국가 회복 운동과 관련된 사건들은 심리학 분야의 전문성과 국제적 역량에 중요한 영향을 미쳤다. 몇 가지 중요한 사건들이 아래에 기술되어 있다.

국제적 전문성의 확대

학교심리학에 대한 국제적 기관들의 관심과 더불어 서부 유럽에서의 학교심리학의 성장과 확장은 2차 세계대전 이후 나타나기 시작했다. 8가지의 중요한 사건들이 국제적 학교심리학의 정의, 형성, 조직에 영향을 주었다: 유럽에서 1948년과 1956년에 개최된 두 번의 Nations, Educational, Scientific, and Cultural Organization(UNESCO) 학회이다. 미국에서는 American Psychological Association(미국 심리학회: 이하 APA)가 1954년 학교심리학에 관한 Thayer 학회를 개최했다. Calvin Catterall과 다른 학자들이 초기 1970년 국제 학교심리학의 발판을 마련했으며 1979년에는 세계아동의 해(International Year Of the Child)로 지정되었다. Catterall과 다른 학자들의 업적은 1982년 국제 학교심리학회(International School Psychological Association: 이하 ISPA)의 창설로 최고조에 달했다. 마침내 UNESCO는 학교심리학에 대한 국제 설문을 1948년과 1990년에 두 번 실시하였다. 이후 사건들은 국제 학교심리학의 정의와 형성에 도움이 되었다: 학교심리학의 정의에 대한 승인, 학문과 전문적 준비에 대한 가이드라인, 윤리 규정. 이 부분에 대해서는 이후에 좀 더 자세히 논의되어 있다.

1948년 UNESCO 컨퍼런스

2차 세계대전은 유럽 전체에 심각한 영향을 주었다. 경제적, 산업적 인적 자원들이 심각하게 고갈되어 현대화되고 문명화된 사회적 기반을 재생시키기에는 어려움이 있었다. 더욱이 교육적, 사회적 서비스를 제공하기 위해 요구되는 자원들이 심각하게 부족했다. 1948년, UN은 교육, 과학, 문화 기구들이 모여서 교육 내각들이 요구하는 학교심리학적 서비스를 제공해 줄 수 있는 방법을 논의하기 위해 43개국의 대표들을 모아 놓고 국제적인 컨퍼런스를 열었다(UNESCO, 1948). 이 컨퍼런스는 3가지 권고안을 제안했다: 학업

성취와 수업의 질을 향상시키기 위한 연구 기관의 설립, 적절한 심리학적 훈련에 기초한 안내(guidance) 프로그램의 설립, 많은 학교심리학자 준비의 개선.

1956 UNESCO 컨퍼런스

8년 후 두 번째 UNESCO 컨퍼런스에서는 유럽의 학교들이 아동학과 교육심리학이 좀 더 효율적으로 사용될 수 있는 방법을 탐색하기 시작했다. 이 컨퍼런스의 보고서는 안내 (guidance) 서비스, 교육적 방법, 교생실습을 개선하고, 학교심리학자의 수를 증가시키기 위한 요구를 재언급했다(Wall, 1956). 장애를 가진 아동을 위한 개선된 서비스의 제공도 권고되었다.

이 회의의 보고서는 서비스에 대한 요구를 강조했다: 학교의 모든 중요한 요소들을 합해서 좀 더 포괄적이고 통합적인 서비스의 제공, 서비스 대상을 취학전 학생부터 기술 및 직업학교에 다니는 학생까지로 조율하고, 학생들이 학교 졸업 후 직업을 갖는 전환 시기를 도와주며, 상담을 제공하고, 교사의 준비를 도와 컨설팅을 제공하는 것이다. 학교 심리학의 선두가 된 유럽 국가(예: 덴마크, 프랑스, 스웨덴, 영국)들이 적극적으로 이 회 의에 참여함으로써 적극적인 유럽의 학교심리학 서비스가 이 학회의 권고에 영향을 받 게 되었다.

1954년 Thayer 컨퍼런스

학교심리학의 기능, 자격, 훈련에 대한 내용을 주제로 하였다. 1954년 미국에서 열린 Thayer 컨퍼런스(Cuttts, 1955)는 미국이 국제 정세에 미치는 영향력이 커지면서 미국의 학교심리학은 해외의 학교심리학에도 영향을 주게 되었다. 이 학회는 미국 내에서 학교 심리학의 전문성을 정의하고, 2가지 수준의 준비과정, 실습의 주요한 기능을 설명하고 바람직한 인성적 특성과 전문적 특성을 제시하는 수단이 되었다. 이 학회로부터의 권고 사항은 미국 학교심리학 분야 실습에 결과적으로 광범위한 영향을 미치게 되었고, 이 기 준은 학교심리학 분야와는 다소 다른 기준이었다.

국제 학교심리학의 기초

Calvin Catterall은 1970년대와 1980년대 초기 동안 국제 학교심리학에 대한 기반을 설립 하는 데 도움을 주었다(Fagan & Bischoff, 1984). 그는 1982년의 국제 학교심리학회 (International School Psychology Association, ISPA)의 창설에 있어서 교신, 연구방문, 장 학금, 리더십 등을 통해 국제적으로 학교심리학에 대해 관심을 끌어 모았다. 그는 여러 국가들의 학교심리학 리더들과 개인적인 교신을 유지했으며, 그들과 세계 여러 곳을 방문하고 여행했으며 자신의 오하이오, 콜럼버스의 집에 손님들을 초청하기도 했다. Catterall은 대부분의 주에 있는 학교심리학 서비스를 살펴보기 위해 연구 여행을 떠났다. 국제 학교심리학에 대한 그의 책에는 3개의 큰 지리적 영역과 34개 국가에서의 학교심리학 서비스에 대한 설명이 포함되어(Catterall, 1976, 1977, 1979a) 있고, 국제적 범위에서 학교심리학자들의 멤버들의 전문성에 대해 소개했다.

Frances Mullen 또한 국제 학교심리학의 발판을 마련한 매개자이다(Fagan & Wells, 1999). 그녀는 미국 심리학자들은 다른 국가에서 심리학적 실습의 지식으로 도움을 얻을 것이라고 믿었다. 1972년 그녀는 APA의 학교심리 분과(분과 16) 내에 국제 멤버를 형성하자고 제안하고 이를 실천한 매개자였다. 다음 해에 Mullen과 Catterall이 구성원 모집 공고를 내고 전 세계의 동료들에게 뿌렸다. 이후 그녀는 Committee 신문인 *World*Go*Round*의 편집위원으로 역할을 담당했다.

1979년 세계 아동의 해

1979년 UN이 정한 세계 아동의 해를 맞이하여 아동의 심리적, 사회적, 교육적 요구의 재조명, 현존하는 서비스의 특성; 각 나라의 특성, 요구, 우선순위에 따라 제공하는 새로운 프로그램에 대한 중요성을 강조하였다. 이처럼 아동 서비스에 대한 국제적 관심은 공동의 목표를 획득하기 위해 공동의 관심사를 논의하고 함께 일을 하기 위해 각각의 국가 내에서 학교심리학의 리더를 모으는 역할을 했다. 1979년 국제 학교심리학 위원회는 영국 York에서 세계 아동의 해의 중요성을 이슈화했다. 이 회의는 추후 1983년 미국에서 개최된 아동 청소년의 심리학적 학대에 관한 국제 학회의 발판이 되었다. 이 국제 학회의 발표와 자료들은 멤피스대학의 Thomas Fagan의 개인 서고에 보관되어 있다. 이들 2개의 국제 학회는 지리학적 경계를 넘어 중요한 문제에 대해 건설적으로 일을 하고자 하는 학교심리학자의 헌신과 능력을 보여 준 계기가 되었다.

국제 학교심리학회 창설

주요 전문 학회에서는 학회 구성원들에게 전문성을 유지하기 위한 노력을 요구한다. ISPA는 미국(예: Catterall & Mullen)과 유럽(예: Anders Poulsen in Denmak) 학교심리학자들의 전문성을 국제적 수준으로 증진시키고자 설립되었다. ISPA는 1972년 APA의 학교 심리분과와 1973년 NASP 학회 내의 국제 학교 심리 위원회로 발전했다. Calvin Catterall과 Frances Mullen은 이러한 노력에

ISPA는 1972년 APA의 학교 심리분과와 1973년 NASP 학회 내의 국제 학교 심리 위원회로 발전했다.

있어서 가장 큰 역할을 담당했던 인물이다. ISPA의 규정과 세칙은 1982년에 승인되었다. Anders Poulsen은 ISPA의 형성기와 후기 발달기 동안 직면한 재정적 자원의 부족, 분산된 리더십, Catterall의 질병과 죽음 같은 몇 가지 어려움을 기술했다(ISPA, 2004, 2005). Poulsen은 30년 이상 ISPA를 안내하는 불빛과 같은 역할을 담당했다. ISPA는 4가지 중요한 목표를 가진다. 첫째, 교육 환경 내에서 심리학자들 간의 의사소통 증진, 둘째, 미래에 학교심리학 분야에서 요구될 실습의 격려, 셋째, 교육의 효율성 향상, 넷째, 교육에 심리학 분야가 최상의 기여를 할 수 있도록 촉진시키는 것을 목표로 한다. ISPA는 *annual colloquia*라고 불리는 연간 모임을 지원하며 학교심리학 분야가 아직 발달되지 않았거나 새롭게 시작하고자 하는 국가에서 이러한 모임을 개최한다. 최근의 연간 모임은 포르투갈, 터키, 슬로바키아, 브라질, 헝가리, 라트비아, 중국에서 열렸다. ISPA는 *World*Go*Round*라는 신문을 1973년부터 출간하기 시작했다. 또한 학문적 저널인 *School Psychology International*을 출간한다. ISPA의 멤버들은 2006년 약 50개국의 500여 명으로 구성되어 있었다. 23개 국가의 학교심리학 학회가 ISPA와 연합하였다. 2006년 ISPA 운영위원 멤버들은 헝가리, 네덜란드, 영국, 오스트리아, 미국에 거주하고 있다. ISPA의 국제 사무소는 수년간 덴마크에 있다가 미국으로 옮겼다.

> 23개 국가의 학교심리학 학회가 ISPA와 연합되었다.

국제 설문조사

1948년, UNESCO는 43개국의 교육부로부터 학교심리학자의 이용 가능성, 학교심리학 서비스의 특성, 학교 심리전문가의 준비와 관련된 정보를 얻기 위한 설문조사를 실시했다(UNESCO, 1948). 응답자들은 학교심리학의 업무가 대부분 3가지 영역으로 제공된다고 응답했다: 정신지체 아동의 판별, 교육적 안내, 사전 직업 안내. 서비스는 일반적으로 큰 도시에서 제공되며 주로 기관, 실험실, 다른 교육적 컨설팅을 제공하는 센터를 통해 제공되고 있었다. 비록 많은 교육자들이 학교심리학의 실습에 흥미를 보이지만 학교심리학 서비스가 학교 내에서 제공되지는 않고 있었다. 1948년 조사 결과는 같은 해 UNESCO 회의에 중요한 정보를 제공해 주었다. 그리고 이 부분에 대해서는 위에서 좀 더 자세히 설명하였다. 1990년, 두 번째로 좀 더 복합적인 국제 학교심리학 설문조사가 54개의 개발도상국 및 선진국에서 수행되었다(Oakland & Cunningham, 1992). 이 설문조사로부터 얻은 정보는 최근 국제적으로 확장된 학교심리학 분야의 그림을 제시해 주며 학교심리학자들의 전문가 준비와 학문을 위한 가이드라인과 함께 학교심리학의 정의를 개발하는 데 기초가 되었다.

─ 국제 학교심리학의 위치

1990년 보고에 의하면 학교심리학자는 전 세계적으로 미국 이외의 53개국, 약 57,000여 명이 있다. 최근 10년간의 학교심리학의 성장률에 비추어 보면, 전 세계적으로 학교심리학자의 수는 약 66,000여 명으로 추정하고 있다. 물론 미국의 학교심리학자를 포함하면 그 수치는 세계적으로 약 100,0000명이 넘을 것으로 보인다. 다음의 국제 학교심리학의 고찰에 대한 내용은 1990년에 시행된 연구에서부터 최근의 연구 결과가 추가된(Jimerson et al., 2004) *Handbook of International School Psychology*(Jimerson, Oakland, & Farrell, 2006) 책에서 언급된 내용들이다. 평균 학교심리학자의 수는 그 나라의 국민 총생산(GNP)과 상당히 관련이 깊다. GNP는 한 나라의 거주자가 일정 기간 동안에 생산한 모든 재화와 용역을 시장 가격으로 평가한 것으로 그 국가의 부를 나타내는 수치이다. 1990년 연구에서, GNP가 높은 국가는 국가마다 평균 약 2,000명의 학교심리학자가 있지만 GNP가 낮은 국가들은 약 300명 정도의 학교심리학자가 있는 것으로 나타났다. 인구가 많은 몇몇 국가들은 학교심리학자의 수가 적은데, 소련은 약 1,000명 정도, 중국은 약 250명의 학교심리학자가 있다. 인구가 적은 몇몇 국가는 학교심리학자의 수가 10명 이하였다.

> 1990년 보고에 의하면 학교심리학자는 전 세계 미국 이외의 53개국, 약 57,000여 명이 있는 것으로 보고되었다. 최근 10년간의 학교심리학의 성장률에 비추어 보면, 전 세계적으로 학교심리학자의 수는 약 66,000여 명으로 추정하고 있다.

국제적으로 학교심리학자 1인당 학생 비율은 평균 약 1 : 11,000명이다. 그러나 이 비율은 해당 국가의 GNP에 따라 다양하다. GNP가 높은 국가의 경우 학교심리학자 1인당 학생의 평균 비율이 약 1 : 3,500명 정도이며, GNP가 낮은 국가의 경우 평균적으로 학생 1인당 학교심리학자의 비율이 1 : 26,000명이다(Oakland & Cunningham, 1992). 중국 인구가 약 1억 7천 명이라고 가정해 볼 때 학교심리학자 1인당 학생 비율이 약 1 : 680,000명으로 학교심리학자 1인당 학생 비율이 전 세계적으로 가장 높다. 그러나 이 비율은 최근 중국 내에서 일하는 학교심리학자의 수를 증가시키려는 교육과 심리학 분야의 리더들의 노력에 의해 개선될 것으로 기대된다(Jimerson, Oakland & Farrell, 2006).

학교심리학 분야의 발달은 그 국가의 내부 상황에 강한 영향을 받는다. 대부분의 개발도상국은 임상, 상담, 혹은 다른 분야의 전문 심리학 분야에 종사하는 심리학자의 수가 아주 적으며, 학교심리학을 포함해서 심리학 분야의 실무가 거의 특성화되어 있지 않다.

그래서 임상 서비스를 제공해 줄 수 있는 심리학자가 적다. 시골에서는 심리 서비스를 받기가 더욱 힘들다. 개발도상국 내에서 시골에서 일하는 학교심리학자는 넓은 지역 내에서 아동을 대상으로 전문적인 서비스를 제공해 줄 수 있는 유일한 심리학자일 수도 있다. 그러다 보니 실무 영역이 점점 넓어질 수 있다(예: 아동, 청소년, 가족에게 제공하는 상담 서비스, 직업 안내, 평가, 컨설팅, 지역과 학교 내의 시스템 중재 등). 그러나 이와는 반대로, 대부분의 선진국에서는 사람들에게 개별적으로 심리 서비스를 제공하며, 심리학자 1인당 국민 비율이 낮고, 학교심리학을 포함해 심리학 분야의 실무가 더 세분화되어 있다.

학교심리학자들은 일반적으로 평균 10년 정도의 경력을 가진 30대 여성이 많다. 학교심리학자들의 평균 연봉은 국가에 따라 다르지만 GNP가 높은 국가가 GNP가 낮은 국가에서 일하는 심리학자들보다 약 600% 더 높은 연봉을 받는다. GNP가 낮은 국가에서 일하는 심리학자들은 일반적으로 GNP가 높은 국가에 비해 연령이 더 낮고, 실무 경력이 짧고, 심리학 전공의 학부 학위를 가지고 있는 것으로 나타났다. 학교심리학 서비스를 제공하는 사람들을 일컫는 명칭이 다르게 사용되는데, 가장 널리 사용되는 명칭이 심리학자, 학교심리학자, 교육심리학자, 상담사이다. 몇몇 국가에서는 국가적으로 심리학자라는 단어가 수용되지 않거나 받아들이기 힘든 단어이기 때문에 심리학자라는 용어를 사용하지 않는 나라도 있다.

학교심리학자가 되기 위한 준비는 학교심리학 분야가 제공하는 서비스의 특성에 결정적인 영향을 준다(Wilson & Reschly, 1996). 국제적으로 학교심리학자가 되기 위한 다양한 준비들을 이해하는 것은 학교심리학 서비스의 특성에 대한 통찰을 가지게 한다. 많은 국가들은 학부와 대학원에서 학교심리학 교육 프로그램을 제공한다. GNP가 높은 국가는 전형적으로 석사 이상의 대학원 프로그램에서 학교심리학 분야의 교육을 제공하는 반면, GNP가 낮은 국가는 대부분 학부 수준에서 학교심리학 분야의 교육 프로그램을 제공하고 대학원 이상의 교육 프로그램은 적다. 대부분의 학생들은 4년에서 5년 내에 심리학 분야의 학부 학위를 가지고 있고, 몇몇 학생들은 교육학 전공자들이다. 얼마 전까지 박사학위 수준의 학교심리학 프로그램은 미국과 캐나다에만 있었다. 그러나 최근에는 브라질, 멕시코, 영국에서 학교심리학 분야의 박사과정 프로그램이 생겼다. 박사와 박사가 아닌 학교심리학자들 간의 갈등은 일반적으로 북아메리카 이외의 지역에서는 알려져 있지 않았다. 왜냐하면 다른 국가에서는 박사학위가 없는 학

국제적으로 학교심리학 분야의 교수들 중에는 35%는 박사학위자이며 50%는 석사이며 15%는 알려져 있지 않다. 70%는 전일제 교수이며 30%는 시간제 교수이다.

교심리학자가 대부분 전임으로 학교에서 일을 하기 때문이다.

학교 심리 프로그램은 약 반 이상의 국가가 외부 전문 학회에 의해 평가를 받고 있다. GNP가 높은 국가는 GNP가 낮은 국가의 학교심리프로그램과 달리, 특별히 심리 학회에 의해 외부 평가를 받는 경향이 더 높다. 전문학회에 의한 외부 평가로 39%는 심리학회에 의해서 외부 평가를 받으며, 16%의 국가는 교육학회를 통해서 평가 중 받는다. 국제적인 외부 평가 시스템을 고려해 볼 때, 심리학 분야가 교육 분야보다 학교심리학자 준비에 더 큰 영향을 주는 경향이 있다. 학교심리학자를 포함해 모든 심리학자들에게 국가 심리 학회의 멤버가 되기를 어느 정도 요구하는 것 또한 학교심리학이 교육 분야보다는 심리 학 분야와 더 강한 관련성이 있다는 것을 나타낸다.

국제적으로 학교심리학 분야의 교수들 중에는 35%는 박사학위자이며 50%는 석사이고, 15%는 알려져 있지 않다. 70%는 전일제 교수이며 30%는 시간제 교수이다. 교수들은 일반적으로 대학에서 주당 21시간씩 일하며, 다른 곳에서 추가적으로 5시간 정도 일을 하며, 대부분은 2개 이상의 직업을 가지고 있는 것으로 나타났다. 교수들 중 20%는 국가적으로 학문적 명성을 가지고 있으며 2%는 국제적으로 명성을 가진 학자들이다. 교수가 받는 연봉은 상당히 다른데, GNP가 높은 국가일수록, 경력이 높은 교수일수록 연봉이 높다. 1990년대에 5~10년 정도 경력을 가진 교수의 봉급은 GNP가 높은 국가에서 약 33,000달러 정도였으며, GNP가 낮은 국가의 경우 약 4,000달러 정도였다.

─ 규정의 영향

학교심리학 분야에서 규정하고 있는 범위는 그 분야의 발달을 반영한다. 규정은 외적인 요소(예: 학교심리학자 혹은 심리학자로 부를 수 있는지)와 내적인 요소(전문 회원에 대해 높은 기준을 가진 전문 학회 혹은 학회 지원의 윤리 강령 존재 여부)에서 요구하는 다양한 제한점을 포함한다. 학교심리학 분야에서 규정은 법적 규정과 윤리 강령을 포함한다. 학교심리학을 포함해서 전문 심리학 분야는 일반적으로 국가에서 규정하고 있는 서비스에 대한 내외적인 기준이 높다.

학교심리학을 포함해서 전문 심리학 분야는 일반적으로 국가에서 규정하고 있는 서비스에 대한 내외적인 기준이 높다.

학교심리학 성장에 영향을 주는 외적 요인

1990년, 미국을 제외한 학교심리학 분야의 연구 조사에 참여한 53개 국가는 실무에 있어서 외적인 요소의 규정의 영향이 상당히 크다는 사실이 밝혀졌다(Cunningham, 1994, 2006). 분석 결과, 53개국은 외적인 규정에서 요구하는 정도에 따라 6개 그룹으로 구분했다. 학교심리학이 규정되지 않은 나라는 8개 국가로, 그룹 1로 구분했다(부르키나 파소, 이디오피아, 그리스, 이란, 나이저, 한국, 예멘). 규정으로 요구하는 정도가 점점 높아지는 정도에 따라 그룹 2에서 그룹 5까지로 구분했다(그룹 2 국가: 칠레, 코스타리카, 에콰도르, 이집트, 가나, 인디아, 일본, 수단; 그룹 3 국가: 오스트리아, 도미니카 공화국, 이태리, 쿠웨이트, 레바논, 네덜란드, 중화 인민국, 폴란드, 러시아, 사우디아라비아, 태국; 그룹 4 국가; 오스트리아, 브라질, 콜롬비아, 독일, 홍콩, 헝가리, 아이슬란드, 아일랜드, 나이지리아, 스페인, 체코슬로바키아, 터키, 베네수엘라; 그룹 5 국가: 캐나다, 핀란드, 프랑스, 노르웨이, 스코틀랜드, 남아프리카, 스웨덴, 스위스). 그룹 6에 포함된 국가에서 일하는 학교심리학자들은 가장 높은 수준의 규정이 있다(덴마크, 영국, 이스라엘, 뉴질랜드). 그룹 6에 해당되는 국가의 학교심리학 실무는 미국의 실무와 비슷하다.

　서비스는 각각의 동일 그룹 내에서는 비슷한 특성이 있지만 다른 그룹들 간에는 학교심리학자들이 수행하는 서비스에서 다소 차이가 있을 수 있다. 예를 들어 그룹 1에서 일하는 학교심리학자들은 주로 생물학적인 특성에 초점을 둔다(예: 심각한 정신지체를 가진 아동에게 기본적인 양육을 제공). 그룹 2와 3에서 일하는 학교심리학자들은 어린 아동에게는 사회성을, 나이가 많은 학생들에게는 직업 안내에 좀 더 초점을 둔다. 예를 들어 어린 아동의 사회화는 중앙아메리카와 남아메리카 국가의 가족에게 가장 우선시된다. 더욱이 사회주의 혹은 공산주의에 상당히 영향을 받는 국가들은(중국, 이탈리아, 폴란드, 러시아) 학교심리학자들이 사회주의자들의 가치를 높일 수 있는 서비스에 초점을 둔다. 그룹 4와 5의 국가에서 일하는 학교심리학자는 교육적, 심리학적 평가를 수행하며 공교육 내에서 특수교육 분야의 이슈에 대해 일을 한다. 그룹 6에 속하는 국가의 학교심리학자들은 그룹 4와 5의 학교심리학자들이 하는 활동들의 대부분을 수행하면서 시스템 중재, 컨설팅, 조직화 발달, 연구, 평가 관련 활동에 초점을 두고 있다.

　1990년 이후 일어난 변화로 인해 그룹으로 분류된 국가들 중에 변화가 일어났을 수도 있다. 예를 들어, 학교심리학이 중국과 동유럽 국가, 발틱 반도에 있는 여러 국가들에서 급격한 성장이 있었다. 그러나 스웨덴에서는 학교 심리 실무가 약간 쇠약해졌으며, 베네수엘라에서는 학교심리학 실무가 급격히 축소되었다. 그럼에도 불구하고 학교심리학 서비스의 규정에 대한 정도는 다양한 국내 상황과 매우 관련성이 높다. 예를 들어 낮은 숫자 그룹의 국가와 비교해 볼 때 높은 숫자 그룹의 국가들이 더 부자인 경향이 높으며, 출생률이 낮고, 1인당 의사가 더 많고, 교육 수준이 높으며, 주거, 사회복지, 연금을 받는 데 영향을 주는 주 정부 세금을 더 많이 낸다.

전체적으로 학교심리학이 발달한 나라들은 부자이며 세금의 많은 부분을 초중등 교육에 사용하며, 보통 교육이 의무 교육이며, 체계적인 일반교육 프로그램과 특수교육 서비스를 제공하며, 중도 탈락 학생 비율이 낮다. 학교심리학이 약한 국가는 초중등 교육체제가 약하고 시골의 교육 프로그램이 도시의 교육 수준보다 낮은 것으로 나타났다.

학교심리학 성장에 영향을 주는 내적 요인

비록 심리학과 교육 분야 이외의 다양한 상황이 학교심리학에 영향을 주지만, 통제가 가능한 범위 내의 다양한 상황들이 학교심리학 분야의 미래에 영향을 미친다. 학교심리학은 다음의 상황에 많은 영향을 받는다: 전문 학회의 구성; 전문가 집단의 모집과 유지; 전문서적, 약력, 이수증 및 자격증 기준; 전문가 준비를 위한 모델 사용; 전문적이고 정치적인 관계 설정(Oakland & Cunningham, 1999).

위에서 말한 것과 영향력 있는 국가 리더로부터 학교심리학의 성장과 발달을 보여 준 한 예가 브라질이다. 1988년경 브라질의 학교심리학 분야는 걸음마 단계로 국가 차원의 심리학회로부터 보호를 받는 수준이었다. 또한, 학교심리학은 그 학회에서 가장 우선시되는 분야도 아니었다. 이러한 상황을 인지하고 학교심리학 프로그램의 두 학장인, Brasilia 대학의 Solange Wechsler와 캠피나스(Campinas)에 있는 Pontifica Catholic 대학의 Raquel Guzzo는 브라질 학교교육심리학자 연합회(Brazilian Association of School and Educational PSychologists: ABRAPP)를 만들었다.

이 학회의 첫 번째 모임이 1992년에 열렸으며 400명 이상의 학회 대표들이 모였다. 그 후 1994년 국제적으로 가장 큰 학교심리학회 행사로서 800명 이상의 학교심리학 분야의 대표들이 모인 모임의 공동 스폰서로 학회를 개최했다.

ABRAPP는 계속해서 회원을 모집하고 유지하고 있다. 그리고 1997년에 브라질에서 학교심리학회 저널을 처음 발간하기 시작한 후 학교심리학 프로그램의 요구에 의해 책을 발간했다. 브라질에서 학교심리학 서비스를 의무화하기 위해 ABRPP의 로비활동의 노력으로 학교 내에서 학교심리학 서비스를 요청할 수 있는 법령에 브라질 대통령이 승인하게 되었다. 브라질 아동에게 제공해 주는 서비스의 질을 향상시키기 위해 ABRAPP는 브라질에서 가장 우수한 학생들이 학교심리학자가 되도록 격려하고, 학교심리학자가 되기 위한 학문적, 전문적 준비를 향상시키고, 효율적인 서비스를 위해 필요한 다른 자원들을 창출하며, 학교심리학 서비스를 위한 재원의 유지 및 안정화 노력에까지 확대되었다. 이는 학교심리학 분야의 리더가 학회 구성원들과 함께 심리학자와 교육 분야의 실무가들 사이에서 학교심리학 분야의 지위를 얼마나 효율적으로 높이며 정치적인 관계를 향상시켰는가를 보여 준 한 예이다.

검사의 사용

평가는 학교심리학자들에게 있어 가장 일반적인 업무(Oakland & Hambleton, 1995)이며, 평가와 관련해 전문가가 되기를 기대한다. 미국과 다른 산업화된 국가에서 일하는 학교심리학자들은 업무에 도움이 되는 다양한 검사와 대안적 평가 방법을 사용할 수 있는지의 여부에 따라 실무능력이 높아질 수 있다. 그러나 검사가 보편적으로 모든 국가에서 사용 가능한 것은 아니다. 사실 그 나라에서 사용하기 위해서는 표준화된 검사가 있거나, 다른 나라에서 만들어 그 나라에 맞는 규준이나 신뢰도, 타당도가 적은 검사라 할지라도 많은 나라에서 학교심리학자가 사용할 수 있는 심리 검사의 수는 적다.

미국을 제외한 44개 나라를 대상으로 아동과 청소년을 대상으로 사용되는 검사에 대한 설문조사를 실시한 결과 455개의 검사가 자주 사용되는 것으로 나타났다(Hu & Oakland, 1991; Oakland & Hu, 1989, 1991, 1992). 특히, 지능, 성격, 학력 검사가 가장 널리 사용되는 검사였다. 또한 사용되는 검사의 약 50% 정도는 다른 나라에서 개발된 검사였으며, 외국에서 개발된 검사들이 그 나라에서 개발된 검사들보다 더 빈번하게 사용되는 경향이 있는 것으로 나타났다. 사용된다고 보고한 검사의 약 50~70% 정도에서 타당도 연구가 이루어졌으며, 신뢰도 연구는 검사들의 약 50~60% 정도만 이루어졌다. 학업 성취도 검사의 경우 약 80%, 지능과 성격 검사의 경우 약 60% 정도가 지역 혹은 국가 표준화가 이루어진 검사였다.

> 사실 그 나라에서 사용하기 위해 표준화된 검사가 있거나, 다른 나라에서 만들어 그 나라에 맞는 규준이나 신뢰도, 타당도가 적은 검사라 할지라도 많은 나라에서 학교심리학자가 사용할 수 있는 심리 검사의 수는 적다.

검사의 사용은 전 세계적으로 단일화되어 있지 않다. 검사를 가장 많이 사용하는 나라는 가장 산업화된 나라이며 검사를 가장 적게 사용하는 나라는 가장 낙후된 국가이다. 중동과 저개발 국가들은 일반적으로 다른 나라에서 개발된 검사에 주로 의존한다. 검사에 관한 설문조사 결과 다음의 10개가 순서대로 가장 널리 사용되는 검사인 것으로 나타났다. (a) Wechsler Intelligence Scales for Children, (b) Raven Progressive Matrices, (c) Bender-Gestalt, (d) Rorschach, (e) Stanford-Binet, (f) Wechsler Adult Intelligence Scales, (g) Thematic Apperception Test, (h) Differential Aptitude Test, (i) Minnesota Multiphasic Personality Inventory, (j) Frostig Developmental Test of Visual Perception(Oakland & Hu, 1992). 위의 검사들은 능력의 범위를 평가하는 검사들이며, 몇몇 검사는 성인을 대상으로 한 검사 도구이다. 이 검사 중 8개는 미국에서 개발된 검사

이며, 미국에서 문화적으로 편견이 있다라고 판단된 검사도 미국 이외의 나라에서는 널리 사용되는 것으로 나타났다. 미국에서 개발된 검사들은 다른 나라에서 사용하기에는 규준, 타당도, 신뢰도 측면에서 부적절하다. 특히, Thematic Apperception Test와 Frostig이 두 검사는 신뢰도가 낮은 것으로 알려져 있어 미국에서는 거의 사용되지 않는다. 국제 검사위원회(International Test Commission)는 어떤 나라에서 개발되어 널리 사용되는 검사가 다른 나라에서 사용될 때는 잘못 사용될 수 있다는 우려를 표했다. 그래서 국제 검사위원회는 여러 나라에서 검사를 채택할 때 좀 더 타당한 검사 도구를 사용할 수 있도록 가이드라인을 제정했다(www.intestcom.org).

학교심리학자와 검사를 사용하는 사람들은 학업 성취도, 지능, 직업 흥미도와 적성, 사회성 발달, 성격 영역의 개별 혹은 그룹 검사를 가장 많이 필요로 한다. 또한, 초등학교, 중·고등학교, 제3의 학교 입학을 위한 입학 관련 검사에 대한 요구도 어느 정도 있다. 사실 본 설문조사에 응답한 모든 국가들이 정신지체, 시각장애, 청각장애, 느린 학습자, 정서-사회성 장애, 신체장애, 영재 아동의 중요한 특성을 측정할 수 있는 검사에 대한 필요성을 언급했다. 학습장애를 가진 학생을 판별하기 위한 검사의 요구가 가장 결정적이다. 국제적으로 학습장애를 가진 아동을 약 1억 5천만 명으로 추정하고 있다(Oakland & Philliphs, 1997). 그래서 학습장애를 가진 아동이 정신적으로 장애를 가진 아동을 합한 수보다 많기 때문에 서비스를 잘 받지 못하며, 서비스를 받지 못하는 학생들 중에서는 학습장애 아동의 수가 가장 많다(Oakland, Mpofu, Gregoire, & Faulkner, in press).

실무를 위한 법과 윤리

앞에서 기술한 것처럼, 나라마다 학교심리학 분야의 서비스와 실무를 규정하는 정도에 따라 학교심리학 서비스가 다른 경향이 있다. 서비스의 형태와 권한 등과 같은 전문적 영역에 대한 법률이 있다는 것은 학교심리학 분야가 전문성 발달 측면에서 높은 단계에 있다는 것을 의미한다. 적당한 윤리적 행동의 기술과 윤리 강령의 제정은 더 높은 발달 단계를 의미한다. 다음에는 다른 나라의 학교심리학에 관한 법과 윤리 규정에 관한 내용을 살펴보았다.

학교심리학 관련 법률

나라마다 학교심리학자를 통제하는 법의 유형이 상당히 다르다. 개발도상국의 학교심리학자들은 심리학 분야의 학부학위와 심리학회 멤버십을 가져야 한다. 학교심리학 분야에서 좀 더 높은 전문가 기준을 가진 나라의 경우, 예를 들어, 이스라엘, 서유럽의 많은 나라들에서는 일반적으로 석사 이상의 학위를 요구한다(교육 혹은 심리학 분야의 석사학위). 심리학 혹은 학교심리학 분야의 전문가가 되기 위해서 박사학위를 요구하는 나라는 전혀 없다.

학교심리학 실무를 통제하는 법도 나라마다 다르다. 대부분의 나라들은 심리학 혹은 학교심리학 실무에 대해 통제하는 법이 없다. 몇몇 나라에서는 심리학 서비스를 통제하기 위해 연방법과 법령을 규정하고 있으며(스칸디나비아 국가), 다른 나라에서는 주 법으로 규정하고 있다(예: 독일). 특수교육 내에서 학교심리학 서비스를 규정하는 법은 선진국에만 존재한다. 예를 들어, 특수교육 서비스를 규정하는 법은 미국에서 규정한 것과 IDEA에서 규정한 내용이 비슷하다(Oakland, Cunningham, Poulsen, & Meazzini, 1991). 브라질과 같은 몇몇 나라들은 연방 정부가 심리학회에 전문적 심리학 서비스의 통제에 대해 권한을 위임했다. 이들 나라에서는 모든 심리학자들은 심리학회의 멤버가 되어야 하며 심리학회가 정한 법칙과 규정을 따라야 한다. 비록 어떤 나라가 학교심리학 서비스 제공을 승인하는 법이 있다고 하더라도 그러한 법이 강제성은 없을 수 있다. 예를 들어, 어떤 나라의 원수가 모든 학교는 한 명 이상의 학교 심리학자가 있어야 한다는 것을 법령으로 정할 수도 있다. 그러나 그러한 법령을 시행하기 위해 필요한 재정적 지원은 불가능할지도 모른다. 혹은 이러한 법을 충분히 시행할 수 있을 만큼 충분한 인력이 부족할 수도 있다.

> 대부분의 나라들은 심리학 혹은 학교심리학 실무에 대해 통제하는 법이 없다.

학교심리학 관련 윤리 강령

높은 수준의 전문가들에게는 자신의 도덕성과 윤리적 가치가 반영된 자신이 정한 기준을 가지고 있기를 기대한다. 이러한 기준은 전문가와 사회 간의 암묵적 사회계약의 부분으로 받아들여진다. 이러한 계약은 전문가들에게 자기 통제에 대한 자유는 주지만, 전문가와 전문가 집단 구성원들이 그들의 관심이나 흥미를 넘어서 내담자와 사회에 대해 관심을 가지도록 한다.

전문가들에게는 적절한 윤리적 행동을 기대한다. 많은 전문가들에게 적용되는 일반적인 윤리 강령에는 다음의 5가지 특성이 포함되어 있다: 불법 행위 금지(나쁜 행동을 하지 않음), 선행(서비스를 통해 다른 사람에게 도움을 주도록 함), 자율성(내담자에게 법정 규정 내에서 생각과 선택, 행동의 자유를 주도록 함), 성실성, 정의.

전문가 학회는 일반적으로 윤리 강령의 제정과 윤리 강령의 적용에 대한 강제성에 대한 권한을 갖고 싶어 한다. 윤리 강령은 5가지 목적을 가지고 있다: 전문가와 대중에게 적당한 행동을 하도록 교육시키고, 높은 수준의 서비스를 제공하기 위해 전문가의 책무성을 상기시키고, 강제성을 가진 행동의 규준을 만들고, 인증서나 자격증을 부여하기 위한 중요한 기준을 세우고, 다른 사람에 의해 낮은 수준의 서비스가 제공되었을 때(학교 교장이 전문가의 윤리성과 부합하지 않는 상황을 요구할 때) 더 나은 수준의 서비스를 제공하도록 요청하기 위함이다. 23개국의 학교심리학회들 중에서도 몇몇 나라만 전문가의 윤리성에 대한 성명서를 가지고 있다.

기준 개발에 있어서 ISPA의 리더십

전문가 학회는 전문가 실무, 전문가가 되기 위한 준비내용, 윤리 강령의 요소를 정의하는 데 도움이 될 수 있는 강제성을 가진 기준을 개발하고 이에 대한 강제성을 부여할 수 있는 권한을 가지고 싶어한다. ISPA 리더들은 대부분의 나라에서 이러한 중요한 기준이나 규정이 없다는 것을 인식했다. 그래서 ISPA 구성원들은 그 나라의 학회 발달에 도움이 되며, 나라마다의 특수적인 특성을 고려해 다음 3가지 영역에 대한 성명서를 개발해 승인했다. 이 성명서의 내용은 다음 부분에 요약되어 있다. 이전의 설문조사에서 나온 데이터(Oakland & Cunningham, 1992)와 학교심리학자들 간의 유사성, 그들이 수행하는 서비스, 차이점을 나타내는 여러 가지 정보들을 바탕으로 이 성명서가 개발되고 승인되었다.

학교심리학의 정의와 서비스 제공

다음 내용은 1996년 ISPA의 General Assembly에서 승인된 성명서 *A Definition of School Psychology(학교심리학의 정의)*의 주요 내용이다(Oakland & Cunnigham, 1997). 학교심리학자들을 준비시키기 위한 핵심 교육과정에는 심리학과 교육학 분야의 기초, 학교심리학 실습에 중요한 전문적 내용, 사회 문화적으로 다양한 특성을 고려한 내용이 포함되어야 한다. 전문적 내용에는 사정, 중재(개입), 자문, 조직 및 프로그램 개발, 슈퍼비전, 연구 등의 내용이 포함된다. 학교심리학자들은 서비스를 제공하는 환경, 예를 들어 학교, 집, 클리닉, 기관, 병원, 다른 기관들을 포함한 다양한 환경에서 일을 하면서 지식과 경험을 획득한다. 학교심리학자들은 개인, 그룹, 공공 기관이나 사설 기관에서 일을 할 수 있다.

학교심리학자들은 다양한 평가 모델과 방법에 대해서도 해박해야 한다. 평가의 일차적 목표는 한 사람의 능력과 특성을 정확하게 기술하고 장애의 원인을 밝히고 이에 대한 중재 계획과 평가, 장애를 일으킬 수 있는 상황을 미리 예방하는 것이다.

학교심리학자들은 개인의 발달을 증진시킬 수 있는 다양한 중재안을 만들거나 찾아서 실행하는 것을 배운다: 이용 가능한 인적, 사회적, 가족, 지역 사회의 자원들을 적절하게 사용한다; 어려움과 장애를 최소화한다. 중재는 학교심리학자들이 개인, 그룹, 시스템 내에서 직접적으로 실행하거나 혹은 교사, 교장, 다른 교육 인력, 부모, 다른 가족 구성원, 다른 전문가 혹은 준전문가들과 함께 검사와 컨설팅을 통해 간접적으로 중재를 제공할 수도 있다. 중재는 문제 발생을 예방하고 복지를 증진시키기 위한 것(일차 예방)이며, 일단 일어난 문제점들을 최소화하고(이차 예방), 장애가 되는 특성들을 안정화해 수년 동안 한 개 이상의 장애를 가질 수 있는 사람들에게 기본적이고 필요한 서비스를 제공(삼차 예방)하기 위한 것이다. 상담과 다른 형태의 치료 서비스, 교수, 지도 그리고 학교심리학 서비스를 필요로 하는 개인 혹은 그룹을 대상으로 제공하는 중재들이 직접적인 서비스에 포함된다. 간접적 서비스는 평가 등 프로그램 계획, 서비스 준비, 직접적인 전문가 준비, 슈퍼비전, 자문, 협력, 연구, 평가 등 학교심리학자의 도움을 통해 서비스를 필요로 하는 다른 사람에게 학교심리학 서비스를 전달하는 방법이다.

자문 서비스는 언급된 문제에 대해 협동적이고 협력적 방법을 사용하는 것이 매우 중요하다고 강조된다. 자문은 컨설팅에 참여하는 사람들이 개인의 성장과 발달에 적절한 서비스를 적용하기 위해 심리학과 교육학 지식을 활용하도록 한다.

조직 및 프로그램 개발 서비스는 학교, 학교 지역, 기관, 해당 지역, 지방, 국가, 국제 수준에서의 조직과 행정단위에서 제공될 수 있다. 서비스는 사정, 평가, 중재, 조정, 프로그램 계획, 교육과정과 수업의 발달과 평가, 자문을 포함한다. 조직 및 프로그램 개발 서비스는 협동, 운영, 계획, 영아 · 아동 · 청소년 · 성인에게 제공하는 서비스에 대해 2개 이상의 책임 기관이나 부서에서의 서비스 평가 등을 포함한다.

슈퍼비전은 학교심리학 서비스의 제공에 있어 책임감과 의무를 요구할 수 있는 전문적인 실습과 경험을 가진 전문가에 의해 제공되는 서비스를 의미한다. 학교심리학자들의 활동을 관리, 감독하는 학교심리학자는 그 기관 단위 내에서 일하는 학교심리학자들에게 슈퍼비전을 제공할 책임이 있다.

학교심리학자들은 실무의 기초를 형성하는 연구와 이론에 바탕을 둔 서비스 모델에 따라 서비스를

> 학교심리학자들은 실무의 기초를 형성하는 연구와 이론에 바탕을 둔 서비스 모델에 따라 서비스를 제공한다.

제공한다. 학교심리학자들은 실무와 관련된 연구와 자신이 제공하는 서비스에 도움이 될 수 있는 연구에 관해 해박해야 한다. 더욱이 학교심리학자들은 연구, 평가, 논문, 학교심리학과 관련된 최신의 지식과 적용을 위해 학문 활동에 참여하여야 한다. 학교심리학자들은 또한 법률, 공공정책, 행정 판결, 서비스를 통제하는 윤리 원칙과 규정에 부합하는 서비스를 제공하기 위해 이에 대한 지식이 있어야 한다. 학교심리학자들은 자신이 제공하고 있는 실무가 최신의 지식과 법률에 부합하며, 전문적 행동 요강과 일치하는 서비스를 제공해 줄 수 있도록 지속적인 전문성 개발을 해야 한다.

학교심리학자가 되기 위한 학문적, 전문적 준비

ISPA에서는 학교심리학 프로그램의 질적 통제를 하기 위해 우수한 교육 프로그램을 가진 나라의 교육과정을 반영한 학교심리학자가 되기 위한 가이드라인이 필요하다고 인식했다. 학교심리학자가 되려면 많은 나라들이 미국이나 캐나다에서 학부학위를 받는 데 걸리는 기간과 비슷한 4~5년 정도면 학사학위와 학교심리학자 인증을 얻을 수 있다. 이런 학위 프로그램의 졸업생들은 일반적으로 심리학, 학교심리학, 교육학 분야의 모든 교과목을 수강해야 하며, 선택과목의 수는 아주 적다. 심리학, 학교심리학, 교육학 분야의 교과목은 미국의 경우 학교심리학 전공의 전문가 학위 수준에서 요구되는 교육과정과 비슷하다. 비록 학교심리학자에게 요구되는 학위의 수준이 국가마다 다르다 하더라도 학교심리학자가 되기 위해 요구되는 교육과정이나 기타 훈련 내용은 나라마다 상당히 비슷하다(Oakland & Cunningham, 1992; Cunningham, 1994; Cunningham & Oakland, 1998). 이러한 유사성으로 인해 ISPA는 *국제 학교심리학자가 되기 위한 가이드라인(International Guidelines for the Preparation of School Psychologists)*을 개발해 1996년 ISPA 대표 회의에서 승인했다(Cunningham & Oakland). 이러한 가이드라인을 바탕으로 학교심리학자가 되기 위해서는 아래에 기술된 것처럼 학문적 준비와 전문적 실무 훈련이 필요하다.

심리학의 핵심 학문 지식. 학생들은 일반적으로 다음 영역의 교과목을 수강한다: 발달심리학, 학습 및 인지 심리학, 교육심리학, 성격심리학, 사회심리학, 통계와 연구설계, 실험심리학, 생물학적 심리학.

사정과 중재 서비스. 모든 학교심리학 학생들은 사정과 중재에 대한 훈련을 받는데, 특히 사정은 지적, 학문적, 정서적, 사회적 분야의 사정을 강조한다. 그리고 학교심리학자가 되기 위한 훈련 프로그램에서 중재는 행동, 정서, 교육, 사회적 시스템에 초점을 두고 교육한다. 학교심리학에서는 학업과 사회 문제에 대한 일차 예방이 가장 일반적이고 중요한 목표이다. 그러므로 학교심리학자에게 있어 가장 중요한 것은 교실, 학교, 가족, 사회, 다른 환경 내에서 아동과 청소년의 발달이다.

인간관계 기술. 학교심리학자가 효과적으로 다른 전문가와 협동해 컨설팅을 제공하고 리더십을 갖기 위해서는 뛰어난 인간관계 기술이 필요하다. 전문가로서의 관계에서 가장 기초가 되는 신뢰, 믿음, 자질은 향상될 수 있는 인간관계 기술이다. 더욱이, 경청과 의사소통 기술, 타인의 전문성과 타인의 관점에 대한 존중, 다른 전문가의 가치와 한계점에 대한 인식, 특정 이슈에 대한 이해와 그러한 이슈에 대해 언급하는 효과적인 방법들은 학교심리학자가 타인과 일하는 능력에 영향을 줄 수 있는 또 다른 인간관계의 기술이다.

의사결정에 있어서 전문적 기술. 훈련에 의한 기계적 접근 이상이 요구될 때는 전문적인 판단이 요구된다. 전문적인 판단을 할 때에는 아동의 특성과 아동이 자라 온 환경 등을 고려해야 한다. 의사결정은 이론과 연구에 근거한 지식과 실행 가능한 다른 대안적인 행동을 고려한 문제해결적 방향 접근을 바탕으로 이루어져야 한다. 즉, 반응적 문제해결 방법을 개발하고 적용하는 것이 중요하다.

통계방법과 연구 디자인의 목적. 미국과 캐나다의 많은 학교심리학 프로그램들은 학교심리학자를 과학자뿐만 아니라 실무가가 될 수 있도록 훈련시킨다. 즉, 이러한 프로그램들의 목표는 최신의 이론과 과학적 지식을 가진 전문가, 연구에 바탕을 둔 실무가, 저술 활동을 통해 공헌할 수 있는 전문가로 준비시키는 것이다. 이러한 프로그램에서 연구 설계와 통계 교과목은 학생들로 하여금 과학자와 실무가로서의 역량을 향상시키게 한다. 비록 몇몇 나라에서는 학교심리학자가 되기 위한 훈련에서 과학적인 부분을 강조하기도 하지만(예: 덴마크와 이스라엘), 대부분의 심리학자는 최신의 이론과 연구에 대한 지식을 바탕으로 자신의 필요에 맞게 활용하는 연구 소비자로서 준비되고 있으며 학교심리학자들은 이 분야의 연구 및 저술 활동에 대한 기대가 거의 없다. 이러한 학교심리학 프로그램에서는 학교심리학자들이 좀 더 문헌들에 대한 반성적 소비자가 될 수 있도록 평가의 양적 및 질적 방법, 기술과 추론적 통계, 연구 설계에 대한 교과목을 수강하도록 하는 경우가 많다. 심리학 분야의 대부분의 연구는 박사학위를 가진 사람에 의해 수행된다. 학교심리학자들 중에는 박사학위 소지자가 극소수이기 때문에 학교심리학자들로 하여금 학자와 같은 활동을 통해 저술 활동에 공헌할 것이라는 기대는 그다지 일반적이지 않다.

서비스의 법적, 윤리적 기초 지식. 학교심리학 전공의 학생들은 만약 그 나라에 학교심리학자의 실무와 관련된 법, 행정 판결, 규정과 같은 법적 규정이 있다면 이에 대한 지식도 알고 있어야 한다. 그러나 일반적으로 이러한 법적 규정이 학교심리학자의 업무에 큰 영향을 주지 않는 경우가 많다.

학교심리학 교육과정 모델

ISPA의 학교심리학자가 되기 위한 가이드라인(ISPA Guidelines for the Preparation of School Psychologist)(Cunningham & Oakland, 1998)은 학교심리학 프로그램의 모델 교육과정(model curriculum)을 제시했다. 이 교육과정의 주요 교과목으로는 심리학(발달심리학, 교육심리학, 사회심리학, 성격심리학 포함), 학습과 인지, 사정, 연구 설계와 통계 과목이 포함되어 있다. 교육학 분야의 지식을 향상시키기 위해 교육학 분야의 기초에 해당하는 교과목을 수강해야 한다. 학교심리학 분야의 전공 교과목에는 학교심리학 분야의 전문적인 이슈들, 교육적 · 심리학적 사정, 컨설팅, 특수아동, 학교기반 중재, 기관과 프로그램 개발과 같은 과목들이 있다. 또한, 훈련과 인턴십에 대한 슈퍼비전과 함께 연구 활동에 대한 교육과정을 제공해 준다.

윤리 조항

윤리 조항의 개발은 전문가는 전문가로서의 도덕성을 나타낼 수 있는 행동을 해야 한다는 믿음에서 출발했다. 윤리 조항에는 일반적으로 해가되지 않는 행동; 전문적 서비스를 통해 다른 사람에게 이익을 줄 수 있도록 도와주는 행동; 내담자에게 사고, 선택, 행동의 자유를 주는 행동; 성실한 행동; 정의로운 행동 등이 포함된다. 윤리 조항은 전문가들로 하여금 윤리 조항에 언급된 아주 좁은 의미의 인간적, 사회적, 문화적 가치와 태도에 대한 요구를 넘어서 전문가와 내담자의 관계에서 가장 이익이 되는 입장을 취하며 학생, 교육자, 부모, 기관, 지역사회, 전문가들에게 가장 이익이 되는 방법으로 전문가들이 행동하기를 요구하는 것이다. 이러한 내용은 국제 전문가 집단 내에서도 윤리 조항으로 승인되고 가장 보편적으로 지지되는 내용이다.

ISPA에서는 학교심리학자들을 위한 윤리 조항에 대한 필요성을 인식하고 1990년 ISPA 멤버들은 *윤리 조항(Code of Ethics)*을 승인했다(Oakland, Goldman, & Gischoff, 1997). 이는 2000(a)년에 미국학교심리학자협회(NASP)와 2002년 미국심리학회(APA)에서 출판한 윤리 조항의 내용과 비슷하다. ISPA의 윤리 조항에서는 다음의 중요성을 이야기하고 있다: 전문가의 책임, 비밀 보장, 전문성 개발, 전문가의 한계, 전문적 관계, 사정, 연구. 다음은 1990년 윤리 조항을 바탕으로 학교심리학자에게 요구되는 윤리적 접근과 행동에 대한 내용이다.

전문적 책임감. 학교심리학자들은 학교 시스템, 가족, 자신이 일하는 다른 기관들의 목표와 철학에 익숙해야 하며, 자신이 일하는 조직 구조 내에서 효율적으로 일해야 한다. 학교심리학자들은 법, 행정 조항, 법령 등에 대한 해박한 지식이 필요하다. 그리고 학교심리학자들은 의사결정에 방해가 되는 개인적 편견이나 선입관을 가지지 않아야 할 뿐만 아니라 업무와 관련된 활동을 하면서 개인의 사회적, 경제적 배경, 인종, 장애, 나이, 성별, 성적 선호성, 종교, 출신국가에 따라 부당한 차별을 하지 않아야 한다.

비밀 보장. 학교심리학자들은 비밀을 요하는 학생 정보에 대해 비밀을 보장해야 한다. 비밀을 요하는 정보는 전문적인 목적이나 이러한 내용과 관련이 있는 이해 당사자들 간에만 논의되어야 한다. 비밀을 요하는 정보를 유출하기 전에는 부모 혹은 학생으로부터 동의서를 받아야 한다.

전문성 개발. 학교심리학자들은 지속적으로 전문성 개발에 참여함으로써 자신의 전문성을 계속해서 개발할 필요가 있다. 그러기 위해 학교심리학자들은 최신의 과학적, 전문적 정보와 지식을 유지하여야 한다.

전문성의 한계. 학교심리학자들은 전문가로서 자신의 한계점을 인식하고 자신이 전문성이 있다고 확신할 수 있는 영역 내에서만 서비스를 제공해야 한다.

전문적 관계. 아동과 청소년의 복지는 가장 중요하다. 그러므로 학교심리학자들은 전문적인 관계를 개인적 목적을 위해 이용하지 않아야 한다. 또한, 학교심리학자들은 동료 심리학자들과 학교 관련자들 간의 조화롭고 협동적인 관계를 유지하도록 해야 하며, 동료의 비윤리적 행동이 있을 경우 건설적인 방법으로 해결하도록 노력해야 한다.

평가. 학교심리학자들은 일반적으로 가이드라인에 따라 검사를 실시하고 적당한 규준, 신뢰도, 타당도, 다른 표준화된 지표에 비추어 검사 결과를 해석해야 한다. 학교심리학자들은 본인이 사용하는 검사와 사용방법 등에 대해 설명하고 이의 제기 시 방어할 수 있어야 한다.

연구. 학교심리학자들은 연구 프로젝트에 학생이 참여한다면 학생의 부모에게 연구에 참여하는 학생이 연구 참여로 인해 정신적 혹은 신체적 고통을 당하지 않는다는 것을 확신시키고 알려 주어야 한다. 그리고 연구 결과를 교육자, 부모, 학생, 기타 연구 결과의 정확성과 한계점에 대한 이해 당사자들에게 이야기해야 한다. 학교심리학자들은 국가 간(cross-national research) 연구를 수행한다면, 자신이 근무하는 나라의 연구 윤리를 따라야 한다. 그리고 연구를 수행하는 나라들의 문화를 존중하고, 문화적으로 편협된 관점을 나타내거나 문화적 기대치를 위반하는 행동은 피해야 한다. 연구자는 국가 간 연구 방법에 대해 해박해야 하며 연구를 수행하는 곳의 문화적 특성에 대해 익숙해야 한다.

국제 학교심리학의 미래

학교심리학의 발달은 국제적으로 동일하지 않다. 학교심리학 분야가 강하고 안정적인 발달을 보이는 나라는 약 15개 정도이며 이들 나라에서는 학교심리학이 계속해서 강하고 안정적인 발달을 보일 것이다(앞에서 언급한 그룹 5와 6에 해당되는 국가). 학교심리학이 강하고 안정적인 전문 영역으로 발달하고 있는 나라는 약 26~28개국이다(그룹 3과 4에 해당되는 국가). 그 외의 많은 나라에서는 학교심리학이 거의 알려져 있지 않았다. 예를 들어 전 세계 인구 66억 명 중에서 50%가 미국, 인디아, 인도네시아, 파키스탄에 거주하지만 이 지역에 있는 총 학교심리학자 수는 너무 적어서 큰 강당에 모두를 한 번에 앉힐 수도 있다. 더욱이 인구가 많은 몇몇 나라들은 학교심리학자가 되기 위한 준비 프로그램이 부족하다(예: 중국, 인도네시아, 파키스탄). 그 외의 나머지 나라에서는 학교심리학자의 지위가 거의 알려져 있지도 않다(Oakland & Wechsler, 1988). 몇몇 나라는 학교심리학 분야에서 상당한 발전이 있었지만(예: 그리스), 몇몇 다른 나라는 학교심리학 분야가 쇠퇴하기도 했다. 예를 들어 코스타리카, 베네수엘라에서는 학교심리학 분야의 중요하고 영향력 있는 학회 설립에서 보여 준 초기의 강한 리더십이 이후 학교심리학의 발달을 유지하거나 개선시키는 데에서는 보이지 않았다.

> 세계 190개 이상의 나라들 중에서 학교심리학 실무와 관련된 정보가 있는 나라는 60개 이하이다. 그래서 대부분의 나라들에서는 학교심리학 분야에 관해 거의 알려진 것이 없다.

세계 190개 이상의 나라들 중에서 학교심리학 실무와 관련된 정보가 있는 나라는 60개 이하이다. 그래서 대부분의 나라들에서는 학교심리학 분야에 관해 거의 알려진 것이 없다. 심리학의 중요성과 명성이 높아지는 것과 더불어, 그 나라의 재정적 번성와 사회적 안정성이 그 나라의 교육에 중요한 영향을 미친다는 인식이 높아지면서 국제적으로 학교심리학의 미래는 밝을 것이라고 본다(Oakland, 2003).

학교심리학 성장에 영향을 미치는 5가지 외적 특성

어떤 나라에서든 학교심리학의 미래는 심리학 이외의 5가지 외적 특성에 의해 큰 영향을 받는다(Russell, 1984): 국가의 경제, 지리, 언어, 필요성과 우선순위, 문화적 요소.

경제적 특성

경제적 상태는 심리학에 큰 영향을 준다. 전문 영역으로서 심리학은 GNP가 높고 산업화된 국가에서 더 많이 발달되어 있다. 반대로 GNP가 낮을수록, 농경이나 관광에 의존을 많이 하는 나라일수록 심리학의 발달 수준이 낮다. 더욱이 국가 내에서는 도시지역이 농촌지역보다는 부가 집중하기 때문에 농촌보다는 도시지역에서 심리학이 발달되어 있다. 결과적으로 학교심리학의 발달은 국가 간에는 경제적으로 더 번성한 국가, 국가 내에서는 더 큰 도시에서 가장 먼저 발달한다.

지리적 특성

국가 간의 지리적 장애 또한 심리학 발달에 영향을 준다. 심리학은 정치적, 지리적, 교통과 의사소통이 가능한 지역을 중심으로 가장 밀접하게 연결된다. 독일, 프랑스, 영국에서 일어난 심리학의 탄생과 빠른 성장은 부분적으로 이러한 밀접한 연결 때문에 일어났다. 아랍국가의 경우 반대로 심리학의 발달이 느리다. 그러므로 학교심리학의 성장은 국가들 간의 지리적 장애가 적은 국가, 인접한 국가에서 심리학이 발달한 경우 더욱 발달하는 경향이 높다.

언어

의사소통의 중요한 요소인 언어는 심리학을 전달하는 데 있어 매우 중요하다. 역사적으로 독일어, 프랑스어, 영어는 과학적 실무와 전문적 실무의 국제언어로 제정되어 있다. 영어는 과학과 과학적 전문가들 사이에서 가장 널리 사용되는 언어이다. 심리학은 영어가 제 2 외국어로서 잘 사용되지 않는 나라에서는 덜 발달되어 있다. 영어를 사용하는 나라, 특히 미국은 모든 나라의 학교심리학자들에게 도움이 될 수 있는 많은 우수한 대학원 프로그램과 연구 프로그램이 있다. 학교심리학 분야의 많은 세계적 리더들은 영어를 사용하는 국가에서 교육을 받았으며, 교육을 받은 후 교수와 연구자로서의 리더 역할을 하기 위해 본인의 나라로 돌아갔다. 이러한 리더들은 영어를 사용하는 그들의 동료들과 긴밀한 연락을 유지하며, 지속적인 전문성 개발을 위해 영어로 된 출판물에 의존하고 있다. 학교심리학자가 되기 위해 필요한 수많은 연구와 이론들은 미국에서 왔다. 대부분의 심리학 분야의 과학적인 학자적 성과물은 영어로 되어 있다. 모든 국제 컨퍼런스는 영어를 제 1 언어로 사용한다. 그 결과 학교심리학을 포함해 심리학 분야의 많은 대학원 프로그램에서는 학생들이 영어를 읽고 사용할 수 있어야 한다. 따라서 학생들이 영어를 잘 사용할수록, 학생들이 영어를 편하게 사용하도록 격려하는 나라일수록 학교심리학의 성장과 발달은 더욱 빠르다.

국가의 요구와 우선순위

국가적 요구와 우선순위는 심리학적 서비스의 시행과 유지에 있어서 상당히 영향을 준다. 국가의 리더와 대중들은 학교심리학 서비스의 제공과 관련된 가치를 알고 있기 때문에 학교심리학 서비스는 항상 요구되어 왔다. 그 나라의 필요에 의해 학교심리학 서비스가 제공되기 시작된 후 만약 계속해서 학교심리학 서비스가 좋은 영향을 준다면 이러한 서비스의 제공은 계속해서 유지될 것이다. 예를 들어 사회주의 국가에서 학교심리학의 목표는 아동들에게 사회적 가치를 알려주기 위한 것일 것이다. 그러나 미국에서의 학교심리학의 목표는 아동이 강하고 독립적인 시민으로 성장하는 것을 돕기 위함이며 이는 그 나라의 우선순위와 일치하는 것이다. 학교심리학 전문가가 그 나라에서 중요하게 생각하는 요구와 우선순위에 대해 서비스를 제공해 준다면, 그 나라의 학교심리학의 성장과 발달도 가속화될 것이다.

문화적 특성

문화적 상황은 심리학 분야와 심리학 분야의 전문가 출현 및 발달에 결정적인 영향을 준다. 전문가가 문화적 가치와 도덕성을 존중하면서 기술적으로 뛰어나고 적절한 서비스를 제공해 주고 있다고 사람들이 인식한다면 심리학 분야의 전문가가 생기고 전문가로서의 지위도 유지될 수 있다. 심리학은 서구 사회에서 강조된다. 세계 여러 나라, 예를 들어 중동과 환태평양 지역의 여러 나라의 경우 심리학의 영향이 극히 제한적이다. 심리학의 훈련과 실무에 대한 수용은 부분적으로 교육적, 사회적, 문화적 맥락 내에서 아동의 성장과 발달에 관심이 있는 비서구 국가에서 중요하다고 생각하는 믿음과 문화적 상황을 포함할 수 있는 정도의 범위로 확대될 수 있다. 학교심리학은 현재 캐나다, 유럽, 미국의 연구와 이론에 대한 의존도가 너무 높은데 이러한 의존도를 넘어선다면, 학교심리학 분야의 성장과 발달이 국제적으로 더욱 강해질 것이다.

학교심리학 성장에 영향을 미치는 5가지 내적 행동

위에서 기술한 다섯 가지 특성(경제적 특성, 지리적 특성, 언어, 국가의 요구와 우선순위, 문화적 특성)은 학교심리학 전문가가 통제할 수 없는 요소이다. 그러나 학교심리학 분야의 전문가가 통제할 수 있는 다른 많은 조건들은 학교심리학 분야의 미래에 영향을 줄 수 있다(Oakland & Saigh, 1989; Oakland, 1992; Oakland & Cunningham, 1999). 학교심리학 분야 전문가들이 통제할 수 있는 5가지 행동은 전문성 향상, 학교심리학의 기능과 범위 규정, 전문적 활동의 확장, 교육과의 상호작용의 개선, 연구와 기술적 공헌에의 기여이다.

전문성 향상

학교심리학을 대표하는 전문 학회는 학교심리학자의 준비와 서비스 전달을 위한 기준을 높이기 위해 필요하다. 그러나 전체 국가 중 10% 이하의 나라만 학교심리학 전문 학회가 있다. 전문 학회의 대표들은 학교 심리 전문가의 대변인으로서 역할을 수행하며 비전과 방향을 제시하고 경제적, 사회적, 정치적 혼란기 동안에 필요한 서비스를 제공할 수 있도록 한다. 전문성 향상을 제외한 나머지 4개의 행동을 수행하는 것은 부분적으로 그 나라에 영향력 있는 학교심리학 전문 학회가 있는가의 여부에 달려 있다.

학교심리학의 범위와 기능의 명문화

학교심리학 서비스의 기능과 범위를 기술해 놓은 성명서는 그 나라의 전문 학회에 의해 준비되고 승인될 수 있다. 이러한 성명서는 서비스를 규정하고 학자로서, 전문가로서 학교심리학자가 될 수 있는 훈련의 방향을 제시해 준다.

전문성 활동의 확대

많은 나라의 학교심리학자들은 정신지체아들에게 요구되는 프로그램과 평가를 제공하는 것으로 학교심리학 서비스가 제한되어 있다. 이런 서비스도 중요하지만 이러한 서비스는 전문가가 제공해 줄 수 있는 서비스의 범위를 극히 제한하는 것이다. 학교심리학 분야의 리더들은 그 나라의 요구와 우선순위에 적합한 학교심리학자의 전문적 능력 즉, 일차적 예방, 중재, 컨설팅, 조직과 프로그램 개발, 슈퍼비전의 중요성을 강조함으로써 학교심리학에서 제공할 수 있는 서비스를 확대할 수 있다(Oakland, 1990; Wechsler & Oakland, 1990).

학교심리학과 교육의 연계성 향상

학교심리학은 교육과 심리학 두 분야에 걸쳐 있다. 학교심리학자들은 종종 어떤 분야가 그들이 일차적으로 전념해야 하는 분야인지 궁금해한다. 전 세계적으로 대부분의 학교심리학자들은 학교 안에서 혹은 학교를 위해서 일을 한다. 학교심리학자들은 교육 분야가 학교심리학자의 일에 대한 경제적 보상과 환경을 제공하기 때문에 일차적인 주안점을 교육에 두어야 한다. 그러나 사설 기관에서 일하는 학교심리학자들의 경우 좀 더 심리학과 밀접하게 연결되어 있을지도 모른다. 교육자들은 학교심리학자가 교육 시설에서 중요한 구성원인지 아닌지를 결정한다. 더욱이 학교심리학의 발달은 일정한 패턴을 따라 이루어진다. 먼저 초등학교부터 고등학교 수준까지의 일반교육 서비스가 가장 먼저 제공되고 다음으로 특수교육 서비스, 그 다음으로 학교심리학 서비스가 발달한다(Catterall, 1979b; Saigh & Oakland, 1989). 특수교육 분야의 리더들은 학교심리학 서비스가 특수교육 내에서 문지기 역할을 하며 학교심리학 서비스가 제공되어야 할지 아닐지에 대한 강한 영향력을 행사한다. 특수교육 리더들의 관점은 특히 특수교육 서비스를 통제하는 방법이 모호하거나 없을 때 가장 결정적인 역할을 한다.

남아프리카를 제외한 사하라 아프리가 이남의 대부분 나라에서는 학교심리학 서비스의 제공이 아주 미미하다. 이 지역에서 학교심리학이 발달할지 안 할지를 판단하기 위해서 Mpofu, Zindi, Oakland, Peresuh(1997) 동부와 남부 아프리카 지역에 해당하는 12개 나라의 특수교육 분야 관리자와 리더를 대상으로 학교심리학 서비스를 교육에 포함시키는 것에 대한 승인 여부를 묻는 설문조사를 실시했다. 그 결과 학교심리학 서비스의 실용성, 규제, 활용성에 대해서는 응답 비율이 낮았다. 학교심리학이 국가 수준에서 공식적으로 인식되고 규제될 경우에는 학교심리학 서비스의 이용 가능성과 활용성이 더 높다고 응답했다. 외국에서 교육을 받은 학교심리학자들의 서비스는 그 나라에서 교육을 받은 학교심리학자들보다 적절한 서비스의 제공과 도움이 되는 정도가 더 낮다고 인식했다. 즉, 외국에서 교육을 받은 학교심리학자들은 그 나라의 교육에 대한 사회문화적 맥락에 대한 이해가 부족한 것으로 생각하였다.

학문 및 기술적 기여의 향상

학교심리학 실무는 한 국가의 사회문화적 상황을 반영하는 것이 필요하다. 그러나 흔히 선진국에서 쉽게 볼 수 있는 사회문화적 조건에 대해 박식한 사람이 덜 선진화된 국가에서는 상당히 필요하다(Oakland & Wechsler, 1990). 미국에 있는 심리학자들은 대부분의 지식이 그들의 국가로부터 온 것이라고 생각할지도 모른다. 그들은 종종 다른 국가의 학자 혹은 학문의 중요성을 인식하지 못한다. 예를 들어, 대부분의 학교심리학자들은 캐나다 혹은 미국 이외의 나라에 거주하는 심리학 분야의 학자 이름을 한 명도 모르는 경우가 많다. 그러나 다른 국가의 학자들이 왕따, 중재된 학습 경험, 아동의 권리와 관련된 이슈에서 중요한 연구나 이론을 세우는 데 기여했다.

국가적으로 선진화된 심리학적, 교육학적 검사 또한 전문적 서비스를 개선시키는 데 중요한 요소이다(Hu & Oakland, 1991; Oakland & Hu, 1989, 1991, 1992; Oakland & Hambleton, 1995). 아동의 학업 성취, 지능, 인성, 기질, 기타 특성을 평가하고 학습장애를 가진 아동을 진단하기 위한 검사들은 아동들이 가지고 있는 이러한 문제들을 설명해 주고 이러한 특성으로 인해 필요한 서비스를 제공할 수 있도록 한다. 이러한 일이 1930년대에 뉴질랜드에서 뉴질랜드의 검사개발 및 활용성과 학교심리학 분야의 학자들을 확대하면서 일어났다. 뉴질랜드 학교심리학자들은 이 분야의 학문 및 학자 양성, 검사 개발 및 활용을 향상시키기 위해 New Zealand Council for Educational Research(뉴질랜드 교육연구 협회)를 만들었다. 좀 더 최근의 모델은 학교심리학 서비스를 제공하는 데 있어 어떤 곳에서든지 필요하고 도움이 되는 학문과 기술적 기여를 통해 국가와 지역에 도움이 되도록 하는 것이다.

유럽에서 전문가 준비시 예측된 변화

학교심리학을 포함해 전문 심리학 분야는 유럽 전반에 걸쳐 평균 약 5%의 성장 비율로 상당한 성장을 보였다. 이탈리아, 독일, 영국, 프랑스, 스페인은 심리학자의 수가 가장 많은 나라이다. 이 나라들의 경우 학교심리학자 대 거주자의 비율이 약 1 대 1850명 정도이다. 19개 유럽 연합 국가들은 심리학자라는 명칭 사용을 통제한다. 응용 심리학 분야에서의 훈련에 대한 유럽연합팀(European Union Task Force on Training in Applied Psychology)은 학교심리학자를 포함해 심리학자가 되기 위한 준비과정에 대해 어느 정도 표준화된 기준을 개발하려고 시도했다. 유럽연합팀은 모든 응용 심리학 분야의 교육 프로그램이 심리학 분야에서 3년 정도의 학부학위 과정을 포함하도록 했다. 전문 심리학 분야를 준비하는 사람은 1년간의 인턴십을 포함해서 3년 정도의 전문 훈련 프로그램에서 교육을 받아야 한다(Tikkanene, 2006).

멕시코의 교육과 학교심리학[1]

멕시코에서 미국으로 건너가는 이민자의 수가 증가하면서 많은 멕시코 학생이 미국 학교에 등록하게 되었다. 멕시코 학생의 수는 대부분의 미국 전 영역에 걸쳐 눈에 띄게 증가하고 있다. 실제 기록상으로 멕시코 학생들이 동북부 주의 학교(예: 콜로라도, 일리노이)에 많이 다니고 있다. 멕시코 내에서의 학교심리학 프로그램과 더불어 멕시코에서의 18세까지의 교육에 대해 알고 있는 것은 학교심리학자로 하여금 멕시코에서 이민 온 학생들을 이해하는 데 도움이 될 것이다.

멕시코 인구는 미국의 3억 인구의 약 3분의 1 정도인 약 1억 7백만 명이다. 전체 인구의 약 40%가 18세 이하이며, 그 중에서 70%는 부모와 살고 있으며 30%는 확대가족 혹은

---

1) 이 영역에서 많은 정보를 제공해 준 Hilda Zubira와 Diaz-Loving에게 감사를 표한다.

시설에서 거주한다(INEGI, 2000). 아동을 위한 보건, 교육, 노동에 대한 정책들은 국제 기준과 비교해 상당히 뒤처져 있다(Bollin, 2003). 멕시코 인구의 약 60%는 메스티조이며, 30%는 아메리카인디언, 9%가 유럽, 1%가 다른 인종으로 구성되어 있다. 비록 스페인어가 공식 언어이지만 멕시코에서는 62개의 방언이 사용되며 시골에서는 스페인어를 사용하지 않는다. 비록 멕시코에는 주가 인정한 종교는 없지만 90% 이상의 인구가 로만 가톨릭 종교를 가지고 있다.

멕시코의 교육체계는 국가 융합과 애국심 고취를 목적으로 정부 차원에서 교육을 통제한다. 주 교육체계에서는 유치원부터 초등(1학년~6학년), 중등(7학년~9학년), 고등 혹은 기술학교(10학년~12학년)까지 공교육을 제공해 준다. 교육과정은 학교별, 학년별로 모두 동일하다. 만약 해당 학년 승급에 실패한 학생은 다음해에 동일한 교육 과정을 반복 수강해야 한다. 그러나 아동들이 일을 하기 때문에 모든 멕시코 어린이가 학교에 다니지는 않는다. 약 3백50만 명의 아동이 하루 6~18시간 일을 한다. 학교에 입학 한 아동들 중 약 50%는 초등학교를 졸업하기 전에 학교를 그만둔다(Bollin, 2003). 특수교육 서비스는 약 110,000명의 학생들에게 제공되는데 대부분의 특수교육 대상 아동은 운동장애, 시각장애, 정신지체 아동들이다. 정서-사회성 장애를 가진 아동을 위한 서비스는 거의 없다. 멕시코에 전체 약 4천 명의 아동이 있다고 가정하면, 그 중 약 1% 이하의 학생이 특수교육을 받는다. 교육체제는 시골과 도시 간에 상당한 차이가 있다. 초등학교는 일반적으로 A 혹은 B로 구분되는데 B 학교는 시골에 일반적으로 있는 학교들이다. A 학교는 학급당 교사가 한 명이지만 B 학교는 교사가 2~3개 학년을 맡으며, 많게는 6개의 다른 학년을 가르치기도 한다(예: 교실이 하나인 학교). 시골지역에서 일하는 전문가는 도시지역에서 일하는 사람보다 월급이 약 50% 정도 낮다. 시골에 사는 사람들은 주류 사회로부터 고립되어 있다고 생각하며 가난하다. 어른들 또한 문맹률이 높으며, 문맹인들은 학교에 다녀 본 적이 없고, 스페인어를 쓰지 않는 사람들이 많다.

멕시코에는 학교심리학 프로그램을 제공하는 대학이 12개 있으며 이들 대학에는 4년 과정의 학부와 2년 과정의 대학원 과정이 있다. 이 중 2개의 대학에서는 학교심리학 분야의 박사학위 프로그램을 제공해 준다. 석사 이상의 학위를 가진 사람들은 학부와 대학 졸업생 수준의 강의를 한다. 대부분의 학교에서 학교심리 서비스를 제공하는 심리학자들은 학부 졸업생이다. 더욱이 멕시코에서는 임상 심리학자가 훨씬 유명하기 때문에 대부분의 학교에서 일하는 심리학자들은 학교심리학자가 아니라 임상훈련을 받은 심리학자가 많다. 학교에서 일하는 심리학자들은 1달에 약 800달러 정도를 번다. 학교에서 제공하는 심리학 서비스는 교육계획, 평가, 교수, 직업 안내, 학습에 문제를 가진 학생 중재 등이다. 주로 사용되는 검사는 웩슬러, 레이븐 검사, 카텔의 16 성격인자 모델, 미네소타

다면인성검사이다. 이러한 검사들은 연구를 통해 멕시코의 규준과 신뢰도, 타당도를 확보한 검사들이다. 멕시코는 학교심리학 분야의 전문 학회가 따로 없다. 그래서 학교심리학의 특수성을 강조할 수 있는 강한 인프라를 구축할 지도자도 적다.

결론

외국의 학교심리학 분야의 특성에 대한 지식은 학생과 실무가들로 하여금 학교심리학의 특수성에 대한 이해를 도울 수 있다. 학교심리학자들이 다른 나라의 학교심리학자로 일해 보는 것은 자신의 전문적인 경험을 더욱 풍부하게 할 것이다.

어떻게 국제 학교심리학에 소속될 수 있는가?

많은 학교심리학자들은 학교심리학자인 전문가로서의 일과 서비스를 제공하면서 여행을 다니기를 원한다. 이러한 이유 때문에 많은 학교심리학자들은 해외에서 학교심리학자로서 직업을 가지기를 원한다. 외국의 취업관련 정보는 다양한 소스를 통해 찾을 수 있다 (see Gerner, 1990). 그 중에서 한 가지 방법은 NASP이나 APA 학회에 가서 외국에서 온 사람을 만나는 것이다. 처음에는 우정에서 출발해서 나중에는 외국에서 직업을 갖는 기회로까지 발전할지도 모른다. NASP이나 APA 이외의 다른 기관에서도 학교심리학자를 고용한다. 미국의 U.S. Department of Defense Overseas Schools는 해외에서 일할 많은 수의 학교심리학자를 고용한다. U.S. Department of Defense Overseas Schools에 소속되어 있는 학교들은 전쟁지역보다는 외국에 주둔한 군사지대에 위치해 있다. 미 교육부의 분과 중 하나인 국제 교육기관(Institute for International Education) 부서에서는 Full-bright 프로그램과 연합해 해외에서 공부하는 대학원생, 해외에서 일하는 교사, 학교심리학자, 다른 전문적인 직업을 가진 사람들을 지원하기 위한 프로그램을 오랫동안 운영하고 있으며, 이들에게 아주 많은 특권을 제공해 주고 있다. 더욱이 700개 이상의 국제 학교들이 외국에서 서비스를 제공하고 있으며, 이들 기관에 대한 정보는 아래의 웹사이트를 통해 볼 수 있다.

- International School Psychology Association, www.ispaweb.org
- U. S. Department of Defense Overseas Schools www.military.com/Resources/ResourcesContent/0,13964,31992,00.html
- Institute for International Education(www.iie.org)is a division of the U. S. Depart-

ment of State

- International Schools Services: www.iss.edu
- Search Associates at www.search-associates.com/schools.html
- University of Northern Iowa Overseas Placement Service: www.uni.edu/place-ment/overseas
- European Council for International Schools:www.ecis.org/home/asp/

이들 기관 중 몇몇 기관은 직업을 구하는 전문가들을 위해 취업 정보를 알려 주기 위해 매년 취업 박람회를 개최한다. 그러나 자격을 가진 슈퍼바이저가 부족하기 때문에 학생들이 해외에서 학교심리학 인턴십을 찾기는 쉽지 않다.

미리 보기

학교심리학 서비스는 선진화된 교육체제를 가지고 있는 대부분의 국가에서 제공된다. 학교심리학 서비스의 특징은 그 국가의 사회적, 경제적 교육체제를 반영한다. 학교심리학 프로그램의 수와 학교심리학자의 수는 점점 증가할 것이며, 학교심리학자가 제공하는 서비스의 범위 또한 확대될 것이다. ISPA는 현재 23개국의 협회 조직을 가지고 있어 학교심리학 분야의 전문성 수준을 높이기 위한 전문적 인프라를 구축하는 데 중요한 역할을 할 것이다. 학교심리학 분야가 국제적으로 지속적인 성장과 발달을 하기 위해서는 23개국 이외의 국가들이 그 나라에 영향력을 행사할 수 있는 주요 학교심리학회를 얼마나 성공적으로 설립하느냐에 달려 있다.

제11장

학교심리학의 미래에 대한 관점

이 책은 처음부터 끝까지 학교심리학의 발달과정과 학교심리학이 이룩한 성과에 대해 말하고 있다: 학교심리학자의 역할, 훈련, 인증서, 훈련, 학위, 조직과 전문성 개발, 기술적 발전. 19세기 후반과 20세기 초반의 몇몇 개인의 실무에 대한 아이디어로부터 출발한 학교심리학은 심리학 분야의 중요한 전문 영역으로 발전하게 되었다. 학교심리학은 전문성 발달에 있어서 중요한 특성을 나타내고 있다. 학교심리학의 미래는 어떠한가? 이 책의 마지막 장은 다양한 관점에서 학교심리학의 미래를 이야기할 것이다: 첫째, 1970년 이전에 쓰인 미래학적 관점을 다시 살펴봄으로써; 둘째, 1장에서 언급된 많은 질문들에 대한 답을 통해서; 셋째, 좀 더 최근의 관점과 예측, 몇 가지 일반적인 제언들, 미래에 접근하는 가이드라인에 대한 논의를 통해서. 마지막으로 학교심리학자의 역할과 기능, 실무 환경의 다양성이 높아질 것으로 예측되는 미래에 나타날 수 있는 학교심리학의 영향에 대해 논의해 보고자 한다.

1970년 이전의 학교심리학 미래의 관점 —

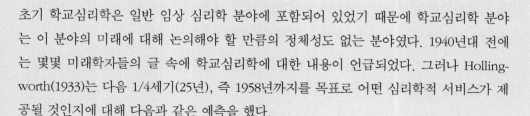

초기 학교심리학은 일반 임상 심리학 분야에 포함되어 있었기 때문에 학교심리학 분야는 이 분야의 미래에 대해 논의해야 할 만큼의 정체성도 없는 분야였다. 1940년대 전에는 몇몇 미래학자들의 글 속에 학교심리학에 대한 내용이 언급되었다. 그러나 Holling-worth(1933)는 다음 1/4세기(25년), 즉 1958년까지를 목표로 어떤 심리학적 서비스가 제공될 것인지에 대해 다음과 같은 예측을 했다.

과거로부터 미래를 예측해 보면, 심리학 서비스는 어느 학교에서든지 보편적으로 제공될 것이라고 예측한다. 한때 미국 사람들이 강제적으로 아동들에게 그들의 능력, 정신상태, 정서적 문제에 대한 고려 없이 7세부터 14 혹은 16세까지 차별 없이 동일한 교육을 제공하던 것은 생각할 수도 없는 일이 될 것이다.

교육은 아동들이 가지고 있는 생물학적 특성에 따라 개인차를 고려한 차별적 과학심리 서비스를 제공할 것이다. 실패 때문에 낙담한 아동들이 자살하는 일은 없을 것이다. 무단결석은 과거의 일이 될 것이다. 교육시킬 수 없는 학생들은 비인간적으로 인식될 것이다. 영재들은 타고난 특성에 적합한 특별한 교육기회를 제공받기 위해 선발될 것이다. 특별한 재능이나 장애는 학교 배치에서 고려될 것이다. 모든 인간이 똑같다고 믿고 싶어하는 맹인의 바람이 결국 진실로 받아들여지는 것은 상상하기가 어렵다. 규칙이나 질서가 만들어질 수 있는 상황에서 혼란이 지속되게 놔두는 것은 가능하지 않다.

과학적(정확하고, 냉정하고, 증명 가능한)인 심리 서비스가 제공될수록 좀 더 인간중심적으로 서비스가 제공될 것이다. 아동에 대한 객관적인 지식(impersonal knowledge)이 없는 이상주의자들은 일반적으로 "해가 되지 않는 좋은 행동"을 한다. 진정한 이상주의는 행동을 하는 데 바탕이 되는 객관적인 사실을 요구한다. 이 분야의 선구자들은 새로운 지식을 획득하고, 그것을 사용하기 위해 자신을 준비시키고, 출발을 표시하고, 아동에 대한 과학적 지식을 바탕으로 교육을 제공하는 방법을 찾아왔다. 미래의 심리학 서비스는 아동의 특성과 행동에 대한 객관적 지식을 지속적으로 발견하고 적용함으로써 더욱 발달할 것이다.

그녀의 예측(p. 379) 이후 약 70년이 지난 현재, Hollingworth는 현재 학교심리학 분야의 지식이 임상심리학과 응용심리학 분야에 기초를 두고 있다는 것에 만족할 수도 있다. 그러나 교육 분야에서 학교심리학 서비스가 제한적으로 적용되고 있다는 것에는 당황해할 것이다. 아마도 학교 내에서 학습, 정서-행동 장애, 무단결석, 폭력과 같은 문제가 교육 분야의 고질적인 특성이라는 것에 매우 실망했을 것이다.

1945년 APA는 학교심리학 하나의 독립된 정체성을 가진 분야로서 학교심리학 분과를 창설하면서 많은 학자들이 이 분야의 미래에 대해 깊은 관심을 보이기 시작했다. Bertha Luckey(1951)는 분과 16 대표연설에서 다음과 같이 말했다.

미래의 심리학자는 임상심리학, 그룹 검사, 대중을 변화시키기 위해 조잡한 수단을 보다 세련되게 갈고 닦을 수 있는 다른 방법들에 대한 확실한 기초를 가지고 있어야 한다. 그러나 학교심리학자의 실제적 기여와 압력은 인간 발달과 인간 발달의 다양성에 대한 보다 기본적인 지식을 요구하는 특성화된 분야로 발달해야 할 것이다. 즉, 교육적 상황에서 지속적으로 사용되는 읽기, 쓰기, 수학과 같은 교과목에서 다양한 사람들에 대한 다양한

접근이 포함되어야 한다. (p. 10)

1955년 Thayer 회담에서는 학교심리학 분야의 제언과 미래에 대한 예측을 강조하며 다음의 내용을 언급하였다: (a) 2가지 수준의 훈련, 학교 실무에서 석사학위 실무자는 제한된 서비스 제공, 슈퍼비전 제공(2가지 수준의 훈련은 석사와 박사학위 수준에서 가능한 서비스에 대해 인증해 주면서 이러한 것이 교육 훈련에 반영되는 것이다); (b) 재직 중인 심리학 관련 종사자들에게 박사학위 공부 허용 기회 확대; (c) 주 교육부에서 석사학위와 박사학위 수준에 상응하는 훈련과 인증에 따라 자격증 제공. 또한 이 회담에서 미래에는 학교심리학자에 대한 요구가 계속해서 높아질 것으로 예측했다. 이 회담에서 APA 분과 16이 발족하여 이때부터 학교심리학자들을 위한 자격인증에 대한 업무를 착수했다. 학교심리학자의 2가지 수준에 대한 훈련과 자격에 대한 내용이 여러 사람들로부터 수용을 받지는 못했지만 몇몇 주에서는 이런 2가지 수준의 학교심리학자가 있는 곳이 있었으며(예: Maine과 Texas), 분과 16은 성공적으로 자격인증 지침, 석사와 박사학위 수준의 훈련 지침, 미국 심리학회(American Board of Professional Psychology) 자격증과 APA 승인이라는 성과를 이루었다(Fagan, 1993, 2005b).

1960년대에는 학교심리학 분야의 미래와 학교심리학자의 역할과 기능에 대해 논의한 책들이 많이 출판되었다는 것은 학교심리학 분야가 성장, 발달했다는 것을 반영하는 것이다(부록 B 참고).

O' Shea(1960)는 "이제는 심리학자가 한 번의 검사(one-shot testing)에 의존하던 시대는 이미 지나갔다."라고 말하면서 학교심리학의 미래를 언급했다(p. 280).

O' Shea에 의하면 미래의 심리학자는 교실에서의 생태학적 평가를 수행하는 것과 학교 지역 업무(예를 들어 교육 계획과 인사 정책)에 관한 의사결정 과정에 학교심리학자가 참여해야 한다는 것, 학교 관련자와 함께 중재와 컨설팅을 수행하는 것, 부모와 좀 더 효율적으로 일해야 하는 것, 학교가 아닌 기관과의 협동, 학교 내에서 심리치료를 제공하는 것, 좀 더 효과적인 학교 환경 조성, 수학자와 물리 과학자에 대한 요구가 지배적인 시대에 사회 과학 분야의 중요성에 대한 옹호, 연구를 통한 학교심리학 분야의 지식에 대한 기여 등과 같은 일을 수행하여야 한다고 했다. 심지어 그녀는 수십 년 전의 주장(Symonds, 1933)에 대한 메아리로 큰 도시에 있는 모든 학교에는 잘 훈련된 박사급 학교심리학자가 있어야 한다고 제안했다. 시골 지역은 박사급 학교심리학자가 한 명밖에 없어, 한 명의 학교심리학자가 여러 지역의 박사급 이하의 학교심리학자들을 슈퍼비전을 해야 한다고 주장했다.

Hirst(1963)는 20년 후에는 박사급 인력의 지속적 증가, 학습장애의 진단에 있어서 학교심리학자들의 참여 증가, 상담과 심리 치료 분야에서 훈련을 받은 학교심리학자들이 상담과 심리치료에 대거 참여함으로써, 학교심리학자의 필요성이 높아질 것으로 예측했다. Hirst는 또한 교육, 예방, 연구, 프로그램 평가에 있어서 학교심리학자들의 역할이 점점 많아질 것으로 예측했다. Gray(1963a)는 심리학 분야의 교육적 적용에 대한 밝은 미래와 학교심리학자를 위한 실무와 훈련에서의 과학자-전문가 모델 유지의 필요성을 주장했다.

Magary(1967a)는 학교심리학 분야에 대한 자신의 의견과 다른 사람의 의견을 종합해 보다 포괄적인 논의를 했다. Magary는 학교심리학 분야에서 치료 중심의 역할과 컨설팅, 고등학교(혹은 초등학교)에서 심리학 교사로서의 학교심리학자, 사설 기관의 학교심리학자들이 직면하는 법적 · 윤리적 문제, 체계적으로 구성된 훈련 모델과 프로그램의 필요성, 개선된 인턴십과 자격 모델의 출현에 대해 예측했다. Magary는 학교심리학이 상당히 성장, 발달했다고 칭찬하기는 했지만 현재 너무 많은 전문 학회와 저널이 있기 때문에 미래에는 이들의 합병이 필요하다고 느꼈다. 그는 또한 학교심리학자들은 학교심리학자 자체로서의 독립된 정체성을 찾기 보다는 동료 심리학 서비스 종사자, 학교 구성원으로서 강한 정체성을 가지는 것이 필요하다고 했다. Magary의 보다 협력적인 서비스 제공을 위한 노력과 학생 서비스(pupul personnel service: PPS)팀에 대한 바람은 부분적으로만 받아들여졌다. 사실 학교심리학자와 학교 상담사, 사회복지사 간에 지식과 실습에서 공통된 영역이 있는 것은 사실이다. 그러나 Magary가 개탄한 "학생 서비스에 있어서 범주적 접근의 경직성"은 1970년대에 학생 서비스가 각각의 특성에 따라 분리되었다. 학교심리학의 범주화는 Magary의 책이 나온 후 몇 년 후에 생긴 NASP과 Magary가 매우 적극적으로 참여했던 APA의 분과 16 공동의 노력에 의해 효율적으로 확장되었다. 1967년 Handbook에서 Magary는 1960년대 학교심리학의 전반적인 발달에 대해 훌륭하게 기술하였다.

1960년대의 저자들은 박사급 훈련과 박사급 자격을 가진 학교심리학자의 수 증가와 역할의 범위를 너무 과대평가했다. 그리고 특수 아동을 위한 법률 제정이 이후에 미치는 영향을 인식하지 못했다. 그리고 NASP의 영향을 예측하는 데 실패했다.

마지막으로 Gelinas와 Gelinas(1968)의 연구물은 거의 알려지지 않았지만 학교 시스템 내에서 고용 가능한 관점으로 학교심리학자의 미래를 매우 밝게 설명했다. 저자는 학교심리학자를 심리학 서비스 분과의 위원장, 교장, 아동 서비스 부책임자 혹은 책임자 등과 같은 행정적 지위자로서의 승진 가능성을 예측했다. 미래에 학교심리학자 선택에 있어서 여성이 가지는 이점에 대한 논의는 1960년대 이후 여성의 지위가 얼마나 많이 변화되었는지를 보면 도움이 된다(1968년 Gelians와 Gelinas의 책 중 "Family Life"를 보라).

　　1960년대의 저자들은 박사급 훈련과 박사급 자격을 가진 학교심리학자의 수 증가, 학교심리학자가 수행할 역할의 범위 등을 너무 과대평가했다. 1960년대의 책들은 학교심리학 분야가 빠른 성장을 보이던 시기에 모두 쓰였으며, 추후 특수 아동에 대한 법률이 미치는 영향을 인식하지는 못했다. NASP의 영향 또한 예측 불가능한 것이었다. 박사가 아닌 학교심리학자들을 옹호해 주는 주요 단체로서 NASP는 무의식적으로 박사급 학교심리학의 성장을 방해했을지도 모른다. 분명한 것은 1960년대의 저자들은 1970년대 이후 이 분야가 성장할지 혹은 기존 그대로 유지될지는 예측하지 않았다.

1970년 후반기 학교심리학 미래의 관점 —

Bardon과 Bennett(1974)에 의하면 미래에는 더 잘 훈련된 학교심리학자들이 과거의 아동 중심적 서비스보다 더 다양한 서비스를 제공할 것이라고 했다. 발달적 교육 접근에 대한 논의는 이전의 저자들로부터 영향을 받은 것이며 학교 교육에서 심리학 분야는 학교심리학자가 담당해야 한다는 Bardon의 후기 입장에 대한 예고편이다(Bardon, 1983). 1970년대 초반의 저자들이 학교심리학자의 역할이 확장될 것으로 예측했던 것과 달리 Tindall(1979)은 학교심리학자의 역할이 확대되기는 어려울 것이라는 또 다른 미래에 대한 관점을 제시했다. 그는 APA와 NASP 간의 훈련과 자격 정책 간의 차이로 심각한 갈등이 있을 것이라고 예측했다. 그리고 학교심리학 내에서 전문성은 발달될 것이라고 생각했으며, 전문성을 위해서는 APA와 NASP의 기준 및 윤리 규정에 따른 책임감이 필요하다고 생각했다. Tindall은 Magary가 초기에 했던 예측의 대부분이 아직 실현되지 않았으며, 학교심리학 분야가 심리학이라는 큰 전문 영역에서 벗어나 학교심리학자로 분리될 경우, 의미 없이 학교심리학자로만 불리거나 다양한 기술만 가진 사람으로 인식될 수 있으므로(p. 22), 심리학 분야에서 분리되지 않아야 한다고 생각했다.

　　1980년대에는 Herron, Herron, Handron(1984)은 지속적으로 학교심리학자의 정체성과 관련된 문제, 박사급 학교심리학자와 비박사급 학교심리학자 간의 문제, 비박사급 수준의 훈련 확대, 직업 감소 등과 같은 문제에 우려를 나타냈다. 그들은 학교심리학 분야의 박사급 수준을 바탕으로 학교심리학의 미래에는 학교심리학자의 수는 적지만 더 나은 훈련 프로그램이 제공되고, 취업에 대한 전망은 제한적이며, 서비스 환경은 확대되어, 컨설팅과 같은 더 많은 간접적 서비스 제공이 이루어질 것이라고 생각했다. 또 다른 관점은 학교심리학 분야에서 요구되는 내용과 과정의 변화 관점에서 미래를 보았다

(Reynolds, Gutkin, Elliott, & Witt, 1984). 전통적인 접근과 요구되는 변화들을 종합해 그들은 사정, 진단, 치료, 사후 서비스에 대한 더 높은 필요성과 더불어 서비스 전달 수단 및 방법에 대한 재분석이 필요하다고 언급했다. 또한 서비스 전달에 있어서 영향력을 주는 힘의 주체에 대한 재고려도 요청했다. 이러한 변화는 상호 결정적(아동의 행동은 그 혹은 그녀의 인지적 기술, 태도, 행동, 환경의 영향을 받고 그것들에 영향을 준다) 틀 내에서 개념화되었으며, 심리학적 과학의 보다 광범위한 적용이 필요하다고 예측했다. 예를 들어, 미래의 사정은 전통적인 표준적 접근 방법을 적용하기보다 개인 내적인 특성을 좀 더 확대하여 사용하게 될 것이며, 사정에는 행동과 환경적 평가가 포함될 것이라고 한다. Herron 등(1984)이 주장한 예측은 아직 구체화되지 않았지만 Reynolds 등(1984)이 주장한 예측은 현재 사용되고 있다.

Bergan(1985)은 미래에는 과학적 발전이 인지심리학과 행동 및 경로 참조(path-referenced) 사정의 발달에 영향을 줄 것으로 생각했다. 1980에 열린 Spring Hill 심포지엄(Ysseldyke & Weinberg, 1981)과 1981년 Olympia 학회(Brown, Cardon, Coulter, & Meyers, 1982)에서의 논의를 바탕으로 Bergan은 훈련의 전문화, 확대된 실습 환경, 실무에서의 법적 영향력 증가, 더 많은 책임감, 사설 실습 기관을 포함한 다른 환경에서의 역할 확대를 포함해 전문성 발달에 대해 언급했다. Spring Hill과 Olympia 학회는 Thayer 학회 이후 학교심리학의 미래에 대해 가장 집중적인 논의가 이루어진 학회이다. Thayer 학회에서처럼 많은 주제에 대해 논의를 하고, 많은 행동 계획들을 이야기했지만 논의된 제언들은 미래에 대한 예측과는 많이 동떨어졌었다. 학회에서는 1980년대 초기 학교심리학 분야에 대한 걱정과 다양한 이슈에 대해 폭넓게 다루었다. Olympia 학회에서는 미래에는 주 단위의 수많은 학교심리학 연합회가 학회를 지속적으로 개최할 것이라고 했다.

국가 학교심리학자 현직 훈련 협회(National School Psychology Inservice Training Network, 1984)는 *School Psychology: A Blueprint for Training and Practice*라는 책을 출판했다. 이 책에서는 학교 현장에서 학교심리학자들의 보다 확장된 역할에 대해 말하고 있다. 일반 교육에서 특수 아동의 통합과 관련해 학교심리학은 교실 관리, 의사소통과 컨설팅, 기초 학문 기술, 일상생활 기술, 정서 및 사회성 기술, 부모 참여, 교실 조직 및 사회 구조, 시스템 개발과 계획, 인력 개발, 발달과 학습에서의 개인차, 학교와 지역사회와의 관계, 수업, 법적 · 윤리적 · 전문적 부분에서의 이슈들, 사정, 다문화와 관련된 문제, 연구와 같은 영역에서 더 많은 기능을 담당하고, 이 분야에서 리더십을 보여야 한다고 제안했다. 이러한 영역은 미래의 학교심리학자 훈련에 관한 제안의 기초가 되었다. Blueprint 책은 1997년과 2006년에 증보판이 출판되었으며, 다음에 이 책에 대해 설명하고 있다.

학교심리학 분야의 미래에 대한 긍정적인 논의 후 Phillips(1990b)는 학교심리학의 미래를 조심스럽게 언급하였다.

학교심리학은 현재 전환 시점에 있으며 학교심리학의 미래에 있어서 몇 가지 가능성이 존재한다. 학교심리학이 특수 교육의 적합성에 대한 결정과 평가에 대부분을 보내던 제한적 역할을 계속 수행할 것인가? 학교심리학이 2단계로 된 직업, 즉 박사급 학교심리학자들은 다양한 비전통적인 (학교가 아닌 환경) 역할에 더 많이 참여하고 비 박사급 학교심리학자들은 전통적인 사정을 주로 담당하는 역할을 계속하는 형태가 될 것인가? 그렇지 않으면 학교심리학자가 현재의 학교심리학 훈련 프로그램의 학문적 기준과 전문적인 실무역량을 높여서 완전히 새로운 역할을 담당하는 최고 수준의 전문가로서 인식되기에 충분할 만큼 좋은 명성과 보상, 업무 조건을 가진 새로운 전문가로 거듭날 것인가? (p. 252)

Phillips가 주장하는 학교심리학의 미래는 심리학 분야의 박사 전문가로서 좀 더 전문성을 가진 분야로 인식될 것이라고 주장했다. 그는 학교심리학 분야가 심리학 분야 대신 교육에 좀 더 중점을 두는 것에는 우려를 표했다. 학교심리학이 학교 이외의 분야로 학교심리학자의 역할이 확대될 것이라는 그의 예측이 아직 구체화되지는 않았지만 그는 학교심리학 분야가 계속해서 교육적 편향을 가지는 것에는 우려를 나타내었다.

Woody, LaVoie, Epps(1992)는 학교심리학 서비스가 아동에서 성인까지 서비스 요구 대상의 범위가 확대될 것이며, 특수 아동이 아닌 전체 학교 학생까지 포함하는 좀 더 광범위한 역할, 훈련과 자격증을 받은 후에도 계속적인 교육에 대한 요구, 사설 기관에서 일하는 학교심리학자의 수 증가, 여성 심리학자들의 수와 훈련과 실무에서 여성과 소수 민족에 대한 문제가 증가할 것으로 예측했다.

학교심리학 분야의 미래에 대한 가장 최근의 관점들은 *BluePrint* 보증판(Ysseldyke, et al, 1997, 2006)과 Oakland와 Cunningham(1999)의 책에 제시되어 있다. 1997년 *Blueprint*는 학교심리학에서 훈련이 필요한 몇 가지 실무 영역을 제시했으며 이는 2000년 NASP의 훈련기준 개정에 있어서 기초가 되었다. 1997년 *Blueprint*에서 제시하고 있는 10가지 영역은 다음과 같다. (1) 데이터에 근거한 의사결정과 책임감 (2) 상호 의사소통, 협동, 컨설팅 (3) 효과적인 교수 방법과 인지 및 학문적 기술의 발달 (4) 사회화와 일상생활에서의 자신감 (5) 발달과 학습에 있어서 학생의 다양성 (6) 학교 구조, 조직 및 환경 (7) 예방, 복지 증진, 위기 중재 (8) 가정-학교-지역사회 협동 (9) 연구와 프로그램 평가 (10) 법적, 윤리적 실무 및 전문성 개발. 2006년에 개정된 영역은 *Blueprint*의 훈련 모델에서 발전된 것으로 다음 2개의 큰 영역에 포함된다: (a) 기초적 역량—상호 협동적인 기술; 다양성 인식과 민감한 서비스 전달; 기술 적용; 전문적, 법적, 윤리적, 사회적 책임 (b) 기능적 역량—데이터에 기반한 의사결정과 책임감; 시스템에 기반한 서비스 전달; 인지 및 학습 기술 발달 향상; 복지, 사회적 기술, 정신건강, 일상생활에서의 자신감 발달의 고취. 이 영역들은 2010년에 NAPS의 훈련 기준 개정판에 영향을 줄 것이다.

Oakland와 Cunningham(1999)은 학교심리학의 미래를 이해하기 위한 모델을 기술했으며, 학교심리학의 여러 영역 중 가장 많은 통제성을 가지는 영역, 약간 통제성을 가지는 영역, 거의 통제성이 없는 영역을 살펴보고 이에 따른 잠재적 변화를 살펴보았다. 가장 통제성이 많은 영역은 멤버십, 학회 출판물 및 규준, 자격증, 학교심리학자가 되기 위한 준비 등과 같은 단체 활동 영역이다. 통제성이 약간 있는 영역에는 학교 재정, 연방 및 주 단위의 법과 규정, 학교 중심의 서비스 제공, 학교 이외의 장소로 학교심리학 서비스 확대, 훈련 프로그램의 수와 실무가의 수, 학교심리학 분야에 대한 대중의 인식 등이 이에 해당한다. 통제성이 거의 없는 영역은 고용 환경의 문화적, 정치적, 사회적 요소 혹은 관련 없는 훈련으로 인해 생겨난 지식 등 넓은 영역에서 나타난다.

Oakland와 Cunningham(1999)은 과거에는 동일하거나 유일한 특성이었던 것이 점차 훈련, 서비스, 실습 환경들이 다양해지면서 나타나는 여러 가지 특성들로 인해 추후 학교심리학의 정체성과 단일성을 위협하는 갈등을 일으키는 영역이 되었다. 또한, 학교심리학자에 대한 다양한 서비스 요구로 인해 다른 전문가들에 비해 학교심리학자가 되기 위해서는 더 긴 시간의 훈련이 요구되며, 재정적으로 긴축 혹은 감소되는 환경에서 더 많은 서비스 요구, 학교심리학자가 제공해 줄 수 없는 서비스를 제공하기 위해 학교에서 학교심리학자 대신 다른 전문가로 대체할 가능성, 치료 중심에서 예방 중심으로 전환하기 위한 필요, 실무가들이 특수교육을 뛰어넘어 일반교육에까지 서비스를 확장하려는 의도, 전통적인 사정 방식에서 점점 새로운 사정 방법으로의 변화에 따른 긴장을 예측했다. 전체적으로 그들은 학교심리학의 미래가 비교적 안정적일 것으로 예측하고 다음과 같이 말했다. "지난 10년간 학교심리학을 회고해 보면 지난 10년간 특별한 변화가 있었던 것이 그대로 유지되어 온 부분보다 훨씬 적었다."(p. 51).

School Psychology Review(2000, 29권 4호)의 미니시리즈에서는 21세기의 학교심리학을 살펴보았다. 이 미니시리즈 논문들은 학교심리학 분야는 비전통적인 서비스 요구와 생태학적 모델의 서비스 전달, 이를 위한 보다 많은 준비들이 필요하다고 했다. 저자들은 훈련과 서비스 환경 내에서 시스템의 장애물을 포함해서 보다 개선된 서비스 전달을 위해 직면하는 어려움들에 대한 우려들을 표현했다. 훈련과 연구뿐만 아니라 정신건강, 지도 서비스에 있어서 미래의 요구들도 논의했다. 또한, 이 미니시리즈에서는 APA 분과 16

과 NASP 간의 관계에 대해서는 이야기하고 있다. 왜 변화가 서서히 이루어져야 하는지에 대한 추가적인 관점이 주요 논문의 논평에 언급되어 있다.

2002 학교심리 미래 회의(2002 School Psychology Futures Conference)는 위에서 언급한 것과 매우 유사한 주제를 포함하여, 교재와 훈련 모델을 계속 개발하였다. 비록 회의가 미래에 대한 예측보다는 전문성 증진에 목표를 두고 있지만 이러한 목표는 위에서 언급한 예측과 양립하는 것으로 학회 발표자들의 몇몇 관점들이 이 책의 여러 곳에 인용되어 있다. 마지막으로 Merrell, Ervin, Gimpel(2006)도 몇 가지 예측을 했지만 그들의 예측 결과를 평가하기에는 너무 이르다. 미래에 대한 그들의 예측은 아래에 제시된 내용, 특히 인력의 요구, 서비스와 공급자의 다양성, 실무 환경과 훈련 모델의 지속적 확장 측면에서 일치한다. 가장 최근에 출판된 2개의 학교심리학 책에는 학교심리학 분야의 미래에 대해 매우 유사한 관점을 보이고 있다.

미래에 대한 비관론적 관점 ─

1960년대와 1970년대에는 몇몇 세상 종말 관련 책자들에서 학교심리학이 다음의 이유들 때문에 없어질 것이라고 예측했다.

1. 임상 서비스로서 심리학 분야의 기여에 대한 협소한 개념 (Lightall, 1963)
2. 전문가들이 교육의 변화에 대한 요구에 부응하지 못함으로써 학교심리학자 대신 학교에서의 심리학자가 되었다. (White, 1968-1969)
3. 학교심리학자들의 적절한 훈련과 정체성 부족 (Clair & Kiraly, 1971)
4. 학교에 고용되어 있는 동안 학교 변화를 실행가와 아동 옹호자로서의 이해관계로 인한 갈등 (Silberberg & Silberberg, 1971)
5. 장애 아동을 위한 연방 정부의 법정 의무사항에 부합하기 위한 학교심리학자의 훈련 부족 (Hayes & Clair, 1978)
6. 계약을 통한 서비스 제공에 있어서 부정적 영향 (Hirsch, 1999)

7장에서 논의했던 내용 때문에 학교심리학은 더 다양하고 광범위한 역할을 학교심리학자에게 요구하지만 여전히 전통적인 역할에 둘러싸여 있어서 학교심리학의 미래가 비관적일 것이라는 예측에도 살아남았다. 이러한 예측은 새로운 방향으로 중요한 장을 이끌어 낼 자극제가 되었다. 21세기 현재에는 학교심리학의 미래에 대해 부정적인 예측은 거의 없다. 부분적으로 몇몇 영역에서는 개선이 필요하지만 대부분의 영역에서는 학교심리학의 미래가 밝을 것으로 생각된다.

전체적으로 학교심리학 분야에서 미래의 전문성을 위해 이론적 정체성을 바탕으로 한 단일화의 필요성; 박사급 학교심리학자의 훈련 및 실무자 확대; 역할 확장; 업무 환경 확대; 연구 및 평가 확대, 책임감 증진, 심리학과 교육에서의 변화에 대한 준비, 직접 평가와 기능적 평가의 개선 등에 대해 논의했다. 만약 Thayer 회의 이후 모든 회의들에서 동일하게 언급되는 하나의 주제가 있다면 그것은 실무가의 수, 환경, 특히 학교심리학자의 역할과 기능에서의 확대에 대한 필요성과 희망이다. 학교심리학의 미래에 대한 다른 최근의 논의는 이 주제에 따른 것이며, 심리학과 교육학 분야에서 관찰된 변화에 맞추어 이 주제를 어떻게 적용할 것인가에 대한 내용들이다(Cobb, 1990; Fagan, Gorin & Tharinger, 2000; Jackson, 1990; Knoff, Curtis & Batsche, 1997; Oakland & Cunningham, 1999; Phillips, 1990b; Pryzwansky, 1990).

Cogg(1992)와 Conoley(1992)는 학교심리학은 전문적인 영역이 아니라 응용심리학과 전문적인 심리학 영역을 부분적으로 섞어 놓은 좀 더 일반적인 특성을 가질 것이라고 제안했다. 전문 심리학의 특수성이 성숙할수록 Phillips(1990b)가 부르는 "상호간 특수성 화합주의(inter specialty ecumensim: 특수성 간의 교파를 초월해 서로의 분야를 다양성을 존중하고 하나로 통일시키자는 주의)"로 특수성 인식에 있어서의 변화를 통해 학교심리학의 전문성이 더 확장될 수 있을 것이라고 생각했다(DeMers, 1993). 이러한 관점에서 학교심리학은 교육심리학의 영향과 중재의 목표뿐만 아니라 예방을 추구하는 컨설팅 모델과 더욱 일치하게 된다(e.g., Alpert, 1985). 비록 이러한 몇몇 관점들에 의해서 예측된 변화가 실제로 일어난다고 하더라도 전문 심리학과 학교심리학은 계속해서 분리된 전문 심리학 분야의 특수적인 정체성을 유지할 것이다.

전체적으로 학교심리학 분야에서 미래의 전문성을 위해 이론적 정체성을 바탕으로 단일화의 필요성; 박사급 학교심리학자의 훈련 및 실무자 확대; 역할 확장; 업무 환경 확대; 연구 및 평가 확대, 책임감 증진, 심리학과 교육에서의 변화에 대한 준비, 직접 평가와 기능적 평가의 개선 등에 대해 논의했다.

작가의 미래에 대한 관점

환경이 똑같이 유지되는 한 미래 행동에 대한 최상의 예측은 현재 행동이다. 학교심리학 분야가 6개월 혹은 지금으로부터 몇 년 후 어떻게 변할까를 생각해 본다면, 학교심리학

분야의 현재 모습이 이 분야의 미래를 예측하는 가장 좋은 예측 변인이 될 것이다. 현재
학교심리학 서비스 중 어떤 서비스가 필요하며, 어떠한 서비스를 제공하기 위해 훈련을
받고 있는지, 어떠한 규정이 있는지에 대한 실태에 대해 많은 데이터베이스가 존재한다.
지금으로부터 10, 20, 50년 후에 학교심리학은 어떨 것인가? 먼 미래를 예측하는 것은 매
우 위험하다. 1900년도의 "다음 100년 후에는 무슨 일이 생길 것인가?"라는 책은 무엇을
예측하는 데 성공했고 무엇을 예측하는 데 실패했는가도 주목할 만하다(Watkins, 1900).
비록 Watkins는 전화기와 사건 사고에 대한 TV 방송의 광범위한 사용에 대한 예측은 성
공했지만 영어 철자에서 C, X, Q가 없어질 것이며 과학은 실용적으로 모기, 파리, 박쥐
를 전멸시킬 것이라는 예측은 틀렸다. 그는 특히 전쟁에서 비행기를 사용할 것이라는 예
측은 맞았지만 지하철과 고가도로 때문에 도시에 소음이 없을 것이라는 예측은 틀렸다.
그는 또한 학교에는 심리학자가 아니라 의료적 검사를 하는 사람이 있을 것이라고 예측
했다.

학교심리학 분야의 성취에 대한 일반적 관점

현재의 수준에 도달하기 위해 학교심리학은 교육학과 심리학 두 분야에서 서로 의존하
고 영향을 주면서 성공적으로 걸쳐 있었다. 학교심리학은 현재 강한 전문 조직, 훈련과
실무가의 거대한 노동 그룹, 윤리 규정, 훈련 및 자격, 혹은 실무 기준, 학교와 학교 이외
영역에서의 자격증, 학교심리학 분야의 출판물 등이 있다. 학교심리학 분야의 생존과 정
체성에 관한 주제는 이미 과거에 주로 다루었던 것이다. 현재는 학교심리학 분야가 최상
의 결과를 가질 수 있는 미래의 방향으로 나아가면서 안정화되는 시기이다. 현재 나오는
다양한 의견들은 1960년대의 의견들과 상당히 다르다. 논의되었던 주제들 또한 학교심
리학 분야에 대한 정체성을 인식하지 못했거나 이 분야에 대한 훈련을 받지 않은 사람들
간의 논쟁이었다; 대부분은 임상 혹은 교육심리학 배경을 가진 사람들이었다. 그러나 최
근에는 여러 이슈들이 학교심리학 분야의 훈련을 받고 자격증도 가진 학교심리학자들에
의해 논의되고 있다. 현재 우리는 전문성 분리에 대
한 큰 두려움 없이 여러 이슈들에 대한 논쟁을 할 수
있는 시점에 이르렀다.

　　또 다른 차이는 어떠한 미래를 생각하는지에 따
른 것이다. 학교심리학은 현재 새로운 서비스의 출
현, 새로운 정체성 수립, 성장과 안정의 시기, 성숙
과 개선의 시기로 점차 발전되어 왔다. 학교심리학
이 양적으로 크게 성장하던 시기는 지나갔다. 이제

> 학교심리학이 양적으로 크게 성장하던
> 시기는 지나갔다. 이제 우리 앞에 놓여
> 있는 것은 학교심리학 분야의 질적
> 성장과 더불어 약간의 양적 성장일
> 것이다.

우리 앞에 놓여 있는 것은 학교심리학 분야의 질적 성장과 더불어 약간의 양적 성장일 것이다. 예를 들어, 특수교육을 포함해 공교육 기관에 등록된 학생 수는 과거 25년 동안 크게 변화되지 않았다. 그러나 어떻게 특수교육이 제공되고 있는가에 있어서는 상당한 변화가 있었다. 더욱이 학교심리학 분야의 훈련 내용이 계속해서 변화하는 동안 훈련 기관의 수는 상당히 안정적으로 유지되고 있다. 1장에서 논의했던 다음 질문은 향후 20년에 걸쳐 학교심리학 분야의 전문성에 대한 몇 가지 예측을 하게 해 줄 것이다.

얼마나 많은 학교심리학자가 생길 것인가?

상대적으로 안정적인 훈련 프로그램의 수, 학교에 등록된 학생 수의 성장에 대한 기대, 현재의 서비스 비율이나 권고된 서비스 비율을 통해 수요와 공급의 문제로 볼 때, 전체 학교심리학의 노동자 수는 아마도 35,000~40,000명을 넘지 않을 것이다. 과거 35년간에 걸친 급속한 성장(5,000명에서 30,000명으로 증가)이 다음 수십 년 동안에는 일어나지 않을 것이다. 그럼에도 불구하고 35,000~40,000명으로 증가한다는 것은 학교심리학자의 수 증가, 학교심리학자의 역할과 업무 환경 확대로 인한 성장으로 볼 수 있다. 비록 이런 성장이 전체적인 서비스 비율을 개선시킬 수 있다고 하더라도, NASP가 제언한 학교심리학자 대 학생 비율 1:1,000명의 비율에는 상당히 못 미치는 숫자이다(NASP, 2000b).

2차 고용 시기(second wave of employment: 1950~1970년)에 고용된 학교심리학자가 다음 20년 안에 은퇴할 것이므로 다음 20년간 학교심리학자의 수는 이 같은 현실을 반영해야 할 것이다(Curtis, Grier & Hunley, 2004; Fagan, 1988b). 훈련 프로그램들은 고용 대체와 새로운 직급에 대한 필요성을 충족시킬 수 있도록 충분한 졸업생을 배출할 필요가 있다. 이러한 부족은 이미 몇몇 주에서 언급되고 있으며, 몇몇 훈련 프로그램은 교수직을 대체할 인력을 찾는 데 어려움이 있다고 보고되고 있다. 그러므로 학교심리학 분야에서의 실제적인 양적 성장은 위에서 언급한 범위보다 적을 수 있다는 것이 일리가 있다. 1994년, 이 책의 첫 번째 판에서는 2014년에는 학교심리학자의 전체 실무자가 약 30,000~35,000명 정도일 것으로 예측했는데 그 예측이 거의 정확하다.

학교심리학 분야의 다양성

학교심리학 분야는 향후 20년에 걸쳐 계속해서 여성 편향적이 될 것이다. Smith(1984)는 전체 학교심리학자 중 많아야 약 46%가 여성일 것이라던 가정보다 훨씬 웃돌아 현재 약 75%가 여성이며 이 수치는 점점 높아져 80~85%까지 올라갈 수 있다. 이러한 현상은 심리학 분야 전반적으로 여성 편향적인 특성을 보인다. 그리고 조직의 리더로 더 많은 여성들이 나타날 것이며 더 많은 여성들이 편집위원으로 지명될 것이며, 대학 교수 중에서

도 여성이 점점 많아질 것으로 기대된다. 넓은 의미
에서 학교심리학의 미래는 여성 지도자의 손에 달려
있다. 이러한 경향으로 인해 성적인 문제, 예를 들어
차별적 치료, 봉급, 성희롱, 가정문제(일과 가족 간
의 균형, 폭력, 학대) 등에 많은 관심을 가질 것이다.
고용 시 차별 시정 조치(affirmative action)의 중요성

> 학교심리학자 중 약 75%가 여성이며
> 이 수치는 점점 높아져 80~85%까지
> 올라갈 수 있다.

을 이야기한 Woody 등(1992)은 다음과 같이 말했다 "여성과 소수자에 대한 과거의 잘못
을 바로잡으려는 열정이 남성에 대한 역차별 때문에 피를 흘릴 수 있다. 특히 만약 그들
이 나이 많은 백인이라면"(p. 14). 그러나 남성이 교육 혹은 고용 상황에서 차별을 받았
다는 증거는 없다. 하지만 더 중요한 문제는 왜 남성이 다른 분야를 선택하며, 학교심리
학 분야에서 남자들을 끌어들이기 위해 전문가들은 어떻게 해야 하는가이다. 아마 차후
몇 십 년 안에는 학교심리학 분야의 고용 및 학생 모집 시 남성 지원자를 적극적으로 격
려하는 광고를 보는 것이 놀라운 일이 아닐 것이다. 이 책의 1994년 판에는 여성이
75~80% 정도를 나타낼 것이라고 예측했는데 오늘날 여성이 차지하는 비율과 거의 같다.

    향후 20년에 걸쳐 이 분야는 더 많은 소수 민족을 끌어들이는 데 어려움이 있을 것이
다. 왜냐하면 대학에서 훈련을 받고 있는 학생들로 추측해 보건대 소수 민족의 학부 학
생의 수가 적기 때문이다. 학교심리학 분야는 현재 약 6~7%가 소수 민족 배경을 지닌 사
람들인데 만약 더 많은 소수 민족 배경을 가진 학생이 심리학 및 관련 분야의 학부 프로
그램에 입학하지 않는다면 이 분야에서 소수 민족의 수가 10%를 넘기기는 쉽지 않을 것
이다. 1992년 학교심리학의 다문화에 관한 논문 시리즈에서 아프리카와 히스패닉 학생
에 관한 실증적 지식(Gopaul-McNicol, 1992)과 학교심리학 전공의 대학원 프로그램에서
복잡하고 다양한 다문화적 특성에 관한 훈련(Rogers, Ponterotto, Conoley, & Wiese,
1992)에 대한 부족을 논의했다. 분과 16의 뉴스레터
인 *The School Psychologist* 또한 1995년에 다문화와
관련된 논문을 시리즈로 발표했다(49권 4호와 50권
1호). 좀 더 최근에는 *Journal of Applied School
Psychology*(2006, 22권 2호)에서 사정, 중재, 가정-
학교 파트너십, 시스템적 중재의 관점에서 다문화적
훈련에 대해 논의했다. 어떤 훈련 프로그램은 다른
프로그램들보다 다문화와 관련된 훈련을 더 많이 강
조하기도 한다. 지식 및 경험, 훈련 프로그램의 민감
성, 실무가의 증가는 가장 가까운 미래에 이룰 수 있

> 학교심리학 분야는 현재 약 6~7%가
> 소수 민족 배경을 지닌 사람들인데
> 만약 더 많은 소수 민족 배경을 가진
> 학생이 심리학 및 관련 분야의 학부
> 프로그램에 입학하지 않는다면 이
> 분야에서 소수 민족의 수가 10%를
> 넘기기는 쉽지 않을 것이다.

는 중요한 성취일 것이다. Rogers 등(1999)은 다양한 학생 집단에게 더 나은 서비스와 학생들에 대한 민감성을 향상시키기 위해 훌륭한 제언들을 제시했다. 이 책의 1994년 판에 따르면 향후 20년 안에 학교심리학 분야는 소수 민족 배경을 가진 학교심리학자들이 10%를 넘지 않을 것으로 예측했으며 거의 예측과 일치할 정도로 현재 약 8%의 소수 민족 학교심리학자가 있다.

성별과 소수 민족성 이외에 미래에는 자신이 장애를 가진 실무가가 많아질 것이다. 비록 장애를 가진 학교심리학자의 증가가 나이 든 실무가의 병이나 장애로 인한 결과일 수도 있지만 장애를 가진 학교심리학 분야의 대학원 과정생 그리고 특수화된 훈련 프로그램의 강조로 장애를 가진 학교심리학자의 수가 늘어날 것이다.

학교심리학자가 되기 위해서는 어느 수준까지 훈련을 받을 것인가?

미국 내에서 훈련을 제공하는 기관의 현재 수는 약 230에서 250개 사이이다. 비록 예산 문제, 필요한 규정, 프로그램 중복, 프로그램 기관의 수를 감소시킬 수 있는 다른 요소들 등이 있다 하더라도 이 수는 크게 변하지 않을 것이다. 예를 들어 만약 전문가(specialist) 수준의 프로그램이 NCATE와 NASP에 의한 승인을 받기 위해 계속해서 필수사항을 추가해야 한다면, 그 기관에서 프로그램을 제공하는 것이 비합리적일 수 있다. 또한, 다른 기관은 새롭게 학교심리학 분야의 프로그램을 제공하기 시작하였지만 몇몇 기관들은 교육 프로그램 제공을 그만두기도 했다. 향후 20년 동안 박사 프로그램의 수는 약 100개 정도로 증가할 것이며 국가적 승인에 대한 중요성은 높아질 것이다. 만약 NASP이 독립 승인 기관이 되지 않는다면 APA는 박사급 훈련 프로그램에서는 가장 대표성이 있으며 희망하는 승인기관으로 계속 존재할 것이다. 비박사급 프로그램의 승인은 NCATE/NASP 혹은 NASP 단독으로 계속 관리될 것이다. NCATE와 주 정부의 파트너십 노력은 NASP의 규준이 지역적으로 어떻게 적용될 것인지에 영향을 줄 것이다. 박사급 프로그램에서는 NASP과 APA가 협동체로서 공동 승인 조약을 할 가능성도 있다. 비슷한 예측이 1994년에도 있었지만 박사급 교육기관의 수가 증가하지 않았다는 점을 제외하고는 예측이 거의 정확했다. NASP이 독립적 승인기관이 되거나 혹은 APA와 공동으로 승인기관이 될 가능성은 일어나지 않을 것 같다.

고용 현장에서 전문가 수준 혹은 비박사급 실무가와 박사급 실무가의 비율은 보다 균형 잡힌 상태로 변화될 것으로 예측했다; 그러나 이 분야에서 박사학위를 가진 사람의 비율이 예측한 것보다 서서히 증가하고 있다. 이 책의 1994년판 이후 그 비율이 21~28%에서 33%로 증가했다. 박사학위 소지자의 혜택은 향후 10년 안에 박사급과 비박사급의 균형 잡힌 상태로 변화될 만큼 박사급 고용자가 얻을 수 있는 인센티브는 강하지 않다.

박사급 인력 중에서는 우선적으로 전공(특수성)이 계속 증가할 것이다.

4년제 기관에서 학교심리학 훈련 프로그램을 오랫동안 제공해 왔던 것이 약해질 것이다. 1994년판 책에 의하면 학교심리학은 실무가와 관련된 이슈에 더 많은 민감성을 가지며, 학교심리학자 훈련을 위해 가능한 한 더 많은 박사급 훈련 프로그램을 제공할 수 있는 전문 학교 모델(임상심리학에서 매우 가시적인; Pion, 1992)로 변화해야 한다(Brown, 1989). 그러한 변화는 독립적인 전문 학교와 인터넷에 기반한 교육 프로그램 두 가지 형태로 분명하게 나타날 것이다. 한 가지 걱정은 훈련이 전통적인 과학자-실무가 모델에서 벗어나 훈련가와 실무가 사이의 분열을 야기할 수 있다는 것이다. 이러한 변화는 심리학 분야의 주 정부 시험(state boards of examiners)에 의한 자격증 부여에도 영향을 줄 수 있다. 그러나 NASP의 훈련 이데올로기를 가지고 훈련을 제공하도록 하는 NCSP(Nationally Certified School PSychologist) 기준에 따른 주 교육부의 자격증 부여에서는 이러한 변화가 적게 느껴질 것이다. 그러나 미래에는 NASP의 훈련 기준이 주기적으로 고찰하고 개정하여, 좀 더 강한 실무가 유형이 나타날 수 있다. 학교심리학자의 50%가 NCSP 자격을 가지고 있으며 비록 NCSP 자격을 가진 사람의 수가 최근에 와서 감소하고 있다 하더라도 이러한 자격증을 유지하기 위해 CPD 활동은 계속해서 하고 있다. 만약 더 많은 주에서 NCSP 자격증을 요구하고, NCSP 자격증을 가진 사람에게 추가적인 봉급 인센티브를 제공한다면 CPD 활동은 더욱 활발해질 것이다.

학교심리학은 전문 학교 모델의 잠재적 영향이 무엇인가에 대해서는 임상심리학으로부터 배울 수 있을 것이다. 이 영향은 Ed. D. 혹은 Ph. D. 학위를 제공할 수 없는 기관에서 Psych D. 졸업생의 수가 단순히 더 많이 증가했다는 것 이상이다. 임상심리학 분야는 전통적 학문적 기관에서 교육을 제공하던 것에서 독립적인 전문 학교로의 변화가 일어났다. 1994년에 예측된 것처럼 이 변화는 학교심리학 분야에서도 나타났다. 미래의 박사와 비박사급 훈련 프로그램에서는 과학자-실무가 모델이 포함되어야 한다는 주장이 Knoff, Curtis, Batsche(1997)에 의해 제기되었다. 그들은 교수와 학생 특성 뿐 만 아니라 프로그램의 행정과 내용에 대해서도 제안했다.

또 다른 잠재적 변화는 심리학보다는 교육 분야에서 더 큰 정체성을 가진 학교심리학자를 준비시키는 것이다. 비록 교육심리학과 안에 있는 학교심리학 훈련 프로그램과 심리학과 안에 있는 학교심리학 훈련 프로그램 간에 차이가 분명하지 않다 하더라도 프로그램에서 차이가 있다. 1960년대와 1070년대에 훈련 프로그램의 빠른 성장과 자격증 필수 요건에서의 변화는 학교심리학 분야가 심리학보다는 교육학 쪽으로 보다 전문성을 가지도록 교육 프로그램이 구성되었다. 비록 초기 훈련과 프로그램의 방향이 상당히 심리학적이었다 하더라도 학교심리학 리더들은 심리학자로서의 정체성을 가지고 심리학과 교육학 분야에서 적절한 균형을 유지하도록 노력해야 했다. 교육학에 바탕을 둔 프로그램, 심지어 박사급 프로그램들은 심리학적 실습보다는 좀 더 지식을 많이 가르치는 방향으로 가야 된다는 주 혹은 국가의 요구에 따른 기관의 변화에 쉽게 영향을 받는다. 이는 아동낙오방지법(No Child Left Behind Act: NCLB)과 IDEA 재인준의 반응 대 중재 방법에서 자명하다. 학교심리학 훈련자는 교수 방법의 개선은 모든 학교심리학자들에게 좋은 목표라고 주장할지도 모른다. 그러나 이러한 목표는 전통 심리학 혹은 전문 심리학자의 최신 실습보다는 교육심리학과 더 밀접하게 관련되어 있다. 공통점은 전문성에 있어서는 Witmerian과 Hallian 이론에 영향을 받았다는 점이며 차이점은 Baron과 다른 연구자들이 주장한 응용 교육심리학(혹은 학교의 심리학)과 대조되는 것으로 학교심리학으로 불리는 것에 대한 차이를 의미한다.

> 비록 먼 거리 학습 기술이 많은 필수 교육과정을 충족시키기 위해서는 유용하다 하더라도 교수와 학생 간의 관계는, 특히 현장 경험에서, 훈련의 한 부분으로서 완전히 없어질 수 없다.

비록 먼 거리 학습 기술이 많은 필수 교육과정을 충족시키기 위해서는 유용하다 하더라도 교수와 학생 간의 관계는, 특히 현장 경험에서, 훈련의 한 부분으로서 완전히 없어질 수 없다. 학교심리학 프로그램은 생존을 위해 NCATE/NASP과 APA 승인을 받기 위한 가이드라인에 더 주의해야 하며, 이러한 가이드라인은 계속해서 직접적인 접촉과 슈퍼비전을 요구할 것이다. 이러한 전문 심리학 승인과 관련된 문제와 이슈들에 대한 최근의 논의가 Murphy, Levant, Hall, Glueckauf(2007)에서 이루어졌다.

얼마나 많은 실무자들이 자격증을 받을 것인가?

거의 모든 주는 학교와 학교 이외의 분야에서의 학교심리학자를 위한 몇 가지 자격증을 가지고 있기 때문에 자격증 수여에서는 양적인 성장을 보일 만한 여지가 적다. 학교심리학의 미래에 있어서 질적 성장에 대한 이슈는 이러한 자격증을 주기 위한 필수요건의 변화로 해결되어야 한다. 학교 장면에서는 계속해서 비박사급 훈련을 요구할 것이며, 학교 이외의 장면에서는 박사와 박사후 수준에서 APA에서 정해 놓은 방향으로 훈련을 요구할 것이다. SDE 자격증은 전문가 수준의 학위와 NCSP 자격증에 상호적으로 상당히 의존을 할 것이다. 심리학 분야의 주 단위 자격 시험은 거의 모든 주에서 박사학위 수준에서 자격증을 줄 것이며 박사후 과정이나 슈퍼비전을 받은 경력의 요구가 좀 더 일반화될 것이다. 포닥을 요구하지 않지만 2년간의 슈퍼비전 경험을 요구하는 APA의 결의문의 영향력은 좀 더 지켜봐야 한다.

학교 이외의 장면에서 비박사급 학교심리학자들은 여러 영향력에 의해 계속해서 제한받고 투쟁해야 할 것이다. 전문적이며 법적 제한성이 가장 적은 곳에 고용되기를 원하는 실무가들은 우선적으로 박사학위를 선택할 것이다. 비록 비박사급 사람들의 경우 학교 이외의 장면에서의 실습이 제한되거나 금지된다 하더라도 학교에서 전일제(full-time)로 고용되기를 원하는 사람들 때문에 거의 대부분의 주는 비박사급 실무가에 대한 수요가 높을 것으로 예측된다. 만약 자격증 수여 권한을 포기하는 주 교육부(SDE)가 많으면 많을수록 더 많은 주가 학교심리학자라는 명명을 승인하는 데 어려움을 겪을 것이며 결국 학교심리학 분야의 전문가 학위자로 불리게 될 것이다. 승인과 자격증 수여, NCSP의 인지도 확대에 대한 장기적인 상호 영향은 자격증 수여에 있어서 여러 주들 간에 상호 협력을 더 높아지게 할 것이다.

> 학교에서 전일제(full-time)로 고용되기를 원하는 사람들 때문에 비박사급 실무가에 대한 수요가 높을 것으로 예측된다.

고용 현황은 어떠한가?

이 책의 1994년판에 의하면, 공립학교 기관과 협약하며 근무하는 형태가 가장 일반적인 학교심리학자들의 고용 환경이 될 것이며, 개인 실무를 포함한 비전통적인 장면에서의 고용은 점차 증가해서 전체 학교심리학 분야 고용자의 약 25%가 될 것이라고 예측했다. 시골과 개발지역, 특정 도시지역, 많은 학교 이외의 장면, 개인 실무로 일하고 싶어하는 실무가뿐만 아니라 전문성과 기동성을 갖춘 실무가에게는 고용 기회가 높을 것으로 예측했다. 비록 학교심리학자들이 학교 이외의 장면에서 고용 기회를 찾았다 하더라도 실제 학교 이외의 장면에서의 고용 비율이 25%라는 예측에는 훨씬 못 미치는 수준이다. NASP 멤버의 적어도 90% 정도는 공교육과 사립학교 환경에서 일하며, 개인 실무 환경에서 일하는 실무가는 5% 이하이다. 이러한 점으로 보아 비학교 장면에서 근무하는 사람은 약 10~15% 범위로 유지될 것으로 보이며 전문 개인 실무자의 수치는 약 반 정도일 것으로 보인다. 몇몇 주에서 관찰된 바에 의하면 학교에서 근무하는 실무가의 부족이 거의 지난 20년 동안 계속해서 지속되고 있다(Connolly & Reschly, 1990; National Association of State Consultants for School Psychological Services, 1987). 전문가 수준의 실무가에 대한 고용 시장의 수요는 수십 년 동안 높게 유지되어 왔다. 학교는 박사급 학교심리학자들을 고용해 그 수준에 맞는 봉급을 줄 수도 없고 고용하고 싶어하지도 않을 것이다. 1960년대에 생긴 훈련 프로그램의 괄목한 성장과 더불어 많은 수의 은퇴자들이 늘어나면서 원로급 교수 자리가 많이 비어 있을 것이다. 그러나 이러한 자리는 조교수급으로 대체되기 싶다. 몇몇 예에서 한 명의 원로급 교수에 의해 관리되고 있던 학교심리학 훈련 프로그램은 그 사람이 은퇴함으로써 중단되었다. 이러한 예측은 부족한 교육 예산, 훈련에 대한 낮은 학생 요구, 한 주에 있는 여러 기관들 간의 프로그램 중복, 프로그램을 시작할 당시에는 존재하지 않았던 승인 기준을 충족하기 위해 추가적으로 교수를 임용하거나 대체하는 데 드는 비용에 대한 반응으로 나타난 결과이다. 그럼에도 불구하고 교수에 대한 고용 상황은 상당히 우호적이다. 많은 훈련 프로그램들이 적당한 교수를 찾는데 어려움을 가지고 있으며 새로운 박사급 전문가들 중 이러한 지위에 흥미가 있는 사람이 적기 때문이다.

훈련 프로그램은 수요와 공급 간의 차이를 상쇄하고 전문성 차이에 대해 잠재적으로 부정적인 영향을 피하기 위해 계속해서 더 많은 학생들을 모집해야 한다. 이러한 차이를 상쇄하기 위해서는 대학들이 현존하는 자원과 부족한 예산을 늘리거나 교수, 학생의 재정적 지원과 장비 등과 같은 추가적인 자원을 제공해야 한다.

서비스 비율이 개선될 것인가?

심리학자 대 학령기 아동의 서비스 비율에 있어서 지난 35년간 괄목할 만한 개선이 있었지만 향후 20년 안에는 이러한 성장을 기대하기 어렵다. 1970년에 학교심리학자 대 학생 비율이 약 1:5,000에서 현재는 약 1: 1,500명 정도로 그 비율이 많이 개선되었다. 그러나 서비스 비율에 있어서 추가적인 개선은 점점 증가하는 학생 수, 훈련 프로그램에 등록된 학생 수가 비슷하거나 감소, 교수와 실무가의 은퇴, 졸업 후 고용 가능한 서비스 환경의 확대 등에 의해 어려울 것이다. 1994년판에서는 학교심리학자 대 학생 비율이 1:1,500 이하로 개선되지 않을 것이라고 예측했는데 그 예측이 정확하게 맞았다. 물론 많은 장면에서 이보다 더 나은 서비스 비율을 가진 환경도 있으며 서비스 비율에 대한 기관별 범위도 감소될 것으로 기대되지만 몇몇 장면에서는 학교심리학자 대 학생의 비율이 1:4,000명이 넘을 것이다. 향후 10년 안에는 학교심리학자 대 학생의 비율이 1:1,400명 이하로는 개선되지는 않을 것으로 예측된다. 점점 더 많은 학교심리학자들이 학교 이외의 장면에 고용되거나 개인 실무를 할수록 전통적인 서비스 비율을 계산하는 방법이 학교와 학교 이외의 장면에서의 실무가 그리고 그 지역 내의 모든 학령기 아동을 포함해 계산하는 새로운 방법이 필요할 것이다.

> 향후 10년 안에는 학교심리학자 대 학생의 비율이 1:1,400명 이하로는 개선되지는 않을 것으로 예측된다.

전문가들이 어떻게 변했으며, 앞으로 어떻게 변해야 하는가?

학교심리학은 매우 좁은 의미의 검사자로서의 역할로 시작해서 그 역할과 기능에 있어서 사정, 아동발달과 교육에 영향을 주는 점차 넓은 의미의 개념으로 발전했다(Fagan, 2008, in press). 예전에는 특정 행동에 대한 반응 시간이나 신체적 특성을 정확하게 측정하던 것에서 이제는 정확하지는 않지만 보다 교육적으로 관련이 있는 아동 특성이나 학습 환경의 특성, 특히 아동의 능력이나 학업 성취도와 관련된 특성으로 변화되었다. 그 결과 이러한 특정 행동을 측정하기 위해 과거에는 실험실에 장비를 갖추던 방법에서 이제는 거의 모든 심리교육학적 능력과 기술을 측정할 수 있는 검사 도구들로 변화되었다.

과거 수십 년 동안 특수교육을 위한 규정이 좀 더 확대되면서 검사와 훈련된 검사자의 활용에 있어서 상당히 수용적이다. 다양한 특성을 검사하기 위한 평가(assessment) 기술의 변화는 특수교육 대상자 선정에 있어서 정상 분포에서의 편차치를 통한 선별 모델에 영향을 주었다(예: 특수한 특성, 행동 기술에 대한 그룹 평균의 비교를 통해 장애를 판단). 특수교육 대상자 선정에 있어서 그 나라의 정상 분포에서의 편차치를 통해 선별하는 모델은 1930년대에 만들어져서 지금까지 널리 사용되고 있다. 표준화, 신뢰도, 타당도, 문화적 민감성에 대한 높은 관심의 결과로 검사들이 개선되었다. 평가 환경은 아동 중심 모델을 넘어 생태학적 개념화로 확대되었으며 이에 따라 아동 연구를 위한 도구와 방법도 확대되었다. 비록 학교 심리 실무에 있어서 사정의 역할이 계속해서 가장 우선적이라 하더라도 사정의 기능은 좀 더 직접적인 방법(교육과정 중심 사정)과 평가와 중재를 연계시키는 문제해결 모델(problem-solving model)로 변화되었다. 실무가들은 평가의 제한점을 인식하고 좀 더 기술적으로 적절하고, 문화적으로 민감한 도구를 사용해 결과 데이터를 수립한다. 아동에게 잘못된 것이 무엇인가에 초점을 두고 있는 평가의 의료적 모델에서 학교 심리전문가들은 생태학적, 가족, 시스템 평가의 개념으로 평가 개념이 바뀌었다.

미래에는 특수 아동 적합성을 결정하는 것이 개별적으로 이루어지고 사정과 배치에 대한 적합성이 국가 규준과 관계없이 이루어지는 것으로 변화될 수 있을까? 아마 기술은 이미 존재하고 있기 때문에 기술적인 변화가 일어나기보다는 이데올로기의 변화가 일어날 것이다. IDEA의 재승인과 학습장애 아동을 위한 반응-중재(response-to-intervention: RTI) 모델의 강조 때문에 규준 평가에 대한 강조는 다소 약해지고 있다. 그러나 특수교육 배치에 있어서 규준 평가를 사용하지 않는다는 것은 거의 어렵다. 또한, 검사 개발자와 이들 회사들이 검사들의 표준화 작업을 멈추지 않을 것이다. 더욱이 아동이 가지고 있는 행동이나 특성에 대해 규준적 준거에 따라 한계를 정해 특수 아동 서비스 대상자에 대한 적합성을 결정하지 않는다면 어떻게 이러한 서비스가 통제되고 재정적으로 지원이 이루어질 수 있는가?

심지어 RTI 모델도 국가 표준에 바탕을 둔 것이 아니라 표준으로부터의 편차치에 바탕을 두고 있다. 아동이 지역 혹은 국가의 규준으로부터의 편차치에 따른 일정 수준 없이 지역 단위의 팀 구성원들의 판단에 의해서 주 단위와 국가 단위의 예산이 들어가는 특수교육 서비스에 대한 적합성을 결정하는 시스템을 운영하기 위해서는 교육 분야가 충분한 돈이 없었으며, 없을 것이다. 더욱이 미래에는 부모와 교육자들이 국가의 규준 비교에 관심이 없을 것이라고 주장하는 것은 근시안적인 것이다. 사실 아동낙오방지법(No Child Left Behind Act)의 결과로 대중의 비난에 대처하기 위해 미국 교육은 좀 더 규준 평가의 방향으로 변화되었다. 비록 특수교육의 몇몇 영역(예: 학습장애)에서는 지역 규준과 실무가 더 많이 적용되더라도 일반교육 현장에서는 국가 규준이 계속해서 더 중요할 것이다.

> 비록 학교심리학자들에게 있어 평가의 역할이 계속해서 가장 중요한 역할이기는 하지만 평가모델, 환경, 문제, 내담자에 있어서 다양성으로 인해 학교심리학자의 역할이 더 확대되고 이해하기 쉬워졌다.

그러면, 전문가들은 어떻게 변화되었는가? 학교심리학 실무가 오랜 역사 동안에 동일하게 유지되었다 하더라도 몇 가지는 변화되었으며 학교심리학 분야가 존재하는 환경 또한 변화되었다. 비록 학교심리학자들에게 있어 평가의 역할이 계속해서 가장 중요한 역할이기는 하지만 평가 모델, 환경, 문제, 내담자에 있어서 다양성으로 인해 학교심리학자의 역할이 더 확대되고 이해하기가 쉬워졌다. Reschly (1998)의 비교 연구에 의하면 비록 사정의 역할이 지난 10년간 거의 변화되지 않았다 하더라도 기능에서는 몇 가지 변화를 쉽게 알 수 있다. 사실 Reschly는 비전통적 평가에 전통적 평가만큼의 많은 시간을 실무가들이 할애한다고 밝혔다(Curtis, Lopez, Batsch, Smith(2006) 연구에서도 이와 같은 사실을 지지하는 데이터가 보고되었다).

1장에서 가정한 것처럼, 사정은 학교심리학 실무에 있어서 거의 모든 측면에 적용된다. 그들의 실무 환경에 관계없이 학교심리학자들은 사정으로 자신의 전문성을 인정받고 존중받을 것이다. 정규 분포 검사의 사용도 계속될 것이지만 좀 더 광범위하면서도 세분화된 중재 중심 사정의 역할이 보다 더 광범위하게 수용될 것으로 기대된다. 미래의 실무가는 치료, 컨설팅, 교정, 시스템 변화 등에서 효과적인 중재를 이끌기 위해 계속해서 사정 훈련을 해야 한다. 평가-중재 연계에 대한 필요는 평가를 위해 계속적인 검사를 요구한다. 평가에 있어서 특성에서 상태로, 내적인 것에서 관찰 가능한 행동, 국가 단위 규준에서 지역적으로 규준으로 평가의 새로운 변화도 고려해야 한다. 미래의 학교심리학자들은 정신건강뿐만 아니라 교육적 유용성을 가진 관찰 가능한 평가 기반 중재를 제공할 수 있어야 할 것이다.

유행과 시류에 따른 변화

학교심리학자들은 유행적 변화에 기인해 학교심리학 실습이 시류에 편승하는 것을 피해야 한다. 교육과 학교심리학에서 오고간 유행에 따른 실무는 다음과 같다. 예를 들어, 첫 글자 교수 알파벳(initial teaching alphabet: ITA), 지각-행동 그리고 신경학적 중재(예: Frostig, Doman-Delacato), 운동성 평가와 중재(예: the Illinois Tests of psycholinguistics Abilities), 투사기법(예: Draw-A-Person), 능력 수치의 프로파일 분석 등이다. 유행에 따른 실무 중 몇몇은 의도는 좋았지만 정치적 움직임에 따라 없어지기도 했다. 예를 들어 학교심리학자들이 National Educational Goals of America 2000이라는 학교 개혁의 시류에 보조를 맞춰 학교심리학을 가시화시켰을지도 모른다. 그러나 그 목표는 도달 가능한 것이라기보다는 정치적으로 옳다고 여기는 것이었다(Sullivan, 1999). 정치적 운동으로부터 생긴 실무는 정치적 힘에 변화가 오면 금방 없어져 버린다. America 2000은 장애 아동과 정신건강 서비스의 중요성과 관련한 모호한 목표를 가졌다.

학교심리학자의 미래가 교육의 미래와 보조를 맞추는 것이 학교심리학이 "학교"라는 곳에 배치되는 것에 도움이 될 수도 있다. 그러나 심리학 분야의 전문가로서의 정체성은 사라질 위험이 있다. 학교심리학은 아동에 흥미를 가진 트렌드나 활동에 있어서 학교심리학자 전문가로서의 윤리성과 원리에 일치하는 한 이러한 활동들과 보조를 맞추어야 한다. 육체적 처벌을 반대하는 사람들과 함께 일하고 가정-학교의 협동을 위한 노력을 하는 것은 긍정적인 예이다. 평가 환경에서 Trachtman(1981)의 충고는 주의를 끌지 못했다: 시류에 편승하지 않기, 상호관계뿐만 아니라 사람 이해하기, 다양한 평가 기술의 보완적 특성 고려하기(p. 149). Lambert(1981, 1998)는 학교심리학 실무에 대한 다른 사람들의 비난을 받아들이고 시대의 흐름에 맞게 전문성에 대한 추가적인 통찰을 언급했다. 학교심리학은 항상 어떤 시류의 흐름 가운데 있는 것처럼 보인다. 아동낙오방지법(No Child Left Behind) 혹은 RTI가 학교심리학과 공교육에서 또 다른 유행이 될지 안 될지는 두고 볼 일이다.

학교심리학자로 일하는 동안에 유행은 오고 간다. 바퀴는 돌고 또 돌아간다. 특수교육 라벨이 "disabled(장애)"에서 "handicapped"로 바뀌었다가 다시 "disabled"로 사용되었다(몇몇 사람은 "challenged"란 용어를 더 선호한다). 이론과 적용의 진화는 계보를 통해 추적할 수 있다. 예를 들어 "미세 뇌손상(minimal brain dysfunction)"이 "과잉활동(hyperactivity)"으로 되고 이것이 다시 "주의력결핍 과잉활동장애(attention deficit hyperactivity disorder)"로 된다. Watson의 행동주의와 Skinner의 이론, Ellis의 합리적 정서적 치료와 인지 행동수정, 그리고 주류화, 일반교육 주도, 통합교육 간에도 계보를 찾아볼 수 있다. 최근의 결과 기반 교육(outcome-based education)은 개인적으로 지도되는 교육 혹은 학습의 새로운 형태로 볼 수 있다. 진단적 교수는 Whitmer가 1900년대 초에 그 용어를 사용한 것으로 거슬러 올라갈 수 있다. 지능과 학업 분야의 주요 검사 또한 식별할 수 있는 계보를 가지고 있다. 과거 수십 년간 준거 지향적 평가는 *포트폴리오 평가(portfolio assessment)*, *참 평가(authentic assessment)*, *교육과정 기반 평가(curriculum-based assessment)*라는 이름하에 겉으로 좀 더 향상된 것처럼 포장되었다. 현재 읽기와 문해, DIBELS 교육과정에 대한 강조가 다시 부활했다. RTI는 학교심리학 실무에 있어서 가장 중요한 측면이 될 것이다. DIBELS, RTI 같은 전문 용어와 두문자어는 초기의 전문 용어에 해당되는 "accountability"라는 새로운 표현보다 더 널리 사용하게 될 것이다.

NASP과 다른 전문가 집단이 옹호하는 평가 연계 중재의 미래는 밝다. 왜냐하면 이것이 새롭기 때문이 아니라 학교심리학자의 역할에 있어서 중재를 우선순위에 두기 때문이다. 학교심리학 실무에 있어서 이러한 새로운 접근의 유용성을 판단하기 위한 수단으로 이에 대한 연구결과가 제공될 수 있다면 이러한 새로운 접근은 아마도 힘을 가질 것이다. 이러한 변화의 바탕에는 전통적 평가 대 비전통적 평가의 장점을 둘러싼 논쟁이 있다. 수십 년 동안 평가 관련 문헌에 있어 왔던 이러한 차이점 접근—과정, 특성과 적성 지향적 특성을 가진 전통적 평가와 행동, 상황, 환경과 결과 지향적 특성을 가진 비전통적 평가—이러한 논쟁들은 빠른 시일 내에는 해결되지 않을 것이다. 세 번째 입장은 2가지 유형이 상호 보조적이며 모두 다 실무에 도움이 된다고 믿는 입장이다.

정신건강 지향의 변화

비록 학교에서 정신건강 관련 서비스에 대한 강한 요구를 계속한다 하더라도 학교심리학자들은 특수교육과 사정에 더 많이 연관되어 있다. 학교는 역사적으로 소위 정서 장애(사회정서적 혹은 행동 장애)에 대해서는 거의 서비스를 제공하지 않았다. 그러나 국가 차원의 연구들이 이 범주 아동에 대해 더 많은 관심을 유도하고 이런 아동들을 개선하기 위해 필요한 서비스를 제언했다(Dwyer, 1991). 정신건강 예방과 중재 중심으로 변화되기 위해서는 학교가 정신건강을 향상시키기에 적당한 환경을 제공할 수 있다고 인식할 정도로 이 분야에서 전문 훈련을 제공할 뿐만 아니라 학교 권위자들의 인식 변화도 필요하다. 이러한 서비스에 대한 필요가 점점 더 수용되면 학교를 학문과 사회성을 배우는 중심지로 생각하게 될

> 정신건강 예방과 중재 중심으로 변화하기 위해서는 학교가 정신건강을 향상시키기에 적당한 환경을 제공할 수 있다고 인식할 수 있을 정도로 이 분야의 전문 훈련 제공뿐만 아니라 학교 권위자들의 인식 변화가 필요하다.

것이다. 그러나 학교심리학자들의 추가적 훈련, 경험, 인력 없이는 학문 분야의 사정과 중재 서비스와 더불어 정신건강 서비스를 효과적으로 제공하기는 어렵다. 훈련, 특수성, 흥미에 따라 학교심리학자 이외의 다른 인력들을 구성하기가 쉬우므로 사회복지사와 학교 상담사, 임상심리사와 상담심리사들이 교육 분야의 정신건강 서비스에 더 많이 유입될 수도 있다. 이런 실무는 학교 연계 및 학교 기반 종합 클리닉 모델(school-linked and school-based comprehensive clinic model) 내에서 활성화될 수 있다(Pfeiffer & Reddy, 1998; Tyson, 1999; Vance & Pumariega, 1999).

변화에 대한 조심스러운 접근

학교심리학자가 전통적 사정 모델(의뢰-검사-보고서) 내에서 생존할 수 있을까? 이런 협소한 실무 활동을 기대하거나 수용되는 환경에서는 몇 명의 학교심리학자들은 전통적 사정 모델에서 생존할 수 있다. 그러나 학교심리학자들은 행동적 변화 중재와 교수, 정신건강 개선, 학업 능력 개선과 연계된 사정 모델을 요구한다. 비록 학교심리학자들의 우세한 역할이 전통적으로 평가였다 하더라도, 그 역할은 계속해서 확대될 것이다. 변화는 중재와 자문의 방향으로 이루어질 것이며, 많은 곳에서 오랫동안 수행했던 전통적인 역할과 쉽게 양립할 수 있는 역할들은 거의 모든 학교심리학자에 의해 어느 정도까지는 실천될 것이며, 역할이 일반교육 혹은 특수교육으로 확대될 수도 있다. 더욱이 평가에서 보다 새로운 방법(예: 교육과정 기반 평가)이 많은 학교심리학자들에게 익숙해지고, 또한 이러한 것들이 배우기가 어렵지 않기 때문에 교사에게 자문을 주며 중재를 수행하는 것으로 문을 더 넓힐 수 있을지 모른다. 평가 연계 중재(intervention-linked assessment) 접근은 서비스 전달의 측면에서 사전 의뢰 평가(prereferral assessment)와 기능적-행동적 평가(functional-behavioral assessment)와 잘 맞는다. Gredler(1992)는 전통적 형태의 서비스에 대한 필요성을 언급하지 않고 비전통적인 역할과 기능은 변화할 수 없다고 주의를 주었다. 학교심리학 실무의 역사는 특수교육의 역사와 매우 밀접하게 연관되어 있다. 그래서 만약 학교심리학 실무가 학생의 요구에 대한 교육자의 인식과 일치할 수 없는 방향으로 변화된다면 그 관계는 쉽게 깨질 수 있다. 특수교육 규정에 있어서의 변화 또한 이 관계의 지속성과 관계가 있다. 만약 학교 배치를 위한 적합성 모델이 더 이상 전통적 평가 혹은 심리학적 서비스를 요구하지 않는 방향으로 변화된다면, 많은 학교심리학자들이 직업을 잃게 될 것이다. 그러나 비록 내부에서는 전통적인 역할

> 학교심리학자들이 지난 반세기 동안 해왔던 역할들을 더 이상 원하지 않다는 인식을 교육자에게 주는 것은 학교심리학자로서의 직업의 안정성에 위협을 줄 수 있다.

에 계속해서 불만이 있다 하더라도 고용인들은 학교심리학자들의 역할(분류자와 수정자로서)이 중요하다고 인식하기 때문에 이런 전통적인 역할은 지속될 것이다. 반대로 학교심리학자들이 지난 반세기 동안 해왔던 역할들을 더 이상 원하지 않다는 인식을 교육자들에게 주는 것은 학교심리학자로서의 직업의 안정성에 위협을 줄 수 있다. 변화를 옹호하는 사람들은 실무가들이 역사적으로 해왔던 일이 더 이상 중요하지 않은 것으로 인식되도록 주와 연방 정부를 부추길 수 있다. 물론 몇몇 전문가들은 현상 유지를 하는 데에도 위험은 있다고 주장한다; 변화에 좀 더 참을성 있고, 계산되고, 문서화된 접근이 필요하다.

학회 발달의 미래

가까운 미래에 주 단위 학교심리학회들의 가장 중요한 이슈는 열정적인 전문가들이 학회에서 리더 역할을 할 수 있도록 끌어들이는 것과 학교심리 전문가들의 확대된 훈련과 실습을 효과적으로 대변하고 관리하도록 하는 능력이 될 것이다. 국가 수준의 학회에서 분과 16과 NASP 모두 안정적인 미래를 가지고 있는 것으로 보인다(Fagan, 1993; Fagn, Gorin, & Tharinger, 2000). 국제 수준에서는 국제학교심리학회(International School Psychology Association: ISPA)와 비슷한 수준의 학회가 없으므로 계속 성장해 미래에는 중요한 기관으로 자리매김해야 한다. 지역 수준에서는 현재 모든 주가 심리학회에서 분리된 주 단위의 학교심리학자들을 위한 학회가 있다.

국가 단위와 주 단위 학회의 대표들 중에 점점 여자들이 증가할 것이며 교육자와는 반대로 더 많은 실무가들을 대표하기 위해 실무자 대표들이 특히 NASP이나 NASP과 연합된 주 단위 학회에서 높은 지위에 있는 비율이 높아질 것이다. 학교심리학 분야에서 소수 민족의 고용이나 소수 민족의 수가 증가하지 않는다면 소수 민족을 대표하는 리더는 별로 증가하지 않을 것이다. Deborah Crockett(1997~1998)는 국가 수준의 학교심리학회인 NASP의 최초의 흑인계 미국인 대표였다.

변화에 대한 예측

책에서 많은 작가들은 학교심리학 분야의 미래에 대해 독자들에게 도움이 될 수 있는 구체적인 제안 리스트는 제시하지 않고 미래에 대한 대략적인 모습만을 이야기했다. 비록 이 책이 모든 대답을 준다고 주장하지는 않지만 학교심리학 전문가들이 생산적으로 나아가는 데 도움이 될 수 있는 몇 가지 방법들을 언급하고 있다.

통일된 이론적 방향에 대한 의문

지난 40년간 학교심리학에서는 다양하면서 통합된 주제들을 제시하였다: Gray(1936)의 데이터 중심의 문제해결자; Reger(1965)의 교육 프로그래머; White(1968-1969)의 학교의 심리학; Bardon(1983)의 응용교육심리학: Elliott와 Witt(1986a)의 상호적 결정주의; 마지막으로, 발달, 가족, 사회 시스템 접근(예, medway & Cafterty, 1992; Plas, 1986; Woody et al., 1992). 모든 주제가 어떤 점에서는 유용한 관점이지만, 전부 다 학교심리학자에게 필요한 것은 아니다. 그러나 전문가들이 전문적 정체성을 수립하기 위해 하나의 단일화된 실습 이론이 정말로 필요한가? 다른 전문가들의 경우 하나의 실무 이론으로는 부족하며, 단일화된 실무이론이 없다는 것이 학교심리학자들에게 있어 문제의 원인이 되지 않아야 한다. 상담심리학 혹은 임상심리학의 경우, 단일화된 이론은 무엇인가? 다양한 환경과 업무를 가진 전문가들에게는, 예를 들어, 행동, 심리역동적, 발달적, 심리신경학적, 가족 시스템, 조직적 발달, Cattell-Horn-Carroll 평가 이론 등과 같은 다양한 이론적 관점과 방향이 필수 불가결하다.

학교심리학 분야의 다양성을 수용하는 것과 전문가들이 추후 학교심리학 분야가 이론적 혼란에 빠진다는 주장과는 다르다. 더욱이 학교심리학의 미래 중 가장 가능성이 높은 것은 학교심리학자들이 교육 분야에 과학적 심리학이 기여할 수 있도록 광범위한 주제를 단일화시킬 것이라는 것이다. 이러한 주제는 전통적 혹은 비전통적 평가, 컨설팅, 카운슬링, 심리치료, 교정적 중재, 교육과정 개발과 평가, 가족 시스템, 학교 시스템, 지역사회 교육적 이슈를 포함하는 실무를 모두 포괄할 수 있다. 단일화는 교육 분야에서의 심리학적 적용에 초점을 두어야 하며, 특정 이론적 방향으로 제한하거나 혹은 어떤 역할이나 기능을 없애지 않아야 한다. 내담자와 실무 환경에 따라 하나의 접근이 적절하지 않는 것처럼 학교심리학자들을 위해서는 미래에는 전통적인 것과 비전통적인 다양한 역할 방향을 가져야 한다.

> 내담자와 실무 환경에 따라 하나의 접근이 적절하지 않는 것처럼 학교심리학자들을 위해서는 미래에는 전통적인 것과 비전통적인 다양한 역할 방향을 가져야 한다.

이분성과 양극화 피하기

학교심리학 분야의 미래 지도자들은 점점 증가하는 다양성을 효과적으로 잘 대변해야 한다. 전문성이 구분되고 분열되면서 몇 개로 양극화되었다: 박사 대 비박사 훈련과 자격; 일반교육 주도와 통합교육 대 좀 더 전통적인 특수교육; 컨설턴트로서의 학교심리학자 대 전통적 서비스 제공자; 교육과 연관된 전문가 대 심리학과 연관된 전문가; 학습과 연관된 실무가 대 정신건강과 연관된 전문가, 학교 장면에서 근무하는 실무가 대 학교 이외의 장면에서 근무하는 실무가. 특정 분야에 흥미가 있는 사람들이 NASP과 APA 분과 16 이외의 모임에 점점 모여들면서 잠재적으로 학교심리학 분야를 구분시켰다. 전향한 첫 번째 그룹은 학교 이외의 분야에 있는 학교심리학자들로 특히 개인적 실무를 하는 학교심리학자들이다. 이러한 위협은 학습 대 정신건강의 양극화에 있어 심각성을 가중시켰다.

또 다른 구분은 교육과정 기반 평가와 준거 기준 평가의 옹호자들이 이 분야의 전통적인 규준 평가와 경쟁을 벌이면서 반응-중재 모델의 사용에 대한 발전을 위협하는 것이다. 비록 교육과정 기반 평가의 옹호자가 평가와 중재 간의 연계에 관해 중요한 메시지를 전달하고 있지만 몇몇 사람들은 규준 평가는 시대에 뒤떨어져 쓸모없는 것(사실은 아니며)이며, 대부분의 학교심리학자들은 새로운 접근을 주로 사용하며(사실이 아니며), 이러한 새로운 접근을 사용하지 않거나 사용하려고 할 준비가 되어 있지 않은 학교심리학자들은 학교심리학의 미래에 문제의 요소가 될 것이다(사실이 아니다)라고 주장한다. 이러한 메시지는 규준 평가와 준거 지향 평가의 특성을 효과적으로 전달하는 것이 아니며, 서로 다른 두 검사들이 서로 보완하면서 각각의 접근을 사용해야 한다. 만약 이러한 새로운 접근이 좀 더 현실적인 환경 내에서 받아들여지지 않는다면, 교육현장에서 행동 분석이 1970년대에 겪었던 것과 마찬가지로 새로운 접근의 평가 또한 같은 운명을 겪을 것이다(Baer & Bushell, 1981).

변화가 현재의 훈련과 실무 현장에 잘 섞인다면 장기적인 변화가 효과적으로 일어나기가 더 쉽다(Psychology in the Schools, Vol, 43, Nos. 7&8, 2006 참조). 새로운 형태의 사정(assessment)과 RTI 모델에 대한 효과성이 이야기되고 있다(Burns & Ysseldyke, 2006; Grimes, Kurns, & Tilley, 2006; Ranes, 1992; Rosenfield & Kuralt, 1990; Shapiro. 1989; Shinn, 1989; Shinn, Nolet, & Knutson, 1990). 이 책에서는 널리 알려진 학교심리학 분야의 양극화에 대해 어느 한쪽이 약화될 수도 있다고 주장한다.

이상과 현실 간의 차이 연결

모든 전문가들은 이데올로기와 현실 간의 갈등을 경험한다. APA와 NASP도 학교심리학 분야에 대한 현재의 이데올로기를 대표하는 기준을 세우고 있다. 그러나 전문가의 이데올로기 중에서 훈련, 자격증 수여, 실습에서는 현실보다 이데올로기가 훨씬 앞서있다. 많은 훈련 프로그램이 인증 기준에 부합하지 못하고 있다. 많은 주가 자격증 수여 기준에서 벗어나 있다.

가이드라인과 기준은 이상적이거나 혹은 모델에 해당하며, 때때로 실무가가 희망하는 최상의 실습으로 언급되기도 한다. 가이드라인과 기준이 실제로 존재하는 실무의 규준을 나타내지는 않는다. 예를 들어 NASP에서 권고하는 서비스 비율은 학교심리학자 실무가 1인당 1,000명의 학생 혹은 내담자 정도라고 말하고 있지만 심지어 NASP에서 실시한 설문조사에서조차도 평균 서비스 비율이 1:1,500이라고 응답했다. 미래에 대한 안내로서 이상을 가지는 것은 중요하다. 그러나 이상이 현실로 혹은 현재 우리가 도달해야 하는 것으로 제시된다면 실무가와 너무 수용하기 어렵거나 가능하지도 않은 이데올로기를 가진 훈련가 간의 사이가 멀어질 위험이 있다.

전문가의 소진 예방

전문가들 중 가장 우수하고 명석하고 가장 친절한 사람들도 직장에서 첫 몇 년간 가장 혼란스럽고 좌절한 경험을 가지게 되는 경우를 흔히 볼 수 있다. 많은 학교심리학자들, 특히 시골지역에서 일하는 사람들은 다른 학교심리학자들과 정기적으로 연락을 하는 경우가 극히 드물다. 전문가 조직, 책, 통신기술은 동료적 지원과 이해를 제공해 줄 수 있는 학교심리학자들 간의 네트워크를 만들 수 있는 기회를 제공해 줄 수 있다. 이메일을 통한 다양한 논의는 실무가들로 하여금 전통적인 의사소통 수단을 보충해 주며 이러한 이메일 논의는 지방 단위, 주 단위, 지역 단위, 국가 단위 전문가들과 함께 이루어질 수 있다.

학교와 지역 사회에서의 서비스 확대

학교심리학 전문가들은 미래에는 IDEA하에서 특수교육 서비스를 받는 학생들을 대상으로 전문적인 서비스를 제공하는 것으로 제한하지 않고 좀 더 넓게 전체 학교 인구를 대상으로 서비스를 제공할 수 있도록 좀 더 다양한 기술을 가져야 한다고 강조한다. 영재와 재능아, 가정 혹은 학교에서의 스트레스로 인해 일시적으로 어려움을 경험하고 있는 아동, 다양한 평가 도구에서 평균 이하의 수준에 있는 아동들은 학교심리학자들이 서비스를 제공해야 하는 아동으로 간주되어야 한다. 최근에는 일반교육과 특수교육에 대해 새로운 관심을 가지고 있다. 정규교육과 특수교육 중간에 위치한 입장에서 치료적 입장의 학습과 정신건강 서비스의 부활로 정규교육과 특수교육 간의 연계성을 제공해 줄 수 있다. 아동낙오방지법(No Child Left Behind Act)은 학교심리학 실무가들을 일반교육 분야로 끌어들였으며, 특수교육과 일반교육 분야에서의 책임성에 대한 요구와 일반교육과 특수교육 간의 서비스를 연계하는 데 도움이 되었다.

전문가들은 출생 후 학령기와 18~21세까지의 학생에 대한 높은 관심에 대한 반응으로, 서비스를 제공하는 내담자의 연령 범위를 계속해서 확대해야 한다. 어린 연령대 아동의 경우, 선천적 문제, 가족환경, 혹은 사회경제적 지위 때문에 어려움이 생길 수 있는 문제를 예방하면서 이미 어려움을 가지고 있는 문제들의 경우에는 이를 해결하기 위해 필요한 서비스 제공을 목표에 포함시켜야 한다. 초기 문해 프로그램(DIBELS) 사용의 확대는 이러한 노력의 예이다. 나이가 좀 더 많은 연령대의 학생을 위해서는 왜 학생들이 학교를 그만두는지와 관련된 이슈를 이야기하고, 직업 훈련으로서 일-학습 프로그램(work-study program)이 학교로부터 지역사회로의 전환 프로그램의 일부가 되도록 할 수 있다. 고등학교 이후 연령대에 해당하는 전문대와 4년제 대학에서 일하는 학교심리학자들이 증가한다는 것은 학교심리학 서비스가 확대되고 있다는 것이다.

자원의 효율적 사용, 지속적인 전문성 개발과 책무성 강화

학교심리학자들은 창의적인 방법으로 이용 가능한 모든 자원을 사용해 전문적인 목표를 달성해야 한다. 행정적 업무(paperwork)의 감소 및 단순화 혹은 시간 소비적인 활동(time-consuming activities)의 감축은 학교심리학자들로 하여금 더 중요한 업무를 할 수 있게 해 준다. 예방적 접근은 작은 문제가 큰 문제로 확대되기 전에 작은 문제를 다루는 방법이다. 인력자원(학회, 내담자, 대중)은 예를 들어 은퇴자, 비고용인, 대학생, 심지어 교실에 있는 다른 학생들은 서로 돕기 위해 모일 수 있다.

평생 교육의 이점을 알게 될 때 인사부에서도 학교심리학자들을 포함시킬 것이다. 평생 교육은 새로운 발달에 대한 부응, 현재의 기술 개선, 새로운 기술 획득, 개인적 및 전문적 발달을 반영하는 기회 제공, 다른 사람이 무엇을 하는가에 대한 인식 증진에 있어서 중요한 수단이 된다.

전문적 책무성(professional accountability)은 어떻게 실무가들이 시간을 사용하는지에 대한 정확한 그림을 제공해 준다. 과정의 효율성에 대한 책임감과 결과의 정확성을 기술하는 것은 전문가들 내에서도 긍정적인 변화를 가져올 수 있으므로 대중의 눈에 비친 전문가의 이미지를 향상시킬 수 있다. 미래의 학교심리학자들은 필요한 서비스를 보호하기 위해서뿐만 아니라 어떤 서비스가 다른 서비스보다 어떻게 더 필요한지를 설명하기 위해서도 자료의 책무성에 관심을 가져야 한다.

> 미래의 학교심리학자들은 필요한 서비스를 보호하기 위해서뿐만 아니라 어떤 서비스가 다른 서비스보다 어떻게 더 필요한지를 설명하기 위해서도 자료의 책무성에 관심을 가져야 한다.

변화에 대한 조심스러운 접근

교육과 학교심리학을 위한 전달 시스템은 변화할 준비가 되어 있다. 그러나 의무 학교 교육시대에서 나타나는 변화와 심리학적 서비스는 현재의 환경을 반영한 계획의 결과로 점차적으로 일어날 것이다. 향후 20년간 미국의 교육체제 내에서 일어나는 모든 변화는 주 단위의 책임과 규정, 3백만 이상이나 되는 교사의 로비활동, 90,000개 이상의 학교 시설, 계속 부족한 재정적 지원 환경 내에서 나타날 것이다. 이러한 변화를 연구하는 사람들은 나라마다 이러한 변화가 미래에 동일하게 나타나지는 않는다는 인식과 참을성이 필요하다. 권위기관이 없는 전문가 규정(professional regulation) 시스템 내에서의 변화는 불규칙한 양적, 질적 변화를 보일 것이다. 규정기관과 영향력을 가진 다양한 전문가들에 의해 좌우되는 것은 또 다른 요인이다. 주 단위 혹은 지역 단위에서 제공되는 서비스의 질은 중요한 위치에 있는 개인들에 의해 심각한 영향을 받을 수 있다. 현재에 높은 질적 서비스를 제공한다는 것이 미래의 서비스도 또한 이렇게 높은 수준의 서비스를 제공한다는 것을 보장하지는 않는다. 현재에 어떤 목표에 도달했다는 것이 미래의 위기를 막을 수는 없다. 전문적인 이슈와 문제는 영원히 해결되지 않는다. 왜냐하면 이러한 전문성은 사람 집약적이며, 한번 해결되지 않은 문제는 계속 남아 있기 때문이다. 학교심리학자들은 학교심리학자들의 서비스에 대해 핵심적인 행정가와 내담자를 대상으로 교육하고 또 교육해야 한다. 이러한 관심은 특히 교육행정가, 조직의 리더십, 재정압박, 사회적 변화에 있어서 변화가 많은 시기에 더욱 필요하다.

역할 규명

학교심리학자의 역할과 기능에 대한 전체적인 특성을 명확하게 하는 것은 필요하다. 그러면 소비자(예: 부모, 교사, 학생)들은 실무가들이 무엇을 할 수 있는지에 대해 더 잘 이해할 것이다. 비록 국가 단위와 주 단위의 학교심리학 조직에 의해 대중적 관계를 가지기 위한 노력이 점점 증가하고 있다고 하더라도 학교심리학은 여전히 더 많은 가시화가 필요하다.

　역할을 명확화하기 위해 우리는 "역할"과 "기능"이라는 단어 간의 구별이 필요하다. 우리는 이들 용어를 서로 비슷한 의미로 사용하는 것을 제한해야 하며 좀 더 자세하게 학교심리학자들의 역할이 무엇이며 그들의 역할에 따른 기능이 무엇인지를 생각해야 한다. 역할이란 우리가 하는 것을 의미하는 것이 아니라 우리가 우리의 기능을 수행하는 데 있어 개념화된 서비스라고 볼 수 있다. 이러한 구분은 학교심리학자의 전통적인 역할이 정말로 그 기능을 다하고 있는가 하는 우려로 희생되어 왔다는 것을 이해하는 데 도움이 된다. 전문가들은 지능 검사와 같은 전통적인 검사자로서의 역할을 버려야 한다고 비평가들이 주장할 때, 그 주장의 의미는 학교심리학자들이 평가를 하는 데 있어 학습적으로 좀 더 적절한 검사 혹은 평가를 포함하는 것으로 평가 역할의 기능을 조정할 필요가 있다는 의미이다. 사정의 역할이란 전통적·비전통적 영역에서 일하는 모든 학교심리학자들의 실무 업무 중 가장 핵심이다. 신경심리학, 유치원 혹은 직업 사회심리학과 같은 전문가들은 전통적인 역할에 보다 현대적인 기능을 제공하고 있다.

학교심리학자에게 있어 "아동 분류자(child sorter)"와 "아동 수정자(child reparirer)"로서의 2가지 전통적인 역할을 충족시키기 위해, 학교심리학자들은 교정적 교수, 행동수정, 상담과 심리치료, 자문과 같은 기능을 개발해 왔다. 그리고 수정 업무에는 가정뿐만 아니라 학습 환경의 수정도 포함시켰다. 좀 더 최근에는 디자인, 감정평가, 자문, 변호, 시스템 변화와 같은 기능을 수행하기 위한 기술자가 되어 시스템적 문제에 대한 연구까지 수행하는 역할로까지 학교심리학자들의 역할을 확장시켰다. 학교심리학자들이 수행하는 모든 역할은 문제가 존재한다고 인식되는 학교 교육 전반에 걸쳐 있으며 이러한 문제를 해결하는 것이 아동의 학습과 정신건강에 있어 긍정적인 결과를 가져올 것으로 기대된다. 이것이 학교심리학이 교육 분야에 속해 있는 중요한 측면이다.

기술

모든 역할과 그들의 부수적인 기능은 기술의 발달에 영향을 받는데 특히 의사소통, 평가도구, 점점 증가하는 의료와 의약품의 개발에 의존하는 중재 분야에서 기술 발달의 영향력이 크다. 1994년과 2000년에 출간된 책에 의하면 거의 모든 실무가들은 일상적인 업무를 하는 데 있어 개인 컴퓨터를 사용하게 될 것이라고 예측했다. 그 후 통신 분야의 개혁이 일어났다. 관찰과 결과를 쉽게 공유할 수 있는 편이성은 있지만 이에 대한 보상으로 전자 문서의 비밀 보장을 유지하기 위한 노력이 필요하게 되었다. 더욱이 의료기술과 의학 분야에서의 눈부신 발전으로 학교심리학자와 의료 분야 전문가들 간에 긴밀한 관계를 가지는 것이 필요하게 될 것이다.

서비스 모델과 고용 환경에 대한 참을성

교육을 바다로 비유하자면 학교심리학은 중요하지만 조그만 배에 해당된다. 학교심리학자는 일반학교 고용인의 약 0.5%로 구성되어 있다. 학교심리학자는 교육 전반에서 중심은 아니다. 학교 행정가에게 있어 학교심리학자의 역할과 기능에 대한 문제는 월요일 아침에는 버스가 정시에 오지 않거나, 어떤 건물에서 에어컨이 작동하지 않거나, 선생님이 파업을 하겠다고 위협하는 것처럼 비교적 작은 문제로 보인다. 그러나 바다에서 파도를 만들 수 있는 힘 있는 사람에게 현명한 조언을 제공할 수 있는 위치에서 전문적인 영향력을 주는 원천으로 학교심리학자가 존재하기를 희망한다. 이러한 조언을 넘어서 학교심리학자들은 조용하거나 폭풍우 치는 바다에서 그들의 배를 조정하고, 아동과 교육에의 심리학적 적용에 대한 옹호자로서 여러 가지 방법으로 지속적으로 서비스를 제공하기 위해 준비해야 한다. 그리고 심리학 분야에서 학교심리학자의 상대적 위치에 대해서도 언급되어야 한다. 우리는 학교심리학이 심리학과 교육 두 가지 분야에서 강한 존재감과 지위를 가지고 있다고 인식한다. 학교심리학은 과거의 전통적인 역할, 기능 환경에서 벗어나 역할과 기능을 확장하고 있다. 생각할 수 있는 거의 모든 학교심리학자의 유형이 존재하는 시대가 도래할 것이다. 학교심리학자의 역할과 기능은 환경에 따라 정의될 것이다. 초기의 임상에 기반을 둔 작은 그룹의 심리학자로 출발해 국가적으로 모든 지역의 학교에서 여러 다양한 환경에서 다양한 분야의 실습가로 확장되었다. 우리의 개념 내에서 학교심리학의 미래는 역으로 다른 심리학 분야의 성장과 달리 미래에는 이데올로기 혹은 모델의 수를 최소한으로 하는 형태로 발달할 것이다.

학교심리학자는 고용 환경에서 그들의 위치에 대해 계속 감사해야 한다. 학교심리학자들은 국가에서 가장 큰 사회인 교육사회와 연결되어 있다. 비록 몇몇은 다른 역할, 심지어 더 선호되는 역할을 가지고 있다 하더라도 대부분의 학교심리학자들은 교육 분야에서 매우 특수적인 역할을 가지고 있다. 학교심리학자를 기술자 혹은 전문가로 보는 비평적 평가(예: Ysseldyke, 1986)는 시스템 내에서 그들의 전통적인 역할과 기능을 부정하고 기술자 대신 전문가로서 유사한 역할을 해야 한다는 것을 암시한다. 학교심리학자를 기술자 혹은 전문가로 비교한다는 것은 이미 실무에 있어서 기계적이고 확률적 기제(mechanistic and probabilistic paradigms)를 사용한다는 Phillips(1990b)의 주장과도 유사하다. 학교심리학자들이 말하는 많은 문제들이 일부는 간단하게 해결책을 줄 수도 있지만 대부분이 그렇게 간단히 해결책을 줄 수 없다는 사실에 동의를 한다 하더라도 학교심리학자들에 대한 요구는 시간이 지나면서 변할지도 모른다. Phillips(1990b)는 "일반교육 내에서 특히 공교육 기관 내에서 현재의 학교심리학의 아이디어와 일치하는 방법으로 학교심리학자들의 자신의 지식과 기술을 방법에 따라, 환경에 따라, 시기에 따라 다르게 적용해야 한다"라고 말했다(p. 22). 지식과 기술을 다른 방법으로, 다른 환경에서, 다른 시기에 적용해야 한다"(p. 22)라고 말했다. Bardon과 Bennett(1974)는 학교심리학을 3단계로 보았는데, 1단계(검사자)와 2단계(진단과 제언을 하는 임상가) 실무자들을 더 많이 필요로 하고, 바람직하게 가는 방향이며 편리하다고 생각되던 이전 시대로부터 현재의 3단계 실무가 모습이 나타났다. 전문가로서 학교심리학에 대한 Ysseldyke와 Phillips의 개념은 Bardon과 Bennett의 3단계 수준인 "다양한 지식과 기술을 가지고 그들의 지식을 특정 환경인 학교에서 다양한 방법으로 적용하는 심리학자"(p. 20)와 비슷하다. 동일한 개념이 *School Psychology: Blueprint for Training and Practice* 책 3판에 스며들어 있다. 우리는 학교심리학자들의 다양한 역할과 기능의 발전이 예측 가능한 미래 동안에는 지속적으로 이루어질 것이라고 믿는다. 이러한 다양성은 학교심리학 실무에 있어서 특징이 되었지만 미래에는 2단계 이상의 수준으로 훈련, 자격 실무를 구분하는 바탕이 될지도 모른다.

학교심리학자가 고용되는 교육사회의 규모를 고려해 본다면 다른 서비스 산업에서의 지위와 어느 정도 비교해 보는 것은 도움이 될지 모른다. 만약 학교심리학자들이 법 집행 시스템 내에 있다면 학교심리학자들이 경찰, 감독자, 경찰 대표가 될 수 있을까? 우편 체계 내에서는 학교심리학자들이 우편배달부, 검열관, 우체국장이 될 수 있을까? 비행기 탑승자, 기장, 혹은 항공 운항 조정자가 될 수 있을까? 학교심리학자들은 교육 시스템 내에서 학교심리학자가 또 다른 역할을 수행할 수 있도록 하기 위해서는 현재의 교육 시스템 내에서 자신의 역할을 잘 이해하고 수행하여야 한다. 우리는 모두가 좀 더 매력적인 일을 해야 한다고 계속해서 떠드는 대신에 학교심리학 분야의 다양성을 인식할 필요가 있다. 물론 일리노이 혹은 위스콘신에 있는 학교심리학자들은 교육 행정가 자격증을 받도록 로비(압력)를 행사하지 않아 모든 학교심리학자가 교육 행정가가 될 수는 없다. 그래서 일부의 학교심리학자만 교육 행정가가 되었다(만약 정말로 행정가가 되기를 원했다면 학교심리학자는 자신의 경력을 행정가 자격증을 받는 데 사용할 수도 있다). 우리는 "학교심리학자에게 분류자(sorter)와 수정자(repairer)의 역할을 요구하는 것이 무슨 문제가 있는가?"라는 문제를 제기해 보고자 한다. 여기서 우리는 전통적인 기능이나 역할에 대해 규정을 둘 필요가 없다. 수천만 명의 학교심리학자들이 이러한 역할에 만족하지 않는가? 만약 지난 40년 동안의 학교심리학자들의 역할과 기능에 관한 연구를 살펴보면, 정말로 학교심리학자들이 자신의 역할로 가장 이상적인 것이 무엇인가라는 질문을 받았을 때 학교심리학자들은 전체 시간의 1/3 이상을 평가에 사용하며 만약 그들이 전통적인 중재 역할을 선호한다면 더 많은 시간을 사용할 수 있다고 답했다. 이 연구 결과에서도 학교심리학자들의 직업 만족도는 상당히 높은 것으로 나타났다. 만약 우리가 전통적인 역할을 버린다면 아동 혹은 교육 사회에서 가장 관심이 많은 일을 할

> 미래에도 대부분의 학교심리학자들은 계속해서 분류와 수정의 역할을 담당하지만 새로운 기능을 일부 담당하게 될 것이다; 많은 사람들이 자문의 역할을 할 것이며 몇몇은 연구와 평가 혹은 행정가로서의 역할을 담당할 것이다.

수 있을까? 역할과 기능에 대한 비평은 모든 학교심리학자들이 경찰서장, 우체국장, 혹은 항공 교통 통제자와 비슷한 위치를 가질 수 없다는 것을 받아들이기를 거부하기 때문이다.

　　매년 여러 학교심리학 관련 문헌들은 실무가들이 특정 서비스를 제공해야 할 필요가 있다고 주장하는 연구들을 언급하고 있다(Fagan, 2002). 만약 학교심리학자의 특정 역할과 기능의 중요성에 관한 연구 리스트가 있다면, 가장 유능한 학교 심리 전문가들조차도 본인이 부족하다고 느끼게 만들 것이다. 실무가들이 모든 사람에게 모든 것을 해 줄 수 없으며 모든 일에서 모두가 전문가가 될 수 없는 것이 사실이다. 미래에도 대부분의 학교심리학자들은 계속해서 분류와 수정의 역할을 담당하지만 새로운 기능을 일부 담당하게 될 것이다; 많은 사람들이 자문의 역할을 할 것이며 몇몇은 연구와 평가 혹은 행정가로서의 역할을 담당할 것이다. 다양한 역할에 대한 요구가 없고, 시스템 내에서 이런 사람들을 위한 고용 기회가 없는가? 만약 그럴 가능성이 없다면, 학교심리학의 미래는 불화와 분리로 고통을 받을 것이다.

　　스위스 학교심리학자인 Roland Kaser(1993)는 학교심리학자들이 바라는 이전에 해왔던 것과 좀 더 다른 것을 살펴보았다. 이에 Kaser는 윤리적 문제를 제기했다 "심리학자들은 그들 스스로가 전문가로서의 윤리적 규정에 부합하도록, 개인의 정서적, 신체적 복지를 보호하기 위해 모든 노력을 하기로 했다. 학교 수준에서 예방적 업무에 해당하는 문제 지향적인 개별 사례 업무를 배타적으로 포기하는 것은 전문가의 기본적인 윤리 원칙에 위반되는 것이다(pp. 12-13)". 그는 다음의 주제를 포함해 몇 가지 중요한 이슈를 제기했다: 학교에서는 도움을 주기 위해 관심을 가져야 하지만 학교 이외의 장면에서는 없는 전통적인 서비스, 아동의 개별적 문제가 최상의 예방적 서비스를 통해서 예방될 수 있다는 환상, 역할 개발은 학교심리학자의 역할과 기능을 확장시키기 위한 지속적인 교육과 경험이 이루어지는 직업 환경의 범위 안에서 개념화될 수 있다. 그는 발달적 모델 내에서 4가지 중심 활동(진단, 상담과 컨설팅, 감독, 직접적인 교수 혹은 연구)은 추가적인 훈련과 경험을 통해 학교심리학자로서의 경력을 쌓아가면서 오랜 시간에 걸쳐 나타난다고 했다. 그러므로 실무가의 경력은 처음에는 진단적 아동연구 활동에서부터 시작해 점차 컨설팅과 감독과 같이 활동의 범위가 더 넓어지게 된다. Kaser의 분석은 우리는 지금 하고 있는 일을 멈추고 처음 입문한 실무가조차도 전통적인 경험이 없는 상황에서 자문, 감독, 행정적 역할을 추구해야 한다는 것을 암시하는 역할 변화의 개념과는 현격한 차이가 있다.

결론

학교심리학의 미래는 매우 밝다. 심리학과 교육학의 중간에 위치한 학교심리학은 100년 이상 동안 변화와 성장을 거듭하며 살아남았으며 이러한 성장과 변화는 계속될 것이다. 학교심리학자의 오랜 훈련자로서 우리는 직업 측면에서 몇 가지 오가는 변화를 지켜보았다. 어떤 사람은 '일시적 성공'을 보였지만 어떤 사람은 실무가들의 레퍼토리 기술의 한 부분이 되었다. 전체적으로 전문성은 과거 수십 년 동안 크게 변하지 않았다. 혁신에 해당하는 대부분의 내용들은 가장 유능한 학교심리학자들이 이미 하고 있는 예를 들어 팀 구성원으로 일을 하거나, 부모와 교사 대상 컨설팅, 특수교육이 필요한 학생뿐만 아니라 전체 학생을 대상으로 서비스를 제공하는 것과 같이 단순한 것이었다. 아마도 우리 경험에 비추어 처음에는 미래의 학교심리학 실무는 좀 더 영구적인 변화가 있을 것이라고 생각했을 것이다. 우리는 좀 더 유연한 서비스 전달 모델, 반응 중재, 결과기반 평가 등 다른 모델들이 현재 학생의 미래를 예측하는 역할을 영구히 변화시킬지도 모른다고 믿었다. 우리는 학교심리학이 계속해서 개인과 그룹 의사소통 기술의 강조와 더불어 데이터 기반 문제해결에 대해 강한 기초적 바탕을 두기를 바란다. 현재 몇몇 졸업생들에 의하면 학교심리학자의 역할이 극적으로 변화하고 있다고 하지만 다른 사람들은 아직도 매우 전통적인 학교심리학자들의 역할과 기능을 하고 있다고 한다. 전문가들은 이 두 그룹의 의견을 수용해서 들어야 한다.

우리는 과거와 현재라고 기술한 몇 가지 영역에 따라 미래를 살펴보았다. 학교심리학은 부유했던 과거, 전례가 없던 현재, 그리고 어떤 상황에서도 매우 밝은 미래가 있다. 미국은 여러 가지 면에서 다양성이 증가하고 있다. 그리고 문화적으로도 더 다양하다. 공산품과 서비스에서의 다양성도 증가하고 있다. 그리고 원격통신 또한 더 다양해지고 있다; 전화는 전통적인 일대일 의사소통 수단으로뿐만 아니라 학회, 데이터 전송, 심지어 재미의 목적으로도 사용될 수 있다; 텔레비전은 생각할 수 있는 모든 지지자들을 위한 채널이 있다. 학교심리학은 학교심리학 자체가 가지는 피할 수 없는 다양성을 다룰 수 있는 방법을 찾아야 한다. 그렇지 않으면 전통적인 사정 기능을 주로 하고 싶은 사람; 자문 기능을 더 많이 담당하고 싶은 사람; 교육과정 기반 사정, 치료, 교사교육 혹은 대학에서의 일을 더 많이 원하는 사람; 시골이나 도시 혹은 학교, 기관이나 개인적 개업의 환경에서 일하고 싶은 사람; 학교에 다니는 모든 연령의 사람을 대상으로 일하고 싶은 사람들을 위한 고용의 문이 열려 있어야 한다.

> 학교심리학은 부유했던 과거, 전례가 없던 현재, 그리고 어떤 상황에서도 매우 밝은 미래가 있다.

실험 심리학자인 James Gibson은 앞으로 움직이는 기차의 맨 뒤에서 보았을 때 기차로부터 세상은 안으로 지나가는 것처럼 보이지만, 기차에서 보면 세상은 바깥으로 지나가고 있는 것으로 보인다고 말했다(Neisser, 1981). 이 말은 똑같은 곳에서 보더라도 우리가 보는 위치에 따라서 수렴 또는 확장의 이미지를 줄 수 있다. 학교심리학은 항상 동시에 두 기차를 타고 있는 것 같다: 심리학의 기차와 교육학 기차. 학교심리학이 자신의 기차를 가진 것은 불과 최근이다. 적어도 우리의 기차를 타면서는 우리는 앞에 있는 우리의 미래를 볼 필요가 있다. 만약 우리의 미래가 확장될 것으로 볼 만한 여지가 없다면 우리의 미래는 과거와 크게 다르지 않을 것이다. 만약 학교심리학 분야가 향후 20년 안에 분열된다면, 이는 과거를 무시하고 미래를 맞이한 노력의 결과일 것이다.

나는 미래에는 학교심리학자들이 어떠한 역할을 수행할지 알지 못한다. 그러나 결코 이전과 동일하지 않은, 새로운 연구로 인해 계속해서 새로운 도전적인 일을 할 것이라는 것에는 동의한다. 우정과 사회적 관계에는 큰 보상이 있다. 학교심리학자들은 공격대열에 서 있는 것과 같다. 많은 먼지와 소음, 유머와 고통이 있지만 나는 학교심리학자들이 결코 조용하고 지루한 생활을 하지는 않을 것이라고 확신한다(Lucke, 1951, p. 10).

학교심리학 정보 양식

국가 수준

학교심리학회(NASP)

4340 East West Highway, Suite 402

Bethesda, MD 20814-9457

Phone:(301) 657-0270; FAX:(301) 657-0275

Website: *http://www.nasponline.org*

집행위장:_____

회장:_____

차기 학회 일정 및 장소:_____

현재 회원 등록수:_____

연간 등록수: 회원비율:_____ 학생회원비율:_____

저널 *School Psychology Rivew*, 편집자 정보:_____

신문 *Communiqué*, 편집자 정보:_____

거주 지역의 NASP 학회 지부 위치:_____

거주 지역의 대표자 성명:_____

해당 주의 NASP 대표자 성명:_____

해당 주의 NASP 학회 회원수:_____

미국심리학회(American Psychological Association: APA)

750 First St. NE

Washington, DC 20002-4242

(202) 336-5500

http://www.apa.org

집행위장:_____

회장:_____

분과 16 위원장:_____

차기 학회 일정 및 장소:_____

_____

현재 회원 등록수: _____ (APA) _____(분과 16)

연간 등록수: 회원비율:_____ (APA) _____(분과 16)

학생회원비율: _____ (APA) _____(분과 16)

APA 저널:

American Psychologist, 편집자 정보:_____

School Psychology Quarterly, 편집자 정보:_____

GradPsych (학생): *www.gradpsych.apags.org*

APA 신문:

Monitor on Psychology, 편집자 정보:_____

The School Psychologist, 편집자 정보:_____

주 수준

주 단위 학교심리학회

이름:＿＿＿＿＿＿＿＿＿＿＿＿＿＿＿＿＿＿＿＿＿＿＿＿＿＿＿＿

주소:＿＿＿＿＿＿＿＿＿＿＿＿＿＿＿＿＿＿＿＿＿＿＿＿＿＿＿＿

전화번호:＿＿＿＿＿＿＿＿＿＿＿＿＿＿＿＿＿＿＿＿＿＿＿＿＿

웹사이트:＿＿＿＿＿＿＿＿＿＿＿＿＿＿＿＿＿＿＿＿＿＿＿＿＿

회장:＿＿＿＿＿＿＿＿＿＿＿＿＿＿＿＿＿＿＿＿＿＿＿＿＿＿＿

회장 선출:＿＿＿＿＿＿＿＿＿＿＿＿＿＿＿＿＿＿＿＿＿＿＿＿

차기 학회 일정 및 장소:＿＿＿＿＿＿＿＿＿＿＿＿＿＿＿＿＿

＿＿＿＿＿＿＿＿＿＿＿＿＿＿＿＿＿＿＿＿＿＿＿＿＿＿＿＿＿

신문:＿＿＿＿＿＿＿＿＿＿＿＿＿＿　편집자 정보:＿＿＿＿＿＿＿

현재 회원 등록수:＿＿＿＿＿＿＿＿＿＿＿＿＿＿＿＿＿＿＿＿＿

연간 등록수: 회원비율:＿＿＿＿＿＿＿＿＿＿＿　학생회원비율:＿＿＿＿＿＿

주 단위 심리학회

이름:＿＿＿＿＿＿＿＿＿＿＿＿＿＿＿＿＿＿＿＿＿＿＿＿＿＿＿＿

주소:＿＿＿＿＿＿＿＿＿＿＿＿＿＿＿＿＿＿＿＿＿＿＿＿＿＿＿＿

전화번호:＿＿＿＿＿＿＿＿＿＿＿＿＿＿＿＿＿＿＿＿＿＿＿＿＿

웹사이트:＿＿＿＿＿＿＿＿＿＿＿＿＿＿＿＿＿＿＿＿＿＿＿＿＿

회장:＿＿＿＿＿＿＿＿＿＿＿＿＿＿＿＿＿＿＿＿＿＿＿＿＿＿＿

회장 선출:＿＿＿＿＿＿＿＿＿＿＿＿＿＿＿＿＿＿＿＿＿＿＿＿

차기 학회 일정 및 장소:_____

_____

신문:_____   편집자 정보:_____

현재 회원 등록수:_____

연간 등록수: 회원비율:_____   학생회원비율:_____

주 교육부

이름:_____

주소:_____

전화번호:_____

주 교육청 웹사이트:_____

주 교육감:_____

주 학교심리학 컨설턴트:_____

주 학교심리학자의 정의:_____

_____

주 학교심리학 프로그램

프로그램명   해당 학위

1. _____

2. _____

3. _____

4. _____

5. _____

주 자격증

주 교육청 관할 부서명:_____

  자격증 수여자:_____

  웹사이트:_____

주 심리학 이사회 성명:_____

  자격증 수여자:_____

  웹사이트:_____

기타 기관:_____

  자격증 수여자:_____

  웹사이트:_____

기타 정보

미국 내 학교심리학 실무자 수: _____

해당 주 학교심리학 실무자 수: _____

해당 도시/군의 학교심리학 실무자 수: _____

해당 관할 지역의 학교심리학 실무자 수: _____

학교심리학 관련 주요 저널 및 서적

학교심리학 관련 저널

California Journal of School Psychology, CASP Office, 1400 K St., Suite 311, Sacarmento, CA 95814.

Canadian Journal of School Psychology, Division of Applied Psychology, University of Calgary, 2500 University Dr. NW, Calgary, Alberta, T2N 1N4 Canada.

Journal of Applied School Psychology, Haworth Press, 10 Alice St., Binghamton, NY 13904-1580.

Journal of Educational and psychological Consultation, Lawrence Erlbaum Associates, 10 Industrial Ave., Mahwah, NJ 07430-2262.

Journal of School psychology, Elsevier, 6277 Sea Harbor Dr., Orlando, FL 32887-4800.

Psychology in the Schools, John Wiley and Ons, 111 River St., Hoboken, NJ 07030-5774.

School Psychology Forum: Research inPractice. An online journal available to memerbers at the NASP website: first issue published in November 2006.

School psychology International, Sage Publications, 2455 Teller RD., Thousand Oaks, CA91320-2218.

School Psychology Quarterly(formerly *Professional School Psychology*), American Psychological Association, 750 First St. NE, Waschington, DC 20002-4242.

School Psychology Review(formerly *School Psychology Digest*), National Association of School Psychologists, 4340 East West Highway, Suite 402, Bethesda, MD 20814-9457.

학교심리학 관련 서적

아래의 도서 목록은 *Fagan, Delugach, Mellon*과 *Schlitt(1985); Fagan(1986b); French(1986); Whelan*과 *Carlson(1986)*, 그리고 *Kraus*와 *Mclaughlin(1997)*의 책에 인용 된 책들이다. 이 책에 인용된 모든 참고문헌들은 *Tom Fagan*의 *"School psychology Literature"* 에서도 볼 수 있다.

Alpert, J. L., & Associates. (1982). *Psychological Consultation in educational settings*. San Frnacisco: Jossey-Bass.

Attwell, A. A. (1972). *The School Psychologist' s handbook*(Rev. in 1976). Los Angeles: Western Psychological Services.

Bardon, J. I., & Bennett, V. C. (1974). *School Psychology*. Englewood Cliffs, NJ: Prentice Hall.

Bergan, J. R. (Ed.). (1985). *School Psychology in contemporary society*: An introduction. Columbus, OH: Charles E. Merrill.

Blanco, R. F., & Rosenfeld, J. G. (1978). *Case studies in clinical and school psychology*. Springfield, IL; Charles C. Thomas.

Brown, D., Pryzwansky, W. B., & Schulte, A. C. (1998). *Psychological Consultation: Introduction to theory and practice*. Boston: Allyn & Bacon.

Carroll, J. L. (Ed.). (1978) *Contemporary school psychology*(*Selected readings from* Psychology in the Schools). Brandon, VT: Clinical Psychology Publishing Co. Selected readings in three topic areas: The Role of the School Psychologist: An Historical Perspective: Functioning as a School Psychologist: and Legal and Ethical Issues.

Carroll, J. L. (Ed.). (1981). *Contemporary school psychology*(*Selected readings from* Psychology in the Schools). Brandon, VT: Clinical Psychology Publishing Co. Selected readings in three topic areas: The Role of the School Psychologist: Action and Reaction; Functioning as a School psychologist: Divergent Directions: and Legal and Ethical Issues: Muddying the Waters.

Catterall, C. D. (Ed.). (1976-1979). *Psychology in the schools in international perspective*(Vols. 1-3). Columbus, OH: Author (92S. Dawson Ave., 43209).

Claiborn, W. L., & Cohen, R. (Eds.). (1973). *School intervention*(Vol. 1). New York: Behavioral Publications(Volume in a continuing series in community clinical psychology.).

Cole, E., & Siegel, J. A. (Eds.). (1992). *Effective consultation in school psychology*. Toronto: Hogrefe &Huber.

Conoley, J. C., & Conoley, C. W. (1982). *School consultation: A guide to practice and training*. New York: Pergamon Press.

Conoley, J. C., & Conoley, C. W. (1992). *School consultation: Practice and training*(2nd ed.). New York: Macmillan.

Cull, J. G., & Golden, L. B. (Eds.). (1984). *Psychotherapeutic techniques in school psychology*. Springfield, IL: Charles C. Thomas.

Curtis, M. J., & Zins, J. E. (Eds.). (1981). *The theory and practice of school consultation*. Springfield, IL: Charles C. Thomas. (All but a few of the chapters are previously published articles in school psychology and related journals.)

Cutts, N. E. (Ed.). (1955). *School psychologists at mid-century*. Washington, DC: American psychological Association.

D' Amato, R. C., & Dean R. S. (Eds.). (1989). *The School psychologist in nontradition settings: Integrating clients, services, and setting*. Hillsdale, NJ: Erlbaum.

Educational Testing Service. (2003). *Study guide: School leaders and services*. Princeton, NJ: Suthor.

Eiserer, P. E. (1963). *The school psychologist*. Washington, DC: Center for Applied Research in Education.

Elliott, S. N., & Witt, J. C. (Eds.). (1986). *The delivery of psychological services in schools: Concepts, processes, and issues*. Hillsdale, NJ: Erlbaum.

Erchul, W. P., & Martens, B. K. (1997). *School consultation: Concpetual and empirical bases of practice*. New York: Plenum Press.

Esquivel, G. B., Lopez, E. C., & Nahari, S. G. (Eds.). (2006). *Handbook of multicultural school psychology: An interdisciplinary perspective*. Mahwah, NJ: Erlbaum.

Fagan, T. K., & Warden, P. G. (Eds.). (1996). *Historical encyclopedia of school psychology*. Westport, CT: Greenwood.

Fagan, T. K., & Wise, P. S. (1994). *School psychology: Past, present, and future*. White Plains, NY: Longman.

Fagan, T. K., & Wise, P. S. (2000). *School psychology: Past, present, and future*(2nd ed.). Bethesda, MD: National Association of School Psychologists.

Fagan, T. K., & Wise, P. S. (2007). *School psychology: Past, present, and future* (3rd ed.). Bethesda, MD: National Association of School Psychologists.

Fairchild, T. N. (Ed.). (1977). *Accountability for school psychologists: Selected readings.* Washington, DC: University Press of America. (A collection of articles published in school psychology journals and some nonpublished speeches, etc.)

Fein, L. G. (1974). *The changing school scene: Challenge to psychology.* New York: Wiley.

Fine, M. J. (Ed.). (1989). *School psychology: Cutting edges in research and practice.* Washington, DC: National Education Association and the National Association of School Psychologists.

Fischer, L., & Sorenson, G. P. (1991). *School law for counselors, psycholgoists, and social workers.* New York: Longman.

Frisby, C. L., & Reynolds, C. R. (Eds.). (2005). *Comprehensive handbook of multicultural school psychology,* Hoboken, NJ: Wiley.

Gelinas, P. J., & Gelinas R. P. (1968). *A definitive study of your future in school pyschology.* New York: Richards Rosen Press.

Gottsegen, M. G., & Gottsegen, G. B. (Eds.). (1960-1969). *Professional school psychology*(Vol. 1-3). New York: Grune & Stratton.

Gray, S. WE. (1963). *The psychologist in the schools.* New York: Holt-Finehart & Winston.

Gredler, G. R. (Ed.). (1972). *Ethical and legal factors in the practice of school psychology: Proceedings of the First Annual Conference in School Psychology.* Philadelphia, PA: Temple University.

Gutkin, T. B., & Reynolds, C. R. (Eds.). (1990). *The handbook of school psychology* (2nd ed.). New York: Wiley.

Harvey, V. S., & Struzziero, J. (2000). *Effective supervision in school psychology.* Bethesda, MD: National Association of School Psychologists.

Herron, W. G., Green, M., Guikld, M., Smith, A., & Kantor, R. E. (1970). *Contemporary school psychology.* Sranton, PA: Intext.

Herron, W. G., Herron, M. J., & Handron, J. (1984). *Contemporary school psychology: Handbook of practice, theory, and research.* Cranston, RI: Carroll Press.

Hildreth, G. H. (1930). *Psychological service for school problems.* Yonkers-On-Hudson, NY: World Book Co. (Perhaps the earliest book on school psychology that employs the term *school psychologist.*)

Hirst, W. E. (1963). *Know your school psychologist.* New York:L Grune & Stratton.

Holt, F.D., & Kicklighter, R. H. (Eds.). (1971). *Psychological services in the schools: Readings in preparation, organization and practice.* Dubuque, IA: Wm. C. Brown. (Mostly reprints from school psychology and related journals.)

Hynd, G. W. (Ed.). (1983). *The school psychologist: An introduction.* Syracuse, NY: Syracuse University Press.

International Bureau of Education. (1948). *School psychologists.* (Publication No. 105). Paris: UNESCO.

Jackson, J. H., & Bernauer, M. (Eds.). (1968). *The psychologist as a therapist.* Milwaukee, WI: Milwaukee Public Schools.

Jacob, S., & Hartshorne, T. (1991). *Ethics and law for school psychologists.* Brandon, VT: Clinical Psychology Publishing.

Jacob-Timm, S., & Hartshorne, T. S. (1994). *Ethics and law for school psychologists* (2nd ed.). Brandon, VT: Clinical Psychology Publishing Company.

Jacob-Timm, S., & Hartshorne, T. S. (1994). *Ethics and law for school psychologists* (3rd ed.). New York: Wiley.

Jacob, S., & Hartshorne, T. S. (2003). *Ethics and law for school psychologists* (4th ed.). New York: Wiley.

Jacob, S., & Hartshorne, T. S. (2007). *Ethics and law for school psychologists* (5th ed.). Hoboken, NJ: Wiley.

Jimerson, S. R., Oakland, T. D., & Farrell, P. T. (Eds.). (1992). *Advances in school psychology*(Vol. 8). Hillsdale, NJ: Erlbaum.

Lawrence, M. M. (1971). *The mental health team in the schools.* New Yorks: Behavioral Publications.

Lee, S. W. (Ed.). (2005). *Encyclopedia of school psychology.* Thousand Oaks, CA: Sage.

Magary, J. F. (Ed.). (1967). *School psychological services in theory and practice, a handbook.* Englewood Cliffs, NJ: Prentice Hall.

Maher, C. A., Illback, R. J., & Zins, J. E. (Eds.). (1984). *Organizational psychology in the schools: A handbook for professionals*. Springfield. IL: Charles C. Thomas.

Marzolf, S. S. (1956). *Psychological diagnosis and counseling in the schools*. New York: Holt, Rinehart & Winston.

Medway, F. J., & Cafferty, T. P. (1992). *School psychology: A social psychological perspective*. Hillsdale, NJ: Erlbaum.

Merrell, K. W., Ervin, R. A., & Gimpel, G. A. (2006). *School psychology for the 21st century*. New York: Guilford.

Meyers, J., Martin, R., & Hyman, I. (Eds.). (1977). *School consultation: Readings about preventive techniques for pupil personnel workers*. Springfield, IL: Charles C. Thomas.

Meyers, J., Parsons, R. D., & Martin, R. (1979) *Mental health consultation in the schools*. San Francisco: Jossey-Bass.

Miezitisa, S., & Orme M. (Eds.). (1977). *Innovation in school psychology*. Toronto: The Ontario Institute for Studies in Education.

Milofsky, C. (1989). Testers and testing: *The sociology of school psychology*. New Brunswick, NJ: Rutgersa University Press.

Mok, P. P. (1962). *A view from within: American education at the crossroads of individualism*. New York: Carlton Ress.

Nolen, P. A. (1983). *School psychologist' s handbook: Writing the educational report*. Springfield, IL: Charles C. Thomas.

Phillips, B. N. (1990). *School psychology at a turning point: Ensuring a bright future for the profession*. San Francisco: Jossey-Bass.

Phye, G. D., & Reschly, D. J. (Eds.). (1979). *School psychology perspectives and issues*. New York: Academic Press.

Plas, J. M. (1986). *Systems psychology in the schools*. New York, NY: Pergamon Press.

Reger, R. (1965). *School psychology*. Springfield, IL: Charles C. Thomas.

Reynolds, C. R., & Gutkin, T. B. (Eds.). (1982). *The handbook of school psychology*. New York: Wiley.

Reynolds, C. R., & Gutkin, T. B. (Eds.). (1999). *The handbook of school psychology*(3rd ed.). New York: Wiley.

Reynolds, C. R., & Gutkin, T. B., Elliott, Sn. N., & Witt, J. C. (1984). *School psychology: Essentials of theory and practice.* New York: Wiley.

Rosenbaum, D. S., & Toepfer, C. F. (1966). *Curriculum planning and school psychology: The coordinated approach.* Buffalo, NY: Hertillon Press.

Saigh, P., & Oakland. T. (Eds.). (1989). *International perspectives on psychology in the schools.* Hillsdale, NJ: Erlbaum.

Schmuck, R. A., & Miles, M. B. (Eds.). (1971). *Organization development in schools.* Palo Alto, CA: National Press Books.

Scholl, G. T. (Ed.). (1985). *The school psychologist and the exceptional child.* Reston, VA: Council for Exceptional Children.

Shapiro, E. S. (1987). *Behavioral assessment in school psychology.* Hillsdale, NJ: Erlbaum.

Spadafore, G. J. (Ed.). (1981). *School psychology: Issues and answers.* Muncie, IN: Accelerated Development, Inc. (The readings are previously published articles or presentations.)

Talley, R. C., Kubiszyn, T., Brassard, M., & Short, R. J. (Eds.). (1996). *Making psychologists in schools indispensable: Critical questions and emerging perspectives.* Washington, DC: National Association of School Psychologists.

Thomas, A., & Grimes, J. (Eds.). (1985). *Best practices in school psychology.* Washington, DC: National Association of School Psychologists.

Thomas, A., & Grimes, J. (Eds.). (1990). *Best practices in school psychology* II. Silver Spring, MD: National Association of School Psychologists.

Thomas, A., & Grimes, J. (Eds.). (1995). *Best practices in school psychology* III. Washington, DC: National Association of School Psychologists.

Thomas, A., & Grimes, J. (Eds.). (2002). *Best practices in school psychology* IV(Vols. 1 & 2). Bethesda, MD: National Association of School Psychologists.

Thomas, A., & Grimes, J. (Eds.). (2008). *Best practices in school psychology* V. Bethesda, MD: National Association of School Psychologists.

United Nations Educational, Scientific and Cultural Organization. (1948). *School psychologists* (International Bureau of Education Publication No. 105). Geneva, Switzerland: Author

Valett, R. E. (1963). *The practice of school psychology: Professional Problems.* New York: Wiley.

Wall, W. D. (Ed.). (1956). *Psychological services for schools.* New York: New York University Press.

Wallin, J. E. W. (1914). *The mental health of the school child (The psycho-educational clinic in relation ot child welfare, contributions to a new science of orthophrenics and orthosomatics).* New Haven, CT: Yale University Press. (Some of the chapters were previously published but were substantially revised.)

Watson, S. T., & Skinner, C. H. (Eds.). (2004). *Encylopedia of school psychology.* Cambridge, MA: Springer.

White, M. A., & Harris, M. W. (1961). *The School psychologist.* New York: Harper.

Woody, R. H., Lavoie, J. C., & Epps, S. (1992). *School psychology: A developmental and social systems approach.* Boston: Allyn & Bacon.

Ysseldyke, J. E. (Ed.). (1984). *School psychology: The state of the art.* Minneapolis, MN: University of Minnesota, National School Psychology Inservice Training Network.

부록 C

미국심리학협회(APA)의
심리학자의 윤리 원칙과 행동 규정(2002)

목차 (CONTENTS)

서문과 적용 (INTRODUCTION AND APPLICABILITY)

서문 (PREAMBLE)

일반 원칙 (GENERAL PRINCIPLES)

혜택과 유해 부재 (Principle A: Beneficence and Nonmaleficence)

성실성과 책임감 (Principle B: Fidelity and Responsibility)

정직 (Principle C: Integrity)

정의 (Principle D: Justice)

인간의 권리와 존엄성 존중 (Principle E: Respect for People' s Rights and Dignity)

윤리 기준 (ETHICAL STANDARDS)

1. 윤리적인 문제해결 (Resolving Ethical Issues)

    1.01 심리학자들의 작업의 남용 (Misuse of Psychologists' Work)

    1.02 윤리와 법률, 규정, 또는 기타 법적 권한 간의 충돌
    (Conflicts Between Ethics and Law, Regulations, or Other Governing Legal
    Authority)

    1.03 윤리와 조직의 요구 간의 충돌
    (Conflicts Between Ethics and Organizational Demands)

    1.04 윤리 위반의 비공식 해결 (Informal Resolution of Ethical Violations)

    1.05 윤리 위반 신고 (Reporting Ethical Violations)

1.06 윤리위원회와의 협력 (Cooperating With Ethics Committees)

1.07 부적절한 불만 (Improper Complaints)

1.08 원고자와 응답자에 대한 부당한 차별
(Unfair Discrimination Against Complainants and Respondents)

2. 능력 (Competence)

2.01 능력의 범위 (Boundaries of Competence)

2.02 긴급 상황에서의 서비스 제공 (Providing Services in Emergencies)

2.03 전문성 유지 (Maintaining Competence)

2.04 과학적이고 전문적인 판단을 위한 기초
(Bases for Scientific and Professional Judgments)

2.05 타인에게 업무 위임 (Delegation of Work to Others)

2.06 개인적인 문제와 갈등 (Personal Problems and Conflicts)

3. 인간관계 (Human Relations)

3.01 부당한 차별 (Unfair Discrimination)

3.02 성적 괴롭힘 (Sexual Harassment)

3.03 기타 괴롭힘 (Other Harassment)

3.04 상처 피하기 (Avoiding Harm)

3.05 다중 관계 (Multiple Relationships)

3.06 이해의 상충 (Conflict of Interest)

3.07 서비스에 대한 3자 요청 (Third-Party Requests for Services)

3.08 착취 관계 (Exploitative Relationships)

3.09 다른 전문가들과의 협조 (Cooperation With Other Professionals)

3.10 사전동의 (Informed Consent)

3.11 기관을 통해서 혹은 기관에 심리학적 서비스 제공
(Psychological Services Delivered to or Through Organizations)

3.12 심리 서비스의 방해 (Interruption of Psychological Services)

4. 개인 정보 보호 및 비밀 유지 (Privacy and Confidentiality)

4.01 비밀 유지 (Maintaining Confidentiality)

4.02 기밀의 한계 토론 (Discussing the Limits of Confidentiality)

4.03 녹음 (Recording)

4.04 개인 정보 보호 정책에 대한 침입을 최소화

4.05 공개 (Disclosures)

4.06 자문 (Consultations)

4.07 교훈 또는 다른 목적을 위해 기밀 정보의 사용
    (Use of Confidential Information for Didactic or Other Purposes)

5. 광고 및 기타 공공 계산서

5.01 잘못된 진술이나 기만한 진실의 회피
    (Avoidance of False or Deceptive Statements)

5.02 다른 사람에 의한 진술 (Statements by Others)

5.03 워크숍 및 비학위수여 교육 프로그램의 기술
    (Descriptions of Workshops and Non-Degree-Granting Educational Programs)

5.04 미디어 발표 (Media Presentations)

5.05 증언 (Testimonials)

5.06 직접 간청 (In-Person Solicitation)

6. 기록 유지 및 수수료 (Record Keeping and Fees)

6.01 전문적이고 과학적인 업무에 대한 문서 관리와 기록의 유지

6.02 전문적 및 과학적 업무에 관한 비밀 기록의 유지, 배포, 폐기 처분
    (Maintenance, Dissemination, and Disposal of Confidential Records of
    Professional and Scientific Work)

6.03 미지불 기록의 보류 (Withholding Records for Nonpayment)

6.04 비용 청구 재정적 협정 (Fees and Financial Arrangements)

6.05 내담자/환자의 물물교환 (Barter With Clients/Patients)

6.06 비용지불자와 재정지원자에 대한 보고의 정확성
    (Accuracy in Reports to Payors and Funding Sources Payors)

6.07 의뢰와 비용 (Referrals and Fees)

7. 교육과 훈련 (Education and Training)

7.01 교육 및 훈련 프로그램의 설계 (Design of Education and Training Programs)

7.02 교육 및 훈련 프로그램의 기술 (Descriptions of Education and Training Programs)

7.03 교수의 정확성 (Accuracy in Teaching)

7.04 학생 개인 정보의 공개 (Student Disclosure of Personal Information)

7.05 의무적인 개인치료 또는 그룹 치료 (Mandatory Individual or Group Therapy)

7.06 학생 및 수련자의 수행에 대한 평가
    (Assessing Student and Supervisee Performance)

7.07 학생과 수련자와의 성적 관계
   (Sexual Relationships With Students and Supervisees)

8. 연구와 출판 (Research and Publication)
   8.01 기관 승인 (Institutional Approval)
   8.02 연구서 사전고지에 의한 자발적 동의 (Informed Consent to Research)
   8.03 연구에서 음성기록과 영상기록에 대한 사전고지에 의한 자발적 동의
      (Informed Consent for Recording Voices and Images in Research)
   8.04 내담자/환자, 학생, 연구 대상
      (Client/Patient, Student, and Subordinate Research Participants)
   8.05 연구에 대한 사전고지에 의한 자발적 동의의 면제
      (Dispensing With Informed Consent for Research)
   8.06 연구 참여를 위한 유인물 제공
      (Offering Inducements for Research Participation)
   8.07 연구에서의 속임수 (Deception in Research)
   8.08 연구 완료 후 보고 (Debriefing)
   8.09 연구에서 동물의 자비로운 돌봄과 사용
      (Humane Care and Use of Animals in Research)
   8.10 연구결과의 보고 (Reporting Research Results)
   8.11 표절 (Plagiarism)
   8.12 출판 공적 (Publication Credit)
   8.13 자료의 이중출판 (Duplicate Publication of Data)
   8.14 검증을 위한 연구 자료의 공유 (Sharing Research Data for Verification)
   8.15 검토자들 (Reviewers)

9. 사정
   9.01 사정의 기초 (Bases for Assessments)
   9.02 사정의 활용 (Use of Assessments)
   9.03 사정에서 사전고지에 의한 자발적 동의 (Informed Consent in Assessments)
   9.04 검사자료의 공개 (Release of Test Data)
   9.05 검사 구성 (Test Construction)
   9.06 사정 결과의 해석 (Interpreting Assessment Results)
   9.07 무자격자에 의한 평가 (Assessment by Unqualified Persons)
   9.08 오래된 검사와 검사 결과 (Obsolete Tests and Outdated Test Results)

서문과 적용 (INTRODUCTION AND APPLICABILITY)

미국 심리학회의 심리학자의 윤리 규정과 행동 규정은 도입, 서문, 5가지의 일반 원칙, 그리고 구체적인 윤리 기준으로 구성되어 있다. 도입 부분에서는 윤리 규정의 목적, 조직, 절차적 고려사항, 적용 범위에 대해 이야기하고 있다. 서문과 일반 원칙은 심리학의 최상의 이상향을 향해 심리학자들이 나아갈 수 있도록 안내해 줄 수 있는 이상적 목표이다. 비록 서문 및 일반 원칙이 심리학자들에게 강제하는 규칙이 아니라 하더라도 심리학자 스스로가 윤리적 행동을 할 수 있도록 고려되어야 하는 것이다.

윤리 기준은 심리학자로서의 행동에 대한 강제적 규칙을 밝힌 것이다. 대부분의 윤리 기준은 비록 윤리 기준이 환경에 따라 다르게 적용될 수 있다 하더라도 다양한 역할을 담당하고 있는 심리학자들에게 적용하기 위해 폭넓게 적혀 있다. 윤리 기준은 철저하게 적혀 있지 않다. 윤리 기준에 의해 특정하게 언급되지 않은 어떤 행동이 윤리적 혹은 비윤리적이라는 것을 의미하지는 않는다는 것이다. 윤리 규정은 심리학자로서 그들의 과학, 교육, 전문적 역할에 관한 부분으로서 심리학자들의 활동에만 적용된다. 윤리 규정의 범위는 임상과 상담, 심리학의 학교 실습에만 국한되는 것이 아니라 연구, 교육, 연수생의 감독, 공공 서비스, 정책 개발, 사회적 중재, 평가 도구의 개발, 사정의 수행, 교육 상담, 조직 컨설팅; 법의학 활동, 프로그램의 설계와 평가, 그리고 행정을 포함한다. 이 윤리 규정은 예를 들어 사람, 우편, 전화, 인터넷, 기타 전자 전송과 같은 다양한 환경에 걸쳐 이러한 활동이 적용된다. 이러한 활동은 윤리 규정의 범위 밖의 행동인 심리학자의 순전히 개인적인 행동과 구별되어야 한다. APA에 가입한 회원과 학생 회원들은 APA의 윤리 규정의 기준을 따르고 그들에게 강제적으로 윤리 규정의 규칙과 절차를 준수하도록 되어 있다. 윤리 기준의 오해 혹은 인식의 부족은 그 자체가 비윤리적 행동의 혐의가 있을 때 방어가 되지는 않는다. 신고 절차, 조사, 비윤리적 행동의 불만 해결이 현재의 APA 윤리 위원회의 규칙과 절차 부분에 설명되어 있다. APA는 윤리 강령의 기준을 위반했을 경우, APA 회원 자격의 해지를 포함해서 회원에게 제재조치를 취할 수 있으며, 다른 기관과 위반 행동을 한 개인들에게 통지할 수 있다.

APA 회원이든 아니든, 윤리 규정의 기준을 위반한 행동을 한 심리학자나 학생에게는 주 단위의 심리 협회, 기타 전문가 단체, 심리학 이사회, 다른 주 또는 연방 정부 기관, 의료 서비스 지급인을 포함한 APA 이외의 다른 기관에 의해서 제재조치를 부과할 수도 있다. 또한, APA는 중범죄를 저지른 회원에 대해서는 주 정부의 심리학 협회와 연합해서 회원 퇴출 혹은 정지, 또는 면허 정지나 상실의 조치를 취할 수 있다. APA에 의해 부과된 제재가 퇴출보다 약하면, 2001년 규칙과 절차에서는 심리를 위한 기회를 보장하지 않았지만 일반적으로 그런 불만이 제출한 기록에 근거해서 해결될 수 있는 기회를 제공해 주었다. 윤리 규정은 심리학자와 APA와 윤리 규정을 채택하고 있는 다른 기관에 의해서 적용될 수 있는 전문적인 행위의 표준에 대한 지침을 제공하기 위해 만들어진 것이다. 윤리 규정은 민사 책임의 근거가 되도록 하기 위해 만들어진 것은 아니다. 심리학자가 윤리 규정의 기준을 위반했는지 안 했는지가 심리학자가 법적 소송에서 책임이 있는지 없는지, 계약을 이행했는지 아닌지, 혹은 다른 법적 결과가 발생할 수 있는지 아닌지 그 자체를 결정하지는 않는다. 이 윤리 규정의 기준에서 사용된 몇 가지 수식어(예, 합리적으로, 적절한, 잠재적인)는 다음과 같은 기준에 포함되어 있다. (1) 심리학자로서의 전문적 판단을 허용할 때, (2) 수식어 없이 발생할 수 있는 불의와 불평등을 제거하고자 할 때 (3) 심리학자에 의해 수행되는 광범위한 범위의 활동에 걸쳐 적용하고자 할 때 (4) 빨리 구식이 되어 버리는 엄격한 규칙들에 대해 보호하고자 할 때 사용된다. 윤리 규정에 사용된 "합리적"이란 단어는 심리학자들이 주어졌던 시간 혹은 그때 가졌어야 했던 지식에 비추어, 비슷한 환경에서 비슷한 활동을 했던 심리학자들의 널리 알려진 전문적 판단을 의미한다.

　전문적인 행동에 대한 의사 결정을 하는 데 있어 심리학자들은 윤리 규정 이외에 추가로 가능한 법률 및 심리 이사회 규정을 고려해야 한다. 윤리 규정을 자신의 전문적인 활동에 적용하는데 있어, 심리학자들은 기타 자료 및 자신의 양심의 지시와 심리 과학 전문 기관에 의해 승인되었거나 채택된 지침뿐만 아니라 그 분야에 있는 다른 사람들에게 자문을 받는 것을 고려할 수 있다. 만약 이러한 윤리 규정이 법에서 요구하는 것보다 더 높은 행동 기준을 수립한다면 심리학자들은 더 높은 윤리 기준을 충족해야 한다.

　만약 심리학자의 도덕적 책임이 법률, 규정, 또는 다른 법적 권한과 충돌한다면, 심리학자들은 윤리 규정을 따르도록 이미 서약하였음을 알리고, 이에 책임 있는 방법으로 그 갈등을 해결할 수 있는 조치를 취해야 한다. 만약 갈등이 이러한 방법으로 해결되지 않는다면 심리학자들은 인간의 권리에 대한 기본 원칙을 유지하면서, 법률, 규정, 다른 법적 권한의 요구사항을 준수할 수 있다.

서문 (PREAMBLE)

심리학자들은 행동에 대한 과학적이고 전문적인 지식을 향상시키고 자신과 타인을 이해하고, 개인, 조직과 사회의 상황을 향상시키기 위해 이러한 지식을 사용하기로 약속한다. 심리학자들은 시민과 인간의 권리를 존중하고 보호하며 연구, 교육, 출판에 있어서 표현과 질문의 자유를 중요시해야 한다. 그들은 인간 행동에 관한 선택과 숙지된 판단을 개발하도록 대중을 도와주어야 한다. 그렇게 함에 있어 심리학자들은 연구자, 교육자, 진단가, 치료자, 훈련가, 자문가, 행정가, 사회적 중재자, 전문적 증인과 같은 많은 역할을 수행한다. 윤리 규정은 심리학자들이 그들의 전문적이고 과학적인 업무를 수행하는 데 있어서 일반적인 원칙과 기준을 제공하고 있다. 윤리 규정은 심리학자들이 직면하는 많은 상황들에 대해 적용할 수 있는 특정 기준을 제공하기 위해 만들어진 것이다. 윤리 규정의 목표는 심리학자들이 일하는 개인과 집단의 복지와 보호를 목표로 윤리 기준에 관해 대중, 학생, 회원에게 교육을 제공한다. 심리학자의 업무와 연관된 행동에 대한 윤리 표준의 개발은 개인적으로 이를 따르겠다는 약속과 일생동안 윤리적으로 행동하고, 학생, 수련자, 피고용인, 동료들에 의해 윤리적 행동을 격려하고 윤리적 문제에 관한 자문을 하겠다는 노력이 요구된다.

일반 원칙 (GENERAL PRINCIPLES)

이 부분은 일반 원칙으로 구성되어 있다. 윤리 기준과 반대되는 일반 원칙은 완전한 이상향이다. 일반원칙의 목적은 전문가의 매우 높은 윤리적 이상을 향해 심리학자들을 격려하고 안내하기 위한 것이다. 윤리 기준에 대조적으로 일반 원칙은 의무 사항으로 규정하거나, 제제 조치를 부과하고 있지 않다. 이러한 이유 때문에 일반 원칙을 따른다는 것이 의미와 목적 두 가지 모두를 왜곡시킨다.

혜택과 유해부재 (Principle A: Beneficence and Nonmaleficence)

심리학자들은 그들이 하는 일이 도움이 되어야 하며 사람들에게 해로워서는 안 되도록 노력해야 한다. 전문적인 행동을 하는 데 있어, 심리학자들은 전문적인 업무를 위해 상호작용을 하는 사람들과 기타 심리학자의 영향을 받는 사람들의 복지와 권리를 보호하고 연구 대상 동물의 복지를 보호하도록 추구해야 한다. 심리학자들 간에 의무사항이나 문제에 대해 갈등이 생겼을 때 심리학자들은 피해를 없애거나 최소화하는 책임 있는 방향으로 이러한 갈등을 해결하도록 시도해야 한다. 심리학자들의 과학적이고 전문적인 판단과 행동이 다른 사람의 삶에 영향을 미칠 수 있기 때문에, 심리학자들은 자신의 영향력이 남용될 수 있는 개인, 조직, 사회정치적 요인에 대해 경계하고 조심해야 한다. 심리학자들은 자신의 신체적, 정신적 건강이 심리학자로서 일을 할 때 누군가를 도와줄 수 있는 자신의 능력에 미치는 모든 영향력에 대해 생각하고 노력해야 한다.

성실성과 책임감 (Principle B: Fidelity and Responsibility)

심리학자들은 일을 하는 사람들과 신뢰 관계를 형성해야 한다. 심리학자들은 그들이 일하는 특정 지역과 사회에 대한 전문적이고 과학적인 책임을 인식해야 한다. 심리학자들은 행동의 전문적인 기준을 유지하고, 그들의 전문적인 역할 및 의무를 명확히 하고, 자신의 행동에 대해 적절한 책임감을 받아들이고, 착취 또는 손상으로 이어질 수 있는 이익과 관련된 분쟁의 관리를 추구한다. 심리학자들은 업무와 관련된 일을 하는 데 있어서 사람들에게 가장 최선의 이익을 제공하기 위해 다른 전문가와 기관들의 자문, 참조, 협조를 구한다. 심리학자들은 동료들의 과학적이고 전문적인 행동에 있어서의 윤리 준수에 관해서도 관심을 가진다. 심리학자는 자신의 전문적인 시간의 일정 부분을 개인적 이익이나 보상이 거의 없거나 전혀 없는 일을 위해 기여하려고 노력한다.

정직 (Principle C: Integrity)

심리학자는 정확성, 정직, 심리학 실습, 과학, 교육에서의 진실을 추구하려고 노력한다. 이러한 활동에 있어서 심리학자는 훔치거나, 속이거나 사기, 속임수, 또는 사실을 고의로 허위 진술하지 않는다. 심리학자들은 약속을 지키고 현명하지 못하거나 불분명한 약속을 피하기 위해 노력한다. 속임수가 혜택을 극대화하고 피해를 최소화할 수 있는 윤리적으로 정당화될 수 있는 상황일 때 심리학자들은 이러한 기법의 사용에 대한 필요성, 이로부터 가능한 결과, 이러한 기법의 사용으로 인해 발생할 수 있는 불신이나 다른 유해한 영향을 바로잡기 위한 그들의 책임에 대해 중대한 의무를 가지고 있다.

정의 (Principle D: Justice)

심리학자들은 공평과 정의는 모든 사람에게 부여된 자격이며 심리학의 기여로부터 혜택을 받을 자격이 있으며 심리학자에 의해 실시되는 모든 과정, 절차, 서비스에서 동등한 자격을 가지고 있다는 것을 인식한다. 심리학자들은 합리적인 판단을 훈련하고, 그들의 잠재적인 편견을 예방하기 위한 조치를 취하며, 자신의 능력에 대한 한계, 부당한 실습이 이루어지거나 묵과하지 않도록 그들의 전문성의 한계에 대해 주의를 기울인다.

인간의 권리와 존엄성 존중 (Principle E: Respect for People's Rights and Dignity)

심리학자는 모든 인간의 존엄성과 가치를 존중하고 개인의 사생활 보호, 비밀 보장, 자율권을 존중해야 한다. 심리학자들은 자율적 의사결정에 어려움이 있는 개인 또는 사회 취약계층의 권리와 복지를 보호할 필요가 있다. 심리학자들은 문화적 차이, 개인적 차이,

예를 들어 신분, 인종, 민족, 문화, 국적, 종교, 성적 취향, 장애, 언어, 그리고 사회 경제적 지위에 따른 역할 차이를 인식하고 존중해야 하며 이러한 그룹의 사람들과 일을 할 때 이러한 요소를 고려해야 한다. 심리학자들은 이러한 요소에 근거한 편견으로 인해 자신의 업무에 줄 수 있는 영향을 제거하려고 해야 하며, 이러한 편견을 바탕으로 의식적으로 어떤 활동에 참여하지 않거나 묵과해서는 안 된다.

윤리 기준 (ETHICAL STANDARDS)

1. 윤리적인 문제해결 (Resolving Ethical Issues)

1.01 심리학자들의 작업의 남용 (Misuse of Psychologists' Work)

만약 심리학자들이 그들의 업무에 대한 오용 또는 거짓 진술을 알게 되면, 그들은 자신의 오용 혹은 거짓 진술을 최소화하거나 수정하기 위한 적절한 조치를 취해야 한다.

1.02 윤리와 법률, 규정, 또는 기타 법적 권한 간의 충돌 (Conflicts Between Ethics and Law, Regulations, or Other Governing Legal Authority)

만약 심리학자의 윤리적 책임이 법률, 규정, 또는 다른 법적 권한을 가진 부분과 충돌한다면, 심리학자들은 윤리 규정을 따르고 이러한 갈등을 해결하기 위한 조치를 취해야 한다. 만약 갈등이 이러한 방법을 통해서 해결이 되지 않는다면 심리학자들은 법률, 규정, 다른 법적 통치기관의 요구사항을 준수해야 할 것이다.

1.03 윤리와 조직의 요구 간의 충돌 (Conflicts Between Ethics and Organizational Demands)

만약 심리학자가 속해 있는 조직이나 함께 일하는 사람의 요구가 윤리 규정과 갈등을 일으킨다면 심리학자는 갈등의 특성을 명확히 하고, 자신이 이미 윤리 규정을 따르도록 서약했음을 알리고 윤리 규정을 준수하는 방식으로 적정 수준에서 갈등을 해결한다.

1.04 윤리 위반의 비공식 해결 (Informal Resolution of Ethical Violations)

심리학자는 다른 심리학자가 윤리 규정을 위반했다는 것을 인지하게 되면 만약 비공식적 해결방법이 적절하고 중재가 그 문제와 관련된 비밀 보장권을 위반하지 않는다면 그 심리학자로 하여금 윤리 규정에 주목하게 함으로써 그 문제를 해결하도록 노력한다. (참조 Standards 1.02, Conflicts Between Ethics and Law, Regulations, or Other Governing

Legal Authority, and 1.03, Conflicts Between Ethics and Organizational Demands)

1.05 윤리 위반 신고 (Reporting Ethical Violations)

만약 윤리적 위반이 명백하게 어떤 사람이나 조직에 해를 주거나 해를 끼칠 가능성이 높고, 기준 1.04(윤리적 위반행위의 비공식적 해결)하의 비공식적 해결방법이 적절하지 않거나 그러한 방법으로 적절하게 해결되지 않는다면 심리학자들은 그 상황에 맞는 적당한 추가 행동 조치를 취해야 한다. 추가 조치 행동에는 전문적인 윤리 기준에 대한 주 혹은 국가 단위의 위원회, 주 자격증 협회, 혹은 적절한 기관 당국에 보고하는 것을 포함한다. 이 기준은 중재가 비밀 보장권을 위반했거나 심리학자가 전문적인 행동이 의심스러운 다른 심리학자의 업무에 대한 검토를 미루었을 때는 해당되지 않는다. (Standard 1.02, Conflicts Between Ethics and Law, Regulations, or Other Governing Legal Authority 참조).

1.06 윤리위원회와의 협력 (Cooperating With Ethics Committees)

심리학자는 APA 혹은 그들이 소속되어 있는 주 연합 심리학회에서 요구하는 윤리 조사, 절차, 결과에 협조한다. 그렇게 하는 데 있어 어떤 비밀 보장의 문제에 대해서도 언급하지 않는다. 심리학자가 이러한 조사에 협조를 하지 않는 것 자체가 윤리 규정 위반이다. 그러나, 소송의 결과를 기다리는 동안 윤리적 소송의 판별에 대한 보류를 요청하는 것 자체는 비협조가 아니다.

1.07 부적절한 불만 (Improper Complaints)

심리학자는 충분한 증거가 없는 주장에 대한 사실에 대해 개의치 않고 소홀히 하거나 의도적으로 무시한 윤리적 불만에 대한 고소를 부추기거나 고소하지 않는다.

1.08 원고자와 응답자에 대한 부당한 차별
(Unfair Discrimination Against Complainants and Respondents)

심리학자는 윤리에 관한 원고자이거나 원고자였던 사람이라는 이유로 고용, 출세, 학업이나 다른 프로그램의 입학, 임기, 또는 승진을 거부하지 않는다. 이는 다른 적절한 정보를 고려하거나 적절한 절차의 결과를 기반으로 행동을 결정한다는 것을 배제하지 않는다.

2. 능력 (Competence)

2.01 능력의 범위 (Boundaries of Competence)

(a) 심리학자는 자신의 교육, 훈련, 감독받은 경험, 자문, 학업, 혹은 전문적 경험을 바탕으로 자신의 능력의 범위 내의 영역에서 사람들에게 서비스와 교육, 연구 수행을 한다.

(b) 심리학 훈련의 기반에서 과학적 혹은 전문적 지식은 연령, 성별과 관련된 이해, 성 정체성, 인종, 민족, 문화, 국적, 종교, 성적 취향, 장애, 언어, 또는 사회 경제적 상태와 연관된 요소의 이해가 서비스 혹은 연구의 효과적인 수행에 필수적이라는 기반하에 세워졌으므로 심리학자들은 그들의 서비스의 능력을 보장하는 데 필요한 훈련, 연습, 자문 혹은 감독을 받아야 한다. 단, 2.02에 제시된 응급시 서비스 제공의 상황을 제외한다.

(c) 심리학자들은 인구, 지역, 기술, 또는 교육, 훈련, 감독의 경험, 자문과 관련된 업무 수행에서의 새로운 기술을 포함해서 서비스와 교육 제공과 연구 수행 계획을 세운다.

(d) 심리학자들에게 적절한 정신건강 서비스를 이용할 수 없는 사람에게 서비스를 제공하라고 요청하거나 심리학자가 필요한 서비스를 제공할 수 있는 능력이 없을 때, 이러한 서비스 제공과 관련 있는 이전의 경험이나 훈련을 받은 심리학자가 그들이 적절한 연구, 훈련, 자문, 혹은 연구의 사용을 통해 요구되는 능력을 획득하기 위한 적절한 노력을 했다면 이러한 서비스가 거부되지 않았다는 것을 보증하게 위해 이런 경험 있는 심리학자가 서비스를 제공해 줄 것이다.

(e) 아직 준비 훈련에 대한 일반적으로 인식된 기준이 존재하지 않는 신흥 분야에서는 심리학자들은 그럼에도 불구하고 내담자/환자, 학생, 훈련자, 연구 참여자, 가족의 고객, 기타 다른 사람을 위험에서 보호하고 그들 업무의 능력을 위해 합리적인 조치를 취해야 한다.

(f) 법의학 역할을 가정했을 때, 심리학자들은 그들의 역할을 통치하는 사법적 혹은 행정적 규칙에 합리적으로 익숙해져야 한다.

2.02 긴급 상황에서의 서비스 제공 (Providing Services in Emergencies)

다른 정신건강 서비스의 이용이 가능하지 않은 긴급 상황에서 필요한 자격을 갖추지 못한 심리학자가 서비스를 거부하지 않았다는 것을 보증하기 위해 이러한 서비스를 제공할 수 있다. 이 경우 자격을 갖춘 심리학자의 서비스가 가능해지거나 긴급 상황이 끝나는 순간 서비스를 종료한다.

2.03 전문성 유지 (Maintaining Competence)

심리학자들은 그들의 전문성을 개발하고 유지하기 위해 지속적인 노력을 한다.

2.04 과학적이고 전문적인 판단을 위한 기초
(Bases for Scientific and Professional Judgments)

심리학자들의 업무는 과학적이고 전문적인 지식의 훈련에 기반을 두고 설립된다. (Standards 2.01e, Boundaries of Competence, and 10.01b, Informed Consent to Therapy 참조)

2.05 타인에게 업무 위임 (Delegation of Work to Others)

심리학자가 피고용인, 지도 감독을 받는 수련생, 연구 혹은 조교, 혹은 해석가와 같은 다른 사람의 서비스를 사용하는 사람의 경우 다음과 같은 조치를 한다. (1) 서비스를 받게 될 사람과 다중관계를 가지고 있어서 착취하거나 객관성을 상실할 가능성이 있는 사람에게는 업무 위임을 피한다. (2) 이수한 교육, 수련 또는 경험상 독립적으로 또는 지도 감독 하에서 업무를 유능하게 수행할 것으로 여겨지는 사람에게만 업무를 위임한다. (3) 위임받은 자가 위임받은 업무를 유능하게 수행하는지를 확인한다. (Standards 2.02, Providing Services in Emergencies; 3.05, Multiple Relationships; 4.01, Maintaining Confidentiality; 9.01, Bases for Assessments; 9.02, Use of Assessments; 9.03, Informed Consent in Assessments; and 9.07, Assessment by Unqualified Persons 참조)

2.06 개인적인 문제와 갈등 (Personal Problems and Conflicts)

(a) 심리학자들은 개인적 문제가 그들의 업무와 관련된 활동을 유능하게 처리하는 데 있어 방해할 수 있을 것 같은 문제가 있다는 것을 알고 있거나 알았을 때 그러한 활동을 하는 것을 자제해야 한다.

(b) 심리학자가 자신의 업무와 관련된 일을 적절하게 수행하는 데 방해가 될 수 있는 개인적 문제를 인식하게 되면, 심리학자들은 전문가 자문 혹은 도움과 같은 적절한 조치를 취하고 업무와 관련된 일을 제한, 중지, 또는 종결해야 하는지에 대해 결정한다. (Standard 10.10, Terminating Therapy 참조)

3. 인간관계 (Human Relations)

3.01 부당한 차별 (Unfair Discrimination)

일과 관련된 활동을 하는 데 있어서 심리학자들은 연령, 성별, 성 정체성, 인종, 민족, 문화, 국적, 종교, 성적 취향, 장애, 사회 경제적 지위, 혹은 법으로 규정된 다른 기준에 따라서 부당한 차별을 하지 않는다.

3.02 성적 괴롭힘 (Sexual Harassment)

심리학자들은 성적 괴롭힘을 하지 않는다. 성적 괴롭힘은 심리학자로서의 역할과 활동을 하는 과정에서 나타나는 성적 유혹, 신체적 접촉, 혹은 성적인 의미가 있는 언어적, 비언어적 행동, 그리고 다음 중에 (1) 환영받지 못하는 경우, 불쾌하거나, 직장 혹은 교육적 환경 내에서 적대적인 분위기를 만들며, 심리학자가 알거나 혹은 이것에 대해 알려 주었을 때 (2) 맥락 속에서 이성적인 사람에게 충분히 심하거나 강하게 학대를 주었을 때 어느 하나라도 해당되면 성적 괴롭힘이다. 성적 괴롭힘은 한 번의 강하거나 심한 행동 혹은 지속적으로 여러 가지 행동에서 여러 번 나타날 수 있다. (Standard 1.08, Unfair Discrimination Against Complainants and Respondents 참조)

3.03 기타 괴롭힘 (Other Harassment)

심리학자들은 나이, 성별, 성 정체성, 인종, 민족, 문화, 국적, 종교, 성적 취향, 장애, 언어, 또는 사회 경제적 지위와 같은 요소에 근거해서 그들과 함께 일하는 사람을 의식적으로 괴롭히거나 기분 나쁘게 하는 행동을 하지 않는다.

3.04 상처 피하기 (Avoiding Harm)

심리학자들을 그들이 일하는 내담자/환자, 학생, 수련자, 연구 참여자, 조직의 내담자, 그리고 기타 다른 사람들에게 해를 주지 않고 예측 가능하고 피할 수 없을 경우 해를 최소화하고자 노력한다.

3.05 다중 관계 (Multiple Relationships)

(a) 다중 관계는 심리학자가 다른 사람과 전문적인 관계를 맺을 때 발생한다. (1) 동일한 사람과 동시에 다른 역할을 가진다, (2) 심리학자가 전문적인 관계를 가지는 사람과 관련된 혹은 연결된 친밀한 사람과 동시에 관계를 가진다, (3) 미래에 또 다른 관계를 가지기로 약속된 사람 혹은 그 사람과 관련된 혹은 연결된 사람과 관

계를 가진다. 심리학자들은 만약 다중 관계가 심리학자의 객관성, 능력, 혹은 심리학자로서 기능을 수행하는 데 있어서 효율성에 해를 줄 수 있거나 그렇지 않으면 전문적인 관계에 있는 사람에게 착취 혹은 해를 줄 수 있다고 이성적으로 판단될 수 있다면, 다중 관계를 갖는 것을 삼가야 한다. 손상 혹은 위험 착취, 해를 입을 것으로 이성적으로 예측되지 않는 다중 관계는 비윤리적이지 않다.

(b) 예측하지 못한 요인으로 인해 해로울 수 있는 다중 관계가 형성된 것을 알게 되면, 심리학자는 이로 인해 영향받을 사람들의 이익을 최대한 고려해 합당한 조처를 하고 윤리 규정을 따르도록 한다.

(c) 심리학자가 법률, 기관의 정책, 혹은 특수한 상황에 의해서 사법 또는 행정 철자에서 하나 이상의 역할이 요구되었을 때 심리학자들은 변화가 그들의 역할에 대한 기대와 비밀 보장의 범위를 명확히 하고 그 이후는 변화가 일어났을 때처럼 행동한다. (Standards 3.04, Avoiding Harm, and 3.07, Third-Party Requests for Services 참조)

3.06 이해의 상충 (Conflict of Interest)

심리학자는 개인적, 과학적, 전문적, 법적, 재정적 또는 기타 이해관계나 대인관계에 있어서 다음과 같은 경우에는 전문적 역할을 맡는 것을 자제하여야 한다. (1) 심리학자로서의 역할을 수행하는 데 객관성, 유능성, 혹은 효율성을 해치는 경우 (2) 전문적 관계를 가지고 있는 개인이나 조직에 해를 입히거나 착취할 것으로 생각되는 경우

3.07 서비스에 대한 3자 요청 (Third-Party Requests for Services)

심리학자들은 제3자의 요청이 있을 때 개인 혹은 단체에 서비스를 제공하기로 동의를 했을 때 모든 개인 혹은 참여 기관과의 관계의 특성을 서비스를 제공하는 처음부터 명확히 해야 한다. 그러기 위해 심리학자의 역할(예: 치료사, 자문가, 진단사, 전문가 증인), 누가 내담자인가, 제공된 서비스 혹은 획득된 정보의 사용 가능성, 비밀 보장의 한계에 대한 사실을 명확히 해야 한다. (Standards 3.05, Multiple Relationships, and 4.02, Discussing the Limits of Confidentiality 참조)

3.08 착취 관계 (Exploitative Relationships)

심리학자들은 자신이 지도 감독 혹은 평가권 혹은 기타 권위로 다루는 사람들 즉, 내담자/환자, 학생, 수련원, 연구 참여자, 직원과 같은 사람을 착취하지 않는다.(Standards 3.05, Multiple Relationships; 6.04, Fees and Financial Arrangements; 6.05, Barter With

Clients/Patients; 7.07, Sexual Relationships With Students and Supervisees; 10.05, Sexual Intimacies With Current Therapy Clients/Patients; 10.06, Sexual Intimacies With Relatives or Significant Others of Current Therapy Clients/Patients; 10.07, Therapy With Former Sexual Partners; and 10.08, Sexual Intimacies With Former Therapy Clients/Patients 참조)

3.09 다른 전문가들과의 협조 (Cooperation With Other Professionals)

심리학자들은 내담자/환자에게 보다 효과적이고 적절한 서비스를 제공하기 위해 전문가로서 적절하다고 생각될 경우 다른 전문가들과 협조하여 서비스를 제공할 수 있다. (Standards 4.05, Disclosures 참조)

3.10 사전동의 (Informed Consent)

(a) 심리학자들은 연구를 수행하거나 사정, 치료, 상담, 혹은 자문 서비스를 직접 대면하거나 전자문서를 통해서 혹은 다른 형태의 의사소통 방법을 통해 제공할 때에는 법이나 정부 규정에 의해 동의 없이 이러한 행동이 강제적으로 이루어져야 할 경우를 제외하고는 윤리 규정에 제시된 것처럼 충분히 당사자가 이해할 수 있는 언어를 사용하여 사전에 동의를 얻어야 한다. (Standards 8.02, Informed Consent to Research; 9.03, Informed Consent in Assessments; and 10.01, Informed Consent toe Therapy 참조)

(b) 법적으로 사전동의를 줄 수 없는 사람의 경우 심리학자는 그럼에도 불구하고 (1) 충분히 설명을 제공해 주어야 하며, (2) 당사자의 동의를 구해야 하며, (3) 당사자의 선호도와 흥미를 고려하여야 하며, (4) 대안적인 동의가 허용되거나 법적으로 요구된다면, 법적으로 권한이 있는 당사자로부터 적절한 허가를 받아야 한다. 만약 법적으로 권한이 있는 당사자에 의한 동의가 법적으로 허용되거나 요구되지 않는다면, 심리학자들은 당사자의 권리와 복지를 보호하기 위한 적절한 절차를 따라야 한다.

(c) 심리학적 서비스가 법적으로 명령된 것이거나 강제사항이라면, 심리학자들은 해당 서비스가 법적 명령이나 강제사항인지의 여부, 비밀 보장의 한계 등을 포함해서 서비스를 제공하기 전에 미리 예측되는 심리학적 서비스의 특성을 당사자에게 알려주어야 한다.

(d) 심리학자들은 적절하게 서면 혹은 구두로 동의, 허가, 인정한 내용을 문서화한다. (Standards 8.02, Informed Consent to Research; 9.03, Informed Consent in

Assessments; and 10.01, Informed Consent toe Therapy 참조)

3.11 기관을 통해서 혹은 기관에 심리학적 서비스 제공
(Psychological Services Delivered to or Through Organizations)

(a) 심리학자들은 기관을 통해서나 기관에 서비스를 제공할 때는 내담자들에게 미리 정보를 제공해야 하며, 서비스로 인해 직접적으로 영향을 받는 사람들에게는 (1) 서비스의 목적과 특성, (2)의도된 수혜자, (3) 내담자가 누구인지, (4) 심리학자와 각각의 개인과 기관과의 관계, (5) 제공되는 서비스와 수합된 정보가 어떻게 사용될 것인지, (6) 누가 정보를 볼 것인지, (7) 비밀보장의 한계 등에 대해 적절하게 설명해 주어야 한다. 가능한 실행 수준까지, 심리학자들은 해당 당사자들에게 이 서비스의 결과와 결론에 대한 정보를 제공해 주어야 한다.

(b) 만약 심리학자가 특정 개인이나 집단에게 이러한 정보를 제공하는 것이 법이나, 기관의 역할에 의해 저지된다면, 서비스를 제공하기 시작할 때 해당 개인이나 그룹에게 미리 이 사실을 알려야 한다.

3.12 심리 서비스의 방해 (Interruption of Psychological Services)

계약서에 명시되어 있지 않은 내용을 제외하고는 심리학자들은 심리학적 서비스가 심리학자의 질병, 죽음, 이용 불가능, 이사, 혹은 퇴직이나 내담자/환자의 이사 혹은 재정적 어려움으로 인해 방해를 받는 상황에서는 서비스를 제공하기 위해서 가능한 모든 노력을 취해야 한다. (Standards 6.02c, Maintenance, Dissemination, and Disposal of Confidential Records of Professional and Scientific Work 참조)

4. 개인 정보 보호 및 비밀 유지 (Privacy and Confidentiality)

4.01 비밀 유지 (Maintaining Confidentiality)

심리학자들은 어떠한 매체를 통해 얻거나 저장된 비밀 정보를 보호하기 위해 기본적인 의무와 합리적인 조치를 취해야 한다. 그리고 전문기관의 규칙이나 전문적 혹은 과학적 관계에 의해 설립된 규칙이나 법률에 의해 규정된 비밀 보장의 범위와 한계를 인식하고 있어야 한다.(Standard 2.05, Delegation of Work to Others 참조)

4.02 기밀의 한계 토론 (Discussing the Limits of Confidentiality)

(a) 심리학자는 그들의 과학적 혹은 직업적 관계를 맺는 사람(법적으로 동의를 제공

할 수 있는 사람과 그들의 법적 대리인에게 실현 가능한 범위를 포함해서)과 기관과 (1) 비밀 보장의 적절한 한계와 (2) 심리학적 활동을 통해 발생할 수 있는 정보의 예측 가능한 사용에 대해 논의를 해야 한다.(Standard 3.10, Informed Consent 참조)

(b) 만약 그것이 실행 가능하지 않거나 혹은 금기시되지 않는 한은 비밀 유지에 관한 논의는 관계 성립 초기에 이루어져야 하며 새로운 상황이 생겨 인정이 되기까지는 지속되어야 한다.

(c) 심리학자는 전자 전송 장치를 통해 서비스, 제품 또는 정보를 제공할 때 내담자/환자에게 비밀 유지와 프라이버시 유지의 위험에 있어 한계가 있다는 것을 알려야 한다.

4.03 녹음 (Recording)

서비스를 제공하는 사람의 이미지나 목소리를 녹화하기 전에 심리학자들은 이러한 모든 개인 또는 법적 대리인으로부터 허락을 받아야 한다. (Standards 8.03, Informed Consent for Recording Voices and Images in Research; 8.05, Dispensing With Informed Consent for Research; and 8.07, Deception in Research 참조)

4.04 개인 정보 보호 정책에 대한 침입을 최소화
(Minimizing Intrusions on Privacy)

(a) 심리학자는 서면과 구두 보고서 및 자문을 통해서 의사소통의 목적에 적합한 정보만 획득한다.

(b) 심리학자는 자신의 업무에 적합한 과학적 혹은 전문적인 목적일 때, 그리고 이러한 문제에 대해 분명하게 관련이 있는 사람에게만 비밀 보장과 관련된 정보를 논의한다.

4.05 공개 (Disclosures)

(a) 심리학자는 조직의 내담자, 개인 내담자/환자, 혹은 법적으로 금지되어 있지 않다면 내담자/환자를 대신할 수 있는 법적으로 허가된 사람으로부터 적절한 동의를 얻어 기밀 정보를 공개할 수 있다.

(b) 심리학자는 법적 명령이 있거나 혹은 다음과 같은 타당한 목적을 위해 법적으로 허용되었을 때에만 개인의 동의 없이 다음의 목적을 달성하기에 필요한 최소한의 제한된 범위 내에서 기밀 정보를 공개할 수 있다. (1) 필요한 전문적인 서비스를

제공하기 위해; (2) 적절한 전문적인 자문을 얻기 위해; (3) 내담자/환자, 심리학자 또는 피해를 받는 다른 사람을 보호하기 위해; 또는 (4) 내담자/환자로부터 서비스를 위한 보상을 받기 위해. (Standard 6.04e, Fees and Financial Arrangements 참조)

4.06 자문 (Consultations)

동료에게 자문을 구할 때, (1) 심리학자는 합리적으로 만약 노출을 피할 수 없거나 사람 혹은 조직의 사전동의를 얻지 않았다면 내담자/환자, 연구 참여자, 기밀 관계를 가지고 있는 다른 사람이나 조직의 신분을 알 수 있는 기밀 정보를 노출하지 않아야 한다. (2) 심리학자는 자문의 목적을 달성하기 위해 필요한 범위 내에서만 정보를 공개할 수 있다. (Standard 4.01, Maintaining Confidentiality 참조)

4.07 교훈 또는 다른 목적을 위해 기밀 정보의 사용

(Use of Confidential Information for Didactic or Other Purposes)

심리학자들은 그들이 일을 하는 과정에서 그들이 획득한 내담자/환자, 학생, 연구 참여자, 조직 내담자, 혹은 서비스의 다른 수혜자에 관한 개인적으로 식별할 수 있거나 비밀 정보를 논문, 강의, 혹은 다른 대중 매체에서 노출하지 않는다. 만약 (1) 심리학자가 개인 혹은 조직을 위장하기 위한 적절한 조치를 취하거나, (2) 개인이나 기관에서 서면 동의가 있거나, 혹은 (3) 그렇게 하는 데 법적 권한이 있을 경우라면 제외이다.

5. 광고 및 기타 공공 계산서

5.01 잘못된 진술이나 기만한 진실의 회피

(Avoidance of False or Deceptive Statements)

(a) 공개 진술이란 비용을 지불받거나 받지 않은 홍보, 물품의 승인, 기금신청, 면허 신청, 기타 자격인정 신청, 안내 소책자, 인쇄물, 주소록, 개인 이력서, 인쇄나 전자 전송과 같은 매체에서 사용될 논평, 법적 소송문, 강연과 공개 구두 발표, 출판물을 포함하며, 이에 제한되지 않는다. 심리학자는 알고도 자신의 연구, 실무, 기타 업무 또는 심리학자로서 자신과 관련된 개인이나 기관에게 거짓, 기만, 혹은 사기로 공개 진술을 하지 않는다.

(b) 심리학자는 다음에 관한 거짓, 기만 혹은 사기로 공개 진술을 하지 않는다. (1) 자신이 받은 훈련, 경험, 또는 능력 (2) 학위 (3) 자격증 (4) 기관이나 협회 소속 (5)

자신이 제공하는 서비스 (6) 자신이 제공하는 서비스의 과학적 또는 임상적 기초나 결과, 성공 정도 (7) 수임료 (8) 출판물이나 연구 결과.

(c) 심리학자는 (1) 지역에서 인증하는 교육기관에서 학위를 취득하였거나 (2) 자신이 활동하는 주에서 심리학 자격의 기초로 학위를 요구하는 경우에만 건강 서비스를 제공하기 위한 자격으로 자신의 학위를 주장한다.

5.02 다른 사람에 의한 진술 (Statements by Others)

(a) 자신의 전문적인 실습, 제품 혹은 활동을 추진하기 위해 다른 사람에게 공공장소 진술을 하게 하는 심리학자는 이러한 진술에 대한 전문적인 책임을 심리학자 자신이 진다.

(b) 심리학자는 뉴스 아이템으로 홍보를 하는 대가로 신문, 라디오, 텔레비전, 혹은 다른 의사소통 매체의 고용인에게 금전을 지불하지 않는다. (Standard 1.01, Misuse of Psychologists' Work 참조)

(c) 심리학자들의 활동과 관련된 유료 광고는 그렇게 하였음이 식별될 수 있도록 분명하게 확인될 수 있게 해야 한다.

5.03 워크숍 및 비학위수여 교육 프로그램의 기술

(Descriptions of Workshops and Non-Degree-Granting Educational Programs)

워크숍, 세미나, 기타 비학위수여 교육 프로그램을 기술하는 선전문, 카탈로그, 안내 소책자, 공고에 책임을 맡은 심리학자는 프로그램이 의도하는 청중, 교육 목적, 발표자, 등록비를 자신이 통제할 수 있는 정도에서 정확하게 기술하여야 한다.

5.04 미디어 발표 (Media Presentations)

심리학자가 인쇄물, 인터넷, 기타 전자 전송을 통해서 공개적인 조언이나 논평을 할 때, 그러한 진술문이 다음과 같도록 유의하여야 한다: (1) 진술문이 자신의 전문적인 지식, 훈련, 경험에 기초하여 적절한 심리학 문헌과 실무에 따른 내용이어야 하며 (2) 그렇지 않다면 윤리 조항과 일치하며, (3) 수혜자와 전문적인 관계가 수립된 적이 있음을 암시하지 않아야 한다. (Standard 2.04, Bases for Scientific and Professional Judgments 참조)

5.05 증언 (Testimonials)

심리학자들은 현재 치료를 받고 있는 내담자/환자 혹은 그들의 특정한 상황 때문에 부당한 영향력에 취약할 수 있는 사람의 증언을 요청하지 않는다.

5.06 직접 간청 (In-Person Solicitation)

심리학자는 자신의 현재 또는 잠정적인 내담자/환자 및 특별한 상황으로 인해 부당한 영향을 받기 쉬운 사람들에게 직접 또는 대리인을 통해서 영업적인 거래를 요청하지 않는다. 그러나 이러한 금지가 (1) 이미 서비스를 받고 있는 내담자/환자에게 혜택을 주려는 목적으로 적절한 동업 계약을 시행하려는 의도 (2) 재난 서비스나 지역사회 서비스 제공을 배제하지 않는다.

6. 기록 유지 및 수수료 (Record Keeping and Fees)

6.01 전문적이고 과학적인 업무에 대한 문서 관리와 기록의 유지
(Documentation of Professional and Scientific Work and Maintenance of Records)

심리학자는 (1) 심리학자 자신이나 다른 전문가가 나중에 서비스를 제공할 수 있게 하기 위하여 (2) 연구 설계와 분석을 반복하기 위하여, (3) 기관의 요구를 충족시키기 위해서 (4) 비용 청구와 지불의 정확성을 보장하기 위해서 (5) 법적 준수 여부를 확인하기 위해서, 자신이 통제할 수 있는 범위 내에서 자신의 전문적 및 과학적 업무와 관련된 기록과 자료를 생성, 유지, 배포, 저장, 폐기한다. (Standard 4.01, Maintaining Confidentiality 참조)

6.02 전문적 및 과학적 업무에 관한 비밀 기록의 유지, 배포, 폐기 처분
(Maintenance, Dissemination, and Disposal of Confidential Records of Professional and Scientific Work)

(a) 심리학자는 기록이 서면, 자동화, 혹은 다른 매체로 제시되어 있든지 간에, 자신의 통제하에 기록을 생성, 저장, 접근, 전송, 폐기 처분함에 있어서 비밀 보장을 유지한다. (Standards 4.01, Maintaining Confidentiality, and 6.01, Documentation of Professional and Scientific Work and Maintenance of Records 참조)

(b) 만약 심리학 서비스 수혜자에 관한 비밀 정보가 수혜자가 이러한 정보의 접근을 동의하지 않았던 사람에게 접근 가능한 데이터베이스나 기록체계에 입력된다면, 심리학자는 인적 사항을 포함하지 않는 부호화 혹은 기타 다른 방법을 사용한다.

(c) 심리학자가 퇴직을 했거나 심리학 실무 업무를 중단하였을 경우, 기록과 자료를 적절한 방식으로 전송하고 데이터의 비밀 보장을 위한 계획을 세운다. (Standards 3.12, Interruption of Psychological Services, and 10.09, Interruption of Therapy 참조)

6.03 미지불 기록의 보류 (Withholding Records for Nonpayment)

심리학자는 비용을 받지 못했다는 이유만으로 내담자/환자의 위급처치를 위해서 요구되거나 필요로 하는 자신의 통제하에 있는 기록을 보류하지 않는다.

6.04 비용 청구 재정적 협정 (Fees and Financial Arrangements)

(a) 전문적 혹은 과학적 관계로 될 가능성이 있다면 가능한 한 빨리 심리학자와 심리학적 서비스의 수혜자는 보상과 비용 협정을 구체화하는 데 합의를 이루어야 한다.

(b) 심리학자의 비용 청구는 법률에 따른다.

(c) 심리학자들은 비용을 허위로 혹은 부정확하게 말하지 않는다.

(d) 만약 재정적인 한계 때문에 서비스의 제한이 예상된다면 서비스의 수혜자와 가능한 한 빨리 논의하여야 한다. (Standards 10.09, Interruption of Therapy, and 10.10, Terminating Therapy 참조)

(e) 만약 서비스 수혜자가 동의한 서비스 비용을 지불하지 않는다면, 그리고 심리학자가 그 비용을 받기 위해 대리인이나 법적 조치를 사용할 의도가 있다면, 심리학자는 먼저 서비스 수혜자에게 이러한 조치가 취해질 것이라는 것을 가장 먼저 알리고 서비스 수혜자가 즉각적으로 비용을 지불할 수 있는 기회를 제공한다. (Standards 4.05, Disclosures; 6.03, Withholding Records for Nonpayment; and 10.01, Informed Consent to Therapy 참조)

6.05 내담자/환자의 물물교환 (Barter With Clients/Patients)

물물교환은 심리학 서비스의 대가로 물품, 서비스, 기타 비금전적인 보상을 내담자/환자로부터 받는 것이다. 심리학자는 (1) 임상적으로 금지되지 않는다면, (2) 결과적인 협정이 착취적이지 않다면, 교환을 할 수 있다. (Standards 3.05, Multiple Relationships , and 6.04, Fees and Financial Arrangements 참조)

6.06 비용지불자와 재정지원자에 대한 보고의 정확성
(Accuracy in Reports to Payors and Funding Sources Payors)

서비스에 대한 비용을 지불하는 사람이나 기관, 또는 연구비 지원처에 보고를 할 때, 심리학자는 제공한 서비스나 수행한 연구의 특징, 비용, 그리고 적용 가능한 경우 서비스 제공자의 신원, 결과, 진단을 정확하게 보고하기 위한 합당한 조치를 취한다. (Standards 4.01, Maintaining Confidentiality; 4.04, Minimizing Intrusions on Privacy; and 4.05, Disclosures 참조)

6.07 의뢰와 비용 (Referrals and Fees)

심리학자가 비용을 지불하거나 지불받거나, 고용인-피고용인 관계에 있지 않은 다른 전문가와 비용을 나눌 때, 의뢰 그 자체에 기초하지 않고, 제공된 서비스(임상, 자문, 행정, 기타)에 근거하여 각각에게 비용을 지불한다. (Standard 3.09, Cooperation With Other Professionals 참조)

7. 교육과 훈련 (Education and Training)

7.01 교육 및 훈련 프로그램의 설계(Design of Education and Training Programs)

교육 및 훈련 프로그램에 책임을 맡고 있는 심리학자는 그 프로그램이 적절한 지식과 경험을 제공할 수 있도록, 그리고 자격인증이나 그 프로그램이 요구하는 기타 목적을 위한 조건을 충족시킬 수 있도록 합당한 조치를 취한다. (Standard 5.03, Descriptions of Workshops and Non-Degree-Granting Educational Programs 참조)

7.02 교육 및 훈련 프로그램의 기술
(Descriptions of Education and Training Programs)

교육 및 프로그램에 책임을 맡고 있는 심리학자는 프로그램의 내용(교과목 혹은 프로그램과 관련하여 요구되는 상담, 심리치료, 실험집단, 자문 프로젝트, 지역사회 서비스), 훈련 목표, 급여와 혜택, 프로그램의 만족스러운 완성에 있어서 충족되어야 하는 요구 조건들에 대하여 최신의 정확한 내용을 기술하기 위한 합당한 조치를 취한다. 이러한 정보는 즉시 모든 이해 당사자에게 제공되어야 한다.

7.03 교수의 정확성 (Accuracy in Teaching)

(a) 심리학자는 교육과정을 작성할 때 가르칠 교과내용, 평가 근거, 코스 경험의 특징을 정확하게 기술하기 위한 합당한 조치를 취한다. 이 규정은 강사가 교육적으로 필요하거나 바람직하다고 생각할 때 교과목 내용이나 요구조건을 변경하는 것을 배제하지 않는다. 단, 학생이 교과목 내용의 요건을 충족시킬 수 있도록 변경된 사항이 학생에게 전달되어야 한다. (Standard 5.01, Avoidance of False or Deceptive Statements 참조)

(b) 교수나 훈련에 관여하는 심리학자는 심리학 정보를 정확하게 제공한다. (Standard

2.03, Maintaining Competence 참조)

7.04 학생 개인 정보의 공개 (Student Disclosure of Personal Information)

심리학자는 학생이나 수련생에게 교육과정 혹은 프로그램과 관련된 활동에서 성적인 것과 관련된 역사, 학대나 유기의 역사, 심리치료, 부모/또래/배우자/중요한 타인과의 관계에 관한 개인 정보를 구두 또는 필기로 공개할 것을 요구하지 않는다. 단, (1) 프로그램 또는 훈련을 담당하는 교원이 입학원서와 프로그램 자료에서 이러한 요구조건을 명시한 경우, (2) 학생의 개인적인 문제가 훈련과 관련된 또는 전문적인 활동의 유능한 수행을 방해하거나 학생 또는 타인에게 위협이 된다는 것을 합당하게 판단할 수 있을 때, 그 학생을 평가하고 조력하기 위하여 그러한 정보가 필요한 경우는 제외된다.

7.05 의무적인 개인치료 또는 그룹 치료
(Mandatory Individual or Group Therapy)

(a) 개인 혹은 그룹 치료가 프로그램 혹은 교육과정의 필수라면, 그 프로그램에 책임이 있는 심리학자들은 그 프로그램과 관련이 없는 실습가로부터의 학부와 대학원 교과목으로 학생들이 이런 치료 과목을 선택할 수 있도록 한다. (Standard 7.02, Descriptions of Education and Training Programs 참조)

(b) 학생의 학업 성취도를 평가하는 책임이 있거나 가능성이 있는 교수진은 자신이 학생에게 치료를 제공하지 않는다. (Standard 3.05, Multiple Relationships 참조)

7.06 학생 및 수련자의 수행에 대한 평가
(Assessing Student and Supervisee Performance)

(a) 학업 및 수련실습 관계에서 심리학자는 학생과 수련자에게 피드백을 제공하기 위한 시의적절하며 구체적인 과정을 수립한다. 그 과정에 관한 정보를 실습 초기에 학생에게 제공한다.

(b) 심리학자는 이미 수립된 프로그램의 요구조건과 이와 관련된 학생과 수련자의 실제 수행한 것에 근거하여 학생과 수련생을 평가한다.

7.07 학생과 수련자와의 성적 관계
(Sexual Relationships With Students and Supervisees)

심리학자는 자신이 일하고 있는 학과(학부), 에이전시, 훈련센터에 있는 학생이나 수련생 또는 자신이 평가의 권한을 가지고 있거나 가지게 될 학생이나 수련자와 성적인 관계를

가지지 않는다. (Standard 3.05, Multiple Relationships 참조)

8. 연구와 출판 (Research and Publication)

8.01 기관 승인 (Institutional Approval)

연구 수행 시 기관 승인이 요구될 때, 심리학자는 연구 수행을 하기 전에 연구 계획에 관한 정확한 정보를 제공하고 승인을 얻는다. 그리고 승인된 연구 계획에 따라 연구를 수행한다.

8.02 연구서 사전고지에 의한 자발적 동의 (Informed Consent to Research)

(a) 규정 3.10 사전고지에 의한 자발적 동의가 요구하는 대로 사전고지에 의한 자발적 동의를 구할 때, 심리학자는 연구 참여자에게 다음을 고지한다: (1) 연구의 목적, 예상기간, 절차, (2) 연구 참여자가 연구 참여를 거절하거나 일단 연구 참여가 시작된 후에라도 연구 참여를 철회할 수 있는 권리, (3) 연구 참여의 거절이나 철회로 인해 예측되는 결과, (4) 연구에 참여할 의향에 영향을 미칠 것으로 합당하게 기대되는 요구들(예: 잠정적 위험, 불편함, 부정적 효과), (5) 연구에 참여함으로써 예측되는 혜택, (6) 비밀 보장의 한계, (7) 연구 참여에 따른 보상, (8) 연구와 연구 참여자의 권리에 관한 문의사항을 연락할 사람. 심리학자는 연구에 참여할 사람들이 질문을 하고 대답을 들을 수 있는 기회를 제공한다. (Standards 8.03, Informed Consent for Recording Voices and Images in Research; 8.05, Dispensing With Informed Consent for Research; and 8.07, Deception in Research 참조)

(b) 실험처치를 사용하여 개입 연구를 수행하는 심리학자는 연구 초기에 연구 참여자에게 다음을 분명하게 알린다: (1) 처치의 실험적 특성, (2) 만약 적절하다면, 통제 집단에게 사용될 또는 사용되지 않을 서비스, (3) 처치집단과 통제집단 배정의 수단, (4) 연구 참여를 원하지 않거나 일단 연구가 시작된 후에라도 연구 참여를 철회하기를 원하는 개인들에게 사용할 수 있는 처치 대안들, (5) 연구에 참여함으로써 얻을 수 있는 보상이나 금전적 손해(적절하다면, 연구 참여자나 제삼자로부터의 변상 및 환불 여부를 포함). (Standard 8.02a, Informed Consent to Research 참조)

8.03 연구에서 음성기록과 영상기록에 대한 사전고지에 의한 자발적 동의
(Informed Consent for Recording Voices and Images in Research)

심리학자는 (1) 연구가 공공장소에서 자연관찰로만 이루어진 것이 아니라면, 그리고 인적 사항을 확인하거나 해를 끼치는 방식으로 기록을 활용할 것이 예측된다면, 또는 (2) 연구 설계에 속임수가 포함되지 않는다면, 그리고 연구 완료 후 보고(debrifing)를 하는 동안에 기록 활용에 대한 동의를 얻지 않는다면, 자료 수집을 위한 음성이나 영상기록에 앞서 연구 참여자로부터 사전고지에 의한 자발적 동의를 얻는다. (Standard 8.07, Deception in Research 참조)

8.04 내담자/환자, 학생, 연구 대상
(Client/Patient, Student, and Subordinate Research Participants)

(a) 심리학자가 내담자/환자, 학생, 종속인을 연구 대상으로 하여 연구를 할 때, 심리학자는 연구 대상이 연구 참여를 거부하거나 중간에 탈락함으로써 겪을 불리한 결과로부터 연구 대상을 보호하는 조치를 취한다.

(b) 연구 참여가 교육과정의 요구조건이거나 추가 학점의 기회로 간주될 때, 잠정적인 연구 참여자에게 공평한 대안 활동의 선택 기회를 준다.

8.05 연구에 대한 사전고지에 의한 자발적 동의의 면제
(Dispensing With Informed Consent for Research)

심리학자는 다음의 경우에만 사전고지에 의한 자발적 동의를 면제할 수 있다: (1) 연구로 인해 불편함이나 해가 발생하지 않는다는 것을 타당하게 가정할 수 있으며, (a) 교육장면에서 정상적인 교육실무, 교육과정, 또는 학급관리 방법에 관한 연구가 수행되거나, (b) 응답을 공개함으로 인해서 연구 참여자가 형법이나 민법의 의무를 지게 될 위험이나 자신의 재정적 위치, 취업 가능성, 명성에 해가 될 위험에 처하지 않고 비밀 보장을 보호할 수 있는 무기명 질문지 조사, 자연관찰 또는 문헌연구로만 연구가 수행되거나, (c) 연구 참여자의 취업 가능성에 대한 위험이 없는 조직 장면에서 직업 또는 조직 효과성의 관련 변인들에 대한 연구가 수행되거나, 비밀 보장을 보호받을 수 있을 때, 또는 (2) 그렇지 않다면, 법이나 연방기관의 규정에 의해 허용되는 경우.

8.06 연구 참여를 위한 유인물 제공
(Offering Inducements for Research Participation)

(a) 심리학자는 연구 참여를 유도하는 과도하거나 부적절한 재정적 유인이나 기타 유인물이 연구 참여를 강요할 가능성이 높을 때 그러한 유인물을 제공하지 않으려는 합당한 노력을 기울인다.

(b) 연구 참여를 위한 유인물로 전문적인 서비스를 제공할 때 심리학자는 위험, 의무, 한계, 서비스의 특징을 분명하게 밝힌다. (Standard 6.05, Barter With Clients/Patients 참조)

8.07 연구에서의 속임수 (Deception in Research)

(a) 속임수 기법을 사용하여 수행한 연구가 가지는 잠정적으로 유의한 과학적, 교육적, 응용적 가치가 정당화될 수 없다면, 그리고 속임수를 쓰지 않는 효과적인 대안적 방법에 의한 연구가 가능하다면, 심리학자는 속임수를 쓰는 연구를 수행하지 않는다.

(b) 심리학자는 합리적으로 신체적 고통이나 심각한 정서적 불편함이 야기될 것으로 예상되는 연구에 대해서 잠정적인 연구 참여자에게 솔직하게 말한다.

8.08 연구 완료 후 보고 (Debriefing)

(a) 심리학자는 연구 참여자가 연구의 특징, 결과, 결론에 관한 적절한 정보를 수집할 기회를 기꺼이 제공하며, 심리학자가 알고 있는 한 연구 참여자가 가지고 있는 오개념을 수정하기 위하여 합당한 조치를 취한다.

(b) 만일 과학적 가치나 인간적 가치에 의해 이러한 정보의 제공을 지연시키거나 철회하는 것이 정당화된다면, 심리학자는 해로움의 위험을 감소시킬 합당한 조치를 취한다.

(c) 연구 절차가 연구 참여자에게 해를 끼쳤음을 심리학자가 인지할 때, 심리학자는 이러한 해를 최소화하는 합당한 조치를 취한다.

8.09 연구에서 동물의 자비로운 돌봄과 사용
(Humane Care and Use of Animals in Research)

(a) 심리학자는 현행 연방법, 주법, 지방법과 규정, 그리고 전문적 규정에 따라서 동물을 얻고 돌보며, 사용하고, 폐기처분한다.

(b) 연구법의 훈련을 받았으며 실험실 동물을 돌보는 경험이 있는 심리학자는 동물을 포함하는 모든 절차를 지도감독하며, 동물의 안락과 건강, 자비로운 처치에 대하여 적절하게 고려하도록 책임을 맡는다.

(c) 심리학자는 동물을 사용하여 연구를 수행하며 자신의 지도감독을 받는 모든 사람들이 그들의 역할에 적절한 정도로 연구법 및 사용되는 동물의 돌봄과 유지 그리고 관리에 관한 수업을 받도록 해야 한다. (Standard 2.05, Delegation of Work to Others 참조)

(d) 심리학자는 연구 대상 동물의 불편함, 감염, 질병과 고통을 최소화하려는 합당한 노력을 기울인다.

(e) 심리학자는 대안 절차를 사용할 수 없으며, 잠정적인 과학적, 교육적 또는 응용적 가치에 의해 목표가 정당화될 수 있는 경우에만 동물에게 고통, 스트레스 또는 박탈을 주는 절차를 사용한다.

(f) 심리학자는 적절한 마취상태에서 수술 절차를 수행하고, 수술 동안에 그리고 수술 이후에 감염을 피하고 고통을 최소화하는 기법을 따른다.

(g) 동물의 생명을 끊는 것이 적절할 때 심리학자는 신속하게 하며, 고통을 최소화하려고 노력하고, 인정받는 절차를 따른다.

8.10 연구결과의 보고 (Reporting Research Results)

(a) 심리학자는 자료를 위조하지 않는다. (Standard 5.01a, Avodiance of False or Deceptive Statements 참조)

(b) 심리학자는 자신이 출판한 자료에서 유의한 오류를 발견한다면, 교정, 철회, 오류 수정 및 기타 적절한 출판 수단을 통해서 오류를 고치는 합당한 조치를 취한다.

8.11 표절 (Plagiarism)

심리학자는 타인의 업적이나 자료의 출처를 때때로 인용하는 경우에조차 타인의 업적이나 자료의 일부를 자신의 것처럼 제시하지 않는다.

8.12 출판 공적 (Publication Credit)

(a) 심리학자는 자신이 실제로 수행했거나 상당 부분 기여한 업적에 대해서만 책임과 공적을 취한다. (Standard 8.12b, Publication Credit 참조)

(b) 주저자 및 기타 출판 공적은 저자의 상대적 지위에 관계없이 과학적 또는 전문적으로 기여한 상대적 정도를 정확하게 반영한다. 학과장과 같은 기관 관련 지위가

저자 공적을 정당화하지 않는다. 연구나 출판을 위한 저술에 기여한 바가 중요하지 않은 경우, 각주나 서문에서 적절하게 인정한다.

(c) 학생의 박사학위 논문에 상당 부분 기초하여 다수의 저자가 학술지 논문을 저술한 경우, 예외적인 경우를 제외하고는 그 학생이 주저자로 열거된다. 지도교수는 가능한 한 초기에, 연구와 출판 과정 중 적절한 시기에 학생과 출판 공적에 관하여 논의한다. (Standard 8.12b, Publication Credit 참조)

8.13 자료의 이중출판 (Duplicate Publication of Data)

심리학자는 이전에 이미 출판된 자료를 독창적인 자료인 것으로 출판하지 않는다. 적절한 사전고지가 있다면 자료의 재출판을 배제하지도 않는다.

8.14 검증을 위한 연구 자료의 공유 (Sharing Research Data for Verification)

(a) 심리학자가 연구 결과를 출판한 이후에 자신이 내린 결론의 기초가 되는 자료를 재분석하여 상당 부분 검증하려고 하거나 바로 그 목적을 위해서만 자료를 사용하려고 하는 다른 유능한 전문가에게 그 자료를 주지 않으면 안 된다. 단, 연구 참여자의 비밀 보장이 보호될 수 있어야 하며, 자료에 대한 법적 권리가 자료의 공개를 금지하지 않아야 한다. 심리학자는 개인이나 집단이 그러한 정보의 제공과 관련된 비용에 대한 책임을 지도록 요구할 수 있다.

(b) 재분석을 통해서 상당 부분 검증하기 위하여 다른 심리학자들로부터 자료를 요청하는 심리학자는 그 목적을 위해서만 공유된 자료를 사용할 수 있다. 요청하는 심리학자가 자료를 다른 방식으로 사용하는 경우 이에 대한 서면 동의를 사전에 얻어야 한다.

8.15 검토자들 (Reviewers)

발표, 출판, 연구비 지원 또는 연구계획서 검토를 위하여 제출한 자료를 검토하는 심리학자는 자료를 제출한 사람들에 관한 정보에 대하여 비밀 보장과 소유권을 존중한다.

9. 사정

9.01 사정의 기초 (Bases for Assessments)

(a) 심리학자는 법정 증언을 포함하여 제언, 보고서, 진단 및 평가 진술문에 포함되는 의견을 제시할 때 자신이 발견한 결과를 입증할 만한 충분한 정보와 기법에 근거

한다. (Standard 2.04, Bases for Scientific and Professional Judgments 참조)

(b) 9.01c에 언급된 것을 제외하고, 심리학자는 자신의 진술문이나 결론을 지지하기에 적합한 개인 검사를 수행한 이후에만 개인의 심리적 특성에 관한 의견을 제시한다. 합당한 노력에도 불구하고 이러한 검사가 실제적이지 않을 때 심리학자는 자신이 기울인 노력과 이러한 노력의 결과를 문서화하며, 제한된 정보가 자신의 의견에 대한 신뢰도와 타당도에 미치는 영향을 명료화하며, 자신이 내리는 결론이나 제언의 본질과 정도가 지니는 한계를 언급한다. (Standards 2.01, Boundaries of Competence , and 9.06, Interpreting Assessment Results 참조)

(c) 심리학자가 기록을 검토하거나 자문이나 슈퍼비전을 제공하며, 의견을 제시하기 위하여 개인 검사가 정당화되지 않거나 필요하지 않을 때 , 심리학자는 이것에 관하여 설명하고, 자신이 내리는 결론과 제언의 근거가 되는 정보를 제시한다.

9.02 사정의 활용 (Use of Assessments)

(a) 심리학자는 사정기법, 면접, 검사, 도구가 유명하며 적절하게 적용될 수 있음을 밝힌 연구나 증거에 비추어 적절한 방식과 목적에 따라서 그러한 기법들을 실시, 변경, 채점, 해석하여 활용한다.

(b) 심리학자는 검사 대상 집단에서 타당도와 신뢰도가 있는 사정 도구들을 사용한다. 타당도와 신뢰도가 있지 않다면, 심리학자는 검사 결과와 해석의 강점과 제한점을 기술한다.

(c) 심리학자는 대안 언어의 사용이 사정 이슈와 관련이 없다면 개인이 선호하는 언어와 언어능력 수준에 적합한 사정방법을 사용한다.

9.03 사정에서 사전고지에 의한 자발적 동의 (Informed Consent in Assessments)

(a) 심리학자는 규정 3.10, 사전고지에 의한 자발적 동의(Informed Consent)에서 기술한 대로 사정이나 진단 서비스를 제공할 때 사전고지에 의한 자발적 동의를 얻는다. 단, 다음의 경우는 예외로 한다. (1) 검사가 법이나 정부 규정에 의해 의무화된 경우, (2) 검사가 교육, 제도, 조직의 정례적인 활동으로 실시되므로 사전고지에 의한 자발적 동의가 시사된 경우(예: 참여자가 직업 신청을 하면서 자발적으로 평가에 동의한 경우), 또는 (3) 결정 능력을 평가할 목적으로 검사를 실시한 경우. 사전고지에 의한 자발적 동의는 사정의 특징과 목적, 비용, 제삼자의 개입, 비밀보장의 한계, 내담자/환자가 질문을 하고 대답을 들을 수 있는 충분한 기회에 관한 설명을 포함한다.

(b) 심리학자는 자발적으로 동의할 능력이 의심스러운 사람 혹은 법이나 정부 규정에 의해 의무적으로 검사를 실시해야 하는 사람에게 그 사람이 합당하게 이해할 수 있는 언어를 사용하여 사정 서비스의 특성과 목적에 관하여 알려준다.

(c) 통역자의 서비스를 활용하는 심리학자는 통역자의 활용에 관하여 내담자/환자로 부터 사전고지에 의한 자발적 동의를 얻고, 검사 결과의 비밀 보장과 검사 보완을 유지해야 하며, 추천서와 보고서, 그리고 진단 및 평가 진술문(법정 증언을 포함) 에서 수집된 자료의 제한점에 대한 논의를 포함한다. (Standards 2.05, Delegation of Work to Others; 4.01, Maintaining Confidentiality; 9.01, Bases for Assess-ments; 9.06, Interpreting Assessment Results; and 9.07, Assessment by Unquali-fied Persons 참조)

9.04 검사자료의 공개 (Release of Test Data)

(a) 검사자료란 원점수와 척도점수, 검사 질문이나 자극에 대한 내담자/환자의 반응, 평가가 이루어지는 동안 환자/내담자의 말이나 행동에 대한 심리학자의 기록을 말한다. 내담자/환자의 반응을 포함하는 검사도구들도 검사자료에 포함된다. 내 담자/환자를 양도할 때, 심리학자는 내담자/환자 또는 양도과정에서 확인된 다른 사람에게 검사자료를 제공한다. 심리학자는 폐해, 자료나 검사의 남용, 해석오류 로부터 내담자/환자 또는 다른 사람들을 보호하기 위하여 검사자료를 공개하지 않을 수도 있다. 많은 경우에 이런 상황에서 비밀정보를 공개하는 것은 법에 의해 규제되고 있음을 인지한다. (Standard 9.11, Maintaining Test Security 참조)

(b) 내담자/환자를 양도하지 않는 경우, 심리학자는 법이나 법원 명령에 의한 요구가 있는 경우에 검사자료를 제공한다.

9.05 검사 구성 (Test Construction)

검사와 다른 평가도구를 개발하는 심리학자는 적절한 심리측정적 절차와 현재의 과학적 및 전문적 지식을 사용하여 검사를 설계하고, 표준화하고, 타당화하며, 편향을 감소 또는 제거시키고, 사용에 관한 제언을 한다.

9.06 사정 결과의 해석 (Interpreting Assessment Results)

사정 결과를 해석할 때(자동화된 해석의 경우도 포함됨), 심리학자는 심리학자의 판단에 영향을 미치거나 해석의 정확성을 감소시킬 수도 있는 다양한 검사 요인들, 수검능력, 수검자의 다른 특징들(예, 상황적, 개인적, 언어적, 문화적 차이)뿐만 아니라 사정의 목적을 고려한다. 심리학자는 사정 결과의 해석에 유의한 한계가 있다면 이를 언급한다. (Standard 2.01b & c, Boundaries of Competence, and 3.01, Unfair Discrimination 참조)

9.07 무자격자에 의한 평가 (Assessment by Unqualified Persons)

심리학자는 자격을 갖추지 않은 사람이 심리학적 사정 기법을 사용하는 것을 장려하지 않는다. 단, 적절한 슈퍼비전이 제공되는 상황에서 훈련의 목적으로 무자격자가 평가하는 경우는 제외한다. (Standard 2.05, Delegation of Work to Others 참조)

9.08 오래된 검사와 검사 결과 (Obsolete Tests and Outdated Test Results)

(a) 심리학자는 현재의 목적에 비추어 오래된 자료나 검사 결과에 근거하여 평가 및 개입에 관한 결정이나 제언을 내리지 않는다.

(b) 심리학자는 오래되었고 현재의 목적에 유용하지 않은 검사와 측정도구에 근거하여 그러한 결정이나 제언을 내리지 않는다.

9.09 채점 및 해석 서비스 (Test Scoring and Interpretation Services)

(a) 다른 전문가에게 평가 또는 채점 서비스를 제공하는 심리학자는 평가 절차의 목적, 규준, 타당도, 신뢰도, 절차의 적용, 평가의 활용에 적용될 수 있는 특별한 자격 조건 등에 관하여 정확하게 기술한다.

(b) 심리학자는 프로그램과 절차의 타당도에 관한 증거에 기초하여, 그리고 다른 적절한 사항들을 고려하여 채점 및 해석 서비스(자동화된 서비스 포함)를 선정한다. (Standard 2.01b & c, Boundaries of Competence 참조)

(c) 심리학자는 자신이 직접 채점과 해석을 하건 또는 자동화된 서비스나 기타 서비스를 사용하건, 평가도구의 적절한 적용, 해석, 사용에 대한 책임을 진다.

9.10 평가 결과의 설명 (Explaining Assessment Results)

심리학자 자신이 채점과 해석을 하든지, 채용된 사람이나 조수, 또는 자동화 서비스나 외부 서비스가 채점과 해석을 하든지 무관하게, 관계의 본질이 평가 결과의 설명을 배제하지 않는다면(예, 일부 조직 자문, 채용 이전 선별이나 보안 선별, 법적 평가), 심리학자는 평가 결과에 대한 설명이 평가 대상이나 지정 대리인에게 확실히 제공되도록 합당한 조치를 취하며, 이러한 사실을 평가 대상에게 사전에 분명하게 설명한다.

9.11 검사 보완의 유지 (Maintaining Test Security)

검사장비는 매뉴얼, 도구, 프로토콜, 검사 질문 또는 자극을 언급한다. 그러나 '규정 9.04 Release of Test Data(검사자료의 공개)'에서 규정한 검사자료를 포함하지 않는다. 심리학자는 검사장비와 다른 평가기법들이 법과 계약 의무사항에 맞도록, 그리고 이 윤리 조항에 준수하는 방식으로 온전하게 보완을 유지하려는 합당한 노력을 기울인다.

10. 치료 (Therapy)

10.01 치료에 대한 동의서 (Informed Consent to Therapy)

(a) '규정 3.10, Informed Consent (사전고지에 의한 자발적 동의)'에서 요구하는 대로 치료에 대한 사전고지에 의한 자발적 동의를 얻을 때 심리학자는 가능한 한 치료관계를 맺은 초기에 내담자/환자에게 치료의 특징, 예상되는 과정, 비용, 제삼자의 개입, 비밀 보장의 한계에 관하여 알려 주어야 하며, 내담자/환자가 이에 대하여 질문을 하고 대답을 얻을 수 있는 충분한 기회를 제공한다. (Standards 4.02, Discussing the Limits of Confidentiality, and 6.04, Fees and Financial Arrangements 참조)

(b) 일반적으로 인정받는 기법이나 절차가 확립되지 않은 치료에 대하여 사전고지에 의한 자발적 동의를 얻을 때, 심리학자는 내담자/환자에게 치료의 발전적인 특징, 잠정적인 위험, 사용 가능한 대안적 치료, 치료에 대한 자발적 참여의 특징을 알려준다. (Standards 2.01e, Boundaries of Competence, and 3.10, Informed Consent 참조)

(c) 치료자가 훈련생이며, 치료에 대한 법적 책임이 슈퍼바이저에게 있을 때, 사전고지에 의한 자발적 동의 절차의 일부로 치료자가 훈련과 슈퍼비전을 받고 있는 중이라는 사실과 슈퍼바이저의 이름을 내담자/환자에게 알린다.

10.02 부부 혹은 가족의 치료 (Therapy Involving Couples or Families)

(a) 심리학자가 관계를 맺고 있는 여러 사람들(예, 배우자, 주요한 타인, 부모, 자녀)에게 서비스를 제공할 것이라고 동의할 때, 처음부터 (1) 누가 내담자/환자인지, (2) 심리학자와 각 개인의 관계가 어떠한지를 분명하게 밝히는 합당한 조치를 취한다. 또한 심리학자의 역할과 제공된 서비스와 수집된 정보의 가능한 활용에 관해서도 명료화한다. (Standard 4.02, Discussing the Limits of Confidentiality 참조)

(b) 심리학자가 잠정적으로 상치되는 역할들을 수행하도록 요구된다면(예, 가족치료

사로 서비스를 제공한 후 이혼소송에서 한쪽을 위한 증언을 하는 경우), 심리학자는 그러한 역할들을 적절하게 명료화하며 변경하거나 그 역할들을 철회하는 합당한 조치를 취한다. (Standard 3.05c, Multiple Relationships 참조)

10.03 그룹 치료 (Group Therapy)

심리학자가 집단 장면에서 여러 사람들에게 서비스를 제공할 때, 처음부터 모든 당사자들의 역할과 책임, 비밀 보장의 한계에 관하여 기술한다.

10.04 다른 사람으로부터 서비스를 받고 있는 사람에게 치료 제공
(Providing Therapy to Those Served by Others)

이미 정신건강 서비스를 다른 곳에서 받고 있는 사람들에게 서비스를 제공할 것인지를 결정할 때 심리학자는 치료와 관련된 이슈들과 잠정적인 내담자/환자의 복지를 신중하게 고려한다. 심리학자는 혼란과 갈등의 위험을 줄이기 위하여 이러한 이슈들을 내담자/환자 또는 내담자/환자를 대신하는 법적 대리인과 논의하며, 적절하다면 다른 서비스 제공자들을 자문하며, 치료적 이슈들에 대한 신중함과 민감함을 가지고 진행한다.

10.05 현재의 치료 내담자/환자와의 성적 친밀 관계
(Sexual Intimacies With Current Therapy Clients/Patients)

심리학자들은 현재의 치료 내담자/환자와 성적 친밀한 관계를 가지지 않는다.

10.06 현재 치료 내담자/환자의 중요한 사람 혹은 친척과의 성적 친밀 관계
(Sexual Intimacies With Relatives or Significant Others of Current Therapy Clients/Patients)

심리학자들은 현재의 내담자/환자의 친척, 보호자 혹은 중요한 사람으로 알려진 사람과의 성적 친밀한 관계를 가지지 않는다. 또한, 심리학자는 이 기준을 교묘하게 회피하기 위해 치료를 종료해서는 안 된다.

10.07 이전의 성적 관계를 맺은 사람의 치료
(Therapy With Former Sexual Partners)

심리학자들은 이전에 성적으로 친밀한 관계를 가졌던 사람을 치료 내담자 혹은 환자로 받아들이지 않는다.

10.08 이전의 치료 내담자/환자와의 성적 친밀 관계
(Sexual Intimacies With Former Therapy Clients/Patients)

(a) 심리학자는 이전의 내담자/환자와 치료 중지 혹은 종결 이후 최소한 2년 동안에는 성적으로 친밀한 관계를 가지지 않는다.

(b) 심리학자는 아주 특이한 상황을 제외하고는 이전의 내담자/환자와 2년이 경과한 이후에도 성적 친밀한 관계를 가지지 않는다. 치료가 중단 또는 종결된 지 2년이 경과한 후에 성적 접촉을 하고 있고 이전의 내담자/환자와 성적인 접촉을 하지 않은 심리학자는 모든 관련된 요인들에 비추어 다음과 같은 착취가 없었음을 증명할 의무를 가진다: (1) 치료가 종결된 이후 경과한 시간, (2) 치료의 특징, 기간, 강도, (3) 치료가 종결된 상황, (4) 내담자/환자의 개인 이력, (5) 내담자/환자의 현재 정신 상태, (6) 내담자/환자에 미칠 부정적 영향의 가능성, (7) 치료가 진행되는 도중에 치료가 종결되면 내담자/환자와 성적 관계 또는 애정 관계를 맺을 가능성을 암시하거나 제안하는 말이나 행동. (Standard 3.05, Multiple Relationships 참조)

10.09 치료 중단 (Interruption of Therapy)

채용관계나 계약관계를 시작할 때, 심리학자는 그러한 관계가 종료되는 경우, 내담자/환자의 복지를 가장 중요하게 생각하면서 내담자/환자를 보살필 책임에 대한 합법적이며 적절한 해결을 제공하려는 합당한 노력을 한다. (Standard 3. 12, Interruption of Psychological Services 참조)

10.10 치료 종결 (Terminating Therapy)

(a) 심리학자들은 내담자 혹은 환자가 더 이상 서비스를 필요로 하지 않거나, 계속적인 서비스가 도움이 되지 않거나, 계속된 서비스로 인해 오히려 더 해가 될 경우 치료를 중단한다.

(b) 심리학자는 내담자/환자에 의해서 또는 내담자/환자와 관계가 있는 제3자에 의해 위협을 받거나 위험에 처하게 될 경우에는 치료를 종결할 수 있다.

(c) 내담자/환자 혹은 제3자의 비용지불자의 행동에 의해 차단되는 때를 제외하고는 심리학자는 종결하기에 앞서 종결 전 상담을 제공하고 서비스를 제공할 수 있는 다른 적절한 대안을 제공해 준다.

History and Effective Date Footnote

미국 심리학회의 윤리 규정에 대한 이번 버전은 2002년 8월 21일에 열렸던 미국 심리학 협회의 위원회에 의해 대표 회의에서 채택되었으며 효력은 2003년 6월 1일부터 시작된다. APA 윤리 규정에 관한 해석이나 내용에 관한 질문은 다음의 주소로 하면 된다. Director, Office of Ethics, American Psychological Association, 750 First Street, NE, Washington, DC 20002-4242. 이 윤리 규정의 기준은 효력 발생 시점 혹은 그 이후에 혐의가 있는 행동의 발생에 관한 분쟁의 판결에서만 사용될 것이다. 효력 발생 시기 이전에 발생한 행동에 관한 분쟁은 그 행동이 발생한 시점에서 유효했던 윤리 규정에 근거하여 분쟁을 판결할 것이다.

이전에 발표된 미국심리학회의 윤리 규정집은 다음과 같다.

American Psychological Association. (1953). Ethical standards of psychologists. Washington, DC: Author.

American Psychological Association. (1959). Ethical standards of psychologists. *American Psychologist, 14,* 279-282.

American Psychological Association. (1963). Ethical standards of psychologists. *American Psychologist, 18,* 56-60.

American Psychological Association. (1968). Ethical standards of psychologists. *American Psychologist, 23,* 357-361.

American Psychological Association. (1977. 3.). Ethical standards of psychologists. *APA Monitor,* 22-23.

American Psychological Association. (1979). Ethical standards of psychologists. Washington, DC: Author.

American Psychological Association. (1981). Ethical principles of psychologists. *American Psychologist, 36,* 633-638.

American Psychological Association. (1990). Ethical principles of psychologists (Amended June 2, 1989). *American Psychologist, 45,* 390-395.

American Psychological Association. (1992). Ethical principles of psychologists and code of conduct. *American Psychologist, 47,* 1597-1611.

Request copies of the APA' s Ethical Principles of Psychologists and Code of Conduct from the APA Order Department, 750 First Street, NE, Washington, DC 20002-4242, or phone (202) 336-5510.

NASP의 전문가 윤리 원칙

I. 서문 (INTRODUCTION)

전문적인 학교심리학자가 수행해야 할 적절한 행동을 명료하게 기술한 공식 원칙들을 '윤리(Ethics)'라고 한다. NASP에 가입한 모든 회원들은 인간의 존엄성을 존중하며 질적으로 수준 높은 전문적인 서비스를 제공하면서 '윤리'를 준수하는 데 동의한다. 윤리적 행동은 개인이 책임을 지는 것이지만, 윤리 조항을 채택하고 시행하는 것은 학회의 중요한 관심사이다. 윤리 원칙의 적절한 시행은 학회 회원들의 적절한 행동을 지도하고, 학교심리학의 전문성에 대한 일반 대중의 확신을 증진시킬 것이다. 또한 윤리 조항은 윤리 조항을 남용함으로써 발생할 수 있는 만일의 문제로부터 학회 회원들을 보호하는 적법한 절차(due process procedures)를 제공할 수 있어야 한다. 이러한 목적을 달성하고자 NASP의 「전문과 윤리 원칙」은 제정되었다.

이 매뉴얼에 있는 윤리 원칙은 다음과 같은 가정에 근거하였다.

(a) 학교심리학자들은 그들의 학생/내담자를 위한 변호자(advocate)로서 활동을 할 것이다.

(b) 적어도 학교심리학자들은 폐해를 입히는 행동을 하지 않을 것이다.

이러한 가정들은 학교심리학자가 학생/내담자의 요구와 권리를 변호하기 어려울 때조차 그렇게 해야 할 필요가 있음을 보여 준다. 학교심리학자는 인정받은 수준의 경험과 훈련 및 역량을 가진 서비스만을 제공하도록 제한된다. 이러한 기본적 가정을 넘어서서, 윤리 원칙을 학교와 지역사회의 유동적이고 확장적인 상호작용에 적용시키려면 판단이 요구된다.

적절한 행동방식에 관한 조언을 해 줄 수 있는 자원은 다양하다. 예를 들면, 지방자치단체의 정책, 주 정부 법, 연방 정부 법, 전문가 자격증 부여에 관한 규정, 전문학회의 정책 방침, 최선의 실무를 제안하는 서적들은 그 가운데 일부이다. 간혹 재직하고 있는 상황과 여러 가지 추천들로 인해서 윤리적 행동 방향이 불분명한 사건들이 생겨날 수 있다.

NASP는 NASP 회원들에게 윤리 원칙들을 시행하기 위하여 노력할 것이다. NASP의 「학교심리 서비스 제공 지침(Guidelines for the Provision of School Psychological Services)」에 기술된 질적 수준이 높은 학교심리 서비스의 제공을 증명하기 위하여 모든 회원들이 노력해야 하겠지만, 이 지침이 전형적으로 강행되는 것은 아니다. 마찬가지로, '정책방침서(position statements)'와 '최선의 실무(best practices)' 문서들이 법에 의해 강제되지도 않는다. 이 분야에서 지엽적으로 발생한 사건이나 일시적인 유행, 최근의 발달에 의해 형성된 특수한 행동에 대한 단기적 의견을 반영하는 다른 문서에 비하여 「윤리 원칙(Ethical Principles)」은 보다 항구적이 되도록 의도적으로 광범위하게 만들어졌다. 따라서 회원들은 상황에 따른 구체적인 규칙을 일반적인 윤리 원칙으로부터 추론하기 위해서 판단을 해야 한다. 특정 행동에 대한 구체적 언급이 없다고 해서 비윤리적 실무를 허용하거나 방어한다는 것을 의미하지는 않는다. (예를 들면, 이 문서에서는 학교심리학자와 가상의 '학생/내담자'의 관계를 자주 언급하고 있다. 그런데 학교심리학자들은 매우 다양한 장면에서 활동하기 때문에, 전문적 관계에서 '다른' 사람을 적절하게 지칭하는 단 하나의 용어란 있을 수 없다. 그러므로 다른 사람이 분명하게 '학생'이나 '내담자'가 아니라는 이유로 학교심리학자로서의 책임을 면하지는 않는다는 점을 이해하고, 모든 전문적 상황에 윤리 원칙을 적용해야 한다.)

이 요강에 있는 윤리 원칙은 편집진의 판단에 따라서 몇 부분으로 조직되었다. 그러므로 어떤 한 부분에서 논의된 윤리 원칙이 다른 부분에도 적용될 수 있다. 모든 학교심리학자는 직위(예, 학교심리학 실무자, 연구자, 대학 교수, 수련 감독, 정부 단체에 임용된 자문가, 심리학 서비스 행정가)나 장면(예, 공립학교, 사립학교, 지역사회 기관, 병원, 대학교, 개인적 개업)에 상관없이 자신의 개인적 상황에 윤리 원칙을 적용하기 위해서, 각 윤리 원칙에 표현된 주제를 심사숙고해야 한다. 예를 들면, 어떤 하나의 윤리 원칙 조항이 '내담자'에 대한 책임을 구체적으로 논의하고 있을지라도, 그 조항은 수련생, 학교심리학 훈련생, 연구 참여자들에게도 적용된다. 때때로 윤리 원칙은 현행 정책이나 해당 법규보다 더욱 높은 수준의 행동 규정을 요구한다. 그런 조건에서 회원들은 반드시 윤리 원칙을 준수해야 한다. 윤리적 행동이 경우에 따라서 정책이나 법에 의해 금지되는 경우가 있다. 그런 경우에 회원들은 자신이 처한 딜레마 상황을 밝히고, 차이가 나는 규정들이 윤리 원칙을 따를 수 있도록 해야 한다. 윤리 원칙을 특정 상황에 적용하는 데 필요한 도움을 얻기 위해서, 학교심리학자는 경험이 있는 학교심리학자의 자문을 구하거나 NASP나 각 주의 학교심리학자 연합회로부터 조언을 구해야 한다.

이 「전문적 윤리 원칙」에서는 학교심리학자의 역할과 활동 장면에 따라서 아동, 부모, 교사, 기타 교직원, 다른 전문가, 학교심리학 훈련생, 수련생이 '내담자' 로 포함된다.

윤리와 관련된 고소를 신청하는 절차에 관한 지침과 고소에 관한 판결은 NASP 사무국이나 NASP 웹사이트(www.naspweb.org)에서 얻을 수 있다.

II. 전문적 역량 (PROFESSIONAL COMPETENCY)

A. 일반 (General)

1. 학교심리학자는 자신의 훈련과 경험의 강점과 약점을 파악하며, 자격을 갖춘 실무만을 담당한다. 학교심리 서비스를 제공하는 데 적절하다면 슈퍼바이저, 자문가, 또는 의뢰인 역할을 갖춘 다른 전문가들로부터 도움을 얻는다. 아동과 가족, 학교, 지역사회, 학교심리학 훈련생, 수련생들에게 가능한 한 최선의 서비스를 제공하기 위하여 추가적인 훈련과 교육을 계속적으로 받아야 한다.

2. 학교심리학자는 자신이 갖춘 역량 수준, 교육, 훈련, 경험에 대하여, 전문적인 방식으로 내담자에게 정확하게 알려 준다.

3. 학교심리학자는 자신이 실제로 획득한 전문적 역량(professional competency) 수준을 초과하는 수준을 암시하기 위하여 다른 사람이나 학회 또는 기관과의 제휴를 이용하지 않는다.

4. 학교심리학자는 계속적 전문성 개발(continuing professional development)에 전념한다. 아동, 가족, 학교에 유익한 연구, 훈련, 전문적 실무의 현재 동향을 파악한다.

5. 학교심리학자는 개인적 문제나 갈등이 전문적 효과성을 방해하는 어떠한 활동도 삼간다. 전문적 관계에서의 갈등을 완화시키기 위하여 유능한 조언을 구한다.

6. 학교심리학자는 이 「전문가 윤리 원칙」을 숙지하며, 자신이 채용되어 활동하고 있는 장면이나 현장에 윤리 원칙들을 사려 깊게 적용한다. 윤리 원칙에 대하여 잘 모르거나 잘못 적용한 것이 비윤리적 행동에 대한 비난을 피할 수 있는 합당한 방어가 될 수 없다.

III. 전문적 관계 (PROFESSIONAL RELATIONSHIPS)

A. 일반 (General)

1. 학교심리학자는 아동, 가족, 학교 및 지역사회의 삶의 질을 향상시킬 목적으로 자신의 전문성을 활용하는 데 전념한다. 이러한 목적은 관련된 사람들의 존엄성과 권리를 보호하는 방식으로 추구된다. 학교심리학자는 자신이 수행하는 전문적 실무의 적합성에 대한 책임을 받아들인다.

2. 학교심리학자는 모든 사람들을 존중하며, 신체적, 정신적, 정서적, 정치적, 경제적, 사회적, 문화적 특징과 인종, 민족, 성별, 성지향성, 종교에 민감하게 관심을 갖는다.

3. 모든 장면에서 활동하는 학교심리학자들은 아동, 부모, 학교, 지역사회와 전문적 관계(professional relationship)를 유지한다. 결과적으로, 부모와 아동은 학교심리 서비스의 모든 면들에 관한 정보를 사전에 완전하게 제공받는다. 아동, 부모, 법적 보호자가 설명을 이해할 수 있도록 그들의 언어와 문화적 차이, 인지적 능력, 발달 수준, 연령을 고려하여 설명해야 한다.

4. 학교심리학자는 분리와 갈등이 있는 이해관계의 상황을 모든 관련된 사람들에게 이롭고 그들의 권리를 보호하는 방식으로 해결하려고 노력한다.

5. 학교심리학자는 개인적 충성이나 목표의 방향과 본질에 대한 책임을 진다. 개인적 충성이나 목표에 전념하는 것이 전문적 관계에 영향을 미칠 때, 학교심리학자는 자신이 책임을 맡고 있는 실무의 재배정을 고려하기 위하여 자신의 직속 슈퍼바이저를 포함한 모든 관련자들에게 이와 관련된 문제를 사전에 알린다.

6. 학교심리학자는 전문적 관계를 이용하여 내담자를 착취하지 않으며, 이러한 행동을 하는 동료들을 묵인하지 않는다. 아동, 내담자, 채용된 사람, 동료, 부모, 훈련생, 수련생, 연구 참여자를 포함한 모든 사람들이 성적인 말이나 몸짓, 신체적 접촉에 노출되지 않도록 신중하게 행동한다. 학교심리학자는 개인적 특성에 기초하여 다른 사람들을 괴롭히지 않으며, 인격을 무시하는 행동을 하지 않는다. 학교심리학자는 자신의 학생, 수련생, 훈련생, 과거 또는 현재의 내담자와 성적 관계를 갖지 않는다.

7. 내담자와 이중관계(dual relationship)를 맺지 않는다. 즉 내담자와 개인적 관계 및 영업적 관계를 맺는 것은 판단을 흐리게 한다. 학교심리학자는 이러한 상황에 대해 인지하고, 가능하면 이러한 상황을 피한다.

8. 학교심리학자는 해롭거나 비윤리적 실무가 의심되면, 이를 비공식적으로 해결하려고 시도한다. 이러한 비공식적 노력이 생산적인 결과를 가져오지 못하면, 적절한 전문기관에 연락하여 도움을 요청한다. 다음은 윤리적 실무에 관한 이의를 제기하는

절차로 수립된 것이다.

a. 윤리적 문제에 대한 고소를 신청하는 것은 중대한 일이다. 이는 전문성과 대중에게 해가 되는 동료의 행동을 향상시키기 위한 것이다. 그러므로 학교심리학자는 윤리 원칙을 위반하는 전문가들과 윤리 원칙에 관하여 논의하려는 모든 노력을 기울인다.

b. 학교심리학자는 심사숙고하여 고소과정을 시작하며, 관련된 모든 사람들의 안녕에 관심을 가진다. 학교심리학자는 불성실한 의도나 보복의 동기를 가지고 고소를 신청하지 않으며, 또는 그러한 고소가 신청되는 것을 격려하지 않는다.

c. 일부 상황들은 윤리적 관점에서 분석하기에 특히 어려울 수도 있다. 학교심리학자는 관련 분야에서 채택하고 있는 윤리 규정을 참고하며, 적절한 행동 노선을 결정하기 위하여 이러한 문제에 대한 지식과 경험을 갖춘 학교심리학자와 관련 기관에 도움을 청한다.

d. 학교심리학자는 윤리적 위반이 의심되는 경우 위반을 해결하기 위한 어떤 노력이 있었는지, 그리고 위반이 발생한 일시 등 구체적이고 상세한 정보를 기록하여 문서화한다.

9. 학교심리학자는 학교심리학자로서 전문적 업무를 수행하는 동안에 수집한 정보의 비밀 보장을 존중한다. 이렇게 수집된 정보는 아동 또는 아동의 부모나 법적 보호자의 사전고지에 의한 자발적 동의가 있는 경우에만 공개한다. 이에 대한 예외로는 정보를 공개하지 않아 아동이나 타인에게 명백한 위험이 초래되는 경우이다. 유효기간이 지난 오래된 비밀 정보들을 휴지통에 버리기 전에 세절하거나 파기해야 한다.

10. 학교심리학자는 오로지 전문적 목적을 위해서만 그리고 알아야 할 법적 필요를 가진 사람들과만 비밀 정보에 관해 논의한다.

11. 학교심리학자는 전문적 관계를 수립하는 초기 단계에서부터 비밀 보장의 한계에 대하여 아동과 내담자에게 고지한다.

B. 학생 (Students)

1. 학교심리학자는 자문, 평가, 직접 서비스의 본질에 대하여 깊이 있게 이해한다. 학교심리학자는 아동과 다른 내담자들의 존엄성과 인격을 존중하는 전문적 실무만을 수행한다.

2. 학교심리학자는 아동과 내담자의 연령과 이해능력에 적합하도록 분명하며 이해 가능한 방식으로 전문적 관계의 중요한 측면에 대하여 설명한다. 학교심리 서비스가 요청된 이유, 제공되는 서비스에 관한 정보 수신자, 그리고 가능한 결과에 대하여 설

명한다.

3. 아동이 학교심리 서비스를 요청했을 때, 아동이 자발적으로 서비스를 개시·참여· 종결할 권리를 자기고 있음을 존중하는 것이 학교심리학자의 의무임을 이해한다(상 세한 내용은 III-C-2를 참조할 것). 다른 사람이나 기관이 학교심리 서비스를 요청할 경우에 학교심리학자는 아동의 자발적 참여를 얻기 위한 모든 노력을 기울인다.

4. 프로그램의 변경이나 추가 서비스에 관한 추천, 그리고 가용한 대안들에 관하여 적 절한 사람들과 논의한다.

C. 부모, 법적 보호자, 지정 대리인 (Parents, Legal Guardians, and Appointed Surrogates)

1. 학교심리학자는 모든 학교심리 서비스에 관하여 부모가 이해할 수 있는 방식으로 명 확하게 부모에게 설명한다. 부모의 가치관과 능력을 고려한 일련의 대안들을 제안하 기 위하여 노력한다. 인턴이나 실습 수련생 또는 훈련생이 서비스를 제공할 경우에 는 미리 이러한 사실을 부모에게 설명하고 부모의 동의를 구한다.

2. 학교심리학자는 부모의 지지가 갖는 중요성을 인식하고, 아동과의 만남을 지속하기 에 앞서 부모와 직접 만나 부모의 지지를 얻으려 노력한다. (응급상황이거나 예고 없 이 아동이 스스로 의뢰한 경우에는 가능하면 빨리 부모에게 통지한다. 부모의 동의 없이 아동이 학교심리 서비스를 요청할 수 있는 연령과 상황은 매우 다양하므로 III- D-5의 조항을 따르도록 한다.) 학교심리학자는 사전에 결정된 비밀 보장의 한계를 따르는 방식으로, 학교심리 서비스 제공의 결과와 진전상황을 부모에게 솔직하며 신 속하게 보고하여 부모의 계속적인 참여를 확보한다.

3. 학교심리학자는 아동에게 제공할 서비스를 설계하는 데 부모의 참여를 독려한다. 이 같은 노력에는 학교와 가정을 연계하는 개입 서비스 제공하기, 부모 참여를 가족의 기술 정도에 맞추기, 부모가 자녀를 돕는 데 필요한 기술을 습득하도록 돕기 등이 포 함된다.

4. 학교심리학자는 학교심리 서비스를 반대하는 부모의 소망을 존중하며, 부모를 지역 사회의 다른 자원들에 소개한다.

5. 학교심리학자는 아동을 돕기 위하여 추천할 만한 방법과 계획에 관하여 부모와 논의 한다. 이러한 논의는 계획의 각 단계에 관련된 대안들을 포함한다. 이때 학교심리학 자는 가정의 민족적/문화적 가치를 존중한다. 부모는 학교와 지역사회에 있는 조력 자원들에 관한 정보를 제공받는다.

6. 학교심리학자는 학교심리 서비스를 제공하여 초래되는 비밀 정보의 생성, 변경, 저 장, 폐기에 관한 부모와 아동의 권리에 대하여 논의한다.

D. 지역사회 (Community)

1. 학교심리학자도 시민으로서 사회구성원이 맡아야 할 동일한 책임과 의무를 수용한 다. 학교심리학자의 개인적 이해관계가 전문적 책임을 위태롭게 하지 않는 범위 내에서 학교심리학자도 개인적 이해관계를 자유롭게 추구할 수 있다.

2. 학교심리학자는 시민으로서 합법적 방식으로 사회적 변화를 일으키도록 행동한다. 개인적 행동이 학교심리학 분야나 NASP를 대표하는 것으로 제시되거나 암시되어서는 안 된다.

3. 공립 또는 독립적 실무 영역에서 피고용인으로 또는 고용주로서, 학교심리학자는 인종, 장애, 연령, 성별, 성지향성, 종교, 국적, 경제적 지위, 모국어에 기초하여 아동, 다른 내담자, (해당되는 경우) 피고용인에 대해 차별적인 실무를 하지 않으며, 이러한 차별적 실무가 시행되는 것을 용인하지 않는다.

4. 학교심리학자는 아동 및 기타 내담자들이 시민으로서 갖는 권리와 법적 권리를 위배하거나 감소시키는 어떠한 행위도 피한다.

5. 학교심리학자는 학교심리학 실무와 옹호에 관한 국가와 지방자치단체의 법규 및 조례를 준수한다. 만일 규정이 윤리지침과 상치되는 경우, 학교심리학자는 공공정책에 관한 변호 노력을 포함하여 긍정적이며 존경스럽고 합법적인 방식으로 그러한 갈등을 해결하려고 노력한다.

E. 기타 전문가들 (Other Professionals)

1. 아동과 다른 내담자들의 요구를 최대한 만족시키기 위하여 학교심리학자는 상호존중에 기초한 관계에 있는 다른 전문가들과 협력한다.

2. 학교심리학자는 다른 전문가들의 역량을 인정한다. 학교심리학자는 아동과 다른 내담자에게 최대한의 이익을 제공하기 위하여 모든 자원들의 사용을 격려하고 지원한다.

3. 학교심리학자는 학교심리학 분야와 학교심리학자의 전문적 역량(역할, 과제, 기타 전문가들과의 작업관계 등)을 설명하려고 노력해야 한다.

4. 학교심리학자는 아동과 다른 내담자들의 권리와 요구를 염두에 두고 기타 전문가들이나 기관과 협력한다. 만일 아동 또는 다른 내담자가 다른 전문가로부터 유사한 서비스를 제공받고 있다면, 학교심리학자는 서비스의 조율을 촉진한다.

5. 아동이나 다른 내담자의 조건이나 요구가 학교심리학자의 전문적 역량이나 범위를 벗어나는 것으로 확인될 때 다른 전문적 서비스에 의뢰한다.

6. 아동이나 다른 내담자를 위한 개입에 관한 책임을 다른 전문가에게 전가할 경우에 학교심리학자는 모든 관련된 적절한 사람들에게 (적절하다면 아동 또는 내담자도 포함하여) 변경과 그 사유를 알린다.

7. 다른 전문가가 수행하는 실무가 해롭거나 비윤리적이라는 의혹이 들 때, 학교심리학자는 그 전문가에게 그러한 문제에 대한 관심을 표현하기 위하여 비공식적인 접촉을 갖는다. 이러한 방식으로 상황이 호전되지 않는다면, 의문이 제기된 실무를 검토하기 위하여 해당 전문 분야에 의해 확립된 절차가 무엇인지를 결정하기 위한 지원을 받기 위해 적절한 전문기관과 접촉한다.

8. 다른 전문가를 채용하거나 수련 감독하거나 훈련하는 학교심리학자는 계속적인 전문성 개발을 제공할 의무를 지닌다. 또한 학교심리학자는 적절한 작업 조건, 공평하고 시의적절한 평가, 건설적 자문을 제공한다.

F. 학교심리학자 훈련생 및 인턴 (School psychologist Trainees and Interns)

1. 인턴을 수련 감독하는 학교심리학자는 수련실습생의 모든 전문적 실무에 대한 책임을 맡는다. 학교심리학자는 인턴이 학교심리학자 실무 지침과 훈련 규정에서 지정된 대로 적절하게 수련 감독을 받고 있다는 것을 아동, 다른 내담자, 학교심리학 분야에 확신을 주어야 한다.

2. 훈련 프로그램을 시행하거나 관리하는 학교심리학자는 프로그램 후원, 승인, 자격 인정, 목표, 훈련과정과 요구조건, 가능한 결과와 혜택 등에 관한 정확한 정보를 훈련생과 앞으로 훈련을 받을 것으로 예상되는 훈련생들에게 제공해 주어야 한다.

3. 대학 교수직 또는 임상 수련 감독직에 있는 학교심리학자는 학교심리학 훈련생과의 모든 업무 수행에 윤리 원칙을 적용한다. 또한 학교심리학자는 구체적이고도 종합적인 교수와 피드백, 멘토링을 통해서 훈련생의 윤리적 실무 수행을 증진시킨다.

4. 학교심리학 교수와 임상 수련 감독은 높은 수준의 책임감 있고 연구에 기초한 학교심리 서비스에 관한 훈련을 제공하여 학교심리학에서 인정된 수준을 준수한다. 학교심리학자는 교육과 훈련 활동 중에 정확하고 객관적인 정보를 제공하며, 제공하는 정보의 한계를 알고 있어야 하며, 반증 자료와 대안적 가설 및 설명을 인정한다.

5. 학교심리학 교수와 임상 수련 감독은 훈련생들을 위하여 객관적이고 정확하며 공정한 평가 실무를 개발하고 사용한다.

Ⅳ. 전문적 실무—일반원칙
(PROFESSIONAL PRACTICES— GENERAL PRINCIPLES)

A. 변호 (Advocacy)

1. 학교심리학자는 아동, 부모, 시스템을 포함한 다수의 내담자들을 대상으로 활동한다. 내담자 집단들 간의 갈등에 직면하면, 학교심리학자는 아동을 일차적 내담자로 고려한다. 아동이 일차적 내담자가 아닌 경우에는 학교심리학자의 도움을 요청하는 개인 또는 집단이 일차적 내담자가 된다.

2. 학교심리학자의 일차적 책임은 아동과 내담자에게 있다. 따라서 그들의 권리와 복지를 옹호(advocacy)하는 활동을 한다. 만일 내담자들 간에 이해 갈등이 있으면, 학교심리학자는 아동에게 최선의 이익이 되는 결론을 지지한다. 행동 노선을 선택할 경우에 학교심리학자는 관련된 각 개인의 권리와 학교 교원의 의무를 고려한다.

3. 제공할 서비스를 결정하는 데 있어서 가장 우선시되는 사항으로 아동의 권리와 복지를 보호하는 데 대한 학교심리학자의 관심을 학교행정과 교직원들에게 알린다.

4. 학교심리학자는 아동, 부모, 시스템의 변호자로서 노력을 하는 데 도움이 되는 공공정책에 관하여 숙지한다.

B. 서비스 전달 (Service Delivery)

1. 학교심리학자는 고용된 장면의 조직 구성과 철학, 목적과 목표, 방법에 관해 숙지한다.

2. 학교심리학자는 자신이 활동하고 있는 장면의 목적, 과정, 법적 요구조건에 관하여 이해하는 것이 그 장면 안에서 학교심리학자로 효과적으로 기능하기 위해 필수적이라는 사실을 인정한다.

3. 학교심리학자는 배정된 내담자 서비스 제공 시스템의 필수적인 구성원이 되려고 노력한다. 학교심리학자는 그 시스템 안에서 자신이 맡을 역할을 분명하게 수립한다.

4. 서로 다른 여러 집단에 서비스를 제공하는 학교심리학자는 집단의 의무가 상치하는 상황에 직면하게 될 수도 있다. 오해를 방지하기 위하여, 우선 모든 관련된 사람들에게 학교심리학자의 입장을 가능한 한 많이 알린다.

5. 학교심리학자는 내담자에게 혜택이 되도록, 자신을 고용한 기관과 지역사회의 서비스 전달 시스템의 변화를 도모한다.

C. 사정과 중재 (Assessment and Intervention)

1. 학교심리학자는 교육사정 및 심리사정, 그리고 직접 개입 및 간접 개입 서비스를 제공함에 있어서 최고의 수준을 유지한다.

   a. 심리사정, 교육사정, 행동사정을 시행하거나 치료, 상담, 자문 서비스를 제공할 때 개인의 존엄성과 개인차를 고려한다.

   b. 학교심리학자는 연령, 성별, 성지향성, 사회경제적 지위, 문화, 민족 배경에 있어서 차이를 존중한다. 학교심리학자는 적절한 사정 및 치료 절차, 기법, 전략을 선정하여 사용한다. 사정과 후속적인 중재에 관한 의사결정은 일차적으로 자료에 기초한 것이어야 한다.

2. 학교심리학자는 사용하는 도구와 기법의 타당도와 신뢰도에 관하여 숙지하여야 하며, 최신의 표준화 자료를 가지고 있으며 아동에게 혜택을 주기에 적절한 도구를 선정하여야 한다.

3. 학교심리학자는 종합적 결론에 도달하기 위하여, 관찰, 배경정보, 다른 전문가로부터 얻은 정보 등 다수의 사정 방법을 사용한다.

4. 학교심리학자는 학교심리학 분야에서 책임감 있고, 연구에 기초한 실제로 인정받는 사정 기법, 상담 및 치료 절차, 자문 기법, 기타 직접 및 간접 서비스 방법을 사용한다.

5. 학교심리학자는 훈련, 후원, 슈퍼비전을 포함하여 어떤 식으로든지 무자격자가 심리사정 및 교육사정 기법을 사용하거나 이러한 평가 기법이 제공하는 정보의 오용을 묵인하지 않는다.

6. 학교심리학자는 현재 문제에 적절하며, 수집된 자료에 일관된 중재를 개발한다. 치료 계획을 통해 원하는 목표를 달성하지 못하고 있음이 수집된 자료에서 나타나면, 학교심리학자는 치료 계획을 변경하거나 종결한다.

7. 학교심리학자는 아동의 정신건강을 증진시키는 데 도움이 되는 현행 사정 및 중재전략을 사용한다.

D. 자료와 회의 결과의 보고 (Reporting Data and Conference Results)

1. 학교심리학자는 아동과 다른 내담자에 관한 정보가 공인된 사람에게만 공개되도록 해야 한다.

   a. 학교심리학자는 정보의 수령자가 아동이나 다른 내담자를 더 잘 조력할 수 있도록 정보를 적절하게 해석한다.

b. 학교심리학자는 정보를 수령하는 기관이 비밀자료를 적절하게 보호하는 절차를 수립하도록 지원한다.

2. 학교심리학자는 결과와 제안을 보고할 때 이를 수령할 사람이 쉽게 이해할 수 있는 언어로 전달한다. 이러한 제안이 가져오는 잠정적인 결과를 기술하는 것도 포함된다.

3. 학교심리학자는 보고서를 작성할 때 보고서를 받아 보는 사람이 아동이나 내담자를 조력할 수 있는 방식으로 작성한다. 보고서에서 제안과 해석을 강조해야 한다. 편집하지 않은 채 컴퓨터에 의해 작성된 보고서, 사전에 인쇄된 양식에 체크 표시나 빈칸 채우기만을 한 보고서, 개입에 관한 구체적인 제안 없이 검사점수만을 제시하거나 특수교육 수혜자격에 관한 포괄적인 문장만으로 구성된 보고서는 별로 쓸모가 없다는 것을 알아야 한다. 보고서에 제시된 정보를 신뢰할 수 있는 정도를 평가한 결과도 보고서에 반드시 포함해야 한다. 이전에 공개된 보고서의 변경은 원저자에 의해서만 가능하다.

4. 학교심리학자는 자신이 작성한 모든 문서의 정확성을 검토하며, 정확한 경우에만 서명한다. 인턴과 실습생이 관련된 경우 이를 분명히 밝히며, 인턴 또는 수련생의 업무에 대하여 슈퍼비전을 하는 학교심리학자가 공동으로 서명해야 한다. 자료수집과 보고의 과정에 다수의 전문가가 참여한 경우에 학교심리학자는 자료의 출처를 보고서에서 분명히 밝혀야 한다.

5. 학교심리학자는 정보의 비밀을 유지하기 위하여 보고서의 적절한 저장과 폐기에 관한 모든 법규와 정책을 준수한다.

E. 자료와 테크놀로지의 사용 (Use of Materials and Technology)

1. 학교심리학자는 검사의 보안을 유지한다. 검사도구의 활용을 손상시킬 수도 있는 근본원칙과 구체적 내용을 공개하지 않는다. 학교심리학자는 사용되는 각각의 도구의 특수한 보안 요구사항에 대해 책임을 진다.

2. 학교심리학자는 공개 강연이나 출판을 할 때, 필기로 작성된 사전동의를 얻고 개인을 확인할 만한 인적 자료를 지워야 한다.

3. 학교심리학자는 컴퓨터에 의해 작성된 검사 분석이나 보고서를 부적절하게 사용하지 않으며, 이러한 행위를 격려하지 않는다. 이러한 원칙에 따라서, 학교심리학자는 편집되지 않은 컴퓨터 보고서를 자신이 작성한 보고서처럼 제시하지 않으며, 또한 자신이 훈련받지 않은 검사의 컴퓨터 채점 체계를 활용하지 않는다. 학교심리학자는 기본적인 의사결정 규칙에 따라서 정확성과 전문가적 식견에 근거한 채점 및 해석

서비스를 선택한다.

4. 학교심리학자는 사용하는 모든 기술적 서비스에 대한 모든 책임을 진다. 비밀 보장, 사생활권 보장, 의사결정에 대한 책임에 관련된 모든 윤리적, 법적 원칙들은 학교심리학자에게 적용되며, 설비, 소프트웨어 회사, 자료처리 부서에 이양되지 않는다.

5. 기술적 도구는 내담자에게 제공되는 서비스의 질적 수준을 높이기 위해서 사용되어야 한다. 학교심리학자는 서비스의 질을 감소시킬 테크놀로지의 사용을 반대한다.

6. 비밀 보장을 지키기 위하여, 사생활권을 보장할 수 없는 한 학생 및 내담자에 관한 기록을 전자 전송하지 않는다. 이러한 원칙에 입각하여, 팩스로 자료를 받는 경우에 대비하여 안전한 장소에 팩스를 설치하여야 하며, 비밀자료를 다루는 권한을 부여받은 인력이 팩스를 작동해야 한다. 또한 이메일은 암호화되어야 하며, 이메일에서 학생/내담자를 확인할 수 있는 모든 인적 사항은 삭제되어야 한다.

7. 학교심리학자는 사전고지에 의한 자발적 동의 없이 내담자에 관한 정보를 담은 데이터베이스로부터 자료를 교환하는 대가로 어떤 형태든지 보상을 수락해서는 안 된다.

F. 연구, 출판, 발표 (Research, Publication, and Presentation)

1. 학교에서 연구를 설계 또는 수행할 때, 학교심리학자는 올바른 연구 실무에 확고하게 기초한 연구 주제를 선정하고, 연구 방법, 피험자 선정 기법, 자료 수집 방법, 분석 및 보고 기법을 활용한다. 연구 참여자들과의 모든 의사소통에서 학교심리학자는 자신이 받은 훈련 수준과 취득한 학위에 관하여 분명하게 밝힌다.

2. 연구 방법 검토위원회가 없는 기관에서 활동하는 학교심리학자는 연구를 시작하기에 앞서, 최소한 동료 1인(학교심리학자가 선호됨)에게 자신이 제안한 연구 방법을 검토하도록 요청한다.

3. 연구를 수행할 때, 학교심리학자는 사전고지에 의한 자발적 동의, 비밀 보장, 사생활권 보장, 손상이나 위험으로부터의 보호, 자발적 참여, 참여자에게 결과 공개에 관한 절차를 포함하여 모든 법적 절차를 따른다. 학교심리학자는 연구 참여자의 권리와 복지를 존중한다.

4. 연구보고서를 출판할 때, 학교심리학자는 자신이 얻은 자료의 한계에 대한 논의를 제시하고, 대안적 가설과 결과에 대한 대안적 설명뿐만 아니라 반증 자료도 있음을 인정한다.

5. 학교심리학자는 다양한 대중 매체(예, 라디오, TV, 대중 연설, 대중 신문기사, 선전문)를 통해 정보를 제시할 때 특별한 주의를 기울여야 한다. 정보가 전문적 자문을 통해 제공된 결과가 아니며 전문적 자문을 대체하는 것도 아님을 정보를 받는 사람

들에게 알려야 한다. 정보는 학교심리학자가 인정받은 역량의 범위 안에서의 경험과 연구에 기초해야 한다. 제시된 모든 진술문들은 윤리 원칙에 따라야 하며, 학교심리학 분야나 NASP를 대표하는 것으로 잘못 알려서는 안 된다.

6. 학교심리학자는 자신의 출판물이나 발표물에서 저작권법을 준수해야 한다. 다른 출판물이나 자료를 다시 쓰려면 원저자와 저작권 소유자로부터 승인을 받아야 한다. 학교심리학자는 출판물의 저작권 소유자와 출판되지 않은 자료에 관한 저자의 권리가 연방법에 의해 보호받는다는 것을 숙지한다.

7. 연구물이나 다른 업적을 출판하거나 발표할 때, 학교심리학자는 다른 사람의 업적이나 아이디어를 표절하지 않으며, 출처를 밝히고 아이디어가 반영된 저자의 공적을 인정한다.

8. 학교심리학자는 위조되거나 왜곡된 자료나 결과를 출판 또는 발표하지 않는다.

9. 학교심리학자는 출판물이나 발표에서 보고된 결론과 주장이 근거하는 자료나 정보가 활용될 수 있도록 준비해 두어야 한다. 단, 이러한 정보나 자료가 법적 문제나 요구를 다루기 위해서 필요하고, 모든 연구 참여자들의 비밀 보장 및 기타 권리가 보호받는다는 조건이 만족되어야 한다.

10. 연구 및 기타 정보를 출판하거나 또는 발표한 이후에 오류를 발견하면, 학교심리학자는 정오표, 출판 또는 발표의 철회, 정정문을 출판하여 오류를 교정하기 위한 노력을 한다.

11. 학교심리학자는 출판과 발표에서 저자와 다른 사람들의 공헌을 정확하게 밝힌다. 저자의 공적과 저자 이름의 열거 순서는 저자 개인의 상대적 기여도에 근거한다. 저자의 공적은 연구, 출판, 발표에 실질적인 전문적 기여를 한 사람들에게만 주어진다.

12. 학교심리학자는 전문적 문헌에 독창적 기여를 하는 자료나 정보만을 출판한다. 학교심리학자는 동일한 결과를 두 개 이상의 출판물에 출판하지 않는다. 또한 저작권 소유자의 허락 없이 자신이 이전에 출판한 저서의 상당 부분을 복제해서는 안 된다.

13. 출판과 발표를 고려하고 있는 원고나 계획서, 기타 자료를 검토하는 과정에 참여하는 학교심리학자는 저자의 비밀 보장과 소유권을 존중한다. 전문적 자료를 검토하는 학교심리학자는 그 자료를 전문적 검토의 목적에 합당한 활동에만 활용해야 한다. 전문적 자료를 검토하는 학교심리학자는 저자의 신원을 알리지 않으며, 저자의 허락 없이 자료를 인용하거나 자료의 복사본을 복제하거나 유통시키지 않는다.

V. 전문적 실무의 장면-독립적 실무
(PROFESSIONAL PRACTICES SETTINGS- INDEPENDENT PRACTICE)

A. 고용인과의 관계 (Relationship With Employers)

1. 학교심리학자는 다양한 장면, 조직, 부서에 고용된다. 따라서 이해관계의 갈등이 일어날 수도 있다. 상이한 장면에서 활동하는 학교심리학자들은 윤리 규정의 중요성과 역할의 구분을 숙지해야 하며, 학교심리 서비스의 소비자들을 보호하고 이들에게 학교심리학자의 모든 가능한 관심 영역에 관하여 완벽하게 공지할 책임을 진다.

2. 독립적 실무(independent practice)와 동시에 학교구(school district)에 고용된 학교심리학자는 학교심리학자를 고용한 학교구에서 제공하는 것과 동일한 서비스를 받을 권리를 가진 내담자로부터 어떤 형태로든지 보수를 받아서는 안 된다. 이는 학교심리학자가 활동하는 학교구 안에 있는 공립이 아닌 학교에 재학하고 있는 아동들도 포함한다.

3. 공·사립학교에서 무료로 받을 수 있는 학교심리 서비스에 관하여 학부모에게는 미리 알릴 의무를 지닌다.

4. 독립적 실무를 하면서 동시에 학교구에 고용되어 있는 학교심리학자는 학교구와 계약한 공공 근무시간 이외의 시간에만 모든 독립적 실무 활동을 수행한다.

5. 독립적 실무를 하고 있는 학교심리학자는 공립 부서 고용주의 사전 승인이 없다면 그 고용주가 소유하고 있는 검사, 장비, 도구, 시설, 사무지원 등의 서비스를 사용하지 않는다.

B. 서비스 전달 (Service Delivery)

1. 학교심리학자는 서비스 전달에 앞서 재정적 합의에 관한 결론을 내린다.
   a. 학교심리학자는 내담자가 합의문을 분명히 이해할 수 있게 해야 한다.
   b. 학교심리학자는 아동과 다른 내담자를 전문적 서비스에 의뢰하는 데 따른 보수를 주거나 받지 않는다.

2. 독립적 실무를 하고 있는 학교심리학자는 계약서에 있는 서비스가 수행될 때까지 또는 계약이 상호 동의에 의해 종결될 때까지, 그렇지 않다면 계약이 법적으로 종결될 때까지, 계약서에 있는 조건을 충실히 따라야 한다.

3. 독립적 실무를 하고 있는 학교심리학자는 자신이 제시한 제언, 조언, 또는 정보에 의해 오해가 생기지 않도록 해야 한다. 독립적 실무를 하는 학교심리학자와 공공분야에서 학생에 대한 책임을 맡고 있는 학교심리학자들 간의 직접적인 자문은 학생이나

내담자의 이익이 최우선이라는 것을 염두에 두고 부모에게 불필요한 혼란을 일으키지 않도록 사소한 의견차이를 해소해야 한다.

4. 공개 강연, 신문 칼럼, 잡지 기사, 라디오나 TV 프로그램, 또는 우편을 통해서는 개별적인 진단과 치료를 하지 않는다. 대중 매체 활동을 통해 공유하는 모든 정보는 본질적으로 일반적인 것이어야 하며, 또한 이 사실을 공개적으로 알려야 한다.

C. 공고/홍보 (Announcements/ Advertising)

1. 서비스에 관한 적절한 안내와 홍보, 대중 매체를 통한 광고는 독립적 실무를 하는 학교심리학자들에게는 필요할 수 있다. 훈련, 경험, 제공하는 서비스, 학회 소속에 관한 정확한 표현을 차분한 어조로 표현한다. 대중 매체를 통한 말과 글은 확실하며 수용된 이론, 연구, 실무에 근거해야 한다.

2. 전화번호부에는 이름, 최종 학위, 주 자격/면허 수준, 국가 자격 수준, 주소, 전화번호, 주요 실무에 대한 짧은 소개, 업무시간, 비용에 관한 정보, 사용하는 외국어, 제삼자 지불(third-party payment)에 관한 정책, 면허 번호에 관한 것만 열거한다.

3. 독립적 실무를 하고 있는 학교심리학자가 제공하는 서비스에 관한 안내와 광고는 V-C-2의 지침을 사용하여 공식적이고 전문적인 방식으로 이루어져야 한다. 제공될 경험과 목적에 관하여 분명하게 기술해야 한다. 모든 인력의 교육, 훈련, 경험을 적절하게 명시한다.

4. 독립적 실무를 하고 있는 학교심리학자는 제공하는 서비스를 광고하는 소책자를 활용할 수 있다. 다른 전문가, 학교, 회사, 정부기관 및 다른 유사 기관들에게 소책자를 보낼 수 있다.

5. 판매하고 있는 출판물, 제품, 서비스의 입수 가능성에 관한 광고와 홍보는 전문적이고 사실적이어야 한다.

6. 독립적 실무를 하고 있는 학교심리학자는 개별 진단, 치료 및 다른 학교심리 서비스를 제공하기 위해서 내담자를 직접 권유하여 끌어들이지 않는다.

7. 학교심리학자는 뉴스 기사에 개인적인 전문성을 선전하는 대가로 신문 잡지, 라디오, TV의 대표자에게 어떤 방식으로든지 보상을 주지 않는다.

학교심리 서비스 제공에 관한 NASP 지침
(NATIONAL ASSOCIATION OF SCHOOL PSYCHOLGOISTS GUIDELINES FOR THE PROVISION OF SCHOOL PSYCHOLOGICAL SERVICES)

서문 (INTRODUCTION)

이 지침은 적절하며 종합적인 학교심리 서비스의 전달에 관한 NASP의 입장을 대표한다. 1978년에 최초로 작성되었으며, 1984년, 1992년, 1997년, 2000년에 개정된 이 지침은 연방, 주, 지방 수준에서 학교심리 서비스를 조직하고 전달하는 지침이 된다. 이 지침은 학교심리학자, 학교심리학 전공 학생과 수련생, 학교심리 서비스의 행정요원, 학교심리 서비스의 소비자들에게 우수한 전문적 학교심리학이 무엇인지에 대한 방향을 제시한다. 이 지침은 대부분의 학교심리학자들로부터 제공받을 수 있는 서비스가 무엇인지를 기술하므로, 향후 학교심리학 분야를 보다 명료하게 규정하는 데 도움이 될 것이다. 또한 이 지침은 전문가와 대중에게 적절한 전문적 실무가 무엇인지에 관하여 교육시키고자 한다. 따라서 이 지침이 학교심리학 전문 분야의 지속적인 발달을 자극하기를 희망한다.

이 지침의 주요 목표는 정책입안자와 의사결정자들에게 종합적 학교심리 서비스의 주요 특징들을 알리는 데 있다. 제1부에서는 학교심리학자 개인의 책임에 대하여 기술한다. 제2부에서는 학교심리학자를 고용하고 있는 조직(예, 학교구, 지역사회 기관) 안에서 학교심리 서비스를 제공할 책임을 맡는 단위의 책임에 대하여 제시한다. 여기서 '단위(unit)'란 학교, 학생, 가족이 종합적 심리 서비스를 제공받을 수 있도록 책임을 맡는 실체(예, 작은 학교구에서는 학교심리학자 1인, 큰 학교구에서는 심리 서비스 단위, 심리 서비스를 위해 어떤 기관과 계약을 맺은 학교구)로 정의된다.

모든 학교심리학자 또는 모든 학교심리 서비스 단위가 이 문서에 포함된 모든 규정을 만족시킬 수 있는 것은 아니다. 그러나 이 지침은 연방, 주, 지방 수준에서 프로그램 개발과 전문적 실무를 위한 '좋은 실무(good practice)'의 모델이 될 것으로 기대된다.

학교심리학자는 이 지침을 준수하고 지지하는 것이 학교심리학자 자신과 학교심리학자가 지원하는 기관, 부모, 아동에게 최선의 이익이 된다는 것을 인식할 것이다. NASP는 주와 연방 의회원들, 지방 교육위원회, 연방·주·지방 교육기관의 행정지도자들이 이 지침에 포함된 개념들을 지지하도록 격려한다.

NASP는 이 지침이 연방법이나 규정에 의해 현재 의무화되고 있지 않는 서비스들, 그리고 주법과 행정규정에 의해서 항상 의무적으로 요구되는 것은 아닌 서비스들에 대한 요구조건을 규정하고 있음을 인정한다. 그러한 법규와 규정의 향후 개정과 그로부터 발생하는 주 정부 및 지방단체의 계획은 이 문서에 포함된 제안들을 반영해야만 한다. 더구나 NASP는 학교심리 서비스가 윤리적이며 합법적인 규정의 맥락 안에서 제공된다는 것을 이해한다. 이 지침에 있는 어떤 것도 관련된 규칙과 규정을 대체하는 것으로 해석되어서는 안 된다.

이 지침은 실무에 관해 인정된 전문적 규정 안에서 운영하려는 기관의 요구와 전문가의 소망을 모두 만족시키는 절차, 정책, 행정조직을 기관과 전문가들이 개발하도록 허용하는 융통성을 제공한다. 동시에 이 지침은 서비스가 적절하게 제공되도록 충분히 구체적 내용을 담는다.

실무 지침 (PRACTICE GUIDELINES)

실무 지침 1 (Practice guideline 1)

학교심리학지는 (a) 학업 및 행동 문제를 확인하고, (b) 문제를 이해하기 위해 정보를 수집·분석하며, (c) 서비스 전달에 관한 의사결정을 하고, (d) 서비스 전달의 결과를 평가하기 위하여, 다른 팀 구성원들과 협력하면서 의사결정 과정을 활용한다.

학교심리학자는 (a) 교육과 아동발달의 다양한 측면에 관한 최신의 전문 문헌을 활용해야 하며, (b) 문제해결 과정을 통해서 연구를 실무로 변환해야 하며, (c) 효과적인 서비스를 개발하고 촉진시키기 위한 조사를 수행하기 위해 연구 설계 및 통계 기법을 사용해야 한다.

1.1 학교심리학자는 (a) 원하는 목표(예, 학업, 행동)를 확인하고, (b) 측정가능하며, (c) 관련된 사람들이 동의하며, (d) 평가 전략과 적절하게 연계된 방식으로 문제를 정의한다.

1.2 학교심리학자는 형식적, 비형식적 평가 절차를 포함하여 문제 영역에 적절하고 타당하며, 문제해결 과정을 완성하는 데 필요하고도 적절한 모든 장면과 모든 사람들로부터 수집된 자료를 포함하는 평가 방법(들)을 선정한다.

1.3 학교심리학자가 수집된 자료에 기초하여, 개입으로부터 기대되는 결과와 직접 관련된 효과적인 개입을 개발하고 시행한다.

1.4 학교심리학자는 개입의 효과성, 개입 변경에 대한 요구, 개입 재개발의 필요성을 결정하기 위하여 개입을 평가하는 적절한 평가 정보를 활용한다. 효과성은 개입에 의한 실제 성과와 문제해결 과정에서 명시된 원하는 목표 간 관계에 의해서 결정된다.

1.5 학교심리학자는 더욱 광범위한 연구 문제와 시스템 수준의 문제에 문제해결 과정을 적용하여, 학습과 행동에 영향을 미치는 변인들을 확인하고, 교실과 학교 및 교육

시스템의 성과를 평가하고, 일반 대중을 위한 책무성의 책임을 충족시키기 위하여 고안된 의사결정 실무를 실시한다.

실무 지침 2 (Practice guideline 2)

학교심리학자는 경청하고, 토론에 참여하며, 정보를 전달하고, 개인, 집단, 시스템 수준에서 다른 사람들과 협력해야 한다. 학교심리학자는 정책이 시스템에, 시스템이 프로그램에, 프로그램과 중재가 소비자에게 영향을 미치는 정도를 이해해야 하며, 전략적 변화를 통해 조직 발달을 촉진시킬 수 있는 방법들을 이해하고 있어야 한다.

2.1 학교심리학자는 학생, 교직원, 지역사회 전문가, 기관, 가정, 학교와의 의사소통과 협력을 촉진하기 위하여 의사결정 기술을 사용하며 시스템 자문에 능숙해야 한다.

2.2 학교심리학자는 공공정책 토론회에 참여하고, 공공정책이 시스템에 영향을 미치는 과정을 이해한다. 학교심리학자는 공공정책의 결정에 의사결정 방법들을 적용하여, 조직 발달과 조직 변화를 촉진한다.

2.3 학교심리학자는 부모, 교사, 학교이사회, 정책결정자, 기업대표, 동료 학교심리학자와 같은 다양한 맥락 안에 있는 다양한 지역사회에 조직적이고 의미 있는 방식으로 정보를 제시하고 보급할 수 있어야 한다.

2.4 학교심리학자는 건강한 학습 환경의 개발을 촉진하고, 갈등 해결과 타협의 기술을 활용하여 분파를 감소시킨다.

2.5 학교심리학자는 학생 개인, 교실, 학교, 지방 학교구, 주 교육부, 연방 교육부 수준에서 필요로 하는 변화를 증진시키기 위하여 의사소통, 협력, 자문의 기술을 활용하는 변화의 주체로 기능한다.

실무 지침 3 (Practice guideline 3)

학교심리학자는 다른 사람들과 협력하여 모든 학생들을 위한 도전적이지만 성취 가능한 인지적, 학업적 목표를 개발하고, 학생들이 목표를 성취할 수 있는 방법에 관한 정보를 제공하며, 이러한 목표를 향한 학생들의 진전도를 모니터링한다.

3.1 학교심리학자는 학습 이론과 인지적 과정에 관한, 경험에 기초한 최근 이론과 지식을 적용하여 학생의 학습과 사회적, 정서적 발달을 증진시키는 효과적인 교수 전략들을 개발한다.

3.2 학교심리학자는 아동 개개인의 학습 요구를 충족시키는 교수 전략을 개발하는 데 평가 정보를 통합한다.

3.3 학교심리학자는 학업 목표를 향한 진전도를 평가하고 필요한 대로 교수법의 개정을 지원하기 위하여 적절하고도 활용 가능한 평가 기법을 활용한다.

3.4 학교심리학자는 개인, 집단, 시스템 수준에서 학생들의 학습을 향상시키기 위하여 연구에 기초한 다양한 교수법(예, 협동학습, 학급 전체 또래 교수, 인지 전략 훈련)을 증진·시행하는 데 조력한다.

3.5 학교심리학자는 효과적 학습을 지원하는 행동들(예, 학습 기술, 자기조절, 자기감독, 계획/구조화, 시간관리 기술, 신체적·정신적 건강을 유지하는 선택하기)을 발달시키기 위하여 학생을 돕는 커리큘럼을 설계하고 전달하는 데 조력한다.

3.6 학교심리학자는 학생들이 개별적인 학습 목표를 스스로 설정하고, 학습목표를 성취하기 위한 학습과정을 설계하고, 학습목표의 성취 여부를 결정짓기 위하여 성과를 평가할 수 있는 능력을 갖춘 자기조절적 학습자가 되도록 돕는 학생중심의 학습 원리를 증진시킨다.

3.7 학교심리학자는 커리큘럼과 교수에 관한 최신 내용을 숙지하며, 교수, 학생 성취 및 건강한 생활양식의 향상을 도모하기 위해서 교사, 부모, 지역사회와 이러한 지식을 공유한다.

실무 지침 4 (Practice guideline 4)

학교심리학자는 여러 이론적 조망에 근거하여 결정을 내린다. 또한 학교심리학자는 모든 학생들을 위한 효과적인 행동적, 정의적, 적응적 목표를 개발하고, 이러한 목표를 성취하기 위한 프로그램과 개입의 시행을 증진시키며, 목표를 향한 진전도를 평가하기 위하여 최신의 과학적 정보를 적용한다.

4.1 학교심리학자는 학습이나 사회화를 손상시킬 수 있는 장애를 가진 학생들이 경험하는 행동문제의 선행 사건, 후속 결과, 기능, 잠정적 원인을 고려하는 의사결정 모델(예, 기능적 행동평가)을 사용한다.

4.2 학교심리학자는 최적의 학습 환경의 발달을 촉진시키는 요인들이 무엇인지 확인한다. 최적의 학습 환경이란 학교나 공동체의 모든 구성원들이 서로 존중하는 장면이라는 특징을 갖는다. 최적의 학습 환경은 학습이 일어날 수 있고 건강과 정신건강이 체계적으로 평가될 수 있도록 학생들의 기본적 요구들을 충족시키는 장면이라는 특징을 갖는다.

4.3 학교심리학자는 학습과 학업 참여 시간(academic engaged time)을 증진시키며 소외감을 가져오는 요인들을 감소시키고 학습 및 행동발달에 영향을 주는 교수 환경을

촉진하는 전략을 개발하고 시행한다.

4.4 학교심리학자는 개입을 개발·시행·평가하는 데 있어 처치수용도(treatment acceptability)와 처치충실도(treatment integrity)의 원칙 등 처치수용도와 처치충실도에 관한 적절한 지식을 갖추었음을 보인다.

4.5 학교심리학자는 적절하다면 개입이 여러 장면(학교, 가정, 지역사회)에서 시행되도록 훈련의 일반화 원리와 전이 원리를 활용하여 개입 프로그램을 개발한다.

4.6 학교심리학자는 학생 훈육에 대한 적절한 대안적 접근들(예, 정적 강화, 사회성 기술 훈련, 학업적 개입)의 사용, 학급 관리에 대한 생태학적이며 행동적 접근의 사용, 학급 풍토에 대한 인식을 증명하는 행동 변화 프로그램(개인, 집단, 학급)을 개발하고 시행한다.

4.7 학교심리학자는 아동의 학습과 행동적 성장을 증진시키기 위하여 가정에서 할 수 있는 행동 수정 프로그램을 개발, 시행, 평가함에 있어서 부모와 다른 성인 보호자들을 조력한다.

4.8 학교심리학자는 개입 프로그램을 개발·시행함에 있어서 학생을 하나의 환경에서 다른 환경으로 성공적으로 전환시키기에 적절한 전략을 사용한다. 이는 프로그램 간 전환, 유아기로부터 학령기로의 전환, 학교 간 전환, 학교로부터 직업으로의 전환을 포함한다.

4.9 학교심리학자는 개인 대상 및 집단 대상 개입(학습/행동 개입)을 평가한다. 개입이 성과에 기여한 정도를 평가하고 성공적 성과를 구성하는 요소들을 확인하는 데 필요한 기술들을 포함한다.

실무 지침 5 (Practice guideline 5)

학교심리학자는 다양한 인종, 민족, 문화, 경험, 언어적 배경에서 비롯된 광범위한 장점과 요구를 가진 사람 및 집단과 함께 작업할 수 있는 민감성, 지식과 기술을 갖추어야 한다.

5.1 학교심리학자는 학업 개입 및 행동 개입을 개발한다. 학교심리학자는 프로그램 대상 학생들의 개별적 요구와 특징에 적합하도록 개발된 개입이 성공 가능성이 가장 높다는 것을 인지한다.

5.2 학교심리학자는 학교심리학자로 활동하면서 학교심리학자 자신, 다른 사람들, 평가와 개입을 위해 학교심리학자가 사용하는 기법과 도구에 인종, 계층, 성별, 문화와 관련된 미묘한 편견이 있을 수 있음을 숙지한다. 또한 이러한 편견이 학생을 위한 의사결정, 교수, 행동, 장기적 성과에 영향을 미치는 방식에 대해서도 숙지한다. 학

교심리학자는 편견이 발생하는 장면에서 편견을 감소시키기 위하여 노력한다.

5.3 학교심리학자는 모든 배경을 가진 아동들이 학교와 지역사회에서 환영받고 존중받는 실무를 수행한다.

5.4 학교심리학자는 문화, 배경, 개인적 학습 특징들이 미치는 영향을 이해하고, 학습과 행등에 있어서 성과를 이루기 위한 개입 프로그램을 설계·시행하는 데 이러한 이해를 반영한다.

실무 지침 6 (Practice guideline 6)

학교심리학자는 학교와 다른 시스템들을 그 시스템 안에 있는 모든 사람들에게 안전하고 지지적이며 기분 좋은 장소로 만들고 유지하려는 구조와 공공정책을 촉진하기 위하여 개인 및 집단과 함께 일할 때, 시스템으로서의 학교(또는 다른 기관들)에 관해 알고 있는 지식을 발휘한다.

6.1 학교심리학자는 학교와 지역사회가 훈육, 의사결정, 교수 지원, 교원 양성, 학교 향상 계획, 프로그램 평가, 전환 계획, 채점 및 등급 매기기, 유급, 가정-학교 파트너십에 관련된 정책과 실무를 개발하는 것을 조력하기 위하여 발달, 학습, 가족 및 학교 시스템에 관한 지식을 활용한다.

6.2 학교심리학자는 조직 개발에 대한 지식과 시스템 이론을 활용하여, 그 시스템 안에 있는 모든 사람들을 위한 상호 존중과 배려, 의사결정과 협력의 분위기, 질적 수준이 높은 서비스에 대한 관심을 불러일으키는 풍토의 조성을 조력한다.

6.3 학교심리학자는 효과적인 프로그램과 서비스를 옹호하는 정책과 절차의 개발에 정기적으로 참여한다.

6.4 학교심리학자는 아동, 청소년, 가족에게 활용할 수 있는 프로그램과 서비스, 그리고 학교심리학자의 서비스 전달 방식에 직접 영향을 미치는 시스템 변화 계획(예, 학교 향상 계획)의 개발에 능동적으로 참여한다.

6.5 학교심리학자는 안전하고 폭력 없는 학교를 만들기 위한 정책과 절차의 개발을 조력한다. 학교심리학자는 안전하고 폭력 없는 학교와 지역사회를 만드는 프로그램의 시행과 평가에 참여한다.

6.6 학교심리학자는 효과적인 교육 서비스 시스템을 조성하는 수단으로서 지방, 주, 연방 수준의 공공정책에 능동적으로 참여한다.

6.7 학교심리학자는 건강 및 정신건강 서비스를 지원하는 학교와 지역사회가 사용할 수 있는 자금 지원 시스템에 관하여 잘 알고 있어야 한다. 학교심리학자는 필요한 서비스

가 학생과 그들의 가족에게 쓰일 수 있도록 자금 지원 전략을 개발하는 데 참여한다.

실무 지침 7 (Practice guideline 7)

학교심리학자는 아동발달, 정신병리, 다양성, 사회적 스트레스 유발요인, 변화, 시스템에 관한 지식에 기초한 예방, 건강 증진, 위기 개입의 방법들을 적절하게 활용한다.

7.1 학교심리학자는 학교 중도탈락 또는 정신건강 문제(예, 품행 장애, 내재화 장애), 발달의 전조가 되는 행동들을 확인하고 숙지하기 위하여, 아동발달, 정신병리, 다양성, 사회적 스트레스 유발요인, 변화, 시스템에 관한 지식을 응용할 것이다.

7.2 학교심리학자는 장애를 가진 학생들과 학습 또는 사회화를 손상시키는 정신건강 문제를 경험하는, 즉 장애가 의심되는 학생들을 위한 직접 상담과 자문을 통한 간접 개입을 제공할 것이다.

7.3 학교심리학자는 심각한 학습문제 및 행동문제 발달의 전조가 되는 것으로 알려진 요인들에 기초한 예방 및 개입 프로그램을 개발·시행·평가할 것이다.

7.4 서비스에 대한 계약은 합법적인 고용권한, 임금, 임금 이외의

7.4 학교심리학자는 위기(예, 자살, 죽음, 자연재난, 살인, 폭탄, 폭탄 위협, 폭력, 성추행) 동안에 또는 위기 발생 이후에 정신건강을 위한 유능한 지원을 제공하기 위하여 교직원, 학부모, 학생, 지역사회와 협력할 것이다.

7.7 학교심리학자는 (a) 아동들에게 좋은 건강을 가져다주는 행동에 관한 기초 지식을 제공하기 위하여 다른 건강보호 전문가들과 협력함으로써, (b) 아동의 좋은 건강과 적응에 도움이 되는 환경 변화를 촉진시킴으로써, (c) 다양한 행동, 학습, 정신적, 신체적 요구를 다루는 자원을 찾아봄으로써 건강 증진을 촉진시킬 것이다.

실무 지침 8 (Practice guideline 8)

학교심리학자는 가족이 학생의 건강, 학습, 성취에 미치는 영향에 관한 지식을 가지고 있으며, 학부모-교사-지역사회의 파트너십을 증진시키는 공공정책에 관여한다.

8.1 학교심리학자는 학생을 위한 학업 및 행동 목표의 달성을 증진시키기 위하여, 학교-가족 파트너십을 향상시키는 프로그램을 설계·시행·평가한다. 이것에는 부모교육 프로그램의 개발, 부모를 위한 방문 센터의 설치, 숙제 핫라인 운영, 부모가 성공적으로 자녀를 양육하며 자녀의 학업 및 심리적 발달을 향상시킬 수 있도록 하는 부모 지원 프로그램의 운영이 포함되나, 이것들에만 제한되지는 않는다.

8.2 학교심리학자는 학부모가 학교의 기능과 활동에 참여하는 데 편안한 마음을 가질 수 있도록 조력한다. 여기에는 특수교육 및 IEP 팀 회의에 부모가 참여할 때 부모를 조력하기, 학교 위원회(예, 학교 향상 팀)에 학부모의 참여를 격려하기, 문제 발생 시 가정과 학교 간 의사소통을 촉진하기, 가족을 위한 지역사회기반 서비스를 부모가 이용할 수 있도록 조력하기가 포함된다.

8.3 학교심리학자는 가족 개입이 학교 성취에 미치는 영향에 관하여 학교 공동체를 교육시키며, 실현 가능하다면 언제라도 학교 관리 및 정책 개발에 대한 부모 개입을 옹호한다.

8.4 학교심리학자는 학교-가족-지역사회 간 연계를 조성하며, 아동 대상 프로그램 개발에 다수 기관들이 관여할 때 이들이 제공하는 다양한 서비스를 조정하는 역할을 한다.

8.5 학교심리학자는 학생과 가족을 지원하는 데 이용할 수 있는 지역사회의 건강보호 시스템과 이와 관련된 지역사회 서비스에 관하여 숙지하고 있어야 한다.

8.6 학교심리학자는 학부모가 지역 서비스 시스템의 유능한 소비자가 되도록 부모의 힘을 북돋아 주는 공공정책을 조성하기 위하여 학부모 조직과 협력한다.

8.7 학교심리학자는 위원으로 기여하고, 워크숍이나 특별전문위원회(task forces)에 참여하여 공공 정책에 능동적으로 참여하며, 제안된 법과 규정에 반응하는 데 능동적으로 참여한다.

단위 조직 및 운영 지침

(GUIDELINES FOR THE ORGANIZATION AND OPERATION OF THE UNIT)

단위 지침 1: 서비스 전달의 조직 (Unit Guideline 1: Organization of Service Delivery)

학교심리 서비스는 조화롭고 조직적인 방식으로 제공되며, 종합적이며 틈 없이 잘 연결된 일련의 서비스를 제공할 수 있는 방식으로 전달된다. 학교심리 서비스는 소비자의 요구와 경험적으로 지지된 프로그램 평가 모델에 기초한 전략적 계획 과정이 완료된 이후에 전달된다.

1.1 학교심리 서비스는 해당 기관의 서비스를 받는 모든 학생과 내담자에게 이용 가능해야 하며, 내담자의 요구에 맞아야 한다.

1.2 학교심리 서비스는 모든 학생에게 동등하게 이용 가능해야 하며, 특정 재정자원에 의해 결정되지 않는다. 서비스는 학생의 요구에 근거하여 제공되며, 특정 재정지원을 조성할 자격요건에 근거하지 않는다.

1.3 학교심리 서비스는 다른 학교 및 지역사회 서비스와 통합되어 제공된다. 학생과 가족은 재정지원, 장면, 프로그램이 있는 장소에 근거하여 이들 서비스를 통합할 책임을 맡지 않는다. 그러므로 학교심리 서비스와 정신건강 서비스는 '틈 없이 잘 연결된' 보호체계를 통해 제공된다.

1.4 학교심리 서비스 단위들은 각 단위에서 전달되는 서비스와 학교심리학자가 소비자에게 직접 제공하는 서비스가 확실하게 전략적 계획에 근거하도록 한다. 전략적 계획은 개별 실무자들이 조력하는 집단의 특수한 요구에 일차적 초점을 두면서, 학교구와 지역사회의 집단적 요구에 기초하여 개발된다.

1.5 학교심리 서비스 단위들은 개별 실무자가 제공하는 서비스뿐만 아니라 단위에 의해 제공되는 집단적 서비스에 대해서도 정기적으로 평가를 시행한다. 평가의 과정은 서비스의 과정(즉 제공하는 서비스의 특징과 정도)과 결과(즉 이러한 서비스를 제공받는 학생 또는 가족에게 발생하는 성과)에 초점을 둔다.

1.6 학교심리 서비스 단위는 내담자에게 일련의 다양한 서비스를 제공한다. 이는 지역사회 내 전체 교육체제와 기타 서비스 시스템의 관여를 요구하는 직접 및 간접 서비스로 구성된다. 서비스의 소비자들과 참여자들에는 학생, 교사, 교육행정가, 기타 학교 교원, 가족, 법적 보호자, 기타 지역사회 및 지방 기관들, 교육 과정을 지원하는 자원이 포함된다.

단위 지침 2: 풍토 (Unit Guideline 2: Climate)

모든 관련 인물을 상호 존중하는 방식으로 학교심리 서비스가 제공되는 풍토를 조성하는 것은 단위의 책임이다. 단위에 고용된 사람들은 소비자의 요구를 충족시키기 위해 필요하며, 적절한 서비스의 제공을 방해하거나 변경시킬지 모르는 인위적, 행정적, 또는 정치적 제약을 받지 않는 서비스를 변호할 자유를 갖는다.

2.1 학교심리 서비스를 제공하는 사람은 내담자의 이익을 최대한 보장하기 위하여 동료들과 협력적 관계를 유지한다. 갈등은 전문적인 방식으로 해결한다.

2.2 행정적 제약이 효과적 서비스에 미치는 잠정적으로 부정적 영향을 최소한으로 낮추어야 한다. 필요한 서비스를 학교심리학자가 추구할 수 있도록 지원하는 행정적 정책을 변호할 것이다. 또한 학교심리학자는 건강 및 정신건강에 있어서 충족되지 못한 요구에 관련된 의뢰와 자문을 위한 기제를 제공할 것이다.

2.3 단위의 구성원들은 슈퍼바이저나 행정가로부터 보복을 당할지도 모른다는 두려움 없이 자신의 내담자에게 가장 적절한 서비스를 전문적인 방식으로 변호한다.

2.4 학교심리 서비스 단위는 작업 환경이 단위에 고용된 사람들의 직무 만족에 미치는 영향과 소비자에게 제공되는 서비스의 질에 미치는 영향을 인지한다. 작업 풍토의 평가는 서비스 단위가 자기평가를 시행할 때 포함된다.

2.5 학교심리 서비스 단위는 단위에 고용된 사람들의 전문적 삶과 개인적 삶의 균형을 증진시키며 옹호한다. 단위 슈퍼바이저는 피고용인들의 작업과 스트레스 수준을 모니터링하며, 피고용인의 안녕상태가 위험에 처할 때 고통을 감소시키는 조치를 취한다. 개인적 요인이 직무 수행에 악영향을 미치거나 직무 기대가 피고용인의 개인적 삶에 악영향을 미칠 때, 문제를 해결하기 위하여 피고용인이 슈퍼바이저를 쉽게 만날 수 있어야 한다.

단위 지침 3: 물리적, 인적, 재정적 지원 시스템

(Unit Guideline 3: Physical, Personnel, and Fiscal Support Systems)

학교심리 서비스 단위는 (a) 적절한 인력이 시스템의 요구를 확실하게 충족시킬 수 있도록 적절한 신규 채용 계획과 이미 채용된 사람의 유지에 관한 계획을 세운다. (b) 적절한 서비스의 제공에 필요한 회계 지원을 확실하게 보장하기 위하여, 모든 출처의 재정지원(공공의 재원지원과 개인적 재정지원을 포함)을 활용하고 극대화한다. (c) 모든 피고용인들은 적절한 테크놀로지, 사무 서비스, 물리적 작업 환경을 제공받는다. (d) 피고용인들은 단위의 작업을 지원하기 위하여 필요한 적절한 인력 혜택(전문성 향상을 위한 계속 교육 포함)을 가진다.

3.1 학교심리 서비스 단위는 자격을 갖춘 다양한 인력을 고용하여 제공하는 서비스에 대한 전문적 책임과 책무성을 가진다. 또한 학교심리 서비스 단위는 인력들이 역량을 갖춘 영역 안에서만 기능할 것을 확실하게 명시한다.

3.2 학교심리 서비스 단위는 학생 대비 학교심리 서비스 인력의 적절한 비율을 변호함으로써 자격을 갖춘 인력의 신규 채용과 유지를 지지한다. 학생 대비 인력의 비율은 학생 1,000명당 전문 인력 한 명을 초과해서는 안 된다.

3.3 학교심리 서비스 단위는 시간관리, 의사소통 체계, 자료관리 체계, 서비스 전달에 있어서 진보된 테크놀로지(예, 컴퓨터-보조 테크놀로지)를 활용한다.

3.4 학교심리 서비스 단위는 효과적 서비스의 전달을 증진시키는 적절한 사무 지원, 적절한 전문적 작업 장비, 충분한 사무실 및 작업 공간, 적절한 테크놀로지 지원(예, 이메일, 컴퓨터), 일반적 작업 조건을 제공받는다. 여기에는 검사 장비, 개인 전화와 사무실, 사무보조 서비스, 치료 보조, 전문적 참고문헌이 포함된다.

단위 지침 4: 의사소통과 테크놀로지

(Unit Guideline 4: Communication and Technology)

학교심리 서비스 단위는 단위, 단위가 있는 중앙 조직 구조, 단위와 상호작용하는 조직 구조 내에서 긍정적이고 순향적인 의사소통과 테크놀로지 시스템을 초래하는 정책과 실무가 이루어지도록 한다.

4.1 학교심리 서비스 단위는 단위 구성원들이 서로 전문적인 관심을 가지고 있는 문제에 관하여 정기적으로 의사소통할 수 있는 기회를 제공한다.

4.2 학교심리 서비스 단위는 내담자의 이익을 위하여 한 단위가 모(母) 조직에 있는 다른 단위들과 공식적인 의사소통 채널 체계를 유지하며, 단위가 상호작용하는 다른 기관과도 공식적인 의사소통 채널 체계를 유지하도록 한다. 단위는 최적의 서비스가 공동의 내담자에게 제공될 수 있도록 다른 단위나 기관과 함께 의사결정과 전략적 계획 수립에 참여한다.

4.3 학교심리 서비스 단위는 인력이 맡은 직무를 적절하게 수행하는 데 필요하며, 단위 내부와 외부에서 서비스 제공자와 내담자의 의사소통이 유지되는 데 필요한 테크놀로지가 인력에게 제공되도록 해야 한다. 의사소통의 비밀을 보장하기 위하여 서비스 제공자에게 적절한 자원을 제공하여, 비밀 보장의 요구조건을 존중한다.

4.4 학생 기록에 관한 학교심리 서비스 단위의 정책은 주 및 연방 법규와 일치해야 하며, 학생과 그 가족의 비밀을 보호해야 한다. 이러한 정책은 학교심리학자가 만들어

낸 비밀 자료의 유형을 학교 기록 또는 아동 기록으로 규정한다. 이 정책은 학교와 학생/보호자가 소유하는(FERPA2) 혹은 이와 유사한 주 법규 또는 법정 조례와 일치하는) 문서와 학교심리학자 개인이 소장한 문서(예, 임상 기록)에 관한 분명한 지침을 제공한다.

4.5 부모는 그 자녀의 평가에서 수집 · 유지 · 사용된 자료들 가운데 자녀의 인적 사항을 확인할 수 있는 자료를 검토할 수 있다. 검사 프로토콜이 학생 기록의 일부가 되기는 하지만, 학교심리학자는 검사보안을 보호하며, 저작권에 관한 제약을 준수한다. 기록과 프로토콜의 공개는 주와 연방 법규에 따른다.

단위 지침 5: 슈퍼비전 (Unit Guideline 5: Supervision)

학교심리 서비스 단위는 모든 인력이 효과적이며 책무성 있는 서비스를 제공하는 데 적합한 수준과 유형의 슈퍼비전을 받도록 해야 한다. 슈퍼비전은 학교심리학자와 학교심리학 슈퍼바이저 간에 이루어지는 지속적, 긍정적, 체계적, 협력적 과정을 거쳐 제공된다. 이 과정은 학교심리학자, 슈퍼바이저, 학생, 전체 학교 공동체를 포함한 모든 관련된 의사결정자들이 자신의 업무 수행을 향상시키는 전문적 성장과 모범적인 전문적 실무를 증진시키는 데 주안점을 둔다.

5.1 학교심리 서비스 단위의 슈퍼바이저는 국가공인 학교심리학자(Nationally Certified School Psychologist, NCSP) 자격 기준을 유지하며 충족시킨다. 또한 채용기관과/또는 학교심리 서비스 단위는 그 기관이나 단위에서 이루어지는 학교심리 서비스에 대한 책임을 지는 슈퍼바이저로 간주된다. 슈퍼바이저는 주 학교심리학자 자격증을 소지해야 하며, 학교심리학 실무자로서 최소한 3년의 실무경력을 갖추고 있어야 한다. 교직원의 슈퍼비전에 관한 훈련과 경험이 있으면 바람직하다.

5.2 학교심리학 인턴, 초임 학교심리학자, 슈퍼비전을 필요로 하는 기타 사람들에게 슈퍼비전이 요구되면, 전일제 근무자에게 주당 최소한 2시간의 슈퍼비전이 제공될 것이다.

5.3 최고 수준의 학교심리 서비스 효과성을 유지하기 위하여, 슈퍼바이저는 학교심리 서비스 단위를 지휘하여 제공되는 모든 서비스에 대한 책무성과 평가를 위한 잘 조화된 계획을 개발 · 시행 · 평가하도록 한다. 이러한 계획은 서비스가 지향한 효과와 관련된 구체적이며 측정 가능한 목표들을 포함한다. 또한 형성평가(formative evaluation)와 총합평가(summative evaluation)가 모두 실시된다. 슈퍼바이저는 학교심리학 분야에서 최선의 실무(best practices)를 반영하는 혁신적 서비스 전달 체계를 증진시킴으로써 리더십을 발휘한다.

5.4 최고 수준의 서비스를 유지하기 위하여 슈퍼바이저는 학교심리 서비스 단위를 지휘하여, 개별 인력과 전체 단위가 제공하는 모든 서비스의 책무성과 평가를 위한 잘 조화된 계획을 개발·시행·평가하도록 한다. 이러한 계획은 시스템 안의 모든 관련된 요소들과 대상 학생들에 대하여 서비스가 지향한 효과와 관련된 구체적이며 측정 가능한 목표들을 포함한다. 또한 형성평가와 총합평가가 모두 실시된다.

5.5 학교심리학자가 채용된 지 1년이 경과한 후에도, 학교심리학자의 지속적 전문적 성장과 복잡하고 어려운 사례에 대한 지원을 제공하기 위해서 학교심리 서비스 단위는 학교심리학자에게 슈퍼비전이나 동료 평가(peer review)를 제공한다.

5.6 슈퍼바이저는 1) 개입 계획과 성과, 2) 종합적, 체계적 절차와 특수한 관심사들, 3) 다양한 전문적 서비스 제공자들이나 채용 기관들이 가진 견해에 있어서 차이를 검토하고 논의하여, 학교심리 서비스 단위와 다른 전문적 서비스 단위의 활동을 조정한다.

5.7 슈퍼바이저는 다음과 같은 적절한 슈퍼비전의 조건하에서 학교심리학 실습 및 인턴 경험이 가능하도록 노력해야 한다: (1) 적절한 역할 모델로 기여할 전문적 학교심리학자를 만날 수 있어야 하며, (2) 적절한 자격증을 소지한 학교심리학자가 슈퍼비전을 제공하며, (3) 훈련기관의 지침과 NASP의 학교심리학 훈련 및 현장 배치 프로그램 규정(NASP Standards for Training and Field Placement Programs in School Psychology)의 범위 안에서 슈퍼비전을 제공한다.

5.8 슈퍼바이저는 학교심리학 전문 기관들에 참여하며, 지방, 주, 연방의 공공정책 개발에 능동적으로 관여함으로써 전문적 리더십을 발휘한다.

단위 지침 6: 전문적 발달과 인정 시스템

(Unit Guideline 6: Professional Development and Recognition System)

학교심리학자 개인과 학교심리 서비스 단위는 매년 전문성 개발 계획을 세운다. 학교심리 서비스 단위는 해당 인력의 지속적 전문성 개발이 단위의 서비스 전달 우선순위로 적절하게 채택되었는지를 확인한다. 또한 해당 인력이 채택한 일련의 전문성 개발 활동이 공로 인정 체계(recognition system)에 반영되어 있는지를 확인하다.

6.1 서비스 단위 안에 있는 모든 학교심리학자는 질 높은 서비스의 제공을 보장하기 위하여, 자신의 전문적 훈련과 기술을 계속 향상시키도록 설계된 활동에 능동적으로 참여한다.

6.2 학교심리 서비스 단위는 학교심리학자가 NCSP를 유지하기 위하여 필요한 최소 수

준에서 지속적 전문성 개발과 슈퍼비전 활동을 충분히 접할 수 있게 하는 지원(예, 자금, 시간, 슈퍼비전)을 제공한다.

6.3 학교심리학자는 공식적인 전문성 개발 계획을 세우고, 이 계획을 매년 새롭게 개정한다. 목적, 목표, 활동이 다음 요인들에 의해 영향을 받는데, 이 요인들을 우선순위대로 나열하면 다음과 같다: (1) 집단과 지역사회의 가장 시급한 요구들, (2) 학교심리 서비스 단위가 지원하는 활동을 시행하는 데 필요한 지식·기술·능력, (3) 학교심리 서비스 단위에 고용된 학교심리학자의 개인적 관심 영역.

6.4 학교심리학자는 전문성 개발 과정을 통해서 새로운 지식과 기술 및 능력을 습득하는 대로 적절한 유형과 수준의 슈퍼비전을 추구하고 활용한다.

6.5 학교심리학자는 전문성 개발 활동의 유형과 수준 및 강도에 관하여 문서화한다. 학교심리 서비스 단위는 이러한 활동들을 지원하기 위하여 테크놀로지와 인력 자원을 제공한다.

6.6 학교심리학자는 지속적 전문성 개발을 위하여 상급 수준의 공적 인정(예, 상급 학위, 학교구나 주 또는 국가인정 기관에 의해 수립된 수준)을 추구한다.

6.7 학교심리 서비스 단위는 단위 내 학교심리학자의 전문성 개발을 반영하는 여러 수준의 보상(예, 봉급, 새로운 기술을 사용할 기회)을 제공한다.

단위 지침 7: 계약을 체결한/독립적인 제공자의 서비스

(Unit Guideline 7: Contracted/Independent Provider Services)

학교심리 서비스 단위는 심리 서비스를 제공할 책임을 진다. 이러한 서비스는 학교심리학자를 채용한 학교구, 독립적 실무를 제공하는 학교심리학자, 또는 다른 기관들을 통해서 제공된다. 인력이 고용되었건 계약제이건 상관없이, 학교심리 서비스 단위는 단위 내 인력이 제공하는 것과 동일한 수준과 동일한 질의 서비스를 보장할 책임을 진다.

7.1 계약에 의한 학교심리 서비스는 정규 고용직 학교심리학자가 제공하는 종합적 서비스와 동일한 범위의 서비스를 포괄한다. 여기에는 학생의 요구에 적합한 추후자문을 계속 제공하는 기회가 포함된다. 서비스에 대한 개인적 계약은 학교심리 서비스 단위가 전반적으로 종합적 서비스를 제공하는 동안만큼으로 제한된다.

7.2 계약에 의한 학교심리 서비스는 고용 기관이 제공하는 학교심리 서비스의 양과 질을 감소시키는 수단으로 사용되지 않는다. 계약에 의한 학교심리 서비스는 필요한 전문성을 유지하는 경우에서처럼 프로그램을 확대하고 향상시키기 위하여, 기타 지역사회 건강 서비스와 조정하기 위하여, 서비스가 학생과 가족에게 가용하도록 보

장하기 위하여 사용될 수 있다.

7.3 계약에 의한 서비스는 사용가능한 자원들을 극대화하는 기제로 사용될 수 있다. 그러나 어떠한 서비스 모델이든지 종합적 심리 서비스를 제공해야 하며, 학교기반 인력이 제공하는 서비스와 비교해 볼 때 질적으로 이와 동등하거나 더 큰 가치를 지닌 서비스를 제공해야 한다.

7.4 서비스에 대한 계약은 합법적인 고용권한, 임금, 임금 이외의 부가수입을 제공하지 않기 위한 수단으로 사용되지 않아야 한다.

7.5 계약에 의한 학교심리 서비스는 주 정부와 연방 정부의 법과 규정대로 학생과 그 가족의 적법 절차에 대한 권리(due process rights)를 보호하는 방식으로 제공된다.

7.6 계약에 의한 학교심리 서비스를 제공하는 심리학자는 이 「지침」과 「NASP 전문가 윤리 원칙(NASP Principles for Professional Ethics)」, 그리고 기타 유관 전문적 지침과 규정에 일치하는 방식으로 학교심리 서비스를 제공한다.

7.7 계약에 의한 심리 서비스를 제공하는 사람들은 이 규정이나 다른 공인 규정(예, 주 자격인정 위원회가 인정한 규정)에서 정해진 자격증을 소지한 학교심리학자이다. 그러나 특별한 경우에는 다른 전문 분야(예, 임상심리학, 산업/조직심리학, 신경심리학)의 자격증을 가진 심리학자들이 제공하는 서비스가 학교심리 서비스를 대체하여 사용될 수도 있으며, 이 경우에는 반드시 학교심리 서비스와 조화롭게 조정되어야 한다.

7.8 계약에 의한 학교심리 서비스를 제공하는 심리학자는 계약한 서비스에 대한 지속적인 필요뿐만 아니라 제공되는 서비스의 질에 대한 정기적 평가를 요구할 것이다.

7.9 NASP의 「학교심리학 훈련 및 현장 배치 프로그램 규정(Standards for Training and Field Placement Programs in School Psychology)」에 제시된 기준들을 충족시키는 학교심리학 훈련 프로그램을 수료하였으며 전일제로 2년간 만족스럽고 적절한 슈퍼비전을 받은 경험(이 가운데 1년은 인턴십으로 포함됨)을 갖추어 자격증을 받은 학교심리학자는 활동 장면에 상관없이, 동료 평가와 더불어 개별 슈퍼비전을 받으며 독립적 실무를 할 수 있는 자격을 갖춘 것으로 간주된다. (여기서 '독립적 실무(independent practice)' 란 채용한 학교나 기관 안에서 자율적으로 기능하는 것을 의미한다. 독립적 실무는 '개인적 개업(private practice)' 을 위하여 여러 주에서 적용하고 있는 면허 조항과는 대조적이다.)

7.10 자격증을 받은 학교심리학자 개인 또는 이러한 학교심리학자들로 조직된 집단은 특정 주 안에서 심리학의 독립적 실무에 관한 현행 규정을 따르는 학교 기관이나 단위 밖에서 독립적 실무를 할 수 있다. 단위들은 학교심리학의 독립적 실무를 위해 제공할 공공정책을 지지할 것이다.

참고문헌

Accredited doctoral programs in professional psychology: 2005. (2005). *American Psychologist, 60*(9), 1002-1016.

Accredited internship and postdoctoral programs for training in psychology: 2005. (2005). *American Psychologist, 60*(9), 979-1001.

Agin, T. (1979). The school psychologist and collective bargaining: The brokerage of influence and professional concerns. *School Psychology Digest, 8,* 187-192.

Akin-Little, K. A., Bray, M. A., Eckert, T. L., & Kehle, T. J. (2006). The perceptions of academic women in school psychology: A national survey. *School Psychology Quarterly, 19,* 327-341.

Akin-Little, K. A., Little, S. G., & Eckert, T. L. (2006, March). *Men and women in academic school psychology: A national survey.* Paper presented at the annual convention of the National Association of School Psychologists, Anaheim, CA.

Albayrak-Kaymak, D., & Dolek, N. (1997). New challenges facing school psychologists in Turkey. *World-Go-Round, 24*(5), 4.

Albee, G. W. (1998). Fifty years of clinical psychology: Selling our soul to the devil. *Applied and Preventive Psychology, 7,* 189-194.

Allen, W. (1993). Comprehensive contracted services: Assets to the field of school psychology *Communiqué, 22*(1), 3-4.

Allensworth, D., Lawson, E., Nicholson, L., & Wyche, J. (Eds.). (1997). *Schools and health: Our nation's investment.* Washington, DC: National Academy Press.

Alpert, J. L. (1985). Change within a profession: Change, future, prevention, and school psychology. *American Psychologist, 40,* 1112-1121.

America's Best Graduate Schools. (1995, March 20). U.S. News & World Report, p. 109. American Counseling Association. (2005). *ACA code of ethics.* Alexandria, VA: Author. American Educational Research Association, American Psychological Association, & National Council on Measurement in Education. (1999). *Standards for educational and psychological testing.* Washington, DC: Author.

American Psychiatric Association. (2000). *Diagnostic and statistical manual of mental disorders, text revision* (4th ed.) Washington, DC: Author.

American Psychological Association. (1953). *Ethical standards of psychologists.* Washington, DC: Author.

American Psychological Association. (1981). Specialty guidelines for the delivery of services by school psychologists. In APA, *Specialty guidelines for the delivery of services* (pp. 33-44). Washington, DC: Author. See also *American Psychologist, 36*, 640-681.

American Psychological Association. (1986). *Guidelines for computer-based tests and interpretations.* Washington, DC: Author.

American Psychological Association. (1987a). Model act for state licensure of psychologists. *American Psychologist, 42*, 696-703.

American Psychological Association. (1987b). *General guidelines for providers of psychological services.* Washington, DC: Author.

American Psychological Association. (1995). *Guidelines for engaging in the contractual provision of psychological services in schools.* Washington, DC: Author.

American Psychological Association. (1998, May). *Surviving and thriving in academia: A guide for women and ethnic minorities.* Washington, DC: Author.

American Psychological Association. (2002). *Ethical principles of psychologists and code of conduct.* Washington, DC: Author. See also *American Psychologist, 57*(12), 1060-1073.

American Psychological Association. (2003, November). *Psychology: Scientific problem solvers: Careers for the twenty-first century.* Washington, DC: Author.

American Psychological Association, Commission for the Recognition of Specialties and Proficiencies in Professional Psychology. (2006.) *Archival Description of School Psychology.* Retrieved February 24, 2006 from APA Online website: http://www.apa.org/crsppp/schpsych.html

American Psychological Association, Committee on Employment and Human Resources. (1986). The changing face of American psychology. *American Psychologist, 41*, 1311-1327.

American Psychological Association, Committee on Psychological Tests and Assessment. (1996). *Statement on the disclosure of tests data.* Washington, DC: Author.

American Psychological Association, Office of Program Consultation and Accreditation, Education Directorate. (2005). *Guidelines and principles for accreditation of programs in proftssional psychology.* Washington, DC: Author.

American Psychological Association and American Association for Applied Psychology Committee on Graduate and Professional Training (APA & AAAP). (1945). Subcommittee report on graduate internship training in psychology. *Journal of Consulting Psychology, 9*, 243-266.

Americans With Disabilities Act of 1990, Pub. L. 101-336, 42 U.S.C.A.:12101 et seq. Anastasi, A. (1992, August). *A century of psychological testing: Origins, problems, and progress.* Paper presented at the annual meeting of the American Psychological Association, Washington, DC.

Anderson, W. T., Hohenshil, T. H., & Brown, D. T. (1984). Job satisfaction among practicing school psychologists: A national study. *School Psychology Review, 13*, 225-230.

Andrews, J. (2002). In search of professional identity or accepting what we do and getting better at it? *In-Psyghts, 13*(2), 13-15.

Andrews, J., & Saklofske, D. (2007). *Special education in Canada*. Unpublished manuscript, Division of Applied Psychology, University of Calgary.

Andrews, J., Saklofske, D. H., & Janzen, H. L. (Eds). (2001). *Handbook of psycho-educational assessment: Ability, achievement, and behaviour in children*. San Diego, CA: Academic Press.

Andrews, T. J., Wisniewski, J. J., & Mulick, J. A. (1997). Variables influencing teachers' decisions to refer children for school psychological assessment services. *Psychology in the Schools, 34*, 239-244.

Annie E. Casey Foundation. (2002). *Children at risk: State trends 1990-2000*. Baltimore, MD: Author.

Arthur, A. Z. (1971). Applied training programmes of psychology in Canada: A survey. *The Canadian Psychologist, 12*, 46-65.

Association of Psychology Postdoctoral and Internship Centers. (2001). *APPIC membership criteria: Doctoral psychology internship programs*. Washington, DC: Author. Retrieved from http://www.appic.org

Association of Psychology Postdoctoral and Internship Centers. (2005). *APPIC directory 2005-2006*. Washington, DC: Author. Retrieved from http://www.appic.org

Association of State and Provincial Psychology Boards. (1998). *ASPPB model act for licensing psychologists*. Montgomery, AL: Author.

Association of State and Provincial Psychology Boards (2005). *Code of conduct*. Montgomery, AL: Author.

Baer, D. M., & Bushell, D. (1981). The future of behavior analysis in the schools? Consider its recent past, and then ask a different question. *School Psychology Review, 10*, 259-270.

Bahr, M. W. (1996). Are school psychologists reform-minded? *Psychology in the Schools, 33*, 295-307.

Baker, J. A. (2006). Council of Directors of School Psychology Programs Student Survey 2006. Unpublished study, contact author at 434 Erickson Hall, Michigan State University, East Lansing, MI 48824.

Barbarin, O. A. (1992). Family functioning and school adjustment: Family systems perspectives. In F. J. Medway and T. P. Cafferty (Eds.), *School psychology: A social psychologicalperspective* (pp. 137-163). Hillsdale, NJ: Erlbaum.

Bardon, J. I. (1979). How best to establish the identity of professional school psychology. *School Psychology Digest, 8*, 162-167.

Bardon, J. I. (1983). Psychology applied to education: A specialty in search of an identity. *American Psychologist, 38*, 185-196.

Bardon, J. I. (1986). Psychology and schooling: The interrelationships among persons, processes, and products. In S. N. Elliott & J. C. Witt (Eds.), *The delivery of psychological services in schools: Concepts, processes, and issues* (pp. 53-79). Hillsdale, NJ: Erlbaum.

Bardon, J. I. (1987). The translation of research into practice in school psychology. *School Psychology Review, 16*, 3 17-328.

Bardon, J. I., & Bennett, V. C. (1974). *School psychology.* Englewood Cliffs, NJ: Prentice Hall.

Barona, A., & Garcia, E. E. (Eds.). (1990). *Children at risk: Poverty, minority status, and other issues in educational equity.* Washington, DC: National Association of School Psychologists.

Bartell, R. (1995). Historical perspective on the role and practice of school psychology. *Canadian Journal of School Psychology, 11,* 133-137.

Bartell, R. (1996a). The argument for a paradigm shift or what's in a name? *Canadian Journal of School Psychology, 12,* 86-90.

Bartell, R. (1996b, August). *Will the real school psychologist stand up? The psychologist of the school or the psychologist in the school.* Paper presented at the Third School Psychology Institute, 104th Convention of the American Psychological Association, Toronto, Ontario, Canada.

Bartell, R. (2003, November). *Creating positive school environments: Toward optimal learning and well-being of school children.* Paper presented at the Manitoba Educational Network Research Forum on Improving Learning Outcomes, Brandon, Manitoba, Canada.

Bartell, R. (2006). *Contemplating the future course for school psychology in Manitoba: To contextualize or decontextualize?* Unpublished manuscript, University of Manitoba, Winnepeg, Manitoba, Canada.

Bartell, R., & Saklofske, D. (1998). *Proposal for national standards for Canadian school psychologists* (Draft). Adopted by the Canadian Association of School Psychologists, Winnipeg, Manitoba.

Batsche, G. M. (1996). National certification in school psychology. In T. K. Fagan & P G. Warden (Eds.), *Historical encyclopedia of school psychology* (pp. 223-225). Westport, CT: Greenwood Press.

Batsche, G. M., Knoff, H. M., & Peterson, D. W. (1989). Trends in credentialing and practice standards. *School Psychology Review, 18,* 193-202.

Batts, J., & Grossman, F. (1997). Frequently asked questions (FAQ): Ethics and standards. *Communiqué, 25*(6), 16.

Beal, A. L., & Service, J. (1995). Submission to an Ontario Board of Education concerning proposed reduction in psychological services. *Canadian Journal of School Psychology, 11,* 90-92.

Bender, R. H. (1991). If you can count it, you can improve it: Total quality transformation tools sculpt better handle on system. *The School Administrator, 9*(48), 24-26, 35.

Benjamin, L. T., & Baker, D. B. (2004). *From séance to science: A history of the professzon of psychology in America.* Belmont, CA: Wadsworth/Thompson Learning.

Benjamin, L. T., & Shields, S. A. (1990). Leta Stetter Hollingworth (1886-1939). In A. N. O' Connell & N. F. Russo (Eds.), *Women in psychology: A bio-bibliographic sourcebook* (pp. 173-183). Westport, CT: Greenwood Press.

Benson, A. J. (1985). School psychology service configurations: A regional approach.

School Psychology Review, 14, 421-428.

Bent, R. J., Packard, R. E., & Goldberg, R. W. (1999). The American Board of Professional Psychology, 1947 to 1997: A historical perspective. *Profrssional Psychology: Research and Practice, 30,* 65-73.

Beran, I, & Tutty, L. (2002). Children's reports of bullying and safety at school. *Canadian Journal of School Psychology, 17,* 1-14.

Beran, T., Tutty, L., & Steinwrath, G. (2004). An evaluation of a bullying prevention program for elementary schools. *Canadian Journal of School Psychology, 19*(1/2), 99-116.

Bergan, J. R. (1985). The future of school psychology. In J. R. Bergan (Ed.), *School psychology in contemporary society: An introduction* (pp. 421-437). Columbus, OH: Charles E. Merrill.

Bernard, J. L. (1975). Due process in dropping the unsuitable clinical student. *Profrssional Psychology, 6,* 275-278.

Berne, E. (1964). *Games people play: The psychology of human relationships.* New York: Grove Press.

Bersoff, D. N. (1981). Testing and the law. *American Psychologist, 36,* 1047-1056.

Bersoff, D. N. (1982a). Larry P and PASE: Judicial report cards on the validity of individual intelligence tests. In T Kratochwill (Ed.), *Advances in school psychology* (Vol. 2, pp. 61-95). Hillsdale, NJ: Erlbaum.

Bersoff, D. N. (1982b). The legal regulation of school psychology. In C. R. Reynolds & T . B. Gutkin (Eds.), *The handbook of school psychology* (pp. 1043-1074). New York: Wiley.

Beutler, L. E., & Fisher, D. (1994). Combined specialty training in counseling, clinical, and school psychology: An idea whose time has returned. *Professional Psychology: Research and Practice, 25,* 62-69.

Bevan, W. (1981). On coming of age among the professions. *School Psychology Review, 10,* 127-137.

Biddle, B. J. (1997). Foolishness, dangerous nonsense, and real correlates of state differences in achievement. *Phi Delta Kappan, 79*(1), 9-13.

Binet, A., & Henri, V. (1894). De la suggestibilite naturelle chez les enfants (On natural suggestibility in children). *Review Phi losophique, 38,* 337-347.

Blagg, D., Durbin, K., Kelly, C., McHugh, C., & Safranski, S. (1997). School psychologists as administrators: Five journeys. *Communiqué, 25*(8), 14-15.

Blakely, D. L., & Wells, N. (2001). School psychology in the Northwest Territories. *Canadian Journal of School Psychology, 16,* 87-88.

Bollin, G. (2003). The realities of middle school for Mexican children. *The Clearing House, 76*(4), 198-203.

Bonham, S. J., & Grover, E. C. (1961). *The history and development of school psychology in Ohio.* Columbus: Ohio Department of Education.

Bontrager, T., & Wilczenski, F. L. (1997). School psychology practice in an era of educational reform. *Communiqué, 25*(8) 28-29.

Bose, J. (2003). *Testing environments of school psychologists: Are they adequate?* Unpublished master's thesis, University of Memphis, Memphis, Tennessee.

Bowers, J. E. (1962). Wanted: Trained psychologists for employment in school systems. *The Canadian Psychologist, 3*, 51-52.

Boxley, R., Drew, C., & Rangel, D. (1986). Clinical trainee impairment in APA approved internship programs. *The Clinical Psychologist, 39*, 49-52.

Bradley-Mug, K. L., & Powell-Smith, K. A. (2001, January). *Web-based courses in graduate training programs: An overview.* Presented at the annual meeting of the Council of Directors of School Psychology Programs, Deerfield Beach, FL.

Bradshaw, J. (2005, May/June). CPQ improve mobility for psychologists. *The National Psychologist, 14*(3), 1, 3.

Bramlett, R. K., Murphy, J. J., Johnson, J., Wallingsford, L., & Hall, J. D. (2002). Contemporary practices in school psychology: A national survey of roles and referral problems. *Psychology in the Schools, 39*, 327-335.

Brandt, J. E. (1996). Prereferral assessment. In T. K. Fagan & P. G. Warden (Eds.), *Historical encyclopedia of school psychology.* Westport, CT: Greenwood Press.

Bronfenbrenner, U. (1979). *The ecology of human development.* Cambridge, MA: Harvard University Press.

Brooks, B., & Seigel, P (1996). *The scared child: Helping kids overcome traumatic events.* New York: Wiley.

Brotemarkle, R. A. (Ed.). (1931). *Clinical psychology: Studies in honor of Lightner Witmer to commemorate the thirty-fifth anniversary of the founding of the first psychological clinic.* Philadelphia: University of Pennsylvania Press.

Brown, D., T (1989). The evolution of entry-level training in school psychology: Are we now approaching the doctoral level? *School Psychology Review, 18*, 11-15.

Brown, D., T, Cardon, B. W., Coulter, W. A., & Meyers, J. (Eds.). (1982). The Olympia proceedings [Special issue]. *School Psychology Review, 11*(2).

Brown, D., T, & Lindstrom, J. P. (1977). *Directory of school psychology training programs in the United States and Canada.* Washington, DC: National Association of School Psychologists.

Brown, D., T, & Minke, K. M. (1984). *Directory of school psychology training programs.* Washington, DC: National Association of School Psychologists.

Brown, D., T, & Minke, K. M. (1986). School psychology graduate training: A comprehensive analysis. *American Psychologist, 41*, 1328-1338.

Brown, M., & Hohenshil, T. (2004, March). *Job satisfaction of school psychologists.* Paper presented at the annual convention of the National Association of School Psychologists, Dallas, TX.

Brown, M. B., Hohenshil, T. H., & Brown, D. T. (1998). Job satisfaction of school psychologists in the United States. *School Psychology International, 19*(1), 79-89.

Brown, M. B., Kissell, S., & Bolen, L. M. (2003). Doctoral school psychology internships in non-school settings in the United States. *School Psychology International, 24*(4), 394404.

Brown, M. B., Swigart, M. L., Bolen, L. M., Hall, C. W., & Webster, R. T. (1998). Doctoral and nondoctoral practicing school psychologists: Are there differences? *Psychology in the Schools, 35*, 347-354.

Brown-Chidsey, R., & Steege, M. W. (2005). *Response to intervention: Principles and strategies for effective practice*. New York: Guilford Press.

Bruner, J. S., Oliver, R. R., & Greenfield, P M. (1966). *Studies in cognitive growth*. New York: Wiley.

Bucy, J. E., Meyers, A. B., & Swerdlik, M. E. (2002). Best practices in working in full-service schools. In A. Thomas & J. Grimes (Eds.), *Best practices in school psychology* (pp. 281-291). Bethesda, MD: National Association of School Psychologists.

Burns, M. K., & Ysseldyke, J. E. (2006, February). Comparison of existing response-to-intervention models to identify and answer implementation questions. *Communiqué, 34*(5), 1, 5.

Butler, A. S., & Maher, C. A. (1981). Conflict and special service teams: Perspectives and suggestions for school psychologists. *Journal of School Psychology, 19*, 62-70.

California Association of School Psychologists. (1991). CASP position paper. The role of assessment in California schools: Ensuring student success. *GASP Today, 4*(August), 7.

Canadian Psychological Association. (2000). *Canadian code of ethics for psychologists* (3rd. ed.). Ottawa, Ontario: Author.

Canadian Psychological Association. (2002). *Enhancing the experience of children and youth in today's schools: The role of psychology in Canadian schools*. Ottawa, Ontario: Author.

Canter, A. (1990a). Issues related to third-party reimbursement. *Communiqué, 19*(3), 14.

Canter, A. (1990b). Policy needed for handling parents' requests for protocols. *Communiqué, 19*(2), 2.

Canter, A. (1991a). Alternative sources of funding may be mixed blessing. *Communiqué, 19*(6), 16.

Canter, A. S. (1991b). Effective psychological services for all students: A data-based model of service delivery. In G. Stoner, M. R. Shinn, & H. M. Walker (Eds.), *Interventions for achievement and behavior problems* (pp. 49-78). Washington, DC: National Association of School Psychologists.

Canter, A. S., & Carroll, S. A. (Eds.). (1998). *Helping children at home and school: Handouts from your school psychologist*. Bethesda, MD: National Association of School Psychologists.

Canter A., & Crandall, A. (Eds.). (1994) *Professional advocacy resource manual: Preserving school-based positions*. Washington, DC: National Association of School Psychologists.

Canter, A. S., Paige, L. Z., Roth, M. D., Romero, I., and Carroll, S. A. (Eds.). (2004). *Helping children at home and school II: Handoutsforfamilies and educators*. Bethesda, MD: National Association of School Psychologists.

Caplan, G. (1970). *The theory and practice of mental health consultation*. New York: Basic Books.

Cardon, B., Kuriloff, P, & Phillips, B. N. (Eds.). (1975). Law and the school psychologist:

Challenge and opportunity [Special issue]. *Journal of School Psychology, 13.*

Carlson, C. I., & Sincavage, J. M. (1987). Family-oriented school psychology practice: Results of a national survey of NASP members. *School Psychology Review, 16,* 519-526.

Carlson, H. S. (1978). The AASPB story. *American Psychologist, 33,* 486-495.

Carlson, J. F., & Martin, S. P (1997, April). *Responsible use of computer-based test interpretation and report generation software: Implications for practice.* Paper presented at the annual meeting of the National Association of School Psychologists, Anaheim, CA.

Carlson, J. S., Demaray, M. K., & Oehmke, S. (2006). A survey of school psychologists' knowledge and training in child psychopharmacology. *Psychology in the Schools, 43,* 623-633.

Carlson, J. S., Thaler, C. L., & Hirsch, A. J. (2005). Psychotropic medication consultation in schools: An ethical and legal dilemma for school psychologists. *Journal of Applied School Psychology, 22*(1), 2941.

Carney, P. (1995a). Symposium: School psychology at the intersection of societal change. *Canadian Journal of School Psychology, 11,* 81-82.

Carney, P. (1995b). Submission to an Ontario Board of Education from the Canadian Association of School Psychologists. *Canadian Journal of School Psychology, 11,* 89.

Carney, P. (2001). The practice of psychology in Ontario schools. *Canadian Journal of School Psychology, 16,* 47-57.

Carney, P., & Cole, E. (1995). Editorial: Advocacy issues and events in school psychology. *Canadian Journal of School Psychology, 11,* i.

Carper, R. M., & Williams, R. L. (2004). Article publications, journal outlets, and article themes for current faculty in APA-accredited school psychology programs: 1995-1999. *School Psychology Quarterly, 19,* 141-165.

Cattell, J. McK. (1890). Mental tests and measurement. *Mind, 15,* 373-380.

Catterall, C. D. (1967). *Strategies for prescriptive interventions.* Santa Clara, CA: Santa Clara Unified School District.

Catterall, C. (Ed.). (1976-1979a). *Psychology in the schools in international perspectives* (Vols.1-3). Columbus, OH: Author.

Catterall, C. (1979b). State of the art. In C. Catterall (Ed.), *Psychology in the schools in international perspective: Vol. 3* (pp. 193-219). Columbus, OH: Author. (Now available from International School Psychology Association.)

CDSPP doctoral level internship guidelines. (1998). *CDSPP Press, 16*(2), 7-8.

Ceci, S. J., Papierno, P B., & Mueller-Johnson, K. U. (2002). The twisted relationship between school spending and academic outputs: In search of a new metaphor. *Journal of School Psychology, 40,* 477484.

Centra, J. A., & Potter, D. A. (1980). School and teacher effects: An inter-relational model. *Review of Educational Research, 50,* 273-291.

Chamberlin, J. (2006). Psychologist, professor among top 10 U.S. jobs. *GradPSYGH, 4*(3), 7.

Charvat, J. L. (2005). NASP study: How many school psychologists are there?

Communiqué, 33(6). 12-14.

Charvat, J., & Feinberg, T. (2003, October). The school psychologist shortage: Evidence for effective advocacy. *Communiqué, 32*(2), 1, 4-5.

Christenson, S. L. (1995). Supporting home-school collaboration. In A. Thomas & J. Grimes (Eds.), *Best practices in school psychology III* (pp. 253-267). Washington, DC: National Association of School Psychologists.

Christenson, S. L. (2004). The family-school partnership: An opportunity to promote the learning competence of all students. *School Psychology Review, 33*, 83-104.

Christenson, S. L., & Conoley, J. C. (Eds.). (1992). *Home-school collaboration: Enhancing children' s academic and social competence.* Washington, DC: National Association of School Psychologists.

Christenson, S. L., Rounds, T., & Gomey, D. (1992). Family factors and student achievement: An avenue to students' success. *School Psychology Quarterly 7*, 178-206.

Christie, K. (2005). Stateline: Paraprofessionals on the front line. *Phi Delta Kappan, 87*(3), 181-182.

Cincinnati Public Schools, Board of Education. (1912). *83rd annual report of the board of education.* Cincinnati, OH: Author.

City of Chicago, Board of Education. (1941). *Bureau of Child Study and the Chicago adjustment service plan.* Chicago: Author.

City of New York, Board of Education. (1938). *Bureau of Child Guidance five year report 1932-1937.* New York: Author.

Clair, T. N., & Kiraly, J. (1971). Can school psychology survive in the 70' s? *Professional Psychology, 2*, 383-388.

Clay, R. A. (1996, June). New state laws jeopardize fate of school psychology. *APA Monitor, 27*(6), 25.

Cleveland Public Schools. (ca. 1928). Psychological clinic: Brief survey. Cleveland, OH: Author.

Clinchy, E. (1998). The educationally challenged American school district. *Phi Delta Kappan, 80*(4), 272-277.

Cobb, C. T. (1990). School psychology in the 1980s and 1990s: A context for change and definition. In I B. Gutkin & C. R. Reynolds (Eds.), *The handbook of school psychology* (pp. 21-31). New York: Wiley.

Cobb, C. T. (1992, August). *Will there be a school psychology symposium at the 150th APA convention?* Paper presented at the annual meeting of the American Psychological Association, Washington, DC.

Cohen, R. D. (1985). Child-saving and progressivism, 1885-1915. In J. M. Hawes & N. R. Hiner (Eds.), *American childhood. A research guide and historical handbook* (pp. 273-309). Westport, CT: Greenwood Press.

Cohen, R. J., Swerdlik, M. E., & Phillips, S. M. (1996). *Psychological testing and assessment: An introduction to tests and measurement* (3rd ed.). Mountain View, CA: Mayfield Press.

Cole, E. (1992). Characteristics of students referred to school teams: Implications for preventive psychological services. *Canadian Journal of School Psychology, 8,* 23-36.

Cole, E. (1995). Responding to school violence: Understanding today and tomorrow. *Canadian Journal of School Psychology, 11,* 108-116.

Cole, E. (1996). An integrative perspective on school psychology. *Canadian Journal of School Psychology, 6,* 115-121.

Cole, E. (1998). Immigrant and refugee children: Challenges for education and mental health services. *Canadian Journal of School Psychology, 14,* 36-50.

Cole, E., & Siegel, J. A. (Eds.). (1990). *Effective consultation in school psychology.* Toronto, Ontario, Canada: Hogrefe & Huber.

Cole, E., & Siegel, J. A. (Eds.). (2003). *Effective consultation in school psychology* (2nd ed.). Toronto, Ontario, Canada: Hogrefe & Huber.

Committee on Professional Practice and Standards. (2003). Legal issues in the professional practice of psychology. *American Psychologist, 34*(6), 595-600.

Connolly, L. M., & Reschly, D. (1990). The school psychology crisis of the 1990s. *Communiqué, 19*(3), 1-12.

Conoley, J. C. (1989). The school psychologist as a community/family service provider. In R. C. D'Amato & R. S. Dean (Eds.), *The school psychologist in nontraditional settings: Integrating clients, services, and settings* (pp. 33-65). Hillsdale, NJ: Erlbaum.

Conoley, J. C. (1992, August). 2042: *A prospective look at school psychology.* Paper presented at the annual meeting of the American Psychological Association, Washington, DC.

Conoley, J. C., & Conoley, C. W. (1992). *School consultation: Practice and training* (2nd ed.). New York: Macmillan.

Conoley, J. C., & Gutkin, T. B. (1986). Educating school psychologists for the real world. *School Psychology Review, 15,* 457-465.

Conoley, J. C., & Henning-Stout, M. (1990). Gender issues and school psychology. In I R. Kratochwill (Ed.), *Advances in school psychology* (Vol. 7, pp. 7-31). Hillsdale, NJ: Erlbaum.

Constable, R., McDonald, S., & Flynn, J. P. (Eds.). (1999). *School social work: Practice, policy & research perspectives* (4th ed.). Chicago: Lyceum Books.

Cornwall, A. (1990). Social validation of psycho-educational assessment reports. *Journal of Learning Disabilities, 23,* 413416.

Cournoyer, K. L. R. (2004, Spring). The assessment of professional work characteristics and the practice of school psychology. *The School Psychologist, 58*(2), 65-68.

Cravens, H. (1985). Child-saving in the age of professionalism, 1915-1930. In J. M. Hawes & N. R. Hiner (Eds.), *American childhood. A research guide and historical handbook* (pp. 415-488). Westport, CT: Greenwood Press.

Cravens, H. (1987). Applied science and public policy: The Ohio Bureau of Juvenile Research and the problem of juvenile delinquency 1913-1930. In M. M. Sokal (Ed.), *Psychological testing and American society 1890-1930* (pp. 158-194). New-Brunswick, NJ: Rutgers University Press.

Cremin, L. A. (1988). *American education: The metropolitan experience 1876-1980*. New York: Harper & Row.

Crespi, T. D. (1998). Considerations for clinical supervision. *The Texas School Psychologist, 15*(2), 14-15.

Crespi, T. D. (1999). Post-doctoral respecialization as a school psychologist: Cultivating competence for school-based practice. *The School Psychologist, 53*(4), 111-113, 116.

Crespi, T. D., & Fischetti, B. A. (1997). Counseling licensure: An emerging credential for health care professionals. *Communiqué, 25*(5), 17-18.

Crossland, C. L., Fox, B. J., & Baker, R. (1982). Differential perceptions of role responsibilities among professionals in the public school. *Exceptional Children, 48*, 536-537.

Cubberley, E. P (1909). *Changing conceptions of education*. Cambridge, MA: Riverside Press.

Cubberley, E. P (Ed.). (1920). *Readings in the history of education*. Boston: Riverside Press.

Culbertson, F. (1975). Average students' needs and perceptions of school psychologists. *Psychology in the Schools, 12*, 191-196.

Cummings, J. (2005). Division of School Psychology (Division 16). In S. W. Lee (Ed.), *Encyclopedia of school psychology* (pp. 169-170). Thousand Oaks, CA: Sage.

Cummings, J. A., Huebner, E. S., & McLeskey, J. (1985). Issues in the preservice preparation of school psychologists for rural settings. *School Psychology Review, 14*, 429-437.

Cunningham, J. (1994). *A contextual investigation of the international development of psychology in the schools*. Unpublished doctoral dissertation, University of Texas at Austin.

Cunningham, J. (2006). Centripetal and centrifugal trends influencing school psychology's international development. In S. R. Jimerson, 1 D. Oakland, & P I Farrell (Eds.), *The handbook of international school psychology* (pp. 463474). Thousand Oaks, CA: Sage.

Cunningham, J., & Oakland, T. (1998). International School Psychology Association guidelines for the preparation of school psychologists. *School Psychology International, 19*, 19-30.

Curtis, M. J., & Batsche, G. M. (1991). Meeting the needs of children and families: Opportunities and challenges for school psychology training programs. *School Psychology Review, 20*, 565-577.

Curtis, M., Batsche, G., & Tanous, J. (1996). Nondoctoral school psychology threatened: The Texas experience. *Communiqué, 24*(8), 1, 6-8.

Curtis, M., Graden, J., & Reschly, D. (1992). *School psychology as a profrssion: Demographics, profrssional practices, and job satisfaction*. Symposium conducted at the annual meeting of the National Association of School Psychologists, Nashville, TN.

Curtis, M. J., Grier, J. E. C., & Hunley, S. A. (2004). The changing face of school psychology: Trends in data and projections for the future. *School Psychology Review, 33*, 49-66.

Curtis, M. J., Hunley, S. A., & Grier, J. E. C. (2002). Relationships among the professional practices and demographic characteristics of school psychologists. *School Psychology Review, 31*, 30-42.

Curtis, M. J., Hunley, S. A., & Prus, J. R. (Eds.). (1998). *Credentialing requirements for school psychologists*. Bethesda, MD: National Association of School Psychologists.

Curtis, M. J., Hunley, S. A., Walker, K. J., & Baker, A. C. (1999). Demographic characteristics and professional practices in school psychology. *School Psychology Review, 28*, 104-116.

Curtis, M. J., Lopez, A. D., Batsche, G. M., & Smith, J. C. (2006, March). *School psychology 2005: A national perspective*. Paper presented at the annual convention of the National Association of School Psychologists, Anaheim, CA.

Curtis, M. J., & Meyers, J. (1985). Best practices in school-based consultation: Guidelines for effective practice. In A. Thomas & J. Grimes (Eds.), *Best practices in school psychology* (pp. 79-94). Kent, OH: National Association of School Psychologists.

Curtis, M. J., & Zins, J. E. (1986). The organization and structuring of psychological services within educational settings. In S. N. Elliott & J. C. Witt (Eds.), *The delivery of psychological services in schools: Concepts, processes, and issues* (pp. 109-138). Hillsdale, NJ: Erlbaum.

Curtis, M. J., & Zins, J. E. (1989). Trends in training and accreditation. S*chool Psychology Review, 18*, 182-192.

Cutts, N. E. (Ed.). (1955). *School psychologists at mid-century*. Washington, DC: American Psychological Association.

Daley, C. E., Nagle, R. J., & Onwuegbuzie, A. J. (1998, April). *Ethics training in school psychology in the United States*. Paper presented at the annual meeting of the National Association of School Psychologists, Orlando, FL.

D' Amato, R. C., & Dean, R. S. (Eds.). (1989). *The school psychologist in nontraditional settings: Integrating clients, services, and settings*. Hillsdale, NJ: Erlbaum.

Da Silva, T. A. (2003). An evaluation of the Structured Success Program from the students' point of view. *Canadian Journal of School Psychology, 18*, 129-152.

Davis, J. M. (1988). The school psychologist in a community mental health center. *School Psychology Review, 17*, 435439.

Dawson, D. (1980). Editorial. *The Alberta School Psychologist, 1*(2), 1.

Dawson, D. (1981, August). Editorial. *NASP Canada/Mexico Newsletter 1*, 4-6.

Dawson, D. (1982, January). The future of school psychology in Canada. *NASP Canada/Mexico Newsletter, 2*, 4-8.

Dawson, P, Mendez, P, & Hyman, A. (1994). Average school psychologist' s salary tops $43,000. *Communiqué, 23*(1), 1, 6.

DeAngelis, T. (2006, May). A culture of inclusion. *Monitor on Psychology, 37*(5), 30-33.

Demaray, M. K., Carlson, J. S., & Hodgson, K. K. (2003). Assistant professors of school psychology: A national survey of program directors and job applicants. *Psychology in the Schools, 40*, 691-698.

DeMers, S. T. (1993). The changing face of specialization in psychology. *The School Psychologist, 47*(1), 3, 8.

Deno, E. (1970). Special education as developmental capital. *Exceptional Children, 37*,

229-237.

De Vaney Olvey, C., Hogg, A., & Counts, W. (2002). Licensure requirements: Have we raised the bar too far? *Profrssional Psychology: Research and Practice, 33*, 323-329.

DiVerde-Nushawg, N., & Walls, G. B. (1998). The implication of pager use for the therapeutic relationship in independent practice. *Professional Psychology: Research and Practice, 29*, 368-372.

Division 44/Commission on Lesbian, Gay, and Bisexual Concerns Joint Task Force. (2000). Guidelines for psychotherapy with lesbian, gay, and bisexual clients. *American Psychologist, 55*(12), 1440-145 1.

Dobson, K., & Dobson, D. (Eds.). (1993). *Professional psychology in Canada.* Toronto: Hogrefe & Huber.

Dorken, H. (1958). The functions of psychologists in mental health services. *The Canadian Psychologist, 7*, 89-95.

Dorken, H., Walker, C. B., & Wake, F. R. (1960). A 15-year review of Canadian trained psychologists. *The Canadian Psychologist, 1*, 123-130.

Duis, S., Rothlisberg, B., & Hargrove, L. (1995). *Collaborative consultation: Are both school psychologists and teachers equally trained?* Paper presented at the annual meeting of the Council for Exceptional Children, Indianapolis, IN.

Dumont, F. (1989). School psychology in Canada: Views on its status. In P Saigh & T. Oakland (Eds.), *International perspectives on psychology in the schools* (pp. 211-222). Hillsdale, NJ: Erlbaum.

Dunn, L. M. (1973). An overview. In L. M. Dunn (Ed.), *Exceptional children in the schools: Special education in transition* (pp. 1-62). New York: Holt, Rinehart & Winston.

Dwyer, K. (1991). Children with emotional and behavioral disorders: An under-served population. *Communiqué, 20*(1), 21.

Dwyer, K., Osher, D., & Warger, C. (1998). *Early warning, timely response: A guide to safr schools.* Washington, DC: U.S. Department of Education, Special Education and Rehabilitative Services.

Eberst, N. D. (1984). *Sources of funding of school psychologists.* Washington, DC: National Association of School Psychologists.

Education for All Handicapped Children Act of 1975, Pub. L. 94-142 (20 U.S.C. and 34 C.F.R.).

Education of the Handicapped Amendments of 1986, Pub. L. 99-457(20 U.S.C. 1470).

Education of the Handicapped Act Amendments of 1990, Pub. L. 101-476 (104 Stat. 1103).

Educational Testing Service. (2003). Study guide: School leaders and services. Princeton, NJ: Author.

Elias, C. L. (1999). The school psychologist as expert witness: Strategies and issues in the courtroom. *School Psychology Review, 28*, 44-59.

Elias, M. J., Zins, J. E., Graczyk, P A., & Weissberg, R. P (2003). Implementation, sustainability and scaling up of social-emotional and academic innovations in public schools.

School Psychology Review, 32, 303-3 19.

Elliott, S. N., & Witt, J. C. (Eds.). (1986a). *The delivery of psychological services in schools: Concepts, processes, and issues.* Hillsdale, NJ: Erlbaum.

Elliott, S. N., & Witt, J. C. (1986b). Fundamental questions and dimensions of psychological service delivery in schools. In S. N. Elliott & J. C. Witt (Eds.), *The delivery of psychological services in schools: Concepts, processes, and issues* (pp. 1-26). Hillsdale, NJ: Erlbaum.

Elliott, S. N., Witt, J. C., & Kratochwill, T. R. (1991). Selecting, implementing, and evaluating classroom interventions. In G. Stoner, M. R. Shinn, & H. M. Walker (Eds.), *Interventions for achievement and behavior problems* (pp. 99-135). Silver Spring, MD: National Association of School Psychologists.

Engin, A. W. (1983). National organizations: Professional identity. In G. W. Hynd (Ed.), *The school psychologist: An introduction* (pp. 2744). Syracuse, NY: Syracuse University Press.

Engin, A. W., & Johnson, R. (1983). School psychology training and practice: The NASP perspective. In T. R. Kratochwill (Ed.), *Advances in school psychology* (Vol.3, pp. 2144). Hillsdale, NJ: Erlbaum.

English, H. B. (1938). Organization of the American Association of Applied Psychologists. *Journal of Consulting Psychology, 2,* 7-16.

English, H. B., & English, A. C. (1958). *A comprehensive dictionary of psychological and psychoanalytic terms: A guide to usage.* New York: Longmans, Green.

Erchul, W. P. (1992). Social psychological perspectives on the school psychologist' s involvement with parents. In F. J. Medway & I P Cafferty (Eds.), *School psychology: A social psychological perspective* (pp. 425448). Hillsdale, NJ: Erlbaum.

Erchul, W. P., & Raven, B. H. (1997). Social power in school consultation: A contemporary view of French and Raven' s bases of power model. *Journal of School Psychology, 35,* 137-171.

Erchul, W. P., Scott, S. S., Dombalis, A. O., & Schulte, A. C. (1989). Characteristics and perceptions of beginning doctoral students in school psychology. *Professional School Psychology, 4*(2), 103-111.

Esquivel, G. B., Lopez, E. C., & Nahari, S. G. (Eds.). (2006). *Handbook of multicultural school psychology: An interdisciplinary perspective.* Mahwah, NJ: Erlbaum.

Examination for License as Psychologist (announcement). (1925, December 29). Department of Education, City of New York, Office of the Board of Examiners.

Fagan, T. K. (1985). Sources for the delivery of school psychological services during 1890-1930. *School Psychology Review, 14,* 378-382.

Fagan, T. K. (1986a). The evolving literature of school psychology. *School Psychology Review, 15,* 430440.

Fagan, T. K. (1986b). The historical origins and growth of programs to prepare school psychologists in the United States. *Journal of School Psychology, 24,* 9-22.

Fagan, T. K. (1986c). School psychology' s dilemma: Reappraising solutions and directing attention to the future. *American Psychologist, 41*, 85 1-861. See also *School Psychology Review, 16*(1).

Fagan, T. K. (1987a). Gesell: The first school psychologist. Part II. Practice and significance. *School Psychology Review, 16*, 399409.

Fagan, T. K. (198Th). *Trends in the development of United States school psychology with implications for Canadian school psychology.* Paper presented at the first annual meeting of the Canadian Association of School Psychologists, Winnipeg, Manitoba.

Fagan, T. K. (1988a). The first school psychologist in Oklahoma. *Communiqué, 17*(3), 19.

Fagan, T. K. (1988b). The historical improvement of the school psychology service ratio: Implications for future employment. *School Psychology Review, 17*, 447458.

Fagan, T. K. (1989a). Obituary: Norma Estelle Cutts. *American Psychologist, 44*, 1236.

Fagan, T. K. (1989b). School psychology: Where next? *Canadian Journal of School Psychology, 5*, 1-7.

Fagan, T. K. (1990a). Best practices in the training of school psychologists: Considerations for trainers, prospective entry-level and advanced students. In A.Thomas & J. Grimes (Eds.), *Best practices in school psychology II* (pp. 723-741).

Silver Spring, MD: National Association of School Psychologists.

Fagan, T. K. (1990b). Contributions of Leta Hollingworth to school psychology. *Roeper Review, 12*(3), 157-161.

Fagan, T. K. (1990c). Research on the history of school psychology: Recent developments, significance, resources, and future directions. In I R. Kratochwill (Ed.), *Advances in school psychology* (Vol. 7, pp. 151-182). Hillsdale, NJ: Erlbaum.

Fagan, T. K. (1992). Compulsory schooling, child study, clinical psychology, and special education: Origins of school psychology. *American Psychologist, 47*, 236-243.

Fagan, T. K. (1993). Separate but equal: School psychology' s search for organizational identity. *Journal of School Psychology, 31*, 3-90.

Fagan, T. K. (1994). A critical appraisal of the NASP' s first 25 years. *School Psychology Review, 23*, 604-618.

Fag an, T. K. (1996a). A history of Division 16 (School Psychology): Running twice as fast. In D. A. Dewsbury (Ed.), *Unification through division: Histories of the divisions of the American Psychological Association* (Vol. 1, pp. 101-135). Washington, DC: American Psychological Association.

Fagan, T. K. (1996b). Historical perspective on the role and practice of school psychology. *Canadian Journal of School Psychology, 6*, 83-85.

Fagan, T. K. (1997). Culminating experiences in NASP approved non-doctoral school psychology training programs [Insert]. *Trainers' Forum, 16*(1).

Fagan, T. K. (1999). Training school psychologists before there were school psychologist training programs: A history 1890-1930. In C. R. Reynolds & T. B. Gutkin (Eds.), *The handbook of school psychology* (pp. 2-33). New York: Wiley.

Fagan, T. K. (2002). School psychology: Recent descriptions, continued expansion, and an ongoing paradox. *School Psychology Review, 31*, 5-10.

Fagan, T. K. (2004a). First school psychology ABPP, Virginia Bennett, dies. *The School Psychologist, 58*(1), 25-27.

Fagan, T. K. (2004b). School psychology' s significant discrepancy: Historical perspectives on personnel shortages. *Psychology in the Schools, 41*, 419-430.

Fagan, T. K. (2005a). Literary origins of the term, "school psychologist," revisited. *School Psychology Review, 34*, 432-434.

Fagan, T. K. (2005b). The 50th Anniversary of the Thayer Conference: Historical perspectives and accomplishments. *School Psychology Quarterly, 20*(3), 224-251.

Fagan, T. K. (2005c). Results of on-line survey of Praxis test usage. *Trainer' s Forum, 24*(4), 8, 10.

Fagan, T. K. (2005d). National Association of School Psychologists. In S. W. Lee (Ed.), *Encyclopedia of school psychology* (pp. 345-348). Thousand Oaks, CA: Sage.

Fagan, T. K. (in press). Trends in the history of school psychology in the United States. In A. Thomas & J. Grimes (Eds.), *Best practices in school psychology V* Bethesda, MD: National Association of School Psychologists.

Fagan, T. K., & Bischoff, H. (1984). In memoriam: Calvin D. Catterall, 1925- 1984. *Communiqué, 13*(1), 1, 4.

Fagan, T. K., & Delugach, F. J. (1984). Literary origins of the term "school psychologist." *School Psychology Review, 13*, 216-220.

Fagan, T. K., Delugach, F. J., Mellon, M., & Schlitt, P (1985). *A bibliographic guide to the literature of profrssional school psychology 1890-1985.* Washington, DC: National Association of School Psychologists.

Fagan, T. K., Gorin, S., & Tharinger, D. (2000). The National Association of School Psychologists and the Division of School Psychology? APA: Now and beyond. *School Psychology Review, 29*, 525-535.

Fagan, T. K., Hensley, L. T., & Delugach, F. J. (1986). The evolution of organizations for school psychologists in the United States. *School Psychology Review, 15*, 127-135.

Fagan, T. K., & Schicke, M. C. (1994). The service ratio in large school districts: Historical and contemporary perspectives. *Journal of School Psychology, 32*, 305-312.

Fagan, T. K., & Sheridan, S. M. (Guest Eds.). (2000). Miniseries: School psychology in the 21st century. *School Psychology Review, 29*(4).

Fagan, T. K., & Warden, P. G. (Eds.). (1996). *Historical encyclopedia of school psychology.* Westport, CT: Greenwood Press.

Fagan, T. K., & Wells, P. D. (1999). Frances Mullen: Her life and contributions to school psychology. *School Psychology International, 20*, 91-102.

Fagan, T. K., & Wells, P. D. (2000). History and status of school psychology accreditation in the United States. *School Psychology Review, 29*, 28-58.

Fagan, T. K., & Wise, P. S. (1994). *School psychology: Past, present, and future.* White Plains, NY: Longman.

Fagan, T. K., & Wise, P. S. (2000). *School psychology: Past, present, and future* (2nd ed.). Bethesda, MD: National Association of School Psychologists.

Fairchild, T. N. (1975). Accountability: Practical suggestions for school psychologists. *Journal of School Psychology, 13*, 149-159.

Fairchild, T. N., & Seeley, T. J. (1996). Evaluation of school psychological services: A case illustration. *Psychology in the Schools, 33*, 46-55.

Fairchild, T. N., & Zins, J. E. (1992). Accountability practices of school psychologists: 1991 national survey. *School Psychology Review, 21*, 617-627.

Fairchild, T. N., Zins, J. E., & Grimes, J. (1983). *Improving school psychology through accountability* [Filmstrip and manual]. Washington, DC: National Association of School Psychologists.

Family Educational Rights and Privacy Act of 1974, Pub. L. 93-380 (20 U.S.C. and 34 C.F.R.).

Farling, W. H., & Hoedt, K. C. (1971). *National survey of school psychologists*. Washington, DC: National Association of School Psychologists.

Featherstone, H. (1980). *A diffierence in the family: Living with a disabled child*. New York: Penguin.

Feinberg, T, Nujiens, K. L., & Canter A. (2005). Workload vs. caseload: There's more to school psychology than numbers. *Communiqué, 33*(6), 38-39.

Feller, B. (2004, May 30). School counselors stretched too thin. *The Commercial Appeal*, p. A18.

Ferguson, D. G. (1963). *Pupil personnel services*. New York: Center for Applied Research in Education.

Field, A. J. (1976). Educational expansion in mid-nineteenth-century Massachusetts: Human capital formation or structural reinforcement? *Harvard Educational Review, 46*, 521-552.

Fine, M. J. (Ed.). (1991). *Collaboration with parents of exceptional children*. Brandon, VT: Clinical Psychology Publishing.

Finn, C. A., Heath, N. L., Petrakos, H., & McLean-Heywood, D. (2002). A comparison of school service models for children at risk for emotional and behavioural disorders. *Canadian Journal of School Psychology, 17*, 61-68.

Fireoved, R., & Cancelleri, R. (1985). What training programs need to emphasize: Notes from the field. *Trainers' Forum, 5*(1), 1, 4-5.

Fischer, L., & Sorenson, G. P. (1991). *School law for counselors, psychologists, and social workers*. New York: Longman.

Fischetti, B. A., & Crespi, T. D. (1997). Clinical supervision: School psychology at a crossroad. *Communiqué, 25*(6), 18.

Fischetti, B. A., & Crespi, T. D. (1999). Clinical supervision for school psychologists: National practices, trends, and future implications. *School Psychology International, 20*(3), 278-288.

Fish, M. (2002). Best practices in collaborating with parents of children with disabilities. In A. Thomas & J. Grimes (Eds.), *Best practices in school psychology IV* (pp. 363-376). Bethesda, MD: National Association of School Psychologists.

Fish, M. C., & Massey, R. (1991). Systems in school psychology practice: A preliminary investigation. *Journal of School Psychology, 29*, 361-366.

Flanagan, R., Miller, J. A., & Jacob, S. (2005). The 2002 revision of the American Psychological Association's ethics code: Implications for school psychologists. *Psychology in the Schools, 42*, 433-445.

Fly, B. J., van Bark, W. P, Weinman, L., Kitchener, K. S., & Lang, P. R. (1997). Ethical transgressions of psychology graduate students: Critical incidents with implications for training. *Profrssional Psychology: Research and Practice, 28*, 492-495.

Forrest v. Ambach, 436 N.Y.S. 2d 119 (1980); 463 N.Y.S. 2d 84 (1983).

Fournier, C. J., & Perry, J. D. (1998). The report of the U.S. Commission on Child and Family Welfare: Implications for psychologists working with children and families. *Children's Services: Social Policy, Research, and Practice, 2*, 45-56.

Fowler, E., & Harrison, P. L. (2001). Continuing professional development needs and activities of school psychologists. *Psychology in the Schools, 38*, 75-88.

Fox, R. E., Barclay, A. G., & Rodgers, D. A. (1982). The foundations of professional psychology. *American Psychologist, 37*, 306-312.

Frank, G. (1984). The Boulder model: History, rationale, and critique. *Profrssional Psychology: Research and Practice, 15*, 417-435.

French, J. L. (1984). On the conception, birth, and early development of school psychology: With special reference to Pennsylvania. *American Psychologist, 39*, 976-987.

French, J. L. (1986). Books in school psychology: The first forty years. *Profrssional School Psychology, 1*, 267-277.

French, J. L. (1988). Grandmothers I wish I knew: Contributions of women to the history of school psychology. *Profrssional School Psychology, 3*, 51-68.

French, J. L. (1990). History of school psychology. In T. B. Gutkin & C. R. Reynolds (Eds.), *Handbook of school psychology* (pp. 3-20). New York: Wiley.

Frisby, C. L. (1998). Formal communication within school psychology: A 1990-1994 journal citation analysis. *School Psychology Review, 27*, 304-316.

Frisby, C. L., & Reynolds, C. R. (Eds.). (2005). *Comprehensive handbook of multicultural school psychology*. Hoboken, NJ: Wiley.

Fry, M. A. (1986). The connections among educational and psychological research and the practice of school psychology. In S. N. Elliott & J. C. Witt (Eds.), *The delivery of psychological services in schools: Concepts, processes and issues* (pp. 305-327). Hillsdale, NJ: Erlbaum.

Gale, B., & Gale, L. (1989). *Stay or leave*. New York: Harper & Row.

Gallagher, J. J. (Ed.). (1980). *Parents and families of handicapped children* [Special issue]. *New Directions for Exceptional Children*. San Francisco: Jossey-Bass.

Gallagher, J. J., & Vietze, P. M. (Eds.). (1986). *Families of handicapped persons: Research, programs, and policy issues*. Baltimore, MD: Brookes.

Gargiulo, R. M. (1985). *Working with parents of exceptional children: A guide for professionals*. Boston: Houghton Mifffin.

Gelinas, P. J., & Gelinas, R. P. (1968). *A definitive study of your future in school psychology*. New York: Richards Rosen Press.

Georgas, J., Weiss, L. G., van de Vijver, F. J. R., & Saklofske, D. H. (2003). (Eds.). *Culture and children's intelligence: Cross-cultural analysis of the WISC-III*. San Diego, CA: Academic Press.

Gerken, K. C. (1981). The paraprofessional and the school psychologist: Can this be an effective team? *School Psychology Review, 10*, 470-479.

Gerner, M. (1981). The necessity of a teacher background for school psychologists. *Profrssional Psychology, 12*, 216-223.

Gerner, M. (1983). When face validity is only skin deep: Teaching experience and school psychology. *Communiqué, 11*(8), 2.

Gerner, M. (1990). Living and working overseas: School psychologists in American international schools. *School Psychology Quarterly, 20*, 91-102.

Gerner, M., & Genshaft, J. (1981). *Selecting a school psychology training program*, Washington, DC: National Association of School Psychologists.

Gibson, G., & Chard, K. M. (1994). Quantifying the effects of community mental health consultation interventions. *Consulting Psychology Journal: Practice and Research, 46*(4), 13-25.

Gickling, E. E., & Rosenfield, S. (1995). Best practices in curriculum-based assessment. In A. Thomas and J. Grimes (Eds.), *Best practices in school psychology III* (pp. 587-595). Silver Spring, MD: National Association of School Psychologists.

Gilman, R., & Teague, T. L. (2005). School psychologists in non-traditional settings: Alternative roles and functions in psychological service delivery. In R. D. Morgan, T. L. Kuther, & C. J. Habben (Eds.), *Life after graduate school in psychology* (pp. 167-180). Oxford, England: Psychology Press.

Givner, A., & Furlong, M. (2003). Relevance of the combined-integrated model of training to school psychology: The Yeshiva Program. *The School Psychologist, 57*(4), 145-154.

Glasser, W. (1990). *The quality school: Managing schools without coercion*. New York: Harper & Row.

Goddard, H. H. (1914). *The research department: What it is, what it is doing, what it hopes to do*. Vineland, NJ: The Training School.

Goh, D. S. (1977). Graduate training in school psychology. *Journal of School Psychology, 15*, 207-218.

Goldstein, A. P, Harootunian, B., & Conoley, J. C. (1994). *Student aggression: Prevention, management, and replacement training*. New York: Guilford Press.

Goldwasser, E., Meyers, J., Christenson, S., & Graden, J. (1983). The impact of P.L. 94-142 on the practice of school psychology: A national survey. *Psychology in the Schools, 20*, 153-165.

Goodman, M. (1973). Psychological services to schools: Meeting educational needs of tomorrow. *The Canadian Psychologist, 14*, 249-255.

Gopaul-McNicol, S. (1992). Guest editor's comments: Understanding and meeting the psychological and educational needs of African-American and Spanish-speaking students.

School Psychology Review, 21, 529-531.

Gopaul-McNicol, S. A. (1997). A theoretical framework for training monolingual school psychologists to work with multilingual/multicultural children: An exploration of the major competencies. *Psychology in the Schools, 34*, 17-29.

Goslin, D. A. (1965). *The school in contemporary society*. Glenview, IL: Pearson Scott Foresman.

Goslin, D. A. (1969). *Guidelines for the collection, maintenance and dissemination of pupil records*. Troy, NY: Russell Sage Foundation.

Gottsegen, G. B., & Gottsegen, M. B. (1960). *Professional school psychology* (Vol. 1). New York: Grune and Stratton.

Graden, J. L. (1989). Redefining "prereferral" intervention as intervention assistance: Collaboration between general and special education. *Exceptional Children, 56*, 227-231.

Graden, J. L., Casey, A., & Bonstrom, O. (1985). Implementing a prereferral intervention system. Part II: The data. *Exceptional Children, 51*, 487-496.

Graden, J. L., Casey, A., & Christenson, S. L. (1985). Implementing a prereferral intervention system. Part I: The model. *Exceptional Children, 51*, 377-384.

Graden, J., & Curtis, M. (1991). *A demographic profile of school psychology: A report to the Delegate Assembly of the National Association of School Psychologists*. Washington, DC: National Association of School Psychologists.

Gray, S. (1963a). *The internship in school psychology: Proceedings of the Peabody Conference*, March 21-22, 1963. Nashville, TN: George Peabody College for Teachers, Department of Psychology.

Gray, S. W. (1963b). *The psychologist in the schools*. New York: Holt, Rinehart & Winston.

Gredler, G. R. (Ed.). (1972). *Ethical and legal factors in the practice of school psychology: Proceedings of the First Annual Conference in School Psychology*. Philadelphia: Temple University Press.

Gredler, G. R. (1992). [Review of the book *Effective consultation in school psychology*.] *Psychology in the Schools, 29*, 192-195.

Greenough, P, Schwean, V. L., & Saklofske, D. H. (1993). School psychology services in northern Saskatchewan: A collaborative-consultation model. *Canadian Journal of Special Education, 9*, 1-12.

Greenspoon, P. J. (1998). *Toward an integration of subjective well-being and psychopathology*. Unpublished doctoral dissertation, University of Saskatchewan, Saskatoon.

Greer, M. (2005, January). Career center, Postgrad growth area: School psychology. *GradPSYCH, 31*(1), 32-33.

Greif, J. L., & Greif, G. L. (2004). Including fathers in school psychology literature: A review of four school psychology journals. *Psychology in the Schools, 41*, 575-580.

Grimes, J., Kurns, S., & Tilley, D. (2006). Sustainability: An enduring commitment to success. *School Psychology Review, 35*, 224-244.

Grossman, F. (1992). Ethical dilemma: What do you do when your boss asks you to do something you' re not trained for? *Communiqué, 24*(4), 18.

Guadalupe Organizations, Inc. v. Tempe Elementary School District No. 3, Civ. No.71-435 (D. Ariz. 1972).

Gutkin, T. B., & Curtis, M. J. (1990). School-based consultation: Theory, techniques, and research. In T. B. Gutkin & C. R. Reynolds (Eds.), *Handbook of school psychology* (pp. 577-611). New York: Wiley.

Gutkin, T. B., & Curtis, M. J. (1999). School-based consultation theory and practice: The art and science of indirect service delivery. In C. R. Reynolds & T. B. Gutkin (Eds.), *Handbook of school psychology* (3rd ed., pp. 598-637). New York: Wiley.

Gutkin, T. B., & Reynolds, C. R. (Eds.). (1990). The *handbook of school psychology*. New York: Wiley.

Hagemeier, C., Bischoff, L., Jacobs, J., & Osmon, W. (1998, April). *Role perceptions of the school psychologist by school personnel*. Poster session presented at the annual meeting of the National Association of School Psychologists.

Haggan, D., & Dunham, M. (2002, Summer). Non-doctoral respecialization as a school psychologist. *Trainers' Forum, 21*(4), 5-6, 11.

Hagin, R. A. (1993). Contributions of women in school psychology: The Thayer report and thereafter. *Journal of School Psychology, 31*, 123-141.

Hall, G. S. (1911). *Educational Problems* (Vols. 1-2). New York: D. Appleton. Hall, J. D., Howerton, D. L., & Bolin, A. U. (2005). The use of testing technicians: Critical issues for professional psychology *International Journal of Testing, 5*(4), 357-375.

Hall, J. E., & Lunt, I. (2005). Global mobility for psychologists: The role of psychology organizations in the United States, Canada, Europe, and other regions. *American Psychologist, 60*(7), 712-726.

Hamovitch, G. (1995). Submission to the chair and members of the Education and Finance Committee of an Ontario Board of Education. *Canadian Journal of School Psychology, 11*, 96-98.

Hann, G. S. (2001). School psychology in Nova Scotia. *Canadian Journal of School Psychology, 16*(2), 19-24.

Happe, D. (1990). Best practices in identifying community resources. In A. Thomas & J. Grimes (Eds.), *Best practices in school psychology II* (pp. 1009-1047). Silver Spring, MD: National Association of School Psychologists.

Harrington, R. G. (1985). Best practices in facilitating organizational change in the schools. In A. Thomas & J. Grimes (Eds.), *Best practices in school psychology* (pp. 193-206). Kent, OH: National Association of School Psychologists.

Harris, J. D., Gray, B. A., Rees-McGee, S., Carroll, J. L., & Zaremba, E. T. (1987). Referrals to school psychologists: A national survey. *Journal of School Psychology, 25*, 343-354.

Harrison, P. L. (2000). *School Psychology Review*: Ending the 20th century and looking ahead to the future. *School Psychology Review, 29*, 473-482.

Harrison, P. L., & McCloskey, G. (1989). School psychology applied to business. In R. C. D'Amato & R. S. Dean (Eds.), *The school psychologist in nontraditional settings: Integrating clients, services, and settings* (pp. 107-137). Hillsdale, NJ: Erlbaum.

Hart, S. (1991). From property to person status: Historical perspective on children's rights. *American Psychologist, 46*, 53-59.

Harvey, V. S. (2005). *Hybrid School Psychology Programs: Online and Web-supported on-campus courses.* Paper presented at the annual convention of the National Association of School Psychologists, Atlanta, GA.

Harvey, V. S., & Carlson, J. F. (2003). Ethical and professional issues with computer-related technology. *School Psychology Review, 32*, 92-107.

Hass, M., & Qsborn, J. (2002). Using a formative program portfolio to enhance graduate school psychology programs. *The California School Psychologist, 7*, 75-84.

Hatch, N. O. (1988). Introduction: The professions in a democratic culture. In N. O. Hatch (Ed.), *The professions in American history* (pp. 1-13). Notre Dame, IN: University of Notre Dame Press.

Havey, M. (1999). School psychologists' involvement in special education due process hearings. *Psychology in the Schools, 36*, 117-123.

Hayes, M. E., & Clair, T. N. (1978). School psychology: Why is the profession dying? *Psychology in the Schools, 15*, 5 18-521.

Helton, G. B., & Ray, B. A. (2005). Strategies school practitioners report they would use to resist pressures to practice unethically. *Journal of Applied School Psychology, 22*(1), 45-67.

Henning-Stout, M. (1992). *Practitioners describe the gender climates of their workplaces: Graduates of an MS. program.* Paper presented at the annual meeting of the National Association of School Psychologists, Nashville, TN.

Hermann, D. L., & Kush, J. C. (1995, Spring). Survey of projective assessment training practices in school psychology graduate programs. *Insight, 15*(3), 15-16.

Herron, W. G., Herron, M. J., & Handron, J. (1984). *Contemporary school psychology: Handbook of practice, theory, and research.* Cranston, RI: Carroll Press.

Hershey, J. M., Kopplin, D. A., & Cornell, J. E. (1991). Doctors of psychology: Their career experiences and attitudes toward degree and training. *Professional Psychology: Research and Practice, 22*, 351-356.

Hildreth, G. H. (1930). *Psychological service for school problems.* Yonkers-on-Hudson, NY: World Book.

Hill, J. G., & Johnson, F. (2005). *Revenues and expenditures for public elementary and secondary education: School year 2002-03 (NCES 2005-353).* Washington, DC: U.S. Department of Education, National Center for Education Statistics.

Hintze, J. M., & Shapiro, E. S. (1995). Best practices in the systematic observation of classroom behavior. In A. Thomas and J. Grimes (Eds.), *Best Practices in School Psychology III* (pp. 651-660). Washington, DC: National Association of School Psychologists.

Hirsch, B. Z. (1979). Is school psychology doomed? *The School Psychologist, 33*(4), 1.

Hirst, W. E. (1963). *Know your school psychologist.* New York: Grune & Stratton.

Hoagwood, K., & Erwin, H. D. (1997). Effectiveness of school-based mental health services for children: A 10-year research review. *Journal of Child and Family Studies, 6*(4),

435-451.

Hobson v. Hansen, 269 F. Supp. 401, 514 (D.D.C. 1967), *aff 'd. sub nom, Smuck v. Hobson*, 408 F.2d 175 (D.C. Cir. 1969).

Hogan, D. B. (1983). The effectiveness of licensing: History, evidence, and recommendations. *Law and Human Behavior,* 7(2/3), 117-138.

Hollingworth, L. S. (1918). Tentative suggestions for the certification of practicing psychologists. *Journal of Applied Psychology, 2,* 280-284.

Hollingworth, L. S. (1933). Psychological service for public schools. *Teachers College Record, 34,* 368-379.

Holmes, B. J. (1986, December). *Task force on school psychology report.* Paper submitted to the British Columbia Psychological Association, Vancouver, BC, Canada.

Holmes, B. (1993). Issues in training and credentialing in school psychology. In K. S. Dobson & D. J. G. Dobson (Eds.), *Profrssional psychology in Canada* (pp. 123-146). Toronto: Hogrefe & Huber.

Hosp, J. L., & Reschly, D. J. (2002). Regional differences in school psychology practice. *School Psychology Review, 31,* 11-29.

House, A. E. (2002). *DSM-IV diagnosis in the schools.* New York: Guilford Press.

Hu, S., & Oakland, T. (1991). Global and regional perspective on testing children and youth: An international survey. *International Journal of Psychology, 26*(3), 329-344.

Hubbard, D. D., & Adams, J. (2002). Best practices in facilitating meaningfiul family involvement in educational decision making. In A. Thomas & J. Grimes (Eds.). *Best practices in school psychology IV* (pp. 377-387). Bethesda, MD: National Association of School Psychologists.

Huebner, E. S. (1992). Burnout among school psychologists: An exploratory investigation into its nature, extent, and correlates. *School Psychology Quarterly, 7,* 129-136.

Huebner, E. S., & Hahn, B. M. (1990). Best practices in coordinating multidisciplinary teams. In A. Thomas & J. Grimes (Eds.), *Best practices in school psychology II* (pp. 193-206). Silver Spring, MD: National Association of School Psychologists.

Huebner, E. S., & Mills, L. B. (1998). A prospective study of personality characteristics, occupational stressors, and burnout among school psychology practitioners. *Journal of School Psychology, 36,* 103-120.

Huerta, L.A., d' Entremont, C., & Gonzalez, M. (2006). Cyber charter schools: Can accountability keep pace with innovation? *Phi Delta Kappan, 88*(1), 23-30.

Hughes, J. N. (1979). Consistency of administrators' and psychologists' actual and ideal perceptions of school psychologists' activities. *Psychology in the Schools, 16,* 234-239.

Hughes, J. N. (1986). Ethical issues in school consultation. *School Psychology Review, 15,* 489-499.

Hughes, J. N. (1996). Guilty as charged: Division 16 represents the specialty of doctoral school psychology. *Communiqué, 25*(1), 8, 10.

Hummel, D. L., & Humes, D. W. (1984). *Pupil services: Development, coordination, and administration.* New York: Macmillan.

Humphreys, K., Winzelberg, A., & Maw, E. (2000). Psychologists' ethical responsibilities in Internet-based groups: Issues, strategies, and a call for dialogue. *Professional Psychology: Research and Practice, 31*(5), 493-496.

Hunley, S. A, & Curtis, M. J. (1998). The changing face of school psychology: Demographic trends, 1990-1995. *Communiqué, 27*(1), 16.

Hunley, S., Harvey, V., Curtis, M., Portnoy, L., Grier, E. C., & Helffrich, D. (2000, June). School psychology supervisors: A national study of demographics and professional practices. *Communiqué, 28*(8), 32-33.

Hutt, R. B. W. (1923). The school psychologist. *The Psychological Clinic, 15*, 48-51.

Hyman, I., Bilker, S., Freidman, M., Marino, M., & Roessner, P. (1973, November). National survey of school psychologists: Salaries, contracts, professional issues and practices. *The School Psychologist, 28*(2), 14-19.

Hyman, I., Flynn, A., Kowalcyk, R., & Marcus, M. (1998, April). *The status of school psychology trainers with regard to licensing and ABPP.* Paper presented at the meeting of Trainers of School Psychologists, Orlando, FL.

Hyman, I., Friel, P., & Parsons, R. (1975). Summary of a national survey on collective bargaining, salaries, and professional problems of school psychologists. *Communiqué 4*(3), 1-2.

Hynd, G. W., Cannon, S. B., & Haussmann, S. E. (1983). The exceptional child. In G. W. Hynd (Ed.), *The school psychologist: An introduction* (pp. 121-144). Syracuse, NY: Syracuse University Press.

Icove, M. S., & Palomares, R. S. (2003). HIPAA, psychologists and schools. *The School Psychologist, 57*(2), 54.

Illback, R. J. (1992). Organizational influences on the practice of psychology in the schools. In F. J. Medway & T. P. Cafferty (Eds.), *School psychology: A social psychological perspective* (pp. 165-191). Hillsdale, NJ: Erlbaum.

Illback, R. J., Zins, J. E., & Maher, C. A. (1999). Program planning and evaluation: Principles, procedures, and planned change. In C. R. Reynolds & T. B. Gutkin (Eds.), *The handbook of school psychology* (3rd ed., pp. 907-932). New York: Wiley.

Individuals with Disabilities Education Act of 1997, Pub. L. 105-117.

Individuals with Disabilities Education Improvement Act of 2004, Pub. L. 108-446., 118 Stat. 2647 (2006).

Instituto Nacional de Estadistica Geografia e Informatica [National Institute for Geographic Statistics and Information]. (2006). Mexico. Retrieved at http://www.inegi.gob.mx/inegi/default.asp

International Union of Life Insurance Agents. (1983). *Our Voice*, 47(8), 1.

Iowa School Psychologists Association (1983, June 25). *Provision of school psychological services in the private sector.* Unpublished paper.

Itkin, W. (1966). The school psychologist and his training. *Psychology in the Schools, 3*, 348-354.

Jackson, J. H. (1990). School psychology after the 1980s: Envisioning a possible future. In

T. B. Gutkin & C. R. Reynolds (Eds.), *The handbook of school psychology* (pp. 40-50). New York: Wiley.

Jackson, J. H. (1992). Trials, tribulations, and triumphs of minorities in psychology: Reflections at century's end. *Professional Psychology: Research and Practice, 23*, 80-86.

Jacob, S., & Hartshorne, T. S. (2007). *Ethics and law for school psychologists* (5th ed.). Hoboken, NJ: Wiley.

Jacob-Timm, S. (1999). Ethically challenging situations encountered by school psychologists. *Psychology in the Schools, 36*, 205-217.

Jacobsen, R. L. (1980, June 16). The great accreditation debate: What role for the government? *The Chronicle of Higher Education, 20*(16), 1.

Jann, R. J. (1991). Research indicates employers pressure members to act unethically. *Communiqué, 20*(4), 11-12.

Janzen, H. L. (1976). Psychology in the schools in English speaking Canada. In C. D. Catterall (Ed.), *Psychology in the schools in international perspective* (Vol. 1, pp. 163-183). Columbus, OH: Author.

Janzen, H. L. (1980, June). Psychological services to schools: Meeting educational and psychological needs of tomorrow. *The Alberta School Psychologist, 1*, 1.

Janzen, H. L., & Carter, S. (2001). State of the art of school psychology in Alberta. *Canadian Journal of School Psychology, 16*, 79-84.

Jay, B. (1989, January). Managing a crisis in the schools. *National Association of Secondary School Principals Bulletin, 3*, 14-17.

Jimerson, S. R., Graydon, K., Farrell, P, Kikas, E., Hatzichristou, C., Boce, E., et al. (2004). The international school psychology survey: Development and data from Albania, Cyprus, Estonia, Greece, and Northern England. *School Psychology International, 25*(3), 259-286.

Jimerson, S. R., Oakland, T. D., & Farrell, P. T. (Eds.). (2006). *The handbook of international school psychology*. Thousand Oaks, CA: Sage.

Jobin, H. (1995). Deputation to the trustees of an Ontario board of education. *Canadian Journal of School Psychology, 11*, 99-100.

Johnson, D. B., Malone, P. J., & Hightower, A. D. (1997). Barriers to primary prevention efforts in the schools: Are we the biggest obstacle to the transfer of knowledge? *Applied and Preventive Psychology, 6*, 81-90.

Johnson, P. M., Lubker, B. B., & Fowler, M. G. (1988). Teacher needs assessment for the educational management of children with chronic illnesses. *Journal of School Health, 58*, 232-235.

Johnson, W. B., & Campbell, C. D. (2004). Character and fitness requirements for professional psychologists: Training directors' perspectives. *Professional Psychology: Research and Practice, 35*(4), 405-411.

Joint Committee on Internships for the Council of Directors of School Psychology Programs; APA Division of School Psychology and the National Association of School Psychologists. (2006). *Directory of internships for doctoral students in school psychology*.

(Available from Dr. James DiPerna, 125 Cedar Bldg., Pennsylvania State University, University Park, PA 16802.)

Jordan, K. F., & Lyons, T. S. (1992). *Financing public education in an era of change.* Bloomington, IN: Phi Delta Kappa Education Foundation.

Kaplan, M. S., & Kaplan, H. E. (1985). School psychology: Its educational and societal connections. *Journal of School Psychology, 23*, 319-325.

Kaser, R. (1993). A change in focus ... without losing sight of the child. *School psychology International, 14*, 5-19.

Kaufman, F., & Smith, T. (1998, June). *The roles andfunction of Canadian psychological service providers.* Poster session presented at the annual meeting of the Canadian Psychological Association, Edmonton, Alberta, Canada.

Keating, A. C. (1962). A counselling psychologist in an Ontario junior high school. *Canadian Psychologist, 3*, 14-17.

Kehle, T. J., Clark, E., & Jenson, W. R. (1993). The development of testing as applied to school psychology. *Journal of School Psychology, 31*, 143-161.

Keilin, W. G. (1998). Internship selection 30 years later: An overview of the APPIC matching program. *Professional Psychology: Research and Practice, 29*(6), 599-603.

Kikas, E. (2003). Pupils as consumers of school psychological services. *School Psychology International, 24*(1), 20-32.

Kimball, P, & Bansilal, S. (1998, December). School psychologists and due process hearings. *VASP Bulletin, 26*(3), 5-7.

King, C. R. (1993). *Children' c health in America: A history.* New York: Twayne.

Kirby, J. L., & Keon, W. J. (November, 2004). *Mental health, mental illness and addiction; issues and options for Canada: Report 3.* Interim report of the Standing Senate Committee on Social Affairs, Science and Technology, Government of Canada.

Knapp, S. J., Vandecreek, L., & Zirkel, P A. (1985). Legal research techniques: What the psychologist needs to know. *Professional Psychology: Research and Practice, 16*, 363-372.

Knoff, H. M., Curtis, M. J., & Batsche, G. M. (1997). The future of school psychology: Perspectives on effective training. *School Psychology Review, 26*, 93-103.

Knoff, H. M., McKenna, A. F., & Riser, K. (1991). Toward a consultant effectiveness scale: Investigating the characteristics of effective consultants. *School Psychology Review, 20*, 8 1-96.

Knoff, H., & Prout, H. (1985). Terminating students from professional psychology programs: Criteria, procedures, and legal issues. *Professional Psychology: Research and Practice, 16*, 789-797.

Koocher, G. P, & Keith-Spiegel, P. (1998). *Ethics in psychology.* New York: Oxford.

Korman, M. (1974). National Conference on Levels and Patterns of Professional Training in Psychology. *American Psychologist, 29*, 441-449.

Kratochwill, T. R., Elliott, S. N., & Callan-Stoiber, K. (2002). Best practices in school-based problem-solving consultation. In A. Thomas & J. Grimes (Eds.), *Best practices in school psychology IV* (pp. 583-608). Bethesda, MD: National Association of School Psychologists.

Kratochwill, T., Elliot, S., & Carrington-Rotto, P. (1995). School-based behavioral consultation. In A. Thomas & J. Grimes (Eds.), *Best practices in school psychology III* (pp. 519-538). Washington, DC: National Association of School Psychologists.

Kratochwill, T. R., Shernoff, E. S., & Sanetti, L. (2004). Promotion of academic careers in school psychology: A conceptual framework of impact points, recommendations, strategies, and hopeful outcomes. *School Psychology Quarterly, 19,* 342-364.

Kraus, T., & Mcloughlin, C. S. (1997). An essential library in school psychology. *School Psychology International, 18,* 343-349.

Kruger, L., Bennett, J., & Farkis, J. (2006). Developing leadership skills in school psychology graduate students. Poster presentation at the annual convention of the National Association of School Psychologists, Anaheim, CA.

Kubiszyn, T., Brown, R., Landau, S., DeMers, S., & Reynolds, C. (1992, August). *APA Division 16 Task Force preliminary report: Psychopharmacology in the schools.* Washington, DC: American Psychological Association, Division of School Psychology.

LaCayo, N., Sherwood, G., & Morris, J. (1981). Daily activities of school psychologists: A national survey. *Psychology in the Schools, 18,* 184-190.

Lamb, D. H., Cochran, D. J., &Jackson, V. R. (1991). Training and organizational issues associated with identifying and responding to intern impairment. *Professional Psychology: Research and Practice, 22,* 291-296.

Lambert, N. M. (1981). School psychology training for the decades ahead, or rivers, streams and creeks: Currents and tributaries to the sea. *School Psychology Review, 10,* 194-205.

Lambert, N. M. (1993). Historical perspective on school psychology as a scientist-practitioner specialization in school psychology. *Journal of School Psychology, 31,* 163-193.

Lambert, N. M. (1998). *School psychology: The whole is more than the sum of its parts.* Paper presented at the annual meeting of the National Association of School Psychologists, Orlando, FL.

Larry P. v. Riles, 343 F. Supp. 1306 (N.D. Cal. 1972); *aff d.,* 502 F. 2d 963 (9th Cir. 191/ 4); 495 F. Supp. 926 (N.D. Cal. 1979); *aff d.,* 793 F.2d 969 (9th Cir. 1984).

Lawrence, E. C., & Heller, M. B. (2001). Parent-school collaboration: The utility of a competence lens. *Canadian Journal of School Psychology, 17,* 5-15.

Lecavalier, L., Tassé, M. J., & Levesque, S. (2001). Assessment of mental retardation by school psychologists. *Canadian Journal of School Psychology, 17,* 97-107.

Lee, S. W. (Ed.). (2005). *Encyclopedia of school psychology.* Thousand Oaks, CA: Sage.

Levinson, E. M., Fetchkan, R., & Hohenshil, T. H. (1988). Job satisfaction among practicing school psychologists revisited. *School Psychology Review, 17,* 101-112.

Lichtenstein, R., & Fischetti, B. A. (1998). How long does a psychoeducational evaluation take? An urban Connecticut study. *Professional Psychology.' Research and Practice, 29,* 144-148.

Lighthall, F. F. (1963). School psychology: An alien guild. *Elementary School Journal, 63,* 361-374.

Little, S. G. (1997). Graduate education of the top contributors to the school psychology literature: 1987-1995. *School Psychology International, 18,* 15-27.

Little, S. G., Akin-Little, K. A., & Tingstrom, D. H. (2004). An analysis of school psychology faculty by graduating university. *School Psychology Quarterly, 19,* 299-310.

Little, S. G., Lee, H. B., & Akin-Little, A. (2003). Education in statistics and research design in school psychology. *School Psychology International, 24*(4), 437-448.

Loe, S. A., & Miranda, A. H. (2005). An examination of ethnic incongruence in school-based psychological services and diversity-training experiences among school psychologists. *Psychology in the Schools, 42,* 419-432.

Logsdon-Conradsen, S., Sin, K., Battle, J., Stapel, J., Anderson, P, Ventura-Cook, E., et al. (2001). Formalized postdoctoral fellowships: A national survey of postdoctoral fellows. *Profrssional Psychology: Research and Practice, 32*(3), 312-318.

Luckey, B. M. (1951, May). Duties of the school psychologist: Past, present, and future. *Division of School Psychologists Newsletter,* 4-10.

Lund, A. R., Reschly, D. J., & Connolly Martin, L. M. (1998). School psychology personnel needs: Correlates of current patterns and historical trends. *School Psychology Review, 27,* 106-120.

Lupart, J. L., Goddard, T., Hebert, Y., Jacobsen, M., & Timmons, V. (2001). *Students at risk in Canadian schools and communities.* Hull, Quebec: HRDC Publications Centre.

MacLeod, R. B. (1955). *Psychology in Canadian universities and colleges.* Ottawa, Ontario, Canada: Canadian Social Science Research Council.

Magary, J. F. (1966). A school psychologist is ... *Psychology in the Schools, 3,* 340-341.

Magary, J. F. (1967a). Emerging viewpoints in school psychological services. In J. F. Magary (Ed.), *School psychological services in theory and practice: A handbook* (pp. 671-755). Englewood Cliffs, NJ: Prentice Hall.

Magary, J. F. (Ed.). (196Th). *School psychological services in theory and practice: A handbook.* Englewood Cliffs, NJ: Prentice Hall.

Maher, C. A., & Greenberg, R. E. (1988). The school psychologist in business and industry. *School Psychology Review, 17,* 440-446.

Maher, C. A., Illback, R. J., & Zins, J. E. (Eds.). (1984). *Organizational psychology in the schools: A handbook for practitioners.* Springfield, IL: Charles C. Thomas.

Maher, C. A., & Zins, J. E. (1987). *Psychoeducational interventions in the schools: Methods and procedures for enhancing student competence.* New York: Pergamon Press.

Maier, H. W. (1969). *Three theories of child development.* New York: Harper & Row.

Marshall et al. v. Georgia. U.S. District Court for the Southern District of Georgia, CV482-233, June 28, 1984; *aff d* (11th Cm. no. 84-8771, October 29, 1985).

Martens, B. K., & Keller, H. R. (1987). Training school psychologists in the scientific tradition. *School Psychology Review, 16,* 329-337.

Martens, E. H. (1939). *Clinical organization for child guidance within the schools* (Office of Education Bulletin No. 15). Washington, DC: Government Printing Office.

Martin, R. (1978). Expert and referent power: A framework for understanding and maximizing consultation effectiveness. *Journal of School Psychology, 16*, 49-55.

Martin, R. P. (1983). Consultation in the schools. In G. Hynd (Ed.), *The school psychologist: An introduction* (pp. 269-292). Syracuse, NY: Syracuse University Press.

Martin, R. (2001). Educational psychology in Newfoundland and Labrador: A thirty year history. *Canadian Journal of School Psychology, 16*, 5-17.

Martin, S. (2005). Healthy kids make better students. *Monitor on Psychology, 36*(9), 24-26.

Marzano, R. J., (2003). *What works in schools: Translating research into action*. Alexandria, VA: Association for Supervision and Curriculum Development.

Mash, E. J., & Dozois, J. A. (1999). Theory and research in the study of childhood exceptionalities. In V. L. Schwean & D. H. Saklofske (Eds.), *Handbook of psychosocial characteristics of exceptional children* (pp. 3-39). New York: Kluwer Academic/Plenum Publishers.

Maslach, C. (1976, September). Burned-out. *Human Behavior*, 16-22.

Maslach, C. M., & Jackson, S. E. (1986). *Maslach Burnout Inventory* (2nd ed.). Palo Alto, CA: Consulting Psychologists Press.

Matines, D. (2004). A quantitative coding system for evaluating the effects of multicultural training in schools using the consultation model. *Trainer' s Forum, 23* (4, Summer), 10-12.

Mattie T v. Holladay (D.C. 75 31 5, N.D. Miss. 1979).

May, J. V. (1976). *Professionals and clients: A constitutional struggle*. Beverly Hills, CA: Sage.

McCarney, S. B., Wunderlich, K. C., & Bauer, A. M. (1993). *The pre-referral intervention manual* (2nd ed.). Columbia, MO: Hawthorne Educational Services.

McDaid, J. L., & Reifman, A. (1996, November). What school psychologists do: Time study of psychologists' services in San Diego. *Communiqué, 25*(3), 8, 10.

McGuire, P. A. (1998). The freedom to move from state to state. *APA Monitor, 29*(8), 27.

McIntosh, David E. (Ed.). (2004). Addressing the shortage of school psychologists [Special issue]. *Psychology in the Schools*, 41(4).

McKee, W. T. (1996). Legislation, certification, and licensing of school psychologists. *Canadian Journal of School Psychology, 12*, 103-114.

McKinley, D. L., & Hayes, M. (1987). Moving ahead in professional psychology. *The Counseling Psychologist, 15*, 261-266.

McLaughlin, M., Vogt, M. E., Anderson, J. A., DuMez, J., Peter, M. G., & Hunter, A. (1998). *Portfolio models across the teaching profession*. Norwood, MA: Christopher-Gordon.

Mcloughlin, C. S., Leless, D. B., & Thomas, A. (1998). The school psychologist in Ohio: Additional results from OSPA' s 1997 omnibus survey. *The Ohio School Psychologist, 43*(3), 3-5.

McManus, J. L. (1986). Student paraprofessionals in school psychology: Practices and possibilities. *School Psychology Review, 15*, 9-23.

McMaster, M. D., Reschly, D. J., & Peters, J. M. (1989). *Directory of school psychology graduate programs.* Washington, DC: National Association of School Psychologists.

McMinn, M. R., Buchanan, T., Ellens, B. M., & Ryan, M. K. (1999). Technology, professional practice, and ethics: Survey findings and implications. *Professional Psychology: Research and Practice, 30,* 165-172.

McMurray, J. G. (1967). Two decades of school psychology: Past and future. *Canadian Psychologist, 8,* 207-217.

McReynolds, P. (1997). *Lightner Witmer: His life and times.* Washington, DC: American Psychological Association.

Medway, F. J. (1996) Turning imperfection into perfection: Some advice for making psychology indispensable in the schools. In R. C. Talley, I Kubiszyn, M. Brassard, & R. J. Short (Eds.), *Making psychologists in schools indispensable: Critical questions and emerging perspectives* (pp. 111-116). Washington, DC: American Psychological Association.

Medway, F. J., & Cafferty, T. P (Eds.). (1992). *School psychology: A social psychological perspective.* Hillsdale, NJ: Erlbaum.

Merrell, K. W., Ervin, R. A., & Gimpel, G. A. (2006). *School psychology for the 21st century: Foundations and practices.* New York: Guilford Press.

Meyers, J., Alpert, J. L., & Fleisher, B. D. (1983). *Training in consultation: Perspectives from mental health, behavioral and organizational consultation.* Springfield, IL: Charles C. Thomas.

Miller, C. D., Witt, J. C., & Finley, J. L. (1981). School psychologists' perceptions of their work: Satisfactions and dissatisfactions in the United States. *School Psychology International, 2*(2), 1-3.

Miller, D. C. (2001). The shortage of school psychologists: Issues and actions. *Communiqué 30*(1), 34, 36-38.

Miller, D. C. (2007). School Psychology Training Programs in the United States and Canada. Unpublished Paper Posted on the Internet, May 31, 2007.

Miller, D. C., & Masten, W. (2000). *Trainers of school psychologists survey.* Unpublished study.

Miller, D. C., & Palomares, R. S. (2000). Growth in school psychology: A necessary blueprint. *Communiqué, 28*(6), 1, 6-7.

Millman, J. (Ed.). (1981). *Handbook of teacher evaluation.* Beverly Hills, CA: Sage. *Mills v. Board of Education of the District of Columbia,* 348 F. Supp. 866(1972); *contempt proceedings,* EHLE 551:643 (D.D.C. 1980).

Minke, K. M., & Brown, D. T. (1996). Preparing psychologists to work with children: A comparison of curricula in child-clinical and school psychology programs. *Professional Psychology: Research and Practice, 27,* 631-634.

Miranda, A. H., & Gutter, P B. (2002). Diversity research literature in school psychology. *Psychology in the Schools, 39,* 597-604.

Monroe. V. (1979). Roles and status of school psychology. In G. Phye & D. Reschly (Eds.),

School psychology: Perspectives and issues (pp. 25-47). New York: Academic Press.

Moore, M. I, Strang, E. W., Schwartz, M., & Braddock, M. (1988). *Patterns in special education service delivery and cost.* Washington, DC: Decision Resources Corporation.

Mordock, J. B. (1988). The school psychologist working in residential and day treatment centers. *School Psychology Review, 17,* 421-428.

Morgan, E. M. (1998). *A complete guide to the advanced study in and profrssion of school psychology.* Delaware, OH: Author.

Morris, R. J., & Morris, Y. P (1989). School psychology in residential treatment facilities. In R. C. D' Amato & R. S. Dean (Eds.), *The school psychologist in nontraditional settings: Integrating clients, services, and settings* (pp. 159-183). Hillsdale, NJ: Erlbaum.

Morrow, W. R. (1946). The development of psychological internship training. *Journal of Consulting Psychology, 10,* 165-183.

Moss, J. A., & Wilson, M. S. (1998). School psychology services preferred by principals. *GASP Today, 48*(1), 15-17.

Mpofu, E., Zindi, F., Oakland, I, & Peresuh, M. (1997). School psychology practices in East and Southern Africa: Special educators' perspectives. *The Journal of Special Education, 31,* 387-402.

Mullen, F. A. (1967). The role of the school psychologist in the urban school system. In J. F. Magary (Ed.), *School psychological services in theory and practice: A handbook* (pp. 30-67). Englewood Cliffs, NJ: Prentice Hall.

Mullen, F. A. (1981). School psychology in the USA: Reminiscences of its origin. *Journal of School Psychology, 19,* 103-119.

Munsterberg, H. (1898). Psychology and education. *EducationalReview, 16,* 105-132.

Mureika, J. M. K. (2007). School psychology: The new kid on the CPA block. *Psynopsis, 29*(1), 3.

Mureika, J. M. K., Falconer, R. D., & Howard, B. M. (2004, Spring). The changing role of the school psychologist: From tester to collaborator. *Canadian Association of School Psychologists/Canadian Psychological Association Joint Newsletter.*

Mureika, J. M. K., French, F., & Service, J. (2002a). Enhancing the experience of children and youth in today' s schools: The role of psychology in Canadian Schools. Position paper prepared for the Canadian Psychological Association. Retrieved from http://www.cap.ca/documents/sehool%5F2.pdf

Mureika, J. M. K., French, F., & Service J. (2002b). Enhancing the experience of children and youth in today' s schools: The contribution of the school psychologist. Position paper prepared for the Canadian Psychological Association. Retrieved from http://www.cap.ca/documents/school%5F2.pdf

Murphy, M. J., Levant, R. F., Hall, J. E., & Glueckauf, R. L. (2007). Distance education in professional training in psychology. *Professional Psychology: Research and Practice, 38*(1), 97-103.

Murray, B. (1995). APA recognizes areas of expertise in practice. *APA Monitor, 26*(4), 45.

Murray, B. (1998, December). The authorship dilemma: Who gets credit for what? *APA*

Monitor, 29(12), 1.

Murray, J. (1985). Best practices in working with families of handicapped children. In A. Thomas & J. Grimes (Eds.), *Best practices in school psychology* (pp. 321-330). Kent, OH: National Association of School Psychologists.

Mussell, B., Cardiff, K., & White, J. (2004). *The mental health and well-being of aboriginal children and youth: Guidance for new approaches and services.* Report prepared for the British Columbia Ministry of Children and Family Development, British Columbia, Canada.

Myers, R. (1958). Professional psychology in Canada. *Canadian Psychologist, 7,* 27-36.

Mykota D., & Schwean, V. L. (2006). Moderator factors in First Nations students at risk for psychosocial problems. *Canadian Journal of School Psychology, 21,* 4-17. Nagle, R. J., & Medway, F. J. (Guest Eds.). (1982). Psychological services in the high school. *School Psychology Review, 11,* 357-416.

Nagle, R. J., Suldo, S. M., Christenson, S. L., & Hansen, A. L. (2004). Graduate students' perspectives of academic positions in school psychology. *School Psychology Quarterly, 19,* 311-326.

Napoli, D. S. (1981). *Architects of adjustment: The history of the psychologicalprofrssion in the United States.* Port Washington, NY: Kennikat.

NASP adopts position on testing and strikes. (1973). *Communiqué, 1*(3), 1.

Nastasi, B. K. (2004). Meeting the challenges of the future: Integrating public health and public education for mental health promotion. *Journal of Educational and Psychological Consultation, 15*(3/4), 295-312.

National Association of School Psychologists. (1972). *Guidelines for training programs in school psychology.* Washington, DC: Author.

National Association of School Psychologists. (1973). *Competency continuum for school psychologists and support personnel.* Washington, DC: Author.

National Association of School Psychologists. (1974). *Principles for profrssional ethics.* Washington, DC: Author.

National Association of School Psychologists. (1984a). *Principles for professional ethics.* Washington, DC: Author.

National Association of School Psychologists. (1984b). *Standards for the provision of school psychological services.* Washington, DC: Author.

National Association of School Psychologists. (1989). *Membership directory.* Washington, DC: Author.

National Association of School Psychologists. (2000a). *Principles for professional ethics.* Bethesda, MD: Author. See also *School Psychology Review, 29,* 616-629.

National Association of School Psychologists. (2000b). *Guidelines for the provision of school psychological services.* Bethesda, MD: Author. See also *School Psychology Review, 29,* 630-638.

National Association of School Psychologists. (2000c). *Standards for training and field placement programs in school psychology.* Bethesda, MD: Author.

National Association of School Psychologists. (2000d). *Standards for credentialing of school psychologists*. Bethesda, MD: Author.

National Association of School Psychologists, Multicultural Affairs Committee. (1998). *Directory of bilingual school psychologists*. Bethesda, MD: Author.

National Association of State Consultants for School Psychological Services. (1987, August). Committee report on personnel shortages in school psychology. Available from NASP, Bethesda, MD.

National Council for Accreditation of Teacher Education. (2002). *NCATE Unit Standards*. Washington, DC: Author.

National School Psychology Inservice Training Network. (1984). *School psychology. A blueprint for training and practice*. Minneapolis, MN: Author.

Neisser, U. (1981). Obituary: James J. Gibson (1904-1979). *American Psychologist, 36*, 214-215.

Nelson, J. R., Peterson, L., & Strader, H. (1997). The use of school psychological services by charter schools. *Communiqué, 26*(1), 12.

Neudorf, J. (1989). *The role and tasks of educational psychologists in Saskatchewan*. Unpublished master's thesis, University of Regina, Saskatchewan, Canada.

New Brunswick Department of Education. (2001). *Keeping our schools safe: A protocol for violence prevention and crisis response in New Brunswick Schools*. Fredericton, New Brunswick, Canada: Author.

New Brunswick Department of Education. (2004). *Meeting behavioural challenges*. Fredericton, New Brunswick, Canada: Author.

New Brunswick Department of Education & Canadian Psychological Association. (2001). *Guidelines for professional practice for school psychologists*. Fredericton, New Brunswick, Canada: Department of Education.

New Brunswick Department of Education & Canadian Psychological Association. (2004). *Guidelines for referrals for school psychological consultation*. Fredericton, New Brunswick, Canada: Department of Education.

New Jersey Coalition of Child Study Teams. (2002) Position statement on roles and functions of child study team members. *New Jersey School Psychologist, 24*(8), 9-10.

New York State Association for Applied Psychology Special Committee on School Psychologists. (1943). Report on the functions, training and employment opportunities of school psychologists. *Journal of Consulting Psychology, 7*, 230-243.

Newland, T. E. (1980). Psychological assessment of exceptional children and youth. In W. M. Cruickshank (Ed.), *Psychology of exceptional children and youth* (pp. 74-135). Englewood Cliffs, NJ: Prentice Hall.

Norcross, J. C., Castle, P. H., Sayette, M. A., & Mayne, T. J. (2004). The PsyD: Heterogeneity in practitioner training. *Professional Psychology: Research and Practice, 35*(4), 412-419.

Oakland, T. (1986). Fare well, Journal of School Psychology. *Journal of School Psychology, 24*, 321-323.

Oakland, T. (1990). Psicologia escolar no Brazil: Passado, presente, e futuro [School psychology in Brazil: Past, present, and future]. *Psicologia: Tedria ePesquisa, 5*(2), 191-201.

Oakland, T. (1992). Formulating priorities for international school psychology toward the turn of the twentieth century. *School Psychology International, 13,* 171-177.

Oakland, T. (1993). A brief history of international school psychology. *Journal of School Psychology, 31,* 109-122.

Oakland, T. (2003). International school psychology: Psychology' s worldwide portal to children and youth. *American Psychologist, 58*(11), 985-992.

Oakland, T. (2005). International School Psychology Association. In S. W. Lee (Ed.), *Encyclopedia of school psychology* (pp. 272-273). Thousand Oaks, CA: Sage.

Oakland, T. D., & Cunningham, J. L. (1992). A survey of school psychology in developed and developing countries. *School Psychology International, 13,* 99-129.

Oakland, T., & Cunningham, J. (1997). International School Psychology Association definition of school psychology. *School Psychology International, 18,* 195-200.

Oakland, T., & Cunningham, J. (1999). The futures of school psychology: Conceptual models for its development and examples of their applications. In C. R. Reynolds & I B. Gutkin (Eds.), *The handbook of school psychology* (pp. 34-53). New York: Wiley.

Oakland, T., Cunningham, J., Poulsen, A., &Meazzini, P (1991). An examination of policies governing the normalization of handicapped pupils in Denmark, Italy, and the United States. *InternationalJournal of SpecialEducation, 6*(2), 386-402.

Oakland, T., Feldman, N., & Leon De Viloria, C. (1995). School psychology in Venezuela: Three decades of progress and futures of great potential. *School Psychology International, 16,* 29-42.

Oakland, T., Goldman, S., & Bischoff, H. (1997). Code of ethics of the International School Psychology Association. *School Psychology International, 18,* 291-298.

Oakland, T., & Hambleton, R. (Eds.). (1995) *International perspectives on assessment of academic achievement.* Norwell, MA: Kluwer.

Oakland, T., & Hu, S. (1989). Psychology in the schools of four Asian countries. *Psychologia, 32,* 71-80.

Oakland, T., & Hu, S. (1991). Professionals who administer tests with children and youth: An international survey. *Journal of Psychoeducational Assessment, 9*(2), 108-120.

Oakland, T., & Hu, S. (1992). The top ten tests used with children and youth worldwide. *Bulletin of the International Test Commission, 5,* 99-120.

Oakland, T., Mpofu, E., Gregoire, G., & Faulkner, M. (in press). An exploration of learning disabilities in four countries: Implications for test development and use in developing countries. *International Journal of Testing, 7*(1), 53-69.

Oakland, T., & Phillips, B. (1997). *Addressing the needs of children with learning disabilities: Advocacy by the International School Psychology Association.* Paper presented to UNESCO' s Committee on the Rights of the Child, Geneva, Switzerland

Oakland, T., & Saigh, P. (1989). Psychology in the schools: An introduction to international perspectives. In P. Saigh & T. Oakland (Eds.), *International perspectives on psycholo-*

gy in the schools (pp. 1-22). Hillsdale, NJ: Erlbaum.

Oakland, T., & Wechsler, S. (1988). School psychology in five South American countries: A 1989 perspective. *Revista Interamericana dePsicologia/Interamerzcan Journal of Psychology, 22*, 41-55.

Oakland, I, & Wechsler, S. (1990). School psychology in Brazil: An examination of its research infrastructure. *School Psychology International, 11*, 287-293.

Ochoa, S. H., Rivera, B., & Ford, L. (1997). An investigation of school psychology training pertaining to bilingual psycho-educational assessment of primarily Hispanic students: Twenty-five years after *Diana* v. *California. Journal of School Psychology, 35*, 329-349.

Orlosky D. E., McCleary, L. E., Shapiro, A., & Webb, L. D. (1984). *Educational administration today*. Columbus, OH: Charles E. Merrill.

Ormrod, J. E., Saklofske, D. H., Schwean, V. L., Harrison, G., & Andrews, J. (2005). *Principles of educational psychology* (Canadian ed.). Toronto, Ontario, Canada: Pearson.

Ormrod, J. E., Saklofske, D. H., Schwean, V. L., Harrison, G., & Andrews, J. (2006). *Educational psychology: Developing learners*. Toronto, Ontario, Canada: Pearson.

O' Shea, H. E. (1960). The future of school psychology. In M. G. Gottsegen & G. B. Gottsegen (Eds.), *Profrssional school psychology* (pp. 275-283). New York: Grune & Stratton.

Ownby, R. (1991). *Psychological reports: A guide to report writing in professional psychology* (2nd ed.). Brandon, VT: Clinical Psychology Publishing.

P.A.R.C. [Pennsylvania Association for Retarded Citizens] v. *Commonwealth of Pennsylvania*, 334 F. Supp. 1257 (1971), 343 F. Supp. 279 (1972).

P.A.S.E. [Parents in Action in Special Education] v. *Hannon*, 506 F. Supp. 831 (N.D. III. 1980).

Perkins, M. (1990). School psychology in Ontario. *Canadian Journal of School Psychology, 6*(1), 34-38.

Pesce v. *J. Sterling Morton High School District*, 651 F. Supp. 152 (N.D. Ill. 1986).

Petersen, D. R. (1976). Is psychology a profession? *American Psychologist, 38*, 572-581.

Peterson, K. A., Waldron, D. J., & Paulson, S. E. (1998, April). *Teachers' perceptions of school psychologists' existing and potential roles*. Paper presented at the annual meeting of the National Association of School Psychologists, Orlando, FL.

Peterson, R. L., Peterson, D. R., Abrams, J. C., & Stricker, G. (1997). The National Council of Schools and Programs of Professional Psychology educational model. *Professional Psychology: Research and Practice, 28*, 373-386.

Petition for reaffirmation of the specialty of school psychology. (2005, August). Washington, DC: American Psychological Association.

Pfeiffer, S. I. (1980). The school-based interprofessional team: Recurring problems and some possible solutions. *Journal of School Psychology, 18*, 388-394.

Pfeiffer, S. I., & Marmo, P. (1981). The status of training in school psychology and trends toward the future. *Journal of School Psychology, 19*, 211-216.

Pfeiffer, S. I., & Reddy, L. A. (1998). School-based mental health programs in the United

States: Present status and a blueprint for the future. *School Psychology Review, 27*, 84-96.

Pfeiffer, S. I., & Reddy, L. A. (Eds.). (1999). Inclusion practices with special needs students: Theory, research, and application [Special issue]. *Special Services in the Schools, 15*(1-2).

Pfohl, W., & Pfohl, V. A. (2002). Best practices in technology. In A. Thomas & J. Grimes (Eds.), *Best practices in school psychology IV* (pp. 195-207). Bethesda, MD: National Association of School Psychologists.

Phelps, L. (1998, November). CRSPPP and recognition of school psychology as a specialty. *CDSPP Press, 17*(1), 7-10.

Phelps, L. (2005). Council of Directors of School Psychology Programs. In S. W. Lee (Ed.), *Encyclopedia of school psychology* (pp. 122-123). Thousand Oaks, CA: Sage.

Phelps, L., Brown, R. I, & Power, T. J. (2002). *Pediatric psychopharmacology: Combining medical and psychosocial interventions.* Washington, DC: American Psychological Association.

Philips, D., Schwean, V. L., & Saklofske, D. H. (1997). Treatment effects of a school-based cognitive-behavioral program for aggressive children. *Canadian Journal of School Psychology, 13*, 60-67.

Phillips, B. (1985). Education and training. In J. R. Bergan (Ed.), *School psychology rn contemporary society: An introduction* (pp. 92-115). Columbus, OH: Charles E. Merrill.

Phillips, B. N. (1990a). Law, psychology, and education. In T. R. Kratochwill (Ed.), *Advances in school psychology* (Vol. 7, pp. 79-130). Hillsdale, NJ: Erlbaum.

Phillips, B. N. (1990b). *School psychology at a turning point: Ensuring a bright future for the profrssion.* San Francisco: Jossey-Bass.

Phillips, B. N. (1993). Trainers of school psychologists and council of directors of school psychology programs: A new chapter in the history of school psychology. *Journal of School Psychology, 31*, 91-108.

Phillips, B. N. (1999). Strengthening the links between science and practice: Reading, evaluating, and applying research in school psychology. In C. R. Reynolds & T. B. Gutkin (Eds.), *Handbook of School Psychology* (3rd ed., pp. 56-77). New York: Wiley.

Phillips, V., & McCullough, L. (1990). Consultation-based programming: Instituting the collaborative ethic in schools. *Exceptional Children, 56*, 291-304.

Pickover, B., Barbrack, C., & Glat, M. (1982). Preventive and educative programs within the high school. *School Psychology Review, 11*, 399-408.

Pion, G. M. (1992, April). *Professional psychology's human resources: Scientists, practitioners, scientist-practitioners, or none of the above?* Paper presented at the 1992 Accreditation Summit, American Psychological Society, Chicago.

Pion, G. M., Bramblett, J. P, & Wicherski, M. (1987). *Preliminary report: 1985 doctorate employment survey.* Washington, DC: American Psychological Association.

Pipho, C. (1999, February). The profit side of education. *Phi Delta Kappan, 80*(6), 421-422.

Pitcher, G. D., & Poland, S. (1992). *Crisis intervention in the schools.* New York: Guilford Press.

Plas, J. M. (1986). *Systems psychology in the schools*. New York: Pergamon Press. Plas, J. M., & Williams, B. (1985). Best practices in working with community agencies. In A. Thomas & J. Grimes (Eds.), *Best practices in school psychology* (pp. 331-340). Kent, OH: National Association of School Psychologists.

Poland, S. (1998). Jonesboro turns to school psychologists for leadership. NASP *Communiqué, 26*(8), 5-6.

Poland, S., Pitcher, G., & Lazarus, P (1995). Crisis intervention. In A. Thomas & J. Grimes (Eds.), *Best practices in school psychology III* (pp. 445-458). Washington, DC: National Association of School Psychologists.

Pope, K. S., & Vetter, V. A. (1992). Ethical dilemmas encountered by members of the American Psychological Association. *American Psychologist, 47*, 397-411.

Power, T. J., DuPaul, G. J., Shapiro, E. S., & Parrish, J. M. (1998). Role of the school-based professional in health-related services. In. L. Phelps (Ed.), *Health-related disorders in children and adolescents* (pp. 15-26). Washington, DC: American Psychological Association.

Prasse, D. P. (1988). Licensing, school psychology, and independent private practice. In I R. Kratochwill (Ed.), *Advances in school psychology* (Vol. 6, pp. 49-80). Hillsdale, NJ: Erlbaum.

Prasse, D. (1995). Best practices in school psychology and the law. In A. Thomas & J. Grimes (Eds.), *Best practices in school psychology III* (pp. 41-50). Washington, DC: National Association of School Psychologists.

Prifitera, A., Saklofske, D. H., & Weiss, L. G. (Eds.). (2005). *WISC-IV Clinical use and interpretation.' Scientist-practitioner perspectives*. San Diego, CA: Elsevier.

Proctor, B. E., & Steadman, T. (2003). Job satisfaction, burnout, and perceived effectiveness of "in-house" versus traditional school psychologists. *Psychology in the Schools, 40*(2), 237-243.

Prout, H. T., Meyers, J., & Greggo, S. P. (1989). *The acceptability of PsyD graduates in the academic job market*. Unpublished. (Available from the authors at ED 233, SUNY Albany, Albany, NY 12222.)

Pryzwansky, W. B. (1982). School psychology training and practice: The APA perspective. In T. R. Kratochwill (Ed.), *Advances in school psychology* (Vol. 2, pp. 19-39). Hillsdale, NJ: Erlbaum.

Pryzwansky, W. B. (1989). Private practice as an alternative setting for school psychologists. In R. C. D' Amato & R. S. Dean (Eds.), *The school psychologist in nontraditional settings: Integrating clients, services, and settings* (pp. 76-85). Hillsdale, NJ: Erlbaum.

Pryzwansky, W. B. (1990). School psychology in the next decade: A period of some difficult decisions. In T. B. Gutkin & C. R. Reynolds (Eds.), *The handbook of school psychology* (pp. 32-40). New York: Wiley.

Pryzwansky, W. B. (1993). The regulation of school psychology: A historical perspective on certification, licensure, and accreditation. *Journal of School Psychology, 31*, 219-235.

Pryzwansky, W. (1998). Task Force on Post-Doctoral Education and Training in School

Psychology purpose statement. *CDSPP Press, 16*(2), 9-11.

Pryzwansky, W. (1999). Accreditation and credentialing systems in school psychology. In C. R. Reynolds & T. B. Gutkin (Eds.), *The handbook of school psychology* (pp. 1145-1158). New York: Wiley.

Pryzwansky, W. B., & Wendt, R. N. (1987). *Psychology as a profession: Foundations of practice.* New York: Pergamon Press.

Raimy, V. C. (Ed.). (1950). *Training in clinical psychology.* New York: Prentice Hall.

Ranes, R. G. (1992). District-wide implementation of curriculum based measurement: First year outcomes. *CASP Today, 51*(4), 7.

Ranseen, J. D. (1998). Lawyers with ADHD: The special test accommodation controversy. *Professional Psychology.' Research and Practice, 29*, 450-459.

Rathvon, N. (1999). *Effective school interventions: Strategies for enhancing academic achievement and social competence.* New York: Guilford Press.

Reeder, G. D., Maccow, G. C., Shaw, S. R., Swerdlik, M. E., Horton, C. B., & Foster, P. (1997). School psychologists and full-service schools: Partnerships with medical, mental health, and social services. *School Psychology Review, 26*, 603-621.

Reger, R. (1965). *School psychology.* Springfield, IL: Charles C. Thomas.

Rehabilitation Act of 1973, Pub. L. 93-112, 87 Stat. 394 (1973).

Reinhardt, J., & Martin, M. (1991). Ethics forum. *Communiqué, 20*(2), 10-11.

Reschly, D. J. (1979). Nonbiased assessment. In G. D. Phye & D. J. Reschly (Eds.), *School psychology: Perspectives and issues* (pp. 215-256). New York: Academic Press.

Reschly, D. J. (1983). Legal issues in psychoeducational assessment. In G. W. Hynd (Ed.), *The school psychologist.' An introduction* (pp. 67-93). Syracuse, NY: Syracuse University Press.

Reschly, D. J. (1998, August). *School psychology practice: Is there change?* Paper presented at the annual meeting of the American Psychological Association, San Francisco, CA.

Reschly, D. J. (2000). The present and future status of school psychology in the United States. *School Psychology Review, 29*, 507-522.

Reschly, D. J., & Bersoff, D. N. (1999). Law and school psychology. In C. R. Reynolds & I B. Gutkin (Eds.), *The handbook of school psychology* (pp. 1077-1112). New York: Wiley.

Reschly, D. J., & Connolly, L. M. (1990). Comparisons of school psychologists in the city and country: Is there a "rural" school psychology? *School Psychology Review, 19*, 534-549.

Reschly, D. J., Kicklighter, R. H., & McKee, P. (1988a). Recent placement litigation: Part 1. Regular education grouping: Comparison of *Marshall* (1984, 1985) and *Hobson* (1967, 1969). *School Psychology Review, 17*, 9-21.

Reschly, D. J., Kicklighter, R. H., & McKee, P (1988b). Recent placement litigation: Part 2. Minority EMR over-representation: Comparison of *Larry P.* (1979, 1984, 1986) with *Marshall* (1984, 1985) and *S-1* (1986). *School Psychology Review, 17*, 22-38.

Reschly, D. J., Kicklighter, R. H., & McKee, P. (1988c). Recent placement litigation: Part 3.

Analysis of differences in *Larry P., Marshall*, and *S-1* and implications for future practices. *School Psychology Review, 17*, 39-50.

Reschly, D. J., & McMaster-Beyer, M. (1991). Influences of degree level, institutional orientation, college affiliation, and accreditation status on school psychology graduate education. *Professional Psychology: Research and Practice, 22*, 368-374.

Reschly, D. J., & Wilson, M. S. (1992). *School psychology faculty and practitioners: 1986 to 1991 trends in demographic characteristics, roles, satisfaction, and system reform.* Unedited manuscript.

Reschly, D. J., & Wilson, M. S. (1995). School psychology practitioners and faculty: 1986 to 1991-92 trends in demographics, roles, satisfaction, and system reform. *School Psychology Review, 24*, 62-80.

Reschly, D. J., & Wilson, M. S. (1997). Characteristics of school psychology graduate education: Implications for the entry-level discussion and doctoral-level specialty definition. *School Psychology Review, 26*, 74-92.

Reynolds, C. R., & Gutkin, T. B. (Eds.). (1982). *The handbook of school psychology.* New York: Wiley.

Reynolds, C. R., & Gutkin, T. B. (Eds.). (1999). *Handbook of school psychology* (3rd ed.). New York: Wiley.

Reynolds, C. R., Gutkin, T. B., Elliott, S. N., & Witt, J. C. (1984). *School psychology: Essentials of theory and practice.* New York: Wiley.

Roberts, G. A., Gerrard-Morris, A., Zanger, D., Davis, K. S., & Robinson, D. H. (2006). Trends in female authorships, editorial board memberships, and editor-ships in school psychology journals from 1991-2004. *The School Psychologist, 60*(1), 5-10.

Roberts, R. D. (1970). Perceptions of actual and desired role functions of school psychologists by psychologists and teachers. *Psychology in the Schools, 7*, 175-178.

Roberts, R. D., & Solomons, G. (1970). Perceptions of the duties and functions of the school psychologist. *American Psychologist, 25*, 544-549.

Rogers, M. R., Ingraham, C. L., Bursztyn, A., Cajigas-Segrede, N., Esquivel, G., Hess, R., et al. (1999). Providing psychological services to racially, ethnically, culturally, and linguistically diverse individuals in the schools: Recommendations for practice. *School Psychology International, 20*, 243-264.

Rogers, M. R., Ponterotto, J. G., Conoley, J. C., & Wiese, M. J. (1992). Multicultural training in school psychology: A national survey. *School Psychology Review, 21*, 603-616.

Romans, J. S. C., Boswell, D. L., Carlozzi, A. F., & Ferguson, D. B. (1995). Training and supervision practices in clinical, counseling, and school psychology programs. *Professional Psychology: Research and Practice, 26*, 407-412.

Rosebrook, W. M. (1942). Psychological service for schools on a regional basis. *Journal of Consulting Psychology, 6*, 196-200.

Rosenberg, R. (1982). *Beyond separate spheres: Intellectual roots of modern frminism.* New Haven, CT: Yale University Press.

Rosenberg, S. L. (1995). Maintaining an independent practice. In A. Thomas & J. Grimes

(Eds.), *Best practices in school psychology III* (pp. 145-152). Washington, DC: National Association of School Psychologists.

Rosenberg, S. L., & McNamara, K. M. (1988). *Independent practice of school psychology: Annotated bibliography and reference list.* Washington, DC: National Association of School Psychologists.

Rosenfeld, J. G., & Blanco, R. F. (1974). Incompetence in school psychology: The case of "Dr. Gestalt." *Psychology in the Schools, II*, 263-269.

Rosenfield, S. (1996). The school psychologist as citizen of the learning community. In R. C. Talley, T. Kubiszyn, M. Brassard, & R. J. Short (Eds.), *Making psychologists in schools indispensable: Critical questions and emerging perspectives* (pp. 83-88). Washington, DC: American Psychological Association.

Rosenfield, S. (2002). Best practices in instructional consultation. In A. Thomas & J. Grimes (Eds.), *Best practices in school psychology IV* (pp. 609-623). Bethesda, MD: National Association of School Psychologists.

Rosenfield, S. (2004). Academia: It's a wonderful life—Isn't it? *School Psychology Quarterly, 19*(4), 398-408.

Rosenfield, S., & Gravois, T. (1999). Working with teams in the school. In C. R. Reynolds & T. B. Gutkin (Eds.), *The handbook of school psychology* (pp. 1025- 1040). New York: Wiley.

Rosenfield, S., & Kuralt, S. K. (1990). Best practices in curriculum-based assessment. In A. Thomas & J. Grimes (Eds.), *Best practices in school psychology II* (pp. 275-286). Silver Spring, MD: National Association of School Psychologists.

Ross, D. (1972). *C. Stanley Hall: The psychologist as prophet.* Chicago: University of Chicago Press.

Ross, M. J., Holzman, L. A., Handal, P. J., & Gilner, F. H. (1991). Performance on the Examination for the Professional Practice of Psychology as a function of specialty, degree, administrative housing, and accreditation status. *Profrssional Psychology: Research and Practice, 22*, 347-350.

Ross, R. P. (1995). Best practices in implementing intervention assistance teams. In A. Thomas & J. Grimes (Eds.), *Best practices in school psychology III* (pp. 227-237). Washington, DC: National Association of School Psychologists.

Ross-Reynolds, G. (1990). Best practices in report writing. In A. Thomas & J. Grimes (Eds.), *Best practices in school psychology II* (pp. 621-633). Silver Spring, MD: National Association of School Psychologists.

Russell, R. (1984). Psychology in its world context. *American Psychologist, 39*, 1027-1025.

Sacken, D. M., & Overcast, T. D. (1999). The legal rights of students. In C. R. Reynolds & T. B. Gutkin (Eds.), *The handbook of school psychology* (pp. 1113-1144). New York: Wiley.

Sagan, C. (1977). *The dragons of Eden: Speculations on the evolution of human intelligence.* New York: Random House.

Saigh, P., & Oakland, T. (Eds.). (1989). *International perspectives on psychology in the schools*. Hillsdale, NJ: Erlbaum.

Saklofske, D. H. (1996). Moving toward a core curriculum for training school psychologists. *Canadian Journal of School Psychology, 12*, 91-96.

Saklofske, D. H., Bartell, R., Derevensky, J., Hann, S. G., Holmes, B., & Janzen, H. L. (2000). School psychology in Canada: Past, present, and future perspectives. In I K. Fagan & P S. Wise, *School psychology: Past, present, and future* (2nd ed., pp. 313-354). Bethesda, MD: National Association of School Psychologists.

Saklofske, D. H., & Grainger, J. (1990). School psychology in Saskatchewan. *Canadian Journal of School Psychology, 6*, 15-21.

Saklofske, D. H., & Grainger, J. (2001). School psychology in Saskatchewan: The end of a decade, the start of a century. *Canadian Journal of School Psychology, 16*, 67-77.

Saklofske, D. H., Hildebrand, D. K., Reynolds, C. R., & Wilson, V. L. (1998). Substituting symbol search for coding on the WISC-III: Canadian normative tables for performance and full scale IQ scores. *Canadian Journal of Behavioural Science, 20*(2) 57-68.

Saldofske, D. H., & Janzen, H. L. (1990). School-based assessment research in Canada. *McGill Journal of Education, 25*(1), 5-23.

Saklofske, D. H., & Janzen, H. L. (1993). Contemporary issues in school psychology. In K. S. Dobson & D. J. G. Dobson (Eds.), *Profrssional psychology in Canada* (pp. 313-350). Toronto: Hogrefe & Huber.

Saklofske, D. H., Schwean, V. L., Harrison, G. L., & Mureika, J. (2006). School psychology in Canada. In S. R. Jimerson, T. D. Oakland, & P. T. Farrell (Eds.), *The handbook of international school psychology* (pp. 39-51). Thousand Oaks, CA: Sage.

Sales, B. D., Krauss, D. A., Sacken, D. M., & Overcast, T. D. (1999). The legal rights of students. In C. R. Reynolds & T. B. Gutkin (Eds.), *The handbook of school psychology* (pp. 1113-1144). New York: Wiley.

Salvia, J., & Ysseldyke, J. E. (2007). *Assessment in special and inclusive education* (10th ed.). Boston: Houghton-Mifflin.

Sandoval, J. (1988). The school psychologist in higher education. *School Psychology Review, 17*, 391-396.

Sandoval, J. (1993). The history of interventions in school psychology. *Journal of School Psychology, 31*, 195-217.

Sarason, S. B. (1971). *The culture of the school and the problem of change.* Boston: Ailyn & Bacon.

Sattler, J. M. (1998). *Clinical and forensic interviewing of children and families: Guidelines for the mental health, education, pediatric, and child maltreatment fields.* San Diego, CA: Author.

Sattler, J. M. (2001). *Assessment of children: Cognitive applications.* San Diego: CA: Author.

Sattler, J. M. (2002). *Assessment of children: Behavioral and clinical applications* (4th ed.). La Mesa, CA: Author.

Schmidt, W. H. O. (1976, November). The training of educational psychologists in Canada. *CSSE News*, 4-8.

Schmuck, R. A., & Miles, M. B. (1971). *Organization development in schools.* Palo Alto, CA: National Press Books.

Schudson, M. (1980). [Review of the book *The rise of professionalism: A sociological analysis.*] *Theory and Society, 9,* 215-229.

Schwarz, J. (1986). *Radical frminists of heterodoxy: Greenwich Village 1912-1940.* Norwich, VT: New Victoria.

Schwean, V. L. (2006, June). *Systems of care: Promoting healthy developmental outcomes.* Paper presented at the annual convention of the Canadian Psychological Association, Calgary, Alberta.

Schwean, V. L., Saklofske, D. H., Shatz, E., & Folk, G. (1996). Achieving supportive integration for children with behavioral disorders in Canada: Multiple paths to realization. *Canadian Journal of Special Education, 11*(1), 35-50.

Section 504 Amendment to the Rehabilitation Act of 1973 (enacted under the Workforce Investment Act of 1998, Pub. L. 105-220, 112 Stat. 936 [1998]).

Seigman, M. (Ed.). (1991). *The family with a handicapped child.* Boston: Allyn & Bacon.

Seligman, M., & Darling, R. B. (1997). *Ordinary families, special children.* New York: Guilford Press.

Sewell, T. E. (1981). Shaping the future of school psychology: Another perspective. *School Psychology Review, 10,* 232-242.

Shapiro, E. S. (1989). *Academic skills problems: Direct assessment and intervention.* New York: Guilford Press.

Shapiro, E. S. (1995). *School Psychology Review*: Past, present, future revisited. *School Psychology Review, 24,* 529-536.

Shaw, S. (2002, Fall). Post-doctoral residency in school psychology: Perspectives and proposals. *Trainer's Forum, 22*(1), 4-6.

Shaw, S. R., & Swerdlik, M. E. (1995). Best practices in facilitating team functioning. In A. Thomas and J. Grimes (Eds.), *Best Practices in School Psychology III* (pp. 153-159). Washington, DC: National Association of School Psychologists.

Shellenberger, S. (1988). Family medicine: The school psychologist's influence. *School Psychology Review, 17,* 405-410.

Sheridan, S. M., & Gutkin, T. B. (2000). The ecology of school psychology: Examining and changing our paradigm for the 21st century. *School Psychology Review, 29,* 485-502.

Shernoff, E. S., Kratochwill, T. R., & Stoiber, K. C. (2003). Training in evidence-based interventions (EBIs): What are school psychology programs teaching? *Journal of School Psychology, 41,* 467-483.

Shinn, M. R. (Ed.). (1989). *Curriculum-based measurement: Assessing special children.* New York: Guilford Press.

Shinn, M. R. (Ed.). (1995). Curriculum-based measurement and its use in a problem-solving model. In A. Thomas & J. Grimes (Eds.), *Best practices in school psychology III* (pp. 547-567). Washington, DC: National Association of School Psychologists.

Shinn, M. R., Nolet, V., & Knutson, N. (1990). Best practices in curriculum-based measurement. In A. Thomas & J. Grimes (Eds.), *Best practices in school psychology II* (pp. 287-307). Silver Spring, MD: National Association of School Psychologists.

Siegel, A. W., & White, S. H. (1982). The child study movement: Early growth and development of the symbolized child. In H. W. Reese & L. Lipsitt (Eds.), *Advances in child development and behavior* (Vol. 17, pp. 233-285). New York: Academic Press.

Silberberg, N. E., & Silberberg, M. C. (1971). Should schools have psychologists? *Journal of School Psychology, 9,* 321-328.

Sinclair, C., Simon, N. P., & Pettifor, J. L. (1996). The history of ethical codes and licensure. In L. Bass, S. DeMers, J. Ogloff, C. Peterson, R. Reaves, T. Retfalvi, et al. (Eds.), *Professional conduct and discipline in psychology* (pp. 1-15). Washington, DC: American Psychological Association; and Montgomery, AL: Association of State and Provincial Psychology Boards.

Singleton, D., Tate, A., & Randall, G. (2003, January). *Salaries in psychology 2001: Report of the 2001 APA salary survey.* Washington, DC: American Psychological Association, Research Office.

Skinner, C. H., Robinson, S. L., Brown, C. S., & Cates, G. L. (1999). Female publication patterns in *School Psychology Review, Journal of School Psychology, and School Psychology Quarterly* from 1985-1994. *School Psychology Review, 28,* 76-83.

Sladeczek, I., & Heath, N. (1997). Consultation in Canada. *Canadian Journal of School Psychology, 13,* 1-14.

Slater, R. (1980). The organizational origins of public school psychology. *Educational Studies, 2,* 1-11.

Smith, D. K. (1984). Practicing school psychologists: Their characteristics, activities, and populations served. *Professional Psychology: Research and Practice, 15,* 798-810.

Smith, D. K., Clifford, E. S., Hesley, J., & Leifgren, M. (1992). *The school psychologist of 1991: A survey of practitioners.* Paper presented at the annual meeting of the National Association of School Psychologists, Nashville, TN.

Smith, D. K., & Mealy, N. S. (1988). *Changes in school psychology practice: A five-year update.* Paper presented at the annual meeting of the American Psychological Association, Atlanta, GA.

Smith, F. (1997). Comparisons of state associations. *The Louisiana School Psychologist, 8*(5), 3-4.

Snyder, I D., Hoffman, C. M., & Geddes, C. M. (1997). *Digest of educational statistics 1997.* Washington, DC: U.S. Department of Education, Office of Educational Research and Improvement.

Social Security Administration. (2000). *Social security: Understanding supplemental security income.* Washington, DC: Author.

Sokal, M. M. (1982). The Committee on the Certification of Consulting Psychologists: A failure of applied psychology in the 1920s. In C. J. Adkins & B. A. Winstead (Eds.), *History of applied psychology: Department of Psychology Colloquium Series II* (pp. 71-90). Norfolk, VA: Old Dominion University, Department of Psychology, Center for

Applied Psychological Studies.

Solly, D. C., & Hohenshil, T. H. (1986). Job satisfaction among school psychologists in a primarily rural state. *School Psychology Review, 15*, 119-126.

Solway, K. S. (1985). Transition from graduate school to internship: A potential crisis. *Professional Psychology: Research and Practice, 16*, 50-54.

Sorenson, J. L., Masson, C. L., Clark, W. W., & Morin, S. F. (1998). Providing public testimony: A guide for psychologists. *Professional Psychology: Research and Practice, 29*, 588-593.

Spring, J. (1989). *American education: An introduction to social and political aspects.* New York: Longman.

Stanhope, V. (1995). Congress targets children's SSI benefits. *Communiqué, 23*(7), 3.

Statistics Canada. (2001). *A profile of disability in Canada, 2001* (Catalogue no. 89-577-X1E). Ottawa: Author.

Steil, D. A. (1994). Post secondary school psychology: Come on in, the water's fine. *Communiqué, 22*(8), 28-30.

Stein, H. L. (1964). *The status and role of school psychologists in Canada.* Unpublished manuscript.

Steingart, S. K. (2005). *The Web-connected school psychologist: A busy person's guide to school psychology on the Internet.* Boston: Sopris West.

Stern, W. D. (1910). Ubernormale kind. *Der Saemann Monatschrift Fuer Paedagogische Reform.* Jahrg, s. 97-72 U.S. 160-167.

Stern, W. (1911). The supernormal child: II. *Journal of Educational Psychology, 2*, 181-190.

Stern, W. (1914). *The psychological methods of testing intelligence.* Baltimore, MD: Warwick & York.

Stewart, K. J. (1986). Disentangling the complexities of clientage. In S. N. Elliott & J. C. Witt (Eds.), *The delivery of psychological services in schools: Concepts, processes, and issues* (pp. 81-107). Hillsdale, NJ: Erlbaum.

Stirtzinger, R., Campbell, L., Green, A., DeSouza, C., & Dawe, I. (2001). Multimodal school-based intervention for at-risk, aggressive, latency-age youth. *Canadian Journal of School Psychology, 17*(1), 27-46.

Stoiber, K. C., & Kratochwill, T. R. (2000). Empirically supported interventions and school psychology: Rationale and methodological issues, Pt 1. *School Psychology Quarterly, 15*, 75-105.

Stoner, G., & Green, S. K. (1992). Reconsidering the scientist-practitioner model for school psychology practice. *School Psychology Review, 21*, 155-166.

Strein, W. (1996a). Administrative supervision. In T. K. Fagan & P. J. Warden (Eds.), *Historical encyclopedia of school psychology* (pp. 12-13). Westport, CT: Greenwood Press.

Strein, W. (1996b). Professional supervision. In T. K. Fagan & P. J. Warden (Eds.), *Historical encyclopedia of school psychology* (pp. 297-298). Westport, CT: Greenwood Press.

Strein, W., Cramer, K., & Lawser, M. (2003). School psychology research and scholarship: USA status, international explorations. *School Psychology International, 24*(4), 421-436.

Stringfield, S. (Guest Ed.). (1991). Looking to the future of Chapter 1. *Phi Delta Kappan, 72,* 576-607.

Stumme, J. M. (1995). Best practices in serving as an expert witness. In A. Thomas & J. Grimes (Eds.), *Best practices in school psychology III* (pp. 179-190). Washington, DC: National Association of School Psychologists.

Sullivan, L. (1999). Progress: The national education goals. *Communiqué, 27*(6), 12.

Supplement to listing of accredited doctoral, internship, and post-doctoral training programs in professional psychology. (2006). *American Psychologist, 61*(5), 554-555.

Sutkiewicz, F. (1997, May). Ethical issues involved with computer use: How to avoid the pitfalls. *The Wisconsin School Psychologist, 96*(3), 1, 6-7.

Sweet, T. (1990). School psychology in British Columbia: The state of the art. *Canadian Journal of School Psychology, 6,* 1-8.

Swenson, E. V. (1998, Winter). Applications of the APA ethics code to the training of school psychologists in the classroom. *Trainers' Forum, 16*(2), 12-15.

Symonds, P. M. (1933). Every school should have a psychologist. *School and Society, 38*(976), 321-329.

Symonds, P. M. (Ed.). (1942). [Special issue]. *Journal of Consulting Psychology, 6*(4).

Tallent, N. (1993). *Psychological report writing* (4th ed.). Englewood Cliffs, NJ: Prentice Hall.

Talley, R. C., Kubiszyn, I, Brassard, M., & Short, R. J. (Eds.). (1996). *Making psychologists in schools indispensable: Critical questions and emerging perspectives.* Washington, DC: American Psychological Association.

Tarasoff v. Regents of California, 529 P2d 553 (1974); 551 P2d 334 (1976).

Tarquin, K. M., & Truscott, S. D. (2006). School psychology students' perceptions of their practicum experiences. *Psychology in the Schools, 43,* 727-736.

Telzrow, C. F. (1999). IDEA amendments of 1997: Promise or pitfall for special education reform? *Journal of School Psychology, 37,* 7-28.

Tenure ... Questions & Answers. (1997, Spring). *CASP Today, 46*(3), 12.

Terman, L. M. (1916). *The measurement of intelligence: An explanation of and complete guide for the use of the Stanford revision and extension of the Binet-Simon Intelligence Scale.* Boston: Houghton Mifflin.

Tharinger, D. J. (1996). Psychologists in the schools: Routes to becoming indispensable. In R. C. Talley, T. Kubiszyn, M. Brassard, & R. J. Short (Eds.), *Making psychologists in schools indispensable: Critical questions and emerging perspectives* (pp. 105-110). Washington, DC: American Psychological Association.

Thomas, A. (Ed.). (1998). *Directory of school psychology graduate programs.* Bethesda, MD: National Association of School Psychologists.

Thomas, A. (1999a). School psychology 2000: A national database. *Communiqué, 28*(1), 26.

Thomas, A. (1999b). School psychology 2000. *Communiqué, 28*(2), 28.

Thomas, A. (2000). School psychology 2000: What is average? *Communiqué, 28*(7), 32-33.

Thomas, A., & Grimes, J. (Eds.). (1985). *Best practices in school psychology*. Kent, OH: National Association of School Psychologists.

Thomas, A., & Grimes, J. (Eds.). (1990). *Best practices in school psychology II*. Silver Spring, MD: National Association of School Psychologists.

Thomas, A., & Grimes, J. (Eds.). (1995). *Best practices in school psychology III*. Washington, DC: National Association of School Psychologists.

Thomas, A., & Grimes, J. (Eds.). (2002). *Best practices in school psychology IV* (Vol. 1-2). Bethesda, MD: National Association of School Psychologists.

Thomas, A., & Grimes, J. (Eds.). (2008). *Best practices in school psychology V*. Bethesda, MD: National Association of School Psychologists.

Thomas, A., & Pinciotti, D. (1992). *Administrators' satisfaction with school psychologists: Implications for practice*. Paper presented at the annual meeting of the National Association of School Psychologists, Nashville, TN.

Thomas, A., & Witte, R. (1996). A study of gender differences among school psychologists. *Psychology in the Schools, 33*, 351-359.

Thompson, P. (2004). *The school psychology licensure exam guide: The most effective guide to prepare for the National Association of School Psychologists (NASP) exam*. New York: iUniverse, Inc.

Thorndike, E. L. (1912). *Education: A first book*. New York: Macmillan.

Tikkanen, T. (2006). *The present status and future prospects of the profession of psychology in Europe*. Paper presented at the International Congress of Applied Psychology, Athens, Greece.

Tindall, R. H. (1964). Trends in the development of psychological services in the schools. *Journal of School Psychology, 3*, 1-12.

Tindall, R. H. (1979). School psychology: The development of a profession. In G. D. Phye & D. J. Reschly (Eds.), *School psychology: Perspectives and issues* (pp. 3-24). New York: Academic Press.

Tingstrom, D. H. (2000). Academic positions in school psychology: Fall 2000. *The School Psychologist, 54*(1), 12-13.

Tingstrom, D. (2006, January). *Academic positions in school psychology: Fall 2006*. Paper presented at the annual meeting of the Council of Directors of School Psychology Programs.

Tolan, P H., & Dodge, K. A. (2005). Children's mental health as a primary care and concern: A system for comprehensive support and service. *American Psychologist, 60*(6), 601-614.

Trachtman, G. M. (1981). On such a full sea. *School Psychology Review, 10*, 138-181.

Trachtman, G. M. (1996). Indispensability: The holy grail. In R. C. Talley, T. Kubiszyn, M. Brassard, & R. J. Short (Eds.), *Making psychologists in schools indispensable: Critical questions and emerging perspectives* (pp. 9-13). Washington, DC: American Psychological Association.

Tracy, M. (1998). Be aware of malpractice risks when using electronic devices. *The*

National Psychologist, 7(1), 17.

Truch, S. (2006). *The WISC-IV Companion: A guide to interpretation and educational intervention.* Austin, TX: Pro-Ed Inc.

Tulsky; D., Saklofske, D. H., Chelune, G. J., Heaton, R. K., Ivnik, R. J., Bornstein, R., et al. (Eds.). (2003). *Clinical interpretation of the WAIS-III and fl/MS-Ill* San Diego, CA: Academic Press.

Turner, S. M., DeMers, S. T., Fox, H. R., & Reed, G. M. (2001). APA' s guidelines for test user qualifications. *American Psychologist, 56*(12), 1099-1113.

Tyack, D. B. (1976). Ways of seeing: An essay on the history of compulsory schooling. *Harvard Educational Review, 46,* 355-389.

Tyson, H. (1999). Kappan special report: A load off the teachers' backs: Coordinated school health programs. *Phi Delta Kappan, 80*(5), K1-K8.

UNESCO (1948). *School psychologists* (UNESCO and IBE Publication No. 105). Paper presented at the XI International Congress on Public Education. Geneva: UN Educational, Scientific, and Cultural Organization, International Bureau of Education.

U.S. Department of Education. (1998, August). *Early warning, timely response: A guide to safe schools.* Washington, DC: Author.

U.S. Department of Education. (2002). *To assure the free appropriate public education of all children with disabilities: 24th annual report to Congress on the implementation of the IDEA.* Washington, DC: Author.

U.S. Department of Education, National Center for Education Statistics (2003). *Overview ofpublic elementary and secondary schools and districts: School year 2001-02* (NCES 2003-411). Retrieved from http://nces.ed.gov/pubs2003/overview03/

U.S. Department of Education, National Center for Education Statistics. (2004). Institute of Education Sciences *StatisticalAnalysis Report.* Retrieved from http://nces.ed.gov/pubs2003/snC_report03/table_03_1.asp

U.S. Department of Education, National Center for Education Statistics. (2004). Institute of Education Sciences Survey of Private Schools data tables. Retrieved from http://nces.ed.gov/surveys/pss/tables.asp

Valesky T. C., Forsythe, G., & Hall, M. L. (1992). *Principal perceptions of school-based decision making in Tennessee schools* (Policy Practice Brief No. 9201). Memphis, TN: Memphis State University, Center for Research in Educational Policy.

Valett, R. E. (1963). *The practice of school psychology: Professional problems.* New York: Wiley.

Valett, R. E. (1967). *The remediation of/earning disabilities: A handbook of psychoeducational resource programs.* Palo Alto, CA: Fearon.

Van Sickle, J. H., Witmer, L., & Ayres, L. P. (1911). *Provision for exceptional children in the public schools.* (U.S. Bureau of Education Bulletin No. 14). Washington, DC: Government Printing Office.

Van Strein, P. J. (1998). Early applied psychology between essentialism and pragmatism: The dynamics of theory, tools, and clients. *History of Psychology, 1,* 205-234.

Vance, H. R., & Pumariega, A. J. (Guest Eds.). (1999). School-based mental health services [Special issue]. *Psychology in the Schools, 36*(5).

VanVoorhis, R. W., & Levinson, E. M. (2006). Job satisfaction among school psychologists: A meta-analysis. *School Psychology Quarterly, 21,* 77-90.

Vazquez, E., & Dunham, M. (2004). TSP in Dallas. *Trainer's Forum, 23*(4), 17-19. Veatch, B. A. (1978). *Historical and demographic influences in the development of a situation specific model of school psychological services* (Vol. 39-09-A, 5423). Calgary, Alberta, Canada: University of Calgary.

Waddell, C., McEwan, K., Shepherd, C. A., Offord, D. R., & Hua, J. M. (2005). A public health strategy to improve the mental health of Canadian children. *Canadian Journal of Psychiatry, 50,* 226-233.

Waguespack, A., Stewart, W. T., & Dupre, C. (1992). *Consulting with teachers about interventions: How much do teachers remember?* Paper presented at the annual meeting of the National Association of School Psychologists, Nashville, TN.

Waizenhofer, R. N. (2002, June). Marketing and promoting school psychology in today's schools, Part 1. *School Psych Scene, 35*(6), 1, 4-6. Part 2 appears in *36*(1), August 2002, pp. 1, 4, 6.

Waldron, N. L., McLeskey, J., Skiba, R. J., Jancaus, J., & Schulmeyer, C. (1998). High and low referring teachers: Two types of teachers-as-tests? *School Psychology International, 19,* 31-41.

Wall, W. (1955). School psychological services in Europe. In N. E. Cutts (Ed.), *School psychologists at mid-century: A report of the Thayer confrence* (pp. 183-194). Washington, DC: American Psychological Association.

Wall, W. (1956). *Psychological services for schools.* New York: University Press for UNESCO Institute for Education.

Wallin, J. E. W. (1914). *The mental health of the school child.* New Haven, CT: Yale University Press.

Wallin, J. E. W. (1919). The field of the clinical psychologist and the kind of training needed by the psychological examiner. *School and Society, 9,* 463-470.

Wallin, J. E. W. (1920). The problems confronting a psycho-educational clinic in a large municipality. *Mental Hygiene, 4,* 103-136.

Wallin, J. E. W., & Ferguson, D. G. (1967). The development of school psychological services. In J. F. Magary (Ed.), *School psychological services in theory and practice: A handbook* (pp. 1-29). Englewood Cliffs, NJ: Prentice Hall.

Walter, R. (1925). The functions of a school psychologist. *American Education, 29,* 167-170.

Watkins, C. E., Tipton, R. M., Manus, M., & Hunton-Shoup, J. (1991). Role relevance and role engagement in contemporary school psychology. *Profrssional Psychology: Research and Practice, 22,* 328-332.

Watkins, J. E. (1900, December). What may happen in the next hundred years. *The Ladies Home Journal.* For a popular analysis of this, see Roberts, R. (1993-1994). 20th century predictions: What came true, what didn' t—and why. *The Elks Magazine, 72*(6), 30-41.

Watkins, S. J., Dobson, S., & Berube, D. (2006). Professional psychology in Alberta. *Psymposium, 15*(3), 18-23.

Watson, S. T., & Skinner, C. H. (Eds.). (2004). *Encyclopedia of school psychology.* Cambridge, MA: Springer.

Wechsler, D. (1996). *WISC-III Manual, Canadian supplement.* Toronto: The Psychological Corporation.

Wechsler, S., & Oakland, T. (1990). Preventive strategies for promoting the education of low income Brazilian children: Implications for school psychologists from other Third World nations. *School Psychology International, 11*, 83-90.

Weininger, O. (1971). The school psychologist as chameleon. *Canadian Counsellor, 5*(2), 125-134.

Weiss, L. G., Saklofske, D. H., Prifitera, A., Chen, H. Y., & Hildebrand, D. K. (1999). The calculation of the WISC-III General Ability Index using Canadian norms. *Canadian Journal of School Psychology, 14*(2), 1-10.

Weiss, L. G., Saklofske, D. H., Prifitera, A., & Holdnack, J. (2006). *WISC-IV advanced clinical interpretation.* San Diego, CA: Elsevier.

Wells, P. D. (1999). A comparison of recent graduates of APA- and non-APA-accredited doctoral training programs in school psychologu Unpublished master' s thesis, University of Memphis, Memphis, TN.

Whelan, T., & Carlson, C. (1986). Books in school psychology: 1970 to the present. *Professional School Psychology, 1*, 279-289.

Whipple, G. M. (1914). *Manual of mental and physical tests: Part 1. Simpler processes.* Baltimore, MD: Warwick & York.

Whipple, G. M. (1915). *Manual of mental and physical tests: Part 2. Complex processes.* Baltimore, MD: Warwick & York.

White, M. A. (1968-1969). Will school psychology exist? *Journal of School Psychology, 7*(2), 53-57.

Wicherski, M., & Kohout, J. (2005, August). *2003 Doctorate employment survey.* Washington, DC: American Psychological Associaion, Research Office.

Wilczenski, F. L., Phelps, L., & Lawler, M. (1992). Publishing guidelines for school psychologists. *Communiqué, 21*(4), 14.

Will, M. (1989, January). *The role of school psychology in providing services to all children.* Washington, DC: U.S. Department of Education, Office of Special Programs and Rehabilitative Services.

Williams, K. J., & Williams, G. M. (1992). Applications of social psychology to school employee evaluation and appraisal. In F. J. Medway & T. P. Cafferty (Eds.), *School psychology: A social psychological perspective* (pp. 333-354). Hillsdale, NJ: Erlbaum.

Wilson, M. S., & Reschly, D. J. (1995). Gender and school psychology: Issues, questions, and answers. *School Psychology Review, 24*, 45-61.

Wilson, M., & Reschly, D. (1996). Assessment in school psychology training and practice.

School Psychology Review, 25, 9-23.

Wise, C. L., Li, C-Y, & Smith, R. C. (2000, March 31). *Assessment of workspace conditions for school psychologists: A three state comparison.* Paper presented at the annual convention of the National Association of School Psychologists, New Orleans, LA.

Wise, P. S. (1985). School psychologists' ratings of stressful events. *Journal of School Psychology, 23*, 31-41.

Wise, P. S. (1986). *Better parent conferences: A manual for school psychologists.* Washington, DC: National Association of School Psychologists.

Wise, P. S. (1995). Communicating with parents. In A. Thomas and J. Grimes (Eds.), *Best Practices in School Psychology III* (pp. 279-287). Washington, DC: National Association of School Psychologists.

Wise, P. S., Smead, V. S., & Huebner, E. S. (1987). Crisis intervention: Involvement and training needs of school psychology personnel. *Journal of School Psychology, 25*, 185-187.

Wishy, B. (1968). *The child and the republic: The dawn of modern American child nurture.* Philadelphia: University of Pennsylvania Press.

Witmer, L. (1897). The organization of practical work in psychology. *Psychological Review, 4*, 116-117.

Witmer, L. (1907). Clinical psychology *The Psychological Clinic, 1*(1), 1-9.

Witt, J. C., & Elliott, S. N. (1985). Acceptability of classroom intervention strategies. In T. R. Kratochwill (Ed.), *Advances in school psychology* (Vol. 4, pp. 251-288). Hillsdale, NJ: Erlbaum.

Wodrich, D. L. (1988). School psychological practice in a department of pediatrics. *School Psychology Review, 17*, 411-415.

Wodrich, D. L., & Schmitt, A. J. (2003). Pediatric topics in the school psychology literature: Publications since 1981. *Journal of School Psychology, 41*(2), 131-141.

Wonderly, D. M., & Mcloughlin, C. (1984). Contractual services: A viable alternative. *School Psychology International, 5*(2), 107-113.

Woody, R. H. (1998). Copyright law in school psychology training. *Trainers' Forum, 16*(3), 1, 4-7.

Woody, R. H., & Davenport, J. (1998). The *Blueprint I* revisited: Training and practice in school psychology. *Psychology in the Schools, 35*(1), 49-55.

Woody, R. H., LaVoie, J. C., & Epps, S. (1992). *School psychology: A developmental and social systems approach.* Boston: Allyn & Bacon.

Woolfolk, A. E., Winnie, P. H., & Perry, N. E. (2006). Educational psychology (3rd Canadian ed.). Toronto: Pearson Education Canada.

Worrell, T. G., Skaggs, G. E., & Brown, M. B. (2006). School psychologists' job satisfaction: A 22-year perspective in the USA. *School Psychology International, 27*(2), 131-145.

Wrobel, G., & Krieg, F. (1998, September). Health care report. *NASP Executive Committee Minutes.* Washington, DC: National Association of School Psychologists.

York, L. (2001). NCSP stock on the rise. *School Psychology in Illinois, 22*(3), 18. Yoshida,

R. K., Fenton, K. S., Maxwell, J. P., & Kaufman, M. J. (1978). Group decision making in the planning team process: Myth or reality? *Journal of School Psychology, 16*, 237-244.

Ysseldyke, J. E. (1986). Current practice in school psychology. In S. N. Elliott & J. C. Witt (Eds.), *The delivery of psychological services in schools: Concepts, processes, and issues* (pp. 27-51). Hillsdale, NJ: Erlbaum.

Ysseldyke, J. E. (2005). Assessment and decision making for students with learning disabilities: What if this is as good as it gets? *Learning Disability Quarterly, 28*(2), 125-128.

Ysseldyke, J., Burns, M., Dawson, P., Kelley, B., Morrison, D., Ortiz, S., et al. (2006). *School psychology: A blueprint for training and practice III* Bethesda, MD: National Association of School Psychologists.

Ysseldyke, J. E., & Christenson, S. L. (1988). Linking assessment to intervention. In J. L. Graden, J. E. Zins, & M. J. Curtis (Eds.), *Alternative educational delivery systems: Enhancing instructional options for all students* (pp. 91-109). Washington, DC: National Association of School Psychologists.

Ysseldyke, J., Dawson, P., Lehr, C., Reschly, D., Reynolds, M., & Telzrow, C. (1997). *School psychology: A blueprint for training and practice II.* Bethesda, MD: National Association of School Psychologists.

Ysseldyke, J., & Elliott, J. (1999). Effective instructional practices: Implications for assessing educational environments. In C. R. Reynolds and T. B. Gutkin (Eds.), *The handbook of school psychology* (3rd ed., pp. 497-518). New York: Wiley.

Ysseldyke, J. E., & Weinberg, R. A. (Eds.). (1981). The future of psychology in the schools: Proceedings of the Spring Hill Symposium [Special issue]. *School Psychology Review, 10*(2).

Zelizer, V. A. (1985). *Pricing the priceless child: The changing social value of children.* New York: Basic Books.

Zins, J. (1982). *Accountability for school psychologists: Developing trends.* Washington, DC: National Association of School Psychologists.

Zins, J. E. (1990). Best practices in developing accountability procedures. In A. Thomas & J. Grimes (Eds.), *Best practices in school psychology II* (pp. 323-337). Silver Spring, MD: National Association of School Psychologists.

Zins, J. E., Curtis, M. J., Graden, J. L., & Ponti, C. R. (1988). *Helping students succeed in the regular classroom: A guide for developing intervention assistance programs.* San Francisco: Jossey-Bass.

Zins, J. E., & Erchul, W. P. (2002). Best practices in school consultation. In A. Thomas & J. Grimes, (Eds.), *Best practices in school psychology IV* (pp. 625-643). Bethesda, MD: National Association of School Psychologists.

Zins, J. E., & Halsell, A. (1986). Status of ethnic minority group members in school psychology training programs. *School Psychology Review, 15*, 76-83.

Zins, J., Kratochwill, T., & Elliott, S. (Eds.). (1993). *Handbook of consultation services for children.* San Francisco: Jossey-Bass.

Zins, J. E., Maher, C. A., Murphy, J. J., & Wess, B. P. (1988). The peer support group: A means to facilitate professional development. *School Psychology Review, 17,* 138-146.

Zins, J. E., & Ponti, C. R. (1990). Best practices in school-based consultation. In A. Thomas &J. Grimes (Eds.), *Best practices in school psychology II* (pp. 673-693). Silver Spring, MD: National Association of School Psychologists.

Zirkel, P. A. (1992). Confident about confidences? *Phi Delta Kappan, 73,* 732-734.

Zirkel, P. A. (2001). Tips on testifying for school personnel [Insert]. *Communiqué, 29*(6).

찾아보기

기타

역자 약력

이명숙 경북대학교 대학원(교육학석사)
미국 켄트주립대학교(측정 및 평가 교육학석사)
미국 켄트주립대학교(교육심리학 철학박사)
미국 메사츄세츠대학교 객원교수
미국 노스캐롤라이나대학교 객원교수
현) 대구교육대학교 교육학과 교수
관심분야: 인지발달, 학습컨설팅

이기학 연세대학교 대학원(학교심리학석사)
연세대학교 대학원(학교심리학 박사)
전 한국학교심리학회장
현) 연세대학교 심리학과 교수
관심분야: 진로심리, 학교심리

이동형 충남대학교 대학원 석사(임상심리학 전공)
미국 텍사스 A&M 대학교 박사(학교심리학 전공)
미국 휴스턴 학교구 APA 공인 심리학 인턴쉽 수료(2003-2004)
미국 휴스턴 학교구 학교심리학자 재직(2004-2008)
Nationally Certified School Psychologist, 학교심리전문가
현) 신라대학교 교육학과 교수
관심분야: 학교자문, 정서 및 행동 문제의 평가 및 예방, 특수아동

김정섭 부산대학교 대학원(교육학석사)
미국 인디애나대학교(교육심리학 철학박사)
현) 부산대학교 교육학과 교수
관심분야: 학습컨설팅, 창의성 교육, 비판적 사고 교육, 칭찬

이영주 경성대학교 대학원(아동학 전공-이학석사)
미국 테네시 주립대학교(학교심리학 박사)
미국 플로리다 알라츄아 카운티 인턴 학교심리학자
현) KAIST 과학영재교육연구원 선임연구원
관심분야: 영재판별, 이중특수영재, 학교심리학

학교심리학 3판
School Psychology Past, Present, and Future

발행일 | 2012년 3월 27일 초판 발행
저   자 | Thomas K. Fagan, Paula Sachs Wise
역   자 | 이명숙, 이기학, 이동형, 김정섭, 이영주
발행인 | 홍진기
발행처 | 아카데미프레스
주   소 | 413-756 경기도 파주시 문발동 출판정보산업단지 507-9
전   화 | 031-947-7389
팩   스 | 031-947-7698
웹사이트 | www.academypress.co.kr
이메일 | info@academypress.co.kr
등록일 | 2003. 6. 18   제406-2011-000131호
ISBN | 978-89-97544-10-3 93370

값 28,000원